Olfert/Rahn

Einführung in die Betriebswirtschaftslehre

Kompendium der praktischen Betriebswirtschaft
Herausgeber Professor Klaus Olfert

www.kiehl.de

Einführung in die Betriebswirtschaftslehre

11., verbesserte und aktualisierte Auflage

Von
Prof. Dipl.-Kfm. Klaus Olfert und
Dipl.-Kfm. Dipl.-Betriebswirt
Horst-Joachim Rahn

Herausgeber:
Prof. Klaus Olfert
76530 Baden-Baden

ISBN 978-3-470-**64941**-2 · 11., verbesserte und aktualisierte Auflage 2013

Kiehl ist eine Marke des NWB Verlags

Satz: Röser MEDIA GmbH & Co. KG, Karlsruhe
Druck: medienHaus Plump GmbH, Rheinbreitbach

Kompendium der praktischen Betriebswirtschaft

Das Kompendium der praktischen Betriebswirtschaft soll dazu dienen, das allgemein anerkannte und praktisch verwertbare Grundlagenwissen der modernen Betriebswirtschaftslehre praxisgerecht, übersichtlich und einprägsam zu vermitteln.

Dieser Zielsetzung gerecht zu werden, ist gemeinsames Anliegen des Herausgebers und der Autoren, die durch ihr Wirken an Hochschulen, als leitende Mitarbeiter von Unternehmen und in der betriebswirtschaftlichen Unternehmensberatung vielfältige Kenntnisse und Erfahrungen sammeln konnten.

Das Kompendium der praktischen Betriebswirtschaft umfasst zahlreiche Textbände, die einheitlich gestaltet sind und jeweils aus zwei Teilen bestehen:

- Dem Textteil, der systematisch gegliedert sowie mit vielen Beispielen und Abbildungen versehen ist, welche die Wissensvermittlung erleichtern. Zahlreiche Kontrollfragen mit Lösungshinweisen dienen der Wissensüberprüfung. Umfassende Literaturverzeichnisse zu jedem Kapitel verweisen auf die verwendete und weiterführende Literatur.
- Dem Übungsteil, der eine Vielzahl von Aufgaben und Fällen enthält, denen sich ausführliche Lösungen anschließen, die schrittweise und in verständlicher Form in die betriebswirtschaftlichen Fragestellungen einführen.

Als praxisorientierte Fachbuchreihe, die um einzelne Lexika ergänzt wird, wendet sich das Kompendium der praktischen Betriebswirtschaft vor allem an:

- Studierende der Fachhochschulen und Universitäten, Akademien und sonstigen Institutionen, denen eine systematische Einführung in die betriebswirtschaftlichen Teilgebiete vermittelt werden soll, die eine praktische Umsetzbarkeit gewährleistet
- Praktiker in den Unternehmen, die sich innerhalb ihres Tätigkeitsfeldes weiterbilden, sich einen fundierten Einblick in benachbarte Bereiche verschaffen oder sich eines umfassenden betrieblichen Handbuches bedienen wollen.

Für Anregungen, die der weiteren Verbesserung der Fachbuchreihe dienen, bin ich dankbar.

Prof. Klaus Olfert
Herausgeber

Feedbackhinweis

Kein Produkt ist so gut, dass es nicht noch verbessert werden könnte. Ihre Meinung ist uns wichtig. Was gefällt Ihnen gut? Was können wir in Ihren Augen verbessern? Bitte schreiben Sie einfach eine E-Mail an: **c.ziegler@kiehl.de**

Als kleines Dankeschön verlosen wir unter allen Teilnehmern einmal pro Monat ein Buchgeschenk!

Dozentenservice

Als besonderer Service für Dozenten steht zu diesem Titel auf der Website des Verlags unter **www.kiehl.de** > Studium > Kompendium der praktischen Betriebswirtschaft > Einführung in die Betriebswirtschaftslehre ein kompletter Foliensatz als Gratis-Download zur Verfügung.

Vorwort zur 11. Auflage

Die Betriebswirtschaftslehre befasst sich mit den Unternehmen als planmäßig organisierte Betriebswirtschaften, in denen Güter und Dienstleistungen mit dem Ziel beschafft, verwertet, verwaltet und abgesetzt werden, Bedürfnisse zu decken.

Als Allgemeine Betriebswirtschaftslehre stellt das vorliegende Buch in verständlicher Weise die Gegebenheiten und Problemstellungen praxisorientiert dar, die zahlreichen Unternehmen gemeinsam sind. Dementsprechend ist es in neun Kapitel gegliedert:

- Grundlagen
- Unternehmen
- Führung
- Leistungsbereich
- Finanzbereich
- Personalbereich
- Informationsbereich
- Rechnungswesen
- Controlling.

Die Einführung in die Betriebswirtschaftslehre liegt nun bereits in 11. Auflage vor. Sie wurde in sämtlichen Kapiteln verbessert und aktualisiert. Der Textteil enthält eine große Zahl von Abbildungen, Tabellen und Beispielen sowie über 900 Kontrollfragen mit Lösungshinweisen, die eine Überprüfung des Wissensstandes nach jedem Kapitel ermöglichen.

Der praktischen Anwendung des erworbenen Wissens dient der sich an den Textteil anschließende Übungsteil. Er umfasst rund 100 Seiten und enthält 80 mehrteilige Aufgaben bzw. Fälle mit Lösungen.

Gerne haben wir die Anregungen der Leserinnen und Leser aufgenommen, für die wir auch weiterhin dankbar sind.

Prof. Klaus Olfert
Horst-Joachim Rahn
Baden-Baden/Grünstadt, im Mai 2013

Benutzungshinweise

Kontrollfragen

Die Kontrollfragen dienen der Wissensüberprüfung. Sie befinden sich am Ende eines jeden Kapitels.

Aufgaben/Fälle

Die Aufgaben/Fälle im Übungsteil dienen der Wissens- und Verständniskontrolle. Auf sie wird jeweils im Textteil hingewiesen:

Aufgabe 1 > Seite 528

Der Übungsteil befindet sich als „blauer Teil" am Ende des Buches. Es wird empfohlen, die Aufgaben/Fälle unmittelbar nach Bearbeitung der entsprechenden Textstellen zu lösen.

Aus Gründen der Praktikabilität und besseren Lesbarkeit wird darauf verzichtet, jeweils männliche *und* weibliche Personenbezeichnungen zu verwenden. So können z. B. Mitarbeiter, Arbeitnehmer, Vorgesetzte grundsätzlich sowohl männliche als *auch* weibliche Personen sein.

AbfG	Abfallgesetz
Abs.	Absatz
AfA	Absetzung für Abnutzung
AFG	Arbeitsförderungsgesetz
AG	Aktiengesellschaft
AGB	Allgemeine Geschäftsbedingungen
AGG	Allgemeines Gleichbehandlungsgesetz
Anm.	Anmerkung
Art.	Artikel
AVG	Angestelltenversicherungsgesetz
BAB	Betriebsabrechnungsbogen
BBiG	Berufsbildungsgesetz
Bd.	Band
BDA	Bundesvereinigung der Deutschen Arbeitgeberverbände
BDI	Bundesverband der Deutschen Industrie
BDSG	Bundesdatenschutzgesetz
BFH	Bundesfinanzhof
BGB	Bürgerliches Gesetzbuch
BGBl	Bundesgesetzblatt
BilMoG	Bilanzrechtsmodernisierungsgesetz
BiRiLiG	Bilanzrichtliniengesetz
BKGG	Bundeskindergeldgesetz
BSHG	Bundessozialhilfegesetz
DGB	Deutscher Gewerkschaftsbund
DIHT	Deutscher Industrie- und Handelstag
DIN	Deutsche Industrie Norm
Diss.	Dissertation
DV	Datenverarbeitung
EDV	Elektronische Datenverarbeitung
EG	Europäische Gemeinschaft
Erl.	Erlass
EuroBilG	Euro-Bilanzgesetz
GdbR	Gesellschaft des bürgerlichen Rechts
GenG	Genossenschaftsgesetz
GewO	Gewerbeordnung
GmbH	Gesellschaft mit beschränkter Haftung
GoB	Grundsätze ordnungsmäßiger Buchführung und Bilanzierung
HGB	Handelsgesetzbuch
HRefG	Handelsrechtsreformgesetz
Hrsg.	Herausgeber
IdW	Institut der Wirtschaftsprüfer
IHK	Industrie- und Handelskammer
InsO	Insolvenzordnung
KapCoRiLiG	Kapitalgesellschaften- und Co-Richtlinie-Gesetz
KG	Kommanditgesellschaft
KGaA	Kommanditgesellschaft auf Aktien
KWG	Kreditwesengesetz
LSP	Leitsätze für die Preisermittlung aufgrund von Selbstkosten
NachweisG	Nachweisgesetz
OHG	Offene Handelsgesellschaft
PC	Personal Computer
RegE	Regierungsentwurf
RVO	Reichsversicherungsordnung
S.	Seite
SGB	Sozialgesetzbuch
Sp.	Spalte
SprAuG	Sprecherausschussgesetz
u. a.	unter anderem
u. E.	unseres Erachtens
USt	Umsatzsteuer

UWG	Gesetz gegen den unlauteren Wettbewerb	VPöA	Verordnung über die Preise bei öffentlichen Aufträgen
VOB	Verdingungsordnung für Bauleistungen	WG	Wechselgesetz
VOL	Verdingungsordnung für Leistungen – ausgenommen Bauleistungen	ZDH	Zentralverband des Deutschen Handwerks
		ZPO	Zivilprozessordnung

A. Grundlagen

Die Betriebswirtschaftslehre befasst sich mit den **Unternehmen**. Darunter werden planmäßig organisierte private Betriebswirtschaften verstanden, in denen Güter bzw. Dienstleistungen beschafft, verwertet, verwaltet und abgesetzt werden. Diese Einzelwirtschaften bilden produktive, offene, dynamische bzw. soziale Systeme. In der Literatur werden die Unternehmen auch als Unternehmungen und Betriebe bezeichnet. Dabei sind folgende **Abgrenzungen** möglich:

- **Unternehmungen** stellen historische, nur in der Marktwirtschaft vorzufindende, Erscheinungsformen der **Betriebe** dar (*Gutenberg*).
- **Unternehmungen** bilden die rechtlich-finanzielle Seite von Einzelwirtschaften, **Betriebe** sind ihre produktionswirtschaftliche Seite (*Schäfer*).

Die heutige Betriebswirtschaftslehre entwickelte sich aus traditionellen Vorstellungen heraus (*Brockhoff, Hutzschenreuter*). Sie zeigt kein einheitliches Erscheinungsbild, sondern es existieren verschiedene betriebswirtschaftliche Ansätze (z. B. *Albach, Heinen, Ulrich, Töpfer*). Vielfach wird sie inzwischen als **führungsorientierte Betriebswirtschaftslehre** angesehen, wie sie auch in dieser betriebwirtschaftlichen Einführung beschrieben wird. Als solche bezieht sie sich nicht nur auf wirtschaftliche Fragestellungen, sondern schließt auch ein:

- Erkenntnisse der Führungs-, Management- und Motivationslehre
- Ergebnisse der Rechtswissenschaft, Arbeitswissenschaft, Psychologie, Soziologie, Ökologie und anderer Bereiche.

Die Unternehmen haben in der Marktwirtschaft die Aufgabe, Bedürfnisse (unerfüllte Wünsche) zu decken. Das geschieht, indem sie Güter bzw. Dienstleistungen am Markt bereitstellen. Die **Bedürfnisse** der Menschen sind praktisch unbegrenzt, die dafür vorhandenen Mittel aber knapp. Die Summe der Bedürfnisse, die mit Kaufkraft ausgestattet ist, wird in der Wirtschaftslehre als **Bedarf** bezeichnet.

Das Spannungsverhältnis zwischen den Bedürfnissen und ihren Deckungsmöglichkeiten zwingt die Menschen zu wirtschaften, d. h. sorgsam mit knappen Ressourcen umzugehen (*Wöhe/Döring*). Sie müssen die knappen Mittel zur Befriedigung ihrer Bedürfnisse zielgerecht einsetzen. Hierbei gilt es, folgende Prinzipien zu beachten, die als **magisches Dreieck der Betriebswirtschaftslehre** bezeichnet werden:

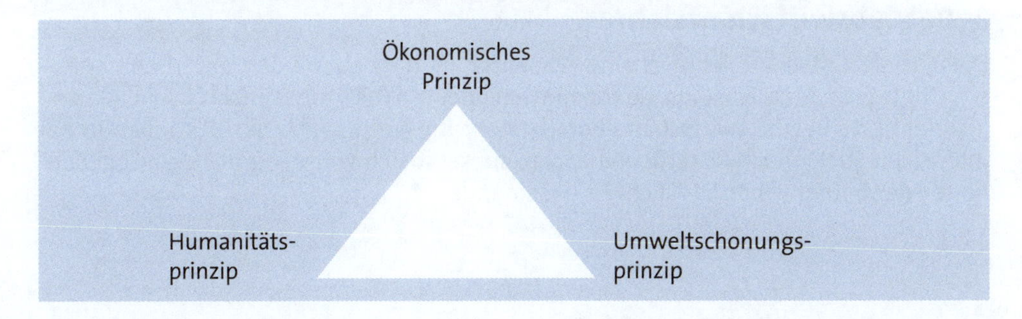

Die **Prinzipien** sind mit unterschiedlichen Zielsetzungen verbunden:

- Das **ökonomische Prinzip** zielt auf ein möglichst günstiges Verhältnis von Aufwand und Ertrag ab. Es sind drei **Formen** zu unterscheiden (*Gutenberg, Wöhe/Döring, Schierenbeck/Wöhle*):

Maximalprinzip	Mit gegebenem Aufwand (Mitteln) soll ein größtmöglicher Ertrag (Erfolg) erreicht werden, z. B. mit 100.000 € Werbeaufwand ein höchstmöglicher Absatz.
Minimalprinzip	Mit geringstmöglichem Aufwand (Mitteln) soll ein bestimmter Ertrag (Erfolg) bewirkt werden, beispielsweise mit möglichst wenig Geld die Anschaffung einer Maschine.
Optimumprinzip	Es ist ein möglichst günstiges Verhältnis zwischen dem Aufwand (Mittel) und dem Ertrag (Erfolg) zu erwirtschaften, z. B. indem mit einem vertretbaren Werbeaufwand ein vertretbarer Absatz erzielt wird.

- Das **Humanitätsprinzip** stellt den Menschen in den Mittelpunkt des Leistungsprozesses. Seinen Erfordernissen ist gleichermaßen Rechnung zu tragen, beispielsweise durch menschengerechte Arbeitsorganisation und Führung (*Mellerowicz*).
- Das **Umweltschonungsprinzip** hat die ökologischen Interessen zu berücksichtigen. Umweltbelastungen sind so gering wie möglich zu halten, indem sie verhindert oder zumindest vermindert werden (*Hopfenbeck*).

In der betriebswirtschaftlichen Handlungsweise sollte nicht einem der Prinzipien absoluter Vorrang eingeräumt werden. Vielmehr ist ein vernünftiger Ausgleich zwischen den Prinzipien und damit zwischen den verschiedenen Interessenlagen anzustreben.

Aufgabe 1 > Seite 528

Als Grundlagen der Betriebswirtschaftslehre werden behandelt:

Grundlagen	Betriebswirtschaftslehre
	Einzelwirtschaften
	Wirtschaftsrecht

1. Betriebswirtschaftslehre

Die Betriebswirtschaftslehre ist eine Wissenschaft, die sich mit den Unternehmen beschäftigt. Grundsätzlich kann sie theoretisch oder praktisch ausgerichtet sein. Als **praxisorientierte Betriebswirtschaftslehre** besteht ihr hauptsächliches Bestreben in der intensiven Suche nach Realitätsnähe, d. h. sie setzt sich vorrangig mit den Gegebenheiten der betrieblichen Wirklichkeit auseinander.

Die moderne Betriebswirtschaftslehre versteht sich als interdisziplinäre Wissenschaft. Sie bezieht in ihre Betrachtungen – wie bereits gezeigt – nicht nur Erkenntnisse der Unternehmensforschung ein, sondern berücksichtigt auch Ergebnisse anderer Wissenschaftsbereiche, insbesondere der Rechtswissenschaft, Soziologie und Psychologie.

Eine Wissenschaft ist die Gesamtheit des erworbenen Wissens im Hinblick auf ein bestimmtes Fachgebiet. Sie zeigt sich im Erwerb von neuem Wissen durch die **Forschung** bzw. in seiner Weitergabe durch die **Lehre** und wird in einem gesellschaftlichen, historischen bzw. institutionellen Rahmen organisiert betrieben. Dabei ist Forschung die methodische Suche nach neuen Erkenntnissen, ihre systematische Dokumentation und Veröffentlichung.

Wissenschaften sind Prozesse der Entwicklung von Theorien, der Überprüfung der Theorien an der Realität, ihrer Verwerfung, Annahme bzw. Anpassung (*Heinen*). In sie ist die Betriebswirtschaftslehre wie folgt eingeordnet (*Raffée*):

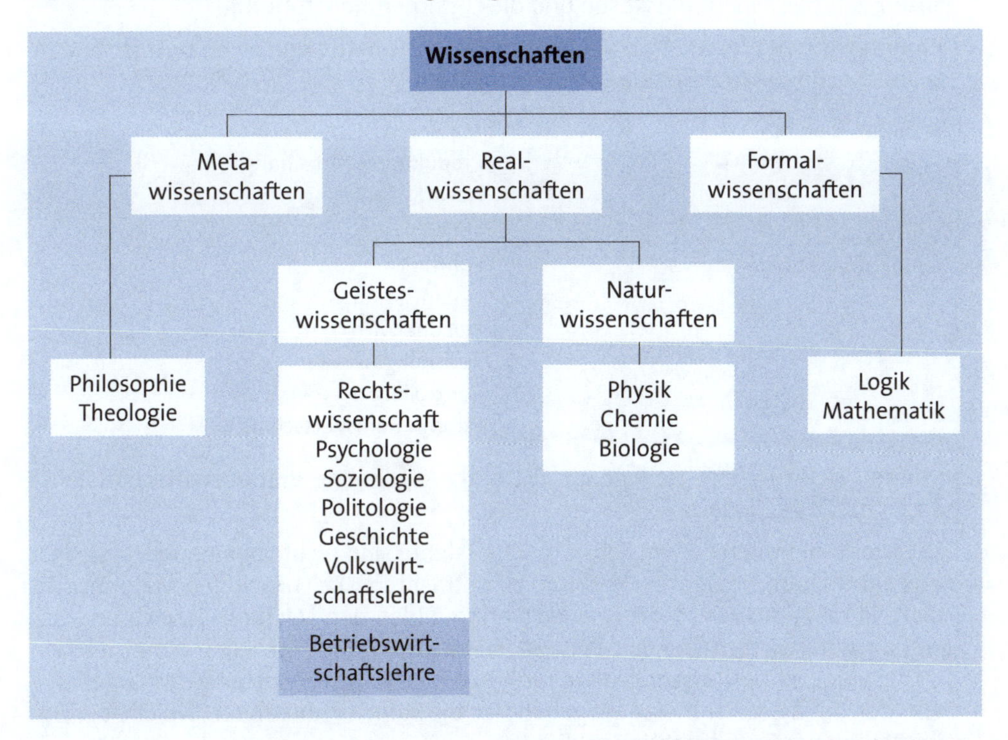

Die Betriebswirtschaftslehre ist eine **Geisteswissenschaft**. Sie lässt sich nach unterschiedlichen Kriterien gliedern (*Jung, Thommen/Achleitner, Wöhe/Döring*). Es können unterschieden werden:

- Die **funktionale Gliederung** der Allgemeinen Betriebswirtschaftslehre, die sich an den unterschiedlichen betrieblichen Prozessen orientiert, mit denen die Leistungserstellung und Leistungsverwertung unmittelbar oder mittelbar bewirkt werden.

  Unmittelbar bedarf die Erstellung und Verwertung von Gütern – als **Grundfunktionen** – der Beschaffung der dafür erforderlichen Materialien, der Produktion der Erzeugnisse und des Absatzes hergestellter Güter sowie der Bereitstellung und des Einsatzes der dafür notwendigen finanziellen Mittel.

  Um die Leistungen des Unternehmens in geeigneter Weise erstellen und verwerten zu können, bedarf es jedoch auch lediglich **mittelbar** an diesem Prozess beteiligter Funktionen, welche die Grundfunktionen als übergreifende **Rahmenfunktionen** ergänzen, z. B. das Rechnungswesen und die Unternehmensführung.

  Dementsprechend lassen sich als Unternehmensfunktionen solche unterscheiden, die entsprechende funktionale Lehren vermitteln:

Grundfunktionen	Materialwirtschaft Produktion(swirtschaft) Absatz/Marketing Finanzierung/Investition
Rahmenfunktionen	Führung Organisation Personalwirtschaft Rechnungswesen Controlling Information(swirtschaft)

  In dieser Weise ist das vorliegende Buch als Allgemeine Betriebswirtschaftslehre grundsätzlich gegliedert.

  Die Grundfunktionen der Betriebswirtschaftslehre sind nicht voneinander losgelöst zu interpretieren, sondern im Verbund zu betrachten. Die Funktionen Materialwirtschaft, Produktionswirtschaft und Marketing bilden den **Leistungsbereich** und zeigen den güterwirtschaftlichen Prozess. Sie stellen im industriellen Unternehmen den Kernprozess der Leistungserstellung bzw. Leistungsverwertung des Unternehmens dar. Auf dieser Grundlage ergeben sich die Rahmenfunktionen, welche der Unterstützung der Grundfunktionen dienen.

  Werden die Grundfunktionen und Rahmenfunktionen miteinander in Verbindung gebracht, entsteht eine **Wertschöpfungskette**, welche den Weg von den ursprünglichen Beschaffungsquellen bis zu den an die Endabnehmer ausgelieferten Produkte und Dienstleistungen zeigt.

- Die **institutionelle Gliederung** der Betriebswirtschaftslehre, die berücksichtigt, dass Unternehmen verschiedenen Branchen angehören und sich dadurch mehr oder weniger voneinander unterscheiden. Dieser Tatbestand wird im Rahmen **spezieller Betriebswirtschaftslehren** berücksichtigt, die sein können:

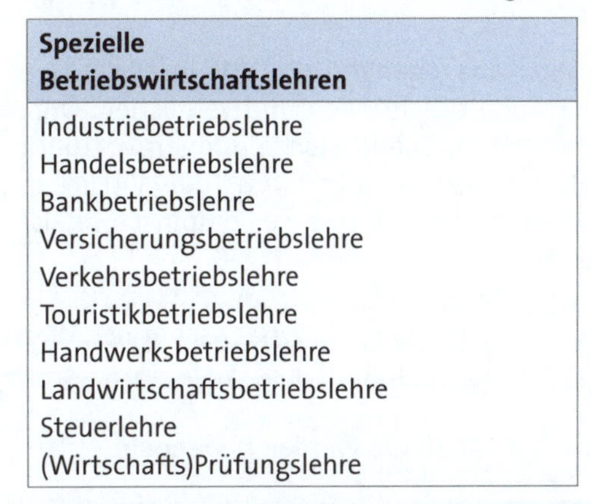

Spezielle Betriebswirtschaftslehren
Industriebetriebslehre
Handelsbetriebslehre
Bankbetriebslehre
Versicherungsbetriebslehre
Verkehrsbetriebslehre
Touristikbetriebslehre
Handwerksbetriebslehre
Landwirtschaftsbetriebslehre
Steuerlehre
(Wirtschafts)Prüfungslehre

- Die **genetische Gliederung**, mit der ein Lebenszyklus dokumentiert wird, den jedes Unternehmen durchläuft. Daraus ergeben sich folgende Unternehmensphasen, die von Betrieb zu Betrieb unterschiedlich lang sind:

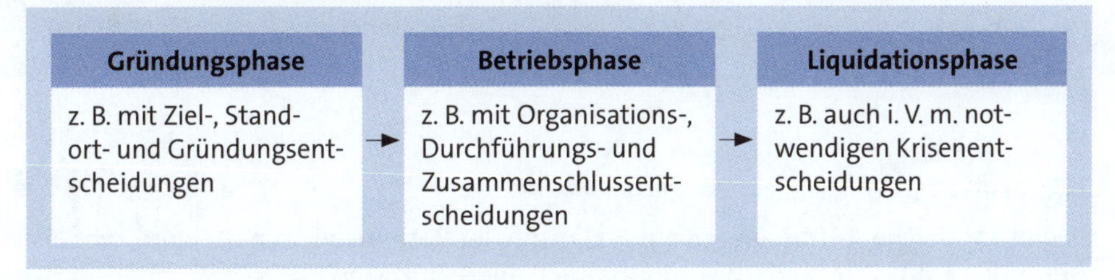

Jede Wissenschaft hat die Aufgabe, aussagefähige **Theorien** zu entwickeln, die beim Nachdenken über Probleme helfen und Zusammenhänge erklären bzw. zukünftige Ereignisse voraussagen können. Sie sollen anwendungsorientiert sein und Erkenntnisse vermitteln. Mit ihrer methodisch ausgewogenen Gestaltung beschäftigt sich die **Wissenschaftstheorie** (*Albert, Popper, Raffée*).

Im Rahmen wissenschaftlichen Arbeitens gibt es zwei **Vorgehensweisen**:

- Die **deduktive Methode**, bei der vom Allgemeinen ausgegangen wird bzw. unter Anwendung logischer Regeln Hypothesen aufgestellt werden. Daraufhin wird vom Allgemeinen auf Einzelfälle geschlossen.
- Die **induktive Methode**, bei der vom Einzelfall ausgegangen wird. Mit ihrer Hilfe werden die tatsächlich beobachteten Tatbestände beschrieben und verglichen. Durch Abstraktion von Einzelheiten versucht sie, zu typischen Erscheinungen vorzudringen. Durch induktives Folgern wird nach einer kausalen Erklärung der Wirklichkeit gesucht. Auf diese Weise gelangt der Wissenschaftler zu einer empirisch-realistischen betriebswirtschaftlichen Theorie.

Die Frage, ob es eine Aufgabe der Betriebswirtschaftslehre als Wissenschaft ist, **Werturteile** abzugeben oder nicht, wird seit Jahrzehnten diskutiert.

Zum Zwecke der Erläuterung der Betriebswirtschaftslehre werden behandelt:

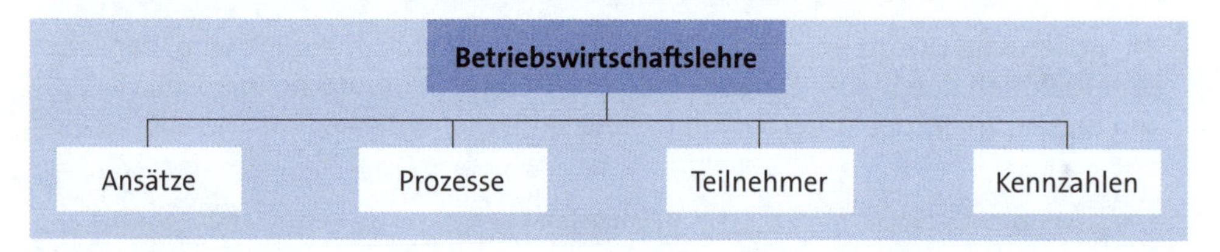

1.1 Ansätze

Es gibt zahlreiche Auffassungen zur Erklärung der Betriebswirtschaftslehre, wobei als wesentliche Ansätze heute wissenschaftlich anerkannt sind:

- **Produktionsfaktoransatz**
- **Entscheidungsansatz**
- **Systemansatz**
- **Führungsansatz**
- **Ökologieansatz**
- **Institutionenökonomischer Ansatz**
- **Prozessansatz**.

1.1.1 Produktionsfaktoransatz

Die deutsche Betriebswirtschaftslehre wurde entscheidend von *Gutenberg* beeinflusst, der als erster eine anspruchsvolle und in sich geschlossene Lehre vorlegte. Sie kann als Produktionsfaktoransatz bezeichnet werden. Als **Produktionsfaktoren** unterscheidet er:

- **Elementare Produktionsfaktoren**, die unmittelbar auf die Objekte der Leistungserstellung einwirken oder in diese eingehen:

<table>
<tr><td>Arbeit</td><td>Sie ist hier als (vorrangig) ausführende Tätigkeit eines Menschen zur Erfüllung einer Aufgabe zu verstehen, z. B. Bohren, Fräsen etc. Als vorrangig körperliche Arbeit weist sie dementsprechend keine (nennenswerten) dispositiven Elemente auf.</td><td rowspan="3">Ausrichtung auf:

Objekte der Leistungserstellung
=
Produkte</td></tr>
<tr><td>Betriebsmittel</td><td>Sie umfassen die technische Apparatur sowie sämtliche der Leistungserstellung über längere Zeit dienenden Gegenstände, z. B. Maschinen, Büroausstattung, Grundstücke, Gebäude.</td></tr>
<tr><td>Werkstoffe</td><td>Sie werden zur Leistungserstellung benötigt, z. B. als Rohstoffe (in Produkte eingehende Hauptbestandteile), Hilfsstoffe (keine wesentlichen Bestandteile), Betriebsstoffe (Verbrauchsmaterialien, überhaupt keine Bestandteile) sowie Waren.</td></tr>
</table>

Um die Kombination der elementaren Produktionsfaktoren in geeigneter Weise vornehmen zu können, bedarf es **dispositiver Produktionsverfahren**. Sie basieren (vorwiegend) auf geistiger Arbeit und dienen dazu festzulegen, wann/wo/wie die elementaren Produktionsfaktoren eingesetzt werden. Zu unterscheiden sind:

<table>
<tr><td>Planung</td><td>Sie ist die gegenwärtige gedankliche Vorwegnahme zukünftigen Handelns und dient dazu, den Prozess der Zielerreichung durch vorausschauende Festlegung von Maßnahmen zu unterstützen.</td><td rowspan="3">Ausrichtung auf:

Elementare Produktionsfaktoren
=
Arbeit
Betriebsmittel
Werkstoffe</td></tr>
<tr><td>Organisation</td><td>Sie stellt die dauerhafte Ordnung bzw. geregelte Strukturierung des Unternehmens dar und versetzt es in die Lage, seinen Anforderungen durch die Gestaltung der notwendigen Strukturen und Prozesse gerecht zu werden.</td></tr>
<tr><td>Leitung</td><td>Sie führt das Unternehmen, z. B. als Unternehmens-, Bereichs-, Gruppenleitung, und steuert die Leistungserstellung bzw. gestaltet den Produktionsvorgang zweckentsprechend.</td></tr>
</table>

Das **Ziel** des betrieblichen Handelns besteht in der Leistungserstellung (Produktion) und Leistungsverwertung (Absatz), die in unterschiedlichen Wirtschaftssystemen vorkommen können. Als **Determinanten** gelten:

- **Systemindifferente Tatbestände**, die in allen Wirtschaftssystemen gleich sind:
  - Produktionsfaktoren als elementare bzw. dispostive Faktoren
  - Wirtschaftlichkeit als Ertrags-, Leistungen- oder Kostenwirtschaftlichkeit.

  Wöhe/Döring haben sie um das finanzielle Gleichgewicht ergänzt.
- **Systembezogene Tatbestände**, die vom jeweiligen Wirtschaftssystem abhängen:

Marktwirtschaft	► Erwerbswirtschaftliches Prinzip = Streben nach Gewinn ► Autonomieprinzip = Selbstständigkeit des Unternehmers ► Alleinbestimmungsprinzip = Entscheidungsfreiheit des Unternehmers
Planwirtschaft	► Plandeterminierte Leistungserstellung = Mehr-Jahrespläne ► Organprinzip = Betriebe als unselbstständige Organe ► Mitbestimmung = Beteiligung der Belegschaft am Entscheidungsprozess

Das vorrangige Anliegen des Produktionsansatzes besteht in der Erklärung der optimalen Kombination von Produktionsfaktoren, d. h. bei ihm steht die Produktivitätsbeziehung zwischen Faktoreneinsatz und Faktorenertrag im Mittelpunkt. Die optimale Faktorenkombination gilt dann als gegeben, wenn das gesetzte Unternehmensziel erreicht wird.

1.1.2 Entscheidungsansatz

Der entscheidungsorientierte Ansatz von *Heinen* stellt die menschlichen Entscheidungen auf allen hierarchischen Ebenen des Unternehmens in den Mittelpunkt. Sie erfolgen im Rahmen eines **Entscheidungsprozesses,** der zwei Phasen umfasst:

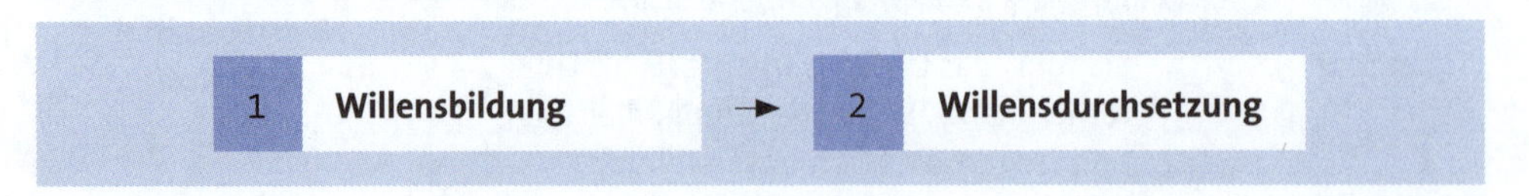

Ein wesentlicher Teil dieses Ansatzes besteht in der Darstellung der betriebswirtschaftlichen **Ziele**. Im Unterschied zu *Gutenberg* bezieht *Heinen* die Erkenntnisse der **Sozial-** und **Verhaltenswissenschaften** ein und entwickelt die Betriebswirtschaftslehre bereits in Richtung einer Führungslehre.

Beim Entscheidungsansatz treten – anders als bei *Gutenberg* – die Entscheidungsprozesse in den Vordergrund, denen folgende **Systeme** zu Grunde liegen:

- das **Zielsystem**, das sich auf die verschiedenen Ziele des Unternehmens bezieht und Ausdruck der langfristig ausgerichteten Grundsätze eines Unternehmens ist
- das **Informationssystem**, das das nötige zweckorientierte Wissen für das im Unternehmen tätige Personal regelt, damit die betrieblichen Aufgaben gelöst werden können
- das **Sozialsystem**, das die Beziehungen zwischen dem Personal des Unternehmens betrifft. Je nach der hierarchischen Struktur ergeben sich unterschiedliche Organisationsformen.

Der Begriff des **Entscheidens** wird von *Heinen* nicht im engeren Sinne als Wahl zwischen mehreren Alternativen gesehen, sondern umfasst in einer weiteren Fassung alle Phasen von der Problemerkennung, über die Suche und Beurteilung von Alternativen bis zur Ausführung und Kontrolle.

Das vorrangige Anliegen der entscheidungsorientierten Betriebswirtschaftslehre besteht darin, den Entscheidungsträgern – z. B. der Unternehmensleitung oder Bereichsleitungen – ausgewogene Hilfestellungen bei der Lösung ihrer ökonomischen Probleme zu geben.

1.1.3 Systemansatz

Der systemorientierte Ansatz von *Ulrich* interpretiert das Unternehmen als Regelkreissystem im Sinne der **Kybernetik** bzw. der **Systemtheorie**.

Kybernetische **Systeme** zeichnen sich dadurch aus, dass sie als offene Verhaltenssysteme in der Lage sind, **Störungen** im Rahmen von Steuerungs- und Regelungsprozessen zu kompensieren. Durch die Betrachtung als offenes System werden auch **Umwelteinflüsse** des Unternehmens berücksichtigt.

Nach dem allgemeinen Prinzip des **Regelkreises** wirkt ein Regler auf eine Stellgröße bzw. auf eine Regelstrecke ein, nachdem er eine Rückmeldung über die Regelgröße erhalten hat. Die Regelstrecke wird von einer Störgröße beeinflusst. Dieses Grundprinzip dient beim Systemansatz zur Erklärung betrieblicher Prozesse.

Ein Regelkreis besteht aus folgenden Elementen und ihren Verbindungen:

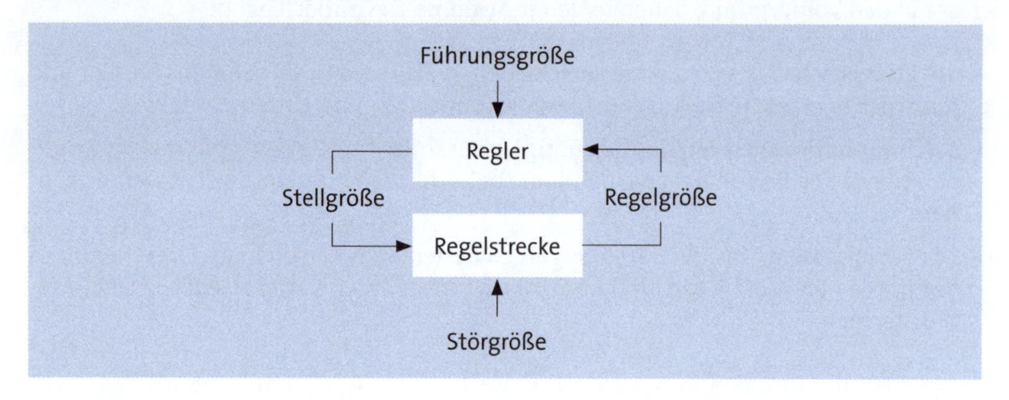

Dabei gilt:

Regelstrecke	Sie ist das zu regelnde System, z. B. die Verringerung von Fehlzeiten, die beim Personal im Produktionsbereich registriert werden.
Störgröße	Das ist eine negative Einflussgröße auf die Regelstrecke, beispielsweise der autoritäre Führungsstil eines Vorgesetzten.
Führungsgröße	Sie bildet den Soll-Wert von Fehlzeiten, beispielsweise mit einem Wert von höchstens 3 % im Produktionsbereich.
Regelgröße	Sie stellt den ermittelten Ist-Wert dar, z. B. als Fehlzeiten von 15 % im Produktionsbereich.
Regler	Er prüft beispielsweise als Controller die Regelgröße und führt einen Soll-Ist-Vergleich durch, aus dem sich ergibt, dass die Fehlzeiten um 12 % zu hoch sind.
Stellgröße	Sie stellt die zu ergreifende Maßnahme dar, die beispielsweise darin besteht, dass der autoritäre Vorgesetzte ein Führungsseminar zu besuchen hat oder anderweitig eingesetzt wird, um die überhöhten Fehlzeiten zu senken.

Die systemorientierte Betriebswirtschaftslehre definiert das **Unternehmen** als offenes dynamisches und produktives soziales System (*Ulrich, Grass*). Der Systemansatz versteht sich ebenfalls als **interdisziplinär**, d. h. er bezieht nicht nur ökonomische Erkenntnisse, sondern auch Forschungsergebnisse anderer Wissenschaften ein.

Das wesentliche Anliegen der systemorientierten Betriebswirtschaftslehre ist in der Darstellung von **Systemen** als geordnete bzw. erfolgsgerichtete Gesamtheiten von Elementen zu sehen, zwischen denen vielfältige Relationen bestehen. Das Unternehmen wird als eine vieldimensionale Ganzheit miteinander vernetzter Regelkreise interpretiert.

1.1.4 Führungsansatz

Die führungsorientierte Betriebswirtschaftslehre versteht sich als **interdisziplinäre** Wissenschaft, d. h. sie bezieht außer Erkenntnissen der Unternehmensforschung auch Ergebnisse der Rechtswissenschaft, Soziologie und Psychologie ein. Es wird auch vom verhaltensorientierten Ansatz der Betriebswirtschaftslehre gesprochen (*Schanz*).

Die Betriebswirtschaftslehre hat Ansätze hervorgebracht, die sich als managementorientiert (*Hopfenbeck, Thommen/Achleitner*) bzw. führungsorientiert verstehen. *Albach, Bleicher, Hill, Kirsch, Gaugler* und *Wunderer* plädieren – mit unterschiedlichen Akzenten – für eine führungsorientierte Betriebswirtschaftslehre. Die vorliegende Einführung in die Betriebswirtschaftslehre versteht sich ebenfalls als führungsorientierte Lehre.

Der **Ordnungsrahmen** für betriebswirtschaftliche **Führungstheorien** betrifft das gesamte Management eines Unternehmens. Er besteht nach *Steinle* aus verschiedenen **Elementen**. Das sind:

- **Personenorientierte Führungskonzepte**, die Führungskräfte und Geführte betreffen. Diese Führungsbeziehungen sind so auszurichten, dass die gesetzten Ziele erreicht werden.
- **Positionsorientierte Führungskonzepte**, die sich weniger auf Personen beziehen, sondern mehr auf deren unterschiedliche Rollen bzw. auf die im Unternehmen gegebenen Machtverhältnisse.
- **Interaktionsorientierte Führungskonzepte**, bei denen die Wechselwirkungen zwischen der Führungskraft, den Gruppenmitgliedern, der Gruppe und der Situation im Vordergrund stehen.
- **Strukturorientierte Führungskonzepte**, die sich vor allem mit der betrieblichen Aufbau-, Prozess- und Projektorganisation beschäftigen.
- **Situationsorientierte Führungskonzepte**, die sich insbesondere mit den Führungssituationen bzw. dem Unternehmen und dessen Umwelt auseinandersetzen.

Das wesentliche Anliegen der führungsorientierten Betriebswirtschaftslehre besteht darin, aussagefähige Hypothesen zu entwickeln, die anwendungsbezogene Erklärungen liefern und prognostizieren, wie der Erfolg des Unternehmens durch das **Management** erreicht werden kann. Die Nachfrage nach interessanten und praktikablen Thesen zur **Führung** ist nach wie vor ungebrochen. Allerdings besteht heute ein hoher Bedarf an Informationen darüber, wie erfolgreiche Führung auszuüben ist.

1.1.5 Ökologieansatz

Dem Ökologieansatz wird in der Betriebswirtschaftslehre seit einigen Jahren verstärkte Aufmerksamkeit geschenkt (*Hopfenbeck, Jung, Wöhe/Döring*). Dabei erfolgt die Erweiterung ökonomischer Grundfragen der Betriebswirtschaftslehre durch **ökologische Fragestellungen**. Der Umweltschutz wird zu einem elementaren Bestandteil des Zielsystems der Unternehmung (*Strebel, Seidel/Menn*).

Bereits bei der Darstellung des betriebswirtschaftlichen Dreiecks wurde das **Prinzip der Umweltschonung** herausgestellt, nach dem Umweltbelastungen durch die Unternehmen so gering wie möglich zu halten sind, indem sie verhindert oder zumindest vermindert werden.

Die **Ökologie** ist die Wissenschaft von den Wechselbeziehungen zwischen Lebewesen und zwischen den Lebewesen und ihrer Umwelt (*Wittig/Streit*). Als **Umweltschutz** kann die Gesamtheit aller Maßnahmen zum Schutze der Umwelt mit dem Ziel der Erhaltung von Lebensgrundlagen der Menschen – sowie eines funktionierenden Naturhaushaltes – bezeichnet werden.

Das Augenmerk des Umweltschutzes liegt dabei sowohl auf einzelnen Teilbereichen der Umwelt – beispielsweise Boden, Wasser, Luft und Klima – als auch auf deren Wechselbeziehungen zueinander. Durch die Verunreinigung der Umwelt kann es zu Schäden für die Lebewesen kommen.

Diese Aspekte der Ökologie erfordern nach Auffassung der Vertreter dieser Richtung eine **neue Sicht** der **Ökonomie**. Dabei steht die Vereinbarkeit von ökologischer und betriebswirtschaftlicher Sichtweise im Vordergrund. Die auf Unternehmen bezogene **Umweltökonomie** kann als Teildisziplin der Betriebswirtschaftslehre angesehen werden (*Wicke*).

Das wesentliche Anliegen des Ökologieansatzes besteht darin, die Beziehungen des Unternehmens zu seiner natürlichen Umwelt und die Einwirkungen auf die Unternehmen darzustellen und zu analysieren. Es werden die Möglichkeiten des Unternehmens offen gelegt, die zeigen, wie es entsprechend seiner Zielsetzungen den umweltbezogenen Erfordernissen am besten gerecht wird.

1.1.6 Institutionenökonomischer Ansatz

Der institutionenökonomische Ansatz analysiert die Leistungserstellung in wirtschaftlich-rechtlicher Sicht und in Bezug auf die Wirtschaftssubjekte. Dabei geht es um Berührungspunkte der Volkswirtschaftslehre und der Betriebswirtschaftslehre im **mikroökonomischen** Bereich (*Erlei/Leschke/Sauerland*).

Dieser Ansatz geht auf *Ronald Coase* zurück, der in 1991 dafür den Nobelpreis für Wirtschaftswissenschaften erhielt. Nach seiner Auffassung muss jedes erstellte Produkt eine **Wertschöpfungskette** durchlaufen, die mit der Urproduktion (z. B. Kohlebergbau) beginnt, mehrere Stufen durchläuft und schließlich beim Endabnehmer endet. Diese Wertschöpfungskette wird als **Transaktionsprozess** verstanden (*Jost*).

Ein Hersteller von Autos kann sich auf die Produktentwicklung, die organisatorische Koordination des Fertigungsprozesses und auf die Markenpflege konzentrieren, während er die übrigen, notwendigerweise zu erbringenden Teilleistungen wie beispielsweise der Montage und des Kundendienstes anderen Marktpartnern überlässt, mit denen entsprechende **Liefer- und Leistungsverträge** abgeschlossen werden.

So kann jedes Unternehmen selbst entscheiden, ob es den Transformationsprozess durch **Eigenfertigung** oder über hohe Anteile an **Fremdbezug** bewerkstelligen möchte (*Wöhe/Döring, Jung*). Im Hinblick auf den institutionenökonomischen Ansatz sind zu unterscheiden:

- Der **Property-Rights-Ansatz**, der sich mit bestimmten Eigentumsrechten beschäftigt. Ein Unternehmen wird als ein Gebilde gesehen, das eine Vielzahl von Verträgen schließt. Im Vordergrundder Betrachtung steht dabei das jeweilige Verfügungsrecht, das vertraglich auf andere Wirtschaftssubjekte übertragen wird (*Göbel, Richter/Furubotn*). Hier geht es also um Einzeltransaktionen, wie beispielsweise beim Kaufvertrag, Arbeitsvertrag, Darlehensvertrag und Mietvertrag.

  Bei diesem Ansatz wird u. a. die Frage untersucht, wie sich die Verteilung von Verfügungsrechten auf das Verhalten von Wirtschaftssubjekten auswirkt, beispielsweise ob es vorteilhafter ist, eine Wohnung zu mieten oder zu kaufen. Wird davon ausgegangen, dass ein Eigentümer eine Sache vorsichtiger bewirtschaftet als ein Besitzer (Mieter), wird aufgrund der geringeren Unterhaltungskosten die Übertragung des Eigentums sinnvoller sein als eine Vermietung.

- Der **Transaktionskostenansatz**, der sich mit der Kostenhöhe auseinandersetzt, die bei der Übertragung von Verfügungsrechten entsteht. Es wird eine Rechtsgestaltung angestrebt, mit der die Transaktionskosten auf ein Minimum reduziert werden können. Dabei wird stets jene Vereinbarungsform bzw. die Institution ausgewählt, welche die geringsten Transaktionskosten aufweist (*Jost, Jung*). So ist die Eigenerstellung gegenüber der Fremdfertigung vorzuziehen, wenn die Eigenfertigung weniger Transaktionskosten verursacht.

- Der **Principal-Agent-Ansatz**, der sich mit dem besonderen Vertragstyp des Auftrages beschäftigt, wobei der Geschäftsherr (Prinzipal) als Auftraggeber ein besonderes Interesse an guter, schneller und kostengünstiger Ausführung des Auftrags hat (*Jost*). Der Auftragnehmer (Agent) kann demgegenüber ganz andere Ziele verfolgen, beispielsweise eine Vertragserfüllung mit einem für ihn minimalen Aufwand.

  Dabei kann es zu **Interessenkonflikten** kommen. Zur Problemlösung kann der Auftraggeber die Instrumente der Überwachung und/oder Ergebnisbeteiligung einsetzen. Zur Unternehmerfunktion (Prinzipal) gehören dabei die Risikoübernahme und die Unternehmensleitung.

Das wesentliche Anliegen des institutionenökonomischen Ansatzes besteht somit darin, Organisationen, Märkte und Rechtsnormen, die den Transaktionsprozess regeln, gründlich zu analysieren.

1.1.7 Prozessansatz

Der Prozessansatz ist ein aktuell diskutiertes Konzept der Betriebswirtschaftslehre. In den letzten Jahren haben beispielsweise die betriebliche Prozessorganisation bzw. das Prozessmanagement in Theorie und Praxis große Aufmerksamkeit erfahren. Als **Business Process Engineering** bzw. **Business Process Reengineering** sind sie Ausdruck des fundamentalen Überdenkens aller Betriebswirtschaftsprozesse (*Hammer/Champy, Gaitanides*).

Der Prozessansatz der Betriebswirtschaftslehre stellt die **Unternehmensprozesse** dar, die sich durch komplexe Phasen auszeichnen, die im Unternehmen selbst sowie zwischen dem Unternehmen und seinen Beschaffungsmärkten bzw. dem Absatzmarkt verlaufen. Als Unternehmensprozesse sind zu unterscheiden:

- Die **Geschäftsprozesse** als zielgerichtete und sachbezogene Abläufe, die eine Folge von Einzelschritten bilden, welche dazu dienen, bestimmte Geschäftsresultate zu erzielen. Die Prozesse sind hinsichtlich ihres Beginns, der Elemente und ihres Endes präzise zu definieren, z. B. Leistungs-, Finanz-, Personal-, Informations- und Rechnungswesenprozesse.
- Die **Führungsprozesse** als personen- oder sachbezogene Abläufe, bei denen Führungskräfte das Personal (Leadership) oder die zu bewältigenden Geschäfte aktiv beeinflussen. Letztere werden auch als **Managementprozesse** bezeichnet, z. B. der Prozess der Zielsetzung, Planung, Durchführung, Kontrolle und Steuerung.

Das wesentliche Anliegen des betriebswirtschaftlichen Prozessansatzes besteht darin, die oben genannten Prozesse zu beschleunigen und zu vereinfachen, um damit zu qualitativ besseren, Nutzen bringenden und kostengünstigen Ergebnissen zu kommen (*Gaitanides, Töpfer*).

Das **Prozessdenken** wird künftig auch in der Betriebswirtschaftslehre (noch) mehr Beachtung finden. Es hat nicht nur die Erhöhung der Prozessqualität zum Ziel, sondern auch die Verbesserung von Innovationen und das Ermöglichen termingerechter Arbeit.

1.2 Prozesse

Als Prozess wird grundsätzlich ein Ablauf, ein Verlauf bzw. ein Hergang bezeichnet. Nach dem Erscheinen des richtungsweisenden Werkes von *Hammer* und *Champy* zum Thema **Business Reengineering** im Jahre 1993 ist eine breite Diskussion um den Unternehmensprozess entstanden u. a. (*Gaitanides, Porter, Stahlknecht/Hasenkamp*).

Seine Reichweite hängt von der Betrachtungsweise des organisatorischen Gestalters und vom jeweiligen Nutzen für das **Management** ab. Da das Management die Interessen des Unternehmens an den Märkten und als Arbeitgeber gegenüber der Arbeitnehmerschaft vertritt, kommt ihm eine herausragende Bedeutung zu. Der Begriff des Management wird in unterschiedlicher Weise definiert (*Bamberger/Wrona, Bleicher, Staehle, Steinmann/Schreyögg*):

- In **institutionaler Sicht** stehen die am Geschehen beteiligten Instanzen und Personengruppen bzw. die Leitungsaufgaben im Vordergrund der Betrachtung.

- In **dimensionaler Sicht** sind das obere Management (Unternehmensleitung), das mittlere Management (Bereichsleitung) und das untere Management (Gruppenleitung) zu unterscheiden.
- In **funktionaler Sicht** geht es um die Betrachtung von Managementprozessen und Geschäftsprozessen, also um die Prozesse und Funktionen, die zur Steuerung von Unternehmen nötig sind. Sie können als Unternehmensprozesse bezeichnet werden.

Ein **Unternehmensprozess** ist eine komplexe, arbeitsteilige und auf den Unternehmenserfolg ausgerichtete Abfolge verschiedener Phasen. Als Unternehmensprozesse sind zu unterscheiden:

- **Geschäftsprozesse**
- **Führungsprozesse.**

1.2.1 Geschäftsprozesse

Ein Geschäftsprozess bildet eine zusammenhängende, abgeschlossene Folge von Tätigkeiten zur Erfüllung betrieblicher Aufgaben. In weiter Interpretation sind für ein **Industrieunternehmen** zu unterscheiden (*Olfert/Rahn*):

- **Bereichsbezogene Geschäftsprozesse** als **Kernprozesse**, die Material-, Produktions- und Marketingprozesse umfassen und der Leistungserstellung bzw. Leistungsverwertung dienen. Sie werden durch **Unterstützungsprozesse** ergänzt, die als Finanz-, Personal-, Informations- und Rechnungswesenprozesse hinzukommen.
- **Bereichsübergreifende Geschäftsprozesse** als Wertschöpfungsketten, die auf den Absatzmarkt ausgerichtet sind und insbesondere einen Kundennutzen stiften sollen. Wenn alle primären und sekundären Aktivitäten der Wertschöpfung von der ursprünglichen Beschaffungsquelle bis zum Endabnehmer aneinandergereiht werden, entsteht eine **Wertkette**.

Nach ihrem **funktionalen** Bezug sind folgende Geschäftsprozesse unterscheidbar:

1.2.1.1 Güterwirtschaftlicher Prozess

Der güterwirtschaftliche Prozess umfasst die Beschaffung elementarer Produktionsfaktoren, die Be- und Verarbeitung der Werkstoffe und den Absatz der erstellten Produkte. Er ist im industriellen Unternehmen als übergreifender Geschäftsprozess ein **Kernprozess** der Leistungserstellung bzw. Leistungsverwertung und erstreckt sich auf:

- Den **Materialbereich**, der sich mit der Beschaffung, Lagerung und Verteilung der vom Unternehmen benötigten Materialien befasst, also Rohstoffen (z. B. Holz), Hilfsstoffen (z. B. Leim), Betriebsstoffen (z. B. Strom, Gas, Wasser), Zulieferteilen und Waren. Außerdem hat er sich im Rahmen der Materialbereichsprozesse um die Entsorgung nicht mehr einsetzbarer Materialien zu befassen.
- Den **Produktionsbereich**, der unter Einsatz der erforderlichen Betriebsmittel (z. B. Maschinen, Werkzeuge) für die Be- und Verarbeitung der Werkstoffe zuständig ist. Es werden Leistungen produziert und bereitgestellt. Die Produktionsbereichsprozesse können außer Sachgütern auch Dienstleistungen betreffen.
- Den **Marketingbereich**, dem die Aufgabe zukommt, die gefertigten Produkte bzw. Dienstleistungen unter Einsatz marketingpolitischer Instrumente an den Kunden abzusetzen, d. h. die erstellten Leistungen zu verwerten. Der effiziente Ablauf der damit verbundenen Marketingbereichsprozesse ist für den Unternehmenserfolg sehr bedeutsam.

Der güterwirtschaftliche Prozess lässt sich wie folgt darstellen:

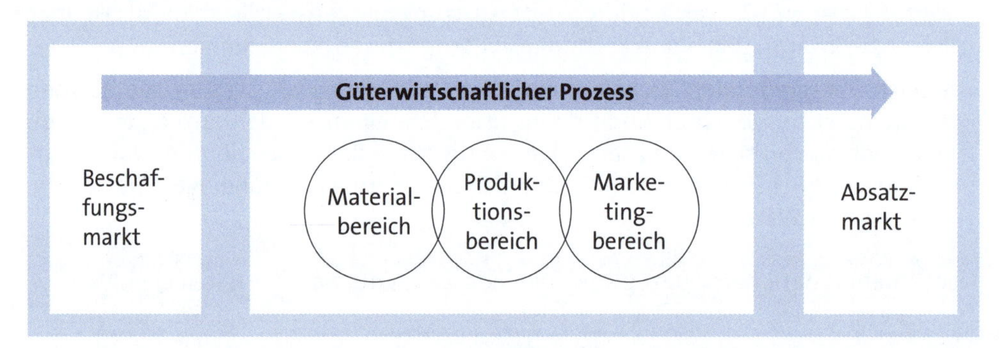

Die Abbildung zeigt, dass die drei dargestellten Bereiche nicht losgelöst voneinander agieren, sondern eine zwischen dem Beschaffungsmarkt und Absatzmarkt miteinander verwobene **Wertkette** bilden und zusammenfassend als **Leistungsbereich** bzw. **Logistiksystem** bezeichnet werden können.

Nach dem System der Wertkette von *Porter* nutzt das Unternehmen die **Eingangslogistik** zur Produktion wettbewerbsfähiger Produkte und richtet sie am Bedarf der Kunden bzw. auf die Gegebenheiten am Absatzmarkt aus siehe Seite 181. Dabei arbeitet die **Absatzlogistik** mit dem Marketing und den Servicefunktionen zusammen, um die Kundenbedürfnisse zu befriedigen und für das Unternehmen Gewinn zu erwirtschaften.

Am **Beschaffungsmarkt** sind nicht nur Materialien vom **Gütermarkt** zu besorgen, sondern es fallen auch umfassende Beschaffungsaufgaben an, die den Kapital-, Arbeits- und Informationsmarkt betreffen.

Während am **Kapitalmarkt** die benötigten Finanzmittel über Finanzwirtschaftsprozesse und am Informationsmarkt viele für das Unternehmen bedeutsame Daten zu beschaffen sind, wird am **Arbeitsmarkt** das nötige Personal besorgt, was mit personalwirtschaftlichen Prozessen verbunden ist (*Rahn*).

Daraus ergeben sich entsprechende Aufgaben für das Leistungs-, Informations-, Personal- und Finanzmanagement, deren Entscheidungen bzw. Aktionsfelder widerum vom Top-Management zu koordinieren sind.

1.2.1.2 Finanzwirtschaftlicher Prozess

Der finanzwirtschaftliche Prozess bezieht sich auf die aus der Leistungsverwertung des Unternehmens freigesetzten **Einzahlungen** und die für die Leistungserstellung notwendigen **Auszahlungen**. Er ist ein **Geschäftsprozess**, der in enger Verbindung zum güterwirtschaftlichen Prozess steht.

Die zur Durchführung des leistungswirtschaftlichen Prozesses erforderlichen Mitarbeiter, Kapitalien, Informationen bzw. Güter bewirken am Beschaffungsmarkt entsprechende **Auszahlungen**, die erstellten und abgesetzten Güter führen zu **Einzahlungen**. Diese Vorgänge stellen den finanzwirtschaftlichen Prozess dar:

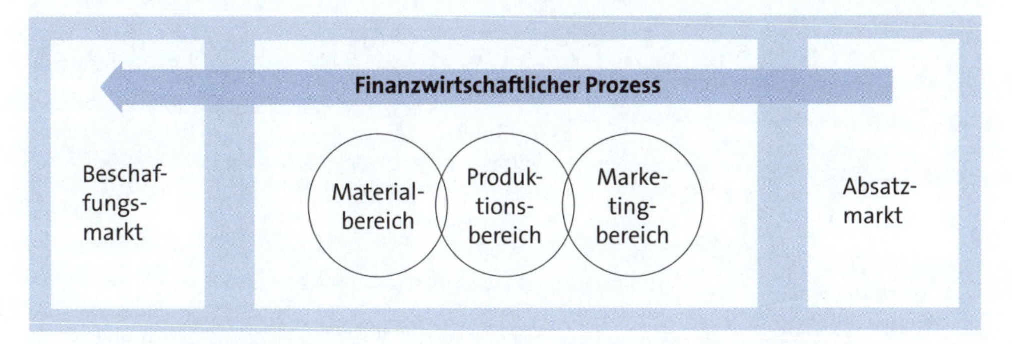

Während der güterwirtschaftliche Prozess vom Beschaffungsmarkt ausgeht und bis zum Absatzmarkt reicht, fließen die **Finanzmittel** der Kunden über den Absatzmarkt zum Beschaffungsmarkt. Im Rahmen des gesamten finanzwirtschaftlichen Prozesses sind zu unterscheiden:

- die **Kapitalbeschaffung** oder **Finanzierung**, die zur Aufgabe hat, das Unternehmen mit dem erforderlichen Kapital zu versorgen
- die **Kapitalverwendung** oder **Investition**, die dazu dient, das beschaffte Kapital im Unternehmen zweckentsprechend einzusetzen

- die **Kapitalverwaltung**, welche die dispositive Abwicklung der Einzahlungen und Auszahlungen ermöglicht, die im Rahmen des **Zahlungsverkehrs** erfolgt.

Diese drei Funktionen der **Finanzwirtschaft** müssen auch geplant, durchgesetzt, kontrolliert und gesteuert werden. Die Planung, Durchführung, Kontrolle und Steuerung der Einzahlungen und Auszahlungen erfolgt durch das **Finanzmanagement**, das auch als finanzwirtschaftliche Führung bezeichnet wird.

1.2.1.3 Informationeller Prozess

Der informationelle Prozess betrifft den Ablauf im Unternehmen, der durch den Informationsfluss geprägt ist. Als **Unterstützungsprozess** ist er eng mit dem güterwirtschaftlichen und finanzwirtschaftlichen Prozess verbunden, denn Informationen fließen von und an Organisationseinheiten bzw. Aufgabenträger, die an diesen **Geschäftsprozessen** beteiligt sind.

Der **Informationsbereich** beschäftigt sich mit der Eingabe, Verarbeitung und Ausgabe von Informationen durch Organisationseinheiten bzw. Personal. Dadurch entstehen informationelle Prozesse, die sich unter Einbeziehung des **Management** in folgender Weise vereinfacht darstellen lassen:

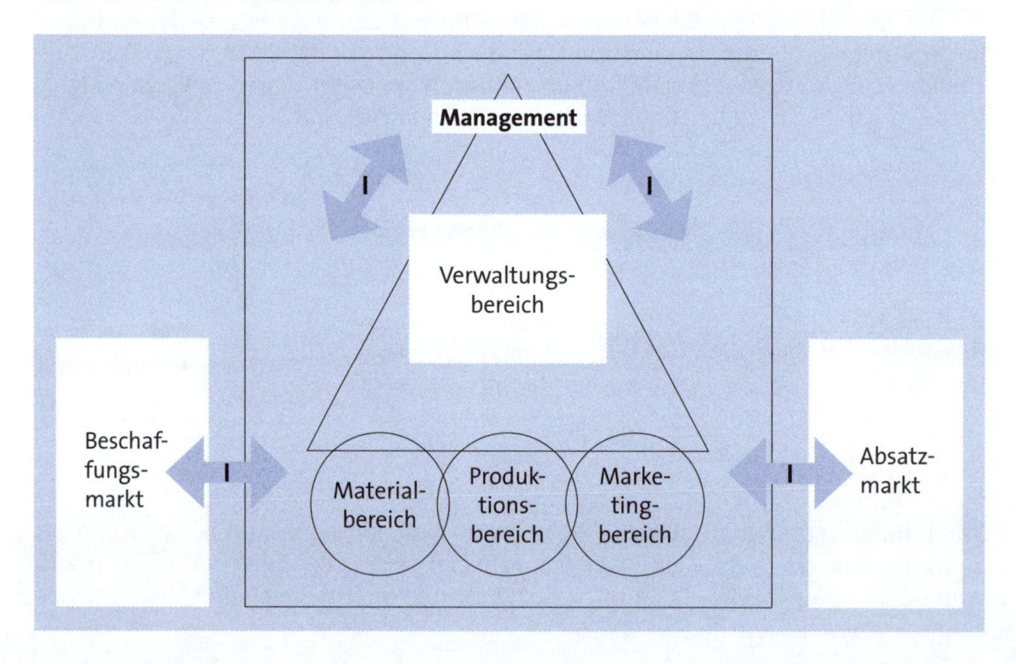

I = Informationen

Die Abbildung verdeutlicht, dass nicht nur innerhalb des Unternehmens vielfältige **Informationen** ausgetauscht werden, sondern dass **Informationsfluss** auch den Beschaffungs- und Absatzmarkt des Unternehmens betrifft. Damit sind zu unterscheiden:

- Die **internen Informationsprozesse**, welche vom Top-Management zu einem Bereich und umgekehrt, aber auch zwischen den Bereichen des Unternehmens ablaufen, nämlich:
  - von der Unternehmensleitung zum Leistungsbereich oder Verwaltungsbereich und umgekehrt
  - vom Material-, Produktions-, Marketing- und Verwaltungsbereich zum Top-Management hin
  - zwischen den einzelnen Unternehmensbereichen, z. B. zwischen dem Verwaltungs- und dem Marketingbereich.

  Die Informationsprozesse zwischen den verschiedenen hierarchischen **Ebenen** des Unternehmens können in unterschiedlicher Weise verlaufen:
  - Von **„oben nach unten“** wenn Informationen vom Management an das Personal weitergegeben werden, z. B. wenn die Mitarbeiter über das Intranet, Schwarzes Brett, Rundschreiben oder die Werkszeitschrift zu informieren sind. Da bei informierten Mitarbeitern entsprechende Wirkungen angestrebt werden, sind diese Informationen als zweckgerichtete Daten interpretierbar.
  - Von **„unten nach oben“** wenn für das Management bedeutsame Informationen von den Mitarbeitern gewonnen werden sollen. Quellen dieser aufwärts fließenden Informationen können z. B. Mitarbeitergespräche, Gruppengespräche, Befragungen, Berichte, das betriebliche Vorschlagswesen sowie Informationen aus Qualitätszirkeln sein.
- Die **externen Informationsprozesse**, die sich auf Informationen beziehen, welche zwischen dem Beschaffungs- bzw. Absatzmarkt und dem Unternehmen ausgetauscht werden:
  - vom Unternehmen zum **Beschaffungsmarkt** und umgekehrt, z. B. Informationsprozesse zum Güter-, Kapital- und Arbeitsmarkt
  - vom Unternehmen zum **Absatzmarkt** und umgekehrt, z. B. Informationsprozesse der Marktforschung als Daten der Marktanalyse bzw. Marktbeobachtung.

Das **Informationsmanagement** hat sowohl für die effiziente Abwicklung interner und externer Informationsprozesse als auch für den erfolgreichen Einsatz von **Informationstechnologie und Kommunikationstechnologie** zu sorgen. Deshalb wird in der Praxis auch das **Electronic-Business** (E-Business) immer bedeutender (vgl. Kapitel G.).

1.2.2 Führungsprozesse

Ein Führungsprozess ist ein zielbezogener Ablauf, der von einer Führungskraft in einem Unternehmen personen- oder sachbezogen zu steuern ist. Die erfolgreiche Bewältigung dieser Prozesse ist für jedes Unternehmen von großer Bedeutung. Dabei sind zu unterscheiden (*Olfert/Rahn, Rahn*):

- Der **personenbezogene Führungsprozess**, der von Führungszielen einer Führungskraft ausgeht. Diese setzt Führungsinstrumente ein, um die Mitarbeiter unter Beachtung der gegebenen Situation auf einen gemeinsam zu erreichenden Erfolg hin zu beeinflussen.
- Der **sachbezogene Führungsprozess**, der die Gesamtheit aller zielbezogenen Steuerungshandlungen durch Führungskräfte umfasst, welche die Planung, Realisierung und Kontrolle des Geschehens im Unternehmen betreffen und einen sachlich-rationalen Bezug haben.

Die hier zu betrachtenden sachbezogenen Führungsprozesse werden auch als **Managementprozesse** bezeichnet. Sie sind notwendig, damit Geschäftsprozesse wirtschaftlich und effizient ablaufen können. Im Wesentlichen bestehen sachbezogene Führungsprozesse aus folgenden **Phasen**[1] (*Olfert/Pischulti, Rahn*):

- Der **Planung** als gedanklicher Vorwegnahme des künftigen wirtschaftlichen Handelns. Es wird anhand von Plänen von den Führungskräften überlegt, auf welchen Wegen die vorgegebenen Zielsetzungen zur Bewältigung der Geschäfte zu erreichen sind.
- Der **Durchführung** als Umsetzung der Pläne in die betriebliche Wirklichkeit. Hier sind von den Führungskräften und Mitarbeitern Entscheidungen und Maßnahmen hinsichtlich der Realisierung zu treffen, z. B. Organisation, Personaleinsatz, Information.
- Der **Kontrolle** als Vorgang der Informationsgewinnung über das betriebliche Geschehen, der aus der Überwachung und Untersuchung von Geschäftsprozessen besteht. Sie bildet eine besonders bedeutsame Phase des Managementprozesses, wirkt aber auch prozessbegleitend.
- Der **Steuerung** als Inbegriff der Maßnahmen, die der Realisierung vorgegebener Zielsetzungen dienen. Durch die Steuerung soll erreicht werden, dass die Geschäftsprozesse effektiver ablaufen. Sie bezieht sich in erster Linie auf die Durchführung, kann aber auch Ziele und Pläne betreffen.

Das obere Management hat in diesem Prozess als **Unternehmensleitung** eine hervortretende Funktion, denn sie trägt die Verantwortung dafür, dass die Geschäftsprozesse zielbezogen, kostengünstig und Nutzen stiftend abgewickelt werden. Sie fungiert als **Top Management** bei der Wahrnehmung obiger Funktionen vor allem zwischen zwei Märkten:

---

[1] In der Literatur wird die Entscheidung mitunter der Planungsphase zugeordnet oder als separate Phase des Führungsprozesses ausgewiesen, was nicht sinnvoll erscheint, weil betriebswirtschaftliche Entscheidungen sowohl in der Planungsphase als auch in der Durchführungs- und Kontrollphase anfallen.

- Dem **Beschaffungsmarkt** als dem Unternehmen vorgelagerter Markt, der aus dem Arbeits-, Güter-, Informations- und Kapitalmarkt besteht. An diesen Märkten wird die betriebliche Beschaffung abgewickelt, z. B. von Personal, Material, Informationen und Finanzmitteln.
- Dem **Absatzmarkt** als ein dem Unternehmen nachgelagerter Markt, der aus Personen als Kunden oder aus Unternehmen als Abnehmern bestehen kann. Auf dem Absatzmarkt werden die Produkte bzw. Dienstleitungen des Unternehmens verkauft.

Letztlich entscheidet der Absatzmarkt darüber, ob und inwieweit der **Leistungsprozess** eines Unternehmens durch Abnahme der Absatzleistung „honoriert" wird (*Schierenbeck*). Es bilden sich **Wertketten** heraus (vgl. Kap. B.3.4.2), deren Bedeutung vor allem hinsichtlich des Unternehmens- bzw. Kundennutzens besonderes hervortritt (*Porter*).

Dem **Management** des Unternehmens sind viele verschiedene Bereiche unterstellt, die sich unter Einbezug der Funktionen und Märkte in folgender Abbildung darstellen lassen:

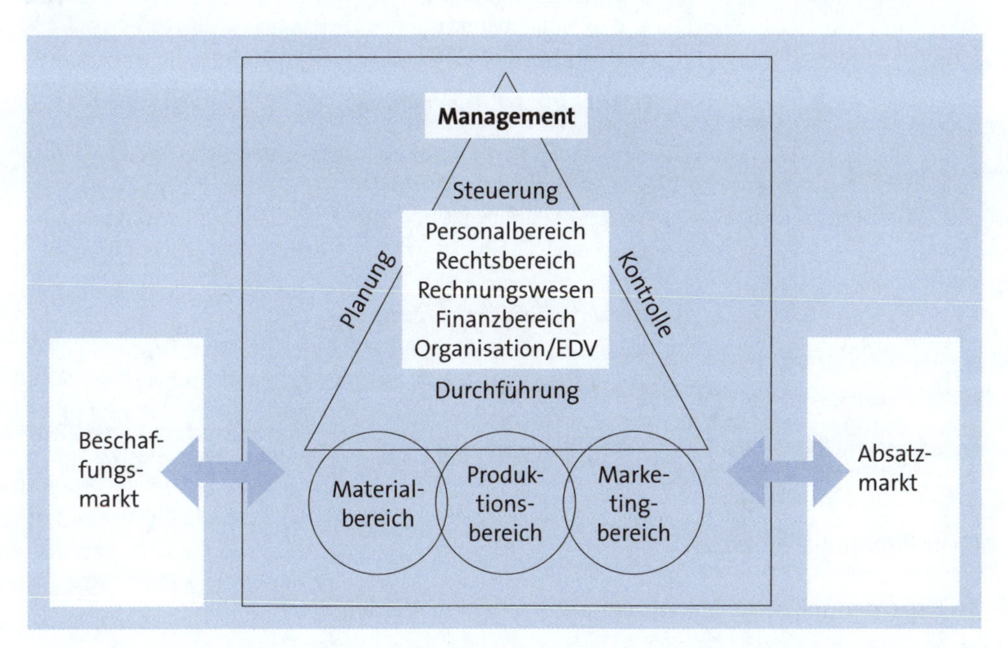

Um am Absatzmarkt erfolgreich zu sein, sind vom Management viele komplexe Geschäftsprozesse abzuwickeln, die nach der **Unternehmensebene** als Gesamt-, Bereichs-, Gruppen- und Einzelprozesse unterschieden werden (*Rahn*).

Aufgabe 2 > Seite 528

1.3 Teilnehmer

In der betrieblichen Umwelt, dem Beschaffungsmarkt und Absatzmarkt, sowie im Unternehmen selbst gibt es viele Teilnehmer, die mit unterschiedlichen Interessenlagen die Unternehmensprozesse verfolgen. Das sind beispielsweise:

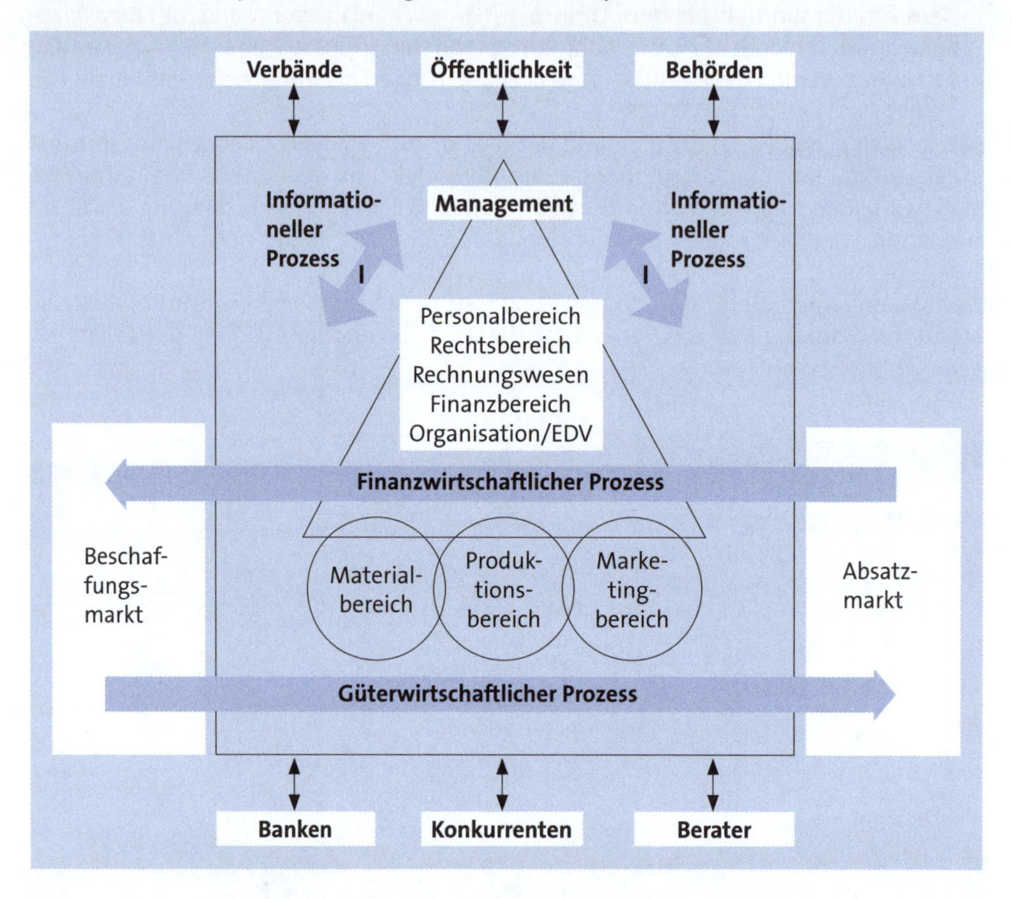

I = Informationeller Prozess

Im Einzelnen sollen als Teilnehmer unterschieden werden:

- **interne Teilnehmer**
- **externe Teilnehmer.**

1.3.1 Interne Teilnehmer

Interne Teilnehmer können insbesondere sein:

- Die **Eigentümer** des Unternehmens, die das erforderliche Eigenkapital bereitstellen, wenn sie mit dem betrieblichen Geschehen verbunden sind, beispielsweise als **Unternehmer**. Haben sie keine unmittelbare Beziehung zum betrieblichen Geschehen, beispielsweise als Aktionäre einer AG, können sie nicht ohne Weiteres als interne Teilnehmer angesehen werden.
- Die **Vorstandsmitglieder** und **Geschäftsführer**, die als Unternehmensleiter die Aufgabe haben, das gesamte Unternehmen zu führen. Ihnen obliegt damit die Aufgabe der zielorientierten Gestaltung, Steuerung und Entwicklung des Unternehmens.
- Der **Aufsichtsrat**, der beispielsweise in Aktiengesellschaften die Interessen der Eigenkapitalgeber gegenüber der Unternehmensleitung wahrzunehmen und sie zu überwachen hat.
- Die **Führungskräfte**, die als Bereichsleiter, Gruppenleiter oder sonstige Vorgesetzte betriebliche Führungsaufgaben wahrnehmen.
- Die **Mitarbeiter**, die als ausführendes Personal die Entscheidungen der Führungskräfte in das Betriebsgeschehen umsetzen.
- Der **Betriebsrat**, der als Interessenvertreter der Arbeitnehmer insbesondere auch auf die Einhaltung gesetzlicher Bestimmungen zu achten hat, beispielsweise des Betriebsverfassungsgesetzes.

1.3.2 Externe Teilnehmer

Als externe Teilnehmer kommen vorallem in Betracht:

- Die **Lieferanten** des In- bzw. Auslandes, die dem Unternehmen die zu beschaffenden Werkstoffe, Betriebsmittel und Dienstleistungen verkaufen.
- Die **Kunden**, die als inländische bzw. ausländische Unternehmen oder als Haushalte die Produkte des Unternehmens kaufen bzw. seine Dienstleistungen nutzen.
- Die **Konkurrenten**, die sich ebenfalls um die Kunden des Unternehmens bemühen und mit diesem in Wettbewerb stehen. Sie werden dementsprechend auch als Mitbewerber bezeichnet.
- Die **Kreditinstitute**, die dem Unternehmen benötigtes Fremdkapital zum Zwecke der Finanzierung gegen Zahlung von Zinsen bereitstellen.
- Die **Gläubiger**, die aufgrund vertraglicher Vereinbarungen einen Anspruch auf die Erfüllung ihrer Forderungen an das Unternehmen haben. Ein Gläubiger ist damit berechtigt, von einem Unternehmen eine Leistung zu fordern.
- Die **Schuldner**, die ihre Verbindlichkeiten als Kunden gegenüber dem Unternehmen zu begleichen haben. Sie werden auch als **Debitoren** bezeichnet.
- Die **Börsen** und **Messen**, die als Märkte bzw. Treffpunkte für das Unternehmen bedeutsam sind.

- Die **Absatzmittler**, zu denen Handelsvertreter, Kommissionäre, Spediteure und Makler zählen, die als selbstständige Kaufleute Geschäfte vermitteln.
- Die **Unternehmerverbände**, die als Fachverbände, Industrie- und Handelskammern, Handwerkskammern oder Arbeitgeberverbände die Interessen der Unternehmen vertreten.
- Die **Arbeitnehmerverbände**, die als Gewerkschaften die Interessen der Arbeitnehmer wahrnehmen, beispielsweise die Gewerkschaften des DGB (s. Seite 195).
- Die **Behörden** des Bundes, der Länder und der Gemeinden, mit denen das Unternehmen in Verbindung steht, beispielsweise Ministerien, Arbeitsamt, Finanzamt.
- Die **Unternehmerberater**, welche die Leitung des Unternehmens bei ihren Erfolgsbemühungen unterstützen.
- Die **interessierte Öffentlichkeit**, die beispielsweise als Bildungs- und Forschungsinstitute, freie Aktionsgruppen (z. B. Bürgerinitiativen) oder Medien zunehmend Bedeutung erlangen.

Die internen und externen Teilnehmer werden in der Literatur als **Anspruchsgruppen** bezeichnet (*Thommen/Achleitner*). Diese am Unternehmensgeschehen beteiligten Teilnehmer lösen wirtschaftliche Prozesse aus, die von der Leitung des Unternehmens in geeigneter Weise zu gestalten sind.

Aufgabe 3 > Seite 529

1.4 Kennzahlen

Kennzahlen haben im Unternehmen einen hohen Stellenwert, weil sie der Unternehmensleitung Hinweise darüber geben, ob die Maßstäbe rationellen Wirtschaftens erfüllt werden oder nicht. Sie sind vor allem im zeitlichen Ablauf aussagekräftig, indem sie die Unternehmensentwicklung offenlegen. Dazu zählen (*Olfert*):

- **Wirtschaftlichkeit**
- **Produktivität**
- **Rentabilität**
- **Liquidität**.

1.4.1 Wirtschaftlichkeit

Die Wirtschaftlichkeit ist ein Ausdruck dafür, in wieweit eine Tätigkeit dem Wirtschaftlichkeitsprinzip genügt.

Die rechnerische Ermittlung der Wirtschaftlichkeit ist auf verschiedene Weise möglich. Die betriebliche Praxis bedient sich vor allem folgender Formeln:

$$\text{(Ertrags-) Wirtschaftlichkeit} = \frac{\text{Erträge}}{\text{Aufwendungen}}$$

$$\text{(Leistungs-) Wirtschaftlichkeit} = \frac{\text{Leistungen}}{\text{Kosten}}$$

Die Wirtschaftlichkeit ist bei beiden Formeln um so höher, je größer der Wert des sich ergebenden Quotienten ist.

Es erweist sich bei dieser Berechnung als **Nachteil**, dass sich bei Veränderungen der Beschaffungspreise von Produktionsfaktoren und/oder der Absatzpreise die Wirtschaftlichkeit verändert. Zweckmäßiger erscheint deshalb die folgende Berechnung der Wirtschaftlichkeit:

$$\text{(Kosten-) Wirtschaftlichkeit} = \frac{\text{Sollkosten}}{\text{Istkosten}}$$

Auch bei ihr ist die Wirtschaftlichkeit ist um so höher, je größer der Wert des Quotienten wird. Bei dieser Berechnung der Wirtschaftlichkeit muss zwar ebenfalls auf mögliche Preisschwankungen geachtet werden. Ihre Aussagekraft ist aber erheblich größer, wenn die Sollkosten in geeigenter Weise ermittelt werden.

1.4.2 Produktivität

Die Produktivität ist ein Maß für die mengenmäßige Ergiebigkeit der Kombination der Produktionsfaktoren:

$$\text{Produktivität} = \frac{\text{Mengenergebnis der Faktorkombination}}{\text{Faktoreinsatzmengen}}$$

$$\text{Produktivität} = \frac{\text{Output}}{\text{Input}}$$

Die Produktivität als **einzelne Maßzahl** ermöglicht keine Aussagen. Erst durch den **Vergleich** mit anderen Produktivitäten, beispielsweise ähnlich strukturierter Unternehmen oder früherer Perioden, ist diese Kennzahl für die betriebliche Führung bedeutsam.

Dem Produktionsprozess liegen viele Leistungsarten zu Grunde. Deshalb ist es erforderlich, **Teilproduktivitäten** zu ermitteln, beispielsweise als:

$$\text{Materialproduktivität} = \frac{\text{Erzeugte Menge}}{\text{Materialeinsatz}}$$

$$\text{Arbeitsproduktivität} = \frac{\text{Erzeugte Menge}}{\text{Arbeitsstunden}^{1}}$$

$$\text{Betriebsmittelproduktivität} = \frac{\text{Erzeugte Menge}}{\text{Maschinenstunden}^{2}}$$

1.4.3 Rentabilität

Die Rentabilität ist das Verhältnis des Periodenerfolges als Differenz von Aufwand und Ertrag zu anderen Größen. Als **einzelne Maßzahl** führt sie zu keiner Aussage. Erst durch den **Vergleich** mit anderen Rentabilitäten, beispielsweise ähnlich strukturierter Unternehmen oder früherer Perioden, ist diese Kennzahl für die betriebliche Führung von hervortretender Bedeutung.

Eine gute Wirtschaftlichkeit oder Produktivität lässt nicht darauf schließen, dass auch die Rentabilität positiv zu beurteilen ist, beispielsweise wenn unter günstigen Bedingungen produzierte Erzeugnisse am Markt nicht absetzbar sind.

Die Rentabilität tritt in mehreren **Arten** in Erscheinung:

$$\text{Umsatzrentabilität} = \frac{\text{Erfolg}}{\text{Umsatz}} \cdot 100$$

$$\text{Eigenkapitalrentabilität} = \frac{\text{Erfolg}}{\text{Eigenkapital}} \cdot 100$$

$$\text{Gesamtkapitalrentabilität} = \frac{\text{Erfolg + verrechnete Fremdkapitalzinsen}}{\text{Gesamtkapital}} \cdot 100$$

Aufgabe 4 > Seite 530

[1] oder Arbeiterzahl, Fertigstunden

[2] oder Maschinenzahl, Nutzfläche

1.4.4 Liquidität

Die Liquidität soll die Zahlungsfähigkeit eines Unternehmens gewährleisten bzw. seine Zahlungsfähigkeit abwenden. Sie ist für die Erhaltung des Unternehmens lebensnotwendig und wird unterschiedlich definiert als:

- **Absolute Liquidität**, die eine Eigenschaft von Vermögensteilen ist, als Zahlungsmittel verwendet oder in Zahlungsmittel umgewandelt zu werden. Sie bezieht sich nur auf die Aktiv-Seite der Bilanz und beschreibt eher die **Liquidierbarkeit** der Vermögensgegenstände, die nicht geeignet ist, den Bestand des Unternehmens zu sichern.
- **Relative Liquidität**, die zeitpunkt- oder zeitraumbezogen sein kann als:

Statische Liquidität	Sie beschreibt als **kurzfristige** Kennzahl das Verhältnis zwischen Teilen des Umlaufvermögens und kurzfristigen Verbindlichkeiten: $\text{Liquidität 1. Grades} = \frac{\text{Zahlungsmittelbestand}}{\text{Kurzfristige Verbindlichkeiten}} \cdot 100$ $\text{Liquidität 2. Grades} = \frac{\text{Kurzfristiges Umlaufvermögen}}{\text{Kurzfristige Verbindlichkeiten}} \cdot 100$ $\text{Liquidität 3. Grades} = \frac{\text{Gesamtes Umlaufvermögen}}{\text{Kurzfristige Verbindlichkeiten}} \cdot 100$ **Langfristig** können vor allem Eigenkapital, langfristiges Fremdkapital und Anlagevermögen zueinander in Beziehung gesetzt werden. Die statische Liquidität ist lediglich zeit*punkt*bezogen und bilanzorientiert, weshalb der Bestand des Unternehmens mit ihr nicht gesichert werden kann.
Dynamische Liquidität	Das ist die Fähigkeit des Unternehmens, die zu einem Zeitpunkt zwingend fälligen Zahlungsverpflichtungen uneingeschränkt erfüllen zu können. Sie wird durch ein geeignetes Finanzmanagement erreicht und ist als zeit*raum*bezogene Liquidität imstande, den Erhalt des Unternehmens zu sichern.

Das Finanzmanagement hat darauf zu achten, dass sich das Unternehmen im **finanziellen Gleichgewicht** befindet, d. h. langfristig kann ein Unternehmen nur dann existieren, wenn seine Einzahlungen größer sind als seine Auszahlungen. Sind die Auszahlungen dauerhaft höher als die Einzahlungen, droht dem Unternehmen die Zahlungsunfähigkeit. Somit besteht die Gefahr, dass es Insolvenz anmelden muss. Das finanzielle Gleichgewicht kann durch Störgrößen negativ beeinflusst werden.

Störgrößen der Liquidität sind:

- Beschaffungsprobleme bei den Produktionsfaktoren
- Fertigungsprobleme, beispielsweise Störungen im Produktionsablauf
- Absatzprobleme, beispielsweise unerwartete Absatzeinbrüche
- Finanzierungsprobleme, beispielsweise Zahlungsausfälle, gekündigte Kredite.

Wird das Unternehmen **illiquide**, kann von einer Unternehmenskrise gesprochen werden. Krisen können im äußersten Fall zur Insolvenz führen.

Aufgabe 5 > Seite 531

2. Einzelwirtschaften

Zu den Einzelwirtschaften, mit denen sich die Betriebswirtschaftslehre befasst, zählen Unternehmen und Haushalte, die auch als **Wirtschaftseinheiten** bezeichnet werden (*Thommen/Achleitner*):

- **Unternehmen** können öffentliche und private Unternehmen sein:

Öffentliche Unternehmen	Sie erhalten ihre finanziellen Mittel von Gebietskörperschaften, beispielsweise Bund, Länder und Gemeinden, haben gemeinwirtschaftliche Zielsetzungen und wirtschaften nach dem Prinzip der **Kostendeckung** bzw. der **Verlustminimierung**. Öffentliche Unternehmen können eine eigene Rechtspersönlichkeit haben, beispielsweise Sparkassen, oder ohne eigene Rechtspersönlichkeit sein, beispielsweise die Bundesbahn (nach früherer Rechtslage).
Private Unternehmen	Sie erhalten ihre finanziellen Mittel von Privatpersonen, streben nach **Gewinnerzielung** und tragen ein unternehmerisches Risiko. Private Unternehmen sind durch die Chance des Erfolges, aber auch durch das Risiko des Misserfolges gekennzeichnet.

- **Haushalte** können gleichermaßen öffentliche oder private Haushalte sein:

Öffentliche Haushalte	Das sind Einzelwirtschaften des Bundes, der Länder und Gemeinden, die ihre Einnahmen durch Steuern bewirken. Sie haben Ausgaben und gewähren Subventionen.
Private Haushalte	Sie treten insbesondere als Nachfrager der von Unternehmen erstellten Güter auf, die sie aus ihrem Einkommen oder durch Kreditaufnahme finanzieren.

Damit lassen sich folgende **Arten** von Einzelwirtschaften zusammenstellen:

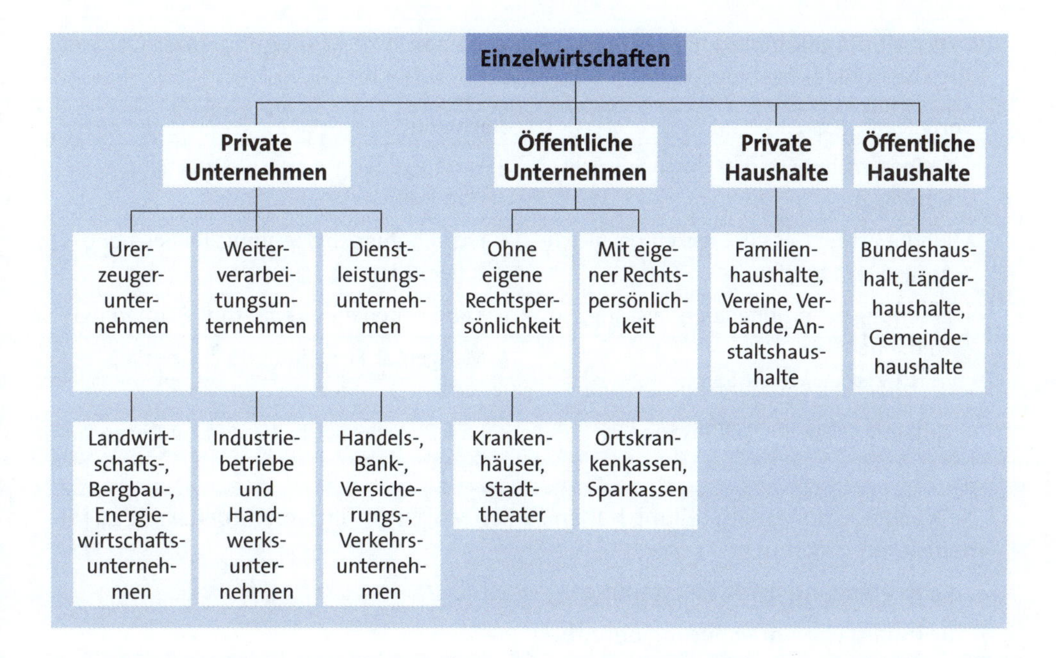

2.1 Arten der Unternehmen

Die Betriebswirtschaftslehre befasst sich vor allem mit den privaten Unternehmen in einer marktwirtschaftlich orientierten Wirtschaftsordnung. Sie sollen nach verschiedenen **Merkmalen** unterteilt werden (*Olfert/Rahn, Paul, Thommen/Achleitner, Wöhe/Döring*):

- **Faktorbezug**
- **Branchenbezug**
- **Standortbezug**
- **Rechtsformbezug**
- **Größenbezug.**

2.1.1 Faktorbezug

Nach dem vorherrschenden **Produktionsfaktor** gibt es:

- **Arbeitsintensive Unternehmen**, die sich durch einen besonders hohen Lohnkostenanteil an den gesamten Produktionskosten auszeichnen. Er bezieht sich auf die ausführende Arbeit. Das sind alle Tätigkeiten, die unmittelbar mit der Leistungserstellung und Leistungsverwertung in Zusammenhang stehen, ohne dispositiver Natur zu sein.

  Die ausführende Arbeit wird vielfach arbeitsteilig abgewickelt. Dabei erledigen die einzelnen Mitarbeiter stets gleichartige Teilaufgaben, beispielsweise Bohr-, Säge-,

Dreh-, Montagearbeiten. Die **Arbeitsteilung** ist somit die Zerlegung einer Gesamtaufgabe in Teilaufgaben. Sie hat mehrere Vor- und Nachteile:

Vorteile	Nachteile
► Steigerung des Ertrages durch Spezialisierung ► Erhöhung der Geschicklichkeit bei gleichartigen Handgriffen ► Erhöhung der erbringbaren Leistung pro Zeiteinheit ► Bestmögliche Kapazitätsausnutzung ► Nutzung spezieller Qualifikationen	► Eintönige Tätigkeit bei gleichartigen Handgriffen ► Entfremdung und Stumpfsinn bei monotoner Arbeit ► Krankheiten durch einseitige Betätigung ► Mangelnde Flexibilität durch Spezialisierung ► Kein Bezug des Arbeitenden zur Gesamtleistung

Die Nachteile der Arbeitsteilung haben zu Konzepten geführt, die Arbeitswelt zu **humanisieren**, z. B. durch

- die Begrenzung der Arbeitsteilung
- die inhaltliche Anreicherung der Arbeit
- die Gruppenarbeit.

► **Anlageintensive Unternehmen** haben einen besonders hohen Stand an Betriebsmitteln. Wesentliche Teile der Produktionskosten bestehen aus Abschreibungen und Zinsen. Die Entwicklung geht vielfach zu spezialisierten und automatisierten, insbesondere computergesteuerten Betriebsmitteln, beispielsweise numerisch-gesteuerten (codierten) Werkzeugmaschinen.

Mit zunehmender **Spezialisierung** und **Automatisierung** der Betriebsmittel wird der Leistungsprozess unflexibler. Das Unternehmen ist wegen der mit diesen Betriebsmitteln verbundenen hohen Kosten darauf angewiesen, sie optimal auszulasten.

► **Materialintensive Unternehmen** haben einen besonders hohen Anteil an Werkstoffkosten, insbesondere für Rohstoffe. Ihre Verknappung und ansteigenden Preise führen dazu, dass die Unternehmen dem Recycling zunehmend Beachtung schenken.

Mit dem **Recycling**, das die Wiederverwendung, Weiterverwendung und Weiterverwertung von Abfallstoffen darstellt, versuchen die Unternehmen der verschiedenen Branchen auch, dem Prinzip der Umweltschonung gerecht zu werden.

2.1.2 Branchenbezug

Die Unternehmen lassen sich nach unterschiedlichen **Wirtschaftszweigen** – und damit den von ihnen erstellten **Leistungen** – unterteilen in:

Sachleistungs-unternehmen	► Hier sind die **Industrieunternehmen** zu nennen, die sich beispielsweise mit der Rohstoff- bzw. Materialgewinnung oder der Veredlung und Herstellung von Gütern befassen. Sie sind Gegenstand der Industriebetriebslehre – siehe *Heinen*.
Dienstleistungs-unternehmen	► **Handelsunternehmen**, die selbst keine Produkte fertigen, sondern ausschließlich die Aufgabe der Distribution der angebotenen Güter wahrnehmen. Sie werden in der Handelsbetriebslehre behandelt – siehe *Barth, Lerchenmüller*. ► **Bankunternehmen**, die unter anderem Finanzmittel der Sparer aufnehmen und damit in der Lage sind, Kredite zu vergeben. Mit diesen Geschäften setzt sich die Bankbetriebslehre auseinander – siehe *Becker, Eilenberger, Obst-Hintner*. ► **Verkehrsunternehmen**, die im Luft-, Schienen-, Wasser- und Straßenverkehr tätig sind, beispielsweise Personentransportunternehmen, Speditionen, Luftfahrtgesellschaften. Mit ihnen beschäftigt sich die Verkehrsbetriebslehre – siehe *Bischof/Meister, Ihde*. ► **Versicherungsunternehmen**, die sich mit der Deckung von Schäden oder Vermögensbedarfen beschäftigen, die durch bestimmte Ereignisse hervorgerufen werden. Sie sind Gegenstand der Versicherungsbetriebslehre – siehe *Farny*.
	► **Sonstige Dienstleistungsunternehmen**, die beispielsweise als Hotelunternehmen, Wirtschaftsprüfungsgesellschaften oder Steuerberaterbetriebe tätig sind – siehe *Biermann, Corsten/Gössinger*.

2.1.3 Standortbezug

Betriebswirtschaftlich gesehen ist das Problem der Standortwahl eine konstitutive Entscheidung über den Sitz einer Niederlassung oder Ansiedlung. Dabei kann zwischen dem Standort der Betriebsstätte als **Fabrik** und dem Sitz eines Unternehmens als **Stammhaus** unterschieden werden.

Aufgrund der langfristigen Wirkung und der schwierigen Revidierbarkeit kommt der Standortwahl eine besondere betriebswirtschaftliche Bedeutung zu. Um zu einer optimalen Lösung zu kommen, muss sowohl den gegenwärtigen als auch den zukünftigen Gegebenheiten des Unternehmens entsprechend Rechnung getragen werden. Grundsätzlich sollte als Standort der Ort gewählt werden, der die Differenz zwischen den standortbedingten Erträgen und den standortabhängigen Aufwendungen maximiert (*Wöhe/Döring*).

Der Standort eines Unternehmens kann sich an verschiedenen **Kriterien** orientieren:

- Bei der **Materialorientierung** geht es um das Bestreben, die Transportkosten für die Materialien so günstig wie möglich zu gestalten. So hat die Orientierung am Fundort der benötigten Materialien zur Bildung großer Industriegebiete geführt. Beispielsweise können sich Roheisen gewinnende Unternehmen an der Kohle, Walzwerke an Hüttenwerken, Maschinenfabriken an Walzwerken orientieren.
- Bei der **Arbeitsorientierung**, die für arbeitsintensive Unternehmen von besonderer Bedeutung ist, kann es zwei Überlegungen geben:
  - *In welchen Regionen finden sich die benötigten Arbeitskräfte?*
  - *In welchen Regionen im In- und Ausland sind die Löhne niedrig?*

  Regionen, die sich durch niedrige Lohnkosten auszeichnen, verfügen häufig nicht über die erforderlichen Fachkräfte. Insofern müssen nicht selten Kompromisse geschlossen werden. In Zeiten guter Konjunktur kann die Arbeitsorientierung für industrielle Unternehmen ein Begrenzungsfaktor sein, der ein Ausweiten der Produktion aus Mangel an Arbeitskräften verhindert.
- Bei der **Abgabenorientierung** wird berücksichtigt, dass in verschiedenen Orten oder Regionen unterschiedliche Steuer- und Abgabensätze gelten können. Das kann sich ergeben durch:
  - das Steuersystem (Hebesätze bei Gewerbe- und Grundsteuern)
  - die Finanzverwaltung (Abschreibungssätze, Steuerstundung)
  - die Steuerpolitik (steuerliche Entlastung für strukturschwache Gebiete).

  Mit diesen Maßnahmen lässt sich die Ansiedlung von Unternehmen in einer Region fördern bzw. die Abwanderung verhindern.
- Bei der **Verkehrsorientierung** wird angestrebt, dass die Transportleistungen der Unternehmen kostengünstig, rasch und sicher erfolgen. Deshalb kann es sich anbieten, die Standorte in die Nähe von Verkehrsknotenpunkten zu legen, beispielsweise an Häfen, Flugplätze, Autobahnkreuze.
- Die **Energieorientierung** kann für ein Unternehmen ebenfalls einen hohen Stellenwert haben. Sie hat heute aber vielfach nicht die gleich hohe Bedeutung wie in der Vergangenheit, z. B. weil die Kohle durch die vorhandene elektrische Energie verdrängt wurde. Heute sind Energiepreise (z. B. Strom- und Gaspreise) fast überall politische Preise, weil die am Markt beteiligten Staaten den Verbrauch von Energie unterschiedlich besteuern.
- Die **Umweltorientierung** hat in den letzten Jahren immer mehr an Bedeutung gewonnen. Sie macht die Ansiedlung von Unternehmen in bestimmten Regionen nicht mehr bzw. nur noch unter erheblichen Auflagen möglich. Das Prinzip der Umweltschonung erhält einen immer höheren Stellenwert.
- Die **Absatzorientierung** spielt vor allem für den Groß- und Einzelhandel eine entscheidende Rolle. Bei Gütern des täglichen Bedarfs, beispielsweise Lebensmitteln, ist heute eine günstige Lage in der Innenstadt häufig nicht mehr ausschlaggebend. Zunehmend werden Mietkosten bzw. das Angebot von Parkplätzen entscheidend.

- Die **Landschaftsorientierung** ist für Unternehmen des Fremdenverkehrs von zentraler Bedeutung. Die Ansprüche an Landschaft und Klima sind beim Verbraucher in den letzten Jahren größer geworden.
- Bei der **Auslandsorientierung** geht es darum, dass einige Staaten direkte Investitionen in ihrem Land fördern. Damit wird für die Unternehmen ein Anreiz geschaffen, ihren Standort ins Ausland zu verlagern. Die internationale Standortwahl hat in der heutigen Zeit an Bedeutung gewonnen.

Den oftmals niedrigen Lohnkosten und/oder günstigen Steuersätzen stehen mitunter **Probleme** gegenüber, die bei uns in der Vergangenheit weniger bekannt waren, beispielsweise das zwangsweise Hereinnehmen von Teilhabern, Schutz- und Schmiergeldzahlungen, eine unseren Maßstäben nicht entsprechende Gerichtsbarkeit.

Aufgabe 6 > Seite 531

2.1.4 Rechtsformbezug

Die Art des Unternehmens wird auch durch die Rechtsform festgelegt. Dabei können vor allem unterschieden werden – siehe ausführlich Kapitel B.:

- **Einzelunternehmen**, die nur einen einzigen Eigentümer haben
- **Personengesellschaften**, die mindestens zwei Eigentümer als Gesellschafter haben und keine eigenen Rechtspersonen sind
- **Kapitalgesellschaften**, die meistens mehrere Eigentümer als Gesellschafter bzw. Aktionäre haben und stets eigenständige Rechtspersonen sind.

Daneben gibt es noch Stiftungen, Genossenschaften, Vereine und Versicherungsvereine auf Gegenseitigkeit.

2.1.5 Größenbezug

Die Betriebsgröße ist Ausdruck des Leistungspotenzials eines Unternehmens. Danach können Unternehmen in Großbetriebe, Mittelbetriebe und Kleinbetriebe eingeteilt werden. Als **Bezugsgrößen** zur Messung der Betriebsgröße dienen vor allem:

- Anzahl der Beschäftigten
- Umsatz pro Geschäftsjahr
- investiertes Kapital
- Anzahl der Arbeitsplätze
- Lohn- und Gehaltssumme
- Ausbringungsmenge

- Bilanzsumme
- steuerlicher Gewinn.

Die **Betriebsgröße** kann durch eine Bezugsgröße oder durch mehrere Kriterien nebeneinander bestimmt werden. Beispielsweise klassifiziert § 267 HGB die Betriebsgrößen wie folgt, wobei für die Zuordnung **mindestens zwei** der drei nachstehenden Merkmale erfüllt sein müssen:

	Kleinbetrieb	**Mittelbetrieb**	**Großbetrieb**
Zahl der Beschäftigten	bis 50	bis 250	über 250
Bilanzsumme	bis 4,840 Mio. €	bis 19,250 Mio. €	über 19,250 Mio. €
Höhe des Umsatzes	bis 9,680 Mio. €	bis 38,500 Mio. €	über 38,500 Mio. €

Die Unterscheidung der Unternehmen nach Beschäftigten-Größenklassen zeigt, dass rund 85 % aller Unternehmen lediglich 1 bis 9 Beschäftigte und weniger als 3 % der Unternehmen 50 und mehr Beschäftigte aufweisen:

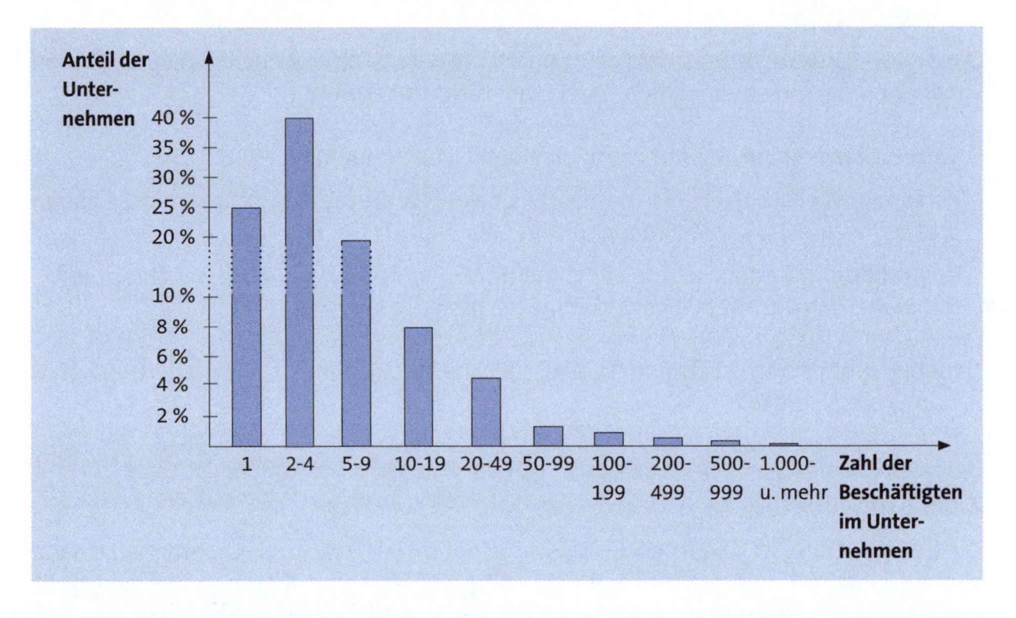

Aufgabe 7 > Seite 532

2.2 Entscheidungen

Die Entscheidung ist ein Akt der Willensbildung, bei der ein Mensch sich entschließt, etwas so und nicht anders zu tun (*Heinen*). Sie kann auch als die Auswahl einer von mehreren Handlungsmöglichkeiten verstanden werden, die dem Entscheidungsträger zur Realisierung eines Zieles zur Verfügung stehen.

Der **Entscheidungsprozess** geht dabei in zwei Phasen vor sich – siehe ausführlich Kapitel C.:

- Der Prozess der **Willensbildung** besteht aus:

Anregung	Ein Problem wird erkannt, die Ausgangssituation analysiert und die Entscheidungsaufgabe festgelegt.
Suche	Sie dient der Vorbereitung der Entscheidung, indem die Entscheidungskriterien bestimmt und alternative Lösungsmöglichkeiten gesucht werden.
Entscheidung	Die alternativen Lösungsmöglichkeiten werden beurteilt, und die vorteilhafteste Lösung wird ausgewählt.

- Der Prozess der **Willensdurchsetzung** bringt die tatsächliche Verwirklichung der gewählten Alternative. Die ausführenden Personen werden informiert, beispielsweise durch Anordnung, Vorgabe, Instruktion bzw. es wird mit ihnen kommuniziert, indem z. B. verhandelt wird.

Der Entscheidungsprozess bedarf der laufenden **Kontrolle**. Erforderlichenfalls sind Anpassungsmaßnahmen einzuleiten, die den Entscheidungsprozess wieder neu beginnen lassen.

Entscheidungen lassen sich nach verschiedenen **Kriterien** unterteilen. Bevor auf die typischen unternehmensbezogenen Entscheidungen eingegangen wird, sollen die Entscheidungen ihrem Charakter nach unterteilt werden als:

- **Entscheidungen unter Sicherheit bzw. Ungewissheit**

Entscheidungen unter Sicherheit	Dabei sind die Daten eindeutig und bekannt. Sie unterstellen **vollkommene Voraussicht**, was in einem marktwirtschaftlichen System unrealistisch ist.
Entscheidungen unter Ungewissheit	Sie sind dadurch gekennzeichnet, dass nicht bekannt ist, welche Werte die Daten annehmen werden. Die Ungewissheit ist grundsätzlich um so größer, je länger sich der Planungszeitraum erstreckt. Sie kann auftreten als:
	► **Risiko**, bei dem eine bedingte Ungewissheit darüber herrscht, wie die Daten sich entwickeln werden. Sie lässt sich überbrücken, indem objektive Wahrscheinlichkeiten über die Entwicklung der Daten ermittelt werden. Das ist möglich, wenn Informationen aus der Vergangenheit vorliegen, die nutzbar gemacht werden können. ► **Unsicherheit**, bei der die Ungewissheit vollkommen ist, also keine objektiven Wahrscheinlichkeiten ermittelbar sind. Es ist denkbar, dass überhaupt keine Wahrscheinlichkeiten über die Entwicklung der Daten gebildet werden können. Möglich ist aber auch, dass subjektive Wahrscheinlichkeiten, welche die persönliche Einschätzung des Planers wiedergeben, zu Grunde gelegt werden.

- **Wirkungsbezogene Entscheidungen**

Konstitutive Entscheidungen	Sie sind auf langfristige Sicht ausgerichtete, grundlegende Entscheidungen, die z. B. den rechtlichen, räumlichen und strukturellen Rahmen des Unternehmens festlegen.
Nichtkonstitutive Entscheidungen	Sie stellen eher kurz- bzw. mittelfristig zu treffende und damit häufig veränderliche Entscheidungen dar, die sich im Rahmen konstitutiver Entscheidungen bewegen.

Als typische unternehmensbezogene Entscheidungen sollen behandelt werden:

- **Gründungsentscheidungen**
- **Organisationsentscheidungen**
- **Durchführungsentscheidungen**
- **Zusammenschlussentscheidungen**
- **Krisenentscheidungen**.

2.2.1 Gründungsentscheidungen

Die Gründungsentscheidungen umfassen insbesondere:

- Den **Standort**, der material-, arbeits-, abgaben-, verkehrs-, energie-, landschafts-, umwelt-, absatz-, auslandsorientiert sein kann, wie oben beschrieben. Auch kann zu entscheiden sein, wo der Sitz des Stammhauses sein soll und wo die Fabrik(en) bzw. Niederlassung(en) anzusiedeln sind.
- Die **Rechtsform**, die sein kann – siehe ausführlich Kapitel B.
  - Einzelunternehmen
  - Personengesellschaften: OHG, KG, Stille Gesellschaft, GdbR, GmbH & Co. KG, Partnerschaftsgesellschaft
  - Kapitalgesellschaften: GmbH, haftungsbeschränkte Unternehmensgesellschaft, AG, KGaA
  - Sonstige Rechtsformen: Genossenschaft, VVaG.

  Welche Rechtsform gewählt werden soll, hängt von einer Reihe von Kriterien ab, insbesondere von den damit verbundenen Kosten sowie den Rechten und Pflichten der Gesellschafter.
- Die **Firma** als der Name eines Kaufmanns, unter dem er seine Geschäfte betreibt, seine Unterschrift abgibt und klagen bzw. verklagt werden kann. Durch das **Handelsrechtsreformgesetz** (HRefG) von 1998 ist ein einheitlicher Kaufmannsbegriff geprägt worden.

  Um eine Firma zu gründen, ist es erforderlich, sich umfassend zu informieren und gegebenenfalls von Fachleuten, Berufsverbänden oder Industrie- und Handelskammern beraten zu lassen.

- Im Verlaufe der Gründung muss eine **Vielzahl von Entscheidungen** getroffen werden, beispielsweise über:
  - zu Grunde liegende Verträge
  - Bankverbindung
  - Gesellschaftervertrag
  - Druck der Geschäftsbriefe und Formulare
  - Geschäftsräume
  - Telefon-/Telefaxanschluss
  - erforderliche Versicherungen
  - Art der Buchführung.

  Zur Strukturierung des neu entstehenden Unternehmens ist es auch erforderlich, Organisationsentscheidungen zu treffen.

2.2.2 Organisationsentscheidungen

Aus der Vielzahl organisatorischer Entscheidungen sind zunächst die **formellen Entscheidungen** hervorzuheben. So hat die Unternehmensleitung Festlegungen zu treffen über (*Olfert, Olfert/Rahn*) – siehe ausführlich Kapitel B.:

- Die **Aufbauorganisation** als formelle Strukturierung des gesamten Unternehmens. Sie kann gestaltet werden als:

Sektoral-organisation	Sie ist bei kleinen Unternehmen möglich, die lediglich in einen technischen und kaufmännischen Teil gegliedert werden.
Funktional-organisation	Hier wird in zentrale betriebliche Funktionen untergliedert, beispielsweise Material-, Produktionswirtschaft, Marketing, Personal-, Finanzwirtschaft, Rechnungswesen.
Sparten-organisation	Dabei werden dezentrale Beschäftigungsbereiche geschaffen, die beispielsweise als Profit-Center mit Gewinnverantwortung arbeiten.
Matrix-organisation	Hier werden Dezentral- und Zentralabteilungen relativ gleichberechtigt als Faktoren der Matrix nebeneinander gestellt. Die Zeilen sind die Verbindungen zwischen den zweidimensional angeordneten Abteilungen.
Tensor-organisation	Sie geht vom Matrixaufbau aus, hat aber mindestens drei Dimensionen, die beispielsweise Gliederungen nach der Verrichtung, dem Objekt und nach der Region enthalten können.

- Die **Prozessorganisation**, welche die betrieblichen Abläufe strukturiert. Sie soll eine hohe Wirtschaftlichkeit und Arbeitsgüte sowie eine schnelle und terminsichere Arbeitsabwicklung sicherstellen. Bei ihrer Gestaltung sind auch Entscheidungen über den Einsatz der erforderlichen Hilfsmittel zu treffen, beispielsweise Diagramme, Netzpläne, Datenflusspläne.

  Die Prozessorganisation ist aus der **Ablauforganisation** weiter entwickelt worden, sie wird vielfach begrifflich aber noch immer mit ihr gleichgesetzt.

- Die **Projektorganisation**, die von einem Mitarbeiter oder von einer Personenmehrheit durchgeführt werden kann. Es sind Entscheidungen über die Aufgaben bzw. die Zusammensetzung der Projektgruppen zu treffen.

Beispiele

Beispiele für Projekte sind:

Errichtung eines Werkes, Einführung eines neuen Produktes, größere Bauvorhaben, umfangreiche Forschungsvorhaben.

2.2.3 Durchführungsentscheidungen

Als Durchführungsentscheidungen werden alle realisierungsbezogenen Entscheidungen von Führungskräften bezeichnet, die in der gesamten **Entwicklungsphase** des Unternehmens anfallen. Damit die Entwicklung eines Unternehmens positiv gestaltet wird, sind die **Entscheidungen** gut abzuwägen, die sein können:

- Personalentscheidungen, beispielsweise zum Entgelt
- Materialentscheidungen, beispielsweise über die Beschaffung
- Produktionsentscheidungen, beispielsweise zur Rationalisierung
- Marketingentscheidungen, beispielsweise zur Werbung
- Finanzentscheidungen, beispielsweise über Kredite
- Rechnungswesenentscheidungen, beispielsweise über Bewertungsfragen
- Informationsentscheidungen, beispielsweise über die Datenverarbeitung
- Controllingentscheidungen, beispielsweise zur Kontrolle.

Die Unternehmensleitung arbeitet im Hinblick auf Durchführungsentscheidungen mit der jeweiligen Bereichsleitung eng zusammen.

2.2.4 Zusammenschlussentscheidungen

Für ein Unternehmen kann es unter bestimmten Umständen zweckmäßig sein, über einen Unternehmenszusammenschluss nachzudenken. Darunter ist die Verbindung von bisher rechtlich und wirtschaftlich selbstständigen Unternehmen zu größeren Wirtschaftseinheiten zu verstehen. Zusammenschlussentscheidungen können sich vor allem beziehen auf – siehe ausführlich Kapitel B.:

- **Interessengemeinschaften**, bei denen die rechtliche Selbstständigkeit der zusammengeschlossenen Unternehmen erhalten bleibt, die wirtschaftliche Selbstständigkeit aber teilweise verloren geht
- **Kartelle**, bei denen die kapitalmäßige und rechtliche Selbstständigkeit erhalten bleibt, die wirtschaftliche Selbstständigkeit allerdings durch den Gegenstand der Kartellbildung eingeschränkt wird

- **Konzerne**, bei denen die zusammengeschlossenen Unternehmen zwar rechtlich selbstständig bleiben, aber die wirtschaftliche Selbstständigkeit verloren geht, beispielsweise durch die Abhängigkeit einer Tochtergesellschaft von der Muttergesellschaft
- **fusionierte Unternehmen**, die Zusammenschlüsse darstellen, bei denen die zusammengeschlossenen Unternehmen sowohl ihre rechtliche als auch ihre wirtschaftliche Selbstständigkeit aufgeben.

2.2.5 Krisenentscheidungen

Unternehmerische Entscheidungen unterliegen der Ungewissheit des zukünftigen Geschehens. Die für unternehmerische Entscheidungen notwendigen Informationen sind auch beim Einsatz der modernen Technik nie ganz vollständig.

Viele Entscheidungen werden unter Unsicherheit gefällt. **Krisen** können deshalb nicht ausgeschlossen werden. Das Risiko ihres Eintretens ist um so größer, je lückenhafter und ungenauer die zu Grunde gelegten Informationen sind und je größer die Planungsperiode ist.

Krisen können das Unternehmen in Not bringen im äußersten Fall in die **Insolvenz.** Sie kann sich in Zahlungsunfähigkeit (§ 17 InsO), drohender Zahlungsunfähigkeit (§ 18 InsO) oder Überschuldung (§ 19 InsO) äußern (*Eickmann/Flessner/Irschlinger u. a., Kirchhof*).

Als in der Not zu ergreifende **Maßnahmen** kommen für das Krisenmanagement in Betracht – siehe ausführlich Kapitel B.:

- Die **Sanierung**, die alle Entscheidungen umfasst, die den „gesunden Zustand" des Unternehmens wiederherstellen sollen. Ihr Ziel besteht darin, das Unternehmen zu erhalten und fortzuführen. Die Sanierung kann durch finanzielle, sachliche, personelle und organisatorische Maßnahmen bewirkt werden.
- Das **Insolvenzverfahren**, das für Verfahren in Deutschland gilt, die nach 1998 beantragt werden. Es tritt an die Stelle des früheren Konkursverfahrens bzw. des Gesamtvollstreckungsverfahrens. Die Insolvenzordnung (InsO) umfasst folgende Verfahren (*Köhler*):

Insolvenz-Großverfahren	Es gilt u. a. für juristische Personen (z. B. Aktiengesellschaft, GmbH, Genossenschaft, Vereine), sowie gleichgestellte Personengesellschaften (z. B. OHG, KG, GdbR).
Insolvenz-Kleinverfahren	Dieses Verfahren bezieht sich auf alle natürlichen Personen, die nie eine selbstständige wirtschaftliche Tätigkeit ausgeübt haben (§ 304 InsO). Dem Kleinverfahren muss ein Schuldenbereinigungsverfahren vorausgehen – siehe S. 133.
Restschuld-Befreiungs-verfahren	Es führt zum Erlöschen von Forderungen der Gläubiger an den Schuldner. Die Befreiung von der Restschuld setzt allerdings einen Antrag des Schuldners voraus, der eine natürliche Person sein muss.

- Der **Insolvenzplan**, der Maßnahmen zur Befriedigung der Gläubiger durch den Schuldner enthält. Er ist entweder vom Schuldner oder vom Insolvenzverwalter bzw. Sachverwalter auszuarbeiten. Wirksam wird er erst nach Zustimmung der Gläubigerversammlung.

  Mit dem Insolvenzplan hat die Gläubigergemeinschaft die Möglichkeit, die Weichen für die Zukunft des Schuldners selbst zu stellen. Dabei ergibt sich entweder die **Sanierung** als die Rettung des in Not geratenen Schuldners oder die **Liquidation**, die mit der Zerschlagung des Unternehmens verbunden ist. In beiden Fällen wird mit besseren Vermögenserlösen gerechnet, als sie bei der Insolvenzverwaltung nach Gesetz zu erzielen wären.

- Die **Liquidation** ist die freiwillige oder zwangsweise Auflösung des Unternehmens. Damit wird dessen Erwerbstätigkeit ein Ende gesetzt. Nach der Einleitung der Liquidation besteht der Betriebszweck nur noch in der Abwicklung. Gründe für eine freiwillige Liquidation können im Tod des Unternehmers oder auch in schlechten Ertragsaussichten liegen. Die zwangsweise Auflösung kann eine Insolvenz als Ursache haben.

Die von der Unternehmensleitung zu treffenden Entscheidungen können sich auf die nachfolgend beschriebenen Bereiche beziehen.

Aufgabe 8 > Seite 532

2.3 Bereiche

Bereiche sind von einer Bereichsleitung einheitlich geleitete, plurale Organisationseinheiten, beispielsweise als Abteilungen oder Hauptabteilungen einer größeren organisatorischen Einheit. Zu unterscheiden sind:

- **Leistungsbereich**
- **Finanzbereich**
- **Personalbereich**
- **Informationsbereich**
- **Rechnungswesen**
- **Controlling**.

2.3.1 Leistungsbereich

Der Leistungsbereich wird auch als **güterwirtschaftlicher Bereich** bezeichnet. Er umfasst die Beschaffung, Nutzung bzw. Umformung und gegebenenfalls die Lagerung der Produktionsfaktoren sowie die Abgabe bzw. Verwertung der erstellten Leistungen. Im industriellen Unternehmen besteht er aus **Teilbereichen** – siehe Kapitel D.

- Dem **Materialbereich**, der sich mit den Materialien als Rohstoffen, Hilfsstoffen, Betriebsstoffen, Zulieferteilen und Waren befasst. Dabei geht es um:

Materialbedarf	Er wird durch den Bedarf im Produktionsbereich ausgelöst und ist nach Art, Menge und Zeit zu ermitteln.
Materialbestand	Er ist der im Lager vorhandene und der bereits bestellte, aber noch nicht eingetroffene Bestand an Materialien, soweit er nicht bereits für Produktionsaufträge reserviert ist.
Materialbeschaffung	Sie hat die Materialien art-, mengen- und zeitgerecht zu beschaffen, deren Bedarf größer ist als ihr Bestand.
Materiallagerung	Sie umfasst Annahme, Prüfung, Einlagerung und Auslagerung der Materialien, die von der Materialbeschaffung angefordert wurden.
Materialentsorgung	Sie ist das Erfassen, Sammeln, Selektieren, Separieren, Einstufen der Rückstände nach der Möglichkeit der Verwertung, ihrer Gefährlichkeit und Umweltbelastungswirkung sowie das Aufbereiten, Umformen, Regenerieren, Bearbeiten und Sichern der Materialien.

- Dem **Produktionsbereich**, in dem die Be- und Verarbeitung der Werkstoffe unter Einsatz von Arbeitsleistungen und Betriebsmitteln erfolgt. Zu unterscheiden sind dabei:

Erzeugnisse	Sie sind Gegenstand der Produktion. Es wird festgelegt, ► welche Erzeugnisse in das Produktionsprogramm aufgenommen werden ► welche Merkmale die Erzeugnisse aufweisen sollen.
Produktionsprogramm	Es ist die Aufstellung der zu produzierenden Erzeugnisse und ist für die Produktion eine Vorgabe.
Arbeitsplan	Er stellt das Ergebnis der für die Produktion erzeugten Arbeitspapiere dar und wird durch die Zeichnungen und Stücklisten um diejenigen Angaben ergänzt, die für die Ausführung der Produktion erforderlich sind.
Bereitstellung	Sie bezieht sich auf die Betriebsmittel, Arbeitskräfte und Werkstoffe, die in der richtigen Quantität und Qualität zur richtigen Zeit am richtigen Ort bereitzustellen sind.
Produktionsprozess	Er wird auf der Grundlage der geplanten Aufträge, produktionsbezogenen Zeiten und betriebsmittelbezogenen Kapazitäten durchgeführt.

Eng mit der Produktion ist der **Forschungs- und Entwicklungsbereich** verbunden. Dieser Bereich umfasst alle planvollen und schöpferischen Aktivitäten, die auf den Erwerb neuer Kenntnisse im naturwissenschaftlich-technischen Sektor ausgerichtet sind.

- Dem **Marketingbereich**, der für die Leistungsverwertung der erstellten Erzeugnisse zu sorgen hat. Er umfasst:

Marktforschung	Sie ist das systematische und methodisch einwandfreie Untersuchen eines Marktes mit dem Ziel, marktbezogene Informationen zu erlangen.
Marketing-politische Instrumente	Dazu zählen: ► Die **Produktpolitik**, die sich auf das einzelne Produkt bezieht, das in das Leistungsprogramm des Unternehmens aufzunehmen, zu gestalten und erforderlichenfalls zu eliminieren ist sowie auf das gesamte Leistungsprogramm, das festzulegen ist. ► Die **Kontrahierungspolitik**, die sich mit der finanziellen Abgeltung der angebotenen Leistungen durch die Abnehmer befasst. Dazu dienen beispielsweise die Preispolitik, Rabattpolitik, die Liefer- und Zahlungsbedingungen. ► Die **Distributionspolitik**, mit welcher der Weg der Produkte vom Hersteller zum Verbraucher bzw. Verwender gestaltet wird, der ein indirekter, über den Handel laufender oder ein direkter Absatzweg sein kann. ► Die **Kommunikationspolitik**, die der Gestaltung des Informationsaustauschs zwischen dem Unternehmen und den Marktteilnehmern dient, wobei die Wirkung bedeutsam ist.

2.3.2 Finanzbereich

Dem Leistungsbereich steht der Finanzbereich gegenüber, in dem Kapital beschafft, verwendet, wieder freigesetzt und verwaltet wird. Im Finanzbereich werden dementsprechend die Einzahlungen und Auszahlungen des Unternehmens geplant, gesteuert und kontrolliert. Er umfasst – siehe ausführlich Kapitel E.

- Die **Finanzierung**, die zur Aufgabe hat, das Unternehmen mit dem erforderlichen Kapital zu versorgen. **Arten** der Finanzierung können sein:

Beteiligungs-finanzierung	Sie dient dazu, **Eigenkapital** von außerhalb des Unternehmens zuzuführen. Das kann in Form von Geldeinlagen, Sacheinlagen oder dem Einbringen von Rechten – beispielsweise von Patenten, Wertpapieren – erfolgen. Die Zuführungen sind von bisherigen oder neuen Gesellschaftern möglich.
Fremd-finanzierung	Mit ihrer Hilfe wird dem Unternehmen **Fremdkapital** von außen zugeführt. Dabei kommen vor allem Kreditinstitute, Lieferanten, Kunden als Fremdkapitalgeber in Betracht, die Geld oder Sachgüter zur Verfügung stellen.

Innenfinanzierung	Sie nimmt das Unternehmen **aus eigener Kraft** vor. Dabei fließen ihm Umsatzerlöse und sonstige Erlöse zu, die für Maßnahmen der Finanzierung verwendet werden können, soweit ihnen keine auszahlungswirksamen Aufwendungen gegenüberstehen.

- Die **Investition**, die Auszahlungen für Vermögensteile darstellt. Sie beginnen mit den Anschaffungsauszahlungen für das Investitionsobjekt, denen laufende Auszahlungen – beispielsweise für Löhne und Materialien – folgen können.

  Das so gebundene Kapital wird durch die Verwertung der mithilfe des Investitionsobjektes erstellten Leistungen in Form von Einzahlungen wieder freigesetzt. Zur **Beurteilung** der Vorteilhaftigkeit von Investitionen dienen:

Statische Investitionsrechnungen	Sie berücksichtigen nicht den Zeitfaktor, sondern rechnen praktisch nur mit **einer Periode**, beispielsweise einer Durchschnittsperiode. Ihre Handhabung ist einfach, ihre Ergebnisse sind aber relativ ungenau.
Dynamische Investitionsrechnungen	Sie beziehen sich auf **mehrere Perioden** und bedienen sich finanzmathematischer Methoden. Mit ihnen können rechnerisch genaue Werte ermittelt werden.
Nutzwertrechnungen	Mit ihrer Hilfe wird der Nutzwert für jedes alternative Investitionsobjekt festgestellt. Darunter versteht man den zahlenmäßigen Ausdruck für den subjektiven Wert einer Investition im Hinblick auf das Erreichen vorgegebener Ziele.

- Der **Zahlungsverkehr**, der zur Abwicklung der finanziellen Transaktionen dient. Er kann sein:

Barzahlungsverkehr	Dabei wird **Bargeld** in Form von Geldscheinen oder Münzen übertragen. Im Geschäftsverkehr hat er im Wesentlichen nur bei Handels- und Dienstleistungsunternehmen größere Bedeutung, die private Kunden haben.
Halbbarer Zahlungsverkehr	Bei ihm wird **Bargeld in Buchgeld** umgewandelt und umgekehrt. Dabei muss eine der am Zahlungsverkehr beteiligten Personen über ein Konto bei einem Kreditinstitut verfügen.
Bargeldloser Zahlungsverkehr	Hier kommt weder der Zahlungspflichtige noch der Zahlungsempfänger mit Bargeld in Berührung. Beide verfügen über ein **Konto**, das nicht beim gleichen Kreditinstitut geführt werden muss.

2.3.3 Personalbereich

Dem Personalbereich obliegen alle planerischen, gestaltenden und kontrollierenden Aktivitäten, die auf die im Unternehmen tätigen Arbeitskräfte ausgerichtet sind. Sie umfassen – siehe ausführlich Kapitel F.

- **Rahmenfunktionen,** die den einzelnen funktionalen Bereichen des Personalbereiches übergelagert sind. Sie umfassen:

Personalführung	Mit ihrer Hilfe werden die Ziele und grundlegenden Strategien bzw. Entscheidungen auf den einzelnen hierarchischen Ebenen durch Vorgesetzte umgesetzt.
Personalpolitik	Sie umfasst Grundsatzentscheidungen zum Personalmanagement und auch Einzelentscheidungen der Vorgesetzten. Es wird beispielsweise Arbeitszeit-, Entgelt-, Einsatz-, Beschaffungs- und Entwicklungspolitik betrieben.
Personal-organisation	Darunter werden alle Tätigkeiten und Ergebnisse verstanden, die sich auf Strukturierungen im Personalbereich beziehen, mit deren Hilfe eine zielorientierte Ordnung für das ganze Unternehmen geschaffen und erhalten werden soll.
Personal-controlling	Sie ist eine aktuelle Form der Planung, Steuerung, Informationsversorgung und Überwachung der gesamten Personalwirtschaft im Unternehmen.

- **Kernfunktionen**, als Funktionen, die von den einzelnen Bereichen des Personalbereiches wahrgenommen werden. Das sind:

Personalplanung	Darunter ist die planvolle gedankliche Vorwegnahme des zukünftigen Personalgeschehens im Unternehmen zu verstehen. Sie bezieht sich sowohl auf den einzelnen Mitarbeiter als auch auf Gesamtheiten von Mitarbeitern.
Personal-beschaffung	Sie befasst sich mit der Bereitstellung der für das Unternehmen erforderlichen Arbeitskräfte in quantitativer, qualitativer, zeitlicher und räumlicher Hinsicht.
Personaleinsatz	Dabei werden die im Unternehmen vorhandenen Mitarbeiter den gegebenen Arbeitsplätzen zugeordnet. Er beginnt am ersten Tag und endet am letzten Tag der Beschäftigung der Mitarbeiter.
Personal-entwicklung	Hier geht es um die Maßnahmen, die darauf ausgerichtet sind, die Qualifikation der Mitarbeiter zu verbessern, beispielsweise die Ausbildung, Fortbildung und Umschulung.
Personal-entlohnung	Sie besteht aus den geldlichen Leistungen des Unternehmens an das Personal, die in unmittelbarem Zusammenhang zu den von den Mitarbeitern erbrachten Arbeitsleistungen stehen, beispielsweise die Löhne und Gehälter.
Personal-betreuung	Sie umfasst alle Maßnahmen bzw. Leistungen, die den Mitarbeitern vom Arbeitgeber über das vereinbarte Entgelt hinaus zukommen, beispielsweise Sozialleistungen.

Personal-freistellung	Sie betrifft alle Maßnahmen, mit denen eine personelle Überdeckung im Unternehmen abgebaut wird, beispielsweise wegen rückläufigen Umsatzes, Rationalisierung oder Automatisierung.
Personal-verwaltung	Dabei geht es um alle nicht gestaltenden Aufgaben, insbesondere um die Personaldatenverwaltung, die Personaladministration und die Personalstatistik.

Während die Rahmenfunktionen des Personalbereiches dem Betrachter eine größere Orientierung geben, zeigen die Kernfunktionen die grundlegenden Aufgaben der **Personalarbeit**.

2.3.4 Informationsbereich

Der Informationsbereich beschäftigt sich mit der Eingabe, Verarbeitung und Ausgabe von Informationen. Zu unterscheiden sind – siehe ausführlich Kapitel G.

- Die **Informatik** ist die Wissenschaft von der maschinellen Verarbeitung von Informationen. Sie befasst sich mit dem Aufbau von Anlagen der Elektronischen Datenverarbeitung und ihrer Programmierung. Informatik bedeutet Datenverarbeitung mit dem Computer. Dazu werden benötigt:

Software	Darunter wird einerseits die Gesamtheit aller Programme und andererseits das Anwendungssystem an einem Computer zur wiederholten Aufgabendurchführung verstanden.
Hardware	Sie umfasst die Gesamtheit der physischen Bestandteile von Datenverarbeitungsanlagen, beispielsweise sind das Bildschirme, Tastaturen.
Orgware	Das Ergebnis der Organisationstätigkeit ist die Vorgabe für den Programmierer, um die Software zu gestalten. Organisation als Vorgabe wird als Orgware bezeichnet.

- Die **Informationen**, die in unterschiedlicher Weise eingeteilt werden können. Sie lassen sich insbesondere gliedern in:

Kapital-informationen	**Kapitalbeschaffungsinformationen** fallen an, wenn z. B. die betrieblichen Prozesse zu finanzieren sind. Kapital**verwendungs**informationen werden benötigt, wenn investiert werden soll. Kapital**verwaltungs**informationen dienen der Abwicklung des Zahlungsverkehrs.
Material-informationen	**Betriebsmittel**informationen liefern Daten über Maschinen und Werkzeuge. **Werkstoff**informationen geben Auskünfte über Roh-, Hilfs- und Betriebsstoffe.
Personal-informationen	Sie fließen in den Unternehmensbereichen von, an und über Personal. Gehen Informationen vom Personal aus, fließen die Daten **„von unten nach oben"**. Werden Daten an das Personal gegeben, laufen die Informationen von **„oben nach unten"**.

2.3.5 Rechnungswesen

Als betriebliches Rechnungswesen wird derjenige Bereich des Unternehmens bezeichnet, der alle Verfahren zu der systematischen Erfassung und Auswertung von quantifizierbaren Vorgängen im Unternehmen umfasst. Das sind – siehe ausführlich Kapitel H.

Buchhaltung	Dabei handelt es sich um eine **Zeitraumrechnung**, die im zeitlichen Ablauf alle Geschäftsvorfälle lückenlos aufzeichnet, die sich rechnerisch niederschlagen. Sie verbindet die Bilanzen und überbrückt den dazwischen liegenden Zeitraum.
Bilanz	Sie ist die Gegenüberstellung von Vermögen und Kapital eines Unternehmens zu einem Stichtag. Das **Vermögen** umfasst – als Aktivposten – die gesamten Vermögensgegenstände und Geldmittel, das **Kapital** ist – als Passivposten – die Gesamtheit aller Verpflichtungen gegenüber Beteiligten und Gläubigern des Unternehmens.
Gewinn- und Verlustrechnung	Sie ist eine **Zeitraumrechnung**. Den Erträgen werden die Aufwendungen gegenübergestellt. Aus der Differenz ergibt sich der Erfolg, der im positiven Falle ein Gewinn und im negativen Falle ein Verlust ist.
Kostenrechnung	Mit ihr wird – als **Kosten** – aller in Geld gemessener Verzehr an Gütern und Dienstleistungen ermittelt, der notwendig ist, um die betrieblichen Leistungen zu bewirken, die zu **Erträgen** führen. Sie kann eine Zeitrechnung oder Stückrechnung sein.
Statistik	Sie wertet neben anderen Unterlagen die Zahlen der Buchhaltung, der Bilanz, der Gewinn- und Verlustrechnung und der Kostenrechnung aus. Durch Vergleichen von betrieblichen Tatbeständen mithilfe von **Kennzahlen** gewinnt man zusätzliche Erkenntnisse.
Planungsrechnung	Sie stellt die mengen- und wertmäßige Schätzung der erwarteten betrieblichen **Entwicklungen** dar und dient der Vorbereitung von Entscheidungen, die sich auf alle Bereiche des Unternehmens beziehen können.

Das Rechnungswesen muss sich auch mit den **Steuern** auseinander setzen – beispielsweise als Körperschaftsteuer, Gewerbesteuer, Umsatzsteuer – siehe dazu ausführlich *Grefe*.

2.3.6 Controlling

Das Controlling betrifft alle genannten betrieblichen Bereiche. Es kann **funktional** – in Verbindung mit Planung und Kontrolle – oder **institutionell** – unter unternehmensorganisatorischen Gesichtspunkten – gesehen werden. Es verbindet den Koordinationsprozess der Planung, Kontrolle und Steuerung mit der Informationsversorgung. Seine Aufgabe ist es, die Aktivitäten des Unternehmens zielorientiert zu beeinflussen.

Beim Controlling lassen sich vor allem unterscheiden – siehe ausführlich Kapitel I.

Planung	Die Planung basiert auf den gegebenen Zielsetzungen des Unternehmens und unterstützt die Unternehmensleitung. Es wird geprüft, auf welche Art und Weise die Gesamtziele zu erreichen sind. Auch der Budgetierung kommt hohe Bedeutung zu, weil die Budgetwerte für die Bereichsleiter Vorgabecharakter haben, z. B. Planumsätze, Plankosten, Plangewinne, geplante Deckungsbeiträge.
Kontrolle	Sie ist als umfassende Kontrolle des gesamten Unternehmens zu verstehen, welche aus der Überwachung der Soll- bzw. Kennzahlenwerte und der Untersuchung von Soll-Ist-Abweichungen besteht. *Siegwart* nennt als Kennzahlen für das Ergebniscontrolling z. B. Gewinne, Rentabilitäten, Cashflow, Umsatzrentabilität. Auch im Rahmen der Budgetkontrolle werden die Soll-Werte mit den Ist-Werten verglichen.
Informationsversorgung	Die Unternehmensleitung bzw. die Bereichsleiter werden vom Controller mit wesentlichen Informationen über obige Ergebnisse versorgt. Mit einem zweckentsprechenden Berichtssystem wird das Management über Frühwarnindikatoren informiert, z. B. Preisveränderungen am Markt, zu erwartende Steuerbelastungen, technische Neuerungen und Informationen über die Konkurrenz.
Steuerung	Sie hat auf der Basis der Kontrollergebnisse Maßnahmen zur Bekämpfung der Störgrößen des Unternehmensgeschehens zu ergreifen. Dabei leistet das Controlling wesentliche Beiträge, z. B. Anpassung der Finanzmittel, Nutzung kostengünstigerer Produktionsverfahren, lagerlose Fertigung, Erhöhung der Auftragseingänge, verstärkte Werbung, Outsourcing, Outplacement.

Das Controlling vollzieht *nicht* das unmittelbare Unternehmensgeschehen, sondern soll die einzelnen Unternehmensbereiche bei ihrer Arbeit unterstützen – siehe dazu ausführlich *Ziegenbein*.

Aufgabe 9 > Seite 533

2.4 Führung

Die Führung ist die ziel- bzw. situationsbezogene Beeinflussung des Unternehmens bzw. des Personals, die unter Einsatz von Führungsinstrumenten auf einen gemeinsam zu erzielenden Erfolg hin ausgerichtet ist. Ihre **Aufgabenfelder** sind – siehe ausführlich Kapitel C.

- **Unternehmensführung**
- **Bereichsführung**
- **Gruppenführung**
- **Individualführung**.

2.4.1 Unternehmensführung

Die Unternehmensführung ist die zielorientierte Gestaltung, Steuerung und Entwicklung eines Unternehmens (*Dillerup/Stoi, Hungenberg/Wulf, Macharzina/Wolf, Steinmann/Schreyögg*). Sie wird von einem **Unternehmensleiter** ausgeübt, der als **Unternehmer** oder als **Top-Manager** die betriebliche Entwicklung steuert.

Die Unternehmensführung kann in unterschiedlicher Weise betrachtet werden:

- Aus **institutionaler Sicht** umfasst sie die Gesamtheit der Führungskräfte. Diese sind Vorgesetzte, welche die Aufgabe haben, ihre Mitarbeiter zum Erfolg zu führen.
- In **funktionaler Sicht** wird die Mitarbeiterorientierung bzw. die Sachorientierung in den Vordergrund gestellt. Dabei sind zu unterscheiden (*Olfert/Pischulti*):

Personenbezogene Führung	Sie ist direkt mit der **Personalführung** verbunden, welche die zielgerichtete Beeinflussung der Mitarbeiter durch Vorgesetzte darstellt. Für die Führungskraft bedeutet sie, unter Einsatz von Führungsinstrumenten und unter Berücksichtigung der jeweiligen Situation, das betriebliche Personal auf einen gemeinsam zu erzielenden Erfolg hin zu beeinflussen (*Olfert/Rahn, Rahn*).
Sachbezogene Führung	Hier wird die Gesamtheit aller Bestimmungshandlungen betrachtet, die das **Verhalten des Unternehmens** festlegen und auf ein übergeordnetes Gesamtziel hin ausrichten. Es besteht ein direkter Bezug zu sachlich-rationalen Tatbeständen, die sich z. B. in Aktionen der Bildung, Durchsetzung und Sicherung eines Führungswillens niederschlagen (*Bleicher*).

- In **dimensionaler Sicht** werden aufgabenbezogene, personenbezogene, organisations- und prozessbezogene Aspekte der Unternehmensführung hervorgehoben und mit den verschiedenen **Führungsebenen** verbunden. In der Praxis gegebene Führungsprobleme werden dabei aus der Sicht der Unternehmens-, Bereichs- bzw. Gruppenleitung systematischer für jede Dimension einzeln betrachtet (*Rahn*).

2.4.2 Bereichsführung

Die Bereichsführung ist die gezielte Beeinflussung des Bereichspersonals auf einen gemeinsam zu erzielenden Bereichserfolg hin. Die Steuerung bzw. Gestaltung des Handelns der Bereichsmitarbeiter erfolgt durch den **Bereichsleiter** unter Berücksichtigung der jeweiligen Bereichssituation. Im industriellen Unternehmen umfasst die Bereichsführung (*Olfert/Pischulti, Rahn*):

- Die **güterwirtschaftliche Führung**, die den güterwirtschaftlichen Prozess gestaltet. Sie schließt ein:

Führung im Materialbereich	Der Leiter der Materialwirtschaft hat auf seine Mitarbeiter einzuwirken und alle Anstrengungen zur Zielerreichung zu unternehmen. Es werden materialwirtschaftliche Planungen vorgenommen, die zu realisieren und zu kontrollieren sind.
Führung im Produktionsbereich	Der Leiter der Produktionswirtschaft führt seine Mitarbeiter so, dass zweckmäßige Erzeugnis- bzw. Arbeitspläne erstellt werden. Außerdem hat er Sorge dafür zu tragen, dass der Produktionsprozess einwandfrei verläuft. Mit der Kontrolle schließt sich der Regelkreis.
Führung im Marketingbereich	Der Marketingleiter plant die Gegebenheiten im Absatzbereich und gibt seinen Mitarbeitern Realisierungsanreize, damit die Plandaten erfüllt werden können. Aufgabe der Marketingkontrolle ist es, eine objektive Beurteilung der Ergebnisse des Marketing zu erreichen.

Der güterwirtschaftlichen Führung kann auch die **Führung im Forschungs- und Entwicklungsbereich** zugerechnet werden. Der Leiter der Forschung und Entwicklung sorgt für die Planung, Durchführung und Kontrolle der Grundlagen- bzw. Zweckforschung sowie für die Neu- bzw. Weiterentwicklung bzw. Erprobung der Produkte.

- Die **finanzwirtschaftliche Führung**, die den finanzwirtschaftlichen Prozess gestaltet:

Führung im Finanzbereich	Der Finanzleiter ist für die Planung, Realisierung und Kontrolle der Kapitalbeschaffung, der Kapitalverwendung und der Kapitalverwaltung zuständig. Er motiviert seine Mitarbeiter so, dass die Finanzierungs- und Investitionsziele erreicht werden können.

- Die **sonstigen betriebswirtschaftliche Prozesse** gestaltenden Führungen:

Führung im Informationsbereich	Der Leiter der Informationswirtschaft hat darauf zu achten, dass die gesetzten Informationsziele erfüllt werden. Die Planung, Realisierung und Kontrolle der Informationswirtschaft wirkt sich auf alle Unternehmensbereiche aus.
Führung im Personalbereich	Vom Leiter des Personalbereiches werden Ziele formuliert, die von allen Mitarbeitern zu beachten sind. Die Mitarbeiter haben die Aufgabe, das Geschehen im Personalbereich so zu beeinflussen, dass die Ziele erfüllt werden. Die Kontrolle im Personalbereich ist vor allem auch eine Führungsaufgabe.
Führung im Organisationsbereich	Der Leiter der Organisationsabteilung ist dafür zuständig, dass die Aufbau-, Ablauf- bzw. die Projektorganisation einwandfrei funktionieren. Auch das Führungskonzept im Organisationswesen besteht aus Planung, Realisation und Kontrolle.
Führung im Rechnungswesen	Der Leiter des Rechnungswesens führt seine Mitarbeiter so, dass die Ziele der Buchhaltung, der Kosten- und Leistungsrechnung bzw. der Bilanzierung erreicht werden. Dazu sind zweckentsprechende Planung, Durchführung und Überprüfung notwendig.

2.4.3 Gruppenführung

Gruppenführung bedeutet, dass ein einzelnes Gruppenmitglied oder eine Gruppe unter Berücksichtigung der jeweiligen Gruppensituation bzw. der Führungsziele auf einen gemeinsam zu erzielenden Gruppenerfolg hin zu beeinflussen ist (*Rahn*).

Wenn eine **Gruppe** bzw. ein **Team** erfolgreich sein soll, muss sie es von ihrem **Gruppenleiter** bzw. **Teamleiter** entsprechend geführt werden. In der Gruppe werden gemeinsam zu erreichende Gruppenziele vereinbart, an die sich alle Gruppenmitglieder zu halten haben. Die Gruppenziele sind jeweils aus den Bereichs- bzw. Unternehmenszielen abgeleitet. Zusammen mit seinem Bereichsleiter nimmt der Gruppenleiter eine entsprechende operative Planung vor, die kurzfristig angelegt ist.

Im Rahmen der Realisierung der vereinbarten Ziele führen die Wechselbeziehungen zwischen Gruppenmitgliedern zur Aufgabenteilung und damit zur Zuordnung von Gruppenrollen, die als Gruppenzielrollen, Gruppenerhaltungsrollen und Individualrollen interpretiert werden können. Am Ende einer Periode wird kontrolliert, ob die Gruppenziele bzw. die Plandaten der Gruppe erfüllt wurden.

2.4.4 Individualführung

Jede Führungskraft hat die Aufgabe, das Arbeitsverhalten des Geführten zu steuern. Die Wirkungen der Führung äußern sich im Verhalten des Geführten (*Neuberger*), das von mehreren **Faktoren** abhängig ist:

- Die **Persönlichkeit des Geführten** und seine Persönlichkeitsfaktoren wirken auf das Arbeitsverhalten.
- Das Arbeitsverhalten wird auch von der **Persönlichkeit der Führungskraft** und ihrem Führungsverhalten bzw. ihren Führungszielen beeinflusst.
- Die Art des Einsatzes der **Führungsmittel** wirkt sich auf das Arbeitsverhalten des Geführten aus.
- Der individuelle **Erfolg** des Geführten kann als Erfolgserlebnis sein Arbeitsverhalten positiv beeinflussen.
- Die **Führungssituation** ist schließlich auch für das Arbeitsverhalten des Geführten bedeutsam.

Unternehmens-, Bereichs-, Gruppen- und Individualführung stehen in **wechselseitiger Abhängigkeit** zueinander. Auf allen diesen Ebenen ist eine Leitung vorhanden, werden Ziele vorgegeben und Wege zur Zielerreichung gesucht. Die aus der Planungs- und Durchführungsphase vorliegenden Daten werden kontrolliert und analysiert. Sie dienen der Unternehmensleitung zur Festlegung ihrer strategischen Entscheidungen.

Aufgabe 10 > Seite 533

3. Wirtschaftsrecht

Das Wirtschaftsrecht umfasst das Recht des Wirtschaftslebens und damit auch die Gesamtheit aller Rechtsnormen und Maßnahmen, mit deren Hilfe der Staat auf die Rechtsbeziehungen der am Wirtschaftsleben Beteiligten untereinander einwirkt. In der sozialen Marktwirtschaft greift der Staat ordnend und lenkend in das Wirtschaftsleben ein.

Die unternehmenspolitischen Gestaltungsmöglichkeiten sind durch vielfältige Vorschriften des Wirtschaftsrechts geregelt bzw. begrenzt, die beachtet werden müssen. Für das Unternehmen bedeutsame Rechtsgrundlagen sind – siehe ausführlich *Steckler*:

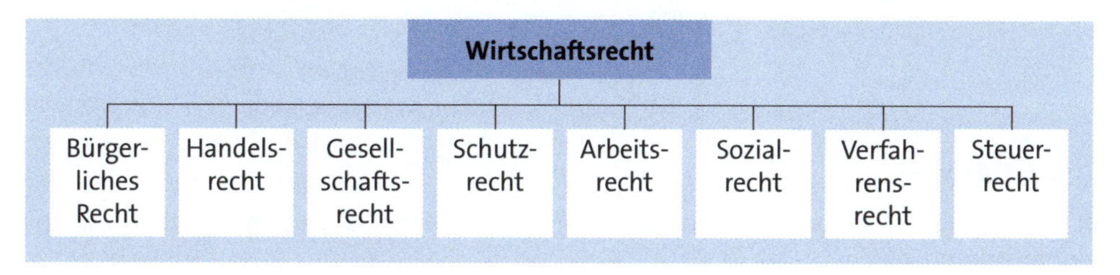

3.1 Bürgerliches Recht

Das Bürgerliche Recht ist im **Bürgerlichen Gesetzbuch** (BGB) festgelegt. Es regelt die Rechtsverhältnisse natürlicher und juristischer Personen. Natürliche Personen sind Menschen, juristische Personen sind Gesellschaften, die über eine eigene Rechtsfähigkeit verfügen, beispielsweise die GmbH, AG, KGaA. Das **BGB** besteht aus:

- einem Allgemeinen Teil
- dem Schuldrecht, in dem beispielsweise Verträge behandelt werden
- dem Sachenrecht, in dem beispielsweise Besitz und Eigentum geregelt sind
- dem Familienrecht
- dem Erbrecht.

Für das Unternehmen sind vor allem das **Schuldrecht** und **Sachenrecht** bedeutsam. Das Bürgerliche Recht soll unter folgenden Gesichtspunkten behandelt werden:

- **Rechtsgeschäfte**
- **Rechts-/Geschäftsfähigkeit**
- **Leistungsstörungen**
- **Verjährung**.

3.1.1 Rechtsgeschäfte

Rechtsgeschäfte sind rechtliche Tatbestände, die Rechtsfolgen bewirken. Die **Willenserklärung** ist das Grundelement eines Rechtsgeschäfts. Darunter ist das Verhalten einer Person zu verstehen, das einen auf die Herbeiführung einer Rechtsfolge gerichteten Willen zum Ausdruck bringt. Es lassen sich unterscheiden:

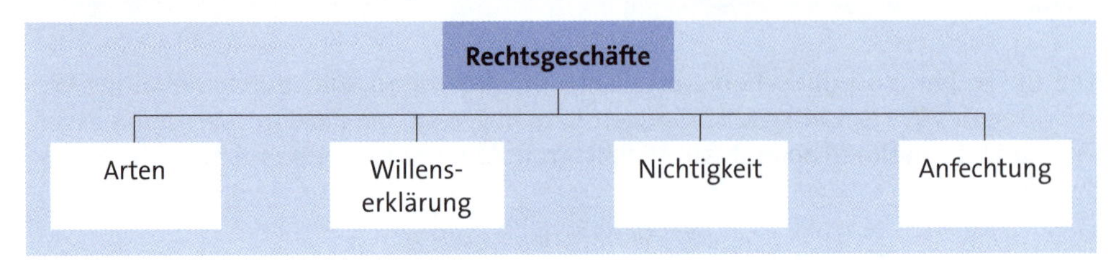

3.1.1.1 Arten

Rechtsgeschäfte können aus einer oder mehreren Willenserklärungen bestehen. Dementsprechend gibt es:

- **Einseitige Rechtsgeschäfte**, die durch die Willenserklärung einer Person entstehen. Das sind:

Empfangsbedürftige Willenserklärungen	Sie müssen in den Herrschaftsbereich des Empfängers gelangen, um rechtswirksam zu werden, beispielsweise die **Kündigung**. Zu diesen Willenserklärungen werden auch die **Mahnung** und das **Angebot** gezählt.
Nicht empfangsbedürftige Willenserklärungen	Sie werden bereits bei ihrer Abgabe rechtswirksam, beispielsweise das **Testament**. Es ist eine einseitige Willenserklärung des Erblassers, sein Vermögen auf Erben zu übertragen. Diese kann in eigenhändig geschriebener Form und/oder zur Niederschrift beim Notar erfolgen.

- **Mehrseitige Rechtsgeschäfte** bestehen aus mindestens zwei Willenserklärungen. Sie können einseitig verpflichtend sein, beispielsweise die Bürgschaft, oder mehrseitig verpflichtend sein, beispielsweise als:

Kaufvertrag	Der Käufer erwirbt eine Sache gegen Entgelt. Der Verkäufer übergibt den Gegenstand und verschafft das Eigentum daran.	§§ 433 - 479 BGB

Werkvertrag	Hier verpflichtet sich der Unternehmer zur Herstellung eines versprochenen Werkes. Der Besteller hat die Pflicht zur Entrichtung der vereinbarten Vergütung. Gegenstand des Werkvertrages kann sowohl die Herstellung einer Sache als auch die Herbeiführung des Erfolges sein. In der Praxis wird häufig die Lieferung herzustellender beweglicher Sachen nach den Angaben des Bestellers vereinbart. Auf diesen Vertrag, der bis zur Schuldrechtsreform 2002 als Werklieferungsvertrag bezeichnet wurde, finden die Vorschriften über den Kauf Anwendung.	§§ 631 - 651 BGB
Dienstvertrag	Er bringt für den Beschäftigten die Pflicht der Verrichtung einer Arbeit mit sich. Der Arbeitgeber hat die vereinbarte Vergütung zu zahlen.	§§ 611 - 630 BGB
Schenkungsvertrag	Hier ist eine unentgeltliche Zuwendung von Sachen oder Rechten gegeben.	§§ 516 - 534 BGB
Mietvertrag	Der Vermieter überlässt dem Mieter Sachen zum Gebrauch gegen Entgelt. Dieser hat die Miete vertragsgemäß zu bezahlen.	§§ 535 - 580a BGB
Pachtvertrag	Es erfolgt eine Überlassung von Sachen und Rechten zum Gebrauch und Fruchtgenuss gegen Entgelt.	§§ 581 - 597 BGB
Leihvertrag	Der Verleiher überlässt dem Entleiher eine Sache unentgeltlich, der sich zur Rückgabe derselben Sache verpflichtet.	§§ 598 - 606 BGB
Sachdarlehensvertrag	Hier verpflichtet sich der Darlehensgeber, dem Darlehensnehmer eine vereinbarte vertretbare Sache zu überlassen.	§§ 607 - 609 BGB
Auftrag	Er verpflichtet den Beauftragten zur unentgeltlichen Besorgung eines Geschäfts für den Auftraggeber.	§§ 662 - 674 BGB

3.1.1.2 Willenserklärungen

Willenserklärungen können auf unterschiedliche Weise abgegeben werden. Zu nennen sind:

- **Formlose Willenserklärungen**, die unterschieden werden in:

Ausdrückliche Willenserklärung	Sie ist gegeben, wenn eine Person in einem Ladengeschäft ein Buch bestellt oder wenn ein Vermieter eine Kündigung schreibt und diese dem Mieter zuschickt.
Schlüssige Willenserklärung	Sie entsteht, wenn eine Person schlüssig (konkludent) handelt, d. h. wenn sie beispielsweise im Supermarkt die Ware an der Kasse vorlegt. Aus der bloßen Handlung lässt sich der Wille erkennen.

- **Formgebundene Willenserklärungen**, die zu ihrer Wirksamkeit erfordern:

Schriftform	Bestimmte Willenserklärungen sind schriftlich abzugeben, beispielsweise alle Bürgschaftserklärungen unter Nichtkaufleuten. Ebenso gilt dies beispielsweise für Mietverträge, die länger als ein Jahr laufen und seit 2001 für befristete Arbeitsverträge (*Olfert*).
Notarielle Beurkundung	Das ist die protokollarische Aufnahme von Willenserklärungen durch einen Notar, der sowohl den **Inhalt** der Willenserklärung als auch die **Echtheit** der Unterschrift bestätigt, beispielsweise bei Grundstücksverträgen, Erbverträgen.
Notarielle Beglaubigung	Sie ist die schriftliche Bestätigung der **Echtheit** einer Unterschrift durch einen Notar, beispielsweise bei einer Anmeldung zum Handelsregister. Der Inhalt einer Willenserklärung wird nicht bestätigt.

3.1.1.3 Nichtigkeit

Ein nichtiges Rechtsgeschäft erzeugt keine Rechtswirkungen. Es ist in der Regel von Anfang an unwirksam. Die Nichtigkeit kann beruhen auf:

- **Mangel im Inhalt des Rechtsgeschäfts**, dem zu Grunde liegen kann:

Verstoß gegen gesetzliches Verbot	Er ist dann gegeben, wenn beispielsweise ein Dealer an eine Person Rauschgift verkauft. Diese Handlung verstößt gegen ein gesetzliches Verbot (§ 134 BGB).
Verstoß gegen gute Sitten	Er liegt vor, wenn das Rechtsgeschäft mit dem Empfinden billig und gerecht denkender Menschen nicht in Einklang zu bringen ist, beispielsweise wenn ein Kapitalgeber für ein Darlehen Wucherzinsen verlangt (§ 138 BGB).

- **Mangel im rechtsgeschäftlichen Willen**, der beruhen kann auf:

Willenserklärung mit Störung	Sie wird im Zustand der Bewusstlosigkeit oder bei vorübergehender Störung der Geistestätigkeit abgegeben, beispielsweise wenn jemand im betrunkenen Zustand sein Fahrrad verschenkt (§ 105 BGB).
Willenserklärung zum Schein	Sie ist z. B. gegeben, wenn der Käufer eines Hauses beim Notar eine niedrigere Kaufsumme eintragen lässt, um die Grunderwerbsteuer zu vermindern (§ 117 BGB).
Willenserklärung zum Scherz	Sie ist eine offensichtlich nicht ernst gemeinte Willenserklärung, beispielsweise wenn jemand ein Grundstück auf dem Planeten Pluto kauft (§ 118 BGB).

- **Mangel in der Form**, der auf gesetzlichen Formvorschriften beruht, beispielsweise wird ein über zwei Jahre laufender Mietvertrag nur mündlich abgeschlossen (§ 125 BGB).
- **Mangel in der Geschäftsfähigkeit** als Fähigkeit, Willenserklärungen abzugeben und entgegenzunehmen – siehe näher S. 78.

3.1.1.4 Anfechtung

Zunächst zu Stande gekommene Rechtsgeschäfte können durch Anfechtung mit rückwirkender Kraft nichtig werden (§ 142 BGB). **Gründe**, die eine Anfechtung rechtfertigen, sind:

- Der **Irrtum** als eine falsche Vorstellung über Tatsachen (§ 119 BGB). Die **Anfechtung** hat unverzüglich nach der Entdeckung des Irrtums zu erfolgen (§ 121 BGB). In folgenden Fällen kann angefochten werden:

Inhaltsirrtum	Der Erklärende irrt sich bezüglich der Bedeutung seiner Erklärung. Er verwendet z. B. Fremdwörter falsch.
Erklärungsirrtum	Dabei entspricht die Willenserklärung objektiv nicht dem, was geäußert werden soll, beispielsweise wenn sich jemand verschreibt und damit für einen Kugelschreiber 5 € statt 50 € genannt werden.
Übermittlungsirrtum	Eine Willenserklärung wird durch einen Dritten (Boten) falsch wiedergegeben, beispielsweise wird in einem Telegramm versehentlich ein falscher Preis übermittelt (§ 120 BGB).
Irrtum über wesentliche Eigenschaften	Sie können sich auf wertbildende Faktoren einer Person oder Sache beziehen und müssen für die Willenserklärung ursächlich sein. Beispielsweise wird die Fälschung eines Gemäldes verkauft, die der Käufer für das Original hält.

- Die **arglistige Täuschung** als eine bewusste Handlung, jemanden irrezuführen, beispielsweise wenn ein Auto „unfallfrei“ verkauft wird, obwohl dem Verkäufer der Schaden des Wagens bekannt ist. Die **Anfechtung** hat binnen Jahresfrist ab Entdeckung der Täuschung zu erfolgen (§§ 123, 124 BGB).
- Die **widerrechtliche Drohung** als eine rechtswidrige Beeinflussung, um eine Handlung zu erzwingen, beispielsweise wenn ein Vertragspartner einen anderen zu erpressen versucht. Die **Anfechtung** muss ebenfalls binnen Jahresfrist seit Wegfall der Zwangslage erfolgen (§§ 123, 124 BGB).

Kein Anfechtungsgrund besteht bei einem **Motivirrtum** als einem Irrtum im Beweggrund, der zur Abgabe einer Willenserklärung geführt hat, und bei **schuldhafter Unkenntnis** der Rechtslage.

3.1.2 Rechts-/Geschäftsfähigkeit

Die **Rechtsfähigkeit** hat große Bedeutung sowohl bei der Begründung von Rechten und Pflichten durch Gesetz oder durch Vertrag als auch bei der Geltendmachung und bei der gerichtlichen Durchsetzung von Ansprüchen. Im Regelfall kann nur der Rechtsinhaber selbst seine Forderungen erfolgreich einklagen, die aus vertraglichen oder aus gesetzlichen Schuldverhältnissen stammen. Es sind zu unterscheiden (*Steckler*):

- Die Rechtsfähigkeit einer **natürlichen Person** eines Menschen beginnt grundsätzlich mit der Vollendung der Geburt und endet mit dem Tode (§ 1 BGB).
- Die Rechtsfähigkeit einer **juristischen Person** (z. B. als einer GmbH oder einer AG) beginnt mit ihrer Entstehung, i. d. R. durch die Eintragung in ein öffentliches Register, z. B. in das Handelsregister.

Von der Rechtsfähigkeit ist bei natürlichen Personen die **Geschäftsfähigkeit** zu unterscheiden. Das ist die Fähigkeit, Willenserklärungen abzugeben und entgegen zu nehmen. Zu nennen sind:

- Personen, die **geschäftsunfähig** sind. Geschäftsunfähig ist nach § 104 BGB:
  - wer nicht das siebente Lebensjahr vollendet hat
  - wer sich in einem die freie Willensbestimmung ausschließenden Zustande krankhafter Störung der Geistestätigkeit befindet, sofern nicht der Zustand seiner Natur nach ein vorübergehender ist.

  Ihre Willenserklärungen sind nichtig (§ 105 BGB).
- **Beschränkt geschäftsfähige Personen**, das sind Personen vom vollendeten 7. Lebensjahr bis zum vollendeten 18. Lebensjahr (§ 106 BGB). Willenserklärungen von beschränkt geschäftsfähigen Personen bedürfen in der Regel der vorherigen **Zustimmung** des gesetzlichen Vertreters.

  Bis zur späteren **Genehmigung** sind die Geschäfte schwebend unwirksam, sofern der beschränkt Geschäftsfähige nicht ausschließlich rechtliche Vorteile aus dem Geschäft erlangt (§ 107 BGB).
- **Voll geschäftsfähige Personen**, wenn sie das 18. Lebensjahr vollendet haben. Ihre Willenserklärungen sind voll wirksam (§ 2 BGB).

3.1.3 Leistungsstörungen

Die im Rahmen des güterwirtschaftlichen Prozesses erbrachten Leistungen eines Unternehmens können Störungen unterliegen. Sie können sich beziehen auf:

- Den **Leistungs**- oder den **Erfüllungsort**, an dem die Leistungen zu erbringen sind. Dabei sind zu unterscheiden:

Holschuld	Haben die Vertragsparteien den Leistungsort nicht bestimmt oder eine Holschuld vereinbart, hat die Leistung am Wohnsitz des Schuldners oder am Sitz seiner gewerblichen Niederlassung zu erfolgen (§ 269 BGB). Erfüllungsort ist also dessen Wohn- bzw. Geschäftssitz.
Bringschuld	Es ist die am Sitz des Gläubigers zu erbringende Schuld. Erfüllungsort ist der Sitz des Gläubigers. Bringschulden beruhen grundsätzlich auf Vereinbarung:
Schickschuld	Dabei liegt der Leistungsort am Wohnsitz des Schuldners. Dort hat er die Leistung einem Versand- oder Transportunternehmen zu übergeben. Geldschulden sind immer Schickschulden (§ 270 Abs. 1 BGB). Erfüllungsort ist der Sitz des Gläubigers.

- Die **Leistungszeit**, welche festlegt, wann die Ware zu liefern bzw. wann die Kaufsumme zu zahlen ist. Diese Zeit ergibt sich durch ausdrückliche Vereinbarung oder durch stillschweigende Übereinkunft. Wenn nichts vereinbart ist, muss die Leistung sofort erbracht werden (§ 271 Abs. 1 BGB).
- Die **Leistungspflicht**, die in einem Handeln oder in einem Unterlassen des Schuldners bestehen kann (§ 241 BGB). Sie kann sein:

Hauptleistungspflicht	Es ist jene Leistungspflicht, die den Vertragstyp kennzeichnet bzw. nach dem Willen der Vertragspartner von besonderem Interesse ist. Diese Pflicht ist im Kaufvertrag die Zahlungspflicht des Käufers und die Übertragungspflicht der Sache durch den Verkäufer.
Nebenleistungspflicht	Sie sichert lediglich die vertragstreue Erfüllung der Hauptleistungspflicht oder andere Rechtsgüter der Vertragsparteien. Beim Kaufvertrag sind beispielsweise die Art und Weise der Kaufpreiszahlung, Ratenzahlung, Höhe der Raten, Beginn und Dauer der Ratenzahlungen zu nennen.

Die **Leistungsstörungen** können beruhen auf:

- Einer **Unmöglichkeit**, bei der ein Schuldner nicht mehr in der Lage ist, die versprochenen Leistungen auszuführen. Sie kommt vor als:

Anfängliche Unmöglichkeit	Bei ihr tritt das Ereignis, das die Unmöglichkeit des Erbringens der Leistung hervorruft, bereits vor Vertragsabschluss ein und ist in § 311a BGB geregelt.
Nachträgliche Unmöglichkeit	Hier tritt das Ereignis, welches die Unmöglichkeit auslöst, nach Vertragsabschluss ein und ist in § 275 BGB geregelt.

Durch die Modernisierung des Schuldrechts von 2002 fand auch eine Reform von Fällen statt, welche die Unmöglichkeit der Leistungserbringung betreffen.

- Einem **Verzug** als einer Verspätung, die Rechte für den anderen Vertragspartner nach sich zieht. Der Verzug kann sein (*Richter, Steckler*):

<table>
<tr><td>Schuldner-verzug</td><td>Bei einem gegenseitigen Vertrag kann der Schuldner mit seiner geschuldeten Leistungspflicht in Verzug geraten, z. B. durch eine ausstehende Warenlieferung oder durch eine ausstehende Zahlung. Die Voraussetzungen des Schuldnerverzuges sind (§§ 280, 286 BGB):

► Bestehen eines fälligen Anspruchs
► grundsätzliche Mahnung
► zu vertretendes Nichtleisten
► kein Ausschluss durch Einrede.

Zunächst setzt der Schuldnerverzug das Vorhandensein eines fälligen Anspruchs voraus. Die verzugsbegründete Handlung ist die Mahnung als eine hinreichend bestimmte Aufforderung zur Leistung des Gläubigers an den Schuldner. Grundsätzlich muss nach dem Eintritt der Fälligkeit eine Mahnung erfolgen. Der Schuldner gerät erst durch die Zustellung der Mahnung in Verzug. Ausnahmsweise ist die Mahnung entbehrlich, wenn (§ 286 Abs. 2 BGB):

► für die Leistung eine Zeit nach dem Kalender bestimmt ist
► der Leistung ein Ereignis vorauszugehen hat (z. B. eine Kündigung) und eine angemessene Zeit für die Leistung in der Weise bestimmt ist, dass sie sich kalendermäßig berechnen lässt
► der Schuldner die Leistung ernsthaft und endgültig verweigert
► aus besonderen Gründen unter Abwägung der beiderseitigen Interessen der sofortige Eintritt des Verzugs gerechtfertigt ist, z. B. wenn der Schuldner selbst seine Leistung ankündigt (Selbstmahnung) oder wenn er die Notwendigkeit der Leistung nach dem Grundsatz von Treu und Glauben erkennen kann (gem. § 242 BGB).

Für den Zahlungsverzug besteht im BGB eine Sonderregelung (§ 286 Abs. 3 BGB). Danach kommt der Schuldner mit einer Entgeltforderung spätestens dann in Verzug, wenn er nicht innerhalb von 30 Tagen nach Fälligkeit und Zugang einer Rechnung seine Leistung erbringt. Dies gilt gegenüber einem Schuldner als Verbraucher nur, wenn auf diese Folgen in der Rechnung besonders hingewiesen worden ist. Wenn der Zeitpunkt des Rechnungszugangs unsicher ist, kommt der Schuldner (wenn er nicht Verbraucher ist) spätestens 30 Tage nach Fälligkeit und Empfang der Gegenleistung in Verzug.</td></tr>
</table>

Gläubiger-verzug	Er entsteht dadurch, dass der Gläubiger die ihm vom Schuldner angebotene Leistung nicht annimmt (§ 293 ff. BGB). Der Gläubigerverzug ist ein **Annahmeverzug**, beispielsweise nimmt der Käufer die Ware oder ein Verkäufer die Zahlung nicht oder nicht rechtzeitig an, weil er nicht zu Hause ist. Hier ist grundsätzlich ein **tatsächliches Angebot** des Schuldners erforderlich, sodass die Leistung in der geschuldeten Art und Weise am Erfüllungsort und zum Fälligkeitszeitpunkt vorhanden sein muss, während der Gläubiger die Leistung nur entgegenzunehmen braucht. Das **wörtliche Angebot** reicht für den Gläubigerverzug nur ausnahmsweise aus (§§ 294, 295 BGB).

- Einer **Pflichtverletzung** , die seit 2002 mit dem neuen Schuldrecht zu einem zentralen Begriff im Recht der Leistungsstörungen geworden ist. Der Schuldner begeht eine Pflichtverletzung, wenn er nicht so handelt, wie es ihm durch das Schuldverhältnis vorgeschrieben ist, z. B. dann, wenn ein
  - Kaufgegenstand nicht frei von **Sachmängeln** ist, z. B. bei Fehlern an einer Ware. Eine Sache ist frei von Sachmängeln, wenn sie bei Gefahrübergang die vereinbarte Beschaffenheit hat (§ 434 BGB).
  - **Rechtsmangel** besteht, z. B. wenn eine Ware verkauft wurde, die der Pfändung unterlag. Eine Sache ist frei von Rechtsmängeln, wenn Dritte im Bezug auf die Sache keine oder nur die im Kaufvertrag übernommenen Rechte gegenüber dem Käufer geltend machen können (§ 435 BGB).

  Wenn der Schuldner eine Pflicht aus dem Schuldverhältnis verletzt, kann der Gläubiger grundsätzlich **Schadenersatz** verlangen (§ 280 Abs. 1 BGB). Das gilt nicht, wenn der Schuldner die Pflichtverletzung nicht zu vertreten hat. Das BGB enthält eine Reihe weiterer Schadenersatzansprüche (§§281 ff. BGB).

- Einer **Störung der Geschäftsgrundlage**, weil sich bestimmte Umstände, welche zur Grundlage des Vertrags geworden sind, nach Vertragsabschluss schwerwiegend verändert haben. In manchen Situationen des betrieblichen Alltags verschiebt sich nach Vertragsabschluss die wirtschaftliche **Äquivalenz** von Leistung und Gegenleistung, sodass nach dem Grundsatz von Treu und Glauben (§ 242 BGB) eine inhaltliche Korrektur des Vertrages nötig wird.

  Wenn die Vertragsparteien bei Vertragsabschluss von Voraussetzungen ausgehen, die nicht den Tatsachen entsprechen, oder wenn sie einen Geschehensverlauf annehmen, der später nicht eintritt, kann es für eine Vertragspartei unzumutbar sein, am Vertrag festzuhalten. Dabei geht es insbesondere um Äquivalenzstörungen infolge **sozialer Katastrophen,** beiderseitiger **Irrtümer** oder um **Zweckstörungen**. Die Rechtsfolgen von Störungen der Geschäftsgrundlage sind in § 313 BGB geregelt.

3.1.4 Verjährung

Die Verjährung ist im Privatrecht der Verlust der Durchsetzbarkeit eines Anspruchs, der innerhalb einer gesetzlichen Frist nicht geltend gemacht worden ist (§ 194 ff. BGB). Es sind grundsätzlich folgende Fristen zu unterscheiden (*Goebel, Wiek*):

- Die **3-jährige Verjährungsfrist** ist die regelmäßige Frist nach § 195 BGB, die sich z. B. auf Forderungen der Kaufleute, Forderungen aus Produkthaftung, Forderungen aus unerlaubter Handlung, Forderungen von Arbeitnehmern auf Arbeitsvergütung und Ansprüche auf Arbeitszeugnis bezieht. Die Frist beginnt mit dem Schluss des Kalenderjahres, in dem der Anspruch entstanden ist (§ 199 Abs. 1 BGB).
- Die **2-jährige Verjährungsfrist** nach § 438 Abs. 1, Nr. 3 BGB für Ansprüche auf Gewährleistung beim Kaufvertrag, indem der Verkäufer für Sach- und Rechtsmängel einsteht.
- Die **5-jährige Verjährungsfrist** nach § 438 Abs. 1, Nr. 2 BGB für Ansprüche aus Werkvertrag bei einem Bauwerk.
- Die **10-jährige Verjährungsfrist** nach § 196 BGB für Ansprüche auf Übertragung des Eigentums an einem Grundstück.
- Die **30-jährige Verjährungsfrist** nach § 197 BGB für Herausgabeansprüche aus Eigentum, familien- und erbrechtliche Ansprüche, Ansprüche auf vollstreckbare Urkunden und Ansprüche aus Insolvenzverfahren.

Die **Unterbrechung** der Verjährung tritt nach § 212 BGB im Falle der Anerkenntnis (z. B. durch eine Abschlagszahlung) und der gerichtlichen Geltendmachung (z. B. behördliche Vollstreckungshandlung) ein. Die Frist beginnt dann erneut zu laufen.

Die **Hemmung** der Verjährung ist nach § 204 BGB z. B. bei der Stundung einer Leistung, durch Klageerhebung, Zustellung eines gerichtlichen Mahnbescheids und bei Anmeldung eines Anspruchs im Insolvenzverfahren gegeben. Die Verjährung ruht dann.

Nach Ablauf der gesetzlichen Verjährungsfrist ist der Schuldner berechtigt, die Leistung zu verweigern (§ 214 Abs. 1 BGB). Verjährungsfristen gibt es über das Privatrecht hinaus im **Öffentlichen Recht**, im **Steuerrecht** und im **Strafrecht**.

Aufgabe 11 > Seite 534

3.2 Handelsrecht

Das BGB gilt für die Rechtsgeschäfte aller natürlichen und juristischen Personen. Es ist damit für Nichtkaufleute und Kaufleute bedeutsam. Das Handelsrecht regelt die **Rechtsverhältnisse von Kaufleuten**.

Das **Handelsgesetzbuch** (HGB) trat 1900 in Kraft und umfasst die Bücher über den Handelsstand, die Handelsgesellschaften, die Handelsbücher, die Handelsgeschäfte und den Seehandel. Es wurde durch das **Handelsrechtsreformgesetz** (HRefG) von 1998 ergänzt. Es sollen dargestellt werden:

- **Kaufleute**
- **Firma/Handelsregister**
- **Vollmachten**.

3.2.1 Kaufleute

Durch das Handelsrechtsreformgesetz (HRefG) von 1998 wurde ein einheitlicher Kaufmannsbegriff geprägt. Demnach ist Kaufmann nach § 1 Abs. 1 HGB jeder, der ein Handelsgewerbe betreibt. Als **Handelsgewerbe** gilt dabei nach § 1 Abs. 2 HGB jedes gewerbliche Unternehmen, das nach Art oder Umfang einen in kaufmännischer Art und Weise eingerichteten Geschäftsbetrieb, also eine kaufmännische Organisation, erfordert.

Beispiele

Im Sinne des § 1 Abs. 2 HGB können als Handelsgewerbe genannt werden:

- Unternehmer mit reinem Warenhandel (Groß- und Einzelhandel)
- Fabrikmäßige Be- und Verarbeitung fremder Waren (Maschinenfabrik, Großwäscherei)
- Versicherungen, Banken (Kreditinstitute)
- Transportunternehmer, Spediteur, Lagerhalter
- Kommissionär (handelt im eigenen Namen für fremde Rechnung mit Waren/Wertpapieren)
- Handelsvertreter (Waren, Versicherungen, Bausparkassen)
- Handelsmakler (handelt mit Sachen/Wertpapieren)
- Verlagsunternehmer, Buch- und Kunsthändler.

Ein **Gewerbe** ist eine auf Dauer angelegte Wirtschaftstätigkeit, die auf eigene Rechnung, eigene Verantwortung und auf eigenes Risiko mit der Absicht zur Gewinnerzielung ausgeführt wird. Kein Gewerbe bilden Tätigkeiten in der Land- und Forstwirtschaft oder eines freien Berufs. Ein Gewerbe wird von einem Gewerbetreibenden in einem Gewerbebetrieb ausgeübt.

Ein **Gewerbebetrieb** ist nach § 15 Abs. 2 des Einkommensteuergesetzes (EStG) eine selbstständige nachhaltige Betätigung, die mit der Absicht der Gewinnerzielung unternommen wird.

Das HGB unterscheidet Kaufleute und Nichtkaufleute:

- **Kaufleute** haben alle Vorschriften des HGB zu beachten, z. B. Regelungen über die Handelsfirma (§ 17 HGB), über die Prokuristen (§ 48 HGB) und über die Bürgschaften (§ 350 HGB). Als Kaufleute gelten:

Istkaufmann	Er ist nach § 1 HGB Kaufmann kraft Gewerbebetrieb und erfordert nach Art und Umfang einen in kaufmännischer Weise eingerichteten Geschäftsbetrieb. Diese Kaufleute müssen sich in das Handelsregister eintragen lassen (§ 8 HGB).
Kannkaufmann	Der Unternehmer ist nach § 2 und § 3 HGB Kaufmann kraft gewählter, berechtigter Eintragung, z. B. Land- und Forstwirte nach § 3 und Kleingewerbetreibende nach § 2 Satz 2 HGB.
Scheinkaufmann	Dieser ist nach § 5 HGB Kaufmann kraft faktischer Eintragung im Handelsregister. Dabei spielt zunächst keine Rolle, ob die Eintragung berechtigt oder unberechtigt ist. Der Eingetragene wird wie ein Istkaufmann behandelt.
Formkaufmann	Er ist nach § 6 HGB Kaufmann kraft Rechtsform. Hierunter fallen Unternehmen, die aufgrund ihrer Rechtsform Kaufmannseigenschaft erlangen, beispielsweise AG oder GmbH und die Genossenschaften.

- **Nichtkaufleute** sind beispielsweise in Ausübung eines freien Berufs (Ärzte, Rechtsanwälte, Steuerberater, Notare) oder einer anderen selbstständigen Arbeit (im Sinne des § 18 EStG) tätig. Sie begründen normalerweise keinen Gewerbebetrieb, ebenso wie Kleingewerbetreibende, deren Unternehmen nach Art und Umfang keinen in kaufmännischer Art und Weise eingerichteten Geschäftsbetrieb erfordern.

Wenn die **Kaufmannseigenschaft** nach §§ 1 bis 6 HGB vorliegt, dann gilt uneingeschränkt:

- das Recht zur Führung einer Firma (§§ 17 ff. HGB)
- das Recht zur Ernennung von Prokuristen (§ 48 HGB)
- das Recht zur mündlichen Erteilung einer Bürgschaftserklärung (§ 350 HGB)
- die Pflicht zur Eintragung ins Handelsregister (§ 5 HGB)
- die Pflicht zur Buchführung nach § 238 ff. HGB
- die Pflicht zur unverzüglichen Untersuchungs- und Rügepflicht nach § 377 HGB.

3.2.2 Firma/Handelsregister

Für die Gründung eines Unternehmens sind die Firma und das Handelsregister bedeutsam:

- Die **Firma** eines Kaufmanns ist der Name, unter dem er im Handel seine Geschäfte betreibt und die Unterschrift abgibt (§ 17 HGB). Der Kaufmann tritt im Handelsverkehr mit seiner Firma auf. Er kann unter seiner Firma klagen und verklagt werden.

Es wird auch von der Firmierung gesprochen. Das Recht und die Pflicht zur Führung einer Firma haben nur Kaufleute (vgl. Kap. A.3.2.1). Die Firma muss zur Kennzeichnung des Kaufmanns geeignet sein (§ 18 HGB). Jede neue Firma muss sich von den am gleichen Ort eingetragenen Firmen deutlich unterscheiden und darf keine irreführenden Angaben enthalten.

Außerdem erwirbt er Forderungen und geht Verbindlichkeiten mit seiner Firma ein. Die Firma stellt einen Bestandteil des Unternehmens dar und ist deshalb gesetzlich in mehrfacher Hinsicht geschützt (Firmenschutz, § 37 HGB).

Der Kaufmann muss seine Firma zur Eintragung in das Handelsregister anmelden.

- Das **Handelsregister** ist ein öffentliches Register, das von den Amtsgerichten geführt wird (§ 8 HGB). Sie nehmen die Eintragung für alle Kaufleute vor, die in dem jeweiligen Gerichtsbezirk ihren Geschäftssitz haben.

  Seit Verkündigung des Gesetzes über **elektronische Handelsregister** und Genossenschaftsregister sowie das Unternehmensregister müssen Anmeldungen zum Register seit 01/2007 elektronisch in beglaubigter Form erfolgen (§ 12 Abs. 1 HGB). Die Einsicht in das Handelsregister sowie in die zum Handelsregister eingereichten Schriftstücke ist jedem gestattet (§ 9 Abs. 1 HGB).

- Im Hinblick auf die **Publizitätswirkung** des Handelsregisters ist zu beachten:
  - Eine Tatsache kann **ohne Eintragung** und Bekanntmachung durch den Betroffenen (den Kaufmann) keinem Dritten entgegengehalten werden; es sei denn, dass der Dritte von der Tatsache Kenntnis hatte (§ 15 Abs. 1 HGB).
  - Ist die Tatsache eingetragen und bekanntgemacht worden, so muss sie ein Dritter **gegen sich gelten lassen**. Dies gilt allerdings nicht bei Rechtshandlungen, die innerhalb von 15 Tagen nach der Bekanntmachung vorgenommen werden, sofern der Dritte beweist, dass er die Tatsache weder kannte noch kennen musste.
  - Ist eine einzutragende Tatsache **unrichtig** bekanntgemacht, so kann sich ein Dritter demjenigen gegenüber, in dessen Angelegenheit die Tatsache einzutragen war, auf die bekannt gemachte Tatsache **berufen**; es sei denn der Dritte hat von der Unrichtigkeit Kenntnis erlangt.

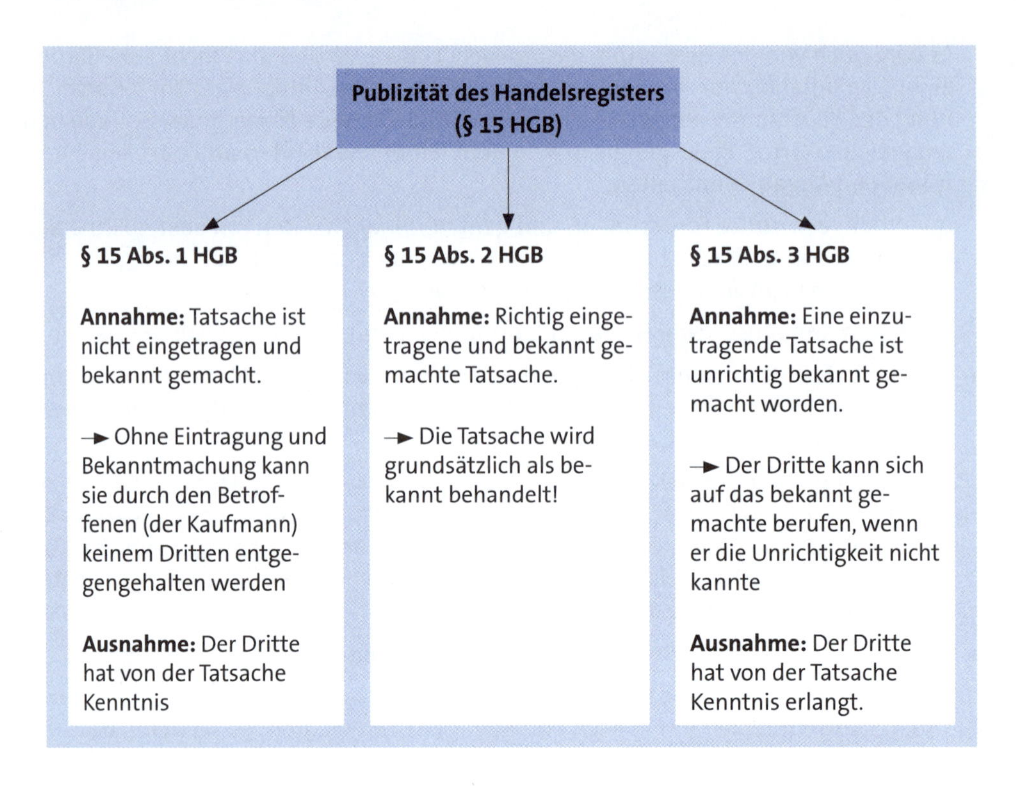

3.2.3 Vollmachten

Die Unternehmensleitung benötigt zur Durchführung der anfallenden Arbeiten geeignete Mitarbeiter, die bereit sind, Verantwortung zu übernehmen. Sie sind dementsprechend mit Vollmachten auszustatten. Zu unterscheiden sind:

- Die **Prokura**, die ausdrücklich mündlich oder schriftlich vom Geschäftsinhaber bzw. von dessen gesetzlichem Vertreter erteilt und zur Eintragung ins Handelsregister angemeldet werden muss (§§ 48 - 53 HGB). Ihre Wirkung beginnt mit der Erteilung, nicht erst mit der Eintragung und Veröffentlichung im Handelsregister.

  Der **Prokurist** ist zu allen Arten von gerichtlichen und außergerichtlichen Geschäften und Rechtshandlungen ermächtigt, die der Betrieb irgendeines Handelsgewerbes mit sich bringen kann. Dazu zählen auch Handlungen, die über den üblichen Rahmen des Geschäftes hinausgehen:

  - Handlungsvollmacht erteilen
  - Prozesse für die Firma führen
  - Betriebsdarlehen aufnehmen
  - Wechselverbindlichkeiten eingehen
  - Betriebsgrundstücke kaufen.

Für den Verkauf oder die Belastung von Betriebsgrundstücken bedarf er einer besonderen Vollmacht. Er darf nicht Prokura erteilen, Handelsregistereintragungen anmelden, Bilanzen und Steuererklärungen unterschreiben und das Insolvenzverfahren einleiten. Diese Aufgaben sind dem **Geschäftsinhaber** vorbehalten.

Arten der Prokura können sein:

Einzelprokura	Ein Prokurist ist allein unterschriftsberechtigt. Er unterschreibt *„ppa"* (= per Prokura).
Filialprokura	Die Unterschriftsbefugnis des Prokuristen ist nur auf Geschäfte einer Filiale beschränkt (§ 50 Abs. 3 HGB). Die Filialfirma muss sich durch einen Zusatz von der Firma des Hauptgeschäfts unterscheiden.
Gesamt-prokura	Zwei oder mehr Prokuristen sind nur gemeinsam unterschriftsberechtigt. Dadurch wird eine gegenseitige Kontrolle erreicht und es werden voreilige Entschlüsse verhindert.

Die Prokura **erlischt**:

- mit Beendigung des Arbeitsverhältnisses
- durch den Tod des Prokuristen
- durch Widerruf des Geschäftsinhabers
- durch Geschäftseinstellung oder Insolvenz
- beim Wechsel des Geschäftsinhabers (nicht jedoch bei dessen Tod).

► Die **Handlungsvollmacht** besitzt, wer durch den Inhaber zum Betreiben eines Handelsgewerbes oder zur Vornahme von Rechtsgeschäften ermächtigt ist, die dieses konkrete Handelsgewerbe gewöhnlich mit sich bringt (§ 54 Abs. 1 HGB). Folgende Personen lassen sich als **Handlungsbevollmächtigte** unterscheiden:

Gesamt-Handlungsbevoll-mächtigter	Er ist zur Vornahme aller Rechtsgeschäfte ermächtigt, die dieses Handelsgewerbe gewöhnlich mit sich bringt. Der Gesamt-Handlungsbevollmächtigte darf: ► Zahlungsgeschäfte erledigen ► Arbeitskräfte einstellen ► Arbeitskräfte entlassen ► für das Unternehmen verkaufen ► für das Unternehmen einkaufen.

	Eine **besondere Vollmacht** benötigt er, um: ► Betriebsgrundstücke zu verkaufen ► Betriebsgrundstücke zu belasten ► Prozesse zu führen ► Wechselverbindlichkeiten einzugehen ► Darlehen aufzunehmen. Der Gesamt-Handlungsbevollmächtigte unterschreibt mit dem Zusatz „i. V." (in Vollmacht).
Art-Handlungsbevollmächtigter	Er ist zur Vornahme einer bestimmten Art von Rechtsgeschäften befugt, die im Handelsgewerbe dieses Geschäftszweiges laufend vorkommen, beispielsweise als Einkäufer, Verkäufer, Kassierer.
Einzel-Handlungsbevollmächtigter	Dieser ist zur Vornahme bestimmter Einzelgeschäfte berechtigt, zu denen er von Fall zu Fall beauftragt wird. Beispielsweise erhält er den Auftrag, eine bestimmte Maschine zu kaufen.

Wenn ein Kaufmann mehrere Bevollmächtigte ernennt, kann er jedem für sich – als **Einzelvollmacht** – oder mehreren Bevollmächtigten zusammen – als **Gesamtvollmacht** – Handlungsvollmacht einräumen.

Aufgabe 12 > Seite 535

3.3 Gesellschaftsrecht

Jede durch Vertrag begründete Personenvereinigung zur Verfolgung eines gemeinsamen Zwecks ist eine Gesellschaft. Der Vielgestaltigkeit der Bedürfnisse entsprechend werden Gesellschaften mit unterschiedlicher Zielsetzung gegründet. Bei Wirtschaftsunternehmen ist der Zweck regelmäßig auf den Betrieb eines bestimmten Gewerbes und Gewinnerzielung gerichtet.

Vorschriften über Gesellschaften finden sich im BGB, HGB, GmbHG, AktG und GenG. Auf sie wird ausführlich im Kapitel B. eingegangen.

3.4 Schutzrecht

Das Schutzrecht kann vielfältiger Art sein. Es sollen dargestellt werden:

- **gewerblicher Rechtsschutz**
- **Wettbewerbsschutz**
- **Datenschutz**
- **Umweltschutz**.

3.4.1 Gewerblicher Rechtsschutz

Neue Erzeugnisse und Verfahren, die im Unternehmen entstanden sind, können über den gewerblichen Rechtsschutz gesichert werden. Es sind folgende **Möglichkeiten** denkbar:

- **Patente** werden für Erfindungen erteilt, die neu sind, auf einer erfinderischen Tätigkeit beruhen und gewerblich anwendbar sind (§ 1 PatG). Erfindungen sind technische Leistungen, die Lehren und Anweisungen zum technischen Handeln darstellen, beispielsweise Schaltungen, Maschinen, Verfahren. Der Patentinhaber kann durch **Lizenzvertrag** einem Dritten eine Nutzung des Patentrechts gestatten.
- **Gebrauchsmuster** dienen dem Schutz von Arbeitsgerätschaften und Gebrauchsgegenständen, die eine neue Gestaltung, Anordnung, Vorrichtung oder Schaltung aufweisen, auf einem erfinderischen Schritt beruhen und gewerblich anwendbar sind (§ 1 GebrauchsmusterG).
- **Geschmacksmuster** sind Schutzrechte, die das Recht beinhalten, ein gewerbliches Muster oder Modell ganz oder teilweise nachzubilden (§ 1 GeschmacksmusterG), wie beispielsweise das Design von Einrichtungs- und Gebrauchsgegenständen.
- **Marken** sowie geschäftliche Bezeichnungen und geografische Herkunftsangaben verleihen Produkten den Charakter von Markenartikeln. Der Markenschutz entsteht z. B. durch Benutzung eines Zeichens unter Verkehrsgeltung oder die Eintragung als Marke in das vom Patentamt geführte Register (§ 4 Markengesetz). Gegenstand der Marke können **Wort-**, **Bild-** oder **Kombinationszeichen** sein.
  - Wortzeichen bestehen aus Wörtern, Zahlen, Buchstaben z. B. Persil oder Coca-Cola.
  - Bildzeichen zeigen Abbildungen, z. B. Mercedes-Stern
  - Kombinationszeichen enthalten sowohl Text als auch Grafik (Bild).

Die Rechte an Erfindungen, die ein Arbeitnehmer während des Arbeitsverhältnisses macht, regelt das Arbeitnehmererfindungs-Gesetz (ArbNErfG).

3.4.2 Wettbewerbsschutz

Das **Gesetz gegen den unlauteren Wettbewerb** (UWG) dient dem Schutz der Mitbewerber, der Verbraucherinnen und Verbraucher sowie der sonstigen Marktteilnehmer vor unlauteren geschäftlichen Handlungen. Es schützt zugleich das Interesse der Allgemeinheit an einem unverfälschten Wettbewerb (§ 1 UWG).

Ihm liegt der Rechtsgedanke der guten Sitten im Wettbewerb zu Grunde. Danach hat eine wettbewerbswidrige Handlung einen Unterlassungs- und Schadensersatzanspruch des betroffenen Konkurrenten zur Folge.

Beispiele

Einzelfälle des **wettbewerbswidrigen Verhaltens** sind:

- Täuschung durch irreführende Werbung
- Nötigung durch Zwang, Bedrohung oder psychischen Druck
- Belästigung, z. B. durch Zusendung unbestellter Waren
- Verlockung durch unentgeltliche Zuwendungen von Wertgegenständen
- Vorspannangebote und Koppelungsgeschäfte
- Werbe-Mails, -Telefonate, -Faxe ohne vorherige Zustimmung (seit 2004).

Zum Schutz des Wettbewerbs enthält § 3 UWG ein **grundsätzliches Irreführungsverbot** für die Werbung mit Angaben über geschäftliche Verhältnisse. Obgleich die Werbung i. d. R. die eigenen Produkte des Unternehmens in den Vordergrund stellt, darf sie seit 2000 auch Vergleiche zur Konkurrenz vornehmen.

Für die **vergleichende Werbung** gelten folgende Regeln:

- Sie darf die Kundschaft nicht irreführen.
- Der Vergleich muss objektiv nachprüfbar sein.
- Es dürfen keine Verwechslungen zwischen dem werbenden Unternehmen und seinem Konkurrenten verursacht werden.

Seit 2001 sind das **Rabattgesetz** und die **Zugabeverordnung** aufgehoben. Die Beurteilung dieser Maßnahmen ist je nach Interessenlage unterschiedlich (*Weis*). Damit kann das Unternehmen neue Maßnahmen ergreifen wie die folgenden Beispiele zeigen.

Beispiele

- Ausgabe von Rabattkarten
- lebenslange Garantien
- höhere Preisnachlässe als bisher

Seit 2004 gilt außerdem:

- Die Vorschriften über Schluss-/Jubiläums-/Räumungsverkäufe entfallen.
- Rabattaktionen sind in größerem Umfang zulässig.
- Sonderaktionen des Handels sind zeitlich und regional frei gestaltbar.
- Sonderaktionen sind nicht mehr auf Saisonartikel beschränkt.

Das **Gesetz gegen Wettbewerbsbeschränkungen** (GWB) spricht ein grundsätzliches Kartellverbot aus – siehe ausführlich Kapitel B.

Das nationale Wettbewerbsrecht wird durch Generalklauseln auf der Ebene der Europäischen Gemeinschaft ergänzt. Die **Art. 81 und 82 des EG-Vertrages** beziehen sich auf eine Beeinträchtigung des Handels zwischen den Mitgliedstaaten, also auf den grenzüberschreitenden Verkehr.

Gegen Kartelle, abgestimmte Verhaltensweisen, wettbewerbswidrige Maßnahmen und gegen den Missbrauch marktbeherrschender Stellung kann die Generaldirektion „Wettbewerb" der Europäischen Kommission nach Art. 83 des EG-Vertrages einschreiten. Ein Europäisches Kartellamt gibt es noch nicht.

3.4.3 Datenschutz

Der Datenschutz ist im **Bundesdatenschutzgesetz** (BDSG) und in den Landesdatenschutzgesetzen geregelt. Der Anwendungsbereich der Datenschutzgesetze betrifft auch die Verarbeitung personenbezogener Daten durch Unternehmen, soweit sie die Daten in oder aus Dateien geschäftlich oder beruflich nutzen oder verarbeiten.

Die personenbezogenen Daten unterliegen bei ihrer Verarbeitung einer staatlichen Kontrolle durch die **Datenschutzbeauftragten** des Bundes und der Länder. Ferner erfolgt eine Selbstkontrolle durch betriebliche Datenschutzbeauftragte.

In vielen Lebensbereichen haben sich Sonderregelungen zum Datenschutz entwickelt, etwa das Bankgeheimnis, das Betriebs- und Geschäftsgeheimnis, das Brief-, Post- und Fernmeldegeheimnis usw.

3.4.4 Umweltschutz

Als Umweltschutz bezeichnet man die auf **Umweltforschung** und **Umweltrecht** basierende Gesamtheit der Maßnahmen, die dazu dienen, die natürlichen Lebensgrundlagen von Pflanze, Tier und Mensch zu erhalten. Das **Umweltbewusstsein** ist in der Bevölkerung und den Unternehmen in den letzten Jahren deutlich angestiegen. Grundwassergefährdungen, saurer Regen, Baumsterben und die Umweltbelastung durch Industrieabfälle haben diese Entwicklung gewiss gefördert.

Da in der Zukunft natürliche Ressourcen in immer beschränkterem Umfang zur Verfügung stehen, sind die Unternehmen aufgerufen, die Umwelt zu erhalten bzw. wiederherzustellen, indem sie ein geeignetes **Umweltschutzmanagement** pflegen. Der Aufbau eines Umweltschutzmanagement-Systems hat für ein Unternehmen weitreichende Auswirkungen, wie beispielsweise:

- Erfüllung rechtlicher und sicherheitsrelevanter Anforderungen
- Schaffung entsprechender Organisationsstrukturen
- Sicherung der Wettbewerbsfähigkeit
- Anpassung des Kostenrechnungssystems
- Überarbeiten der bisherigen Produktpolitik.

Dem Umweltschutz dient eine Vielzahl von Gesetzen und Verordnungen, wie die folgenden Beispiele zeigen (*Oeldorf/Olfert*).

Beispiele

Zum Umweltschutz gibt es viele gesetzliche Regelungen:

- Abfallverbringungsgesetz (AbVerbrG)
- Abwasserabgabengesetz (AbwAG)
- Atomgesetz (AtG)
- Bundesimmissionsschutzgesetz (BImSchG)
- Bundesnaturschutzgesetz (BNatSchG)
- Bundeswaldgesetz (BWaldG)
- Gesetz über die Umweltverträglichkeitsprüfung (UVPG)
- Kreislaufwirtschafts- und Abfallgesetz (KrW-/AbfG)
- Strahlenschutzvorsorgegesetz (StrVG)
- Umweltinformationsgesetz (UIG)
- Wasch- und Reinigungsmittelgesetz (WRMG)
- Wasserhaushaltsgesetz (WHG).

Außer den gesetzlichen Regelungen gibt es im Hinblick auf den Umweltschutz zahlreiche **Verordnungen**:

- Abwasserverordnung (AbwV)
- Abfallbeförderungsverordnung (AbfBefV)
- Altölverordnung (AltölV)
- FCKW-Halon-Verbots-Verordnung (FCKWHalonVerbV)
- Klärschlammverordnung (AbfKlärV)
- Verordnung über Betriebsbeauftragte für Abfall (AbfBeauftrV)
- Verpackungsverordnung (VerpackV).

3.5 Arbeitsrecht

Infolge der unterschiedlichen Interessen der Arbeitgeber, der Arbeitnehmer und der Allgemeinheit sind vielfältige **Rechtsquellen** zum Arbeitsrecht zu unterscheiden.

Beispiele

Zu nennen sind folgende Gesetze bzw. Verordnungen (*Bachert/Strauß*):

- Allgemeines Gleichbehandlungsgesetz (AGG)
- Arbeitnehmerüberlassungsgesetz (AÜG)
- Arbeitsplatzschutzgesetz (ArbPlSchG)
- Arbeitsschutzgesetz (ArbSchG)
- Arbeitssicherheitsgesetz (ASiG)
- Arbeitsstättenverordnung (ArbStättV)
- Arbeitszeitgesetz (ArbZG)
- Berufsbildungsgesetz (BBiG)
- Betriebsverfassungsgesetz (BetrVG)
- Bundesdatenschutzgesetz (BDSG)
- Bundesurlaubsgesetz (BUrlG)
- Entgeltfortzahlungsgesetz (EFZG)
- Gewerbeordnung (GewO)
- Grundgesetz (Art. 9, 12 GG)
- Handelsgesetzbuch (HGB)
- Heimarbeitsgesetz (HAG)
- Jugendarbeitsschutzgesetz (JArbSchG)
- Kündigungsschutzgesetz (KSchG)
- Mindestarbeitsbedingungengesetz (MindArbBedG)
- Mitbestimmungsgesetz (MitbestG)
- Mutterschutzgesetz (MuSchG)
- Nachweisgesetz (NachwG)
- Sozialgesetzbuch (SBG)
- Sprecherausschussgesetz (SprAuG)
- Tarifvertragsgesetz (TVG).

Das Arbeitsrecht kann unterteilt werden in:

- **Individualarbeitsrecht**
- **Kollektivarbeitsrecht**.

3.5.1 Individualarbeitsrecht

Die gesetzliche Regelung des einzelnen Arbeitsverhältnisses geht davon aus, dass eine Dienstleistung im Rahmen eines Arbeits- oder Dienstvertrages erbracht wird. Der wesentliche Inhalt eines **Dienstvertrages** ergibt sich aus § 611 BGB. Der Dienstberechtigte hat danach Anspruch auf die Dienstleistung, der Dienstverpflichtete auf die Vergütung.

Wesentliche **Teile** des Individualarbeitsrechtes sind:

- Das **Arbeitsvertragsrecht**, das die Rechte und Pflichten der Parteien des Arbeitsvertrages regelt. Arbeitgeber ist, wer mindestens einen Arbeitnehmer beschäftigt. Ein Arbeitnehmer verrichtet im Rahmen eines unselbstständigen Dienstverhältnisses eine entgeltliche Tätigkeit, d. h. er ist in den Betrieb des Arbeitgebers eingegliedert und weisungsgebunden. **Arbeitnehmer** können sein:

Arbeiter	Das sind Arbeitnehmer, die im Unternehmen überwiegend körperlich-mechanisch tätig sind.
Angestellte	Dabei handelt es sich um Arbeitnehmer, die überwiegend geistig-gedanklich tätig sind.
Leitende Angestellte	Auf diesen Personenkreis findet das Arbeitsrecht nur eingeschränkte Anwendung, weil leitende Angestellte typische Unternehmerfunktionen wahrnehmen – siehe § 5 Abs. 3 BetrVG bzw. § 25 ff. SprAuG.
Auszubildende	Für Personen, die in einem Berufsausbildungsverhältnis stehen, gilt das Arbeitsrecht nur eingeschränkt, da der Ausbildungszweck im Vordergrund steht. Hier gelten vor allem die Vorschriften des Berufsbildungsgesetzes (BBiG) und des Jugendarbeitsschutzgesetzes (JArbSchG).

- Das **Arbeitszeitrecht**, das im Arbeitszeitgesetz (ArbZG) geregelt ist, welches die tägliche Arbeitszeit, Mindestruhepausen, Nachtarbeit und Arbeitsruhe an Sonn- und Feiertagen regelt.
- Das **Arbeitnehmerschutzrecht**, das den Arbeitsplatzschutz, die Urlaubsgewährung, die Entgeltsicherung, den Kündigungsschutz (KSchG) und den Sonderschutz für Schwerbehinderte und Schwangere umfasst.
- Das **Arbeitssicherheitsrecht**, das verschiedene Regelungen zur Sicherheit der Arbeitnehmer enthält. Zur staatlichen Überwachung wurde die Gewerbeaufsicht eingerichtet. Auf den Gebieten der Unfallverhütung und der Unfallversicherung sind die Berufsgenossenschaften tätig.
- Die **Arbeitsstättenverordnung** (ArbStättV) regelt im Einzelnen die Größe von Arbeitsräumen, die Beleuchtung, die Lüftung und die Raumtemperatur. Das **Gerätesicher-**

heitsgesetz verpflichtet Hersteller und Importeure, nur sichere Arbeitsmittel in den Verkehr zu bringen.

- Das **Arbeitssicherheitsgesetz** (ASiG), das Einzelheiten zum betrieblichen Arbeitsschutz regelt und Vorschriften über Betriebsärzte, Sicherheitsingenieure und andere Fachkräfte enthält.

3.5.2 Kollektivarbeitsrecht

Das Kollektivarbeitsrecht umfasst Vereinbarungen zwischen Arbeitgeber und dem Betriebsrat sowie zwischen den Tarifvertragsparteien. Zum Kollektivarbeitsrecht zählen:

- Das **Tarifvertragsrecht**, das im Tarifvertragsgesetz (TVG) geregelt ist. Der Tarifvertrag stellt eine schriftliche Vereinbarung zwischen einem Arbeitgeber oder einem Arbeitgeberverband und einer Gewerkschaft dar. Die Regelung des Inhaltes, Abschlusses und der Beendigung von Arbeitsverhältnissen sowie einzelner betriebsverfassungsrechtlicher bzw. betrieblicher Fragen steht im Vordergrund.

  Die Rechtsnormen des Tarifvertrages gelten unmittelbar und zwingend zwischen den beiderseits Tarifgebundenen, die unter den Geltungsbereich des Tarifvertrags fallen (§ 4 TVG).

- Das **Arbeitskampfrecht**, das sich auf die Arbeitskampfmaßnahmen der Tarifparteien bezieht, die dazu dienen, den Abschluss von Tarifverträgen nach ergebnislosen Verhandlungen zu erzwingen. Als **Arbeitskampfmaßnahmen** sind möglich:

Streik	Er ist die planmäßige Arbeitsniederlegung einer größeren Zahl von Arbeitnehmern zur Durchsetzung tarifvertraglich regelbarer Forderungen. Anlass für einen Streik kann insbesondere die Verbesserung bestehender Lohn- und Arbeitsbedingungen sein.
Aussperrung	Sie stellt die planmäßige Nichtzulassung mehrerer Arbeitnehmer zur Arbeit durch Arbeitgeber in Verbindung mit einem Streik dar. Die Aussperrung kann alle Arbeitnehmer eines Unternehmens betreffen oder nur gegen die streikenden Arbeitnehmer gerichtet sein.

  Warnstreiks sind als kurzfristige Arbeitsniederlegungen nur im Zusammenhang mit Tarifverhandlungen erlaubt. Der **politische Streik** ist ebenso unzulässig wie der „wilde“ Streik als von der Gewerkschaft nicht gebilligter Streik.

- Das **Betriebsverfassungsrecht**, das den Umfang der Mitwirkung der Arbeitnehmer an mitbestimmungspflichtigen Angelegenheiten eines Betriebes regelt. Die Interessen der Arbeitnehmer werden überwiegend kollektiv von gewählten Vertretern der Arbeitnehmer wahrgenommen, dem **Betriebsrat**.

  Während die **Gewerkschaften** die Interessen der Arbeitnehmer auf überbetrieblicher Ebene u. a. durch Abschluss von Tarifverträgen vertreten, erfolgt die Mitwirkung der Arbeitnehmer im Unternehmen durch die von ihnen auf vier Jahre gewählten Betriebsräte.

Die Wahl von Betriebsräten, ihre Aufgaben im Unternehmen, insbesondere ihre Einwirkungsmöglichkeiten auf die Entscheidungen des Arbeitgebers hinsichtlich sozialer, arbeitsplatzbezogener, personeller und wirtschaftlicher Angelegenheiten sind im Betriebsverfassungsgesetz (BetrVG) geregelt:

Allgemeine Aufgaben (§ 80 BetrVG)	► Überwachungsrecht bei der Durchführung geltender Gesetze ► Wahrnehmung von Antragsrechten beim Arbeitgeber ► Antragsrecht bei Maßnahmen, die der Belegschaft dienen ► Entgegennahme von Anregungen der Arbeitnehmer ► Förderung der Eingliederung Schwerbehinderter ► Vorbereitung und Durchführung der Wahl der Jugendvertretung ► Förderung der Beschäftigung älterer Arbeitnehmer im Unternehmen ► Förderung der Eingliederung ausländischer Arbeitnehmer
Mitwirkungsrechte	► Informationsrecht über betriebliche Angelegenheiten (§ 90 BetrVG) ► Vorschlagsrecht zur Einführung einer Personalplanung (§ 92 BetrVG) ► Antragsrecht für Maßnahmen (§ 80 Abs. 1 Nr. 2 BetrVG) ► Beratungsrecht über Änderungen im Unternehmen (§§ 90 Abs. 2 BetrVG) ► Anhörungsrecht vor jeder Kündigung (§ 102 Abs. 1 BetrVG)
	► Zustimmungs- oder Vetorecht in sozialen Angelegenheiten (§§ 87 - 89 BetrVG) ► Mitbestimmungsrecht in arbeitsplatzbezogenen Angelegenheiten (§§ 90 - 91 BetrVG) ► Zustimmungs-, Veto- bzw. Initiativrecht in personellen Angelegenheiten (§§ 92 - 105 BetrVG) ► Informationsrechte in wirtschaftlichen Angelegenheiten (§§ 106 - 113 BetrVG)

- Das **Betriebsvereinbarungsrecht**, das Regelungen für alle Arbeitnehmer eines Betriebs enthält. Die Betriebsvereinbarung ist ein schriftlicher Vertrag zwischen Arbeitgeber und Betriebsrat zur Regelung betriebsinterner Angelegenheiten, die zum Aufgabenbereich des Betriebsrats gehören (§ 77 BetrVG).

  Die Betriebsvereinbarung gilt für alle Arbeitnehmer, die in einem Unternehmen tätig sind. Sie ist vom Arbeitgeber an geeigneter Stelle auszulegen (§ 77 Abs. 2 BetrVG).

3.6 Sozialrecht

Das Sozialstaatsprinzip des Grundgesetzes (Art. GG) ist die Grundlage des sozialen Auftrags unseres Staates. Zum Sozialrecht gehören die Sozialversicherung, die Sozialversorgung bzw. die Sozialhilfe oder Sozialfürsorge.

Im Zuge der Fortentwicklung der Sozialaufgaben des Staates sind zahlreiche Einzelgesetze entstanden. Sie werden zu einem Sozialgesetzbuch (SGB) zusammengefasst.

Zum **Sozialrecht**, das durch seine unmittelbare sozialpolitische Zielsetzung bestimmt wird, zählen insbesondere:

- Das **Sozialgesetzbuch**, das zurzeit folgende Teile enthält:
  - Allgemeiner Teil des Sozialgesetzbuches (SGB I)
  - Grundsicherung für Arbeitssuchende (SGB II)
  - Regelungen zur Arbeitsförderung (SGB III)
  - Gemeinsame Vorschriften für die Sozialversicherung (SGB IV)
  - Gesetzliche Krankenversicherung (SGB V)
  - Gesetzliche Rentenversicherung (SGB VI)
  - Gesetzliche Unfallversicherung (SGB VII)
  - Kinder- und Jugendhilfe (SGB VIII)
  - Rehabilitation und Teilhabe behinderter Menschen(SGB IX)
  - Verwaltungsverfahren und Sozialdatenschutz (SGB X)
  - Soziale Pflegeversicherung (SGB XI)
  - Sozialhilfe (SGB XII).

  Das Recht des Sozialgesetzbuches soll der Verwirklichung sozialer Gerechtigkeit und sozialer Sicherheit dienen. Bis zu ihrer Einordnung in das SGB gelten u. a.:
  - Bundesausbildungsförderungsgesetz (BAföG)
  - Bundeskindergeldgesetz (BKGG)
  - Bundesversorgungsgesetz (BVG)
  - Opferentschädigungsgesetz (OEG)
  - Soldatenversorgungsgesetz (SVG)
  - Sozialgerichtsgesetz (SGG)
  - Versicherungsaufsichtsgesetz (VAG)
  - Wohngeldgesetz (WoGG).

- Die **Sozialversicherung** ist eine gesetzliche Zwangsversicherung, mit der eine Mindestversicherung garantiert wird, die durch freiwillige Zusatzversorgung ergänzt werden kann, beispielsweise private Sozialversicherungen.

  Die Leistungen aus der Sozialversicherung dienen in erster Linie der **sozialen Sicherung des Arbeitnehmers** beim Ausfall der Arbeitsvergütung infolge von Krankheit, Arbeitsunfall, Alter und Arbeitslosigkeit. Dementsprechend kann die gesetzliche Sozialversicherung untergliedert werden:

Krankenversicherung	**Träger** der gesetzlichen Krankenversicherung sind die Orts-, Betriebs- und Innungskrankenkassen, die Seekrankenkasse, die landwirtschaftlichen Krankenkassen und die Ersatzkassen. Die Mittel der gesetzlichen Krankenversicherung werden von den Versicherten, Arbeitgebern, Rehabilitationsträgern und dem Staat erbracht (§§ 20, 220 ff. SGB IV, 249 ff. SGB V). Die versicherungspflichtigen Beschäftigten und ihre Arbeitgeber trugen die Beiträge bislang je zur Hälfte. Seit 07/2005 trägt der Arbeitnehmer zusätzlich und allein einen Beitrag von 0,4 Prozentpunkten für den Zahnersatz und von 0,5 für das Krankengeld.
Pflegeversicherung	Die Pflegeversicherung gibt es seit 1995. Sie ist verpflichtend für Mitglieder gesetzlicher Krankenkassen und auch privat Versicherte. Die Leistungen der Pflegeversicherung beziehen sich auf die häusliche Pflege und auf die stationäre Pflege. Die Beiträge werden von den Arbeitgebern und Arbeitnehmern je zur Hälfte aufgebracht. Seit 01/2005 müssen Kinderlose über 23 Jahre einen allein zu tragenden Beitragszuschlag in Höhe von 0,25 % zahlen.
Unfallversicherung	Zu den Aufgaben der Unfallversicherung zählen die Verhütung von Arbeitsunfällen, die Entschädigung der Verletzten und ihrer Angehörigen nach Eintritt des Arbeitsunfalls. Träger sind die **Berufsgenossenschaften** (§ 121 SGB VII). Die Mittel werden durch Beiträge der Arbeitgeber aufgebracht.
Rentenversicherung	Das Recht der gesetzlichen Rentenversicherung erfasst die Versicherungsfälle der Erwerbs- und Berufsunfähigkeit und des Alters, einschließlich der Leistungen an Hinterbliebene. Die Finanzierung erfolgt durch die Beiträge der Versicherten und der Arbeitgeber je zur Hälfte und durch Zuschüsse des Bundes.

<table>
<tr>
<td>Arbeitslosen-
versicherung</td>
<td>Die Beiträge zur Arbeitslosenversicherung werden je zur Hälfte vom Arbeitgeber bzw. vom Arbeitnehmer aufgebracht. Der Arbeitsförderung dienen auch Mittel der Bundesagentur für Arbeit.
Die Maßnahmen zur Arbeitsförderung sollen nach dem Sozialgesetzbuch III dazu beitragen, dass

► weder Arbeitslosigkeit noch ein Mangel an Arbeitskräften eintritt
► die berufliche Beweglichkeit der Erwerbstätigen gesichert wird
► die berufliche Eingliederung Behinderter gefördert wird
► Frauen beruflich eingegliedert und gefördert werden
► ältere Erwerbstätige wieder eingegliedert werden
► die illegale Beschäftigung bekämpft wird.

Sie werden von der Bundesagentur für Arbeit durch die Agenturen für Arbeit durchgeführt, so insbesondere die Berufsberatung, die Arbeitsvermittlung, die Förderung der beruflichen Bildung, die Erhaltung und Schaffung von Arbeitsplätzen (Kurzarbeitergeld, Arbeitsbeschaffungsmaßnahmen für Ältere, Schlechtwettergeld).

Die Leistungen der Arbeitsförderung sollen vor allem dazu beitragen, dass ein hoher Beschäftigungsstand erreicht und die Beschäftigungsstruktur ständig verbessert wird (§ 1 SGB III). Außerdem wird mit ihrer Hilfe angestrebt, den Ausgleich am Arbeitsmarkt zu unterstützen, was insbesondere geschehen soll durch:

► Beratung von Ausbildungs- und Arbeitssuchenden
► zügige Besetzung offener Stellen am Arbeitsmarkt
► Verbesserung der Möglichkeiten von Benachteiligten
► Vermeidung oder Verkürzung von Zeiten der Arbeitslosigkeit
► Vermeidung oder Verkürzung des Bezugs von Arbeitslosengeld.</td>
</tr>
</table>

Aufgabe 13 > Seite 535

3.7 Verfahrensrecht

Im Bereich des Bürgerlichen, des Handels-, des Arbeits- und Sozialrechts entstehen unterschiedliche Ansprüche, für die der Rechtsweg zu den Arbeits-, Sozial-, Verwaltungs- und Zivilgerichten gegeben ist. Das zuständige Gericht wird durch den Streitgegenstand bestimmt. Dabei gilt:

- Bei **zivilrechtlichen Streitigkeiten** aus dem Bürgerlichen Recht, dem Handels- und Gesellschaftsrecht, den gewerblichen Schutzrechten, den UWG und GWB sind die ordentlichen Gerichte zuständig. Das Verfahren richtet sich nach der Zivilprozessordnung (ZPO). Als **Instanzen** werden unterschieden:
  - Amts- und Landgericht als erste Instanz
  - Oberlandesgericht als zweite Instanz
  - Bundesgerichtshof als dritte Instanz.
- Bei **arbeitsrechtlichen Streitigkeiten** ist der Rechtsweg zu den Arbeitsgerichten gegeben. Hier sind die Regelungen des Arbeitsgerichtsgesetzes (ArbGG) bzw. der Zivilprozessordnung (ZPO) zu beachten. Arbeitsgerichte gibt es in drei **Instanzen**:
  - Arbeitsgericht als erste Instanz
  - Landesarbeitsgericht als Berufungsinstanz
  - Bundesarbeitsgericht als Revisionsinstanz (in Kassel).
- Im Falle **sozialrechtlicher Streitigkeiten** ist der Rechtsweg zu den Sozialgerichten gegeben. Das Sozialgerichtsverfahren ist im Sozialgerichtsgesetz (SGG) geregelt. Sozialgerichte weisen drei **Instanzen** auf:
  - Sozialgericht als erste Instanz
  - Landessozialgericht als Berufungsinstanz
  - Bundessozialgericht in Kassel als Revisionsinstanz.

3.8 Steuerrecht

Steuern werden nach § 3 Abs. 1 Abgabenordnung (AO) als Geldleistungen definiert, die nicht eine Gegenleistung für eine besondere Leistung darstellen und von einem öffentlich-rechtlichen Gemeinwesen zur Erzielung von Einnahmen auferlegt werden.

Zölle und **Abschöpfungen** sind ebenfalls Steuern. Steuern werden in einem Rechtsstaat aufgrund von Steuergesetzen erhoben. Die Steuergesetzgebung hat ihre Grundlage im Art. 105 GG.

Rechtsquellen auf dem Gebiet der Besteuerung stellen Gesetze, Rechtsverordnungen, Rechtsprechung und Verwaltungsanweisungen in Form von Richtlinien, Erlassen, Verfügungen dar. Besonders hervorzuheben sind:

- das **Grundgesetz** (Art. 104a - 115 GG), das u. a. die Gesetzgebungskompetenz, Steuerverteilung, Steuerverwaltung und die Angaben zum Haushalt regelt
- die **Abgabenordnung** (AO), welche die Rechte und Pflichten der Steuerzahler, allgemeine Verfahrensvorschriften, die Durchführung der Besteuerung und das Erhebungsverfahren umfasst
- das **Bewertungsgesetz**, das Vorschriften zur Einheitsbewertung enthält

- die **Einzelsteuergesetze**, die jeweils die Regelungen bestimmter Steuerarten zum Gegenstand haben.

Mit den Steuern und ihren Auswirkungen beschäftigt sich die **Steuerlehre** als einer wissenschaftlichen Disziplin der Betriebswirtschaftlehre (*Bornhofen/Bornhofen*). In der Steuerlehre wird u. a. zwischen dem **Steuerschuldner** als dem zur Entrichtung der Steuer Verpflichteten und dem **Steuerträger** unterschieden. Letzterer ist derjenige, der eine Steuer im Ergebnis trägt, d. h. durch die Steuer wirtschaftlich belastet ist (siehe ausführlich *Grefe*).

Im Rahmen der Besteuerung sind außer dem **Steuergläubiger**, der die Steuer fordern darf, zu unterscheiden:

- Das **Steuersubjekt** als derjenige, gegen den sich der Steueranspruch richtet, d. h. der als Steuerschuldner Träger von Rechten und Pflichten sein kann.
- Das **Steuerobjekt** als die Sache, das Rechtsverhältnis oder der Vorgang, der als Grundlage der Besteuerung dient. Die Größe, auf die der Steuertarif angewendet wird, heißt **Steuerbemessungsgrundlage.**
- Der **Steuertarif** als die Größe, aus deren Verrechnung die Höhe der Steuer resultiert. Er ist ein Verzeichnis, in dem verschiedenen Einheiten der Bemessungsgrundlage ein bestimmter Steuersatz zugeordnet ist.
- Der **Steuersatz** als die Größe, die zusammen mit der Steuerbemessungsgrundlage das Maß der steuerlichen Belastung angibt.

Nach der hauptsächlichen **Bemessungsgrundlage** hat sich in der Steuerlehre die folgende Gliederung der verschiedenen Steuern etabliert (*Grefe*):

- Die **Ertragssteuern**, bei welchen die von einem Wirtschaftssubjekt erzielten Erträge den Gegenstand der Besteuerung bilden, z. B. Einkommensteuer, Körperschaftsteuer und Gewerbesteuer.
- Die **Verkehrssteuern**, bei welchen Vorgänge des Rechts- und Wirtschaftsverkehrs die Besteuerungsbasis bilden, z. B. Umsatzsteuer, Grunderwerbssteuer, Kraftfahrzeugsteuer und Versicherungssteuer.
- Bei den **Substanzsteuern** ist die Besteuerung der Steuerpflichtigen an die vorhandene oder an die eingesetzte Vermögenssubstanz geknüpft, z. B. die Grundsteuer. Die Berechnungsgrundlage dieser Steuer bildet der vom Finanzamt festgestellte Einheitswert.

Nach der **Überwälzbarkeit** der Steuer werden unterschieden:

- **Direkte Steuern**, bei denen der Steuerschuldner mit dem Steuerträger identisch ist. Eine Übertragung der Steuer auf Dritte (z. B. eine andere Person) ist nicht möglich. Diese Steuern werden unmittelbar beim Steuerschuldner festgesetzt und von ihm erhoben, z. B. als Einkommensteuer, Solidaritätszuschlag.

- **Indirekte Steuern**, bei denen vom Grundsatz her der Steuerschuldner und der Steuerträger nicht identisch sind, denn hier wird die Steuer auf einen Dritten übertragen. Die Steuer wird nicht direkt vom Steuerträger an die Finanzbehörde abgeführt, sondern stellvertretend von einem Dritten. Typische indirekte Steuern sind die Umsatzsteuer und die Verbrauchssteuern.

Als **Arten** von Steuern können somit unterschieden werden:

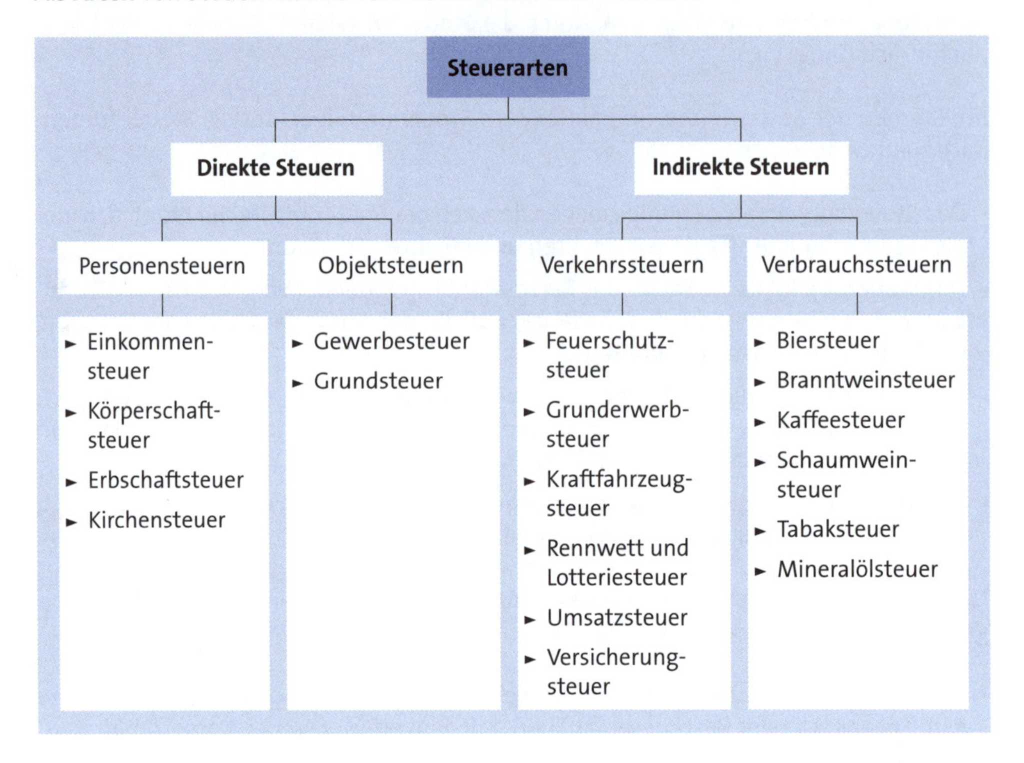

Das Steuerrecht ist ein Teil des öffentlichen Rechts, welches die Beziehungen der Bürger zu öffentlichen Institutionen regelt. Innerhalb des öffentlichen Rechts zählt das Steuerrecht zum besonderen Verwaltungsrecht.

		Lösung
1.	Was ist unter einem Unternehmen zu verstehen?	S. 23
2.	Welche Erkenntnisse schließt die führungsorientierte Betriebswirtschaftslehre außer den ökonomischen Faktoren ein?	S. 23
3.	Unterscheiden Sie die Begriffe Bedürfnisse und Bedarf!	S. 23
4.	Zeichnen und erklären Sie das magische Dreieck der Betriebswirtschaftslehre!	S. 23 f.
5.	Erklären Sie das Maximalprinzip des Wirtschaftens!	S. 24
6.	Wie unterscheidet sich davon das Minimalprinzip und das Optimalprinzip?	S. 24
7.	Kennzeichnen Sie das Humanitätsprinzip!	S. 24
8.	Welche Interessen berücksichtigt das Umweltschonungsprinzip?	S. 24
9.	Was verstehen Sie unter Wissenschaften?	S. 25
10.	Ordnen Sie die Betriebswirtschaftslehre in die Wissenschaften ein!	S. 24
11.	Gliedern Sie die Betriebswirtschaftslehre nach funktionalen, institutionalen und genetischen Kriterien!	S. 26 f.
12.	Welche speziellen Betriebswirtschaftslehren kennen Sie?	S. 27
13.	Wie sollten Theorien gestaltet sein?	S. 27
14.	Kennzeichnen Sie die deduktive Methode!	S. 28
15.	Wovon wird bei Anwendung der induktiven Methode ausgegangen?	S. 28
16.	Begründen Sie, welche der beiden Methoden vorzuziehen ist!	S. 28
17.	Erklären Sie den Produktionsfaktoransatz!	S. 28 f.
18.	Was sind systemindifferente und systembezogene Tatbestände?	S. 30
19.	Welche Phänomene stellt der Entscheidungsansatz in den Vordergrund und welches Grundprinzip trägt den Systemansatz der Betriebswirtschaftslehre?	S. 30 ff.
20.	Erläutern Sie den Führungsansatz!	S. 33
21.	Unterscheiden Sie den Ökologieansatz und den institutionenökonomischen Ansatz!	S. 33 ff.
22.	Erklären Sie den Prozessansatz!	S. 35 f.
23.	Unterscheiden Sie die Begriffe Business Reengineering und Management!	S. 36 f.
24.	Erläutern Sie Arten von Geschäftsprozessen!	S. 37 ff.
25.	Erklären Sie ausführlich den güterwirtschaftlichen Prozess!	S. 38
26.	Was ist unter einer Wertkette und dem Leistungsbereich zu verstehen?	S. 38
27.	Erläutern Sie den finanzwirtschaftlichen Prozess!	S. 39 f.

		Lösung
28.	Skizzieren Sie den informationellen Prozess!	S. 40 f.
29.	Unterscheiden Sie interne und externe Informationsprozesse. Wie können Informationsprozesse verlaufen?	S. 41
30.	Aus welchen Phasen besteht ein sachbezogener Führungsprozess?	S. 42
31.	Zählen Sie interne Teilnehmer des Betriebsgeschehens auf!	S. 45
32.	Welche externen Teilnehmer kennen Sie?	S. 45 f.
33.	Wieso haben Kennzahlen im Unternehmen einen hohen Stellenwert?	S. 46
34.	In welcher Weise lässt sich die Wirtschaftlichkeit errechnen?	S. 47
35.	Was ist an dieser Berechnungsweise nachteilig?	S. 47
36.	Welche Berechnungsart erscheint deshalb zweckmäßiger?	S. 47
37.	Schreiben Sie Formeln zur Ermittlung der Produktivität auf!	S. 47
38.	Wieso ermöglicht die Produktivität als einzelne Messzahl keine Aussagen?	S. 47 f.
39.	Was ist unter Rentabilität zu verstehen?	S. 48
40.	Kennzeichnen Sie die Arten der Rentabilität!	S. 48
41.	Was versteht man unter absoluter Liquidität?	S. 49
42.	Schreiben Sie die Kennzahlen zur statischen Liquidität auf und kennzeichnen Sie das Wesen der dynamischen Liquidität!	S. 49
43.	Wann befindet sich ein Unternehmen langfristig im finanziellen Gleichgewicht ?	S. 49
44.	Zählen Sie Störgrößen der Liquidität auf!	S. 50
45.	Was folgt aus der Illiquidität eines Unternehmens?	S. 50
46.	Geben Sie Beispiele für Einzelwirtschaften!	S. 50 f.
47.	Wie unterscheiden sich öffentliche und private Unternehmen?	S. 51
48.	Skizzieren Sie die Arten der Haushalte!	S. 51
49.	Gliedern Sie die Arten der Unternehmen nach Merkmalen!	S. 51
50.	Was sind arbeitsintensive Unternehmen?	S. 51
51.	Welche Vorteile hat die Arbeitsteilung?	S. 52
52.	Welche Nachteile sind mit ihr verbunden?	S. 52
53.	Wozu haben die Nachteile der Arbeitsteilung geführt?	S. 52
54.	Was ist unter anlageintensiven Unternehmen zu verstehen?	S. 52
55.	Kennzeichnen Sie materialintensive Unternehmen!	S. 52
56.	Was versuchen die Unternehmen mit dem Recycling?	S. 52
57.	Kennzeichnen Sie das Wesen von Industrieunternehmen!	S. 53

		Lösung
58.	Wie unterscheiden sie sich von Handelsunternehmen?	S. 53
59.	Welche grundlegenden Aufgaben haben Bankunternehmen?	S. 53
60.	In welchen Bereichen sind Verkehrsunternehmen tätig?	S. 53
61.	Womit beschäftigen sich Versicherungsunternehmen?	S. 53
62.	Welche sonstigen Dienstleistungsunternehmen kennen Sie?	S. 53
63.	Welches ist der günstigste Standort?	S. 53
64.	Worum geht es bei dem materialorientierten Standort?	S. 54
65.	Welche Überlegungen gibt es bei der Arbeitsorientierung?	S. 54
66.	Was wird bei der Abgabenorientierung berücksichtigt?	S. 54
67.	Was strebt man bei der Verkehrsorientierung an?	S. 54
68.	Wieso hat auch die Energieorientierung einen hohen Stellenwert?	S. 54
69.	Warum hat die Umweltorientierung an Bedeutung gewonnen?	S. 54
70.	Wieso spielt die Absatzorientierung eine entscheidende Rolle?	S. 54
71.	Ist die Landschaftsorientierung von Bedeutung?	S. 55
72.	Worum geht es bei der Auslandsorientierung?	S. 55
73.	Welche grundlegenden Rechtsformen kann man unterscheiden?	S. 55
74.	Erläutern Sie den Begriff der Betriebsgröße und kennzeichnen Sie Bezugsgrößen zu ihrer Messung!	S. 55 f.
75.	Wie klassifiziert § 267 HGB die Betriebsgrößen?	S. 56
76.	Wie viel Prozent aller deutschen Unternehmen haben 1 bis 9 Beschäftigte?	S. 56
77.	Was verstehen Sie unter einer Entscheidung?	S. 56
78.	Woraus besteht der Prozess der Willensbildung?	S. 57
79.	Zu welchem Ergebnis führt der Prozess der Willensdurchsetzung?	S. 57
80.	Skizzieren Sie Entscheidungen unter Sicherheit!	S. 57
81.	Wodurch sind Entscheidungen unter Unsicherheit gekennzeichnet?	S. 57
82.	In welcher Weise können diese Entscheidungen auftreten?	S. 57
83.	Was sind konstitutive Entscheidungen?	S. 58
84.	Welche Entscheidungen umfassen diejenigen zur Gründung?	S. 58 f.
85.	Was versteht man unter einer Firma?	S. 58
86.	Worüber muss im Laufe einer Gründung entschieden werden?	S. 58 f.
87.	In welcher Weise kann die Aufbauorganisation gestaltet werden?	S. 59
88.	Was soll die Prozessorganisation sicherstellen?	S. 59
89.	Geben Sie Beispiele zur Projektorganisation!	S. 60
90.	Kennzeichnen Sie verschiedene Durchführungsentscheidungen!	S. 60

		Lösung
91.	Worauf können sich Zusammenschlussentscheidungen beziehen?	S. 60 f.
92.	Wie können sich Unternehmenskrisen äußern?	S. 61
93.	Welche Entscheidungen umfasst die Sanierung?	S. 61
94.	Was ist unter der Insolvenz zu verstehen?	S. 61
95.	Was wissen Sie über das Insolvenz-Großverfahren?	S. 61
96.	Was ist ein Insolvenz-Kleinverfahren?	S. 61
97.	Erklären Sie kurz das Wesen des Insolvenzplans!	S. 62
98.	Was verstehen Sie unter Liquidation?	S. 62
99.	Zählen Sie die verschiedenen Unternehmensbereiche auf!	S. 62
100.	Welche Aktivitäten umfasst der Leistungsbereich?	S. 63
101.	Womit befasst sich der Materialbereich?	S. 63
102.	Was ist mit dem Materialbestand gemeint?	S. 63
103.	Welche Entscheidungen hat das Unternehmen bezüglich der Erzeugnisse zu treffen?	S. 63
104.	Erläutern Sie, was der Arbeitsplan ist!	S. 63
105.	Welcher Bereich ist eng mit der Produktion verbunden?	S. 63
106.	Kennzeichnen Sie die grundlegenden Marketingbereichsaufgaben!	S. 64
107.	Was versteht man unter Beteiligungsfinanzierung?	S. 64
108.	Wozu dient die Fremdfinanzierung?	S. 64
109.	Kennzeichnen Sie kurz das Wesen der Innenfinanzierung!	S. 65
110.	Was stellen Investitionen dar?	S. 65
111.	Unterscheiden Sie statische und dynamische Investitionsrechnungen!	S. 65
112.	Was sind Nutzwertrechnungen?	S. 65
113.	Kennzeichnen Sie kurz das Wesen des Barzahlungsverkehrs!	S. 65
114.	Welche grundlegenden Merkmale hat der halbbare Zahlungsverkehr?	S. 65
115.	Skizzieren Sie das Wesen des bargeldlosen Zahlungsverkehrs!	S. 65
116.	Erklären Sie kurz die Rahmenfunktionen des Personalwesens!	S. 66
117.	Welche Kernfunktionen des Personalwesens kennen Sie?	S. 66
118.	Womit befasst sich die Informatik?	S. 67
119.	Was wird zur Datenverarbeitung mit dem Computer benötigt?	S. 67
120.	Unterscheiden Sie die Informationsarten!	S. 67
121.	Welche Aufgaben hat das betriebliche Rechnungswesen?	S. 68
122.	Erklären Sie kurz die Aufgaben des Controlling!	S. 68 f.
123.	Was ist unter Unternehmensführung zu verstehen?	S. 70

		Lösung
124.	Kennzeichnen Sie die Unternehmensführung!	S. 70
125.	Unterscheiden Sie die personenbezogene und die sachbezogene Unternehmensführung!	S. 70
126.	Erläutern Sie die dimensionale Unternehmensführung!	S. 70
127.	Skizzieren Sie die güterwirtschaftliche Führung in den Unternehmensbereichen!	S. 71
128.	Wie ist die Führung im Finanzbereich gestaltet?	S. 71
129.	In welchen weiteren Bereichen wird ebenfalls geführt?	S. 71
130.	Wie unterscheiden sich Gruppenführung und Individualführung?	S. 72
131.	Wie lässt sich das Wirtschaftsrecht einteilen?	S. 73
132.	Aus welchen Teilen besteht das BGB?	S. 73
133.	Unterscheiden Sie einseitige und mehrseitige Rechtsgeschäfte!	S. 74 f.
134.	Erklären Sie die Arten der Willenserklärung!	S. 75 f.
135.	Welche Willenserklärungen sind nichtig? (mit Erläuterungen)	S. 76
136.	Welche Willenserklärungen sind anfechtbar?	S. 77
137.	Stellen Sie die Rechts- und die Geschäftsfähigkeit gegenüber!	S. 78
138.	Worauf können sich Leistungsstörungen beziehen?	S. 78 ff.
139.	Was wissen Sie über den Leistungsort oder Erfüllungsort?	S. 78 f.
140.	Unterscheiden Sie vertragliche Haupt- und Nebenleistungspflichten!	S. 79
141.	Unterscheiden Sie die Arten der Unmöglichkeit und des Verzugs!	S. 79 ff.
142.	Was wissen Sie über den Gläubigerverzug?	S. 81
143.	Wann begeht der Schuldner eine Pflichtverletzung?	S. 81
144.	Erklären Sie Leistungsstörungen der Geschäftsgrundlage!	S. 81
145.	Erläutern Sie die verschiedenen Verjährungsfristen nach BGB!	S. 82
146.	Welche Bücher umfasst das Handelsgesetzbuch?	S. 82 f.
147.	Unterscheiden Sie die Arten der Handelsgewerbe!	S. 83
148.	Erklären Sie die Arten der Kaufleute nach dem Erwerb der Kaufmannseigenschaft!	S. 84
149.	Was wissen Sie über die Firma und das Handelsregister?	S. 84 f.
150.	Welche Regelung bringt das Gesetz über elektronische Handelsregister mit sich?	S. 85
151.	Stellen Sie die Arten der Vollmacht gegenüber!	S. 86 ff.
152.	Aus welchen Möglichkeiten besteht der gewerbliche Rechtsschutz?	S. 89
153.	Unterscheiden Sie den Wettbewerbs- und den Daten- bzw. Umweltschutz!	S. 89 ff.

		Lösung
154.	Zählen Sie Gesetze auf, die zum Arbeitsrecht zählen!	S. 93
155.	Unterscheiden Sie das Individualarbeitsrecht und das Kollektivarbeitsrecht!	S. 94 ff.
156.	Welche Arbeitskampfmaßnahmen kennen Sie?	S. 95
157.	Welche Aufgaben hat der Betriebsrat?	S. 96
158.	Geben Sie einen Überblick über das Sozialrecht!	S. 97 ff.
159.	Was wissen Sie über das Verfahrensrecht?	S. 99 f.
160.	Stellen Sie die Steuerarten übersichtlich dar und gliedern Sie diese nach der hauptsächlichen Bemessungsgrundlage!	S. 101 f.

B. Unternehmen

Unternehmen sind planmäßig organisierte, private Betriebswirtschaften, in denen Güter bzw. Dienstleistungen beschafft, verwertet, verwaltet und abgesetzt werden. Sie sollen unter mehreren Gesichtspunkten betrachtet werden:

Unternehmen	Phasen
	Rechtsformen
	Organisation
	Zusammenschlüsse

Das Grundgesetz (GG) bzw. die Gewerbeordnung (GewO) garantieren die Gewerbefreiheit, sichern die freie Berufswahl und deren Ausübung, soweit keine begründeten rechtlichen Beschränkungen bestehen.

1. Phasen

Im Hinblick auf die Phasen eines Unternehmens wird in der betriebswirtschaftlichen Literatur häufig von der **Organisationsentwicklung** als einem langfristig angelegten Prozess von Veränderungen gesprochen. Die **führungsorientierte** Betriebswirtschaftslehre unterscheidet mit unterschiedlichen Themenschwerpunkten folgende Unternehmensphasen:

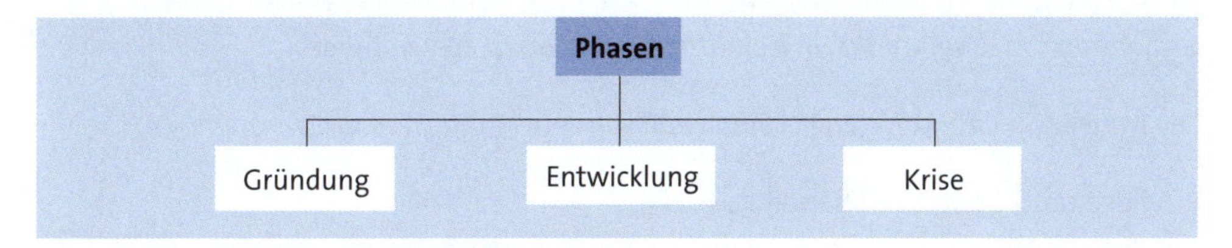

Dabei besteht der erste Schritt zur Eröffnung eines Gewerbes in der Gründung. Danach kann ein Unternehmen unterschiedliche Phasen durchlaufen, die positive Entwicklungen darstellen, aber auch negative Entwicklungen beinhalten und damit zu Unternehmenskrisen führen können. Für die einzelnen **Unternehmensphasen** ist jeweils das Gründungs-, Entwicklungs- bzw. Krisenmanagement zuständig. Die einzelnen Phasen beinhalten folgende Merkmale:

- Am Anfang steht meist die **Idee** für eine bestimmte Marktleistung. Zunächst muss geprüft werden, ob sie sich am Markt durchsetzen bzw. ob sich eine Marktlücke finden lässt. Dabei ist es hilfreich, wenn Engpässe bei Kunden genutzt und Leistungsvorteile gegenüber Konkurrenten ausgeschöpft werden. Im Rahmen der **Gründungsphase** geht es u. a. um die Voraussetzungen, die Eintragung der Firma ins Handelsregister und um die Standortwahl (siehe S. 53)

- Die **Entwicklungsphase**, welche auch als **Betriebsphase** bezeichnet wird (*Wöhe/Döring*), ist durch positive, aber auch durch negative Einflussfaktoren geprägt. Diese sind je nach Betrachtungsbereich und zu treffender Entscheidungen unterschiedlich.
- Die **Krisenphase** ist mit Problemen der Sanierung, der Insolvenz bzw. der Liquidation verbunden und kann das Unternehmen in eine schwierige Lage bringen, die bei der Gründung noch nicht absehbar war.

1.1 Gründung

Unter der Gründung werden alle Maßnahmen zur Errichtung eines Unternehmens verstanden. Sie muss gut überlegt sein. Vielfach erfordert die Gründung einen zumindest auf mittlere Frist hohen persönlichen Arbeitseinsatz, der nicht selten 60 - 80 Stunden in der Woche ausmacht. Weitere **Merkmale** einer Gründung sind:

- nicht vorherbestimmbares Einkommen
- Risiko des Kapitalverlustes
- Anpassungsfähigkeit im Wettbewerb
- Lernbereitschaft im Wettbewerb
- Kontaktbereitschaft.

Ist die Entscheidung des **Gründungsmanagement** gefallen, am Markt aufzutreten, kann die Gründung erfolgen. Darunter ist die Errichtung eines funktionsfähigen Unternehmens in einer marktwirtschaftlichen Ordnung zu verstehen.

Die **Motive** für Gründungen können vielfältig sein (*Sanft, Wessel/Zwernemann/Kögel*):

- Selbstständigkeit/Unabhängigkeit
- Leistungsgerechteres Einkommen
- höheres Ansehen, Geltungsbedürfnis
- Durchsetzung eigener Ideen
- Umgehung des Kündigungsrisikos
- Vermeidung von Arbeitslosigkeit
- Nutzung steuerlicher Vorteile
- wirtschaftlich sinnvolle Investitionen
- Übernahme eines Unternehmens
- Ausnutzung von Marktchancen
- Nutzung von öffentlichen Förderungen.

In die Überlegungen zur Gründung kann auch die Frage einbezogen werden, ob ein Unternehmen übernommen werden soll. Ein Generationswechsel oder eine bevorstehende freiwillige Unternehmensauflösung kann dabei für eine Übernahme sprechen.

Das **Gründungsmanagement** sollte berücksichtigen, dass sich die Bedürfnisse der Kunden und die Anforderungen des Marktes schnell ändern können. Ein heute gutes Geschäftskonzept kann nach wenigen Jahren überholt sein. Je nach Innovationsgrad, Flexibilität, Können und Risikofreude werden die Ideen am Markt unterschiedlich verwirklicht. Manche Unternehmen haben eine lange Beständigkeit, andere Firmen geraten innerhalb kurzer Zeit in eine Krise.

Die Gründung ist auf unterschiedliche Weise möglich. So können in das Unternehmen eingebracht werden:

- **Einzelne Vermögensgegenstände**, wobei die Gründung dementsprechend sein kann:

Bargründung	Es werden ausschließlich Geldmittel bereitsgestellt, beispielsweise 30.000 €.
Sachgründung	Dabei fließen Sachmittel ein, beispielsweise Grundstücke, Maschinen als Gegenstände oder Wertpapiere als Rechte.
Gemischte Gründung	Bei ihr werden sowohl Geldmittel als auch Sachmittel dem Unternehmen zur Verfügung gestellt.

- **Ganze Unternehmen**, wobei sich unterscheiden lassen:

Fusion	Sie ist ein Unternehmenszusammenschluss, der durch eine Verschmelzung mit einer anderen Firma entsteht. Durch diese Neubildung wird eine neue Gesellschaft gegründet.
Neue Rechtsform	Dabei wird eine bisherige Rechtsform durch eine neu zu schaffende Rechtsform ersetzt. So kann beispielsweise die **Umwandlung** einer Offenen Handelsgesellschaft in eine GmbH erfolgen.

Es empfiehlt sich für die Gründung, den Rat erfahrener Fachleute einzuholen. Berufsverbände, Handwerks- bzw. Industrie- und Handelskammern bieten sich als Ratgeber an[1].

Im Rahmen der Gründung sind zu betrachten:

- **Voraussetzungen**
- **Firma**
- **Handelsregister.**

---

[1] Als **Gründungsberater** können beispielhaft genannt werden:

Bundesverband Deutscher Unternehmensberater BDU e. V., Zitelmannstr. 22, 53113 Bonn, Tel. (0228) 9161-0
Bundesverband der Wirtschaftsberater (BVW) e. V., Lerchenweg 14, 53909 Zülpich, Tel. (02252) 81361
Bundesverband Deutscher Volks- und Betriebswirte (Bdvb) e. V., Florastr. 29, 40217 Düsseldorf, Tel. (0211) 371022

1.1.1 Voraussetzungen

Als Voraussetzungen für die Gründung können genannt werden:

- **Persönliche Voraussetzungen**, die vor allem umfassen:
  - Geschäftsfähigkeit
  - fachliche Kenntnisse und Erfahrungen
  - Einstellung zur unternehmerischen Aufgabe
  - Entschlusskraft, Urteilsfähigkeit
  - Wagemut
  - Wendigkeit, Menschenkenntnis.
- **Örtliche Voraussetzungen**, die den Standort des Unternehmens betreffen – siehe ausführlich Kapitel A.:
  - Materialorientierung
  - Arbeitsorientierung
  - Abgabenorientierung
  - Verkehrsorientierung
  - Energieorientierung
  - Landschaftsorientierung
  - Umweltorientierung
  - Absatzorientierung
  - Auslandsorientierung.
- **Sachliche Voraussetzungen**, die beispielsweise einschließen:
  - Bestimmung des Geschäftszweiges
  - Festlegung der Kapitalbeschaffung
  - Klärung der Investitionsmöglichkeiten
  - Bestimmung der Bankverbindung(en)
  - Beschaffung der Informationen
  - Knüpfen der Kontakte.
- **Rechtliche Voraussetzungen**, die sich beziehen auf:
  - Wahl der Rechtsform
  - Wahl, ob als Kaufmann oder als Freiberufler agiert werden soll
  - Anmeldung des Gewerbes
  - Anmeldung zum Handelsregister-Eintrag.

Unter einem **Gewerbe** ist jede auf Gewinn gerichtete selbstständige Tätigkeit zu verstehen. Wer den selbstständigen Betrieb eines stehenden Gewerbes anfängt, muss dies der für den betreffenden Ort zuständigen Behörde gleichzeitig anzeigen (§ 14 Abs. 1 GewO). Die Behörde stellt eine Empfangsbescheinigung aus (§ 15 GewO).

Für zahlreiche Gewerbezweige benötigt der Gründer keine Erlaubnis bzw. keinen Nachweis einer Qualifikation, die **Gewerbeanmeldung** reicht zum Betreiben des Gewerbes aus. Davon abweichende **Sonderregelungen** sind bei folgenden Unternehmen zu beachten:

Handwerks-unternehmen	Mit der Änderung der Handwerksordnung (HwO) von 2003 stellt der Abschluss einer **Meisterprüfung** keine Zugangsvoraussetzung zur Selbstständigkeit dar. Vielmehr gilt er als Qualitätssiegel gegenüber anderen Selbstständigen.
Handels-unternehmen	Für den Handel mit Waffen/Munition, freiverkäuflichen Arzneimitteln, loser Milch, speziellen Tierarten bzw. giftigen Stoffen ist ein besonderer **Sachkundenachweis** erforderlich. Der Handel mit Edelmetallen, Altmetallen und Gebrauchtwagen ist zwar nicht erlaubnispflichtig, es gelten aber besondere Anforderungen an die betriebliche Buchführung. Es sind Unternehmen im Binnenhandel (Handel im Inland) und im **Außenhandel** (*Jahrmann*) zu unterscheiden.
Verkehrs-unternehmen	Im Beförderungsverkehrsgewerbe sind alle Tätigkeiten erlaubnispflichtig: ► Beim **„Nahverkehr"** mit 50 km Radius ab Ortsmitte des Betriebsortes benötigt man eine Erlaubnis der Kreis- bzw. Stadtverwaltung. ► Für den „**Fernverkehr**" ist eine Konzession erforderlich, die beim zuständigen Regierungspräsidium beantragt werden muss. ► Auch der Betrieb eines **Taxis** erfordert eine Konzession der Ordnungsbehörde. Nähere Auskünfte erteilt die Industrie- und Handelskammer.
Dienstleistungs-unternehmen	Auskunfteien, Bauträger, Bewachungsgewerbe, Ehevermittler, Makler bzw. Versteigerer zählen zu den **„Vertrauensgewerben"**, die an die Zuverlässigkeit des Inhabers dieses Dienstleistungsunternehmers besondere Anforderungen stellen (§ 38 GewO). Bei der Anmeldung eines solchen Gewerbes wird ein **polizeiliches Führungszeugnis** beim Bundeszentralregister eingeholt. Negative Auskünfte können dazu führen, dass die Ausübung des Gewerbes untersagt wird. Wer ein gastronomisches Unternehmen eröffnen will, muss an einem Unterrichtungsverfahren bei der zuständigen IHK über hygiene- und lebensmittelrechtliche Vorschriften teilgenommen haben. Auch gelten zusätzlich raumbezogene Auflagen der Gewerbeaufsichtsämter.

Wer sich nicht in das Handelsregister eintragen lässt, wie beispielsweise kleine Gewerbetreibende, freiberuflich Tätige, BGB-Gesellschaften kann eine Geschäftsbezeichnung ohne Rechtsformzusatz führen, z. B. *Personaltraining Hans Huber*.

- **Betriebswirtschaftliche Voraussetzungen**, die folgende Tätigkeiten umfassen:
  - Grundsätzliche steuerliche Überlegungen sind anzustellen.
  - Erforderliches Kapital ist zu beschaffen.

- Notwendige Betriebsmittel und Materialien sind zu besorgen.
- Erforderliches Personal ist einzustellen.
- Grundsätzliche Organisationsentscheidungen sind zu treffen.
- Absatzpolitische Entscheidungen sind zu fällen.

Von betriebswirtschaftlicher Bedeutung sind auch die **Gründungskosten**, beispielsweise Steuern, Bankgebühren, Zinsen für die Übernahme von Anteilen, Prüfungsgebühren und Notariats- bzw. Gerichtskosten.

1.1.2 Firma

Nach § 17 HGB ist die Firma der Name, unter dem der Kaufmann seine Geschäfte betreibt und seine Unterschrift abgibt. Der Kaufmann kann unter seiner Firma klagen und verklagt werden. Zu unterscheiden sind im Hinblick auf die Firma:

- Die **Firmengrundsätze**, die nach §§ 18, 21, 22, 30, 37 HGB beinhalten:

Wahrheit	Der Firmen**kern** muss bei der Gründung wahr sein, beispielsweise „Hubert Kranz OHG". Irreführende Angaben sind nicht zulässig.
Beständigkeit	Beim Wechsel in der Person des Inhabers kann die bisherige Firma beibehalten werden.
Ausschließlichkeit	Jede Firma muss sich von allen an demselben Ort bereits bestehenden und ins Handelsregister eingetragenen Unternehmen unterscheiden.

- Die **Arten der Firma**, die sein können:

Personenfirma	Sie enthält einen oder mehrere Namen vollhaftender Personen mit notwendigem Zusatz, z. B. „Hubert Kranz e. K.", „Frank & Meier OHG".
Sachfirma	Sie ist vom Gegenstand des Unternehmens abgeleitet, beispielsweise „Deutsche Bank AG".
Fantasiefirma	Sie enthält eine häufig von Markenzeichen abgeleitete Bezeichnung, z. B. „Coca Cola".
Gemischte Firma	Sie enthält neben einem sachbezogenen Teil entweder Personennamen, z. B. „Photo Porst AG", oder Fantasienamen, z. B. „Sakrimista Fertigteile AG".

- Die **Anmeldung der Firma**, die bei folgenden Institutionen erfolgen muss bei:
  - Krankenkasse (Mitarbeiter)
  - Berufsgenossenschaft (Unfallversicherung)
  - Ortsbehörde (Geschäftsbetrieb)
  - Gewerbeaufsichtsamt (Arbeitsschutzüberwachung)
  - Finanzamt (Steuernummer)
  - Industrie- und Handelskammer (Pflichtmitgliedschaft)
  - Arbeitsamt (Betriebsnummer)

- Post (Anschrift, Postfach)
- Amtsgericht (Handelsregister-Eintragung)
- Telecom (Telefon, Telefax) oder Arcor.

1.1.3 Handelsregister

Das Handelsregister ist ein amtliches **Verzeichnis der Kaufleute** eines Amtsgerichtsbezirks oder mehrerer Amtsgerichtsbezirke, das vom Registergericht des zuständigen Amtsgerichts elektronisch geführt wird (§ 8 HGB). Sein Hauptzweck liegt in der Erhöhung der Rechtssicherheit im Geschäftsverkehr. Es verfügt über zwei **Abteilungen**:

- In der **Abteilung A** (HRA) werden die Einzelunternehmen und Personengesellschaften erfasst. Einzutragende Inhalte sind:
  - Firma
  - Sitz der Gesellschaft
  - Gegenstand des Unternehmens
  - Namen der Geschäftsinhaber des Unternehmens
  - Namen der persönlich haftenden Gesellschafter
  - Namen der Prokuristen
  - Rechtsverhältnisse (bezogen auf die Unternehmensform).
- In der **Abteilung B** (HRB) werden die Kapitalgesellschaften eingetragen. Außer den obigen Daten wird auch die Höhe des gezeichneten Kapitals erfasst.

Mit der Eintragung ins Handelsregister erwirbt der Unternehmer die **Kaufmannseigenschaft**. Er unterliegt damit den strengen Vorschriften des HGB.

Die Anmeldungen zum Register (Neueintrag, Veränderung, Löschung) müssen seit 01/2007 in **elektronisch beglaubigter Form** erfolgen (§ 12 Abs. 1 HGB). Das schreibt das Gesetz über elektronische Handelsregister, Genossenschaftsregister und Unternehmensregister vor.

Die Eintragung ins Handelsregister kann unterschiedliche **Wirkungen** haben:

- Sie ist **konstitutiv** (= rechtserzeugend), wenn die Rechtswirkung erst durch die Eintragung eintritt. Das gilt beispielsweise für die Kaufmannseigenschaft der Kannkaufleute und die Rechtsform der Kapitalgesellschaften.

Beispiel

Eine GmbH wird am 12.05. gegründet und am 25.05. eingetragen. Die Rechtswirkung tritt am 25.05. ein.

- Sie ist **deklaratorisch** (= rechtsbezeugend), wenn die Rechtswirkung bereits vor der Eintragung eintritt. Das gilt beispielsweise für die Kaufmannseigenschaft der Istkaufleute, die Rechtsstellung der Prokuristen, die Rechtsform der Personengesellschaften.

Beispiel

Ein Prokurist einer ins Handelsregister eingetragenen GmbH wird am 01.08. ernannt, aber erst am 30.08. eingetragen. Die Rechtswirkung beginnt am 01.08.

Das **Gründungsmanagement** umfasst alle Entscheidungen und Tätigkeiten, die mit der Gründung eines Unternehmens verbunden sind. Die Konsequenzen seiner Entscheidungen sind weitreichend und von enormer Bedeutung. So bietet eine Existenzgründung z. B. für einen Unternehmer einerseits große Chancen und Möglichkeiten, andererseits bringt sie aber auch große Verantwortung und mitunter hohe Risiken mit sich (*Rahn*). Dem Gründungsmanagement kommen insbesondere folgende Aufgaben zu (*Dowling/Drumm, Hopfenbeck*):

- Rechtsfragen klären (z. B. Rechtsform, Firma, Versicherungen)
- Standortwahl treffen (z. B. Absatz-, Abgaben- bzw. Arbeitsorientierung)
- Organisationsentscheidungen treffen (z. B. Aufbau- und Prozessorganisation)
- Businessplan erstellen (Geschäftsplan, Leistungsprogramm, Marketingplan)
- Kosten, Finanzierung und Investitionen planen (z. B. Eigen- bzw. Fremdmittel klären)
- Förderprogramme nutzen (z. B. Staatshilfen klären)
- Rechnungswesen klären (z. B. Buchführung, Bilanzen)
- Produktionsentscheidungen treffen (z. B. Forschung und Entwicklung)
- Personalwirtschaftliche Fragen klären (z. B. Arbeitsrecht, Beschaffungsfragen)
- Patent- und Markenstrukturen erschließen (z. B. gewerblicher Rechtsschutz)
- Unternehmensnetzwerke planen (z. B. EDV-Anlagen, Verbindungen)
- Gang an die Börse (z. B. Aktiengesellschaft gründen)
- Internationalisierungsstrategien (z. B. Kooperationen).

Das Gründungsmanagement hat so zu entscheiden, dass ein **Unternehmenserfolg** eintritt. Das setzt voraus, dass schon vor der Gründung ausgewogene und gründliche Überlegungen erfolgen.

Die Gründung ist die Errichtung eines funktionsfähigen Unternehmens. Bei ihr haben die Verantwortlichen eine Fülle von Überlegungen anzustellen, über die gründlich nachzudenken und dann zu entscheiden ist. Dabei kann der **Gründungsprozess** folgende Elemente enthalten:

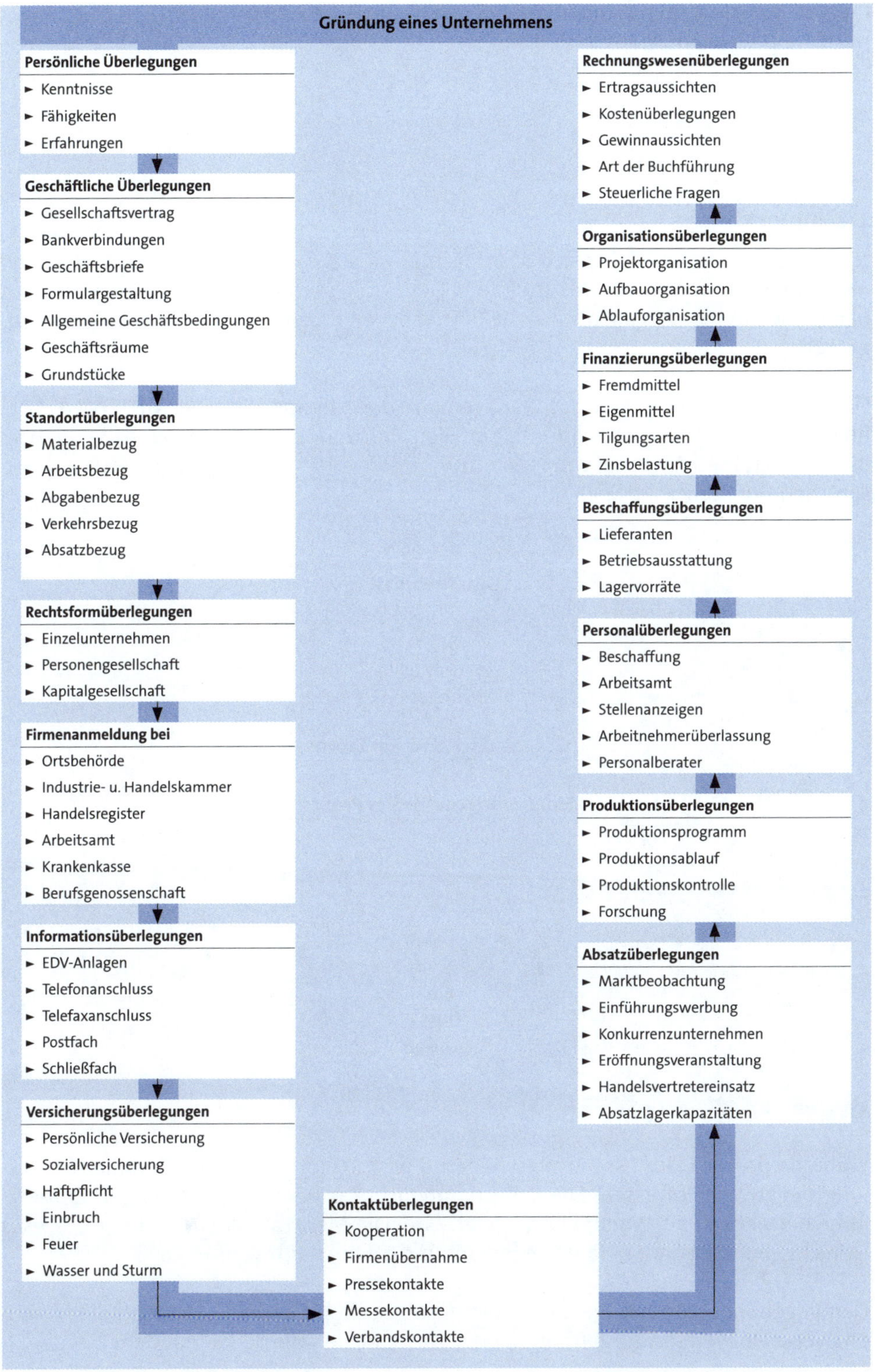

Gründung eines Unternehmens

Persönliche Überlegungen
- Kenntnisse
- Fähigkeiten
- Erfahrungen

Geschäftliche Überlegungen
- Gesellschaftsvertrag
- Bankverbindungen
- Geschäftsbriefe
- Formulargestaltung
- Allgemeine Geschäftsbedingungen
- Geschäftsräume
- Grundstücke

Standortüberlegungen
- Materialbezug
- Arbeitsbezug
- Abgabenbezug
- Verkehrsbezug
- Absatzbezug

Rechtsformüberlegungen
- Einzelunternehmen
- Personengesellschaft
- Kapitalgesellschaft

Firmenanmeldung bei
- Ortsbehörde
- Industrie- u. Handelskammer
- Handelsregister
- Arbeitsamt
- Krankenkasse
- Berufsgenossenschaft

Informationsüberlegungen
- EDV-Anlagen
- Telefonanschluss
- Telefaxanschluss
- Postfach
- Schließfach

Versicherungsüberlegungen
- Persönliche Versicherung
- Sozialversicherung
- Haftpflicht
- Einbruch
- Feuer
- Wasser und Sturm

Kontaktüberlegungen
- Kooperation
- Firmenübernahme
- Pressekontakte
- Messekontakte
- Verbandskontakte

Absatzüberlegungen
- Marktbeobachtung
- Einführungswerbung
- Konkurrenzunternehmen
- Eröffnungsveranstaltung
- Handelsvertretereinsatz
- Absatzlagerkapazitäten

Produktionsüberlegungen
- Produktionsprogramm
- Produktionsablauf
- Produktionskontrolle
- Forschung

Personalüberlegungen
- Beschaffung
- Arbeitsamt
- Stellenanzeigen
- Arbeitnehmerüberlassung
- Personalberater

Beschaffungsüberlegungen
- Lieferanten
- Betriebsausstattung
- Lagervorräte

Finanzierungsüberlegungen
- Fremdmittel
- Eigenmittel
- Tilgungsarten
- Zinsbelastung

Organisationsüberlegungen
- Projektorganisation
- Aufbauorganisation
- Ablauforganisation

Rechnungswesenüberlegungen
- Ertragsaussichten
- Kostenüberlegungen
- Gewinnaussichten
- Art der Buchführung
- Steuerliche Fragen

Falsche Entscheidungen können für ein Unternehmen bereits frühzeitig zu einer negativen Entwicklung führen.

Aufgabe 14 > Seite 536

1.2 Entwicklung

Nach seiner Gründung kann sich das Unternehmen zwischen dem Beschaffungs- und Absatzmarkt unterschiedlich entwickeln. Der Erfolg der unternehmerischen Leistung hängt vor allem davon ab, ob sich die betrieblichen Prozesse positiv oder negativ entwickeln.

Dabei hat die **Führung** (bzw. das Management) die Aufgabe, die güterwirtschaftlichen, finanzwirtschaftlichen und informationellen Prozesse so miteinander zu verbinden, dass der Erfolg eintritt. Die von innen bzw. außen wirkenden Einflussgrößen sind entsprechend zu berücksichtigen.

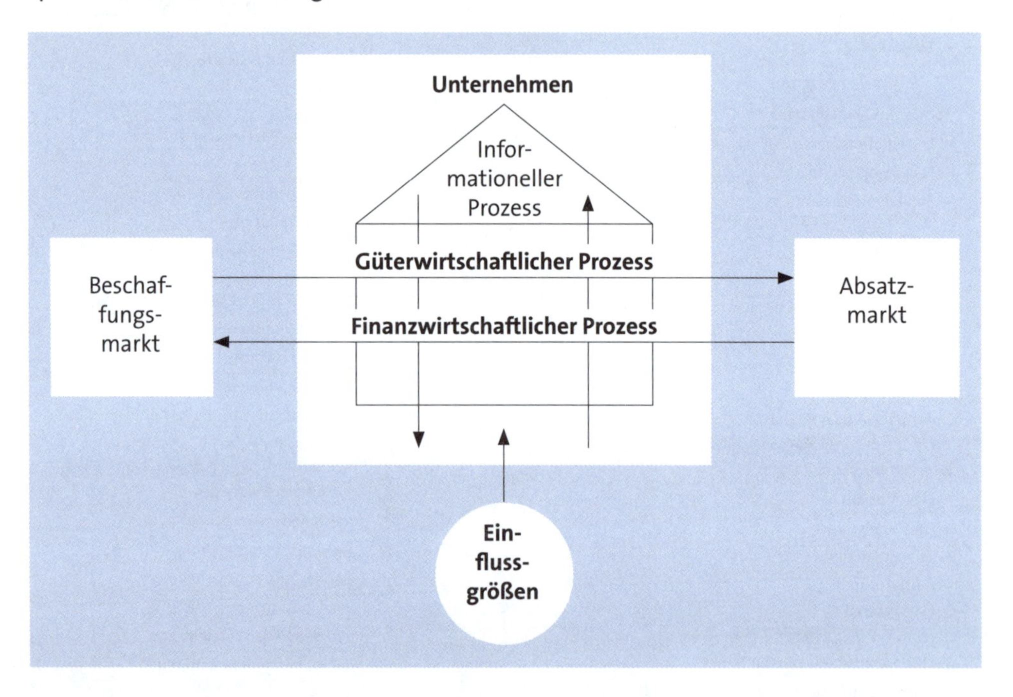

Während positive Einflüsse erfolgssteigernd wirken, können **Störgrößen** die Entwicklung negativ beeinflussen. Die Unternehmen unterliegen einer ständigen Entwicklung, die vielfach als **Wandel** bezeichnet wird. Die Mehrzahl der Wandlungsprozesse ist nicht geplant, sondern läuft ungeplant und oft auch unbemerkt ab.

Demgegenüber steht der geplante (organisatorische) Wandel als Absicht, die Funktionsweise einer Gesamtorganisation oder wesentliche Teile davon mit dem Ziel der Effizienzverbesserung zu ändern (*Staehle*). Die **Organisationsentwicklung** ist eine Form des geplanten Wandels von und in Organisationen, die vom Management ausgeht – siehe ausführlich *Olfert*.

Die Unternehmensentwicklung ist diejenige Phase des Unternehmensprozesses, die den positiven bzw. negativen Wandel eines Unternehmens offenbart. Sie kann vor allem durch folgende interne und externe **Einflüsse** bewirkt werden.

Bereiche	**Einflüsse**		
		Positive Einflüsse	**Negative Einflüsse**
Leitung	intern	Führungsgeschick	Führungsfehler
	extern	Fähige Berater	Konzernkrise
Materialbereich	intern	Geringe Beschaffungskosten	Hohe Beschaffungskosten
	extern	Kurze Lieferzeiten	Lange Lieferzeiten
Produktionsbereich	intern	Einwandfreie Maschinen	Ausschussproduktion
	extern	Keine Streiks	Arbeitsniederlegung
Marketingbereich	intern	Leistungsstarke Verkäufer	Preiserhöhungen
	extern	Zunehmende Kaufkraft	Niedrige Preise der Konkurrenz
Finanzbereich	intern	Hohe Liquidität	Geringes Eigenkapital
	extern	Günstige Kredite	Erreichen der Kreditgrenze
Personalbereich	intern	Gutes Betriebsklima	Zu geringes Engagement
	extern	Angemessene Tariferhöhung	Hohe Tarifabschlüsse
Rechnungswesen	intern	Kostenentlastung	Kostensteigerung
	extern	Wenig Gesetzeszwang	Gesetzesdruck
Organisationsbereich	intern	Einwandfreie Ablauforganisation	Kompetenzprobleme
	extern	Wenig Holdingabhängigkeit	Weitgehende Holdingabhängigkeit
Informationsbereich	intern	Fortschrittliche EDV-Programme	Veraltete EDV-Programme
	extern	Moderne Technik	Staatliche Auflagen
Controllingbereich	intern	Effektives Frühwarnsystem	Fehlendes Frühwarnsystem
	extern	Wenig Gesetzesauflagen	Hohe gesetzliche Forderungen

Wie zu sehen ist, kann die grundsätzliche Entwicklung des Unternehmens sein:

- **positive Entwicklung**
- **negative Entwicklung.**

In der Praxis wird es meist keine kontinuierliche Entwicklung nach „oben" oder „unten" geben. Positive Phasen können durch Phasen der Stagnation oder negative Entwicklungen unterbrochen werden. Entsprechend müssen auch negative Entwicklungen nicht kontinuierlich verlaufen, sondern können stagnierende bzw. positive Phasen beinhalten.

1.2.1 Positive Entwicklung

Die positive Entwicklung eines Unternehmens wirkt sich in fast allen Bereichen eines Unternehmens aus. Beispielsweise zeigt sich der Wandel bei positiver Entwicklung:

- im **Marketingbereich** durch einen erheblichen Umsatzanstieg, volle Auftragsbücher, verstärkte Werbung und Öffentlichkeitsarbeit, Lieferzeiten
- im **Produktionsbereich** durch die Aufnahme neuer Erzeugnisse in das Produktionsprogramm, überlastete Produktionsplanung, hohe Auslastung in den Kapazitäten
- im **Materialbereich** durch verstärkte Aktivitäten in der Materialbeschaffung, dem Materialzugang, dem Materialabgang und der Materialverteilung
- im **Finanzbereich** durch verstärkte Kapitalbeschaffung und Kapitalverwendung als Folge eines erhöhten Bedarfes an Werkstoffen, Betriebsmitteln und Personal
- im **Personalbereich** durch die Notwendigkeit, mehr Personal für die Leistungserstellung, aber auch für die übrigen Unternehmensbereiche einzusetzen.

Die positive Entwicklung kann dazu führen, dass die Unternehmensleitung überlegt, ob eine **Expansion** angebracht ist. Sie lässt sich durch eine eigenständige Erweiterung des Unternehmens, einen Aufkauf von Unternehmen oder durch einen Zusammenschluss mit Unternehmen bewirken.

Die Expansion sollte von der Unternehmensleitung sorgfältig geplant und umsichtig vorgenommen werden, da sie auch Gefahren birgt, beispielsweise Überkapazitäten oder auf lange Sicht hohe Fixkostenblöcke.

1.2.2 Negative Entwicklung

Wenn im Controllingbereich die Frühindikatoren beispielsweise auf sinkende Umsätze, steigende Kosten und sinkende Produktivität bzw. abnehmende Rentabilität hinweisen, deutet sich eine negative Unternehmensentwicklung an.

Der Wandel bewirkt bei negativer Entwicklung beispielsweise:

- im **Marketingbereich** eine starke Reduzierung der Werbung
- im **Produktionsbereich** eine Drosselung der Stückzahlen
- im **Materialbereich** eine Verminderung zu beschaffender Materialien
- im **Finanzbereich** eine Verschlechterung der Liquidität
- im **Personalbereich** einen Abbau der Mitarbeiterzahl.

Die Unternehmensleitung muss damit rechnen, dass eine negative Entwicklung sich in eine Krisensituation ausweitet. Dann wird nicht selten die **Kooperation** mit anderen Unternehmen gesucht oder von existentiell bedeutsamen Abnehmern angeboten. Sie kann zu einer Unternehmenskonzentration führen.

Unternehmerische Entscheidungen erfordern in der Entwicklungsphase (z. B. Organisations-, Durchführungs- und Zusammenschlussentscheidungen) Informationen, die jedoch auch beim Einsatz moderner Technik nie ganz vollständig und deshalb unsicher sind. Das **Risiko** unternehmerischer Entscheidungen ist um so größer, je lückenhafter und ungenauer die zu Grunde liegenden Informationen sind und je länger die Planungsperiode ist.

Ein Risiko im ökonomischen Sinne ist die mit jeder wirtschaftlichen Tätigkeit verbundene Gefahr, die den geplanten Betriebsablauf bedroht und zu Verlusten führen kann.

Aufgabe 15 > Seite 537

1.3 Krise

Eine **Unternehmenskrise** ist eine problematische Situation, die z. B. auf einer negativen Entwicklung eines Unternehmens basiert. Sie kann ein Unternehmen in Not bringen. Von **Insolvenz** wird dabei dann gesprochen, wenn vorliegen:

- akute Zahlungsunfähigkeit (§ 17 InsO)
- drohende Zahlungsunfähigkeit (§ 18 InsO)
- Überschuldung (§ 19 InsO).

Insolvenzen können innerbetriebliche und außerbetriebliche Gründe haben:

- **Innerbetriebliche Gründe** sind beispielsweise:
  - Mangel an Kapital
  - fehlerhafte Finanzierung
  - falsche Finanzierungspolitik
  - Fehlinvestitionen
  - falsche Abschreibungspolitik
  - mangelnde Rationalisierung
  - fehlender technischer Fortschritt
  - Organisationsmängel
  - hohe Privatentnahmen
  - „Frisieren" von Bilanzen
  - ungenügendes Controlling
  - mangelhafte Mitarbeiterqualifikation.
- Zu **außerbetrieblichen Gründen** zählen u. a.:
  - Änderung des Verbraucherverhaltens
  - hohe Forderungsausfälle
  - wirtschaftspolitische Maßnahmen
  - rückläufige Konjunktur
  - verschärfte Konkurrenz
  - höhere Steuern.

Die Überwindung von Existenz gefährdenden Krisen erfordert ein **Krisenmanagement**, durch das die Ursachen einzuschätzen und Gegenmaßnahmen zu ergreifen sind. Größere Unternehmen können dabei eher externe Faktoren beeinflussen als kleinere Unternehmen (*Krystek, Neubauer, Perschel*). Die Krise eines Unternehmens kann zu seiner Gesundung oder Auflösung führen. Zu unterscheiden sind:

- **Sanierung**
- **Insolvenzverfahren**
- **Insolvenzplan**
- **Liquidation**.

Während die Sanierung eine selbst herbeigeführte Möglichkeit der Krisenbewältigung darstellt, wird beim Insolvenzverfahren das Amtsgericht eingeschaltet.

1.3.1 Sanierung

Durch die Sanierung soll das Unternehmen „geheilt“ werden. Ihr Ziel ist seine Erhaltung und Fortführung durch die Wiederherstellung seiner Leistungsfähigkeit (*Harz/Hub/Schlarb, Seefelder*). Der erste Schritt ist dabei die **Analyse der Ursachen**, die zu der Krise geführt haben. Daraufhin sind **Sanierungsmaßnahmen** zu ergreifen, wobei zu unterscheiden sind:

- **Allgemeine Sanierungsmaßnahmen**, die getrennt oder miteinander kombiniert ergriffen werden können als:

Personelle Maßnahmen	Dabei sind bedeutsame Unternehmensinstanzen neu zu besetzen, beispielsweise wenn Geschäftsführer oder Prokuristen neu bestellt werden.
Organisatorische Maßnahmen	Durch Veränderungen im Aufbau und/oder Ablauf des Unternehmens kann rationalisiert werden, wodurch Kosteneinsparungen möglich sind.
Finanzielle Maßnahmen	Es können neue zahlungskräftige Gesellschafter aufgenommen werden, um die Kapitalbasis des Unternehmens zu verbessern.
Sonstige Maßnahmen	Unwirtschaftlich arbeitende Betriebsmittel oder Teile des Unternehmens sollten abgestoßen werden.

- **Spezielle Sanierungsmaßnahmen**, bei denen buchhalterische Besonderheiten zu beachten sind. Insbesondere können sie bei Kapitalgesellschaften in einer Herabsetzung des gezeichneten Kapitals oder/und in einer Zuführung neuen Eigenkapitals bestehen.

Die **Durchsetzung von Maßnahmenprogrammen** stößt in der Praxis oft auf erhebliche Widerstände. Zum Teil liegt die Begründung in den meist hohen Anforderungen des Tagesgeschäfts bzw. in einer gewissen Abneigung gegen Veränderungen. Deshalb ist es sinnvoll, zur Durchsetzung der Sanierungsprogramme eine systematische Erfolgskontrolle durchzuführen.

1.3.2 Insolvenzverfahren

Die Insolvenz eines Unternehmens zeigt sich in dessen Zahlungsunfähigkeit oder in der Überschuldung.

Das Insolvenzverfahren ist seit 1999 an die Stelle des früheren Konkursverfahrens (alte Bundesländer) und des Gesamtvollstreckungs-Verfahrens (neue Bundesländer) getreten. Das Insolvenzrecht bildet ein Teilgebiet des deutschen Zivilrechts und ist Gegenstand einer Reihe von Publikationen (z. B. *Eickmann/Flessner/Irschlinger, Foerste, Kirchhof*).

Die **Rechtsquellen** des deutschen Insolvenzrechts sind die Insolvenzordnung (InsO), das Einführungsgesetz zur Insolvenzordnung (EGInsO) und bei grenzüberschreitenden Fällen die Verordnung (EG) Nr. 1346/2000. Das europäische Insolvenzrecht regelt die gerichtliche Zuständigkeit und das anwendbare Recht in Insolvenzfällen mit Grenzüberschreitung [Verordnung (EG) Nr. 1346/2000].

Die Insolvenzordnung (InsO) regelt folgende **Verfahren** (*Köhler*):

- Das **Insolvenz-Großverfahren** (= Regelinsolvenzverfahren/vgl. S. 124 f.), das für juristische Personen (AG, GmbH, Genossenschaft, Verein), gleichgestellte Personengesellschaften (z. B. OHG, KG, GdbR) sowie alle natürlichen Personen gilt, die eine selbstständige wirtschaftliche Tätigkeit ausüben.
- Das **Insolvenz-Kleinverfahren** (= Verbraucherinsolvenzverfahren/vgl. S. 133 f.), das für alle natürlichen Personen gültig ist, die nie eine selbstständige wirtschaftliche Tätigkeit ausgeübt haben (§ 304 InsO). Dem gerichtlichen Kleinverfahren muss ein außergerichtliches Schuldenbereinigungsverfahren vorausgehen, das von einer Schuldnerberatungsstelle oder einem Rechtsanwalt durchzuführen ist (§ 305 InsO).
- Das **Restschuld-Befreiungsverfahren** (vgl. S. 134 f.), das zum Erlöschen von Forderungen der Gläubiger an den Schuldner führt. Dieses Verfahren erfordert einen besonderen Antrag des Schuldners, der hier eine natürliche Person sein muss.

Ziele der drei Verfahren sind:

- Die **Erhaltung** oder **Liquidation** des Schuldners. Ist der Schuldner ein Unternehmen, kann es im Handelsregister wegen Vermögenslosigkeit gelöscht werden, wodurch es seine Rechtsfähigkeit verliert. Der Schuldner kann aber auch eine natürliche Person sein. Weil eine eventuelle Liquidation eines Unternehmens nicht nur für den Unternehmer, sondern auch für die Belegschaft und die Volkswirtschaft von Nachteil ist, wird danach gestrebt, das Unternehmen möglichst zu erhalten. Dies ist über einen **Insolvenzplan** möglich.
- Die **Verwertung des Vermögens** des Schuldners und die Verteilung des Erlöses, wobei die Vermögensverwaltung und die Erlösverteilung als Aufgaben des Insolvenzverwalters anzusehen sind, der vom Amtsgericht bestellt wird.

Die **Eröffnung** eines Insolvenzverfahrens setzt zunächst einen Antrag vom Schuldner bzw. vom Gläubiger voraus. Es muss ein Eröffnungsgrund gegeben sein. Mögliche **Gründe** für eine Verfahrenseröffnung sind (§§ 16 - 19 InsO):

- Die **akute Zahlungsunfähigkeit** des Schuldners, die dann vorliegt, wenn dieser nicht in der Lage ist, den fälligen Zahlungsverpflichtungen nachzukommen. Dies ist in der Regel anzunehmen, wenn er seine Zahlungen eingestellt hat (§ 17 InsO).
- Die **drohende Zahlungsunfähigkeit** des Schuldners, wenn dieser den Antrag gestellt hat. Er droht zahlungsunfähig zu werden, wenn er nicht in der Lage sein wird, die bestehenden Zahlungspflichten im Zeitpunkt der Fälligkeit zu erfüllen (§ 18 InsO).
- Die **Überschuldung** bei juristischen Personen, die dann vorliegt, wenn das Vermögen des Schuldners die bestehenden Verbindlichkeiten nicht mehr deckt (§ 19 InsO).

In Deutschland gab es beispielsweise folgende Unternehmens-Insolvenzen von Großbetrieben:

Holzmann (2002), Dornier (2002), Kirch-Media (2002), Grundig (2003), Salamander (2004), Walter Bau (2005), Agfa-Photo (2005), BenQ Deutschland (2006), Pfaff (2008), Rosenthal (2009), Wolf-Gartengeräte (2009), Märklin (2009), Schiesser (2009), Hertie (2009), Woolworth (2009), Arcandor (2009), Schimmel (2009), Solon (2011), Beluga (2011).

In der Praxis sind **Insolvenzdelikte** als Straftaten im Zusammenhang mit Insolvenzen nicht selten, z. B. riskante Spekulationsgeschäfte.

Als Insolvenzverfahren sollen behandelt werden:

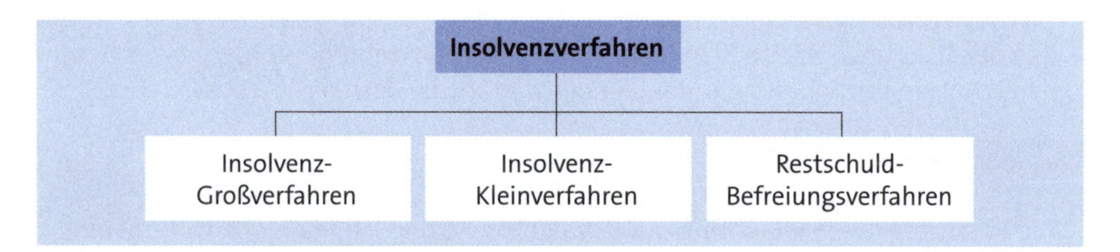

1.3.2.1 Insolvenz-Großverfahren

Das Insolvenz-Großverfahren gilt für juristische Personen (AG, GmbH, Genossenschaft, Verein) und gleichgestellte Personengesellschaften (z. B. OHG, KG, GdbR) sowie alle natürlichen Personen, die eine selbstständige wirtschaftende Tätigkeit ausüben. Das Insolvenz-Großverfahren läuft in folgenden Phasen ab (vgl. auch das Schema S. 130):

1. Antrag an das Insolvenzgericht	Örtlich zuständiges Insvolvenzgericht ist das **Amtsgericht**, in dessen Bezirk ein Landgericht seinen Sitz hat (§ 2 InsO). Der Antrag auf Verfahrenseröffnung ist beim Insolvenzgericht zu stellen (§§ 13 ff. InsO). Abweichende Regelungen der Länder sind möglich. Antragsteller sind: ► der **Schuldner** selbst ► der bzw. die **Gläubiger** unter Nachweisführung, dass ein rechtliches Interesse an der Eröffnung besteht. Die Forderung und der Grund sind glaubhaft zu machen, z. B. durch eine erfolglose Zwangsvollstreckung beim Schuldner.

2. Antragsprüfung durch Insolvenzgericht	Das Insolvenzgericht prüft zunächst die Zulässigkeit des Antrags und ob ein **Eröffnungsgrund** vorliegt. Für diesen zweiten Teil lässt sich das Gericht regelmäßig ein Sachverständigengutachten erstellen. Da die Einholung des **Gutachtens** oft sehr zeitaufwändig ist, muss meistens etwas zur Sicherung der Insolvenzmasse getan werden. Vor allem dann, wenn dem Schuldner ein noch bestehendes Unternehmen gehört. Es bietet sich in diesen Fällen die Anordnung einer vorläufigen Insolvenzverwaltung an, mit der Bestellung des Sachverständigen zum **vorläufigen Insolvenzverwalter** (§§ 21, 22 InsO).

3. Abweisung oder Verfahrenseröffnung	Das Gericht hat zur Entscheidung über den Insolvenzantrag folgende Möglichkeiten: ► die **Abweisung des Antrags**, weil er nicht zulässig ist ► die **Abweisung des Antrags**, weil keine Eröffnungsgründe gegeben sind ► die **Abweisung mangels Masse**, weil das vorhandene Vermögen zur Deckung der Kosten des Verfahrens nicht ausreicht (§§ 26, 54 InsO) ► die **Verfahrenseröffnung**, wenn mindestens ein Eröffnungsgrund gegeben ist. Wird das Verfahren eröffnet, ernennt das Gericht einen **Insolvenzverwalter** (§ 27 InsO) oder bei Eigenverwaltung (§§ 270 ff. InsO) einen **Sachwalter**. Der **Eröffnungsbeschluss** ist im Bundesanzeiger zu veröffentlichen (§ 30 InsO) und im Handels-, Genossenschafts-, Partnerschafts- oder Vereinsregister zu vermerken (§ 31 InsO). Um gutgläubigen Erwerb von Grundstücken zu verhindern, ist die Eröffnung ins Grundbuch einzutragen (§ 32 InsO).

	Mit der Eröffnung des Insolvenzverfahrens geht das Recht des Schuldners, das zur **Insolvenzmasse** gehörende Vermögen zu verwalten (und über es zu verfügen) auf den Insolvenzverwalter über (außer bei Eigenverwaltung). Im **Eröffnungsbeschluss** bestimmt das Insolvenzgericht Termine für die Gläubigerversammlung.

4. Gläubiger-versammlung(en)	Die Gläubigerversammlung dient der Wahrnehmung von Gläubigerinteressen. Sie wird vom Insolvenzgericht einberufen (§ 74 InsO) und geleitet (§ 76 InsO): ► Im **Eröffnungsbeschluss** (§ 27 InsO) bestimmt das Gericht einen Berichtstermin für die erste Gläubigerversammlung. Hier berichtet der Insolvenzverwalter über die Ursachen für das Verfahren und über die bisherigen Maßnahmen. ► Im **Prüfungstermin** werden die Forderungen geprüft, die schriftlich beim Insolvenzverwalter mit Grund und Betrag angemeldet wurden (§ 174 InsO). Der Prüfungstermin kann mit dem Berichtstermin verbunden werden (§ 29 Abs. 2 InsO). Ein **Stimmrecht** gewähren die Forderungen, die ordnungsgemäß angemeldet und weder vom Insolvenzverwalter noch von einem stimmberechtigten Gläubiger bestritten worden sind (§ 77 InsO). Kommt es nicht zu einer Einigung, entscheidet das Insolvenzgericht. Ein **Beschluss** kommt dann zu Stande, wenn die Forderungssumme der zustimmenden Gläubiger mehr als die Hälfte der Forderungssumme aller abstimmenden Gläubiger beträgt (§ 76 InsO).

5. Gläubiger-ausschuss	Vor der ersten Gläubigerversammlung kann das **Insolvenzgericht** einen Gläubigerausschuss einsetzen (§ 67 InsO). Dessen Mitglieder haben den Insolvenzverwalter bei seiner Geschäftsführung zu unterstützen und zu überwachen. Sie haben sich außerdem über den **Gang der Geschäfte** zu unterrichten sowie die Bücher und Geschäftspapiere einzusehen und den Geldverkehr und Geldbestand prüfen zu lassen (§ 69 InsO). In diesem Ausschuss sollen die absonderungsberechtigten Gläubiger, die Insolvenzgläubiger mit den höchsten Forderungen und die Kleingläubiger vertreten sein.

	Dem **Gläubigerausschuss** soll ein Vertreter der Arbeitnehmer angehören, wenn diese als Insolvenzgläubiger mit erheblichen Forderungen be teiligt sind. Zu Mitgliedern dieses Ausschusses können auch Personen bestellt werden, die keine Gläubiger sind.

6. Insolvenzverwalter	Der Insolvenzverwalter soll eine für den Einzelfall geeignete, geschäftskundige Person sein, z. B. ein auf das Insolvenzrecht spezialisierter **Rechtsanwalt**, der auch Kenntnisse im Arbeitsrecht, Steuerrecht und in Betriebswirtschaftslehre besitzt. Er steht unter der Aufsicht des Insolvenzgerichts (§ 58 InsO), das jederzeit einzelne Auskünfte oder einen Bericht von ihm verlangen kann. Er haftet gegenüber allen Beteiligten (§ 60 InsO) und hat Anspruch auf Vergütung und Auslagenerstattung für seine Tätigkeit (§ 63 InsO). Der Insolvenzverwalter hat folgende **Aufgaben**: ► die Verwaltung des zur Insolvenzmasse gehörenden Vermögens ► die Führung eines Verzeichnisses der Massegegenstände ► die Aufstellung eines Gläubigerverzeichnisses und einer Bilanz ► die Eintragung der Forderungen von Gläubigern in einer Tabelle (§ 175 InsO) ► die Kündigung von Miet- oder Pachtverträgen (§ 109 InsO), Dienstverhältnissen (§ 113 InsO) und Betriebsvereinbarungen (§ 120 InsO) ► die Anfechtung von Rechtshandlungen, die vor der Eröffnung des Verfahrens vorgenommen wurden (§ 129 InsO), z. B. Schenkungen an den Schuldner.

7. Insolvenzmasseverwertung	Der Insolvenzverwalter hat im **Berichtstermin** über die wirtschaftliche Lage des Schuldners und ihre Ursachen zu berichten. Im Einzelnen hat er nach § 156 InsO darzulegen, ► ob Aussichten bestehen, das Unternehmen im Ganzen oder in Teilen zu erhalten ► welche Möglichkeiten für einen **Insolvenzplan** (vgl. Kap. 1.3.3) bestehen ► welche Auswirkungen jeweils für die Befriedigung der Gläubiger eintreten würden. Nach dem Berichtstermin hat der Insolvenzverwalter unverzüglich das zur Insolvenzmasse gehörende Vermögen zu verwerten, soweit dem die Beschlüsse der Gläubigerversammlung nicht entgegenstehen (§ 159 InsO), z. B. der Beschluss eines **Insolvenzplans**.

↓

8. Insolvenzmasse	Mit der Befriedigung der Insolvenzgläubiger kann erst nach dem allgemeinen Prüfungstermin begonnen werden (§ 187 Abs. 1 InsO). Verteilungen an die Gläubiger können stattfinden, sofern hinreichende Barmittel in der Insolvenzmasse vorhanden sind. Die Verteilungen werden vom Insolvenzverwalter vorgenommen. Vor der Verteilung hat der Insolvenzverwalter ein **Verzeichnis der Forderungen** aufzustellen, die bei der Verteilung zu berücksichtigen sind (§ 188 InsO). Die Summe der Forderungen und der für die Verteilung verfügbare Betrag sind öffentlich bekanntzumachen. Für eine Abschlagsverteilung bestimmt der Gläubigerausschuss auf Vorschlag des Insolvenzverwalters den zu zahlenden **Bruchteil**[1], der den berücksichtigten Gläubigern mitzuteilen ist (§ 195 InsO). Ist kein Gläubigerausschuss bestellt, bestimmt der Insolvenzverwalter den Bruchteil. Stimmt das Gericht der vom Insolvenzverwalter vorgeschlagenen Verteilung zu, bestimmt es den Termin für die abschließende Gläubigerversammlung (**Schlusstermin**). Die **Schlussverteilung** erfolgt, sobald die Verwertung der Insolvenzmasse beendet ist (§ 196 InsO) und nur mit Zustimmung des Insolvenzgerichts. Ein verbleibender Überschuss steht dem Schuldner zu (§ 199 InsO). Sobald die Schlussverteilung vollzogen ist, beschließt das Insolvenzgericht die **Aufhebung des Insolvenzverfahrens** (§ 200 InsO), die mit folgenden Gegebenheiten verbunden ist: ► Der Beschluss und der Grund der Aufhebung sind öffentlich bekannt zu machen. ► Die Bekanntmachung ist im Bundesanzeiger zu veröffentlichen. ► Der Schuldner kann über etwa noch vorhandene Insolvenzmasse wieder selbst verfügen. ► Die am Verfahren Beteiligten stellen ihre Tätigkeit ein, z. B. Insolvenzverwalter, Gläubigerversammlung und Gläubigerausschuss. ► Die Verfahrensaufhebung wird im Handels-, Genossenschafts-, Partnerschafts- oder Vereinsregister sowie im Grundbuch vermerkt.

[1] Der Begriff **Insolvenzquote** wird einerseits für diesen Bruchteil verwandt, andererseits aber auch als Quote von Unternehmensinsolvenzen je 1.000 Unternehmen.

Eventuelle **Restschulden** bestehen fort, denn die Insolvenzgläubiger können nach der Aufhebung des Insolvenzverfahrens ihre Restforderungen gegen den Schuldner unbeschränkt geltend machen (§ 201 InsO). Diese Gläubiger können – wie aus einem vollstreckbaren Urteil – die Zwangsvollstreckung gegen den Schuldner betreiben. Die Namen der Gläubiger sind aus der Eintragung in der Tabelle ersichtlich. Dies ist anders, wenn es zur Restschuldbefreiung gekommen ist, so bei einer natürlichen Person (§ 301 InsO) oder beim Insolvenzplanverfahren (§ 227 Abs. 1 InsO).

Nach der Eröffnung des Insolvenzverfahrens im Großverfahren gibt es drei Alternativen zur **Durchführung** des weiteren Verfahrens:

- die **Insolvenzverwaltung**, die mit einer Verwertung der Insolvenzmasse nach den gesetzlichen Vorschriften verbunden ist
- die **Eigenverwaltung**, die den Schuldner berechtigt, unter Aufsicht eines Sachwalters die Insolvenzmasse zu verwalten
- das **Insolvenzplanverfahren** (§§ 217 - 269 InsO), dessen Kernstück der nun darzustellende Insolvenzplan ist.

Der Prozess des Insolvenz-Großverfahrens kann wie folgt ablaufen:

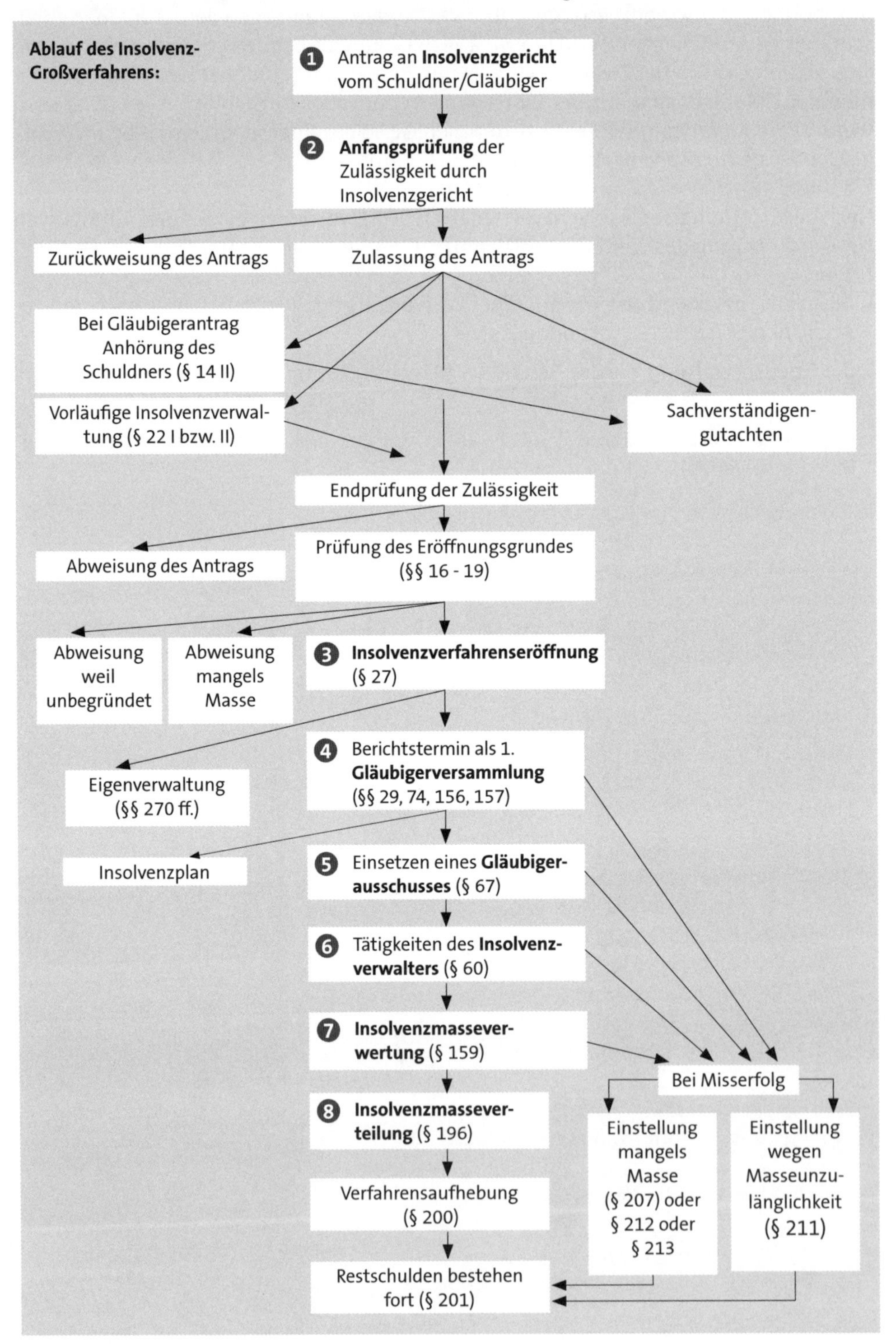

Die Tür zum **Insolvenzplan** wird durch einen Beschluss der Gläubigerversammlung geöffnet. Dies geschieht entweder im normalen Insolvenzverfahren (§ 157 InsO) oder im Verfahren der Eigenverwaltung (§ 270 ff. InsO).

In einem Insolvenzplan können die Maßnahmen zur Befriedigung der Gläubiger durch den Schuldner anderweitig geregelt werden. Auszuarbeiten ist der Insolvenzplan entweder vom Schuldner oder vom Insolvenzverwalter bzw. Sachwalter. **Wirksam** wird er erst nach Zustimmung der Gläubigerversammlung.

Mit dem Insolvenzplan hat die Gläubigergemeinschaft die Möglichkeit, die Weichen für die Zukunft des Schuldners und seines Unternehmens selbst zu stellen. Dabei ergeben sich zwei **Möglichkeiten** (*Eickmann/Flessner/Irschlinger u. a., Kirchhof, Köhler*):

- Die **Sanierung**, welche bei erfolgreicher Durchführung die Rettung des in Not geratenen Unternehmens bzw. Schuldners bedeutet.
- Die **Liquidation**, die mit der Zerschlagung des Unternehmens verbunden ist. Als Ergebnis wird das ganze Vermögen in flüssige Mittel verwandelt.

In beiden Fällen wird mit besseren Vermögenserlösen gerechnet als sie bei der Insolvenzverwaltung nach Gesetz zu erzielen wären.

Der Insolvenzplan besteht aus zwei **Teilen** (§ 219 InsO):

- Der **Plandarstellung**, mit der beschrieben wird, welche Maßnahmen nach der Eröffnung des Verfahrens getroffen worden sind oder noch getroffen werden sollen, z. B. Weiterführung der Produktion.

  Darüber hinaus sollen alle sonstigen Angaben zu den Grundlagen und den Wirkungen des Plans enthalten sein, die für die Entscheidung der Gläubiger über die Zustimmung zu dem Plan und für dessen gerichtliche Bestätigung erheblich sind (§ 220 InsO).
- Der **Plangestaltung**, bei der festgelegt wird, wie die Rechtsstellung der Beteiligten durch den Plan geändert werden soll (§ 221 InsO). Es sind Entscheidungen darüber zu treffen, wie die Rechte der absonderungsberechtigten Gläubiger zu kürzen oder zu sichern sind. Auch über die Kürzung von Forderungen der Insolvenzgläubiger bzw. über Stundungsmaßnahmen ist zu entscheiden.

Dem Insolvenzplan ist eine Vermögensübersicht und eine Übersicht über Erträge und Aufwendungen beizufügen (§ 229 InsO). Bei der Festlegung der Rechte der Beteiligten im Insolvenzplan sind Gruppen zu bilden, so weit Gläubiger mit unterschiedlicher Rechtsstellung betroffen sind (§ 222 InsO).

Es werden folgende **Gruppen** von Gläubigern unterschieden:

- **absonderungsberechtigte Gläubiger**, die ihre Forderungen durch ein Pfandrecht gesichert haben oder ein kaufmännisches Zurückbehaltungsrecht geltend machen können

- **nicht nachrangige Insolvenzgläubiger** mit begründeten Ansprüchen
- **nachrangige Insolvenzgläubiger**, die erst nach den übrigen Forderungen in einer bestimmten Reihenfolge befriedigt werden, z. B. zuerst laufende Zinsen seit Verfahrenseröffnung, dann Kosten durch Teilnahme am Verfahren (§ 39 InsO).

Aus den Gläubigern mit gleicher Rechtsstellung können Gruppen gebildet werden, in denen Gläubiger mit gleichartigen wirtschaftlichen Interessen zusammenzufassen sind.

Während der Gesetzgeber im ersten Abschnitt zum Insolvenzplan Regelungen zur Planaufstellung gibt, werden im zweiten Abschnitt die Planannahme und im dritten Abschnitt die Planwirkungen abgehandelt:

- Die **Planaufstellung**, die nach §§ 217 ff. InsO sowohl vom Schuldner selbst als auch vom Insolvenzverwalter vorgenommen werden kann. Ist im Insolvenzplan nichts anderes bestimmt, so wird der Schuldner nach § 227 InsO von seinen restlichen Verbindlichkeiten gegenüber den Insolvenzgläubigern befreit.
- Die **Planannahme**, die durch die Gläubiger beschlossen wird. Zunächst werden beim Erörterungs- und Abstimmungstermin, der vom Insolvenzgericht festgelegt wird, Insolvenzplan und Stimmrecht der Gläubiger diskutiert (§ 235 InsO). Anschließend wird über den Plan abgestimmt.

  Der Plan gilt als angenommen, wenn die Mehrheit der abstimmenden Gläubiger dem Insolvenzplan zustimmt und die Summe der Ansprüche von zustimmenden Gläubigern mehr als die Hälfte der Summe der Ansprüche der abstimmenden Gläubiger beträgt (§ 244 InsO).
- Die **Planwirkungen**, die mit der Rechtskraft des gerichtlichen Bestätigungsbeschlusses eintreten. Es werden alle im gestaltenden Teil vereinbarten Rechtsfolgen wirksam (§ 254 InsO). Der Insolvenzverwalter befriedigt die unstreitigen Masseansprüche und leistet für die streitigen Ansprüche Sicherheit (§ 258 InsO).

  Sodann beschließt das Insolvenzgericht die Aufhebung des Verfahrens (§ 258 InsO). Der Beschluss und der Aufhebungsgrund sind öffentlich bekannt zu machen. Die Betroffenen sind zu unterrichten.

Mit der Aufhebung des Verfahrens erlöschen die Ämter des Insolvenzverwalters bzw. der Mitglieder des Gläubigerausschusses. Der Schuldner erhält das Recht zurück, über die noch vorhandene **Insolvenzmasse** frei zu verfügen (§ 259 Abs. 1 InsO). Es kann allerdings im Insolvenzplan vorgesehen werden, dass der Insolvenzverwalter die Planerfüllung kontrollieren soll.

Wenn der Schuldner bei der Erfüllung einzelner Planpflichten in **Verzug** kommt, so wird die Stundung oder der Erlass nur für jene Gläubiger hinfällig, gegenüber denen der Schuldner in Verzug ist. Ein erheblicher Rückstand ist erst anzunehmen, wenn der Schuldner eine fällige Verbindlichkeit nicht bezahlt hat. Es wird dabei **vorausgesetzt**, dass

- der Gläubiger den Schuldner schriftlich gemahnt
- und ihm dabei eine Nachfrist von mindestens zwei Wochen gesetzt hat.

Die **Eigenverwaltung** belässt dem Schuldner das Recht zur Verwaltung, stellt ihn lediglich unter die Aufsicht eines Sachwalters.

Während beim **Insolvenzplanverfahren** stets ein Insolvenzplan geschaffen werden muss, ist das bei der Eigenverwaltung nach dem Gesetz nur eine Möglichkeit (§ 284 InsO).

In der Praxis wird jedoch ohne Vorlage eines vom Schuldner ausgearbeiteten Insolvenzplans die Eigenverwaltung gar nicht angeordnet. Die **Eigenverwaltung** kann nur auf Antrag des Schuldners beschlossen werden, dem damit die Verwaltungs- und Verfügungsbefugnis belassen wird.

Mit der Eigenverwaltung wird nicht die Liquidation, sondern die **Erhaltung** des Unternehmens bezweckt. Deshalb soll der Schuldner sein Unternehmen – unter Einsatz seiner besonderen Betriebskenntnisse – selbst weiterleiten und die Beziehungen zu den Kunden fortführen.

1.3.2.2 Insolvenz-Kleinverfahren

Das Insolvenz-Kleinverfahren gilt für alle natürlichen Personen, die *nie* eine selbstständige wirtschaftliche Tätigkeit ausgeübt haben (§ 304 Abs. 1 InsO). Es wird auch als **Verbraucherinsolvenzverfahren** bezeichnet. Das Verfahren läuft nach Antrag des Schuldners (§ 306 Abs. 3 InsO) in folgenden **drei Stufen** ab:

- In der **ersten Stufe** wird die **außergerichtliche Schuldenbereinigung** angestrebt (§ 305 InsO). Der Schuldner versucht zunächst eine außergerichtliche Einigung mit den Gläubigern, z. B. durch Ratenzahlung bzw. Stundung.

  Dazu ist die Mithilfe einer als geeignet anerkannten Person oder Stelle nötig, z. B. einer **Schuldnerberatungsstelle** oder die eines Anwaltes bzw. Notars. Sie stellen beim Scheitern der Einigung zwischen Gläubiger und Schuldner eine Bescheinigung aus. Erst dann kann der Einstieg in das gerichtliche Insolvenzverfahren erfolgen.
- In der **zweiten Stufe** kann der Schuldner beim Insolvenzgericht die **Eröffnung eines Insolvenzverfahrens** beantragen (§§ 306 - 310 InsO). Das Amtsgericht prüft zunächst die Zulässigkeit des Antrags und ob ein Eröffnungsgrund vorliegt.

  Ein Sachverständiger wird hier grundsätzlich nicht bestellt. Das Gericht begnügt sich meistens mit den Angaben des Schuldners und – soweit vorhanden – mit denen des Antrag stellenden Gläubigers. Das Amtsgericht versucht nochmals eine gütliche Einigung. Hierzu schickt es den Gläubigern den vom Schuldner vorgelegten **Schuldenbereinigungsplan** zur Stellungnahme.

  Nehmen die Gläubiger den Plan an, schweigen sie oder lehnen sie ihn in der Minderheit ab und wird ihre Zustimmungserklärung vom Gericht ersetzt (z. B. auf Gläubiger- oder Schuldnerantrag bei Einwendungen eines Gläubigers gegen den Schuldenbereinigungsplan), so ist der Plan angenommen und beendet das Verfahren wie ein gerichtlicher Vergleich (§§ 307 - 309 InsO).

Beim Scheitern dieser Bemühungen geht das Verfahren in die dritte Stufe.

- In der **dritten Stufe** wird u. a. geprüft, ob die Kosten des Verfahrens durch das Vermögen des Schuldners (Insolvenzmasse) gedeckt sind. Ist dies zu verneinen, erhält der Schuldner Gelegenheit, einen Kostenvorschuss einzuzahlen oder von einer anderen Person einzahlen zu lassen (§ 26 Abs. 1 Satz 2 InsO). Verstreicht die gesetzte Einzahlungsfrist, wird der **Insolvenzantrag mangels Masse abgewiesen**. Dies hat zur Folge, dass der Schuldner nicht mehr in das eventuell angestrebte **Verfahren der Restschuldbefreiung** gelangen kann.

  Ist genügend Masse vorhanden, wird das **vereinfachte Insolvenzverfahren eröffnet** und ein Treuhänder bestellt (§§ 311 - 313 InsO). Ziel des vereinfachten Insolvenzverfahrens ist die Verwertung des Vermögens des Schuldners. Das Amtsgericht stellt dann schriftlich oder durch Anhörung die Quote für die Befriedigung der Gläubiger fest. Wird das Insolvenz-Kleinverfahren nur auf Antrag eines **Gläubigers** eingeleitet, entfallen die ersten beiden Stufen des Verfahrens.

1.3.2.3 Restschuld-Befreiungsverfahren

Das Restschuldbefreiungsverfahren setzt ein von einer natürlichen Person als Schuldner selbst beantragtes und ein entweder im Großverfahren mit Schlussverteilung (§ 196 InsO) oder im Kleinverfahren mit vereinfachter Verteilung (§ 314 InsO) **abgeschlossenes Insolvenzverfahren** voraus.

Es bewirkt das Erlöschen aller Gläubigerforderungen (also auch die, die im Verfahren nicht bekannt wurden). Dies gilt bis auf wenige Ausnahmen, z. B. Geldstrafen, Forderungen aus vorsätzlicher unerlaubter Handlung und Insolvenzkostendarlehen (§ 302 InsO).

Dieses Verfahren soll **Privatpersonen** helfen, ihren Schuldenberg mit einem „Befreiungsschlag“ loszuwerden. Dabei muss ein Schuldner für die Dauer einer **Wohlverhaltensperiode** von sieben Jahren seine gesamten pfändbaren Einkünfte an den Treuhänder abtreten (§ 287 Abs. 2 InsO).

Nach der Verwertung des Vermögens im vorausgegangenen Insolvenzverfahren wird also jetzt noch das laufende Einkommen zur Tilgung der Schulden herangezogen. Der Treuhänder verteilt das Geld an die Gläubiger. Arbeitslose müssen sich um eine Tätigkeit bemühen (Meldepflicht beim Arbeitsamt).

Der Schuldner hat in dieser Wohlverhaltensperiode ihm weiter auferlegte Pflichten und Obliegenheiten zu erfüllen. Wer die Wohlverhaltensperiode durchsteht, kann vom Amtsgericht für schuldenfrei erklärt werden. Er befreit sich damit von fast allen Restschulden.

Für Personen, die schon vor 1997 zahlungsunfähig waren, verkürzt sich die Wohlverhaltenszeit auf fünf Jahre. Die Verschuldung ist durch Mahnbescheide, Pfändungsprotokolle, Kreditverträge, Einkommensnachweise bzw. Rechnungen zu belegen.

Die **Insolvenzstatistik** liefert monatlich Informationen über alle Insolvenzverfahren, die von den Insolvenzgerichten eröffnet wurden, die mangels Masse abgewiesenen Insolvenzanträge sowie die für Verbraucher geschaffenen gerichtlichen Schuldenbereinigungspläne.

Aufgabe 16 > Seite 537

Aufgabe 17 > Seite 538

1.3.3 Liquidation

Die Liquidation ist die freiwillige oder durch Sachzwänge bedingte, zwangsweise Auflösung des Unternehmens. Damit wird der Erwerbstätigkeit des Unternehmens ein Ende gesetzt – siehe ausführlich *Olfert*.

Nach Einleitung der Liquidation besteht der Betriebszweck nur noch in der Abwicklung. Aus der Erwerbsgesellschaft wird eine **Abwicklungsgesellschaft**. Deren Aufgabe besteht in der Einzelveräußerung der Vermögensgegenstände, d. h. in der Umwandlung der Werte in Geld. Aus dem **Liquidationserlös** werden die Gläubiger befriedigt. Der verbleibende Rest steht dem bzw. den Eigenkapitalgebern als Liquidationserlös entsprechend ihrer Anteile zu.

Gründe für eine freiwillige Liquidation können sein:

- **personenbezogene Gründe,** zu denen zählen:
  - Tod des Unternehmers
  - Arbeitsunfähigkeit
  - Alter des Unternehmers
  - Fehlen geeigneter Erben
  - Ausscheiden eines Vollhafters
  - Streit zwischen Gesellschaftern

- **sachliche Gründe,** die u. a. liegen in:
  - Erfüllung des Betriebszwecks
  - schlechten Ertragsaussichten
  - Erreichen des Unternehmenszieles
  - Ablauf der satzungsgemäß festgelegten Zeit
  - strukturellen Branchenveränderungen.

Die **Durchführung** der Liquidation erfolgt:

- beim Einzelunternehmen durch den Unternehmer
- bei Personengesellschaften (OHG, KG) durch alle Gesellschafter (§ 146 Abs. 1 HGB)
- bei der GmbH durch den bzw. die Geschäftsführer (§ 66 GmbHG)
- bei der AG durch die Vorstandsmitglieder (§ 265 Abs. 1 AktG).

Auf Beschluss der Gesellschafterversammlung bzw. der Hauptversammlung können bei der GmbH bzw. der AG auch außerhalb des Unternehmens stehende Personen mit der Durchführung der Liquidation beauftragt werden. Unter besonderen Voraussetzungen ist es auch möglich, dass Liquidatoren durch das Gericht bestellt werden.

Die Liquidation läuft in folgender Weise ab:

- Die Liquidation wird zur **Eintragung ins Handelsregister** angemeldet und die Firma ist mit dem Zusatz „i. L." (in Liquidation) zu versehen.
- Der Liquidator nimmt die **Neubewertung** der Vermögensteile und der Schulden vor und erstellt die Liquidations-Eröffnungsbilanz.
- Bei Industrieunternehmen wird die Produktion beendet. Handelsbetriebe nehmen den **Ausverkauf** aller Erzeugnisse und Handelswaren vor.

  Während der Liquidation dürfen nur noch **Käufe** getätigt werden, die zur vollständigen Abwicklung des Auftragsbestandes nötig sind.
- Die Vermögensteile werden so früh wie möglich verkauft und die Forderungen eingezogen. Aus den **Liquidationserlösen** sind zunächst die Schulden zu tilgen.
- Am Ende der Liquidation ist eine **Liquidations-Schlussbilanz** zu erstellen. Der verbleibende Liquidationserlös wird an die Anteilseigner verteilt.
- Die Beendigung der Liquidation wird zur **Löschung** der Gesellschaft im Handelsregister angemeldet.

Persönlich haftende Gesellschafter einer OHG oder KG haften noch fünf Jahre ab Eintragung der Auflösung in das Handelsregister für die Schulden des liquidierten Unternehmens (§ 159 HGB). Die Bücher und Belege der aufgelösten Gesellschaft werden einem der Gesellschafter oder einem Dritten in Verwahrung gegeben.

Aufgabe 18 > Seite 538

2. Rechtsformen

Die Rechtsformen beruhen auf denjenigen rechtlichen Regelungen, die ein Unternehmen zu einer rechtlich fassbaren Einheit machen. Die geeignete Rechtsform festzulegen, ist eine Aufgabe des **Gründungsmanagement**. Es können unterschieden werden (*Olfert/Rahn, Paul, Thommen/Achleitner, Wöhe/Döring*):

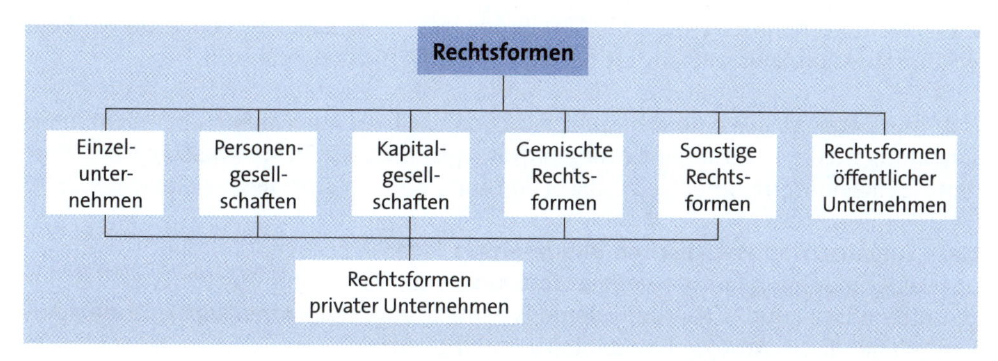

Die Wahl der Rechtsform zählt zu den konstitutiven Entscheidungen der Unternehmensleitung. Es handelt sich um Führungsentscheidungen, die für das Unternehmen von grundlegender Bedeutung sind (*Wöhe/Döring*). Die einzelnen Rechtsformen sind zahlenmäßig, allgemein wie auch in den einzelnen Wirtschaftszweigen, sehr unterschiedlich vertreten.

Aus der letzten vorliegenden **Arbeitsstättenzählung** des Statistischen Bundesamtes ergeben sich die auf Seite 139 aufgeführten Werte, die damit nur Aussagen über die alten Bundesländer ermöglichen.

2.1 Einzelunternehmen

Das Einzelunternehmen ist ein Gewerbebetrieb, der von einer einzelnen natürlichen Person betrieben wird (*Wöhe/Döring*). Der Inhaber eines Einzelunternehmens ist Eigentümer bzw. Unternehmer. Er führt das Unternehmen selbstständig und eigenverantwortlich. Als Rechtsgrundlage gelten die Vorschriften des BGB und HGB. Es sollen dargestellt werden:

- **Gründung/Auflösung**
- **Rechte/Pflichten**
- **Bedeutung**.

2.1.1 Gründung/Auflösung

Bei den Einzelkaufleuten muss die **Firma** die **Bezeichnung** „eingetragener Kaufmann“, „eingetragene Kauffrau“ oder eine allgemein verständliche Abkürzung dieser Bezeichnung enthalten, z. B. „e. K.“, „e. Kfm.“ oder „e. Kfr.“ (§ 19 Abs. 1 Ziff. 1 HGB).

Beispiele

Helma Schröter e. Kfr., Textilhandlung Schröter e. K.

Das Einzelunternehmen wird in die Abteilung A des Handelsregisters eingetragen. Eine bestimmte Kapitalausstattung ist bei der **Gründung** nicht erforderlich.

Mitunter beteiligt sich eine weitere Person finanziell, die nach außen aber nicht in Erscheinung tritt, z. B. als **stiller Gesellschafter** (vgl. Kap. B.2.2.3). Statistisch gesehen liegen die Einzelunternehmen deutlich vor den anderen Rechtsformen (vgl. Tabelle S. 139).

Nach Angaben des **Statistischen Bundesamtes** lagen – bezogen auf die Gesamtzahl der Neugründungen laut Gewerbeanmeldung – von Januar bis August 2012 die Einzelunternehmen mit 79 % Anteil ebenfalls deutlich vor den anderen Rechtsformen. Außerdem hat dieses Amt weitere Zahlen veröffentlicht:

- 66 % der Neugründer von Einzelunternehmen sind männlich und 34 % weiblich.
- 71 % der Einzelunternehmen wurden von deutschen Staatsbürgern gegründet, gefolgt von polnischen (6 %) und türkischen Staatsbürgern (3 %).
- Die meisten Einzelunternehmen wurden (26 %) im Bundesland Nordrhein-Westfalen gegründet, gefolgt von Bayern (22 %) und Baden-Württemberg (16 %).

Die Zahlen verdeutlichen, dass das Gründungsgeschehen in Deutschland vor allem durch die Gründer von Einzelunternehmen geprägt wird.

Als Gründe für die **Auflösung** eines Einzelunternehmens können Arbeitsunfähigkeit, hohes Alter, Tod, Fehlen von Nachfolgern, Strukturveränderungen in der Branche, erdrückender Wettbewerb oder Insolvenz des Inhabers genannt werden.

2.1.2 Rechte/Pflichten

Der kaufmännische Einzelunternehmer hat alle **Rechte** eines Eigentümers:

- Er schließt die Geschäfte des Unternehmens ab, kann hierfür aber Vertreter bestellen (Prokuristen, Handelsbevollmächtigte).
- Ihm steht allein der erwirtschaftete Gewinn zu.
- Er kann über Privatentnahmen allein entscheiden.
- Ihm allein steht ein sich ergebender Liquidationserlös zu.

Wirtschaftszweige	Einzelunternehmen		OHG/KG		GmbH		AG/KGaA		Genossenschaft		Unternehmen mit sonstiger privater Rechtsform		Unternehmen von Körperschaft des öffentlichen Rechts	
	Anzahl	%	Anzahl	%	Anzahl	%	Anzahl	%	Anzahl	%	Anzahl	%	Anzahl	%
Landwirtschaft, Forstwirtschaft, Fischerei	26.401	1,50	574	0,56	976	0,44	–	–	98	1,40	118	2,81	16	0,52
Energiewirtschaft, Wasserversorgung, Bergbau	583	0,03	126	0,12	426	0,19	164	6,04	85	1,20	30	0,72	1.596	51,85
verarbeitendes Gewerbe (ohne Baugewerbe)	250.457	14,24	31.026	30,45	53.471	24,34	671	24,72	682	9,71	171	4,08	82	2,66
Baugewerbe	137.920	7,84	11.273	11,07	82.261	14,69	–	–	37	0,53	33	0,79	–	–
Handel	485.620	27,60	36.072	35,40	61.299	27,91	308	11,35	1.445	20,58	296	7,06	33	1,07
Verkehr, Nachrichtenübermittlung (inkl. Eisenbahn)	64.747	3,68	5.649	5,54	9.987	4,55	249	9,17	122	1,74	176	4,20	109	3,53
Kreditinstitute, Versicherungen	70.637	4,02	1.239	1,22	2.953	1,34	634	23,36	3.487	49,66	370	8,82	732	23,77
sonstige Dienstleistungen und freie Berufe	722.827	41,09	15.942	15,64	58.292	26,54	688	25,36	1.066	15,18	2.999	71,52	510	16,60
Summe	1.759.192	100,00	101.901	100,00	269.665	100,00	2.714	100,00	7.022	100,00	4.193	100,00	3.078	100,00
= Anteil an Gesamtzahl	91,2 %		5,8 %		1,8 %		0,1 %		0,7 %		0,2 %		0,2 %	

Andererseits muss der Einzelunternehmer aber auch **Pflichten** tragen:

- Er hat die erforderlichen Mittel allein bereitzustellen.
- Er trägt das unternehmerische Risiko allein.
- Er haftet unbegrenzt mit seinem Geschäfts- und Privatvermögen.
- Einen Verlust muss er allein tragen.

Der Einzelunternehmer unterliegt keiner Publizitätspflicht, d. h. er muss den Jahresabschluss nicht veröffentlichen.

2.1.3 Bedeutung

Fast 80 % aller Unternehmen sind heute als Einzelunternehmen tätig. Zwar kommen sie in allen Sektoren der Volkswirtschaft vor, Schwerpunkte sind aber die Landwirtschaft, der Einzelhandel und das Handwerk. Der Anteil der beschäftigten Arbeitnehmer beträgt ca. 40 %.

Die Rechtsform der Einzelunternehmen kommt für Unternehmen mit kleineren bzw. mittleren Unternehmensgrößen in Frage. Der Einzelunternehmer ist im Regelfall ein Kaufmann.

Als **Vorteile** für den Einzelunternehmer können genannt werden:

- Als Inhaber des Unternehmens ist er in seinen Entscheidungen relativ abhängig.
- Er kann schnell entscheiden, denn es sind keine langwierigen Abstimmungsprozesse nötig.
- Er muss den erwirtschafteten Gewinn nicht teilen und hat nur geringe Formvorschriften zu beachten.

Nachteile für den Einzelunternehmer sind:

- Er hat das Risiko allein zu tragen.
- Die begrenzte Kapitalkraft beschränkt die Kreditbasis.
- Nicht selten gibt es Probleme bei der Nachfolgeregelung.

2.2 Personengesellschaften

Personengesellschaften sind Unternehmen, die keine eigene Rechtsfähigkeit besitzen und deren Gesellschafter meistens natürliche Personen sind. Zu ihnen zählen[1] – siehe ausführlich *Olfert*.

- **Offene Handelsgesellschaft**
- **Kommanditgesellschaft**
- **Stille Gesellschaft**
- **Gesellschaft des bürgerlichen Rechts.**

2.2.1 Offene Handelsgesellschaft

Die offene Handelsgesellschaft (OHG) ist der Betrieb eines Handelsgewerbes unter gemeinschaftlicher Firma durch zwei oder mehr Personen, die im Regelfall **unbeschränkt** haften. Sie ist in §§ 105 - 160 HGB geregelt.

2.2.1.1 Gründung/Auflösung

Die **Gründung** bedarf eines Gesellschaftsvertrages, der formfrei ist, üblicherweise aber in Schriftform geschlossen wird. Im Außenverhältnis beginnt die Gesellschaft, sobald ein Gesellschafter Geschäfte in ihrem Namen tätigt bzw. sie im Handelsregister (Abteilung A) eingetragen wird.

Die **Firma** der OHG kann eine Personen-, Sach-, Fantasie- oder eine Mischfirma sein. Außerdem muss die Bezeichnung *„Offene Handelsgesellschaft"* oder eine allgemein verständliche Abkürzung dieser Bezeichnung enthalten sein, üblicherweise OHG (§ 19 Abs. 1 Ziff. 2 HGB).

[1] Seit 1995 gibt es als neue Personengesellschaft die Partnerschaftsgesellschaft. Die Partnerschaft ist eine Gesellschaft, in der sich Angehörige Freier Berufe (z. B. Ärzte, Steuerberater, Rechtsanwälte) zur Ausübung ihrer Berufe zusammenschließen. Sie übt kein Handelsgewerbe aus. Angehörige einer Partnerschaft können nur natürliche Personen sein – § 1 Abs. 1 Partnerschaftsgesellschaftsgesetz (PartGG). Die Partnerschaft bleibt auf die Namensfirma beschränkt, z. B. Zusatz „und Partner".

Beispiele

Schröter & Buschmann OHG, Isoliermittel OHG, Sakrimista OHG (Fantasiename), Müller & Kaiser Haushaltsgeräte OHG (Mischfirma)

Nicht zulässig ist die Bezeichnung Schröter & Co., weil der obligatorische Zusatz OHG fehlt. Wenn in einer OHG *keine* natürliche Person persönlich haftet, muss die Firma eine Bezeichnung enthalten, welche die Haftungsbeschränkung kennzeichnet (§ 19 Abs. 2 HGB).

Beispiele

Müller Baustoffe GmbH & Co. OHG, Müller Baustoffe AG & Co. OHG

Die **Auflösung** einer OHG kann durch Beschluss der Gesellschafter, Zeitablauf, Kündigung durch einen Gesellschafter bzw. durch Insolvenzeröffnung über das Vermögen der Gesellschaft erfolgen.

2.2.1.2 Rechte/Pflichten

Die Gesellschafter der OHG haben folgende **Rechte**:

- Jeder Gesellschafter ist nach HGB allein zur Geschäftsführung berechtigt, die vertraglich beschränkt oder aufgehoben werden kann.
- Nicht geschäftsführende Gesellschafter haben jederzeit ein Recht auf Information über die Geschäftslage.
- Jeder geschäftsführende Gesellschafter kann widersprechen, wenn er mit Geschäftsführungsmaßnahmen nicht einverstanden ist.
- Jeder Gesellschafter ist nach HGB allein zur Vertretung ermächtigt, die aber vertraglich ausgeschlossen werden kann.
- Jeder Gesellschafter erhält nach HGB vom jährlichen Reingewinn 4 % seiner zu Beginn des Geschäftsjahres vorhandenen Kapitalanteils, der restliche Gewinn wird nach Köpfen verteilt.
- Jeder Gesellschafter darf bis zu 4 % seines zu Beginn des Geschäftsjahres vorhandenen Kapitalanteils privat entnehmen.
- Jeder Gesellschafter hat einen Anspruch auf den Liquidationserlös im Verhältnis der Kapitalanteile.
- Jeder Gesellschafter kann auf den Schluss eines Geschäftsjahres unter Einhaltung einer Frist von sechs Monaten kündigen.

Pflichten der OHG-Gesellschafter sind:

- Jeder Gesellschafter ist verpflichtet, den vertraglich festgelegten Beitrag fristgerecht zu leisten.
- Jeder Gesellschafter ist an den Verlusten beteiligt. Sie werden nach Köpfen verteilt und vom Kapitalanteil abgezogen.
- Alle Gesellschafter haften für Verbindlichkeiten der OHG persönlich als Gesamtschuldner. Dies geschieht:

Solidarisch	Es gilt der Grundsatz: „Einer für alle, alle für einen".
Unbeschränkt	Die Haftung erfolgt auch mit dem Privatvermögen.
Unmittelbar	Jeder Gläubiger kann sich an jeden Gesellschafter wenden.
Rückbezogen	Neue Gesellschafter haften auch für Schulden der Gesellschaft, die bei ihrem Eintritt bestehen. Diese Haftung kann durch Eintragung in das Handelsregister ausgeschlossen werden.
Abgangsbezogen	Aus der OHG ausscheidende Gesellschafter haften noch fünf Jahre lang für die bei ihren Austritt vorhandenen Schulden der Gesellschaft.

- Jeder Gesellschafter unterliegt dem **Wettbewerbsverbot**. Er darf ohne Einwilligung der anderen Gesellschafter im Handelsgewerbe der Gesellschaft keine Geschäfte auf eigene Rechnung machen und sich auch nicht an anderen, gleichartigen Gesellschaften beteiligen.

Eine Publizitätspflicht besteht für die OHG nur, wenn sie ein Großunternehmen nach dem Publizitätsgesetz ist.

2.2.1.3 Bedeutung

Die OHG ist nach der Zahl der Unternehmen die zweitbedeutendste Rechtsform von Unternehmen. Sie wird vor allem von kleineren und mittleren Unternehmen bevorzugt. Häufig handelt es sich um **Familienunternehmen** *(Klein)*.

Die solidarische, unbeschränkte und unmittelbare Haftung macht die OHG relativ kreditwürdig. Andererseits schafft sie erhebliche Abhängigkeiten der Gesellschafter untereinander. Persönliche Streitigkeiten können den Bestand der OHG leicht gefährden. Da Leitung und Kapitalbeteiligung zusammenfallen, bestehen für die Gesellschafter erhebliche Leistungsanreize.

Aufgabe 19 > Seite 539

2.2.2 Kommanditgesellschaft

Die Kommanditgesellschaft (KG) ist der Betrieb eines Handelsgewerbes unter gemeinschaftlicher Firma durch zwei oder mehr Personen. Dabei haftet mindestens ein Gesellschafter unbeschränkt und mindestens ein Gesellschafter beschränkt. Der vollhaftende Gesellschafter wird **Komplementär** genannt, der teilhaftende Gesellschafter ist der **Kommanditist**. Als Rechtsgrundlage gelten §§ 161 - 177a HGB. Es sollen betrachtet werden:

2.2.2.1 Gründung/Auflösung

Für die Form der **Gründung** gelten dieselben Vorschriften wie für die OHG. Die **Firma** der KG kann eine Personen-, Sach-, Fantasie- oder Mischfirma sein. Sie muss die Bezeichnung „Kommanditgesellschaft" oder eine allgemein verständliche Abkürzung dieser Bezeichnung enthalten, z. B. KG (§ 19 Abs. 1, Ziff. 3 HGB).

Beispiele

Schröter & Buschmann KG, Isoliermittel KG, Fixoflex KG (Fantasiename)

Die in der Firma enthaltene(n) Person(en) muss bzw. müssen Vollhafter sein. Wenn in einer KG keine natürliche Person persönlich haftet, muss die Firma eine Bezeichnung enthalten, welche die Haftungsbeschränkung kennzeichnet (§ 19 Abs. 2 HGB).

Beispiele

Müller Baustoffe GmbH & Co. KG, Müller Baustoffe AG & Co. KG

Die **Auflösung** einer Kommanditgesellschaft geschieht durch den Tod eines Komplementärs, durch Zeitablauf, durch Beschluss der Gesellschafter, durch Kündigung eines Komplementärs bzw. ist durch Insolvenzeröffnung über das Gesellschaftsvermögen denkbar. Der **Tod** eines Kommanditisten ist kein Auflösungsgrund.

2.2.2.2 Rechte/Pflichten

Die Rechte und Pflichten der **Komplementäre** entsprechen denen, die für die OHG-Gesellschafter genannt wurden. Die **Kommanditisten** haben kein Recht auf Geschäftsführung, organschaftliche Vertretung und private Entnahmen. Ihre **Rechte** sind:

- Jeder Kommanditist kann Handlungen widersprechen, die über den gewöhnlichen Betrieb des Handelsgewerbes hinausgehen.
- Jeder Kommanditist erhält nach HGB vom jährlichen Reingewinn bis zu 4 % seines zu Beginn des Jahres vorhandenen Kapitalanteils. Der Restgewinn wird in angemessenem Verhältnis verteilt.
- Jeder Kommanditist kann nach § 166 HGB eine Abschrift des Jahresabschlusses verlangen, um ihn unter Einsicht in die Handelsbücher und Papiere zu prüfen.
- Jeder Kommanditist ist am Liquidationserlös in angemessenem Verhältnis zwischen Kommanditisten und Komplementären beteiligt.
- Jeder Kommanditist kann auf den Schluss des Geschäftsjahres unter Einhaltung einer Frist von sechs Monaten kündigen.

Pflichten der Kommanditisten sind:

- Jeder Kommanditist ist verpflichtet, die vertraglich festgelegte Kapitaleinlage fristgerecht zu leisten.
- Jeder Kommanditist haftet bis zum Betrag seiner Kapitaleinlage, nicht dagegen mit seinem Privatvermögen. Soweit er sie nicht an die Gesellschaft geleistet hat, haftet er den Gläubigern der Gesellschaft unmittelbar (§§ 171, 172 HGB).
- Jeder Kommanditist ist am Verlust in angemessenem Verhältnis der Kapitalanteile beteiligt.

Eine Publizitätspflicht besteht für die KG nur, wenn sie ein Großunternehmen nach dem Publizitätsgesetz ist.

2.2.2.3 Bedeutung

Die Rechtsform der KG wird vor allem von kleineren und mittleren Unternehmen genutzt. Häufig handelt es sich um **Familienunternehmen**.

Für die **Komplementäre** ist es vorteilhaft, dass zusätzliche Kapitalgeber mit beschränkter Haftung und ohne Geschäftsführungs- bzw. Vertretungsbefugnis in das Unternehmen aufgenommen werden können. Für das Unternehmen entstehen durch die Aufnahme von Kommanditisten keine festen Zinsverpflichtungen wie im Falle der Kreditaufnahme bei einer Bank.

Wie bei der OHG macht die solidarische, unbeschränkte und unmittelbare Haftung der Komplementäre die KG relativ kreditwürdig. Andererseits schafft sie erhebliche Abhängigkeiten der Komplementäre untereinander. Persönliche Streitigkeiten können den Bestand der KG gefährden.

Kommanditisten können rechtsgeschäftliche Vertretungsbefugnis und damit Einfluss eingeräumt werden, z. B. als Prokuristen.

Aufgabe 20 > Seite 540

2.2.3 Stille Gesellschaft

Die stille Gesellschaft ist der vertragliche Zusammenschluss eines Kaufmannes mit einem Kapitalgeber als stiller Gesellschafter, dessen Einlage in das Vermögen des Kaufmannes eingeht. Rechtsgrundlagen sind §§ 230 - 236 HGB.

Beispiel

Ein Unternehmer schließt einen Vertrag mit einem Geschäftspartner, der ihm 100.000 € zur Verfügung stellt und am Gewinn und Verlust beteiligt ist.

Im Hinblick auf die Stille Gesellschaft sind zu betrachten:

- Die **Gründung** basiert auf einem Vertrag. Es handelt sich nicht um den Betrieb eines Handelsgewerbes unter gemeinschaftlicher Firma, sondern um eine Innengesellschaft. Die stille Gesellschaft ist dadurch gekennzeichnet, dass sie nach außen nicht in Erscheinung tritt. Deshalb erfolgt keine Eintragung in das Handelsregister. Ein Mindestkapital ist für die Gründung nicht vorgeschrieben.
- Die **Auflösung** ist durch Zeitablauf des Vertrages, durch Kündigung, durch Insolvenz des Inhabers oder durch den Tod des Kaufmanns möglich. Der Tod des stillen Gesellschafters ist kein Grund zur Auflösung.
- Die **Rechte** des stillen Gesellschafters bestehen in einem „angemessenen" Gewinnanteil bzw. in dem vertragsgemäßen Anteil. Der stille Gesellschafter hat eingeschränkte Kontrollrechte, d. h. er kann beispielsweise eine abschriftliche Mitteilung der Bilanz verlangen und diese auf ihre Richtigkeit prüfen.

  Auf die Unternehmensleitung hat er keinen direkten Einfluss. Der stille Gesellschafter hat keine Entnahmerechte, kann aber die Auszahlung seines Gewinnanteils fordern.
- Die **Pflichten** des stillen Gesellschafters sind begrenzt. Er nimmt am Verlust nur bis zum Betrag seiner Einlage teil, nicht dagegen mit seinem Privatvermögen. Die Höhe der zu leistenden Einlage tritt nach außen nicht in Erscheinung.

Die stille Gesellschaft – wie sie oben beschrieben wurde – wird als **typische** stille Gesellschaft bezeichnet. Ihre Bedeutung äußert sich darin, dass der Unternehmer seine volle Handlungsfreiheit behält und darüber hinaus seine Eigenkapitalbasis stärkt. Diese Innengesellschaft bietet ein Höchstmaß an individueller Gestaltungsfreiheit und Flexibilität.

Die stille Gesellschaft eignet sich für Kapitalgeber, die nach außen nicht in Erscheinung treten wollen. Allerdings können hohe stille Beteiligungen langfristig zu einer Abhängigkeit des Inhabers führen.

Von der typischen stillen Gesellschaft ist die **atypische** stille Gesellschaft zu unterscheiden. Bei ihr wird das gesamte Gesellschaftsvermögen als Gemeinschaftsvermögen behandelt. Dem Gesellschafter stehen damit ein Anteil an stillen Reserven bzw. am tatsächlichen Firmenwert zu.

Stille Gesellschafter können, obgleich sie kein Recht zur Geschäftsführung und organschaftlichen Vertretung haben, gegebenenfalls als rechtsgeschäftliche Vertreter, beispielsweise als Bevollmächtigte oder Prokuristen an der Unternehmensleitung mitwirken.

2.2.4 Gesellschaft des bürgerlichen Rechts

Die Gesellschaft des bürgerlichen Rechts (GdbR oder GbR) ist die vertragliche Vereinigung zwischen mehreren Personen, die sich verpflichten, vereinbarte Beiträge zu leisten und die Erreichung irgendeines gemeinsamen Zieles zu fördern. Rechtsgrundlage der Gesellschaft des bürgerlichen Rechts sind die §§ 705 - 740 BGB.

Beispiele

Arbeitsgemeinschaften (Arge) im Baugewerbe, Bankenkonsortien, Zusammenschlüsse im Versicherungsgewerbe zur größeren Risikoabdeckung, Gemeinschaftspraxen von Ärzten, gemeinsame Kanzleien von Rechtsanwälten

Bezüglich der Gesellschaft des bürgerlichen Rechts gilt:

- Die **Gründung** hat durch mindestens zwei Gründer zu erfolgen. Ein Mindestkapital ist nicht vorgeschrieben. Die Gesellschaft des bürgerlichen Rechts hat keine Firma, und sie wird nicht in das Handelsregister eingetragen. Das Vermögen ist gemeinschaftliches Vermögen. Die Beiträge der Gesellschafter können in Sach- und/oder Geldleistungen bestehen.
- Die **Auflösung** kann durch Beschluss oder Kündigung der Gesellschafter herbeigeführt werden. Weitere Gründe bestehen in der Zielerreichung, im Tod eines Gesellschafters und in der Eröffnung der Insolvenz über das Vermögen eines Gesellschafters.

- Die **Rechte** der Gesellschafter beziehen sich auf die Geschäftsführung bzw. Vertretung, die den Gesellschaftern gemeinschaftlich zustehen. Die Geschäftsführung wird aber oft einem Gesellschafter übertragen. Soweit die Gewinnverteilung nicht durch Vertrag geregelt ist, haben die Gesellschafter das Recht auf gleichen Gewinnanteil.
- Die **Pflichten** der Gesellschafter umfassen vor allem die persönliche Haftung. Sie besteht unbeschränkt und gesamtschuldnerisch mit dem Gesellschafts- und Privatvermögen. Eine Haftungsbeschränkung auf das Gesellschaftsvermögen muss den Gläubigern erkennbar gemacht werden („GbRmbH"). Es besteht keine Publizitätspflicht.

Die **Bedeutung** der Gesellschaft des bürgerlichen Rechts liegt darin, dass größere Geschäfte durchgeführt werden können und dabei die Risikohaftung verteilt wird. Die Gesellschaft erfordert nur eine relativ einfache Organisationsstruktur. Es ist allerdings nachteilig, dass die Gesellschafter in der Regel mit ihrem ganzen Vermögen haftbar sind.

Aufgabe 21 > Seite 540

2.3 Kapitalgesellschaften

Kapitalgesellschaften sind Unternehmen, die – anders als Personengesellschaften – rechtsfähig sind. Sie stellen juristische Personen dar und verfügen über ein festes Nominalkapital. Rechtsformen sind – siehe ausführlich *Olfert*:

- **Gesellschaft mit beschränkter Haftung**
- **Haftungsbeschränkte Unternehmergesellschaft**
- **Aktiengesellschaft**
- **Kommanditgesellschaft auf Aktien.**

2.3.1 Gesellschaft mit beschränkter Haftung

Die Gesellschaft mit beschränkter Haftung (GmbH) ist eine Handelsgesellschaft mit eigener Rechtspersönlichkeit, deren Gesellschafter mit Einlagen auf das in Geschäftsanteile zerlegte **Stammkapital** (gezeichnetes Kapital) von mindestens 25.000 € beteiligt sind (§ 5 Abs. 1 GmbHG). Ihre rechtliche Grundlage ist das **GmbHG**, das 11/2008 durch das Gesetz zur Modernisierung des GmbH-Rechts und zur Bekämpfung von Missbräuchen (**MoMiG**) reformiert wurde.

Jeder Geschäftsanteil muss auf **volle Euro** lauten, jeder Gesellschafter darf mehrere Geschäftsanteile übernehmen (§ 5 Abs. 2 GmbHG). Dabei kann die Höhe der Nennbeträge der einzelnen Anteile verschieden bestimmt werden. Die Summe der Nennbeträge aller Geschäftsanteile muss mit dem Stammkapital übereinstimmen (§ 5 Abs. 3 GmbHG).

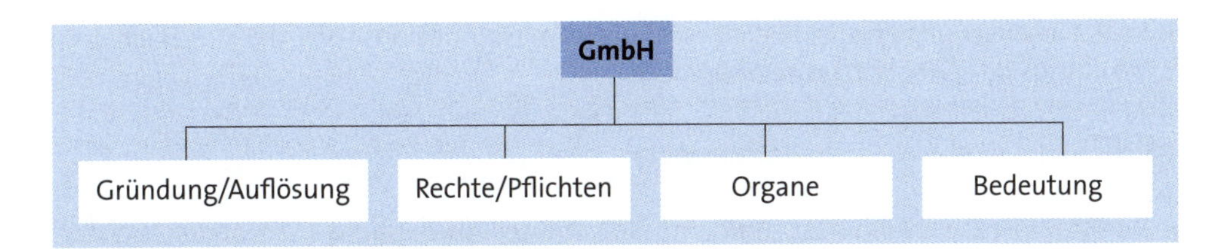

2.3.1.1 Gründung/Auflösung

Zur Gründung einer GmbH ist mindestens eine Person nötig. Die **Firma** der GmbH kann eine Personen-, Sach-, Fantasie- oder gemischte Firma sein. Sie muss die Bezeichnung „Gesellschaft mit beschränkter Haftung" oder eine allgemein verständliche Abkürzung davon enthalten, z. B. „GmbH" (§ 4 GmbHG).

Beispiele

Personenfirma: Robert Bosch GmbH, Sachfirma: IBM Deutschland GmbH, Fantasiefirma: FixoflexWerke GmbH, Gemischte Firma: Reemtsma Cigarettenfabriken GmbH

Die GmbH kann seit 11/2008 in einem **vereinfachten Verfahren** gegründet werden. Dabei ist ein Musterprotokoll des GmbHG bei höchstens drei Gesellschaften und nur einem Geschäftsführer verwendbar. Sie entsteht als juristische Person durch die Eintragung in das **Handelsregister**, die in der Abteilung B erfolgt. Vor der Eintragung haften Gesellschafter, die Rechtshandlungen vornehmen, persönlich und gesamtschuldnerisch.

Die **Auflösung** der GmbH ist durch Gesellschafterbeschluss mit Drei-Viertel-Mehrheit möglich. Die GmbH kann auch aufgrund des Zeitablaufes oder aufgrund der Eröffnung des Insolvenzverfahrens über das Gesellschaftsvermögen aufgelöst werden.

2.3.1.2 Rechte/Pflichten

Die GmbH-Gesellschafter haben folgende **Rechte**:

- Jeder Gesellschafter kann in der Gesellschafterversammlung nach dem Verhältnis der Geschäftsanteile mitstimmen.
- Jeder Gesellschafter hat Anspruch auf Anteile am Jahresüberschuss im Verhältnis der Geschäftsanteile aufgrund des Gewinnverwendungsbeschlusses.
- Jeder Gesellschafter hat ein Recht auf unverzügliche Auskunft des Geschäftsführers über Angelegenheiten der Gesellschaft.
- Jeder Gesellschafter kann vom Geschäftsführer Einsicht in die Bücher verlangen.
- Jeder Gesellschafter kann seinen Geschäftsanteil übertragen, wobei Voraussetzungen dafür im Gesellschaftsvertrag genannt sein können.

- Jeder Gesellschafter hat ein Recht auf Anteil am Liquidationserlös, der sich nach dem Verhältnis der Geschäftsanteile bemisst.

Pflichten der GmbH-Gesellschafter sind:

- Der bzw. die Gesellschafter muss/müssen vor der Anmeldung zur Handelsregister-Eintragung auf jeden seiner/ihrer Geschäftsanteile eine Einzahlung von mindestens 25 % leisten.
- Jeder Gesellschafter hat seine Stammeinlage fristgerecht einzuzahlen. Geschieht das nicht, kann ihm der Geschäftsanteil aberkannt (kaduziert) werden. Die Vereinbarung einer **Nachschusspflicht** ist möglich, d. h. über die schon bestehenden Einzahlungen hinaus können von den Gesellschaftern Nachschüsse verlangt werden (§ 26 GmbHG).

2.3.1.3 Organe

Die GmbH kann als juristische Person nicht selbst handeln. Sie bedarf ihrer Organe:

- Den oder die **Geschäftsführer**, denen die Leitung der GmbH obliegt. Sie müssen nicht Gesellschafter sein. Ein Arbeitsdirektor ist notwendig, wenn die GmbH mehr als 2.000 Arbeitnehmer hat.
- Den **Aufsichtsrat**, der nach dem BetrVG 1952 aber erst bei mehr als 500 bis 2.000 Arbeitnehmern, nach dem MitbG bei mehr als 2.000 Arbeitnehmern, einzurichten ist. Er hat die Aufgabe, die Geschäftsführer zu überwachen.
- Die **Gesellschafterversammlung**, die das beschließende Organ der GmbH ist. Nach § 46 GmbHG (bzw. MomiG) hat sie u. a. folgende Aufgaben:
  - die Feststellung des Jahresabschlusses und die Verwendung des Ergebnisses
  - die Entscheidung über die Offenlegung eines Einzelabschlusses nach internationalen Rechnungslegungsstandards (§ 325 Abs. 2a des HGB) und über die Billigung des von den Geschäftsführern aufgestellten Abschlusses
  - die Billigung eines von den Geschäftsführern aufgestellten Konzernabschlusses
  - die Einforderung der Einlagen
  - die Rückzahlung von Nachschüssen
  - die Teilung, die Zusammenlegung sowie die Einziehung von Geschäftsanteilen
  - die Bestellung und die Abberufung von Geschäftsführern sowie die Entlastung derselben
  - die Maßregeln zur Prüfung und Überwachung der Geschäftsführung
  - die Bestellung von Prokuristen und von Handlungsbevollmächtigten zum gesamten Geschäftsbetrieb
  - die Geltendmachung von Ersatzansprüchen, welche der Gesellschaft aus der Gründung oder Geschäftsführung gegen Geschäftsführer oder Gesellschafter zustehen, sowie die Vertretung der Gesellschaft in Prozessen, welche sie gegen die Geschäftsführer zu führen hat.

Bei mittelständischen Unternehmen erfreut sich der **Beirat** als freiwilliges Aufsichtsorgan, steigender Beliebtheit. Für seine Einrichtung gibt es mehrere Gründe. Vor allem kann er der Versachlichung der Zusammenarbeit zwischen Kapitalgebern und Managern durch Beratung und Nutzung von Expertenwissen dienen.

2.3.1.4 Bedeutung

Die GmbH ist eine häufig vorzufindende Rechtsform bei Unternehmen mittlerer Größe, die als Familienunternehmen betrieben werden, aber auch bei Großunternehmen, z. B. als Tochtergesellschaften. Von Vorteil ist, dass die Haftung der Gesellschafter auf die Stammeinlage beschränkt ist. Durch die Aufnahme neuer Gesellschafter kann die Kapitalbasis erweitert werden. Zur Gründung der GmbH wird nur ein relativ niedriges Anfangskapital benötigt.

Es besteht eine recht hohe Entscheidungs- und Gestaltungsfreiheit, ohne dass mit dem Privatvermögen gehaftet werden muss. Diese Rechtsform ist auch zur Ausgliederung bestimmter Funktionen aus einem Unternehmen geeignet, beispielsweise einer **Vertriebs-GmbH**. Durch die Zulässigkeit einer **Einperson-GmbH** ist die Umwandlung aus einem Einzelunternehmen möglich.

Die GmbH erfordert eine etwas kompliziertere Gründung als die Personengesellschaften und höhere Kosten. Die Wahl der Rechtsform einer GmbH ist nur mit erheblichen steuerlichen Lasten rückgängig zu machen, vgl. § 3 UmwStG. Im Vergleich zur AG bleibt ihr der Kapitalmarkt weitgehend verschlossen.

Die **Übertragung von Anteilen** bedarf einer notariellen Beurkundung. Das erforderliche Mindest-Stammkapital bietet kaum eine ausreichende Basis für einen größeren Geschäftsumfang. Die hohe Insolvenzanfälligkeit dieser Rechtsform ist auffallend.

Die GmbH unterliegt der **Publizitätspflicht** nach §§ 325 ff. HGB. Die Rechnungslegung hängt nach §§ 266, 267 HGB von ihrer Größe ab. Für ihre Einordnung müssen **jeweils zwei** der folgenden drei Merkmale erfüllt sein (§ 267 HGB):

	Kleine Kapitalgesellschaft	**Mittelgroße Kapitalgesellschaft**	**Große Kapitalgesellschaft**
Beschäftigtenzahl	bis 50	bis 250	über 250
Bilanzsumme	bis 4,840 Mio. €	bis 19,250 Mio. €	über 19,250 Mio. €
Höhe des Umsatzes	bis 9,680 Mio. €	bis 38,500 Mio. €	über 38,500 Mio. €

Diese Regelungen gelten auch für die AG sowie für die OHG und KG, bei denen keine natürliche Person haftender Gesellschafter ist bzw. keine Personengesellschaft mit einer natürlichen Person als Vollhafter persönlich haftet, als alle „Kapitalgesellschaften & Co", z. B. auch die GmbH & Co. KG.

Aufgabe 22 > Seite 541

2.3.2 Haftungsbeschränkte Unternehmergesellschaft

Mit dem Gesetz zur Modernisierung des GmbH-Rechts und zur Bekämpfung von Missbräuchen (**MoMiG**) wurde 2008 die haftungsbeschränkte GmbH-Variante der Unternehmergesellschaft (UG) eingeführt. Wichtige Merkmale der **Mini-GmbH** sind (*Miras, Spies*):

- Das **Stammkapital** liegt zwischen 1 € bis 24.999 € und ist vor der **Handelsregister-Anmeldung** einzuzahlen (§ 5a Abs. 2 GmbHG). Eine Unternehmergesellschaft kann also mit einem Stammkapital von nur 1 € gegründet werden. Erhöht die Gesellschaft ihr Stammkapital so, dass es den Betrag von 25.000 erreicht oder übersteigt, darf die Firma UG beibehalten bleiben (§ 5a Abs. 5 GmbHG) oder es erfolgt eine Umfirmierung in eine GmbH.
- Sollen über die Bareinlagen hinaus **Sacheinlagen** geleistet werden, dann müssen die Nennbeträge des Geschäftsanteils und der Gegenstand der Sacheinlage im Gesellschaftsvertrag festgelegt werden (§ 5 Abs. 4 GmbHG). Es sind ¼ des Jahresüberschusses in die gesetzliche Rücklage einzustellen, bis 25.000 € erreicht sind (§ 5a Abs. 3 GmbHG).
- Die Verwendbarkeit des **Musterprotokolls** – wie bei der GmbH (§ 2 Abs. 1 GmbHG) – ist mit kostenrechtlicher Privilegierung verbunden.

Die UG (haftungsbeschränkt) soll als **Mini-GmbH** dazu dienen, Existenzgründern und Kleinunternehmen – z. B. im Dienstleistungsbereich – mit wenig verfügbarem Kapital die Gründung einer haftungsbeschränkten Gesellschaft zu ermöglichen. Es ist allerdings zu beachten, dass die Fremdfinanzierung erschwert ist, denn die Kapitalgeber scheuen das hohe Ausfallrisiko des Kreditnehmers bei sehr geringer Eigenkapitalquote.

2.3.3 Aktiengesellschaft

Die AG ist eine Handelsgesellschaft mit eigener Rechtspersönlichkeit, deren Gesellschafter mit Einlagen auf das in Aktien zerlegte Grundkapital beteiligt sind. Rechtsgrundlage für die AG ist das Aktiengesetz (AktG).[1]

Das **Grundkapital** beträgt als gezeichnetes Kapital mindestens 50.000 €. Die Nennwerte der Gesamtheit der Aktien und des Grundkapitals entsprechen sich. Die Aktien müssen einen Mindest-Nennbetrag von 1 € aufweisen. Sie dürfen nicht unter ihrem Nenn-

---

[1] Seit 2005 gibt es auch eine **Europäische Aktiengesellschaft**, deren Rechtsgrundlage das Gesetz zur Einführung der Europäischen Gesellschaft (SEEG) ist. Sie wird auch als **SE** (= Societas Europea) bezeichnet und kann durch Umwandlung, Verschmelzung, Gründung einer Holding- oder Tochtergesellschaft entstehen. Ihr gezeichnetes Kapital muss mindestens 120.000 € betragen.

Europaweit tätige nationale Unternehmen können damit grenzüberschreitend zur Form der SE verschmelzen und sich rechtlich einheitlich organisieren, wobei ihr Satzungssitz identitätswahrend ohne Weiteres in einen anderen EU-Mitgliedstaat verlegbar ist.

Die Leitung der SE ist durch einen Vorstand möglich, dessen Geschäftsführung von einem Aufsichtsrat überwacht wird, oder von einem Verwaltungsrat, der für laufende Geschäftsführung weisungsgebundene geschäftsführende Direktoren beruft.

wert (= unter pari) ausgegeben werden. Dagegen ist es zulässig, Aktien über ihrem Nennwert (= über pari) auf den Markt zu bringen. Die Differenz zwischen Ausgabewert und Nennwert wird als **Agio** bezeichnet.

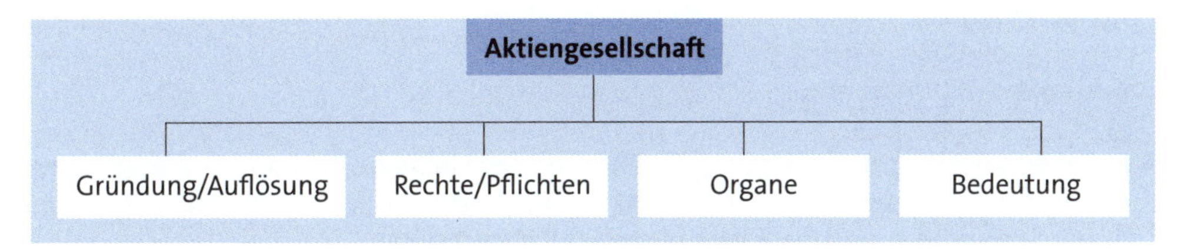

2.3.3.1 Gründung/Auflösung

Zur **Gründung** einer AG sind ein oder mehrere Gründer notwendig, die alle Aktien gegen Einlagen übernehmen müssen. Sie stellen den Gesellschaftsvertrag (Satzung) auf, der notariell zu beurkunden ist. Über die Gründung wird ein Gründungsbericht erstellt. Die Gründer berufen den ersten Aufsichtsrat und den Abschlussprüfer für das erste Geschäftsjahr. Der Aufsichtsrat bestellt den ersten Vorstand. Die Gründung einer sog. **„Kleinen AG"** mit nur einem Gründer und Erleichterungen bei der Gründung stellt eine Alternative zur GmbH dar.

Die **Firma** der AG kann eine Personen-, Sach-, Fantasie- oder gemischte Firma sein. Sie muss den Zusatz *„Aktiengesellschaft"* bzw. *„AG"* enthalten, z. B. Deutsche Bank AG, Badische Stahlwerke AG, Löwenbräu AG, Sakriflex AG.

Bis zur Eintragung in das **Handelsregister** bilden die Gründer eine Vor-AG. Die Eintragung der AG in das Handelsregister der Abteilung B hat konstitutive Wirkung, d. h. Rechtswirkungen für die AG treten erst nach der Eintragung ein. Die **Auflösung** einer Aktiengesellschaft kann durch Zeitablauf, durch Hauptversammlungsbeschluss mit Drei-Viertel-Mehrheit oder durch die Eröffnung des Insolvenzverfahrens über das Gesellschaftsvermögen erfolgen (§ 262 AktG).

2.3.3.2 Rechte/Pflichten

Die Gesellschafter haben als Aktionäre folgende **Rechte**:

- Sie dürfen an der Hauptversammlung teilnehmen und haben ein Stimmrecht entsprechend ihrer Aktiennennbeträge.
- Sie haben ein Recht auf Auskunft über Angelegenheiten der Gesellschaft, soweit sie zur Beurteilung des Gegenstandes der Tagesordnung nötig ist (§ 131 AktG).
- Sie dürfen einen Beschluss der Hauptversammlung gerichtlich anfechten, wenn dieser gegen ein Gesetz oder die Satzung verstößt.
- Sie haben ein Recht auf einen Anteil am Bilanzgewinn, der als Dividende nach dem Verhältnis der Aktiennennbeträge gezahlt wird.

- Sie haben i. d. R. ein Recht auf Bezug neuer (junger) Aktien im Verhältnis der Kapitalerhöhung zum alten Grundkapital.
- Sie haben ein Recht auf Anteil am Liquidationserlös nach dem Verhältnis der Aktiennennbeträge.

Pflichten der Aktionäre sind:

- Es besteht die Pflicht zur Leistung übernommener Einlagen. Bei Bargründungen sind mindestens 25 % des Nennwerts der Aktien und das volle Agio einzuzahlen. Im Falle der Sachgründung sind die Sacheinlagen voll einzubringen.
- Die Satzung kann den Aktionären Nebenverpflichtungen auferlegen. Diese können nicht in Geld bestehende Leistungen sein, beispielsweise die Lieferung von Zuckerrüben an die Zuckerfabrik (§ 55 AktG).

2.3.3.3 Organe

Die AG kann als juristische Person nicht selbstständig handeln. Ihre Organe sind:

- Der **Vorstand** als das leitende Organ der AG. Er besteht aus einer oder mehreren Personen, die vom Aufsichtsrat auf 5 Jahre bestellt werden (§ 84 AktG) und keine Mitglieder des Aufsichtsrats sein dürfen. Eine wiederholte Bestellung oder Verlängerung der Amtszeit (jeweils 5 Jahre) ist zulässig. Nach dem MitbG gehört dem Vorstand bei mehr als 2.000 Arbeitnehmern ein **Arbeitsdirektor** an.

  Zu den **Aufgaben** des Vorstandes gehört es,

  - die Geschäftsführung der AG eigenverantwortlich wahrzunehmen
  - die AG nach außen zu vertreten
  - dem Aufsichtsrat mindestens vierteljährlich Bericht zu erstatten
  - den Jahresabschluss und Lagebericht für das vergangene Geschäftsjahr aufzustellen und dem Abschlussprüfer fristgerecht vorzulegen
  - die Hauptversammlung einzuberufen
  - der Hauptversammlung einen Gewinnverwendungsvorschlag zu unterbreiten.
- Der **Aufsichtsrat** bestellt den Vorstand, beruft ihn ab und überwacht seine Geschäftsführung. Dabei ist er berechtigt, die Bücher und Unterlagen der Gesellschaft einzusehen. Der Aufsichtsrat besteht nach AktG aus drei Mitgliedern (§ 95 AktG), die Satzung der AG kann eine höhere Zahl festlegen. Er wird von der Hauptversammlung auf 4 Jahre gewählt.

  Wenn Gesellschaften regelmäßig über 500 bis 2.000 Arbeitnehmer beschäftigen, dann gilt, dass ein Drittel der Aufsichtsratsmitglieder von der Belegschaft zu wählen ist. Bei Gesellschaften mit regelmäßig mehr als 2.000 Arbeitnehmern und Gesellschaften der Montanindustrie ist der Aufsichtsrat paritätisch von Anteilseignern und Arbeitnehmern besetzt.

In der Montanindustrie kommt zu den Arbeitgeber- und Arbeitnehmervertretern ein weiteres, neutrales Mitglied, um Mehrheiten zu ermöglichen. In Gesellschaften außerhalb der Montanindustrie mit regelmäßig mehr als 2.000 Arbeitnehmern entscheidet bei Stimmengleichheit die Stimme des Aufsichtsratsvorsitzenden, der aus den Reihen der Anteilseigner stammt (BetrVG 1952, MontanMitbestG, MitbestG).

- Die **Hauptversammlung** besteht aus den Aktionären und ist das beschließende Organ der Gesellschaft. Sie entscheidet in den im AktG und in der Satzung bestimmten Fällen über (§ 119 AktG):
  - Bestellung der Mitglieder des Aufsichtsrats, soweit sie nicht in den Aufsichtsrat zu entsenden oder als Aufsichtsratsmitglieder der Arbeitnehmer zu wählen sind
  - Verwendung des Bilanzgewinns
  - Entlastung der Mitglieder des Vorstands und des Aufsichtsrats
  - Bestellung der Abschlussprüfer
  - Satzungsänderungen
  - Maßnahmen der Kapitalbeschaffung und der Kapitalherabsetzung
  - Bestellung von Gründungs- oder Sonderprüfern
  - Auflösung der Gesellschaft.

Im Hinblick auf die Organe ergibt sich damit folgender Zusammenhang:

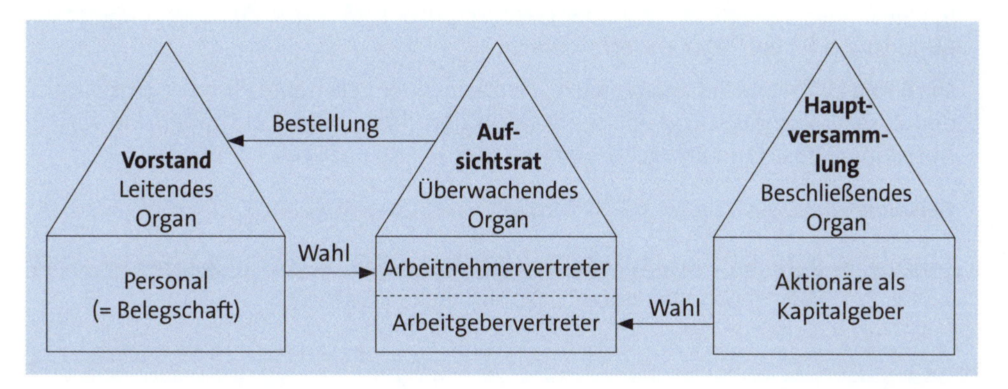

2.3.3.4 Bedeutung

Die AG ist die bedeutendste Rechtsform der Kapitalgesellschaften. Sie ist vorteilhaft, weil ein großes Finanzvolumen über den Kapitalmarkt (Börse) aufgebracht werden kann. Der Erwerb und die Übertragung von Aktien – in der verbreiteten Form der Inhaberaktie – erfolgt durch Einigung und Übergabe. Die Aktionäre haften nicht mit ihrem Privatvermögen.

Demgegenüber ist die Gründung kompliziert. Die Gründungskosten und die laufenden Kosten sind hoch. Die Prüfungs- und Publizitätspflichten sind umfassend. Die organisatorische Aufbaustruktur ist vielfältig. Außerdem sind Interessenkonflikte über die Gewinnverwendung möglich.

Zunehmende Konzentration über Zusammenschlüsse von Aktiengesellschaften (Verschmelzung) ist möglich, was die Gefahr der Marktbeherrschung mit sich bringen kann.

2.3.4 Kommanditgesellschaft auf Aktien

Die Kommanditgesellschaft auf Aktien (KGaA) ist eine juristische Person mit mindestens einem persönlich haftenden Gesellschafter, der das Unternehmen leitet. Die übrigen Gesellschafter sind mit Einlagen auf das in Aktien zerlegte Grundkapital beteiligt, ohne dass die Kommanditaktionäre mit ihrem Privatvermögen haften.

Die KGaA ist eine Kombination zwischen der AG und KG, wobei der Charakter als Kapitalgesellschaft im Vordergrund steht. Rechtsgrundlagen sind das AktG (§§ 278 - 290) und das HGB (§§ 161 - 177a). Die **Organe** der KGaA sind:

- persönlich haftende(r) Gesellschafter
- Aufsichtrat
- Hauptversammlung.

Im Hinblick auf die KGaA sollen betrachtet werden:

- Die **Gründung**, zu der ein oder mehrere Personen erforderlich sind, von denen mindestens einer persönlich haftender Gesellschafter sein muss. Zur Gründung ist ein Mindestkapital von 50.000 € erforderlich.

  Die **Firma** kann eine Personen-, Sach-, Fantasie- oder gemischte Firma sein und muss den Zusatz „Kommanditgesellschaft auf Aktien“ bzw. „KGaA“ enthalten. Sie wird in Abteilung B des Handelsregisters eingetragen.

  Beispiele

  Trinkaus & Burkhardt KGaA, Henkel KGaA, Henninger KGaA, Steigenberger KGaA, Müller & Weber Haushaltsgeräte KGaA, Sukriflexa KGaA

- Die **Auflösung** der KGaA kann dadurch erfolgen, dass ein persönlich haftender Gesellschafter kündigt und ein Beschluss der Hauptversammlung herbeigeführt oder über das Gesellschaftsvermögen ein Insolvenzverfahren eröffnet wird.
- Die **Rechte** der Geschäftsführung und Vertretung liegen allein beim Komplementär, der „geborener Vorstand“ ist. Der Gewinn für Kommanditaktionäre wird nach dem Verhältnis der Aktiennennbeträge verteilt.
- Die **Pflichten** bestehen vor allem in der Haftung. Während persönlich haftende Gesellschafter – wie bei einer Kommanditgesellschaft – unbeschränkt haften, besteht die Haftung der Kommanditaktionäre nur mit der Einlage.

Die **Bedeutung** der KGaA zeigt sich bei der Kapitalbeschaffung, denn es kann über den Kapitalmarkt ein großes Finanzvolumen aufgebracht werden. Bei der voll haftenden Geschäftsführung ist eine stärkere persönliche Bindung als bei den managergeleiteten Aktiengesellschaften gegeben. **Nachteilig** ist, dass die Konstruktion dieser Rechtsform relativ kompliziert ist und hohe Gründungskosten bzw. laufende Kosten verursacht werden.

Aufgabe 23 > Seite 541

2.4 Gemischte Rechtsformen

Gemischte Rechtsformen dienen dazu, die Unternehmensgeschäfte durch mehrere Gesellschaften unterschiedlicher Rechtsform abzuwickeln. Zu unterscheiden sind:

- **GmbH & Co KG**
- **Doppelgesellschaft**.

Mit den KG-bezogenen gemischten Rechtsformen wird meistens versucht, die begrenzte Haftung der teilhaftenden Gesellschafter einer KG und die steuerlichen Vorteile von Personengesellschaften mit Vorteilen der Kapitalgesellschaften zu verbinden.

2.4.1 GmbH & Co KG

Die typische GmbH & Co KG ist eine Kommanditgesellschaft, bei der eine GmbH der Komplementär ist. Die GmbH-Gesellschafter sind zugleich die Kommanditisten der KG. Die Firma der GmbH & Co KG muss den Namen des Komplementärs enthalten mit dem Zusatz „& Co Kommanditgesellschaft“ bzw. „& Co KG“. Damit wird die Haftungsbeschränkung gekennzeichnet.

Beispiele

ALDI GmbH & Co KG, Brose Fahrzeugteile GmbH & Co. KG, Gillette Deutschland GmbH & Co KG

Mit der GmbH & Co KG werden die Vorteile der KG als einer Personengesellschaft erhalten, andererseits wird aber die volle Haftung des Komplementärs auf das Vermögen der GmbH beschränkt. Die GmbH selbst übt meistens keine eigenständige Tätigkeit aus, sondern sie übernimmt nur das Haftungsrisiko.

In der Praxis sind die Gesellschafter meist mit einem geringen Betrag an einer GmbH beteiligt, die als Vollhafter fungieren. Sie bestellen sich als Geschäftsführer der GmbH, der wiederum geschäftsführender Gesellschafter der KG ist. Das erforderliche Kapital wird in Form von Kommanditeinlagen geleistet.

Der **Gewinn**, der einem Komplementär zusteht, kann durch die Geschäftsführer-Gehälter aufgezehrt werden. Er geht weitgehend an die Kommanditisten.

Die GmbH & Co KG ist in der Regel steuerlich vorteilhafter als die GmbH, beispielsweise bei der Gewerbesteuer (*Wöhe/Döring*).

2.4.2 Doppelgesellschaft

Die Doppelgesellschaft ist ein Unternehmen, das seine wirtschaftlichen Zielsetzungen durch die Verwendung von zwei rechtlich selbstständigen Gesellschaften zu realisieren versucht, ohne seine wirtschaftliche Einheit aufzugeben. Deshalb wird von **Betriebsaufspaltung** gesprochen (*Hopfenbeck, Jung*). Sie ist vor allem im mittelständischen Bereich zunehmend verbreitet.

Als **Formen** der Doppelgesellschaft sind zu unterscheiden (*Wöhe/Döring*):

- Bei der Gliederung in eine **Besitz-Personengesellschaft** und eine **Betriebs-Kapitalgesellschaft** verpachtet die Besitzgesellschaft ihre Produktionsmittel an die eigentliche Betriebsgesellschaft, welche den Leistungsprozess durchführt. Dabei verbleibt das Eigentum am Anlagevermögen bei der Besitzgesellschaft, die für die Investitionen und Finanzierungen zuständig ist und die Einnahmen aus der Verpachtung der Produktionsmittel einzieht.

  Demgegenüber ist die Betriebsgesellschaft für die Beschaffung, Produktion und für den Absatz zuständig und trägt das unternehmerische Risiko.

- Bei einer Aufspaltung in eine **Produktions-Personengesellschaft** und eine **Vertriebs-Kapitalgesellschaft** ist die Produktionsgesellschaft sowohl für die Beschaffung bzw. die Produktion als auch für Investitionen und Finanzierung zuständig und hält das Eigentum an Anlage- und Umlaufvermögen. Sie liefert an die Vertriebsgesellschaft Produkte zu festen Verrechnungspreisen. Die Vertriebsgesellschaft hat selbst keine Eigentumsanteile, übernimmt aber das Absatzrisiko hinsichtlich der Preishöhe und möglicher Forderungsausfälle.

2.5 Sonstige Rechtsformen

Als sonstige privatrechtliche Rechtsformen sollen betrachtet werden:

- **Stiftung**
- **Genossenschaft**
- **Verein**
- **Versicherungsverein auf Gegenseitigkeit.**

2.5.1 Stiftung

Die Stiftung des privaten Rechts (§§ 80 BGB ff.) ist eine juristische Person, die vom Stifter mit Vermögen ausgestattet wird. Eine Stiftung ist auf Dauer einem vom Stifter festgesetzten Zweck gewidmet. Bei der Abfassung der Stiftungsverfassung hat der Stifter volle Entscheidungsfreiheit. Nach dem BGB ist als Organ nur der Vorstand vorgeschrieben.

Beispiele

Bertelsmann-Stiftung, Max-Grundig-Stiftung

Vorteilhaft ist, dass eine Stiftung Unternehmenskontinuität und Kapitalerhaltung sichert. Es wird beispielsweise eine Erbzersplitterung vermieden. **Nachteilig** ist die begrenzte Kapitalbeschaffungsmöglichkeit, weil beispielsweise keine Beteiligungsfinanzierung möglich ist. Auch können organisatorische Probleme entstehen, die auf mangelnde Flexibilität zurückgehen.

2.5.2 Genossenschaft

Die Genossenschaft ist eine Gesellschaft mit einer nicht geschlossenen Zahl von Mitgliedern, die einen wirtschaftlichen Zweck verfolgen. Die Genossen bedienen sich dazu eines gemeinsamen Geschäftsbetriebes (§ 1 GenG).

Zur **Gründung** einer Genossenschaft sind mindestens drei Gründer (§ 4 GenG) erforderlich, die eine Satzung (Statut) aufstellen. Die Genossenschaft ist erst entstanden, wenn sie in das Genossenschaftsregister eingetragen ist, das beim Amtsgericht geführt wird.

Die **Firma** kann eine Personen-, Sach-, Fantasie- oder gemischte Firma sein. Sie muss den Zusatz „eingetragene Genossenschaft" bzw. „eG" tragen.

Beispiele

VR-Bank Ludwigshafen eG, Volksbank Mannheim eG, Datev eG, Winzerkeller Leiningerland eG, Satoflex eG

Die Genossen haften nur mit ihrer Einlage als Geschäftsanteil. Die Vereinbarung einer Nachschusspflicht ist möglich. Als **Organe** der Genossenschaft sind der Vorstand, der Aufsichtsrat und die Generalversammlung zu nennen.

Die **Bedeutung** der Genossenschaft liegt im Zusammenschluss von wirtschaftlich Schwachen, z. B. Bauern oder Handwerkern, zur Selbsthilfe im Wettbewerb mit Großbetrieben. Sie wird noch dadurch erhöht, dass sich die Genossenschaften zu Verbänden zusammenschließen.

Die Genossenschaft ist weder Personen- noch Kapitalgesellschaft, sondern als wirtschaftlicher Verein eine juristische Person und Formkaufmann.

2.5.3 Verein

Ein Verein bezeichnet eine freiwillige und auf Dauer angelegte Vereinigung natürlicher und/oder juristischer Personen zur Verfolgung bestimmter Ziele.

Vereine können nicht-rechtsfähige Vereine oder – als juristische Personen – rechtsfähige Vereine sein, die entweder einem wirtschaftlichen Zweck oder ideellen Zwecken dienen. Als Rechtsgrundlage gelten die § 21 - 79 BGB.

Beispiele

Verein Creditreform e. V., Verein Deutscher Oelfabriken, ADAC

Wesentliche **Regelungen** für rechtsfähige Vereine sind:

- Es muss eine Vereinssatzung gegeben sein.
- Nicht-wirtschaftliche Vereine werden beim Amtsgericht ins Vereinsregister eingetragen.
- Wirtschaftliche Vereine erhalten die Rechtsfähigkeit auf Antrag bei der jeweiligen Landesinnenbehörde.
- Die Mitgliederversammlung muss einen Vorstand wählen.
- Für die Schulden haftet nur das Vereinsvermögen, d. h. die Mitglieder haften nicht persönlich.
- Die Auflösung des Vereins erfolgt mit Drei-Viertel-Mehrheit der Mitgliederversammlung.

2.5.4 Versicherungsverein auf Gegenseitigkeit

Der Versicherungsverein auf Gegenseitigkeit (VVaG) ist eine Rechtsform in der Versicherungswirtschaft, die Merkmale der Genossenschaft und der AG aufweist. Rechtsgrundlage ist das Versicherungsaufsichtsgesetz (VAG).

Beispiele

Haftpflichtverband der Deutschen Industrie VVaG, Vereinigte Postversicherung VVaG, DEBEKA Krankenversicherungsverein a. G.

Der Versicherungsnehmer wird mit Abschluss des Versicherungsvertrags gleichzeitig Mitglied des Vereins. Die Leistungen an die Versicherungsnehmer werden aus den Beiträgen bezahlt. Überschüsse werden an die Versicherungsnehmer verteilt. Eventuelle Fehlbeträge sind durch Beitragserhöhungen aufzubringen.

Mit der Beendigung des Versicherungsvertrages endet auch die Mitgliedschaft. Als Organe sind der Vorstand, der Aufsichtsrat und die Vertreterversammlung zu nennen.

2.6 Öffentliche Unternehmen

Öffentliche Unternehmen haben in der Regel gemeinwirtschaftliche Zielsetzungen und befinden sich ganz oder überwiegend im Eigentum von Gebietskörperschaften, das sind Bund, Länder und Gemeinden. Die rechtliche und organisatorische Struktur der öffentlichen Unternehmen zeigt eine große Vielfalt.

Als öffentliche Unternehmen in **nicht privatrechtlicher Form** lassen sich unterteilen:

- Die Rechtsformen **mit eigener Rechtspersönlichkeit**. Bei ihnen handelt es sich um juristische Personen des öffentlichen Rechts in Form von Körperschaften, Anstalten, Stiftungen.

  Beispiele

  Ortskrankenkassen, Öffentliche Sparkassen, Öffentliche Bausparkassen, Öffentlichrechtliche Stiftungen

  Die juristischen Personen des öffentlichen Rechts werden häufig von einem Vorstand nach einer von den Verwaltungsträgern oder von ihnen selbst erlassenen Satzung geleitet, der von einem Verwaltungsrat beaufsichtigt wird.

- Öffentliche Unternehmen **ohne eigene Rechtspersönlichkeit**, die keine juristischen Personen sind.

  Beispiele

  - Regiebetriebe (z. B. Müllabfuhr, Krankenhäuser, Schlachthöfe)
  - Eigenbetriebe der Gemeinden (Stadtwerke, Verkehrsbetriebe)
  - Einheiten aus Sondervermögen des Bundes (Bundesdruckerei)
  - unselbstständige Anstalten.

Als öffentliche Unternehmen in **privatrechtlicher Form** gibt es:

- rein öffentliche Unternehmen (z. B. als AG, GmbH)
- gemischtwirtschaftliche Unternehmen (z. B. AG oder GmbH mit privater Beteiligung).

Aufgabe 24 > Seite 542

3. Organisation

Die Organisation wird heute einerseits als ein dauerhaftes arbeitsteiliges System und andererseits als Tätigkeit verstanden. Deshalb sind zu unterscheiden (*Bea/Göbel, Frese, Krüger, Olfert, Schreyögg, Schulte-Zurhausen, Vahs*):

- die Organisation als dauerhaft gültiger **Ordnung** bzw. **Struktur** zielorientierter soziotechnischer Systeme, z. B. Unternehmen, Krankenhäuser, Schulen, Hochschulen
- die Organisation als dauerhaft gültiges **Ordnen** bzw. **Strukturieren** zielorientierter soziotechnischer Systeme, das z. B. im Großunternehmen durch Organisatoren erfolgt.

Die organisatorische **Effizienz** soll mithilfe der **Organisationsabteilung** bzw. des **Organisationscontrolling** sichergestellt werden. Es verbindet den Koordinationsprozess der Planung, Kontrolle und Steuerung mit der Informationsversorgung und ist den Aktivitäten der Organisationsabteilung parallel- bzw. übergelagert.

Hinsichtlich der Tätigkeit des Organisierens lassen sich unterscheiden – siehe ausführlich *Olfert, Olfert/Rahn*:

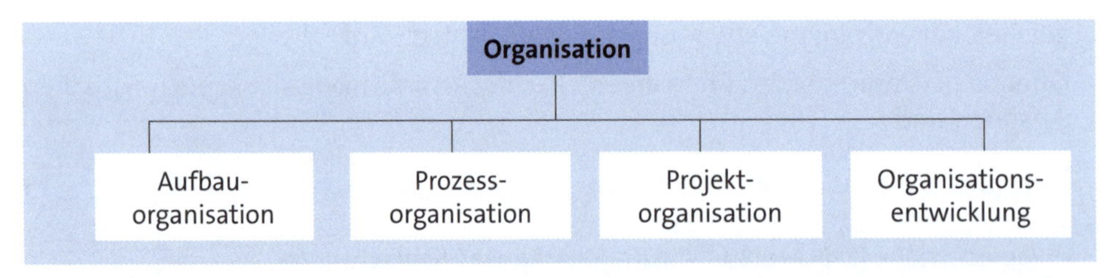

3.1 Aufbauorganisation

Die Aufbauorganisation zeigt die betriebliche Ordnung der Zuständigkeiten und Bestandsphänomene. Sie kann auch als Strukturierung des Gebildes bezeichnet werden. Als Phasen der Aufbauorganisation sind zu unterscheiden – siehe ausführlich *Olfert, Olfert/Rahn*:

- **Aufbauvorbereitung**
- **Aufbaugestaltung**
- **Aufbaueinführung.**

3.1.1 Aufbauvorbereitung

Die Aufbauvorbereitung bildet die erste Phase der Aufbauorganisation, der sich die Gestaltung und Einführung anschließen. Sie umfasst:

- Die **Aufbauanalyse** als ein organisatorisches Verfahren zur Ermittlung und Beurteilung von statischen Systemen im Unternehmen. Bei seiner Tätigkeit setzt der Organisator verschiedene Organisationstechniken ein, z. B. Kreativitätstechniken. Die Aufbauanalyse besteht aus der:
  - **Ist-Aufnahme**, die zunächst wesentliche Daten der bisher gegebenen betrieblichen Aufbaustruktur sammelt und ordnet. Die bisherigen Regelungen sind vielfach verbesserungsbedürftig, weil die Unternehmen ständigen Veränderungen unterliegen.
  - **Ist-Kritik**, die notwendig ist, um Schwachstellen des bestehenden Aufbaus zu verdeutlichen und Verbesserungsvorschläge einzubringen. Sie wird auch als **Ist-Analyse** bezeichnet und erfordert vom Organisator ein hohes Maß an Kreativität.
- Die **Aufbauplanung** als gegenwärtige gedankliche Vorwegnahme der künftigen betrieblichen Aufbaustruktur. Sie legt fest, welche Struktur die Aufbauorganisation bis zu einem bestimmten Zeitpunkt haben soll. Die Aufbauplanung besteht aus:
  - **Zielplanung**, die das Erreichen der Erfolgsziele des Unternehmens unterstützen soll. Dabei ergeben sich die zu ermittelnden aufbauorganisatorischen Ziele aus den Organisationszielen.
  - **Konzeptplanung**, welche die konkreten Anforderungen festlegt, die durch die Aufbauplanung erfüllt werden sollen, z. B. zeitliche, örtliche, personelle, ökonomische und methodische Organisationsaspekte.

Da sowohl die Aufbauanalyse als auch die Aufbauplanung zur Vorbereitung einer effizient funktionierenden Aufbauorganisation unverzichtbar sind, sollten die für die Aufbauorganisation Verantwortlichen den beiden Verfahren die notwendige Aufmerksamkeit entgegenbringen.

3.1.2 Aufbaugestaltung

Die organisatorische Gestaltung des Aufbaus erfolgt nach der Vorbereitung und vor ihrer Einführung als zweite Phase dieses **Organisationsprozesses**. Die Aufbaugestaltung zeigt die Art und Weise des Vorgehens zur Entwicklung der gesamten Aufbauorganisation mit dem Ziel, einen zweckentsprechenden Organisationsaufbau zu schaffen.

Sie erfolgt in folgenden **Schritten**:

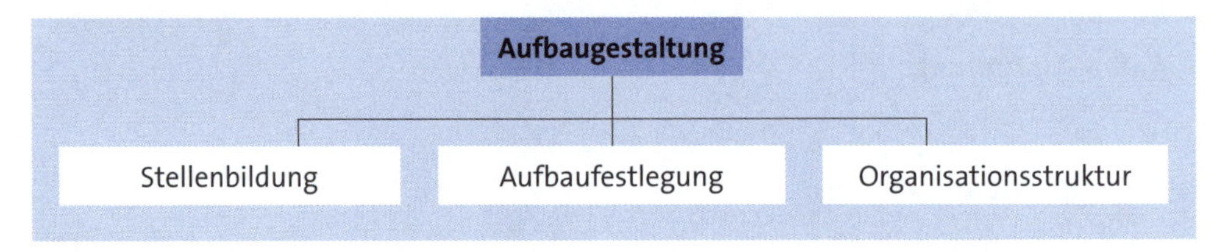

3.1.2.1 Stellenbildung

Zur Gestaltung der Aufbauorganisation müssen zunächst alle zur Aufgabenerledigung erforderlichen Stellen gebildet werden. Das geschieht mithilfe:

- Der **Aufgabenanalyse**, bei der eine schrittweise Zerlegung der Gesamtaufgabe in ihre einzelnen Bestandteile vorgenommen wird. Sie kann erfolgen als:

Verrichtungs-analyse	Diese Analyseform stellt die Tätigkeit in den Vordergrund, beispielsweise das Einlegen (von Papier) und das Ablegen (von Briefen).
Objektanalyse	Jede Verrichtung muss an einem Objekt vorgenommen werden, beispielsweise mithilfe von Computern, Druckern.
Ranganalyse	Jeder Ausführungsaufgabe geht in der Regel eine Entscheidungsaufgabe voraus, beispielsweise die Schreibentscheidung vor der Durchführung.
Phasenanalyse	Planungs-, Durchführungs- und Kontrollaufgaben sind zu analysieren, beispielsweise die Planung der Briefe, das Schreiben der Briefe und die Kontrolle der Briefe.
Zweckbezie-hungsanalyse	Es sind Zweck- bzw. Verwaltungsaufgaben zu unterscheiden. Die Zweckaufgabe kann sich beispielsweise auf das Schreiben einer Bestellung beziehen. Die Verwaltungsaufgabe kann im Ablegen der Briefe bestehen.

Die Gesellschaft für Organisation hat ein vereinfachtes Verfahren für die Durchführung der Aufgabenanalyse erarbeitet. Der **Aufgabengliederungsplan** geht von den Zweckaufgaben aus und unterteilt sie in:

Sachgliederung	Verrichtungen und Objekte werden hier gemeinsam analysiert und nicht – wie oben – auseinander gerissen. Aus der Sachgliederung ergibt sich die Aufgabe des Schreibens von Briefen.
Ranggliederung	Wie oben wird in Entscheidungs- und Ausführungsaufgaben unterschieden, also in die Schreibentscheidung und in die Schreibausführung.
Phasengliederung	Sie enthält beispielsweise die Planung, die Durchführung und die Kontrolle des Schreibens von Briefen.

In der betrieblichen Praxis begnügt man sich vielfach mit einer Verrichtungsanalyse und Objektanalyse (*Olfert*). Die von *Kosiol* vorgeschlagene Vorgehensweise erfordert einen sehr hohen Zeitaufwand, dem die Praxis nicht immer entsprechen kann oder will.

- Die **Aufgabensynthese** fügt die mittels der Aufgabenanalyse ermittelten Aufgaben zu Stellen zusammen und bringt sie in einen synthetischen Gesamtzusammenhang. *Kosiol* unterscheidet folgende Zusammenhänge:
  - **Verteilungs**zusammenhang durch Zusammenfassung von Aufgaben zu Stellen
  - **Leitungs**zusammenhang durch Überordnung von Entscheidungsaufgaben
  - **Stabs**zusammenhang, der bestimmte Aufgaben den Stabsstellen zuordnet
  - **Arbeits**zusammenhang, der die Verkehrswege zwischen den Stellen aufzeigt
  - **Kollegien**zusammenhang, der die Ausschüsse und Kommissionen offenlegt.

Die betriebliche Aufgabenanalyse und die Aufgabensynthese verfolgen vor allem den Zweck, durch **Arbeitsteilung** und **Koordination** Rationalisierungseffekte zu erreichen.

3.1.2.2 Aufbaufestlegungen

Bevor die Bildung von Organisationseinheiten abgeschlossen werden kann, sind noch verschiedene Festlegungen für den Aufbau zu treffen. Dazu gehören:

- **Stellenelemente**, die im Rahmen der Aufbaugestaltung zu berücksichtigen sind. Für die Stellen- und Instanzenbildung gilt das Prinzip der Kongruenz von Aufgaben, Befugnissen und Verantwortung:

Aufgabe	Sie ist die Verpflichtung zur Vornahme bestimmter Verrichtungen, die für eine Stelle festgelegt werden.
Befugnis	Sie stellt die Zuständigkeit für eine Aufgabe dar. *Ulrich* spricht von ausdrücklich zugeteilten Rechten. *Olfert* unterscheidet als Befugnisse bzw. Kompetenzen: ► Entscheidungsbefugnisse ► Weisungsbefugnisse ► Verpflichtungsbefugnisse ► Verfügungsbefugnisse ► Informationsbefugnisse.
Verantwortung	Sie ist das persönliche Einstehen für die Folgen von Handlungen und Entscheidungen. Dabei sind die Eigenverantwortung als Einstehen für eigenes Handeln und die Fremdverantwortung als Einstehen für das Handeln nachgeordneter Träger zu unterscheiden.

► **Organisationseinheiten**, die das Ergebnis der Aufgabenanalyse und Aufgabensynthese bilden. Die Einheiten werden im Rahmen der Aufbaugestaltung so miteinander verbunden, dass Leistungssysteme, Bereiche bzw. Abteilungen entstehen. Als einzelne Organisationseinheiten sind zu unterscheiden:

Unternehmensleitung	Sie ist die oberste Instanz eines Unternehmens: ► Als **Direktorialsystem** mit einem allein entscheidenden Direktor ► Als **Kollegialsystem** mit tendenziell gleichberechtigten Direktoren. Sie ist ein Aufgabenkombinat und kann aus einem oder mehreren Arbeitsplätzen bestehen. Zu unterscheiden sind folgende Stellen: ► **Instanz** Sie ist eine Stelle mit Leitungsbefugnis, bei der Führungsaufgaben überwiegen und Entscheidungen hinsichtlich anderer Stellen zu treffen sind. Sie ist mit Weisungsbefugnis ausgestattet. ► **Linienstelle** Sie stellt ein Aufgabenkombinat dar, das aus dauerhaft zu verrichtenden Teilaufgaben besteht. Sie ist zweckorientiert und von anderen Linienstellen abgrenzbar, aber auch mit ihnen verbindbar. Die Linienstelle ist mit oder ohne Weisungsbefugnis ausgestattet. ► **Stabstelle** Sie ist eine Leitungshilfsstelle, die keine Entscheidungs- und Weisungsbefugnisse besitzt, sondern nur Vorschlagsrechte hat. Sie unterstützt, berät ihr übergeordnete Instanzen und kann bei der Übernahme der Entscheidungsvorbereitung entlastend wirken.
Assistenz	Sie ist vor allem den obersten Instanzen zugeordnet und erhält ihre Aufgaben fallweise, beispielsweise die Direktionsassistenz.

Projektgruppe	Sie besteht aus einer Personenmehrheit mit unterschiedlichen Kenntnissen und aus unterschiedlichen Tätigkeitsgebieten, die überwiegend hauptamtlich und vollzeitlich für ein meist befristetes Projekt tätig ist.
Kollegium	Es besteht aus einer Personenmehrheit mit unterschiedlichen Tätigkeitsgebieten. Die Mitarbeiter von Kollegien treffen sich zu bestimmten Zeitpunkten an einem Ort und gehen innerhalb ihrer Stellen anderen Aufgaben nach.
Ausschuss	Er besteht aus nebenamtlich und teilzeitlich tätigen Mitgliedern und befasst sich unbefristet mit Daueraufgaben.

Als **Verbindungswege** zwischen den Organisationseinheiten können in der Praxis unterschieden werden (*Rahn*):

Längsverbindung	Sie ist mit voller Weisungsbefugnis ausgestattet, beispielsweise die Verbindung zwischen dem Unternehmensleiter und dem kaufmännischen Leiter. Symbol: ————
Querverbindung	Sie enthält keine Weisungsbefugnis, sondern besteht aus reinem Sachkontakten. Beispielsweise besteht sie zwischen einer zentralen bzw. dezentralen Unternehmensleitung. Symbol: — · — · —
Diagonalverbindung	Sie bezieht sich auf Stellen, die Doppelunterstellungen unterliegen. Die vorgesetzten Instanzen haben jeweils begrenzte Weisungsbefugnis. Symbol: - - - - - -

Durch das Zusammenfügen von Organisationseinheiten und den zugehörigen Verbindungen entstehen **Organisationsstrukturen**.

Beispiel

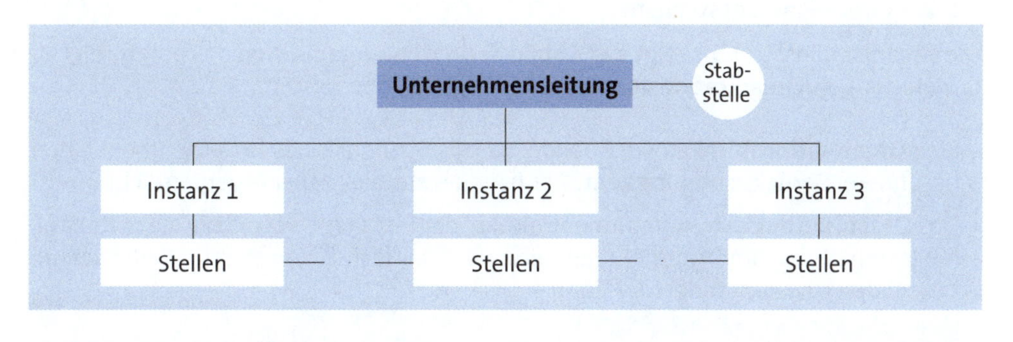

- Als **Aufbaufestlegungen** sind Entscheidungen darüber zutreffen, in welcher Weise die Ausprägung der Zentralisation/Dezentralisation zu gestalten ist:

Zentralisation	Bei ihr werden gleichartige Teilaufgaben zu einem Zentrum zusammengefasst, das als Organisationseinheit eine Abteilung oder eine Stelle sein kann. Die Zentralisierung ist nach verschiedenen Merkmalen möglich.
Dezentralisation	Hier erfolgt eine Verteilung gleichartiger Aufgaben auf mehrere Abteilungen bzw. Stellen, die nicht zu einem Zentrum gehören. Auch die Dezentralisation kann nach verschiedenen Kriterien erfolgen.

- Außerdem ist darüber zu entscheiden, welche Arten der **Tätigkeiten** von welchen Aufgabenträgern an den Organisationseinheiten zu verrichten sind. Hinsichtlich der zeitlichen Belastung sind zu unterscheiden:

Vollzeittätigkeit	Hier benötigen die Aufgabenträger zur Aufgabenerfüllung die gesamte Arbeitszeit, z. B. ein Bereichsleiter. Alle Vollzeitmitarbeiter sollten allerdings mit Arbeit ausgelastet sein, damit keine Leerkosten entstehen. Eine Aufblähung der Aufbauorganisation ist aus Kostengründen zu vermeiden.
Teilzeittätigkeit	Bei ihr wird das Arbeitsvolumen der Stelle von zwei oder mehr Aufgabenträgern wahrgenommen, z. B. beim Job sharing. Für jeden Aufgabenträger fällt dann ein geringerer Umfang und Zeitaufwand als bei der Vollzeittätigkeit an.

Nach der Stellenbildung und der Festlegung verschiedener Aufbaudetails folgt die Entwicklung der einzelnen **Gruppen** bzw. **Bereiche**, um zur gesamten Organisationsstruktur zu gelangen.

3.1.2.3 Organisationsstruktur

Die Organisationsstruktur zeigt das **Abbild der Aufbauorganisation** des gesamten Unternehmens als Organisationsform oder als Organisationssystem:

- Eine **Organisationsform** ist ein Gebilde, das die Struktur eines Unternehmens unter besonderer Berücksichtigung zentraler bzw. dezentraler Aspekte verdeutlicht.
- Das **Organisationssystem** hebt mehr die Art der Instanzenwege bzw. die Unterstellungsverhältnisse im Unternehmen hervor, z. B. Einfach-, Doppel- oder Mehrfachunterstellung bzw. Beratungsfunktion.

Es lassen sich folgende **Organisationsformen** unterscheiden (*Olfert, Olfert/Rahn*):

- Die **Sektoralorganisation**, die sich auf eine Zweiteilung der Gesamtorganisation in einen technischen und einen kaufmännischen Bereich beschränkt:

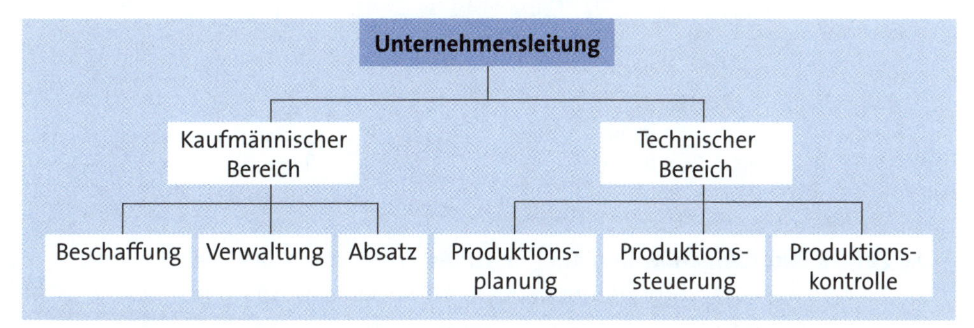

  Sie ist häufig bei kleinen und mittleren Unternehmen vorzufinden. Die Durchsetzung des Leitungswillens soll durch die Zentralisierung gefördert werden.

- Die **Funktionalorganisation**, die bei zunehmender Unternehmensgröße erforderlich wird. Sie ist nach Verrichtungen aufgebaut, beispielsweise dem Beschaffen, Produzieren, Absetzen, Verwalten:

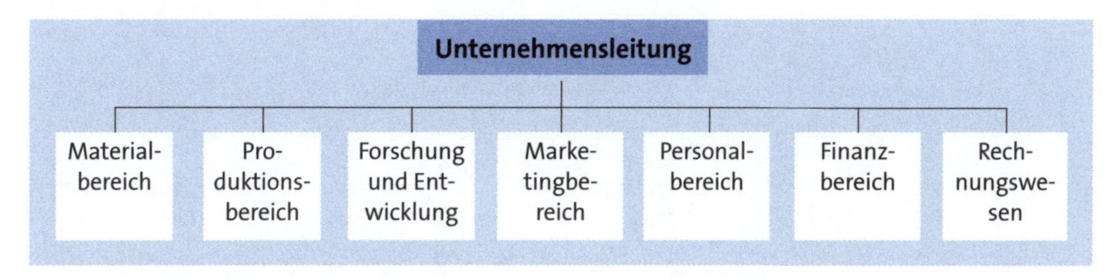

  Die Unternehmensleitung erhält hier einen guten Überblick über das Gesamtunternehmen. Die Zentralisierung soll eine straffe Organisation gewährleisten.

- Die **Spartenorganisation**, die auch als Divisionalorganisation bezeichnet wird. Sie kann bei verstärkter Dezentralisierung genutzt werden. Die Sparten können dabei als eigenständige **Profit centers** geführt werden. Die Unternehmensbereiche, die nach Erzeugnissen, Werken, Regionen oder Branchen gegliedert sein können, bewältigen die Beschaffung, die Produktion und den Absatz jeweils selbstständig und in eigener Gewinnverantwortung.

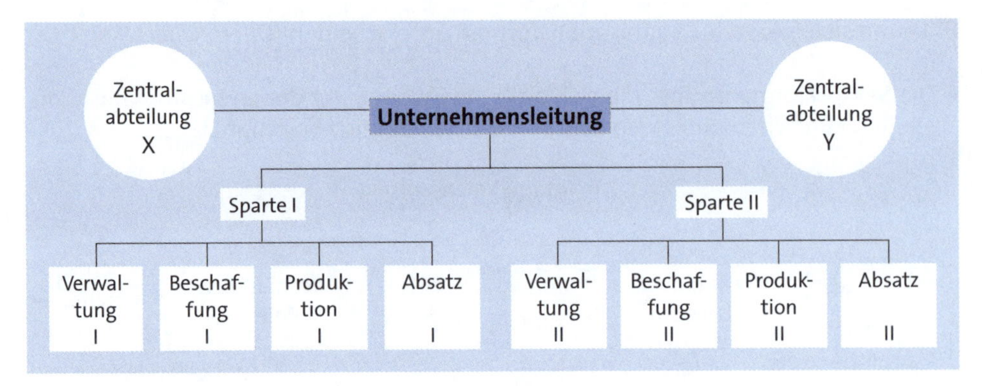

Die **Zentralabteilungen** leisten Koordinationsarbeit, wenn sich die Divisionsinteressen zu weit von den Unternehmenszielen entfernen. Die Sparten sind aber grundsätzlich dezentralisiert.

- Die **Matrixorganisation**, bei der dezentrale Einheiten und Zentralabteilungen relativ gleichberechtigt nebeneinander gestellt werden. Die Matrix kann beispielsweise nach Funktionen und nach Sparten gegliedert sein. Es ist aber auch möglich, sie nach Funktionen und Produkten, Produkten und Regionen, Funktionen und Regionen usw. zu gliedern.

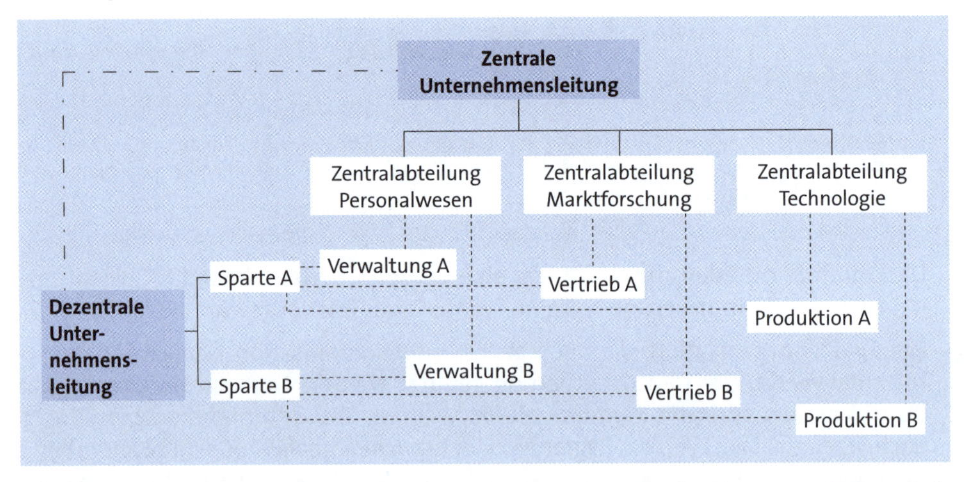

Durch die Mehrfach-Anbindung der Verwaltungs-, Vertriebs- bzw. Fertigungsstellen entstehen Doppelunterstellungen, die besondere Regelungen der Kompetenzabgrenzung notwendig machen.

- Die **Tensororganisation**, bei der von der gleichwertigen Berücksichtigung aller Dimensionen der Unternehmensaufgabe ausgegangen wird. Sie umfasst i. d. R. drei Dimensionen, die üblicherweise Verrichtungen, Objekte und Regionen darstellen:

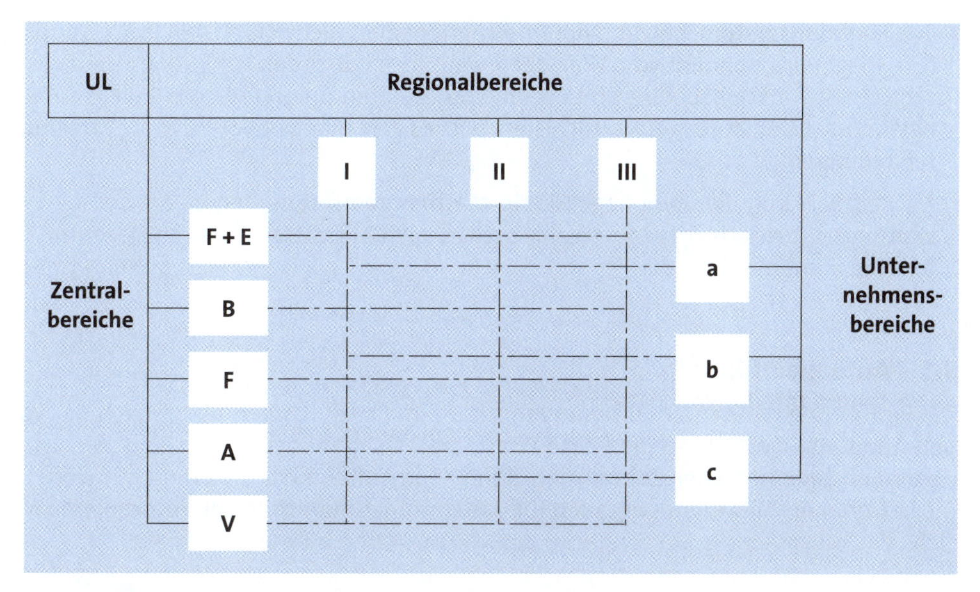

Tensororganisationen sind im Wesentlichen nur bei multinationalen Großunternehmen zu finden.

Im Rahmen der strukturellen Überlegungen ist auch über das **Organisationssystem** zu entscheiden, das sein kann:

- Ein **Liniensystem** als die straffste Form der organisatorischen Gliederung. Dabei sind Stellen und Abteilungen in einem einheitlichen Instanzenweg eingegliedert, der von der obersten Instanz bis zur untersten Stelle reicht, d. h. es sind Einfachunterstellungen gegeben. Anweisungen und Informationen gehen stets an die unmittelbar unterstellten Stelleninhaber, bis die zum Empfang bestimmte Stelle erreicht wird.

  Dieses System ist **vorteilhaft**, weil die einheitliche Auftragserteilung für die Einhaltung des Dienstweges sorgt bzw. weil durch klare Kompetenzregelungen ein hohes Maß an Ordnung besteht. Typische Liniensysteme können sein:

  - Sektoralorganisation
  - Funktionalorganisation.

  In der Praxis nutzt man die Vorteile des Liniensystems, baut aber vielfach Querverbindungen in das Gesamtsystem ein. Die Dienstwege sollten nicht zu lang sein. Das Prinzip der Delegation von Aufgaben und Verantwortung sollte beachtet werden.

- Das **Stabliniensystem**, bei dem das Liniensystem mit dem Stabsprinzip verbunden wird. Dabei lässt sich die Leitung von Fachkräften beraten, die als Stäbe bezeichnet werden. Sie haben grundsätzlich kein unmittelbares Weisungsrecht gegenüber Stellen anderer Abteilungen. Die Weisungsbefugnis liegt bei der zu beratenden Instanz.

  Die auf S. 170 abgebildete Spartenorganisation ist ein Stabliniensystem, das über Zentralabteilungen verfügt, die beispielsweise Controlling-, Revisions-, Planungs- oder Rechtsabteilungen sein können.

- Das **Funktionssystem**, bei dem der Informationsfluss nicht durch den Instanzenweg festgelegt wird, sondern vom Weg der jeweils auszuübenden Funktionen. Jeder Mitarbeiter ist funktionsbedingt mehreren Vorgesetzten unterstellt, die jeweils für ein bestimmtes Gebiet verantwortlich sind, d. h. es gibt hier Doppel- bzw. Mehrfachunterstellungen.

  Als Beispiel kann die oben abgebildete **Matrixorganisation** dienen, bei der die Verwaltungs-, Vertriebs- bzw. Fertigungsstellen sowohl Zentral- als auch Dezentralabteilungen unterstellt sind.

3.1.3 Aufbaueinführung

Die Einführung der neuen Aufbauorganisation im Unternehmen bildet nach der Vorbereitung und Gestaltung die letzte Phase dieses Organisationsprozesses. Sie erfordert einen angemessenen Zeitrahmen, denn neue Aufbausysteme bringen sowohl für die betroffenen Mitarbeiter als auch für das Unternehmen Umstellungsprobleme mit sich.

Es können **Widerstände** auftreten, deren Gründe z. B. in der Furcht vor Neuerungen, persönlichen Problemen, Angst vor dem Versagen und Bequemlichkeit liegen können. Um diese Widerstände möglichst gering zu halten, ist vom Organisator in der Einführungsphase der neuen Aufbauorganisation entsprechend zu disponieren. Die Einführung umfasst:

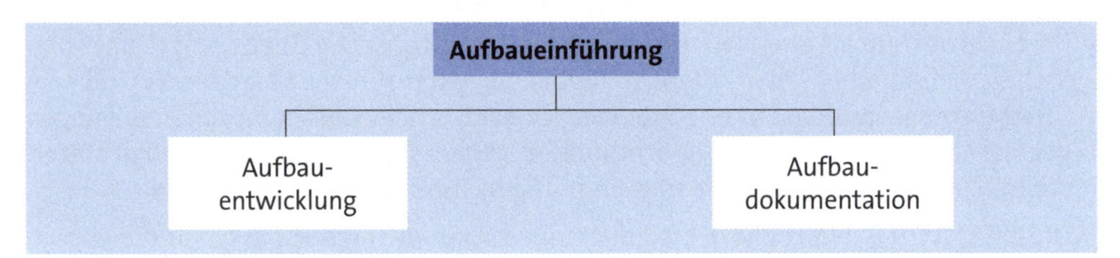

3.1.3.1 Aufbauentwicklung

Die Aufbauentwicklung dient der Einführung der neuen Aufbauorganisation und vollzieht deren kontrollierte Realisierung durch die dafür verantwortlichen Aufgabenträger. Im Rahmen dieses Tätigkeitsfeldes fallen folgende Organisationsaufgaben an:

- Die **Aufbaubegründung**, die sich aus den in der ersten Phase erarbeiteten Ergebnissen der Ist-Aufnahme bzw. Ist-Kritik ergibt und die als Ausgangsbasis für das neue Aufbausystem gesehen werden können. Außerdem sind die Plandaten der Einführungsschritte zu beachten.
- Die **Aufbaupräsentation**, die den Zweck hat, dem Geber des Organisationsauftrags die Inhalte des vorbereiteten Abschlussberichts vorzustellen. Um den Erfolg der Präsentation – z. B. gegenüber der Unternehmensleitung – zu sichern, ist sie intensiv vorzubereiten.

- Die **Aufbaurealisierung**, welche die geplanten Maßnahmen des neuen Aufbausystems im Unternehmen umzusetzen hat. Die verantwortlichen Führungskräfte müssen dafür sorgen, das die Mitarbeiter ausreichend informiert werden und Schulungsmaßnahmen erfolgen.
- Die **Aufbaukontrolle**, die abschließende Informationen über die Effektivität der neuen Aufbauorganisation zu gewinnen hat, z. B. mithilfe von Soll-Ist-Vergleichen. Die Aufbaukontrolle schließt mit dem Abnahmeprotokoll und dem Abschlussbericht ab.

3.1.3.2 Aufbaudokumentation

Die Aufbauorganisation lässt sich mit verschiedenen Inhalten und in verschiedenen Darstellungstechniken dokumentieren. In der betrieblichen Praxis werden vor allem folgende **Arten** der Dokumentation für die Aufbauorganisation eingesetzt:

- Der **Organisationsplan** als grafische Darstellung der Aufbauorganisation, der auch als Organigramm, Organisationsschaubild oder Strukturbild bezeichnet wird.

  Er veranschaulicht das Verteilungssystem der Aufgaben und die Zuordnung von Teilaufgaben auf Stellen. Die hierarchische Ordnung der Stellen und Instanzen bzw. die Instanzenwege von Abteilungen werden offengelegt. Außerdem wird die Organisationsform ersichtlich.
- Die **Stellenbeschreibung** als formularmäßiger Ausweis aller wesentlichen Merkmale einer Stelle. Inhaltlich kann sie die Bezeichnung, Einordnung, Aufgaben, Befugnisse, Verantwortung und Ziele der Stelle umfassen. Häufig enthält sie auch Stellvertreter-Regelungen und Stellenanforderungen.
- Der **Stellenbesetzungsplan** als Ausweis der personalen Besetzung eingerichteter Stellen. In seiner einfachsten Form enthält er nur die Bezeichnungen der Stellen und die Namen der Stelleninhaber. Es können aber weitere Daten hinzukommen, beispielsweise Namen der Stellvertreter, Eintrittsdatum bzw. Dienstalter des Stelleninhabers.
- Das **Funktionendiagramm**, das die Aufgaben und Befugnisse eines Unternehmens mit seinen Stellen verknüpft. Es ist eine matrizenmäßige Darstellung, bei der üblicherweise in den Spalten die Stellen und in den Zeilen die Unternehmensaufgaben ausgewiesen werden. Im Schnittpunkt von Spalten und Zeilen wird die Art der Aufgaben und Befugnisse dargestellt, z. B. mithilfe von Buchstaben (A = Ausführung, E = Entscheidung).

Die Aufbauorganisation eines Unternehmens unterliegt längerfristig einem ständigen Wandel.

3.2 Prozessorganisation

Die Prozessorganisation beschäftigt sich mit der Strukturierung der betrieblichen Arbeitsabläufe. Geschieht eine Gestaltung der Abläufe unter Einsatz der EDV, wird häufig von **EDV-Organisation, DV-Organisation** oder **Software-Organisation** gesprochen.

Im Rahmen der Prozessorganisation spielen außer den Tätigkeiten vor allem die Zeit, die Mittel und der Raum eine hervortretende Rolle. **Ziele** der Prozessorganisation sind:

- Arbeitsdurchführung mit möglichst geringem Aufwand
- Optimierung der Durchlaufzeiten aller Abläufe
- Maximierung der Kapazitätsausnutzung
- Minimierung der Zahl der Bearbeitungsfehler
- termingerechte Arbeitsausführung
- Benutzerfreundlichkeit.

Die Prozessorganisation hat sich in jüngerer Zeit aus der **Ablauforganisation** weiterentwickelt. Sie stellt eine ablauforientierte Organisationsgestaltung dar, in der die Stellen- und Abteilungsbildung unter spezifischer Berücksichtigung der Prozesse konzipiert werden. Die Prozessgestaltung wird dabei vor die Aufbauorganisation gestellt (*Gaitanides, Olfert*).

Die Prozessorganisation wird auch mit dem Begriff des **Business Reengineering** verbunden, der als fundamentales Überdenken und radikales Redesign von Unternehmen und von Kernprozessen gesehen wird (*Hammer/Champy*). Es handelt sich dabei um eine grundlegende und kompromisslose Erneuerung der Strukturen des Unternehmens mit dem Ziel, kundenorientierte **Geschäftsprozesse** zu gestalten.

Die Prozessorganisation lässt sich gliedern in – siehe ausführlich *Olfert, Olfert/Rahn*:

- **Prozessvorbereitung**
- **Prozessgestaltung**
- **Prozesseinführung**.

Ein **Prozess** ist eine Kette zwangsläufig aufeinander aufbauender Vorgänge, die einen definierten Beginn und ein definiertes Ende haben.

3.2.1 Prozessvorbereitung

Die Prozessvorbereitung besteht aus der Prozessanalyse und der Prozessplanung.

Die **Prozessanalyse** erfolgt aufgrund eines Organisationsauftrages. Sie umfasst die Analyse und Kritik eines Systems. Dabei bezieht sie sich auf die bestehende Prozessstruktur, welche durch einen zu gestaltenden Prozess abgelöst werden soll. Hinsichtlich der **Prozessanalyse** sind zu unterscheiden:

- Die **Ist-Analyse** mit umfassenden Informationen über den gegebenen Arbeitsprozess, welche durch den Organisator zu ermitteln sind, mithilfe von:
  - Interview
  - Fragebogen
  - Dauerbeobachtung
  - Multimomentaufnahme
  - Selbstaufschreibung
  - Dokumentationsauswertung
  - Experiment
  - Konferenz.
- Die **Ist-Kritik** geht von den Ergebnissen der Ist-Aufnahme aus und ist beispielsweise als Wirtschaftlichkeitsanalyse denkbar. Das **Benchmarking** ist die systematische Nutzung von Daten anderer Unternehmen zwecks Vergleich mit eigenen Daten (*Weis*).

Die **Prozessplanung**, die der Prozessanalyse folgt, besteht aus der **Zielplanung** (aus den Organisationszielen) und der **Konzeptplanung** (u. a. personelle und örtliche Aspekte). Die Ergebnisse der Prozessplanung werden in einem prozessorganisatorischen Plan festgehalten.

3.2.2 Prozessgestaltung

Die Prozessgestaltung kann grundsätzlich in zwei **Schritten** durchgeführt werden:

- Zunächst erfolgt die **Groborganisation**. Dabei sind alle für einen neu zu gestaltenden Prozess in Betracht kommenden Alternativen zu ermitteln. Es empfiehlt sich, sowohl manuelle als auch EDV-orientierte Lösungsansätze einzubeziehen.

  Aus den ermittelten Prozessalternativen sind eine oder mehrere Lösungen auszuwählen. Die ausgewählte Alternative ist daraufhin so auszuarbeiten, dass sie dem Entscheidungsträger als Soll-Vorschlag vorgelegt werden kann.
- Bei der **Detailorganisation** werden ein einführungsreifer Prozessentwurf bzw. ausführungsreife Programmvorgaben (EDV) entwickelt. Eine detaillierte Prozessgestaltung umfasst (*Kosiol*):
  - Die **Arbeitsanalyse** als erfüllungsbezogene Untergliederung der durch die Analyse der Gesamtaufgabe gewonnenen Teilaufgaben. Inhaltsmäßig beginnt sie in der Regel dort, wo die Aufgabenanalyse aufhört.
  - Die Arbeitsanalyse ist die Verlängerung der Aufgabenanalyse. Sie kann nach den Kriterien Verrichtung, Objekt, Rang, Phase und Zweckbeziehung erfolgen.
  - Die **Arbeitssynthese** als Gestaltung des Arbeitsablaufs im Detail. Die mit der Arbeitsanalyse ermittelten Elementaraufgaben werden zu Arbeitsgängen vereinigt. Die Reihenfolge der Arbeitsgänge ist so festzulegen, dass der Arbeits- und Datenfluss optimal ist. Jeder Arbeitsgang ist einem geeigneten Arbeitsträger zuzuordnen. Die Folge der Arbeitsgänge muss zeitlich geplant werden.

Die Prozessgestaltung zielt darauf ab, die organisatorische Durchführung möglichst kostengünstig und Nutzen bringend zu vollziehen. In hierarchischer Sicht sind folgende **Gestaltungsformen** der Prozessorganisation zu unterscheiden, die als Geschäftsprozesse jeweils eine Kette aufeinander folgender Schritte mit definiertem Anfang und definiertem Ende darstellen (vgl. ausführlich *Olfert, Olfert/Rahn*):

- Die **Einzelprozessorganisation** als Gestaltung der von einem einzelnen Mitarbeiter an einer Stelle zu verrichtenden Arbeitsvorgänge und Arbeitsfestlegungen. Die detaillierte Arbeitsganggestaltung folgt dem gleichen analytisch-synthetischen Konzept, wie es oben dargestellt wurde.
- Die **Gruppenprozessorganisation** als Gestaltung der auf **Teams** bezogenen Prozesse. Sie betreffen einzelne Arbeitsgruppen innerhalb der Bereiche des Unternehmens, z. B. Prozesse, die Material-, Produktions-, Marketinggruppen bzw. Gruppen des Finanz-, Personal-, Informations- und Rechnungswesens betreffen.
- Die **Bereichsprozessorganisation** als Gestaltung von auf Abteilungen ausgerichteter Geschäftsprozesse, z. B. Material-, Produktions-, Marketing-, Personal-, Finanz-, Informationsbereichs- und Rechnungswesenprozesse. Mit zunehmender Hierarchie werden die Geschäftsprozesse immer umfassender und schwieriger zu überschauen.
- Die **Gesamtprozessorganisation** als der Gestaltung von Prozessen, die das gesamte Unternehmen und dessen Umfeld betreffen. Hier geht es nicht nur um interne Unternehmensprozesse, sondern auch um Prozesse zum Güter-, Kapital-, Arbeits-, Informations- und Absatzmarkt hin.

Nach der Phase der Prozessgestaltung endet der Ablauf der Prozessorganisation mit der Einführung des neuen Prozesssystems.

3.2.3 Prozesseinführung

Die Einführung der neuen Prozessorganisation bildet die letzte Phase dieses Organisationsprozesses. Die für die Abwicklung der **Geschäftsprozesse** Verantwortlichen haben vor allem darauf zu achten, dass für die Einführung ein geeigneter Zeitrahmen ausgewählt wird, denn neue Ablaufsysteme bringen für die Betroffenen Umstellungsprobleme mit sich z. B. Angst vor Neuregelungen, Furcht vor Versagen.

Die Prozesseinführung umfasst:

- Die **Prozessbegründung**, welche auf den Ergebnissen der Ist-Aufnahme bzw. der Ist-Kritik im Rahmen der Prozessvorbereitung basieren. Darüber hinaus sind die gegebenen Soll-Werte der Zielplanung und Konzeptplanung offen zu legen (S. 163).
- Die **Prozesspräsentation**, welche dazu dient, dem Geber des Organisationsauftrags die Inhalte des vorbereiteten Abschlussberichts vorzustellen. Die Präsentation ist gut vorzubereiten, um ihren Erfolg z. B. gegenüber der Unternehmensleitung abzusichern.

- Die **Prozessrealisation**, welche die geplanten Maßnahmen des neuen Prozesssystems im Unternehmen umzusetzen hat. Den Betroffenen sind Hilfestellungen bzw. die nötigen Mittel zugeben und es sollten Schulungsmaßnahmen erfolgen.
- Die **Prozesskontrolle**, welche sowohl prozessbegleitende als auch abschließende Informationen über die neue Prozessorganisation zu gewinnen hat, z. B. durch Soll-Ist-Vergleiche. Diese Kontrolle schließt mit dem Abnahmeprotokoll und dem Abschlussbericht ab.
- Die **Prozessdokumentation**, welche als schriftliche Ordnung von Daten ein Teil der Organisationsdokumentation ist, z. B. Entscheidungstabellen, Prozessdiagramme, Blockschaltbilder, Datenflusspläne und Programmablaufpläne.

Die neue Prozessorganisation kann den Führungskräften und Mitarbeitern auch im Rahmen der Darstellung von Organisationsrichtlinien bzw. in einem **Organisationshandbuch** vorgestellt werden.

3.3 Projektorganisation

Ein **Projekt** ist ein einmaliges Vorhaben einer Aufgabenausführung. Unter Projektorganisation lässt sich die Strukturierung von Systemen als Einzelvorhaben mit hohem Schwierigkeitsgrad und mit Risikobeziehung verstehen. Sie kann als Zustand und als Tätigkeit angesehen werden.

Die Projektorganisation wird vom **Projektmanagement** vorgenommen, das entsprechende Projektentscheidungen zu treffen hat, welche auf Projektziele ausgerichtet sind – siehe ausführlich *Olfert*.

Beispiele

Projekte können

große Bauvorhaben, Errichtung eines Werkes, Abwicklung einer Fusion, Einführung der gleitenden Arbeitszeit, Umweltschutzvorhaben, Verlagerung der Leistungserstellung ins Ausland, Einführung eines neuen EDV-Systems sein.

Im Hinblick auf die Projektorganisation sind zu betrachten:

- **Projektprozess**
- **Projektleiter**
- **Projektgruppe**.

Der Bedarf an Experten der Projektorganisation ist umso größer, je größer und neuartiger das jeweilige Projekt ist und je komplizierter die Projektprozesse anfallen.

3.3.1 Projektprozess

Der Prozess der Projektorganisation besteht aus folgenden **Phasen**:

- Der **Projektvorbereitung**, die aus der Problemermittlung, Problemanalyse und der Projektplanung besteht. Letztere orientiert sich an den Organisationszielen. Sie legen fest, was von der Organisation erreicht oder bewirkt werden soll. Zu diesen Zielen zählen die Kostenminderung, die Anwendung effizienter Techniken und die Humanisierung der Arbeitswelt.

  In der Projektplanung wird überlegt, auf welchen Wegen die Ziele schrittweise zu erreichen sind.

- Der **Projektgestaltung**, die sich an die Phase der Projektvorbereitung anschließt. *Burghardt* geht im Rahmen des Produkt-Projektprozesses von folgenden **Projektarten** aus, die zu realisieren sind:
  - Forschungsprojekte, beispielsweise die Gestaltung von Robotersystemen
  - Entwicklungsprojekte, beispielsweise die Entwicklung von Software
  - Rationalisierungsprojekte, die Kosteneinsparungen zum Ziel haben
  - Projektierungsprojekte, die der kundenspezifischen Anpassung dienen
  - Vertriebsprojekte, die sich auf Großkunden beziehen
  - Betreuungsprojekte, beispielsweise Wartungs- und Pflegeprojekte.
- Die **Projektkontrolle** schließt die Projektgestaltung ab. Sie hat zu prüfen, ob die gesetzten Ziele erreicht worden sind. Damit wird nach Abschluss der Durchführung von Projekten die Effizienz der Projekte festgestellt. Zweck der Projektkontrolle ist es, die Übereinstimmung von Plan und Wirklichkeit zu sichern.
- Die **Projekteinführung**, welche die Bewährungsprobe für das Projekt darstellt. Nach der Lösungseinführung fallen bestimmte Abschlussarbeiten an, z. B. die Projektnachweise und die Projektauflösung.

Die Projektorganisation kann durch einzelne Mitarbeiter oder Mitarbeitergruppen erfolgen, die für das Einzelprojekt festzulegen sind.

3.3.2 Projektgruppe

Die Projektgruppe ist eine Personenmehrheit, die gemeinsam und überwiegend hauptamtlich eine Projektlösung erarbeitet. Im Regelfall ist ein Projekt zeitlich begrenzt. Die Mitarbeiter einer Projektgruppe sind meistens vollzeitlich tätig. Arbeiten die Mitarbeiter nebenamtlich und teilzeitlich in der Projektorganisation, so wird von einem **Ausschuss** oder **Kollegium** gesprochen.

Aus der Arbeit von Projektgruppen resultiert eine Reihe von **Vorteilen**:

- Für das Projekt ergibt sich eine gemeinsame Verantwortung.
- Die Koordination einer Projektgruppe ist relativ einfach.

- Es können Spezialisten bzw. auch Unternehmensberater aufgenommen werden.
- Das Risiko der Gruppenlösung ist üblicherweise geringer.
- Der Einbezug verschiedener Fachbereiche und Hierarchiestufen ist förderlich.

Bei der Arbeit mit Projektgruppen können aber auch **Nachteile** auftreten:

- In größeren Gruppen kann die Kommunikation zeitaufwändig werden.
- Es besteht die Gefahr der Bürokratisierung der Projektgruppenarbeit.
- Eine Übereinstimmung der Willensbildung ist oft schwierig oder nicht erreichbar.
- Mögliche Nachteile bei der weiteren Berufslaufbahn erschweren die Gewinnung geeigneter Mitarbeiter.

3.3.3 Projektleiter

Der Projektleiter führt die Projektgruppe, d. h. er plant, steuert und überwacht die Projektgruppe und die Projektarbeiten in

- sachlicher Sicht
- personeller Sicht
- terminlicher Sicht
- budgetmäßiger Sicht

und trägt die Verantwortung für die Erfüllung der Projektaufgaben. Der Projektleiter muss persönlich für die Folgen der von ihm ausgelösten Handlungen und Entscheidungen einstehen. Er hat im Rahmen der Einheitlichkeit von Aufgabe, Verantwortung und Kompetenz folgende **Verantwortung** zu übernehmen:

- Ergebnisverantwortung für die gesamte Systemlösung
- Sachmittelverantwortung für die Projektmittel
- Personalverantwortung für den qualitativen und quantitativen Personaleinsatz
- Terminverantwortung für die Einhaltung der Zeitvorgabe
- Budgetverantwortung für die Einhaltung der Kostenvorgabe.

Aufgabe 25 > Seite 542

3.4 Organisationsentwicklung

Die Organisationsentwicklung ist ein längerfristig angelegter, umfassender Prozess von Veränderungen der Unternehmen als Organisationen und der in ihnen tätigen Menschen (*Bea/Göbel, Olfert, Olfert/Rahn, Vahs*). Die Unternehmen unterliegen einem ständigen **Wandel**, der als kontinuierlicher Prozess zu verstehen ist.

Erfolgreiche Unternehmen benötigen zielgerichtete und systematische **Gestaltungsmaßnahmen**, die als geplanter organisatorischer Wandel bezeichnet werden (*Thommen/Achleitner*). Hinsichtlich der Gestaltung sind zu unterscheiden:

- **Business Reengineering**
- **Wertschöpfungskette.**

3.4.1 Business Reengineering

Dieses Konzept umfasst das fundamentale Überdenken und radikales Redesign von Unternehmen oder wesentlichen Unternehmensprozessen. Das Ergebnis besteht in außerordentlichen Verbesserungen in entscheidenden, heute bedeutsamen und messbaren Leistungsgrößen in den Bereichen Kosten, Qualität, Service und Zeit (*Hammer/Champy*).

Es handelt sich dabei um eine grundlegende und kompromisslose Konzeption zur Erneuerung der Strukturen des Unternehmens mit dem vorrangigen Ziel, kundenorientierte **Geschäftsprozesse** effektiver zu gestalten. Die hohe wirtschaftliche Dynamik und der am Markt steigende Wettbewerbsdruck zwingen das **Management** dazu, sich verstärkt mit diesen Prozessen auseinander zu setzen (*Olfert*).

Die hier vorrangig zu betrachtenden **Unternehmensprozesse** bestehen aus der bereichsübergreifenden Verkettung wertschöpfender Aktivitäten, welche die vom Kunden erwarteteten Leistungen erzeugen. Die dazu nötigen Führungsaufgaben werden von den für die Abwicklung der Geschäftsprozesse Verantwortlichen in Führungsprozessen wahrgenommen (*Rahn*).

Dabei ist die **Wertschöpfung** sowohl ein betrieblicher Prozess der Entstehung von Werten als auch das Ergebnis dieses Prozesses. Es sind zu unterscheiden (*Boos/Heitger, Ziegenbein*):

- Die **güterbezogene Wertschöpfung**, die der vom Unternehmen erbrachten Eigenleistung entspricht, dem Mehrwert. Sie stellt die Differenz zwischen der Gesamtleistung des Unternehmens (z. B. Umsatzerträge) und den Vorleistungen als Wert der von außen bezogenen Güter und Dienstleistungen dar, z. B. Fremdbezüge einschließlich der Abschreibungen.
- Die **geldbezogene Wertschöpfung**, die dem Einkommen der Beteiligten am Wertschöpfungsprozess entspricht, z. B. die Wertschöpfungsanteile für die Belegschaft

(Löhne, Gehälter), die Gläubiger (Zinsen), die Eigentümer (Gewinn, Dividende), für das Unternehmen (Rücklagen) und den Staat (Steuern).

Im Unternehmen entstehen durch die betrieblichen Aktivitäten **wertschöpfende Prozesse**, die z. B. von der Eingangslogistik ausgehen, sich über die Produktion fortsetzen und bei der Ausgangslogistik bzw. dem Kundendienst enden.

3.4.2 Wertschöpfungskette

Unter einer Wertschöpfungskette bzw. **Wertkette** ist die Gestaltung und Verknüpfung wertschöpfender Prozesse zu verstehen, und zwar aus der Sicht der Kunden (*Ziegenbein*). Dabei gibt es:

- primäre Aktivitäten, z. B. entwickeln, produzieren, absetzen und Logistik
- unterstützende Aktivitäten, z. B. managen, beschaffen, finanzieren und verwalten.

Nach *Porter* entsteht eine **Wertschöpfungskette**, wenn alle primären und sekundären Aktivitäten der Wertschöpfung von der ursprünglichen Beschaffungsquelle bis zu den an den Endabnehmer ausgelieferten Produkte und Dienstleistungen aneinander gereiht werden (*Porter, Olfert, Rahn, Töpfer*):

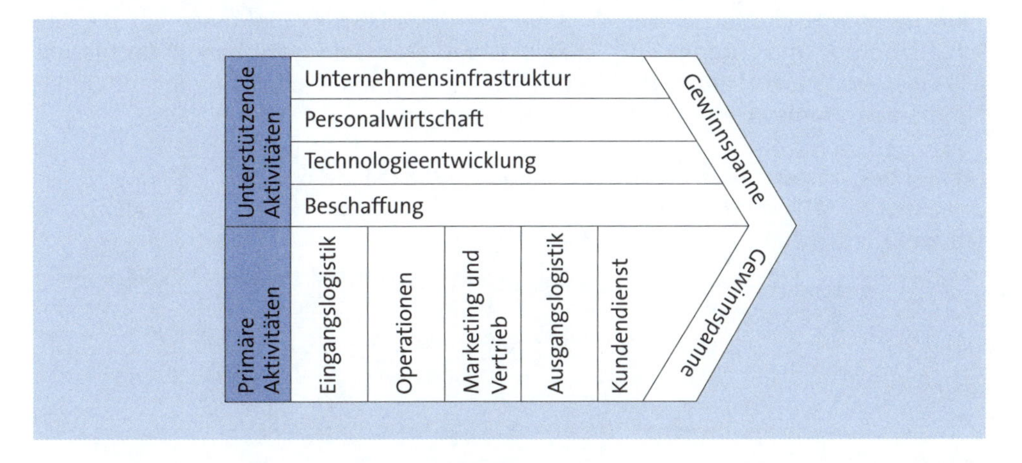

Das Unternehmen nutzt die **Eingangslogistik** (u. a. Warenempfang, Lagerung) zur Produktion wettbewerbsfähiger Produkte (Operationen zur Leistungserstellung) und richtet sie am Kundenbedarf bzw. auf die Gegebenheiten am Absatzmarkt aus (Marketing und Vertrieb).

Die **Ausgangslogistik** (z. B. Lagerung und Auslieferung von Fertigprodukten, Auftragsabwickung) arbeitet mit dem Marketing und den Servicefunktionen zusammen, um im Rahmen dieser Primäraktivitäten zum Unternehmensgewinn (Umsatz – Kosten) beizutragen.

Als **Unterstützungsaktivitäten** sieht *Porter* die Beschaffung, Technologieentwicklung, Personalwirtschaft und die Unternehmensinfrastruktur, z. B. Finanz- und Rechnungswesen, Rechtswesen, Öffentlichkeitsarbeit und die Geschäftsführung.

Die Gestaltung und Steuerung von Wertschöpfungsketten obliegt dem **Supply Chain Management** (SCM), das dabei vom Logistikcontrolling bzw. vom Supply Chain Controlling unterstützt wird. Das SCM betrifft den computergestützten Aufbau und die Verwaltung integrierter Logistikketten über den gesamten Prozess der Wertschöpfung hinweg, z. B. von der Rohstoffgewinnung über die Produktveredlung bis zum Absatz (*Arndt, Werner*).

Aufgabe 26 > Seite 543

4. Zusammenschlüsse

Viele Unternehmen können ihre langfristigen Ziele besser erreichen, wenn sie mit anderen Unternehmen zusammenarbeiten. Ein Unternehmenszusammenschluss ist eine Verbindung von bisher rechtlich und wirtschaftlich selbstständigen Unternehmen zu größeren **Wirtschaftseinheiten**.

Wird unter wirtschaftlicher Selbstständigkeit das Maß des Einflusses auf die Geschäftsführung und unter rechtlicher Selbstständigkeit die Eigenschaft als Rechtssubjekt einer juristischen Person verstanden, können – stark vereinfacht – folgende Unternehmenszusammenschlüsse unterschieden werden:

<table>
<tr><th>Art des Zusammenschlusses</th><th>Zusammenschluss Beispiele</th><th>Rechtliche Selbstständigkeit</th><th colspan="2">Wirtschaftliche Selbstständigkeit</th><th>Art der Verbindung</th></tr>
<tr><td>Bestimmte Kartelle</td><td>„Frühstückskartell“</td><td rowspan="3">bleibt voll erhalten</td><td rowspan="3">großer Teil erhalten</td><td rowspan="3">kleiner Teil verloren</td><td rowspan="4">Kooperation</td></tr>
<tr><td>Arbeitsgemeinschaft</td><td>Bauprojekt</td></tr>
<tr><td>Konsortium</td><td>Bankenkonsortium</td></tr>
<tr><td>Interessengemeinschaft (i. e. S.)</td><td>Gewinngemeinschaft</td><td>voll erhalten</td><td>Teil erhalten</td><td>großer Teil verloren</td></tr>
<tr><td>Konzern</td><td>Mutter-Tochter-Gesellschaft</td><td>voll erhalten</td><td colspan="2">voll verloren</td><td rowspan="2">Konzentration</td></tr>
<tr><td>Fusioniertes Unternehmen</td><td>Zusammenschluss selbstständiger Unternehmen</td><td>voll verloren</td><td colspan="2">voll verloren</td></tr>
</table>

Unter **Kooperation** ist zu verstehen, dass die zusammengeschlossenen Unternehmen selbstständig bleiben, aber einen mehr oder weniger großen Teil ihrer wirtschaftlichen

Selbstständigkeit aufgeben. Bei der **Konzentration** verlieren die zusammengeschlossenen Unternehmen ihre wirtschaftliche Selbstständigkeit und/oder ihre rechtliche Selbstständigkeit. Im Fall einer Konzentration wird von einem Konzern oder einer Fusion gesprochen.

Mit Zusammenschlüssen verbundene **Ziele** sind beispielsweise:

- Steigerung der Wirtschaftlichkeit durch Rationalisierung
- bessere Ausnutzung von Beschaffungsmöglichkeiten
- bessere Auslastung der Kapazitäten
- Verbesserung der Absatzmöglichkeiten
- Verringerung unternehmerischer Risiken
- bessere Finanzierbarkeit von Großprojekten
- Verbesserung der Forschungs- und Entwicklungsmöglichkeiten
- Verbesserung des Images bzw. der Verhandlungsmacht.

Vorteile der Zusammenschlüsse können sein:

- Preissenkungen wegen geringerer Kosten
- verbesserte Verbraucherversorgung bei Leistungssteigerungen
- größere Markttransparenz durch bereinigte Leistungsprogramme
- Existenzsicherung gefährdeter Unternehmen
- Förderung der außenwirtschaftlichen Wettbewerbsfähigkeit.

Zusammenschlüsse können aber auch zu **Nachteilen** führen:

- überhöhte Preise durch Absprachen
- steigende Preise durch unwirtschaftliche Leistungserstellung
- Hemmung des technischen Fortschritts
- Beschränkung des Angebots an Leistungen
- verstärkte Arbeitslosigkeit durch Rationalisierung.

Nach dem Art. 81 des EG-Vertrages sind allen Unternehmen der Mitgliedstaaten Vereinbarungen verboten, die dem **Wettbewerb** schaden. Es dürfen keine Absprachen getroffen werden, durch die der Wettbewerb innerhalb des Gemeinsamen Marktes beeinträchtigt, verhindert, eingeschränkt oder verfälscht wird. Auch die Ausnutzung einer marktbeherrschenden Stellung ist nicht erlaubt (Art. 82 EG-Vertrag).

Als Zusammenschlüsse sollen unterschieden werden:

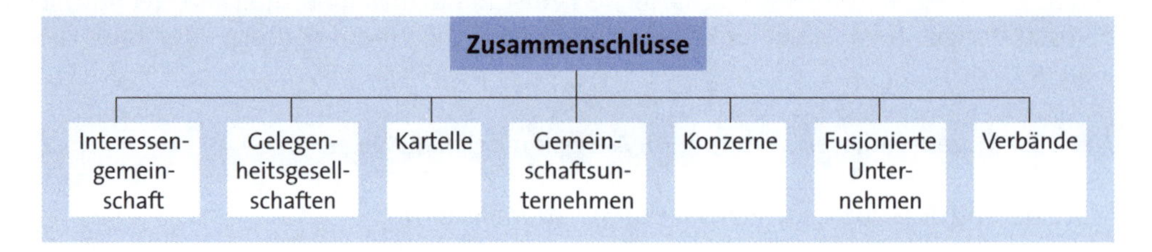

4.1 Interessengemeinschaften

Interessengemeinschaften können begrifflich unterschiedlich weit gefasst werden:

- Im **weiteren Sinne** sind Interessengemeinschaften vertragliche Verbindungen von mehreren Personen zur Erreichung eines gemeinsamen Ziels. Danach ist jede Interessengemeinschaft eine GdbR.

  Die Interessengemeinschaften entstehen meist durch die **horizontale** Zusammenfassung von Unternehmen auf vertraglicher Basis, die rechtlich selbstständig bleiben. Sie können beispielsweise dem gemeinsamen Einkauf, der gemeinsamen Forschung und Entwicklung, der gemeinsamen Fertigung oder dem gemeinsamen Absatz dienen.

- In **engerem Sinne** können Interessengemeinschaften als Gewinn- und Verlustgemeinschaften gebildet werden, d. h. die Gewinne fließen in eine gemeinsame Kasse und werden nach einem bestimmten Schlüssel auf die Unternehmen verteilt. Das setzt entsprechende gesellschaftsvertragliche Vereinbarungen voraus.

  Die in der Interessengemeinschaft zusammengeschlossenen Unternehmen erhoffen sich durch den Zusammenschluss einen höheren Erfolg als sie ihn allein erzielen würden.

4.2 Gelegenheitsgesellschaften

In Gelegenheitsgesellschaften schließen sich rechtlich und meistens auch wirtschaftlich selbstständige Unternehmen zur Durchführung von Einzelgeschäften auf gemeinsame Rechnung – meist in der Rechtsform der **GdbR** – mit dem Ziel zusammen, eine bestimmte Aufgabe zu lösen.

Als Gelegenheitsgesellschaften sind zu unterscheiden:

- **Arbeitsgemeinschaften**, die sich vor allem bei der Errichtung größerer Projekte im Bau- und Industriebereich sowie zur Durchführung größerer Forschungs- und Entwicklungsprojekte finden.
- **Konsortien**, die vielfach Bankenkonsortien sind. Sie übernehmen und verkaufen Wertpapiere als Emissionskonsortien, gewähren aber auch Kredite größeren Umfanges, beispielsweise im Außenhandel in Form von Kreditkonsortien.

Mit dem Zusammenschluss der Konsorten geht ein kleiner Teil der wirtschaftlichen Selbstständigkeit der einzelnen Bank verloren, da Absprachen erfolgen, die für alle Beteiligten Gültigkeit haben.

In den meisten Fällen tritt ein Konsortium nach außen auf. Der von den beteiligten Banken bestellte Konsortialführer vertritt das Konsortium gegenüber Dritten. Er führt das Konsortialkonto und verteilt das Konsortialergebnis nach dem Vertrag, der die Rechte und Pflichten der Konsorten regelt.

Aufgabe 27 > Seite 544

4.3 Kartelle

Kartelle sind vertragliche Zusammenschlüsse von Unternehmen, die ihre kapitalmäßige und rechtliche Selbstständigkeit erhalten. Die wirtschaftliche Selbstständigkeit wird allerdings durch den Gegenstand des Kartells eingeschränkt.

Das Hauptziel von Kartellen besteht in der **Marktbeherrschung** durch die Beseitigung oder zumindest Beschränkung des Wettbewerbs (*Hefermehl/Köhler/Bornkamm, Herdegen, Streinz*). Die Kartellabsprachen können relativ weitreichend sein. Sie beziehen sich beispielsweise auf:

- Absatz- und Geschäftsbedingungen
- Festsetzung der Absatzpreise
- Einzelheiten zur Produktion
- Forschung und Entwicklung.

Zwischen den Kartellmitgliedern wird ein **Kartellvertrag** geschlossen, durch den eine nach außen weniger in Erscheinung tretende Vereinigung, z. B. ein Kartell **niedriger Ordnung** in der Rechtsform der Gesellschaft des bürgerlichen Rechts entstehen kann. In vielen Fällen wird aber die Unternehmensleitung auf einen eigenen Rechtsträger ausgegliedert, beispielsweise auf eine GmbH. Damit entsteht ein Kartell **höherer Ordnung**.

In der betrieblichen Praxis können z. B. folgende **Kartellarten** unterschieden werden (*Hopfenbeck, Jung, Wöhe/Döring*):

- Die **Konditionenkartelle**, die sich auf die Vereinheitlichung der geschäftlichen Nebenbedingungen richten, keinesfalls aber auf Preisabsprachen, die dem Wettbewerb nicht dienen.
- Die **Produktionskartelle**, die z. B. aus Gründen der Rationalisierung bzw. zur Normung/Typung nur produktionstechnische Vereinbarungen treffen, die aber auch Wettbewerbsbeschränkungen mit sich bringen können. Hierzu zählen auch **Spezia-**

lisierungskartelle, welche durch die Produktionsaufteilung den bestehenden Wettbewerb unterbinden.

- Die **Absatzkartelle** oder die **Beschaffungskartelle**, wenn das Absatz- oder Beschaffungsgebiet von den Mitgliedern des Kartells räumlich aufgeteilt wird, z. B. bei einem **Gebietskartell**.
- Das **Syndikat**, das als straffste Kartellform gilt, die meistens den Wettbewerb beschränkt. Zwar bringt es in der Regel Kosteneinsparungen mit sich und führt gegenüber den Abnehmern und der Konkurrenz zu einer starken Machtposition.
- Die **Preiskartelle**, die einen Einheits-, Mindest- oder Höchstpreis sowie zugebörige Produktions- oder Beschaffungsquoten festlegen bzw. **Gewinnverteilungskartelle**, bei denen zwischen den Beteiligten ein Gewinnausgleich geregelt wird. Beide sind **verboten**.

Da die Kartellabsprachen in der Regel den Wettbewerb zwischen den Unternehmen einschränken, widersprechen sie den wirtschaftspolitischen Zielsetzungen der Marktwirtschaft. Deshalb sind **ordnungspolitische Regelungen** nötig, wobei folgende Problemkreise zu unterscheiden sind:

- **Kartellrecht**
- **Kartellverbot**
- **Bußgeldrahmen**
- **Kartellbehörden.**

4.3.1 Kartellrecht

Die in Deutschland früher geltenden Gesetze gegen den unlauteren Wettbewerb (UWG) und das Gesetz gegen Wettbewerbsbeschränkungen (GWB) wurden durch ihre Neufassung 2005 an **europäische Gegebenheiten** angepasst.

Nach § 1 GWB sind Vereinbarungen zwischen Unternehmen **verboten**, die eine Verhinderung, Einschränkung oder Verfälschung des Wettbewerbs bezwecken oder bewirken.

Das System der früheren Anmeldung von Kartellabsprachen beim Kartellamt wird als **„Administrativfreistellung“** bezeichnet. Diese Regelungen sind im Rahmen der 7. Novelle des Gesetzes gegen Wettbewerbsbeschränkungen (GWB) von 2005 durch eine Freistellung unmittelbar außer kraft Gesetzes gesetzt worden.

Die nun gültige „**Legalausnahme**“ ersetzt die bisherige Abministrativfreistellung, d. h. die an einem Kartell beteiligten Unternehmen müssen nun **eigenverantwortlich** beurteilen, ob ihr Verhalten kartellrechtlich zulässig ist.

Die in Deutschland früher gegebene Unterscheidung in verbotene „Horizontalvereinbarungen“ (Absprachen zwischen Wettbewerbern am Markt) und grundsätzlich zulässigen „Vertikalvereinbarungen“ (Absprachen im Kunden-Lieferanten-Verhältnis) ist damit abgeschafft worden.

4.3.2 Kartellverbot

Das **Kartellverbot** gilt umfassend für alle Vereinbarungen zwischen Unternehmen, Beschlüsse von Unternehmensvereinigungen sowie aufeinander abgestimmte Verhaltensweisen (§ 2 GWB). Von diesem Verbot bestehen unter bestimmten Voraussetzungen **Ausnahmen**, denn vom Kartellverbot sind folgende Wirtschaftsbereiche befreit (§ 28, 30 GWB):

- Sonderegelungen für die **Landwirtschaft**, z. B. Vereinbarungen von Erzeugerbetrieben über die Erzeugung oder den Absatz landwirtschaftlicher Erzeugnisse
- die Preisbindung bei Druckerzeugnissen, z. B. bei Zeitungen und Zeitschriften.

Außerdem sind nach § 2 GWB bestimmte Vereinbarungen zwischen Unternehmen vom Kartellverbot des § 1 GWB **freigestellt**, wenn:

- die Verbraucher unter angemessenen Bedingungen an dem entstehenden **Gewinn beteiligt** werden
- die Kartellvereinbarung zur **Verbesserung der Warenerzeugung** oder Warenverteilung beitragen
- die Kartelle einen Beitrag zur Förderung des technischen oder wirtschaftlichen **Fortschritts** bringen.

Den am Kartell beteiligten Unternehmen dürfen **keine zusätzlichen Beschränkungen** auferlegt werden, die mit der Verwirklichung der obigen Ziele nichts zu tun haben. Es darf ihnen nicht die Möglichkeit eröffnet werden, für einen wesentlichen Teil der betreffenden Waren, den **Wettbewerb** auszuschalten. Hinsichtlich der Anwendung der Kartellregelungen gelten die Verordnungen des Rates oder der **Kommission der Europäischen Gemeinschaft** über die Anwendung von Art. 81 Abs. 3 des EG-Vertrages.

Nach § 3 GWB sind unter bestimmten Bedingungen auch **Mittelstandskartelle** zulässig, wenn die Kartellvereinbarung oder der Beschluss dazu dient, die Wettbewerbsfähigkeit von kleinen oder mittleren Unternehmen zu verbessern.

4.3.3 Bußgeldrahmen

Hinsichtlich der Höhe der Geldbußen bei Verstößen gegen die Kartellrechtsregelungen sind mit der 7. Novelle des Gesetzes gegen Wettbewerbsbeschränkungen (GWB) verschärfte Regelungen geschaffen worden (§ 81 GWB).

- Nach der **früheren Rechtslage** konnten bei Verstößen gegen das Kartellrecht Geldbußen bis zu 500.000 € oder bis zur „dreifachen Höhe des durch die Zuwiderhandlung erlangten Mehrerlöses" verhängt werden. Dabei war insbesondere die Berechnung des Mehrerlöses mit erheblichen Unsicherheiten belastet.
- Mit der **neuen Rechtslage** wird durch die Anpassung an das europäische Recht der Bußgeldrahmen für Verstöße gegen das Kartellrecht verschärft, denn künftig können Geldbußen bis zu 1 Million € oder in Höhe von bis zu 10 % des im Vorjahr erzielten Gesamtumsatzes verhängt werden (§ 81 GWB Abs. 4).

Durch die neue Rechtslage ist damit zu rechnen, dass durch die Verschärfung der Kartellregelungen die vom Bundeskartellamt verhängten Bußgelder insgesamt höher als bisher ausfallen werden.

4.3.4 Kartellbehörden

Die Anwendung des neuen Kartellrechts ergibt sich aus den Inhalten der Verordnungen des Rates oder der **Kommission der EG** über die Anwendung von Art. 81 Abs. 3 des EG-Vertrages. Durch die Anpassung des UWG bzw. des GWB an die europäischen Gegebenheiten sind die Befugnisse des deutschen **Bundeskartellamts** und der **Landeskartellbehörden** erheblich erweitert worden (§§ 32 ff., 35 ff., 48 ff., 51 ff. GWB):

- Die deutschen **Kartellbehörden** können nicht nur bestimmte Verhaltensweisen von Kartellpartnern verbieten, sondern auch ein bestimmtes Verhalten positiv **anordnen**. Außerdem können Verpflichtungszusagen angenommen und für bindend erklärt werden sowie Verstöße gegen das Kartellrecht bei berechtigtem Interesse **nachträglich** festgestellt werden.
- Die Kartellbehörden müssen sich nicht auf die Analyse von Einzelfällen beschränken, sondern können einen bestimmten **Wirtschaftszweig** insgesamt oder einen bestimmten Kartelltyp sektorenübergreifend untersuchen.
- Irgendwelche **Beschwerden** von Kartellpartnern gegen Verfügungen einer Kartellbehörde haben keine aufschiebende Wirkung, sofern es sich um Verfügungen wegen verbotener Absprachen handelt.
- Die Möglichkeiten von **Vorteilsabschöpfungen** durch die Kartellbehörden wurden erheblich ausgeweitet. Die früher geltende Regelung, dass nur der Mehrerlös von Zuwiderhandlungen gegen Verfügungen der Kartellbehörden abgeschöpft werden konnte, war in der Praxis ohne Bedeutung geblieben.

Nach der neuen Regelung erfasst die Vorteilsabschöpfung **sämtliche Verstöße** gegen Vorschriften des europäischen oder des deutschen Kartellrechts. Bei der Berechnung der durch den Kartellverstoß erzielten Vorteile sind neben dem erzielten Gewinn auch sonstige wirtschaftliche Vorteile zu berücksichtigen, z. B. die Verbesserung der Marktposition durch die Kartellmitglieder.

In bestimmten Fällen hat der **Bundesminister für Wirtschaft und Technologie** auf Antrag die Möglichkeit, einen vom Bundeskartellamt untersagten Zusammenschluss innerhalb von vier Monaten doch zu erlauben, wenn

- im Einzelfall die Wettbewerbsbeschränkung von gesamtwirtschaftlichen Vorteilen des Zusammenschlusses aufgewogen wird oder
- der Zusammenschluss der Kartellmitglieder durch ein überragendes **Interesse der Allgemeinheit** gerechtfertigt ist.

Die Ministererlaubnis darf allerdings nur erteilt werden, wenn durch das Ausmaß der Wettbewerbsbeschränkung die marktwirtschaftliche Ordnung nicht gefährdet wird (§ 42 GWB).

Aufgabe 28 > Seite 544

4.4 Gemeinschaftsunternehmen

Das Gemeinschaftsunternehmen ist eine Form der Kooperation von rechtlich selbstständigen Unternehmen, die gemeinsam ein neues, rechtlich selbstständiges Unternehmen gründen, um wirtschaftlich zusammenzuarbeiten. Es sind zu unterscheiden:

- **Nationale Gemeinschaftsunternehmen**, bei denen die beteiligten, nationalen Gesellschafsunternehmen unter gemeinsamer Leitung agieren. Im Gegensatz zum Konzern liegt hier keine einheitliche Leitung vor. Eine solche Kooperation kann beispielsweise sinnvoll sein, um die Wirtschaftlichkeit bzw. die Rentabilität der beteiligten Unternehmen zu verbessern.
- **Internationale Gemeinschaftsunternehmen**, die auch als **Joint Ventures** bezeichnet werden und sich in jüngerer Zeit zunehmender Beliebtheit erfreuen (*Schulte*). Dabei wird von den beteiligten Gesellschaften ein neues, rechtlich selbstständiges Unternehmen durch eine Kapitalbeteiligung von mindestens je einem in- und ausländischen Partner gegründet.

  Solche Zusammenschlüsse bieten sich beispielsweise zur Nutzung gemeinsamer Betriebskapazitäten, zur Rohstoffsicherung, zur gemeinsamen Forschung und Entwicklung oder zur Erschließung neuer Auslandsmärkte an.

Gemeinschaftsunternehmen können von den Gesellschaftsunternehmen in jeder beliebigen Rechtsform geführt werden, die für die gemeinsamen Zwecke geeignet ist (*Wöhe/Döring*).

4.5 Konzerne

Konzerne sind Zusammenfassungen rechtlich selbstständiger Unternehmen unter **einheitlicher Leitung** des herrschenden Unternehmens (§ 18 AktG). Die Unternehmen sind normalerweise wirtschaftlich miteinander verbunden. Aufgrund der einheitlichen Leitung sind sie in ihrer internen Willensbildung nicht selbstständig. Die Zusammenfassung kann auf einem **Beherrschungsvertrag** (Vertragskonzern) oder aufgrund einer **Mehrheitsbeteiligung** (faktischer Konzern) beruhen.

Es sind folgende **Beteiligungsmöglichkeiten** an Unternehmen zu unterscheiden (*Wöhe/Döring*):

Bis 25 %	Minderheitsbeteiligung, die nicht ins Gewicht fällt.
Mehr als 25 %	Sperrminorität, mit der Satzungsänderungen blockierbar sind.
Mehr als 30 %	Mit dieser Kontrollbeteiligung übt ein Aktionär die Kontrolle über eine Gesellschaft aus (§ 29 Abs. 2 Wertpapierübernahmegesetz). Er ist dann dazu verpflichtet, allen übrigen Aktionären ein öffentliches Übernahmeangebot zu unterbreiten (§ 35 WpÜG).
Mehr als 50 %	Einfache Mehrheitsbeteiligung, die eine Beherrschung der Gesellschaft ermöglicht.
Mehr als 75 %	Qualifizierte Mehrheitsbeteiligungen, welche zur Durchsetzung von Kapitalerhöhungen und Satzungsänderungen berechtigt. Außerdem kann die Auflösung der Gesellschaft beschlossen werden.
Mehr als 95 %	Mit dieser Beteiligung kann ein Hauptaktionär von den Minderheitsaktionären den Verkauf ihrer Anteile an den Hauptaktionär verlangen. Dieser hat dann eine angemessene Barabfindung zu zahlen (§§ 327a, 327b AktG).
100 %	Totalbeteiligung mit vollständiger Beherrschung der Gesellschaft.

Die **Konzernorganisation** zeigt die Struktur von Zusammenschlüssen mehrerer rechtlich selbstständiger Unternehmen unter einheitlicher Leitung. Hier sind folgende Organisationsmöglichkeiten zu unterscheiden (*Lutter, Wöhe/Döring*):

- Der **Stammhauskonzern** war die früher weit verbreitete Variante der Konzernorganisation, bei der die Dachgesellschaft alle Funktionsbereiche in zentralisierter Form enthält, z. B. Material-, Produktions-, Absatzwirtschaft, Finanz- und Personalwesen, Informations- und Rechnungswesen.
- Die **Management-Holding**, bei der die Dachgesellschaft die Leitung und Koordination der gesamten Holding-Organisation einschließlich der strategischen und finanzwirtschaftlichen Fragen der Beteiligungsgesellschaften übernimmt. Letztere sind nur hinsichtlich der operativen Entscheidungen autonom.
- Die **Finanz-Holding**, bei der die Dachgesellschaft nur in den finanzwirtschaftlichen Fragen Kompetenz trägt, aber keine strategischen Führungsaufgaben übernimmt, denn dafür sind die Beteiligungsgesellschaften zuständig. Die Hauptaufgabe der Dachgesellschaft liegt im Halten von Anteilen der Beteiligungsgesellschaften.

Eine Holding-Gesellschaft übernimmt keine Produktions- oder Handelsaufgaben. Sie geht auf die in den USA entwickelte Effektenhaltungsgesellschaft zurück. Die Aktionäre einzelner Gesellschaften geben der Holding-Gesellschaft ihre Aktien und erhalten dafür diejenigen der Holding.

Vor allem **Großkonzerne** haben eine sehr differenzierte Organisationsstruktur. Es lassen sich verschiedene Arten von Konzernen unterscheiden:

- **horizontale/vertikale Konzerne**
- **Unterordnungs-/Gleichordnungskonzerne**
- **organische/anorganische Konzerne**.

4.5.1 Horizontale/vertikale Konzerne

Der **horizontale Konzern** versucht durch Ausschaltung der Konkurrenz eine marktbeherrschende Position zu erringen, beispielsweise um die Möglichkeit einer autonomen Preispolitik zu schaffen.

Hier erfolgt eine „waagerechte" Anordnung der Konzernunternehmen, d. h. eine Anordnung auf der gleichen Branchenebene.

Beispiel

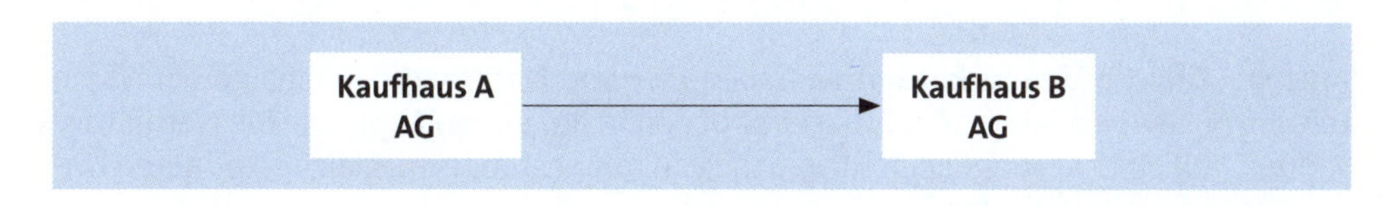

Vertikale Konzerne stellen einen Zusammenschluss von Unternehmen aufeinander folgender Produktionsstufen dar, also auf unterschiedlichen Branchenebenen:

Beispiel

Ein solcher Konzern zielt weniger auf die Marktbeherrschung sondern mehr auf die Sicherung der Rohstoffbasen und der Absatzmärkte ab.

4.5.2 Unterordnungs-/Gleichordnungskonzerne

Unterordnungskonzerne entstehen durch Abhängigkeitsverhältnisse der Tochtergesellschaft von der Muttergesellschaft. Sie können so bezeichnet werden, weil das untergeordnete vom übergeordneten Unternehmen abhängig ist (§ 18 Abs. 1 AktG). Der Unterordnungskonzern begründet sich auf einer Beteiligung an dem abhängigen Unternehmen von mindestens 50 % (*Wöhe/Döring*).

Beispiel

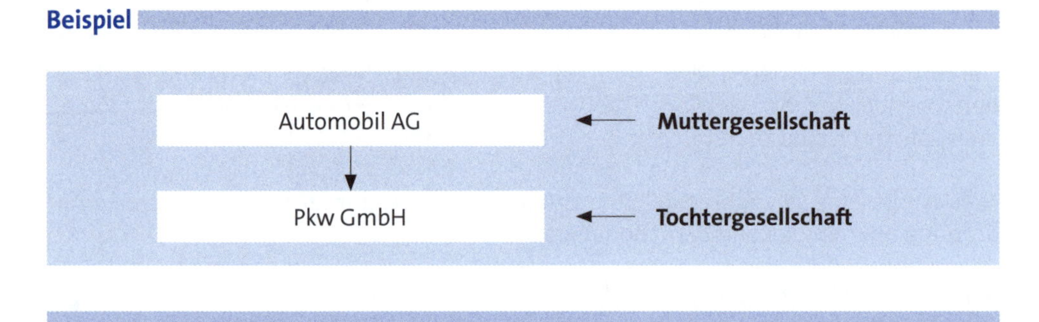

Auch bei **Gleichordnungskonzernen** haben mehrere Unternehmen eine gemeinsame Leitung (§ 18 Abs. 2 AktG). Diese basiert aber nicht auf einem Abhängigkeitsverhältnis, sondern auf einer vertraglichen Absprache von mindestens zwei gleichgeordneten Unternehmen (*Wöhe/Döring*).

4.5.3 Organische/anorganische Konzerne

Wenn Unternehmen zusammengeschlossen sind, die aufgrund ihrer Branchenstruktur zusammenpassen, wird vom **organischen Konzern gesprochen**.

Beispiel

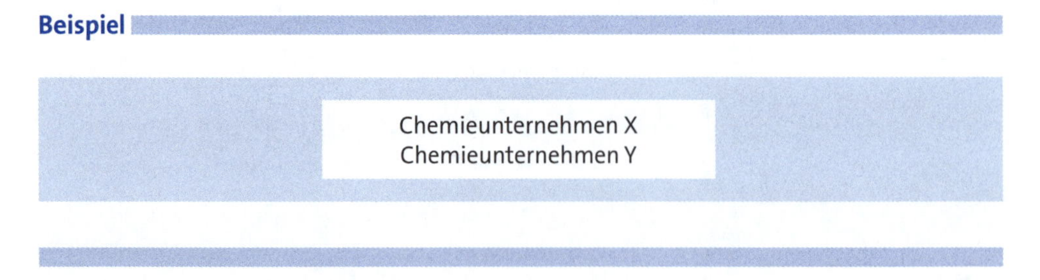

Demgegenüber gehören Unternehmen **anorganischer Konzerne** zu verschiedenen Geschäftszweigen.

Beispiel

Brauereiunternehmen A
Verlag B

4.6 Fusionierte Unternehmen

Unter fusionierten Unternehmen werden Zusammenschlüsse vorher selbstständiger Unternehmen verstanden, die dann keine rechtliche und keine wirtschaftliche Selbstständigkeit mehr besitzen.

Das Umwandlungsgesetz (UmwG) unterscheidet die Verschmelzung bzw. Fusion durch Aufnahme und die Verschmelzung durch Neugründung. Beide Formen gelten für alle Arten juristischer Personen (AG, KGaA, GmbH, eG, Verein):

- Bei der **Verschmelzung durch Aufnahme** überträgt ein Unternehmen sein Vermögen als Ganzes auf ein anderes, bereits bestehendes Unternehmen. Nach der Fusion existiert nur noch die übernehmende Gesellschaft als selbstständiger Rechtsträger.
- Bei der **Verschmelzung durch Neugründung** übertragen zwei oder mehr Gesellschaften ihr Vermögen jeweils als Ganzes auf eine neue, von ihnen gegründete Gesellschaft.

  Die Verschmelzung durch Neubildung ist bei Aktiengesellschaften nur zulässig, wenn jede der sich vereinigenden Gesellschaften mindestens zwei Jahre im Handelsregister eingetragen war. Außerdem muss eine Fusion von den Hauptversammlungen der beteiligten Gesellschaften mit qualifizierter Mehrheit des anwesenden Aktienkapitals beschlossen werden.

Aufgabe 29 > Seite 545

4.7 Unternehmensverbände

Unternehmen können sich in Verbänden zusammenschließen, die ihre gemeinsamen Belange der Öffentlichkeit gegenüber vertreten. Es gibt:

- **Fachverbände**
- **Kammern**
- **Arbeitgeberverbände**.

4.7.1 Fachverbände

Die Mitgliedschaft in Fachverbänden der Wirtschaft ist freiwillig. Die Fachverbände bzw. Spitzenverbände werden in der Regel in der Rechtsform des **eingetragenen Vereins** geführt. Zu ihnen zählen:

- der Bundesverband der Deutschen Industrie (BDI)
- die Hauptverband des deutschen Einzelhandels (HdE)
- der Bundesverband des Deutschen Groß- und Außenhandels (BGA)
- die Innungen als freiwillige Zusammenschlüsse selbstständiger Handwerker, die als Körperschaften des öffentlichen Rechts geführt werden.

4.7.2 Kammern

Die Kammern sind Zwangsverbände, deren Pflichtmitglieder jeweils die Unternehmen eines räumlichen Bereiches, des Kammerbezirkes, sind. Sie werden als Körperschaften des öffentlichen Rechts geführt und sind:

- **Industrie- und Handelskammern**, welche die Interessen der gewerblichen Wirtschaft ihres Bezirkes vertreten. Ihre Mitglieder sind Handelsgesellschaften bzw. natürliche und juristische Personen, die im Kammerbezirk Betriebs- oder Verkaufsstellen unterhalten. Auch Angehörige freier Berufe oder landwirtschaftlicher Unternehmen sind Mitglieder, wenn sie in das Handelsregister eingetragen sind. Die Mitglieder finanzieren die Industrie- und Handelskammern durch ihre Beiträge.

  Zu den **Aufgaben** der Industrie- und Handelskammern zählen:
  - Wahrnehmung der Interessen der Gewerbetreibenden des Bezirks
  - Förderung der gewerblichen Wirtschaft
  - Unterstützung der Behörden (Vorschläge, Gutachten, Berichte)
  - Planung, Koordination, Förderung der Berufsausbildung
  - Führung des Verzeichnisses der Ausbildungsverhältnisse
  - Förderung der beruflichen Weiterbildung und Umschulung
  - Abnahme von Prüfungen im Bildungsbereich
  - Einsetzung von Prüfungsausschüssen.

  Die Industrie- und Handelskammern sind im Deutschen Industrie- und Handelstag (DIHT) als Spitzenverband zusammengefasst. Er arbeitet auch mit den Kammern des Auslands zusammen und repräsentiert die deutsche Wirtschaft.

- **Handwerkskammern**, zu deren Mitgliedern vor allem selbstständige Handwerker und Inhaber handwerksähnlicher Gewerbebetriebe zählen. Die Aufgaben der Handwerkskammern sind den Aufgaben der IHK ähnlich.

  Die Handwerkskammern sind auf Landesebene im Handwerkstag und auf Bundesebene im Deutschen Handwerkskammertag zusammengeschlossen. Der Spitzenverband ist der Zentralverband des Deutschen Handwerks.

4.7.3 Arbeitgeberverbände

Im Gegensatz zu den genannten Unternehmensverbänden sind die Arbeitgeberverbände als Gegenpol zu den Gewerkschaften[1] mehr sozialpolitisch orientiert.

Zu den **Aufgaben** der Arbeitgeberverbände zählen:

- lohnpolitische und arbeitsrechtliche Aufgaben
- Auseinandersetzung mit Personalentwicklungsfragen
- Beschäftigung mit Problemen der Altersversorgung
- Unternehmervertretung bei der Sozialgesetzgebung
- Öffentlichkeitsarbeit.

Den Spitzenverband der Arbeitgeberverbände bildet die **Bundesvereinigung der Deutschen Arbeitgeberverbände** (BDA). Die Bundesvereinigung selbst schließt keine Tarifverträge ab. Die tarifpolitische Aufgabe der BDA beschränkt sich darauf, die Absichten ihrer Mitglieder zu vereinheitlichen und zu koordinieren.

Aufgabe 30 > Seite 545

---

[1] Die **Gewerkschaften** sind Vereinigungen von Arbeitnehmern bzw. von Arbeitnehmervereinigungen zur Verbesserung der sozialen und wirtschaftlichen Lebensbedingungen. Sie stellen die Interessenvertretungen der Arbeitnehmer dar, z. B als Gewerkschaften des DGB:

- Ver.di (vereinigt aus ÖTV, Postgewerkschaft, HBV, IG Medien)
- Industriegewerkschaft Metall (IG Metall)
- IG Bergbau, Chemie, Energie (IG BCE)
- IG Bauen - Agrar - Umwelt (IG Bau).

KONTROLLFRAGEN

		Lösung
1.	Nennen Sie die Phasen der Entwicklung eines Unternehmens!	S. 109
2.	Zählen Sie Motive für Gründungen auf!	S. 110
3.	Was kann bei der Gründung in das Unternehmen eingebracht werden?	S. 111
4.	Welche Gründungsberater kennen Sie?	S. 111
5.	Zählen Sie persönliche Voraussetzungen zur Gründung auf!	S. 112
6.	Nennen Sie örtliche, sachliche und rechtliche Voraussetzungen!	S. 112
7.	Erläutern Sie Sonderregelungen für bestimmte Gewerbe!	S. 112 f.
8.	Welche betriebswirtschaftlichen Voraussetzungen sind zu nennen?	S. 113 f.
9.	Erklären Sie die Firmengrundsätze und kennzeichnen Sie die Arten der Firma!	S. 114
10.	Bei welchen Institutionen ist die Firma anzumelden?	S. 114 f.
11.	Welche Gesellschaften werden in Abteilung A und welche in Abteilung B des Handelsregisters eingetragen?	S. 115
12.	Welche Inhalte sind in Abteilung A bzw. Abteilung B zu finden?	S. 115
13.	Unterscheiden Sie die konstitutive und die deklaratorische Wirkung einer Eintragung in das Handelsregister!	S. 115 f.
14.	Was wissen Sie über das Gründungsmanagement?	S. 116
15.	Was ist unter Organisationsentwicklung zu verstehen?	S. 119
16.	Wie kann sich die positive Entwicklung einzelner Unternehmensbereiche konkret auswirken?	S. 119
17.	Zu welchen Entscheidungen kann sich die Unternehmensleitung bei einer positiven Entwicklung entschließen?	S. 120
18.	Welche Wirkungen auf die Bereiche kann eine Negativentwicklung mit sich bringen?	S. 120 f.
19.	Zählen Sie innerbetriebliche Gründe für Krisensituationen auf!	S. 121
20.	Welche außerbetrieblichen Gründe für Krisen kennen Sie?	S. 121 f.
21.	Wozu kann eine Unternehmenskrise führen?	S. 122
22.	Welchen Zweck hat eine Sanierung?	S. 122
23.	Erklären Sie allgemeine Sanierungsmaßnahmen!	S. 122
24.	Erläutern Sie spezielle Maßnahmen der Sanierung!	S. 122 f.
25.	Worin zeigt sich die Insolvenz eines Unternehmens?	S. 123
26.	Für welche Kaufleute gilt das Insolvenz-Großverfahren?	S. 123
27.	Was setzt die Eröffnung eines Insolvenzverfahrens voraus?	S. 124
28.	Wie läuft das Insolvenz-Großverfahren in groben Zügen ab?	S. 125 ff.

		Lösung
29.	Was wissen Sie über den Antrag an das Insolvenzgericht und die erste Gläubigerversammlung?	S. 125 ff.
30.	Welche Aufgaben hat ein Insolvenzverwalter?	S. 127
31.	Was wissen Sie über die Insolvenzmasse-Verteilung?	S. 128 f.
32.	Welche Möglichkeiten ergeben sich aus dem Insolvenzplan?	S. 131
33.	Unterscheiden Sie die Plandarstellung und die Plangestaltung!	S. 131
34.	Welche Gruppen können beim Insolvenzplan unterschieden werden?	S. 131 f.
35.	Erläutern Sie die Planaufstellung!	S. 132
36.	Was geschieht im Rahmen der Planannahme?	S. 132
37.	Welche Planwirkungen treten ein?	S. 132
38.	Welchen Zweck hat die Eigenverwaltung?	S. 133
39.	Gilt das Insolvenz-Kleinverfahren nur für Verbraucher?	S. 133
40.	In welchen Stufen läuft das Insolvenz-Kleinverfahren ab?	S. 133 f.
41.	Was wissen Sie über das Restschuld-Befreiungsverfahren?	S. 134 f
42.	Was ist unter Liquidation zu verstehen?	S. 135
43.	Zählen Sie Gründe für eine Liquidation auf!	S. 135
44.	Wer führt die Liquidaton bei den einzelnen Gesellschaften durch?	S. 136
45.	Wie läuft das Liquidationsverfahren ab?	S. 136
46.	Was geschieht am Ende der Liquidation?	S. 136
47.	Was verstehen wir unter einem Einzelunternehmen?	S. 137
48.	Welche Regeln gelten bei der Gründung eines Einzelunternehmens für die Firma? Ist ein Mindestkapital nötig?	S. 137 f.
49.	Erläutern Sie Angaben des Statistischen Bundesamtes zum Einzelunternehmen!	S. 138
50.	Welche Rechte bzw. Pflichten hat ein Einzelunternehmer?	S. 138
51.	Schildern Sie die Bedeutung des Einzelunternehmens!	S. 140
52.	Zählen Sie die Arten der Personengesellschaften auf!	S. 141
53.	Erklären Sie den Begriff OHG!	S. 141
54.	Geben Sie Beispiele für Firmennamen einer OHG!	S. 142
55.	Welche Rechte bzw. Pflichten haben OHG-Gesellschafter?	S. 142 f.
56.	Würdigen Sie die Bedeutung der OHG!	S. 143
57.	Was ist unter einer KG zu verstehen?	S. 144
58.	Wie heißen die Vollhafter bzw. die Teilhafter noch?	S. 144
59.	Geben Sie Beispiele für Firmennamen der KG!	S. 144
60.	Welche Rechte bzw. Pflichten haben Kommanditisten?	S. 145

		Lösung
61.	Schildern Sie die Bedeutung der KG!	S. 145 f.
62.	Definieren Sie den Begriff stille Gesellschaft!	S. 146
63.	Geben Sie ein Beispiel dazu!	S. 146
64.	Was ist bei der Gründung der stillen Gesellschaft zu beachten?	S. 146
65.	Welche Rechte bzw. Pflichten haben stille Gesellschafter?	S. 146
66.	Welche Bedeutung hat die typische stille Gesellschaft?	S. 147
67.	Welche Eigenheiten hat die atypische stille Gesellschaft?	S. 147
68.	Was verstehen wir unter einer GdbR?	S. 147
69.	Geben Sie Beispiele für die GdbR!	S. 147
70.	Was ist bei der Gründung bzw. Auflösung der GdbR zu beachten?	S. 147
71.	Welche Bedeutung hat die GdbR?	S. 148
72.	Zählen Sie die Arten der Kapitalgesellschaften auf!	S. 148
73.	Was versteht man unter einer GmbH?	S. 148
74.	Welche Besonderheiten sind bei der Gründung bzw. Auflösung einer GmbH zu beachten?	S. 149
75.	Zählen Sie Rechte und Pflichten der GmbH-Gesellschafter auf!	S. 149 f.
76.	Was wissen Sie über die Organe der GmbH?	S. 150 f.
77.	Welche Aufgaben hat die Gesellschafterversammlung?	S. 150 f.
78.	Schildern Sie die Bedeutung der GmbH!	S. 151
79.	Welche Merkmale hat die haftungsbeschränkte Unternehmergesellschaft?	S. 152
80.	Kennzeichnen Sie den Begriff AG!	S. 152
81.	Wie hoch muss das gezeichnete Kapital der AG mindestens sein?	S. 152
82.	Was ist unter dem Agio zu verstehen?	S. 153
83.	Erläutern Sie Einzelheiten zur Gründung/Auflösung der AG!	S. 153
84.	Welche Rechte/Pflichten haben die Aktionäre?	S. 153 f.
85.	Erklären Sie Begriff und Aufgaben des Vorstands einer AG!	S. 154
86.	Schildern Sie Wesen und Funktionen des Aufsichtsrats der AG!	S. 154 f.
87.	Erläutern Sie Begriff und Aufgaben der Hauptversammlung!	S. 155
88.	Welche Bedeutung hat die AG?	S. 155 f.
89.	Skizzieren Sie das Wesen der KGaA!	S. 156
90.	Was ist bei der Gründung/Auflösung der KGaA zu beachten?	S. 156
91.	Kennzeichnen Sie die Bedeutung der KGaA!	S. 157
92.	Schildern Sie das Wesen der GmbH & Co KG!	S. 157
93.	Erklären Sie das Wesen der Doppelgesellschaft!	S. 158

		Lösung
94.	Was verstehen wir unter einer Stiftung?	S. 159
95.	Welche Beispiele kennen Sie für Stiftungen?	S. 159
96.	Welche Vorteile/Nachteile hat eine Stiftung?	S. 159
97.	Was wissen Sie über die Genossenschaft?	S. 159
98.	Schildern Sie Begriff, Beispiele und Regelungen des Vereins!	S. 160
99.	Erklären Sie Wesensmerkmale des Versicherungsvereins auf Gegenseitigkeit!	S. 160 f.
100.	Was ist unter einem öffentlichen Unternehmen zu verstehen?	S. 161
101.	Geben Sie Beispiele für Rechtsformen öffentlicher Unternehmen mit eigener und ohne eigene Rechtspersönlichkeit!	S. 161
102.	Was wird heute unter Organisation verstanden?	S. 162
103.	Aus welchen Phasen besteht die betriebliche Aufbauorganisaton?	S. 163 ff.
104.	Zeigen Sie anhand eines Beispiels, wie man eine umfassende Aufgabenanalyse durchführen kann!	S. 164
105.	Welchen Zweck hat die Aufgabensynthese?	S. 165
106.	Welche Organisationseinheiten und Verbindungswege sind zu unterscheiden?	S. 166
107.	Erklären Sie den Aufbau einer Sektoralorganisation!	S. 169
108.	Wie ist eine Funktionalorganisation aufgebaut?	S. 169
109.	Kennzeichnen Sie den Aufbau einer Spartenorganisation!	S. 169 f.
110.	Wie ist demgegenüber eine Matrixform strukturiert?	S. 170
111.	Erläutern Sie das Wesen der Tensororganisation!	S. 170 f.
112.	Wie ist ein Liniensystem gegliedert?	S. 171
113.	Wie unterscheiden sich Linien- bzw. Stabliniensystem?	S. 171
114.	Skizzieren Sie das Funktionssystem!	S. 172
115.	Was veranschaulicht der Organisationsplan?	S. 173
116.	Welche wesentlichen Inhalte kann eine Stellenbeschreibung haben?	S. 173
117.	Was ist ein Stellenbesetzungsplan?	S. 173
118.	Was wird in einem Funktionendiagramm dargestellt?	S. 173
119.	Womit beschäftigt sich die Prozessorganisation?	S. 174
120.	Unterscheiden Sie Ablauforganisation und Prozessorganisation!	S. 174
121.	Wie lässt sich die Prozessorganisation gliedern?	S. 174
122.	In welcher Form ist die Ist-Analyse bzw. die Ist-Kritik denkbar?	S. 175
123.	Wie kann die Prozessgestaltung erfolgen?	S. 175 f.

		Lösung
124.	Welche Schritte umfasst die Prozesseinführung?	S. 176 f.
125.	Definieren Sie die Begriffe Projekt und Projektorganisation!	S. 177
126.	Welche Beispiele kennen Sie dazu?	S. 177
127.	Aus welchen Phasen besteht der Prozess der Projektorganisation?	S. 178
128.	Was ist unter einer Projektgruppe zu verstehen?	S. 178
129.	Welche Vorteile/Nachteile haben Projektgruppen?	S. 178 f.
130.	Erklären Sie Begriff und Wesen des Projektleiters!	S. 179
131.	Erläutern Sie was unter Business Reengineering zu verstehen ist!	S. 180
132.	Erklären sie die Wertschöpfungskette nach *Porter*!	S. 181
133.	Unterscheiden Sie die Arten der Unternehmenszusammenschlüsse nach ihrer rechtlichen bzw. wirtschaftlichen Selbstständigkeit!	S. 182
134.	Was versteht man unter Kooperation und Konzentration?	S. 182 f.
135.	In welchen Fällen bieten sich Unternehmenszusammenschlüsse an?	S. 183
136.	Welche Vorteile/Nachteile haben Unternehmenszusammenschlüsse?	S. 183
137.	Unterscheiden Sie Interessengemeinschaften im weiteren und im engeren Sinne!	S. 184
138.	Was wissen Sie über Gelegenheitsgesellschaften?	S. 184 f.
139.	Kennzeichnen Sie das Wesen von Konsortien!	S. 184 f.
140.	Was ist unter Kartellen zu verstehen?	S. 185
141.	Worauf können sich Kartellabsprachen beziehen?	S. 185
142.	Unterscheiden Sie Kartelle niedriger und höherer Ordnung!	S. 185
143.	Erläutern Sie verschiedene Kartellarten!	S. 185 f.
144.	Klären Sie die neue Rechtslage nach der 7. Novelle des GWB!	S. 186 f.
145.	Erklären Sie das Kartellverbot und die Ausnahmeregelungen!	S. 187
146.	Stellen sie die bisherige und die neue Rechtslage im Hinblick auf den Bußgeldrahmen gegenüber!	S. 187 f.
147.	Inwiefern sind die Befugnisse der deutschen Kartellbehörden erheblich erweitert worden?	S. 188
148.	Welche Rolle kann der Bundesminister für Wirtschaft und Technologie spielen?	S. 189
149.	Erklären Sie die Begriffe Gemeinschaftsunternehmen und Joint Venture!	S. 189
150.	Erläutern Sie die Beteiligungsmöglichkeiten an Unternehmen!	S. 190

		Lösung
151.	Unterscheiden Sie die Formen der Holding und skizzieren Sie Unterschiede zwischen horizontalen bzw. vertikalen Konzernen!	S. 190 ff.
152.	Was sind Unterordnungs- bzw. Gleichordnungskonzerne?	S. 192
153.	Unterscheiden Sie organische und anorganische Konzerne!	S. 192 f.
154.	Erklären Sie den Begriff und die Arten fusionierter Unternehmen!	S. 193
155.	Geben Sie Beispiele für Fachverbände!	S. 194
156.	Klären Sie das Wesen der Industrie- und Handelskammern!	S. 194
157.	Wie heißt der Spitzenverband der IHK?	S. 194
158.	Welche Personengruppen gehören zu den Handwerkskammern?	S. 194
159.	In welcher Weise sind Handwerkskammern zusammengeschlossen?	S. 194
160.	Welche Aufgaben haben Arbeitgeberverbände?	S. 195

C. Führung

Unter Führung kann die zielorientierte soziale Einflussnahme zur Erfüllung gemeinsamer Aufgaben verstanden werden, die in eine strukturierte Arbeitssituation eingebunden ist (*Wunderer/Grunwald*). Führung kann aber auch angesehen werden als:

- betriebliche Funktion
- Sammelbegriff für Führungskräfte
- Institution mit Führungsaufgaben
- Führungslehre.

Die Führung ist ein wesentliches Element der modernen **Betriebswirtschaftslehre**. Mit dem Wandel der Produktionsformen vom Handwerk bis zur Fabrik wurde sie insbesondere wegen der vielschichtigen, arbeitsteiligen Arbeitsprozesse und größeren Mitarbeiterzahlen in den betrieblichen Organisationen immer bedeutsamer.

Die Führung ist ein vieldefiniertes und komplexes Phänomen (*Neuberger, Weibler, Wunderer*). Weit verbreitet ist die folgende Einteilung in funktionaler Sicht (*Olfert, Olfert/Pischulti, Rahn*):

- Die **Personalführung** als die ziel- und situationsbezogene Beeinflussung der Mitarbeiter, die auf den einzelnen hierarchischen Ebenen von einer Führungskraft unter Einsatz von Führungsinstrumenten auf einen gemeinsam zu erzielenden Erfolg hin ausgerichtet ist. Sie ist Ausdruck der personenbezogenen Führung und wird im englischen Sprachraum als **Leadership** bezeichnet.
- Die **Unternehmensführung** als zielorientierte Gestaltung, Steuerung und Entwicklung von Unternehmen. Sie lässt sich aus aufgaben-, personen-, struktur- und prozessorientierter Sicht interpretieren und ist vorrangig Ausdruck sachbezogener Führung. Aus dem englischen Sprachraum stammt der Begriff **Management**.

Als Ansätze einer sich entwickelnden **Managementlehre** sind zu nennen – siehe ausführlich *Bleicher, Dillerup/Stoi, Olfert/Pischulti, Olfert/Rahn, Rahn, Staehle*:

- **Traditionelle Ansätze**, die den Ausgangspunkt unternehmensbezogener Führungsbetrachtungen durch Wissenschaft und Praxis bilden:

Scientific Management	Es wurde 1911 von *Taylor* entwickelt. Danach wird die Führung durch den rationellen Einsatz von Menschen und Maschinen im Produktionsprozess geprägt. **Merkmale** sind ein Leistungs- und Effizienzdenken, systematische Arbeitszeitstudien, die Trennung von Planung und Ausführung, wissenschaftliche Arbeitsmethoden, Kontrolle durch das Management, eine funktionale Organisation.

Bürokratie-management	Es wurde von *M. Weber* (1864 - 1920) als *„reinste Form legaler Herrschaft“* beschrieben. **Merkmale** sind ein streng hierarchischer Aufbau, eine Amtsführung durch Bürokraten nach technischen Regeln und Normen, eine Aktenmäßigkeit der Verwaltung.
Psychotechnik	Sie wurde 1900 von *Stern* entwickelt und geht von der Erkenntnis aus, dass eine Maximalleistung nicht permanent möglich ist, und dass auch physiologische, psychologische und ergonomische Faktoren die **Leistung** beeinflussen. Sie ist die Grundlage für die Entwicklung der Betriebspsychologie, Führungspsychologie und Organisationspsychologie.
Human-Relations-Bewegung	Sie beruhte auf Untersuchungen von *Mayo, Roethlisberger, Dickson, Whitehead*. Im Hawthorne-Werk der Western Electric Corp. 1927 - 1932 durchgeführte Forschungsarbeiten legten offen, dass die menschlichen Beziehungen für das Arbeitsverhalten der Beschäftigten bedeutsam sind. Die Rolle der informellen **Gruppen** bzw. des informellen Gruppenführers wurde erkannt, ebenso die Notwendigkeit einer sozialen Einstellung des Management.

- **Moderne Ansätze**, die auf der traditionellen Managementlehre basieren. Sie bilden ein wesentliches Fundament der neueren Betriebswirtschaftslehre:

<table>
<tr><td>Prozess-Ansätze</td><td colspan="2">Sie orientieren sich an Geschäftsprozessen (Hammer/Champy) bzw. am Führungsprozess, der Zielsetzung, Planung, Durchführung und Kontrolle umfasst. Zu den einzelnen Prozessphasen wurden Managementprinzipien entwickelt, beispielsweise von Koontz/O'Donnell.</td></tr>
<tr><td rowspan="3">Humanistische Ansätze</td><td colspan="2">Nach McGregor ist die Fähigkeit eines Vorgesetzten zur Motivation seiner Mitarbeiter vom Menschenbild abhängig, das er von ihnen hat. Er unterscheidet:</td></tr>
<tr><td>X-Theorie</td><td>Y-Theorie</td></tr>
<tr><td>Mitarbeiter sind träge, arbeitsscheu, wenig ehrgeizig, scheuen Verantwortung, sind straff zu führen und häufig zu kontrollieren, streben nach Sicherheit, erfordern Druck und Sanktionen.</td><td>Mitarbeiter sind nicht von Natur aus arbeitsscheu, sie akzeptieren Zielvorgaben, haben Selbstdisziplin und Selbstkontrolle, suchen unter geeigneten Bedingungen Verantwortung, wollen sich entfalten.</td></tr>
</table>

Human Resources-Ansätze	Die Mitarbeiter werden als Reservoir einer Vielzahl potenzieller Fähigkeiten und Fertigkeiten angesehen. Der Manager hat herauszufinden, wie diese Anlagen am besten zu fördern und weiterzuentwickeln sind. Das Management der Human Resources ist als Humanpotenzial eng mit der Personalwirtschaftslehre verbunden (*Gaugler/Oechsler, Weber*). Im Mittelpunkt der Human-Resources-Ansätze stehen: ► betriebliches Anreizsystem ► Arbeitsstrukturierung ► Personalführung.
Management by-Ansätze	Sie beschreiben grundsätzliche Verhaltens- und Verfahrensweisen, die in einem Unternehmen zur Bewältigung von Führungsaufgaben angewendet werden – siehe ausführlicher zu den **Führungstechniken** Seite 209.

- **Motivationsansätze**, wobei die Motivation als eigener Antrieb und als von außen kommender Anreiz angesehen werden kann, der auf innere Antriebe abzielt (*Berthel/Becker, Rheinberg/Vollmeyer, von Rosenstiel/Nerdinger, Staehle*). Es sind folgende Theorien entwickelt worden:

S-O-R-Konzept	Dem S-O-R Konzept (Stimulus-Organism-Response-Konzept) von *Lewis* kommt zur Erklärung des menschlichen Verhaltens grundsätzliche Bedeutung zu. Es handelt sich um ein **Black-Box-Modell**, denn der Organismus des Menschen wird als „schwarzer Kasten" gezeigt, der einer direkten Einsicht nicht zugänglich ist: 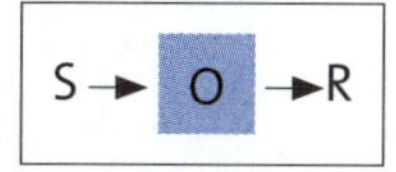 Der Mensch erhält **Stimuli (S)** als Impulse seiner Umwelt und zeigt eine **Reaktion (R)**, die von Vorgängen der Informationsverarbeitung seines Organismus' (O) abhängig ist. Die Einsatzgebiete des S-O-R-Modells sind vielfältig. Sie können sich z. B. beziehen auf: ► die **Personalführung**, bei der einem Mitarbeiter eine Lohnerhöhung (S) in Aussicht gestellt wird. Sein Organismus (O) verarbeitet diese Information und reagiert (R) darauf mit einer entsprechenden Mehrleistung. ► den **Marketingbereich**, bei dem die marketingpolitischen Instrumente als Stimuli (S) anzusehen sind, die vom Organismus (O) des potenziellen Käufers verarbeitet werden und zu einer Reaktion (R) führen, die ein Kauf oder ein Nichtkauf sein kann.

Zwei-Faktoren-Ansatz	Dieser Ansatz beruht auf der Pittsburgh-Studie von *Herzberg*. Er hat untersucht, welche Faktoren Unzufriedenheit vermeiden oder abbauen und welche Faktoren Zufriedenheit hervorrufen. Das Vorhandensein von **Motivatoren** führt zur Zufriedenheit: ► Leistungserfolg – Erfolgserlebnisse mit Selbstbestätigung ► Anerkennung – Lob des Vorgesetzten für gute Arbeit ► Arbeit selbst – Inhalt der Aufgabe des Mitarbeiters ► Verantwortung – Aufgabenentsprechende Verantwortung ► Aufstieg – Beförderungsmöglichkeiten für Mitarbeiter ► Entfaltung – Möglichkeiten der Selbstentfaltung. Das Nicht-Vorhandensein von **Hygienefaktoren** führt zu Unzufriedenheit, wenn beispielsweise Unternehmenspolitik, Personalführung, Bedingungen am Arbeitsplatz, Arbeitsplatzsicherheit, Bezahlung (Wirkung umstritten) bzw. Beziehungen zu Vorgesetzten, Kollegen und Mitarbeitern negativ beurteilt werden.
Bedürfnis-pyramide	Die Pyramide von *Maslow* zeigt einzelne Bedürfnisse und ihr Verhältnis zueinander. Die höher steigenden **Bedürfnisse** gewinnen erst an Bedeutung, wenn die niedrigeren Bedürfnisse befriedigt sind.  Die unteren vier Kategorien bezeichnet *Maslow* als **Defizitbedürfnisse**. Die Selbstverwirklichungsbedürfnisse sind als **Wachstumsbedürfnisse** nur latente Bedürfnisse, solange die Defizitbedürfnisse nicht weitgehend befriedigt sind.

Anreiz-Beitrags-Modell	Diese Theorie von *March* und *Simon* bringt die **Anreize** des Unternehmens mit den **Beiträgen** der Mitarbeiter in direkte Verbindung. Wesentliche Aussagen sind: ► Eine Organisation besteht aus Teilnehmern, zwischen denen sich ein System wechselseitiger sozialer Verhaltensweisen bildet. ► Jeder Teilnehmer bzw. jede Gruppe erhält Anreize von der Organisation und leistet Beiträge an die Organisation. ► Die Teilnehmer verbleiben solange in der Organisation, wie die angebotenen Anreize so groß oder größer als die geforderten Beiträge sind. ► Die von den Teilnehmern geleisteten Beiträge bilden die Quelle für neue Anreize an die Teilnehmer als Mitarbeiter. ► Eine Organisation ist nur solange existenzfähig, als die Beiträge in genügendem Maße ausreichen, den Teilnehmern Anreize zu bieten.

- **Führungsansätze**, wobei folgende Ergebnisse der **personalen Führungsforschung** *(Bleicher, Neuberger, Staehle, Weibler, Wunderer)* für die Betriebswirtschaftslehre von Bedeutung sind – siehe ausführlich *Rahn*:

Eigenschaftsansatz	Er geht davon aus, dass die **Eigenschaften** der Führungskraft für den Führungserfolg entscheidend sind. Der Führende zeichnet sich gegenüber den Geführten beispielsweise durch Sachkenntnis, Fähigkeiten, Selbstsicherheit und Intelligenz aus (*Stogdill*).
Verhaltensansatz	Er beschäftigt sich vor allem mit den **Führungsstilen** im Unternehmen, z. B. autoritärer und kooperativer Führungsstil. *Blake/Mouton* betrachten den personenorientierten und den aufgabenorientierten Führungsstil. *Hersey/Blanchard* zeigen die Art des Führungsstils in Abhängigkeit von der Reife des Mitarbeiters.
Situationsansatz	Danach richtet sich die Art der Führung nach der jeweiligen Situation. *Fiedler* bringt beispielsweise die Positionsmacht des Führers, die Beziehung zwischen Führer und Mitarbeiter und die Aufgabenstruktur in direkten Bezug zueinander. Je nach Situation ergibt sich dann der aufgabenorientierte oder personenorientierte Führungsstil.
Interaktionsansatz	Er wird insbesondere im deutschen Sprachraum diskutiert (*Lukascyk, Macharzina/Wolf, Schanz*). Es werden die **Persönlichkeitsstruktur** des Führers, die Gruppenmitglieder, die Gruppe als Ganzes und die Situation hervorgehoben. Die genannten Faktoren stehen in interaktiver Beziehung zueinander, d. h. sie beeinflussen sich gegenseitig
Systemansatz	Die Führungskraft beeinflusst unter Einsatz von Führungsinstrumenten und bei Beachtung der Führungssituation bzw. der Führungsziele die Geführten so, dass ein gemeinsam zu erzielender Erfolg eintreten kann (*Ulrich, Olfert/Rahn, Rahn*).

Traditionelle und moderne Ansätze, Motivations- und Führungsansätze bilden zusammen mit dem Produktionsfaktoransatz, dem Entscheidungsansatz, dem Systemansatz und dem Prozessansatz – siehe Kapitel A. – die Basis einer **führungsorientierten Betriebswirtschaftslehre**. Die Führung soll dargestellt werden als:

Führung	Instrumente
	Leitung
	Führungsprozess
	Strategie

1. Instrumente

Aus der Sicht der Führungspraxis ist Führung dann gegeben, wenn das Unternehmen bzw. das Personal unter Einsatz von Führungsinstrumenten situationsbezogen auf einen gemeinsam zu erzielenden Erfolg beeinflusst wird. Als Führungsinstrumente sind zu unterscheiden – siehe ausführlich *Olfert, Olfert/Rahn, Rahn*:

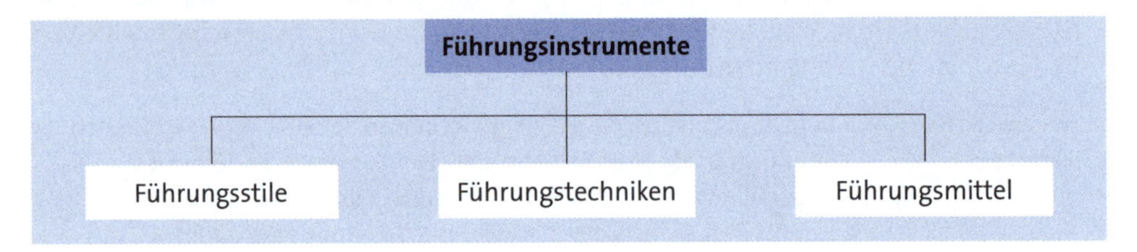

1.1 Führungsstile

Der Führungsstil ist die Art und Weise, in der ein Vorgesetzter ihm unterstellte Mitarbeiter führt. Er drückt dasjenige Führungsverhalten aus, das auf einer einheitlichen Grundhaltung basiert. Als Führungsstile können unterschieden werden:

- Nach unterschiedlicher **Orientierung des Vorgesetzten**

Aufgabenorientierter Führungsstil	Dem Vorgesetzten kommt es vorrangig auf eine hohe Quantität und Qualität der Arbeit sowie darauf an, dass die Mitarbeiter ihre Arbeitskraft maximal einsetzen.
Personenorientierter Führungsstil	Der Vorgesetzte berücksichtigt die Bedürfnisse und Erwartungen der Mitarbeiter, behandelt sie gleichberechtigt und unterstützt sie bei ihrer Aufgabenerfüllung.

- Nach unterschiedlicher **Art der Willensbildung**

Autoritärer Führungsstil	Dabei werden die betrieblichen Aktivitäten vom Vorgesetzten gestaltet, ohne dass die Untergebenen beteiligt werden. Er trifft seine Entscheidungen ohne Begründung und erwartet Gehorsam.

Kooperativer Führungsstil	Hier werden die betrieblichen Aktivitäten im Zusammenwirken des Vorgesetzten und der Mitarbeiter beeinflusst. Der Vorgesetzte bezieht seine Mitarbeiter in den Entscheidungsprozess ein und erwartet sachliche Unterstützung.
Bürokratischer Führungsstil	Bei ihm werden die Mitarbeiter als anonyme Faktoren gesehen und ihre Motivation durch – meist schriftliche – Anordnungen und Vorschriften bewirkt. Informationen fließen auf formellen Wegen.
Patriarchalischer Führungsstil	Die Mitarbeiter werden als „Kinder" behandelt und ihre Motivation durch Abhängigkeit bewirkt. Informationen fließen „wohlwollend" von oben nach unten.
Laissez faire-Führungsstil	Dabei werden die Mitarbeiter als isolierte Individuen betrachtet und ihre Motivation durch ein hohes Maß an Freiheit bewirkt. Die Informationen fließen zufällig.

1.2 Führungstechniken

Führungstechniken beschreiben grundsätzliche **Verhaltens- und Verfahrensweisen**, die in einem Unternehmen zur Bewältigung der Führungsaufgaben angewendet werden. Während der Führungsstil die vom jeweiligen Vorgesetzten individuell ausgestaltbare Art der Personalführung ist, legen die Führungstechniken das Führungssystem eines Unternehmens für jeden im Unternehmen tätigen Vorgesetzten und Mitarbeiter verbindlich fest.

Als **Arten** der Führungstechniken werden insbesondere unterschieden (*Staehle*):

- das **Management by Exception**, bei dem der Mitarbeiter innerhalb eines vorgegebenen Rahmens selbstständig entscheiden kann, der sich aus der Bedeutsamkeit oder Unvorhersehbarkeit eines Vorganges bzw. an einer bestimmten Norm orientiert
- das **Management by Delegation**, bei dem Kompetenzen und Handlungsverantwortung auf Mitarbeiter übertragen werden, soweit diese Führungselemente nicht typische Führungsfunktionen der Unternehmensleitung oder Aufgaben mit weitreichenden Konsequenzen sind
- das **Management by Objectives**, bei dem die Personalführung auf der Grundlage von Zielen erfolgt, die typischerweise zwischen dem Vorgesetzten und seinen Mitarbeitern vereinbart werden, mitunter aber auch vom Vorgesetzten vorgegeben werden.

Diese Führungstechniken werden in der Literatur auch als **Managementtechniken** oder als **Management-by-Konzept** bezeichnet (*Staehle, Wöhe/Döring*).

1.3 Führungsmittel

Als Führungsmittel gelten diejenigen Einsatzinstrumente, die geeignet sind, den Geführten zum Erfolg zu bringen. Der Vorgesetzte verfügt über eine Reihe von Führungsmitteln, die er in Bezug auf die Mitarbeiter einsetzen kann. Dazu zählen:

- Die **Information**, die als Inhalt einer Botschaft oder als Tätigkeit des Informierens verstanden werden kann. Als Führungsmittel steht das Informieren meistens im Vordergrund. Es gibt (*Olfert, Rump*):

Informationen *über* Personal	Sie können sich auf die Ziele, die Struktur und den Output des Personals beziehen und im Rahmen der **Personalmarktforschung** beschafft werden, beispielsweise durch Befragung, Beobachtung, Tests, Gruppendiskussion, Dokumentenanalyse.
Informationen *an* Personal	Sie können als **Längsinformationen**, die von weisungsberechtigten Vorgesetzten ausgehen, Befehle, Kommandos, Aufträge, Anordnungen oder Anweisungen sein. **Querinformationen** erfolgen auf gleicher Ebene und haben keinen Weisungscharakter.
Informationen *von* Personal	Sie kommen **„von unten nach oben"** und können auf Störungen und Abweichungen von Anweisungen, aber auch auf Stimmungen und Meinungen hinweisen.

- Die **Kommunikation**, die ein wechselseitiges, aufeinander eingehendes Informieren sowohl des Vorgesetzten als auch der Mitarbeiter ist. Sie kann sein – siehe ausführlich *Olfert/Pischulti*:

Gespräch	Es ist ein Zweiergespräch zwischen dem Vorgesetzten und Mitarbeiter, beispielsweise als Kontakt-, Anerkennungs-, Kritik-, Beschwerde-, Entwicklungsgespräch.
Besprechung	Hier werden zwei oder mehr Mitarbeiter in die Kommunikation einbezogen, beispielsweise um Berichte zu erstatten, Vorgänge zu analysieren, Informationen auszutauschen, Meinungen zu bilden, Entscheidungen vorzubereiten oder zu treffen.
Konferenz	Sie ist ein sachlich orientiertes Zusammentreffen, in dem mehrere Personen aktiv Informationen und Meinungen zusammentragen, die zu einem Ergebnis führen.
Verhandlung	Mehrere Personen versuchen, ihre jeweils zuvor festgelegten Ziele zu erreichen.

- Die **Personalbeurteilung**, bei der die Persönlichkeit und/oder das Leistungsergebnis sowie das Verhalten der Mitarbeiter des Unternehmens systematisch und regelmäßig beurteilt werden. Dabei sind folgende Beurteilungskriterien am häufigsten (*Crisand/Rahn, Olfert*):

Beurteilungskriterium	**Häufigkeit in %**
Fachkenntnisse	80
Fleiß und Arbeitseinsatz	74
Verhalten gegenüber Vorgesetzten und Mitarbeitern	72
Zuverlässigkeit	64
Arbeitsqualität	62
Belastbarkeit	58
Ausdrucksfähigkeit	54
Arbeitstempo	54
Organisations- und Planungsvermögen	48
Verantwortungsbereitschaft	45

- Die **Motivation**, die eine Verhaltensbeeinflussung der Mitarbeiter durch äußere Anreize ist, die auf innere Antriebe abzielt.

  Als Anreize sind zu unterscheiden:

Materielle Anreize	Sie stellen vom Unternehmen angebotene Belohnungen für die vom Mitarbeiter erbrachten Arbeitsleistungen dar, z. B. Entgeltanreize, Aufstiegsanreize.
Immaterielle Anreize	Sie sollen die nicht-materiellen Bedürfnisse der Mitarbeiter aktivieren, damit ihre Leistungen gesteigert werden, z. B. dosierte(s) Lob und Anerkennung, Übertragung interessanter Aufgaben.

  Außerdem können Kooperation, Delegation, Partizipation, Kritik sowie Personalentlohnung und Personalentwicklung als Führungsmittel angesehen werden – siehe ausführlich *Olfert, Rahn, Staehle*.

Aufgabe 31 > Seite 546

2. Leitung

Unter Führung und Leitung wird vielfach Gleiches verstanden. Die Begriffe werden aber auch unterschiedlich verwendet, beispielsweise:

- **Führung** ist eher personenbezogen, **Leitung** eher sachbezogen.
- **Führung** wird funktional als konkretes Tun, **Leitung** institutionell im Sinne von Unternehmensleitung interpretiert.

Die Art der Leitung richtet sich nach der Ebene, in der die jeweilige Führungskraft tätig wird. Zu unterscheiden sind folgende Arten der Leitung, die in der **Führungspyramide** um die konkrete Ausführung ergänzt werden:

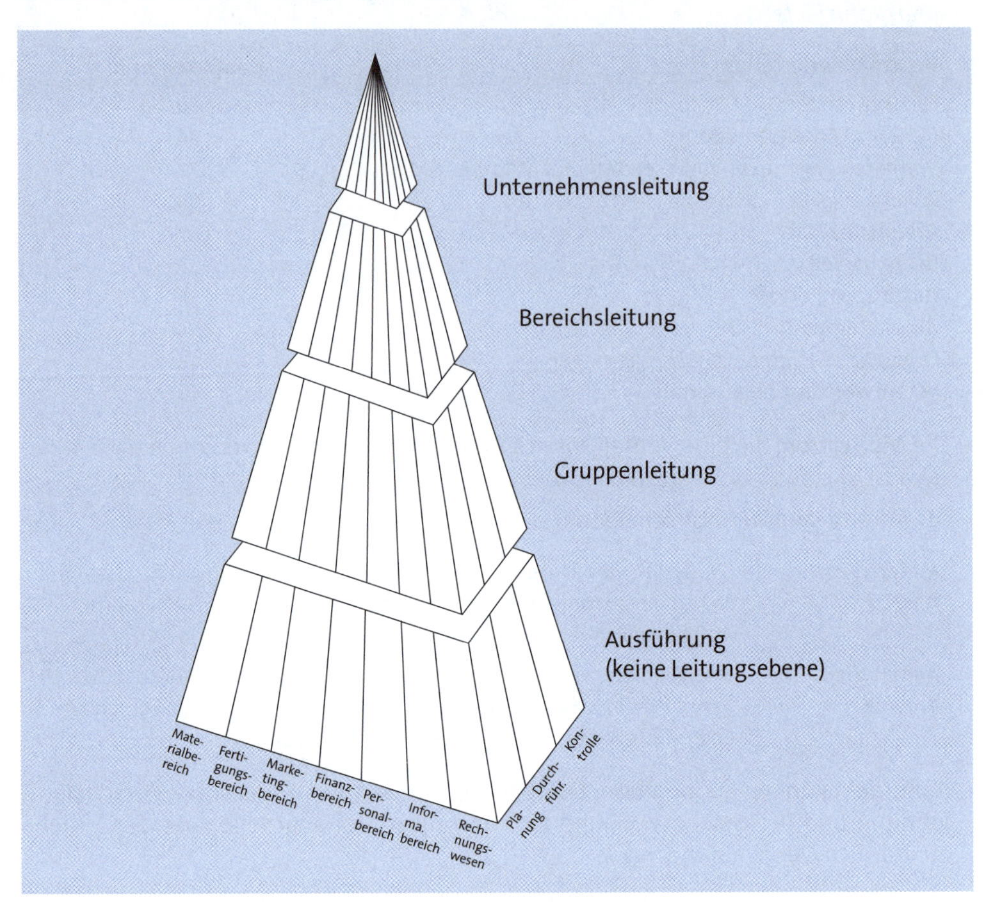

Alle vier **Unternehmensebenen** sind nicht losgelöst voneinander zu betrachten. Vielmehr sollten sie sich – sowohl „von oben" als auch „von unten" her – gegenseitig ergänzen.

Als Leitung sind zu unterscheiden:

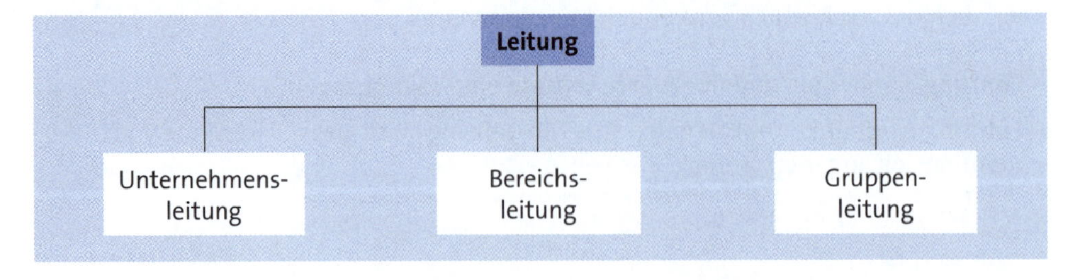

2.1 Unternehmensleitung

Die Unternehmensleitung ist die Institution im Unternehmen, der die Unternehmensführung obliegt. Sie wird auch **Top Management** genannt und ist je nach Rechtsform ist die Unternehmensleitung:

- der Unternehmer beim Einzelunternehmen
- der bzw. die geschäftsführende(n) Gesellschafter bei der OHG
- der bzw. die geschäftsführende(n) Komplementär(e) bei der KG
- der bzw. die Geschäftsführer bei der GmbH
- der Vorstand bei der AG
- der bzw. die Komplementär(e) als Vorstand bei der KGaA
- der Vorstand bei der Genossenschaft.

Die Unternehmensleitung kann nach verschiedenen Prinzipien organisiert werden:

- Bei der **Direktorialorganisation** entscheidet der Generaldirektor allein. Von Vorteil ist, dass eine einheitliche Willensbildung gesichert ist bzw. Spannungen zwischen den einzelnen Direktoren begrenzt werden.

  Als **nachteilig** lässt sich nennen, dass die große Machtzusammenballung beim Generaldirektor zu „einsamen Beschlüssen" führen kann, mit denen sich die anderen Direktoren nicht identifizieren können. Außerdem ist eine qualitative und/oder quantitative Überlastung des Generaldirektors möglich.

- Bei der **Kollegialorganisation** sind die Direktoren mehr oder weniger gleichberechtigte Kollegen. Vorteilhaft ist dabei, dass die anfallenden Probleme kritischer beurteilt werden und die Urteilsfindung gereifter ist. Die Beteiligung am Entscheidungsprozess kann auch bewirken:

  - eine Verbesserung der Kommunikation
  - die Erhöhung der Identifikation mit den Entscheidungen.

  Von **Nachteil** ist, dass die Willensbildung erschwert wird und persönliche Spannungen zwischen den Direktoren eher auftreten können.

  Die Kollegialorganisation kann beruhen auf (*Kosiol, Riester*):

Primatkollegialität	Es gibt einen „primus inter pares", einen „Ersten" unter Gleichen, der etwas höher steht als seine Kollegen.
Abstimmungskollegialität	Alle Entscheidungen werden gemeinsam von allen Direktoren nach dem Mehrheitsprinzip getroffen.
Kassationskollegialität	Die Anerkennung einer Entscheidung erfolgt erst mit Gegenzeichnung eines anderen Direktors.
Ressortkollegialität	Jeder Direktor arbeitet in Eigenverantwortung in seinem abgegrenzten Zuständigkeitsbereich.

Hinsichtlich der Unternehmensleitung sollen betrachtet werden:

- **Entscheidungsaufgaben**
- **Eigenschaften**.

2.1.1 Entscheidungsaufgaben

Als wichtige Entscheidungsaufgaben der Unternehmensleitung sind zu nennen (*Korndörfer, Rahn*):

Art	Struktur	Beispiele
Grundsatz-entscheidungen	Existenz Ziele Strategien Führungsstil	Gründung, Fusion, Auflösung Vorgabe grundlegender Ziele Konzernbildung Kooperativer Führungsstil
Führungs-prozess-entscheidungen	Planung Realisierung Kontrolle	Strategische Planung Hereinholen von Großaufträgen Strategische Kontrolle
Organisations-entscheidungen	Leitungsorganisation Organisationsform Organisationssystem	Kollegialorganisation Spartengliederung Stab-Linien-Organisation
Bereichs-entscheidungen	Finanzpolitische Prinzipien Personalpolitische Prinzipien Marketingpolitische Prinzipien Produktpolitische Prinzipien Koordinationsprinzipien	Investitionsentscheidungen Aufstieg von Mitarbeitern Hochpreispolitik Qualität hat Vorrang Bereichsleiter gleich behandeln
Abschluss-entscheidungen	Jahresabschluss Abschlussdetails Berichterstattung	Lagebericht, GuV-Rechnung, Bilanz, Abschreibungspolitik Aufsichtsrat
Sonstige Entscheidungen	Vertretung Datenschutz Entwicklung	Repräsentation nach außen Personenbezogener Datenschutz Förderung fähiger Mitarbeiter

Zu den Aufgaben der Unternehmensleitung zählt auch die Gestaltung der Organisationsstruktur bzw. **Unternehmenskultur**, die zentrales Element der nach außen wirkenden Corporate Identity ist (*Birkigt/Stadler/Funk, Olfert/Pischulti, Peters/Waterman*).

Die **Unternehmensidentität** umfasst die Selbstdarstellung und Verhaltensweise eines Unternehmens nach innen und außen auf der Basis eines definierten (Soll-)Images. Es wird eine Unternehmensphilosophie festgelegt mit dem Willen, alle Handlungsinstrumente in einheitlichem Rahmen darzustellen.

2.1.2 Eigenschaften

Eine besondere Voraussetzung für die erfolgreiche Führung von Unternehmen bilden die Eigenschaften bzw. das Qualifikationspotenzial des Unternehmensleiters, der als Unternehmer bzw. Top Manager (z. B. Vorstand, Geschäftsführer) agiert. Diese Potenziale sind in den meisten Fällen als Begabung im Menschen angelegt, sie können zu einem Teil aber auch durch Schulung erworben werden. Aufgrund der hohen Anforderungen im Top Management müssen Unternehmensleiter besonders qualifiziert und engagiert sein (*Rahn*). Von besonderer Bedeutung sind:

- Die **Persönlichkeit** als individuelle Struktur der Eigenschaften, welche durch die Verwirklichung der personalen Identität, Intelligenz und Charakterstärke, eigenständiges Verhalten, objektives Beurteilungsvermögen, Durchsetzungsvermögen, Courage, Verhandlungsgeschick, Fähigkeit zur Menschenführung, soziale Kompetenz, Zielstrebigkeit bzw. durch Selbstvertrauen gekennzeichnet ist und ihren Ausdruck in richtungsweisenden Visionen und Normen findet.
- Die **Autorität** als durch Wissen und Können erworbenes Ansehen der Unternehmensleitung. Sie findet ihre Begründung in der fachlichen Qualifikation (Kenntnisse und Fertigkeiten), aber auch in persönlichen Eigenschaften, wie z. B. Souveränität, Charisma, Reife, Wortwahl, Verantwortungsbereitschaft, Vitalität und insbesondere im Denken in Zusammenhängen.
- Das **Engagement** als die persönliche Bereitschaft des Unternehmensleiters, die Gestaltung und Entwicklung des Unternehmens entsprechend der betrieblichen Zielsetzung voranzubringen. Es zeigt sich in der Intensität der Führungsaktivitäten bzw. in den Anstrengungen der Topmanager und hängt von der inneren Motivation (Leistungswille, Selbstverpflichtung) bzw. von äußeren Einflüssen ab, z. B. von den Gegebenheiten der Unternehmens-, Umfeld-, Privat- und Arbeitssituation.

Die Ausweitung der Aktionsfelder der Unternehmensleitung mit ihren steigenden Anforderungen und beschleunigten Entwicklungen bzw. ansteigenden Innovationsraten mit integrierten IT-Systemen wird für das heutige Top-Management zur Herausforderung. Die erfolgreiche Umsetzung des Konzeptes von **Business Intelligence** stellt an die moderne Unternehmensführung sehr hohe Anforderungen (*Knöll/Schulz-Sacharow/Zimpel*).

2.2 Bereichsleitung

Bereichsleiter sind **Hauptabteilungsleiter** oder **Abteilungsleiter**. Sie haben die Aufgabe, ihren Bereich als Ganzes und das Verhalten von Bereichsmitarbeitern unter Einsatz von Führungsmitteln zu steuern. Häufig sind sie Prokuristen oder Handlungsbevollmächtigte.

Als Bereichsleiter können nach den betrieblichen **Funktionsbereichen** unterschieden werden:

Bereiche	Leiter
Materialbereich	Materialwirtschaftsleiter Beschaffungsleiter Lagerwirtschaftsleiter
Produktionsbereich	Produktionsleiter Betriebsleiter Fertigungsleiter
Marketingbereich	Marketingleiter Verkaufsleiter Absatzleiter
Personalbereich	Personalleiter Personalchef
Finanz- und Rechnungswesen	Finanzleiter Rechnungswesenleiter
Informationsbereich	Datenverarbeitungsleiter Informatikleiter
Organisation	Organisationsleiter
Controlling	Controllingleiter

Bei der Bereichsleitung sind zu betrachten:

- **Entscheidungsaufgaben**
- **Eigenschaften**.

2.2.1 Entscheidungsaufgaben

Den Bereichsleitern können sich u. a. folgende Entscheidungsaufgaben stellen:

- Im **Materialbereich** sind Entscheidungen über die Kontaktpflege zu Lieferanten, zur Erhaltung der Lieferbereitschaft, zur Sicherung der Materialqualität und zur Sicherung der Wirtschaftlichkeit zu treffen.
- Im **Produktionsbereich** fallen Entscheidungen zur Einhaltung der Sicherheitsbestimmungen, zur Gestaltung des Produktionsprogrammes, zur Kosten- und Qualitätsüberwachung, zur Sicherstellung der Termineinhaltung, zur Kostenreduzierung und zur Minimierung der Kapitalbindung an.
- Im **Marketingbereich** sind Entscheidungen zur Steigerung der Umsatzerlöse, zur Erhöhung der Marktanteile, zur Gestaltung der Produkte, zur Festlegung der Preise und Rabatte, zur Bestimmung der Absatzwege und zur Gestaltung der Werbung und Öffentlichkeitsarbeit zu treffen.

- Im **Personalbereich** fallen Entscheidungen zur Senkung der Personalkosten, zur Beschaffung des Personals, zur Erhöhung der Arbeitsproduktivität, zur Verbesserung der Personalbeurteilung, der Personalpolitik und Personalorganisation, zum Personaleinsatz und zur Entwicklung des Personals an.
- Im **Finanzbereich** ist die Liquidität sicherzustellen, die Rentabilität zu verbessern, der Kapitalumschlag zu erhöhen, sind Investitions- und Finanzrechnungen vorzunehmen, die Zahlungsspielräume optimal zu nutzen und die Kapitalkosten zu minimieren.
- Im **Rechnungswesen** sind Entscheidungen über die Buchführung, die Bilanz und GuV-Rechnung, die Kosten- und Leistungsrechnung und steuerliche Fragen zu treffen.
- Im **Informationsbereich** sind Entscheidungen über die Verbesserung der Informations-Wirtschaftlichkeit, über den Einsatz geeigneter Datenträger und über die Integration der Datenverarbeitung nötig.
- Im Rahmen der **Organisation** fallen Entscheidungen über die Organisation von Projekten und über die reibungslose Organisation des Aufbaus und der Abläufe im Unternehmen.
- Im **Controlling** werden Entscheidungen über die strategische Planung, zur Frühwarnung bzw. zur Budgetierung und über das Berichtswesen getroffen.

2.2.2 Eigenschaften

In den einzelnen Bereichen des Unternehmens sind nicht nur unterschiedliche fachliche Qualifikationen erforderlich, sondern auch persönliche Fähigkeiten, die auch als **Schlüsselqualifikationen** bezeichnet werden. Eigenschaften der Bereichsleiter sollten beispielsweise sein:

- **Leiter des Materialbereiches**

Persönliche Fähigkeiten	Koordinationsfähigkeit, Überzeugungskraft, Verhandlungsgeschick, Flexibilität, Entscheidungsfreude.
Fachliche Fähigkeiten	Betriebswirtschaftliches Wissen, technische Kenntnisse über Materialien und Produktionsabläufe.

- **Leiter des Fertigungsbereiches**

Persönliche Eigenschaften	Hohe Flexibilität aufgrund steigender Umweltturbulenzen, Stressstabilität, Verantwortungsbereitschaft.
Fachliche Eigenschaften	Kenntnisse über die Arbeitsgestaltung, Zeitermittlung, Erzeugnisprozesse, Fertigungssysteme, Normung und Typung, Produktionsvorbereitung, Produktionsplanung, Produktionssteuerung und Qualitätssicherung.

- **Leiter des Marketingbereiches**

Persönliche Eigenschaften	Denken in Zusammenhängen, Durchsetzungsvermögen, Kontaktfähigkeit, Kreativität, Fähigkeit zur Menschenführung.
Fachliche Eigenschaften	Betriebswirtschaftliche Kenntnisse, Volkswirtschaftslehre, Marktkenntnisse, Fremdsprachen, Inlands- und Auslandsgeschäfte.

- **Leiter des Personalbereiches**

Persönliche Eigenschaften	Kontaktfähigkeit, diplomatisches Geschick, menschliche Reife, psychologisches Einfühlungsvermögen, Freude am Umgang mit Menschen.
Fachliche Eigenschaften	Betriebswirtschaftliche Kenntnisse, arbeitsrechtliches Wissen, Kenntnisse in Psychologie und Wirtschaftspädagogik, Kenntnisse in Arbeitswissenschaft und Organisation.

- **Leiter des Informationsbereiches**

Persönliche Eigenschaften	Logisch-analytisches Denken, Genauigkeit, Blick für das Wesentliche, Kombinationsvermögen, gutes Gedächtnis, Kommunikationsfähigkeit.
Fachliche Eigenschaften	Datenverarbeitungskenntnisse, organisatorische Fähigkeiten, Programmiersprachen, breites betriebswirtschaftliches Wissen.

- **Leiter des Finanz- und Rechnungswesens**

Persönliche Eigenschaften	Analytisches Denkvermögen, Gefühl für Zahlen, Zuverlässigkeit, Kritikfähigkeit, Überzeugungskraft, Interesse an Detailarbeit.
Fachliche Eigenschaften	Kenntnisse über die Beschaffung, Verwendung und Verwaltung der Finanzmittel, Kenntnisse über Buchhaltung, Kosten- und Leistungsrechnung, Jahresabschluss und Steuerwesen.

- **Leiter der Organisation**

Persönliche Eigenschaften	Problemorientiertes Denken, Blick für das Wesentliche, Überzeugungskraft, Kreativität, Genauigkeit, Kombinationsgabe, Kontaktfähigkeit, Fähigkeit zur Teamarbeit, Technisches Verständnis.
Fachliche Eigenschaften	Kenntnisse über Methoden und Techniken des Organisierens, der Arbeitswissenschaften, REFA-Kenntnisse, Planungstechniken, Programmiersprachen, EDV-Kenntnisse, Kenntnisse über Aufbau-, Ablauf- und Projektorganisation.

- **Leiter des Controlling**

Persönliche Eigenschaften	Analytisch-planerisches Denken, technisches Verständnis, Ausdrucksfähigkeit, Kreativität, Gründlichkeit, Kontaktfähigkeit und Durchsetzungsvermögen.
Fachliche Eigenschaften	Kenntnisse über Planungsverfahren, Organisation, Rechnungswesen, Steuerrecht, EDV, Prognosetechniken, Operations Research.

2.3 Gruppenleitung

Je nach dem Umfang der Führungsaufgaben entscheiden Gruppenleiter – beispielsweise als Fachkaufleute, Meister bzw. Vorarbeiter – auf der mittleren bzw. unteren Ebene des Unternehmens. Die **sachbezogenen Führungsentscheidungen** dieser Ebene sind vor allem gerichtet auf die

- Aufrechterhaltung des Arbeits- und Produktionsflusses
- Beseitigung von Störungen des Betriebsablaufes
- Verhandlungen mit unterstützenden Stellen.

Es hat sich in der betrieblichen Führungspraxis gezeigt, dass mit abnehmender Führungsebene im Unternehmen die **personenorientierten** Führungsaufgaben zunehmen. Während die Gruppenleiter auf der unteren Ebene auch weniger Leistungswillige zu motivieren haben, ist das auf höheren Ebenen nicht zu erwarten.

Unter einer **Gruppe** ist eine Reihe von Personen zu verstehen, die in einer bestimmten Zeitspanne häufig miteinander Umgang haben. Deren Anzahl ist so gering, dass jede Person mit einer anderen Person in Verbindung treten kann. Zu unterscheiden sind als Gruppen:

- **Formelle Gruppen**, die im Sinne der betrieblichen Zielerreichung geplant und bestimmt werden. Die betriebliche Aufgabenstellung steht im Vordergrund und die Rangordnung in der Gruppe wird von außen vorgegeben.
- **Informelle Gruppen**, die sich aus menschlichen Gesichtspunkten heraus aufgrund von Sympathiebeziehungen bilden. Daraus ergibt sich die Rangordnung in der Gruppe. Die individuelle Befriedigung sozialer Bedürfnisse steht im Vordergrund.

In den Gruppen im Unternehmen befinden sich **Gruppenmitglieder** mit unterschiedlichen Verhaltensweisen, die anzuspornen, zu bremsen, zu fördern, zu ermutigen, zu integrieren bzw. wertzuschätzen sind.

Zu den **gruppenorientierten Führungsstilen** im Hinblick auf einzelne Gruppenmitglieder zählen, wie auf S. 222 dargestellt – siehe ausführlich *Olfert/Rahn, Rahn*:

- Der **anspornende** Führungsstil, der alle Führungsmaßnahmen umfasst, die Mitarbeiter mit Leistungsreserven betreffen. Drückeberger sind zu fordern, damit sie aus ihrer Leistungsreserve gelockt werden. Auch weitere Leistungschwache sind zu besseren Leistungen anzuspornen.
- Der **bremsende** Führungsstil, der dazu dient, zu lebhafte Gruppenmitglieder, Intriganten, und Ehrgeizlinge in ihre Schranken zu weisen. Sie sind rechtzeitig auf ihre Leistungsziele hinzusteuern, bevor ihr Verhalten ausufert oder außer Kontrolle gerät.
- Der **ermutigende** Führungsstil, der geeignet ist, das Verhalten zu schüchterner oder problembeladener Gruppenmitglieder positiv zu beeinflusssen. Verzweifelte Mitarbeiter benötigen Mut und Zuversicht, damit ihr Selbstwertgefühl bestärkt wird.

- Der **fördernde** Führungsstil, der ein Verhaltensmuster des Vorgesetzten umfasst, das informelle Gruppenführer und leistungsstarke Kräfte über entsprechende Anreize dazu bringt, ihre bisherigen Beiträge weiterhin zu leisten bzw. weiter zu steigern.
- Der **integrierende** Führungsstil, der dazu dient, über bestimmte Maßnahmen Neulinge bzw. Außenseiter näher an die Gruppe heranzuführen, damit sie sich in die Gruppe einfinden und mit ihren Aktivitäten in die Gruppendynamik einbezogen werden.
- Der **wertschätzende** Führungsstil, der grundsätzlich bei positiv eingestellten Leistungsträgern gilt und vor allem bei Frohnaturen und ausgleichenden Gruppenmitgliedern anzuwenden ist.

Der Gruppenleiter hat immer auch die Situation der ganzen Gruppe und die Wirkungen seiner Entscheidungen auf die Gesamtgruppe zu beachten, denn auch andere Gruppenmitglieder nehmen Gegebenheiten und Rückwirkungen von individuell bezogenen Maßnahmen des Vorgesetzten wahr. Gegenüber der Führung einzelner Gruppenmitglieder ist die Führung von **Gruppen als Ganzes** ein deutlich komplexeres Unterfangen (*Wegge/v. Rosenstiel*). Für die Führung ganzer Gruppen gelten folgende Führungsstile (*Rahn*):

- Unruhige Gruppen bzw. Chaotengruppen sind mit dem **bremsenden** Stil zu führen.
- Zu stille bzw. -problembeladene Gruppen sind **ermutigend** zu führen.
- Neue Gruppen benötigen den **integrierenden** Führungsstil.
- Leistungsschwache Gruppen sind **anspornend** zu führen.
- Bei leistungsstarken Gruppen ist der **fördernde** Führungsstil erforderlich.

Die **Führungspraxis** hat gezeigt, dass erfolgreiche Gruppenleiter bei der Führung von Gesamtgruppen insbesondere folgende Regeln beachten:

- Sie stellen an sich selbst höhere Anforderungen als an ihre Mitarbeiter.
- Sie bringen nicht nur bei der Führung eine positive Grundeinstellung mit.
- Sie versuchen beharrlich, ihr Führungsverhalten und ihre Leistungen zu verbessern.
- Sie vereinbaren mit der Gruppe fordernde, aber erreichbare Ziele.
- Sie haben an die Gruppe klare Erwartungshaltungen.
- Sie streben in ihrer Gruppe ein positives und harmonisches Arbeitsklima an.
- Sie behandeln jeden Mitarbeiter als Partner mit Respekt und Anstand.
- Sie vermeiden persönliche Verletzungen von Geführten.
- Sie setzen die Macht des Lobes und der Anerkennung gezielt ein.
- Sie engagieren sich für ihre Mitarbeiter und setzen sich für diese ein.
- Sie reagieren beim Fehlverhalten von Geführten so, dass die Situation nicht eskaliert.
- Sie sorgen dafür, dass sich Fehlverhalten von Geführten möglichst nicht wiederholt.

Erfolgreiche Gruppenleiter haben keine Probleme mit der Autorität. Sie erkennen schnell das Machbare, haben viel Überzeugungskraft und beherrschen den Einsatz der Führungsinstrumente. Diese Führungskräfte hinterlassen bei den Geführten ein Vermächtnis, das weit über die aktuelle Führungszeit hinausreicht.

Eine **effektive Gruppenführung** einzelner Gruppenmitglieder bzw. ganzer Gruppen trägt entscheidend zum Gruppenerfolg und Erfolg eines Unternehmens bei (*Rahn*).

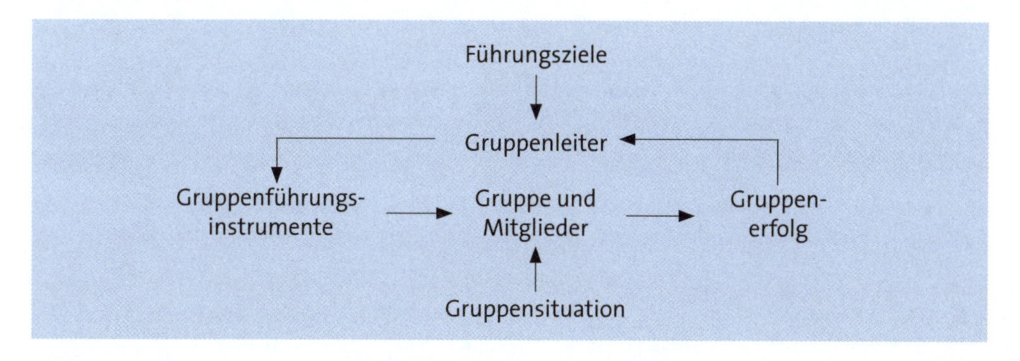

Anstatt des Begriffs der Gruppe wird heute vielfach der Begriff **Team** verwendet. Wenn eine Gruppe als Team Erfolg haben soll, muss es von ihrem Leiter entsprechend geführt werden. Gruppenmitglieder sind:

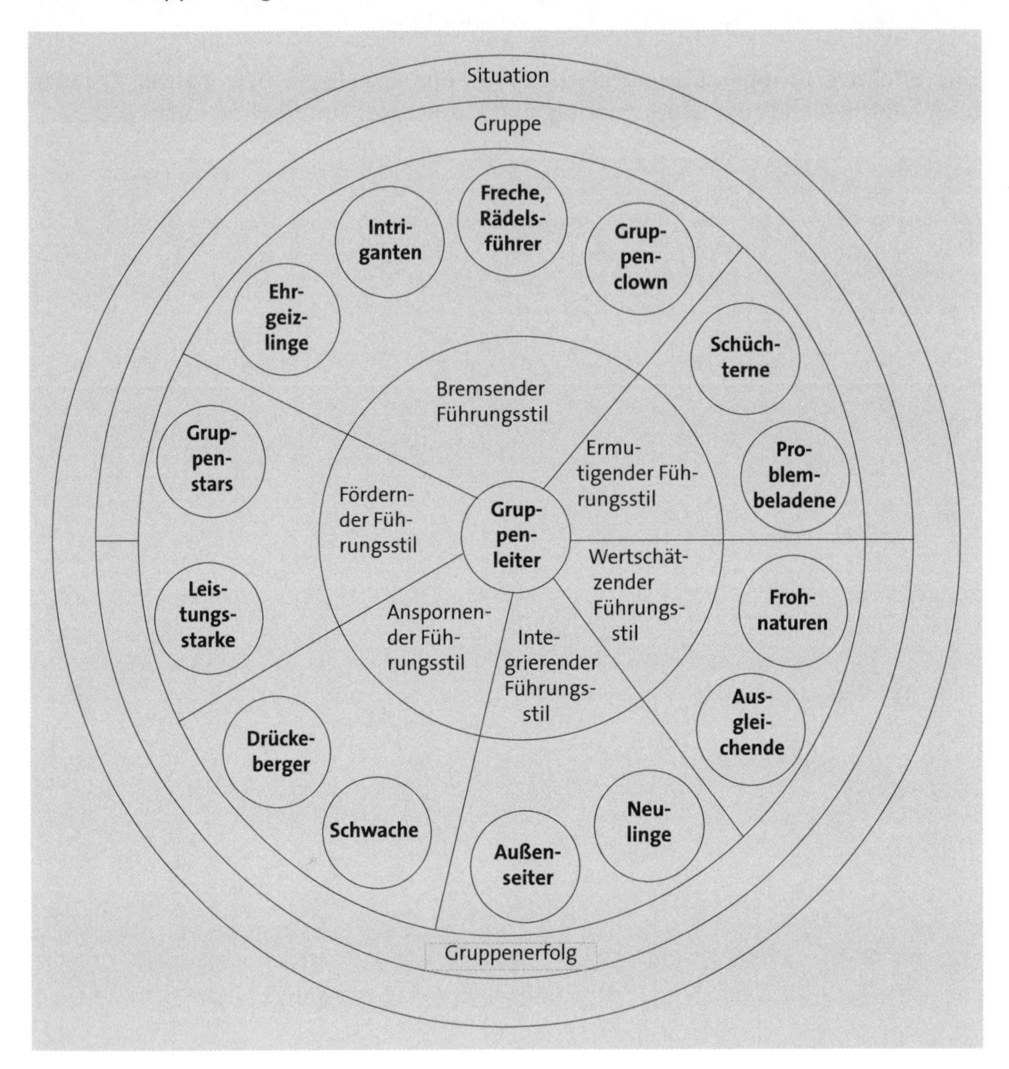

Aufgabe 32 > Seite 546

3. Führungsprozess

Grundsätzlich enthält ein Prozess eine zeitliche Entwicklung, d. h. im Verlauf eines Vorgangs wird der Ablauf der Führung betrachtet. Dann enthält ein **sachbezogener Führungsprozess** zunächst die Ziele, die es zu erreichen gilt. Diesen folgen Planungsüberlegungen, auf welchen Wegen diese Ziele zu erreichen sind. Schließlich kommt es zur

Realisierungsphase, der die Kontrolle folgt, die darauf gerichtet ist zu prüfen, ob die Ergebnisse den Zielen entsprechen – siehe ausführlich *Olfert, Olfert/Pischulti, Rahn*:

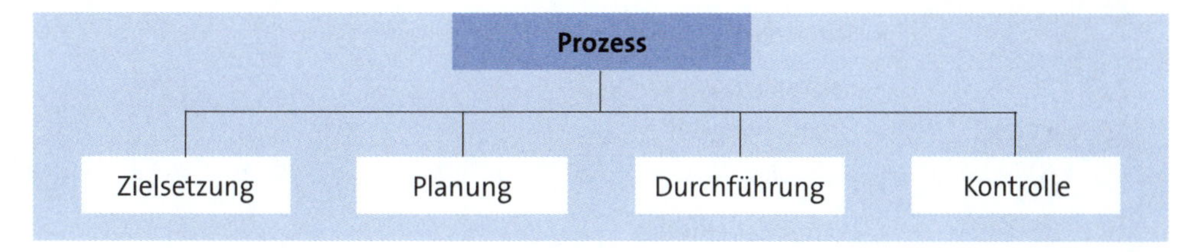

3.1 Zielsetzung

Zielsetzungen oder Ziele sind Aussagen mit normativem Charakter, die einen gewünschten, zukünftigen Zustand der Realität beschreiben (*Hauschildt, Staehle*). Sie werden von der Unternehmensleitung im Führungsprozess vorgegeben. Zu unterscheiden sind:

- **Monetäre Ziele** als Ziele, die sich in Geld messen lassen. Sie können beispielsweise sein:

Marktleistungsziele	► Umsatzsteigerung ► Ertragssteigerung ► Kostensenkung
Rentabilitätsziele	► Gewinnerhöhung ► Umsatzrentabilität ► Gesamtkapital-Rentabilität ► Eigenkapital-Rentabilität
Finanzwirtschaftliche Ziele	► Liquiditätsverbesserung ► Kapitalstrukturveränderung ► Kapitalkostensenkung

- **Nicht-monetäre Ziele** sind nicht ohne Weiteres in Geldeinheiten bestimmbar, beispielsweise als:

Ökonomische Ziele	► Marktanteilsvergrößerung ► Qualitätsverbesserung ► Umweltschonung ► Innovationsverbesserung ► Serviceverbesserung

Macht-/ Prestigeziele	► Soziale Sicherheit ► Arbeitszufriedenheit ► Soziale Integration ► Personalentwicklung
Soziale Ziele	► Unabhängigkeit ► Image/Prestige ► Politischer Einfluss ► Gesellschaftlicher Einfluss

Das Unternehmen verfolgt kurz-, mittel- und langfristige Ziele. Sie bilden in ihrer Gesamtheit das **Zielsystem** des Unternehmens.

Zu unterscheiden sind:

- **Zielbeziehungen**
- **Zielränge**
- **Zielkonkretisierung**.

3.1.1 Zielbeziehungen

Ziele stehen in bestimmten Beziehungen zueinander. Dementsprechend gibt es (*Heinen*):

- **Komplementäre Ziele**, bei denen Steuerungsmaßnahmen zur Erreichung eines Zieles gleichzeitig zur Förderung oder Erreichung eines anderen Zieles führen.

  Beispiel

  Eine Kostensenkung im Fertigungsbereich führt bei gleichen Umsätzen auch zu einer Erhöhung des Gewinnes.

- **Konkurrierende Ziele**, bei denen Steuerungsmaßnahmen zur Erreichung eines Zieles die Abnahme des Zielerreichungsgrades bei einem anderen Ziel bewirken.

  Beispiel

  Wird eine Lohnerhöhung angestrebt, kann das Ziel, Personalkosten zu senken, nicht erreicht werden.

- **Indifferente Ziele**, bei denen die Erfüllung eines Zieles keinen Einfluss auf den Zielerreichungsgrad eines anderen Zieles hat.

Beispiel

Die Senkung der Kosten für Betriebsstoffe und die Verbesserung des Kantinenessens sind völlig unabhängig voneinander.

3.1.2 Zielränge

Die Unternehmensziele stehen in einer hierarchischen Beziehung zueinander. Es lassen sich unterscheiden:

- **Oberziele**, über die auf der Ebene des Top Management entschieden wird. Diese Ziele sind für die strategische Planung bedeutend.
- **Mittelziele**, die sich aus den Entscheidungen des Middle Management ergeben und von vorrangig taktischer Bedeutung sind.
- **Unterziele**, über die das Lower Management entscheidet und die im Wesentlichen operationale Bedeutung haben.

Die Ableitung der Mittelziele und der Unterziele aus den Oberzielen hat sorgfältig zu erfolgen, damit die Oberziele nicht verfälscht oder gefährdet werden:

Beispiel

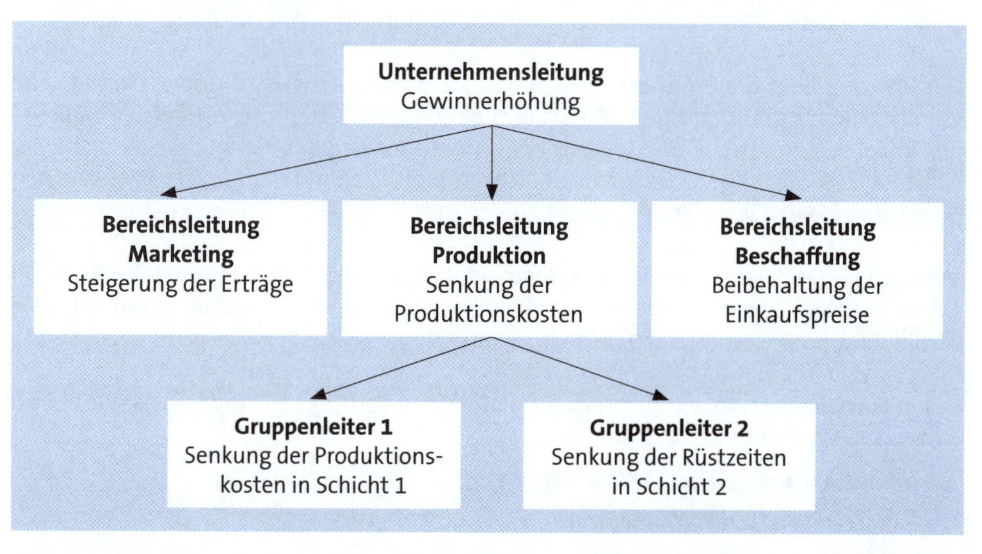

3.1.3 Zielkonkretisierung

Ziele sind so zu formulieren, dass der Grad ihrer Erreichung (*Heinen*) messbar ist. Die Konkretisierung der Ziele erfolgt auf allen Unternehmensebenen nach:

- **Inhalt** (Gewinnsteigerung um ...)
- **Ausmaß** (... 3 % ...)
- **Zeit** (... im Jahr 2014).

Vorgegebene Ziele disziplinieren das **Leistungsverhalten** der Mitarbeiter, da ihre Leistungen besser messbar sind. Einerseits wissen die Mitarbeiter, wo sie leistungsmäßig stehen, andererseits kann sich für sie ein überhöhter Leistungsdruck ergeben, wenn die Ziele unrealistisch hoch gesetzt werden.

Unternehmensziele sollten, soweit möglich, mit den **Individualzielen** der Mitarbeiter abgestimmt werden. Es ist zu empfehlen, die Ziele nicht aufzuzwingen, sondern sie zu vereinbaren.

Aufgabe 33 > Seite 547

3.2 Planung

Planung ist die gegenwärtige Vorwegnahme zukünftigen wirtschaftlichen Handelns unter Beachtung des Rationalprinzips. Sie ist die gedankliche Vorbereitung zielgerichteter Entscheidungen (*Wöhe/Döring*). Die betriebliche Planung bildet eine Kernfunktion des Führungsprozesses. Ihr Grundproblem besteht in der Ungewissheit als mangelnder Vorausbestimmbarkeit bzw. geringer Vorhersehbarkeit der Ereignisse.

Der Planung liegt die **Prognose** zu Grunde. Sie ist eine bewusste und systematische Vorausschätzung zukünftigen Marktgeschehens. Eine Prognose umfasst möglichst objektive, systematische und logisch begründete Aussagen über wahrscheinliche zukünftige Entwicklungen, Ereignisse, Tatbestände, Zustände und Verhaltensweisen (*Bea/Haas, Hentze u. a., Rahn, Weis*).

Mit der Planung werden **Soll-Werte** festgelegt. Damit die Unternehmensleitung sich ein Gesamtbild über das Ergebnis der Planungsüberlegungen machen kann, wird sie sich insbesondere genauer befassen mit:

- Den **Planbilanzen**, in denen die voraussichtlichen Vermögens- und Kapitalwerte und damit die geplante Entwicklung des
  - Anlagevermögens und Umlaufvermögens
  - Eigenkapitals und Fremdkapitals

  für den Planungszeitraum dargestellt werden.

- Den **Plan-Gewinn- und Verlustrechnungen**, welche die geplanten Ertrags- und Aufwandswerte enthalten, beispielsweise
  - Umsatzerlöse und sonstige betriebliche Erträge
  - Material- und Personalaufwand, Abschreibungen.

  Daraus sind betriebswirtschaftliche **Planstandards** ableitbar, z. B. Planungssätze, Planmengen und Plankosten, deren Einhaltung später zu kontrollieren ist.

- Den **Planbudgets**, die als Bereichsbudgets den notwendigen Planungsabschluss bilden. Sie werden im Hinblick auf die einzelnen Verantwortungsträger, beispielsweise den Produktionsleiter, für jeweils eine Planungsperiode erstellt. Dabei können sowohl Kosten als auch Leistungen budgetiert werden.

  In den Budgets wird die Gesamtplanung in Abstimmung mit den Gruppenleitern wertmäßig zusammengestellt. Die Bereichsleiter haben die Aufgabe, mithilfe geeigneter Maßnahmen dafür zu sorgen, dass die Budgetwerte bis zum Ende der Planungsperiode eingehalten werden. Die Budgets werden damit zur „Messlatte" des Bereichserfolges.

Die messbar formulierten Zielsetzungen bzw. die Zielvereinbarungen der Unternehmens-, Bereichs- und Gruppenleiter werden als **Planstandards** bezeichnet. Die Daten der Bilanzen, Gewinn- und Verlustrechnungen und Budgets bilden die Grundlage für das **Controlling.**

In den einzelnen Ebenen des Unternehmens sind die Unternehmensleiter, Bereichsleiter und Gruppenleiter für die Planung verantwortlich.

Die Planung kann entsprechend der jeweiligen **Planungsebene** sein – siehe ausführlich *Ehrmann, Olfert/Pischulti, Rahn*:

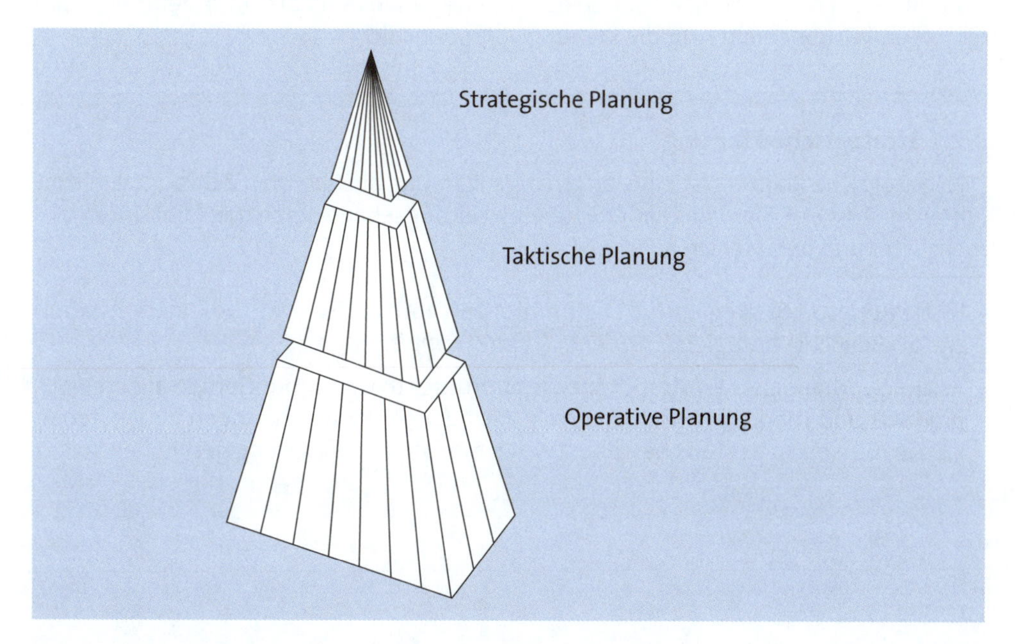

Diese Einteilung hat sich heute durchgesetzt. Die Zuordnung dieser Begriffe zu den **Unternehmensebenen** erfolgt in der Literatur aber nicht einheitlich. Vor allem gibt es unterschiedliche Auffassungen über die Bezeichnung im Rahmen der Ebenen und der Zuordnung des taktischen bzw. operativen Planungsbegriffes – siehe *Dillerup/Stoi, Ehrmann, Rahn*.

Die verschiedenen Planungsebenen sind nicht losgelöst voneinander zu interpretieren, sondern sie stehen in direktem Zusammenhang und können nach folgenden **Planungsprinzipien** organisiert sein (*Olfert/Pischulti, Rahn, Staehle, Wöhe/Döring, Ziegenbein*):

- Das **Top-down-Prinzip**, nach dem die Planung retrograd „von oben nach unten" erfolgt. Dabei wird von einer ganzheitlichen Zielformulierung ausgegangen, aus der strategische, taktische und operative Maßnahmen abzuleiten sind. Die Unternehmensleitung informiert die nachgeordneten Instanzen über die zu realisierenden Maßnahmen.
- Das **Bottom-up-Prinzip**, bei dem die Planung progressiv „von unten nach oben" durchgeführt wird. Bei ihr stehen weniger die Ziele als vielmehr die Realisierbarkeit der untergeordneten Teilpläne im Vordergrund.

In der Praxis kommt es häufig zu Mischformen zwischen beiden Prinzipien. Wird sowohl nach dem Top-down-Prinzip, als auch nach dem Bottom-up-Prinzip geplant, wird vom **Gegenstromverfahren** gesprochen.

Hier stellen die Führungskräfte der oberen Ebene einen vorläufigen **Rahmenplan** auf, aus dem die einstweiligen Teilpläne abgeleitet werden. Ausgehend von der unteren Ebene wird dann bis hin zur oberen Stufe eine Überprüfung der Planungsvorgaben vorgenommen. In den einzelnen Ebenen des Unternehmens sind die Unternehmens-, Bereichs- und Gruppenleiter für die Planung verantwortlich.

3.2.1 Strategische Planung

Die strategische Planung ist eine langfristige Planung, die über den Zeitraum von fünf Jahren hinausgeht. Sie erfolgt auf der oberen Leitungsebene durch den (die) Unternehmensleiter und befasst sich mit:

- Festlegung von Strategien für bestimmte **Geschäftsfelder** bzw. für Funktionsbereiche als Bereichsstrategien (*Ehrmann, Olfert/Pischulti, Rahn*).
- Analyse vorhandener **Erfolgspotenziale**, worunter das gesamte Gefüge aller jeweils produkt- und marktspezifischen, erfolgsbezogenen Voraussetzungen zu verstehen ist. Sie müssen spätestens bestehen, wenn die Erfolgsrealisierung geschehen soll.

Als **Phasen** der strategischen Planung können unterschieden werden (*Hinterhuber*):

Unter **Strategien** werden Handlungsanweisungen, Verfahren oder Alternativen verstanden, die Möglichkeiten zur Lösung von Problemen darstellen (*Gälweiler/Schwaninger, Nieschlag/Dichtl/Hörschgen*). Sie sind sorgfältig zu planen – siehe Seite xx.

Die strategische Problematik besteht nicht in der Planung von Teilaktivitäten, sondern in der übergeordneten Gesamtplanung unter Berücksichtigung relevanter Unternehmens- bzw. Umfeldsituationen. Grundsätzlich besteht das Problem der **Früherkennung von Risikofaktoren** (*Hopfenbeck*).

Aufgrund der mangelnden Voraussehbarkeit bzw. Vorausbestimmbarkeit dieser Einflussfaktoren ist eine relativ große Planungsschwierigkeit gegeben. Um ihr entgegenzuwirken, bedienen sich die Top Manager bestimmter **Planungskonzepte**, z. B. des Einflussfaktorenkonzepts oder des Erfahrungskurvenkonzepts – siehe ausführlich *Olfert/ Pischulti, Rahn*.

Immer mehr Bedeutung kommt auch im strategischen Bereich der **wertorientierten Unternehmensführung** (*Britzelmaier, Coenenberg/Salfeld, Ebeling*) zu, die insbesondere die Interessen der Aktionäre (Shareholder) bei ihren Entscheidungen berücksichtigt. Das Ziel besteht darin, den Unternehmenswert der Firma deutlich zu erhöhen, um in langfristiger Sicht überdurchschnittliche Renditen erzielen zu können.

Diese Unternehmenspolitik zeigt sich in steigenden Aktienkursen (value). Viele Firmen versprechen sich vom **Shareholder Value** eine bessere internationale Konkurrenzfähigkeit durch niedrigere Personalkosten. Das **Stakeholder-Konzept** (stake = Einsatz, holder = Inhaber) berücksichtigt außerdem Interessen der Aktionäre und weiterer **Anspruchsgruppen**, z. B. Parteien, Berater, Verbände, Krankenkassen, die gegenüber den Unternehmen verschiedene Interessen geltend machen (*Thommen/Achleitner, Wöhe/Döring*).

3.2.2 Taktische Planung

Die taktische Planung basiert auf der strategischen Planung, aus der sie abgeleitet wird. Sie umfasst einen mittelfristigen Zeitrahmen von einem Jahr bis zu vier bis fünf Jahren und ist damit das Bindeglied zwischen der strategischen und operativen Planung.

Die taktische Planung erfolgt auf der **mittleren Leitungsebene** des Unternehmens. Ihr liegt nur teilweise eine zentrale Planungsautorität zu Grunde. Dezentrale Einflüsse werden stärker. Die Flexibilität der taktischen Planung ist mittel bis groß, weil der zeitliche Rahmen kleiner ist als bei der strategischen Planung.

Die **Bereichsleiter** der einzelnen Funktionsbereiche entwickeln Maßnahmenkataloge zur Umsetzung der strategischen Pläne.

Die einzelnen taktischen Pläne stehen in folgendem **Zusammenhang** (*Olfert, Olfert/Pischulti, Rahn*):

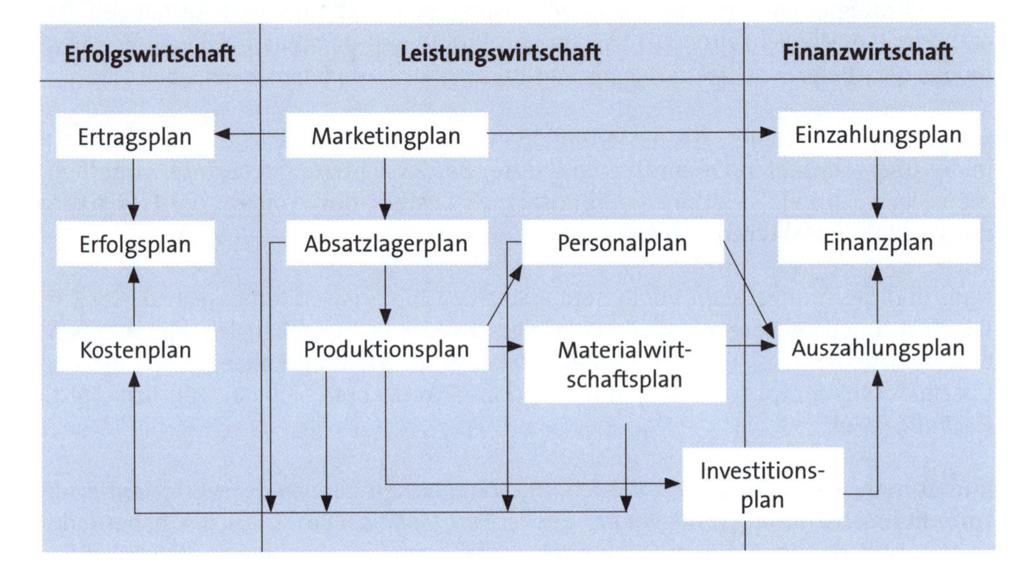

Üblicherweise geht die taktische Planung vom **Marketingplan** aus, der zeigt, wie viel Produkte am Absatzmarkt voraussichtlich abgesetzt werden können. Den Markt auszuschöpfen, liegt schließlich in den meisten Fällen im Interesse des Unternehmens. Am Marketingplan haben sich die übrigen Pläne zu orientieren.

Das ist dann aber nicht möglich, wenn ein **Engpass** im Unternehmen vorhanden ist, der das vom Marketing vorgegebene Leistungsvolumen begrenzt, beispielsweise die Fertigungskapazität, die nur 80 % der verkaufbaren Produkte herstellen kann. In diesem Falle ist der betreffende Engpass der Ausgangspunkt der taktischen Planung, sofern er nicht behoben werden kann oder soll.

Die taktische Problematik besteht in der Planung von Zielsetzungen und Maßnahmen, welche die mittlere Unternehmensebene betreffen. Diese Planungsart ist in der Regel auf überschaubare Teilbereiche des Unternehmens ausgerichtet.

3.2.3 Operative Planung

Die operative Planung setzt die Vorgaben der strategischen und taktischen Planung auf der untersten Planungsebene um. Sie ist kurzfristig angelegt und umfasst einen Zeitraum bis zu einem Jahr. Die operative Planung erfolgt insbesondere auf der **unteren Leitungsebene** durch die **Gruppenleiter**, kann aber auch bis in die mittlere Führungsebene hineinreichen. Wegen ihrer Kurzfristigkeit ist sie sehr detailliert und relativ genau möglich.

Die Planungsautorität ist dezentralisiert und die Planungsflexibilität gering, weil der zeitliche Rahmen stark begrenzt ist. Die operative Planungsproblematik besteht in der gedanklichen Vorwegnahme des „Alltagsgeschehens". Sie erfolgt als konkrete Ziel- und Maßnahmenplanung auf der Basis der taktischen Planung.

Ein **operativer Plan** enthält in detaillierter Form:

- alle im jeweiligen Unternehmensbereich zu verfolgenden Einzelziele
- die auf die Erreichung dieser Ziele ausgerichteten Maßnahmen, die beispielsweise auch einzuhaltende Termine umfassen.

3.3 Durchführung

Die vom Unternehmen geplanten Maßnahmen sind im Führungsprozess zu realisieren. In der Durchführungsphase wird versucht, die Überlegungen konkret zu verwirklichen. Dabei sind Entscheidungen und Steuerungsmaßnahmen nötig, die unter folgenden Aspekten betrachtet werden – siehe ausführlich *Rahn*:

- **Realisierungsebenen**
- **Realisierungsfunktionen**
- **Realisierungsstörungen**.

3.3.1 Realisierungsebenen

Die geplanten Maßnahmen sind auf allen Unternehmensebenen durchzuführen:

- Die **Unternehmensleitung** muss als Institution der obersten Leitungsebene des Unternehmens nachdrücklich die Einhaltung der Unternehmensziele anstreben, damit der Gesamterfolg eintritt.
- Die **Bereichs- und Gruppenleiter** haben sich auf mittlerer bzw. unterer Ebene so einzusetzen, dass die vorgegebenen Ziele im konkreten Vollzug des Betriebsgeschehens erfüllt werden.
- In der **Ausführungsebene** als unterster des Unternehmens Ebene ergeben sich beispielsweise folgende Ausführungsaufgaben:

Material-bereich	► Angebote einholen und vergleichen ► Bestellungen schreiben ► Einkaufskarteien führen ► Terminüberwachung durchführen ► Waren annehmen und Qualität prüfen ► Waren einordnen und pflegen ► Warenabgabe verwalten ► Lagerkartei führen ► Bedarfsmeldung abgeben
Produktions-bereich	► Produzieren der Fertigprodukte ► Transportieren von Rohstoffen und Hilfsstoffen ► Einsatz der Betriebsmittel und Betriebsstoffe ► Maschinen rüsten ► Kapazitäten nutzen ► Produktionstermine einhalten ► Laufkarten und Stücklisten sichten ► Lohnzettel erstellen
Marketing-bereich	► Kundenaufträge bearbeiten ► Angebote erstellen ► Aufträge ausführen ► Verkaufen und werben ► Rechnungen schreiben ► Reklamationen bearbeiten ► Waren verpacken und versenden ► Versandpapiere ausstellen
Personal-bereich	► Personalzugänge bearbeiten ► Lohnabrechnung ausführen ► Personal betreuen ► Personaltraining durchführen ► Personalakten führen ► Personalstatistiken erstellen ► Personaldateien führen ► Personaldatenbanken bearbeiten ► Personalabgänge bearbeiten

Finanzbereich	► Sicherung des Zahlungsmittel-Eingangs ► Abwicklung von Zahlungsausgängen ► Wechsel bearbeiten ► Investitionsrechnungen durchführen
Rechnungswesen	► Buchung der Ausgangsbelege ► Buchung der Eingangsbelege ► Kalkulation der Preise ► Erstellen von Statistiken ► Erstellen von Betriebsabrechnungsbögen ► Steuern und Versicherungen berechnen ► Bilanzen, Gewinn- und Verlustrechnungen erstellen
Informationsbereich	► Informationen bereitstellen ► Datenpflege ► Informationsabwicklung ► Informationen speichern
Controlling	► Indikatoren erfassen ► Ist-Werte aufnehmen ► Soll-Ist-Vergleiche durchführen ► Ergebnisse untersuchen ► Kontrollen vornehmen ► Berichte schreiben

3.3.2 Realisierungsfunktionen

Im Führungsprozess dienen die Zielsetzung und die Planung der **Willensbildung**. Demgegenüber steht bei der Realisierung die **Willensdurchsetzung** im Vordergrund. Bei den Realisierungsfunktionen geht es um die praktische Umsetzung des Gewollten (*Jung*).

Sie sind diejenigen Betätigungsfelder im Führungsprozess, die zur Umsetzung der Pläne des Unternehmens nötig sind. Welche Funktionen genau zur Realisierung des Geschehens gehören, ist bisher noch nicht genau bestimmt worden.

Als **Realisierungsfunktionen** können unterschieden werden:

- Die **ausführende Arbeit**, welche die Entscheidungen des dispositiven Faktors in die Realität umsetzt. Als elementarer Faktor ist sie objektbezogen und beinhaltet diejenigen Tätigkeiten, die unmittelbar mit der Leistungserstellung und Leistungsverwertung zusammenhängen (*Wöhe/Döring*).

- Die **Organisation**, die als dispositiver Faktor versucht, das Geplante im Unternehmen konkret durchzusetzen und zu verwirklichen. Zu diesem Zweck überträgt die Leitung des Unternehmens Aufgaben bzw. Befugnisse auf diejenigen Personen, die das betriebliche Geschehen steuern und lenken (*Gutenberg*).
- Die **Steuerungs-** und **Regelungsvorgänge** mit entsprechender Informationsverarbeitung dienen ebenfalls der Durchführung. Die realisierten Ergebnisse führen zu Ist-Aussagen. Außer der Anleitung sind Motivation und Organisation zur Umsetzung der geplanten Maßnahmen notwendig (*Töpfer*).
- Das **Einwirken** auf die Mitarbeiter, damit die Pläne verwirklicht werden. Die Realisation kann außer der Organisation z. B. durch das Veranlassen von Tätigkeiten an nachgeordneten Instanzen, durch Einweisen von neuen Mitarbeitern und durch Unterweisen der Mitarbeiter geschehen (*Jung*).

Im Rahmen der Realisierungsphase gilt es vor allem, die **Innovationen** zu fördern, deren Entwicklung die Hauptaufgabe des **Innovationsmanagements** ist (*Hauschildt/Salomo, Vahs/Brem*). Es zielt vor allem auf die Wertsteigerung des Unternehmens ab, z. B. durch Wachstumspotentiale, Organisationsgestaltung, Entwicklung neuer Marktchancen, Gestaltung neuer Produkte bzw. Dienstleistungen. Der **Innovationsprozess** besteht aus der Ideengewinnung/-konkretisierung, Konzeptdefinition, Konzeptbewertung und Markteinführung (*Homburg/Krohmer*).

Eine Innovation ist die planvolle Erneuerung und auch Neugestaltung von Gegebenheiten im Rahmen eines Unternehmens mit dem Ziel, bereits bestehende Verfahren zu optimieren oder neu auftretenden Anforderungen besser entsprechen zu können. Es sind beispielsweise zu unterscheiden:

- die **Produktinnovationen** als Entwicklung, Erzeugung und Vermarktung neuer Produkte und Produktqualitäten auf der Basis von Erfindungen und Ideen
- die **Prozess-** und **Verfahrensinnovationen** als Entwicklung, Gestaltung und Durchsetzung neuer Führungsprozesse bzw. Geschäftsprozesse und Methoden im Unternehmen.

Innovationsfördernde Bedingungen können z. B. durch die Bereitstellung von Risikokapital und durch die Förderung kreativen Personals im Rahmen von Qualitätszirkeln bzw. des betrieblichen Vorschlagswesens geschaffen werden.

Nach obigen Ausführungen erscheint für die **Unternehmenspraxis** eine Trennung der Realisierungsfunktionen in zwei unterschiedliche Kategorien sinnvoll:

- Die **sachbezogenen Realisierungsfunktionen** als sachlich-rational bezogene Tätigkeitsfelder, z. B. ausführende Arbeit, Organisation mit entsprechender Übertragung von Aufgaben, Befugnissen und Verantwortung, Innovationsförderung und Steuerung des Geschehens.
- Die **personenbezogenen Realisierungsfunktionen** als auf Menschen bezogene Aktionsfelder, z. B. zielgerichteter Einsatz von Führungsinstrumenten, z. B. auf Mitarbeiter einwirken, Weisungen erteilen, motivieren, informieren, kommunizieren.

3.3.3 Realisierungsstörungen

Die Realisierung der geplanten Maßnahmen unterliegt in der Praxis Einfluss- bzw. Störgrößen, die entsprechende Steuerungsmaßnahmen erfordern.

Je nach Führungsebene kann es bei der Umsetzung der Pläne unterschiedliche **Einflussgrößen** geben, beispielsweise:

	Unternehmensziele	Einflussgrößen	Steuerung
Obere Führungsebene	Vorstand strebt nach Gewinnmaximierung.	Mehrwertsteuererhöhung	Preisanhebung
		Mehrwertsteuersenkung	Preisreduzierung
Mittlere Führungsebene	Verkaufsleiter strebt Umsatzerhöhung an.	Absatzstockung	Mehr Werbung
	Personalleiter möchte den Arbeitsfrieden bewahren.	Wilder Streik	Informationen über Folgen geben
Untere Führungsebene	Gruppenleiter möchte den kooperativen Stil pflegen.	Unreifer Mitarbeiter	Anspornen, Druck ausüben

Die Störgrößen müssen erkannt und geeignete **Steuerungsmaßnahmen** eingeleitet werden. Sie können sich auf die betriebliche Zielerreichung fördernd oder hemmend auswirken. Damit wird deutlich, dass sie lediglich die Planansätze „stören", für das Unternehmen aber durchaus vorteilhaft sein können, beispielsweise in Form einer überraschenden Steuersenkung.

3.4 Kontrolle

Die Kontrolle dient der Informationsgewinnung mithilfe von Überwachung und Untersuchung der Durchführung des betrieblichen Geschehens. Durch die Kontrolle der Realisierung werden Vergleiche mit den Ziel- bzw. Plandaten möglich. Außerdem werden erforderliche Änderungen ausgelöst. Es ist jeweils zu prüfen, ob die Ergebnisse des betrieblichen Handelns (Ist-Werte) mit den Zielen bzw. der Planung (Soll-Werte) übereinstimmen (*Horváth, Fallgatter*).

Die Kontrolle kann erfolgen als:

- **Ex ante-Kontrolle**, die vor der Durchführung geschieht und zukunftsorientierte Informationen zu gewinnen versucht. Sie dient der **Frühwarnung**.
- **Ex post-Kontrolle**, die im Verlaufe oder nach der Durchführung als Soll-Ist-Vergleich vorgenommen wird.

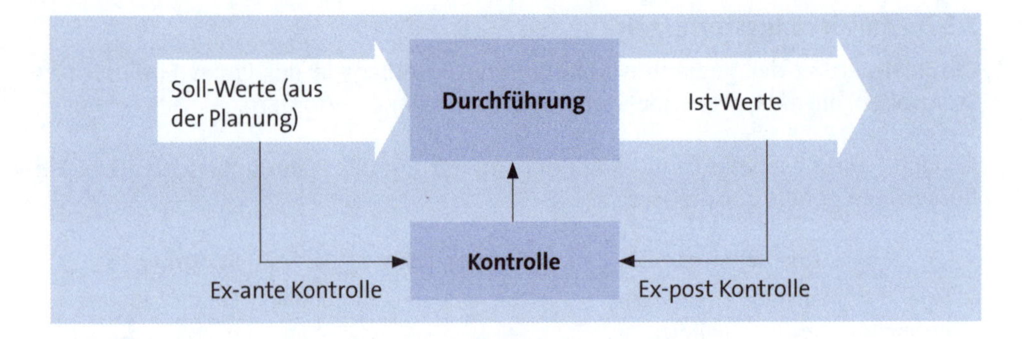

Die Kontrolle ist als Teil des sachbezogenen Führungsprozesses ein Vergleich, bei dem ein Ist-Zustand gemessen und mit einem Soll-Zustand verglichen wird. Es sollen behandelt werden:

- **Arten**
- **Vorgehensweise.**

3.4.1 Arten

Die Kontrolle als Soll-Ist-Vergleich kann sein:

- Nach dem **Objekt** der Kontrolle

Ergebnis-kontrolle	Sie wird auch als Erfolgskontrolle bezeichnet und soll die von einem Mitarbeiter erbrachte Leistung beurteilen.
Verhaltens-kontrolle	Sie beurteilt das Verhalten eines Mitarbeiters im Verlaufe der Leistungsprozesse.

- Nach der **Art** der Kontrolle

Selbst-kontrolle	Sie liegt vor, wenn der Mitarbeiter die Prüfung der Einhaltung des Leistungsstandards selbst vornimmt.
Fremd-kontrolle	Sie ist gegeben, wenn die Prüfung der Zielerreichung des Mitarbeiters vom Vorgesetzten oder einem Dritten vollzogen wird.

- Nach dem **Vorgehen** bei der Kontrolle

Personelle Kontrolle	Sie wird von einer Führungskraft oder vom Mitarbeiter persönlich ausgeübt.
Automatische Kontrolle	Dabei wird die Kontrolle durch maschinelle Messungen vorgenommen.

- Nach dem **Umfang** der Kontrolle

Einzel-kontrolle	Sie erfolgt für einzelne Vorgänge oder Gegenstände, beispielsweise als Stichprobenkontrolle.
Gesamt-kontrolle	Sie kann sich auf ganze Arbeitsvorgänge erstrecken, beispielsweise auf den gesamten Produktionsprozess einer Anlage.

3.4.2 Vorgehensweise

Die Kontrolle soll als ständige Einrichtung zur Vermeidung von Fehlern beitragen. Sie ist für das Unternehmen als Ganzes, aber auch für die einzelnen Unternehmensbereiche erforderlich. Die Kontrolle ist sachlich vorzunehmen. Sie darf hinsichtlich des Personals nicht in einer Weise erfolgen, die Mitarbeiter persönlich verletzt. Für das **Gesamtunternehmen** erscheint folgende Vorgehensweise sinnvoll:

- Mithilfe der **Überwachung** sind diejenigen Daten zu erfassen, die sich aus der Durchführungsphase ergeben, beispielsweise:
  - Ist-Werte der Bilanz
  - Ist-Werte der GuV-Rechnung
  - Ist-Werte des Budgets
  - Ist-Werte der Fluktuation
  - Ist-Werte der Fehlzeiten.

  Auf allen Ebenen ist darauf zu achten, dass möglichst frühzeitig angezeigt wird, wenn sich die Ist-Zahlen negativ entwickeln. Die Frühwarnindikatoren sollten rechtzeitig erkannt werden.
- Mithilfe der **Untersuchung** sollen – im Rahmen der Abweichungsanalyse – die Stärken und Schwächen des Unternehmens herausgearbeitet werden. Sie basieren auf dem Soll-Ist-Vergleich beispielsweise als:
  - Werte der Bilanz
  - Werte der GuV-Rechnung
  - Werte des Budgets
  - Werte der Fluktuation
  - Werte der Fehlzeiten.

Die Ergebnisse der Kontrolle können zu Steuerungsmaßnahmen bzw. sofortigen Korrekturen der Ziel- bzw. Planwerte führen, wenn die Ursachen der Abweichungen erkannt bzw. Maßnahmen zu ihrer Abstellung vorhanden sind.

Aus der Sicht der Unternehmensleitung ergibt sich folgender **Regelkreislauf**:

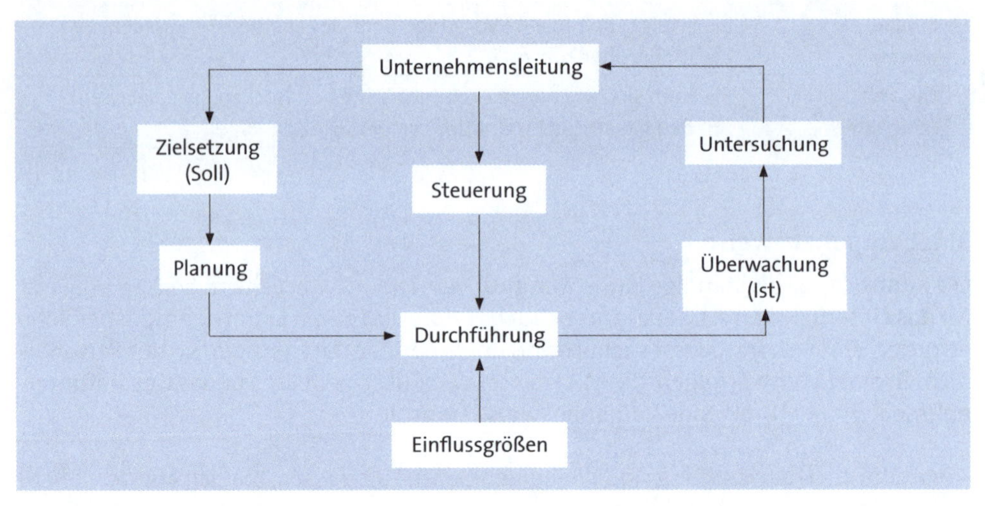

Das Ergebnis eines Kontrollvorgangs ist entweder die Bestätigung des eingeschlagenen Weges oder die Einleitung von Korrekturmaßnahmen, die sich dann in einer neuen Strategie niederschlagen.

Aufgabe 34 > Seite 547

4. Strategie

Eine Strategie ist eine von der Unternehmensleitung formulierte Handlungsanweisung mit Verfahren oder Möglichkeiten zur Lösung langfristiger und umfassender Probleme. Sie findet ihre Begrenzung in der oft mangelnden Voraussehbarkeit bzw. Vorausbestimmbarkeit des Unternehmens- bzw. Umweltgeschehens.

Als besonderes **Kennzeichen** einer jeden Strategie im Sinne eines schlecht strukturierten Problems gilt, dass sie mit keiner anderen vergleichbar ist. Die situativen Faktoren des Zeitpunktes, der Branche, des Marktes und des Unternehmens sind stets einmalig (*Ziegenbein*). Die **Entwicklung** von Strategien umfasst – siehe ausführlich *Olfert/Pischulti, Rahn*:

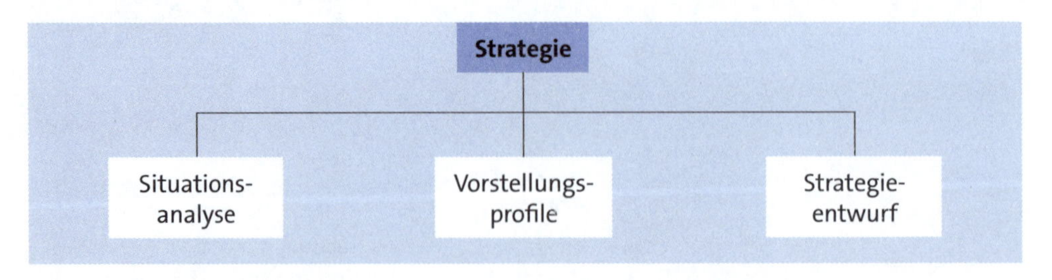

4.1 Situationsanalyse

In der heutigen Zeit gibt es eine Vielzahl von Herausforderungen für die Unternehmen, beispielsweise durch veränderte Beschaffungs- und Absatzmärkte, Technologien und Mitarbeitereinstellungen. Diese **Herausforderungen** hat die Unternehmensleitung anzunehmen und in die Entwicklung ihrer Strategien einzubeziehen.

Die Unternehmensleitung muss die unternehmensinternen und unternehmensexternen Veränderungen erkennen, deuten und in geplanter Weise reagieren (*Hopfenbeck, Kreikebaum/Gilbert/Behnam*). Die strategischen Überlegungen sind daraufhin auf der taktischen und operativen Ebene zu realisieren.

Die Strategien müssen systematisch entwickelt werden. Deshalb sind auf der Basis der strategischen Ausgangslage zunächst durchzuführen:

- eine **Unternehmensanalyse**, wobei die Informationen zur Erstellung eines Stärken-/ Schwächen-Profils direkt aus dem Datenbestand des Unternehmens entnehmbar sind
- eine **Umfeldanalyse**, für die Informationsgrundlagen zu erarbeiten sind, die Auskunft über die wichtigsten externen Entwicklungsgrößen geben, z. B. Lieferanten, Nachfrager und Konkurrenten.

Heute wird auch vom **Umsystem** gesprochen (*Bleicher*). Das Umfeld des Unternehmens wird nach ökonomischen, sozio-kulturellen, technischen, rechtlich-politischen, ökologischen und marktbezogenen Faktoren untersucht.

In diese Betrachtungen sind auch die gegenwärtigen Mitbewerber und die potenziell neuen Konkurrenten am Markt einzubeziehen. *Hinterhuber* bezeichnet dieses Vorgehen als **Konkurrenzanalyse**.

Die Untersuchungsergebnisse der Umsystem-Analyse ergeben Erkenntnisse über die Einflüsse des Umfeldes auf das erzielte Unternehmensergebnis. Chancen und Risiken werden offengelegt.

Mithilfe einer **Checkliste** lassen sich die Fakten über betriebliche Stärken und Schwächen sammeln, subjektiv bewerten und ihre Ausprägungen relativ zum stärksten Konkurrenten erfassen. So kann die eigene Wettbewerbssituation im Vergleich zur Konkurrenz beispielsweise beurteilt werden als:

Stark	Hohe Finanzkraft, gute Mitarbeiterqualifikation.
Mittelmäßig	Etwa ähnlich wie die Konkurrenten.
Schwach	Untergeordnete Rolle gegenüber Konkurrenten, beispielsweise begrenzte Finanzkraft, leistungsschwache Mitarbeiter.

Aus den Ergebnissen der Situationsanalyse werden **Prognosevarianten** abgeleitet, die helfen sollen, die zukünftigen Ereignisse durchschaubarer zu machen. **Prognosen** umfassen Aussagen über wahrscheinliche zukünftige Zustände bzw. Entwicklungen. Sie sollen sowohl positive als auch negative Erwartungen berücksichtigen, also möglichst realistisch sein (*Bea/Haas, Rahn, Weis*).

Auch die Überlegungen zur bisherigen Strategie werden in die neu zu gestaltende Vorgehensweise einbezogen. Es werden dann unterschiedliche **neue Strategien** entwickelt, die zu bewerten sind. Das kann mithilfe der Nutzwertanalyse – siehe ausführlich *Olfert* – und mit EDV-Unterstützung erfolgen.

4.2 Vorstellungsprofile

Vorstellungsprofile sind konkrete Ausprägungen von Ansichten über ein zu lösendes Problem. Sie werden von der Unternehmensleitung, gegebenenfalls unter Einbezug interner und externer Fachleute oder Berater, erstellt und gehen in den Entwurf einer neuen Strategie ein.

Bedeutsam ist, dass in der neuen Strategie auch das schlüssig dargestellte Erscheinungsbild eines Unternehmens als **Corporate Identity** berücksichtigt wird. Die Unternehmensidentität äußert sich in Aussagen zum Unternehmensleitbild, das die Verantwortlichen vor Augen haben.

Beispiele

Leitbildaussagen:

„Wir schaffen Vorsprung durch Technik".
„Wir wollen die Zukunft mitgestalten".
„Wir wollen das kundenfreundlichste Unternehmen der Branche sein".

Zum Unternehmensleitbild gehört das gemeinsame Denkmuster, welches das künftige Mitarbeiter- bzw. Kundenverhalten prägen soll. Auch historisch gewachsene Normen und Wertvorstellungen sind zu beachten.

Die **Organisationskultur** bzw. die **Unternehmenskultur** wird vom Unternehmensleitbild unmittelbar nach innen und außen beeinflusst. Intern wirkt es auf die Identifikation mit dem Unternehmen der Mitarbeiter und extern zeigt es sich im Image des Unternehmens.

4.3 Strategieentwurf

Nach Durchführung der Situationsanalyse und der Erstellung von Vorstellungsprofilen kann die Unternehmensleitung die „Marschrichtung" für einen relativ langen Zeitraum festlegen, der über zehn Jahre hinausgehen kann (*Hopfenbeck*). Dabei sind die aus der Unternehmens- und Umfeldanalyse erkannten

- Chancen zu nutzen
- Risiken zu vermeiden
- Stärken zu erhalten und auszubauen
- Schwächen zu mindern und zu beseitigen.

Die Unternehmensleitung kann folgende **Strategieentscheidungen** treffen (*Rahn*):

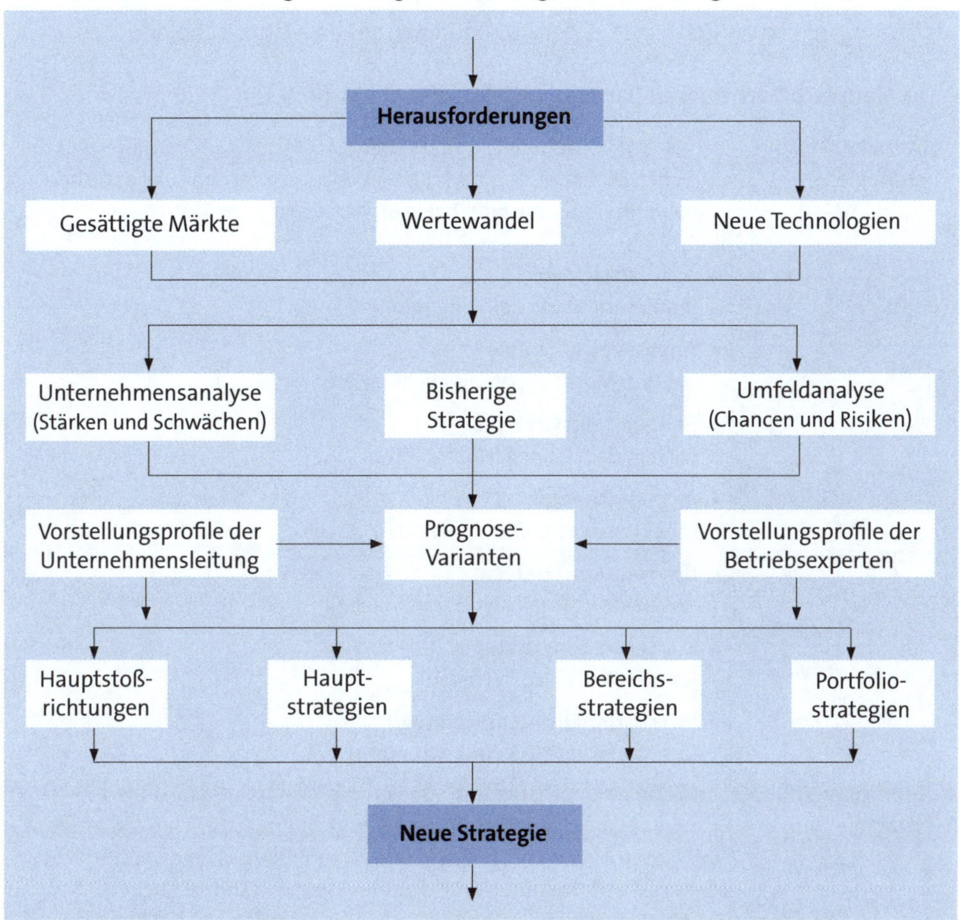

Die neue Strategie richtet sich an Unternehmenszielen aus, konkretisiert die zur Realisierung erforderlichen Mittel, Verfahren bzw. Wege und legt Hauptstoßrichtungen fest.

Im Rahmen der Entwicklung von **Strategien** sind von Bedeutung:

- strategische Entscheidungen
- Corporate Governance

4.3.1 Strategische Entscheidungen

Strategische Entscheidungen können nur vom oberen Management gefällt werden. Sie beziehen sich auf die einzelnen Produkte, die am Markt angeboten werden sollen. Außerdem liefern sie Aussagen über die Bereiche des Unternehmens, die dazu langfristig Beiträge bringen sollen. Dabei ist leistungs-, finanz- und sozialwirtschaftliches Denken gefragt.

Als Strategien lassen sich – wie in der Abbildung zu sehen – unterscheiden:

- Die **Hauptstoßrichtungen** basieren auf den bisher erarbeiteten Ergebnissen als:

Verhaltens-strategie	Sie zeigt die Hauptziele und das beabsichtigte Grundverhalten für die Zukunft. Es richtet sich nach den jeweiligen internen bzw. externen Gegebenheiten und kann beispielsweise sein: ► **Austrittsstrategie** (in diesem Markt kein Engagement mehr) ► **Anpassungsstrategie** (an den Markt anpassen, nicht agieren) ► **Behauptungsstrategie** (sich in der Defensive behaupten) ► **Angriffsstrategie** (direkte oder indirekte Attacken) ► **Kooperationsstrategie** (Interessengemeinschaft oder Kartell) ► **Konzentrationsstrategie** (Konzern oder Trust/Fusion) ► **Internationalisierungsstrategie** (international zusammenarbeiten).
Strukturierungs-strategie	Im Rahmen der Festlegung von Hauptstoßrichtungen können Hinweise auf eine beabsichtigte Neugründung oder eine Änderung der Unternehmensform gegeben werden. Oder es wird verdeutlicht, dass das Unternehmen künftig einen neuen Standort sucht, beispielsweise im Ausland.

- Die **Hauptstrategien** beziehen sich auf die Unternehmenspolitik und können sein:

Leistungswirtschaftliche Strategie	► **Marktleistungs-Entwicklungskonzept** (Eigenforschung und Entwicklung) ► **Leistungserstellungskonzept** (Produktionsstrategie) ► **Leistungs-Verwertungskonzept** (Marketing-Mix-Strategie) ► **Konzept der Beschaffung und Verwaltung des Leistungspotenzials** (Beschaffungsstrategie für Personal, Material)
Finanzwirtschaftliche Strategie	► **Liquiditätskonzept** (Grundsätze eines EDV-Finanzkonzeptes als Cash Management) ► **Ertragserzielungs- und Wirtschaftlichkeitskonzept** (Bewertungsgrundsätze) ► **Gewinnverwendungskonzept** (Investitionsverfahren, Gewinnausschüttungsverfahren) ► **Finanzierungskonzept** (Abschreibungs- und Bilanzierungsverfahren, Kapitalbeschaffungsgrundsätze)
Sozialwirtschaftliche Strategie	► **Arbeitsgestaltungskonzept** (Flexible Arbeitszeitregelungen, Unfallverhütung) ► **Entgeltgestaltungskonzept** (Gehobenes Lohnniveau, Fürsorgepflichten) ► **Förderungskonzept** (Entwicklungsanreize, Prinzip des Aufstiegs aus den eigenen Reihen) ► **Interessenvertretungskonzept** (Anerkennung der Gewerkschaften als Sozialpartner, Förderung von Mitarbeiterkommissionen)
Führungsstrategie	► **Identitätskonzept** (Organisationskultur, Corporate Identity) ► **Führungskonzept** (Kooperativen Führungsstil einführen, Menschenführungs- und Gruppenführungskonzept) ► **Organisationskonzept** (Profit Centers, Sparten, strategische Geschäftseinheiten bilden).

Die Hauptstrategien sind eng mit den Zielsetzungen verbunden, die als Unternehmensziele die Richtwerte für das gesamte Unternehmen bilden.

► Als **Bereichsstrategien** sind zu unterscheiden:

Material-strategien	► Materialversorgungslücken schließen ► Verbesserung der Logistik ► Beschaffungsmarketing voranbringen ► Bereitstellungsstrategien verbessern
Produktions-strategien	► Verbesserte Produktionsdurchführung ► Nutzung von Erfolgspotenzialen ► Kapazitätsvergrößerung bzw. -reduzierung ► Verbesserung der Produktionssteuerung ► Sicherung der Produktqualität ► Strategische Stoßrichtung klären
Marketing-strategien	► Marktdurchdringung ► Marktentwicklung ► Produktentwicklung ► Absatzpolitik und Produktstrategien ► Diversifikation ► Innovationen
Personal-strategien	► Sozialinnovationen einbringen ► Arbeitszeitflexibilisierung ► Produktivitätsfortschritt auslösen ► Personalkosten senken ► Entgeltstruktur verbessern
Finanz-strategien	► Sicherung der Liquidität ► Zweckentsprechende Innenfinanzierung ► Sinnvolle Cashflow-Verwendung ► Vernünftige Außenfinanzierung ► Stärkung der Eigenkapitalbasis ► Verringerung von Währungsrisiken
Informations-strategien	► Einsatz geeigneter Software ► Beschaffung der notwendigen Hardware ► Berücksichtigung zweckentsprechender Orgware ► Verbesserung der Personalinformation

Rechnungs-wesen-strategien	► Schaffung eines modernen Buchführungskonzeptes ► Einsatz einer effizienten Kostenrechnung ► Verbesserung der Leistungsrechnung ► Anwendung spezieller Bewertungsstrategien ► Steuereinsparungen
Controlling-strategien	► Verbesserung der Planungsverfahren ► Verfeinerung der Kontrollverfahren ► Einführung von Frühwarnindikatoren ► Effiziente Budgetierung ► Schaffung eines neuen Berichtswesens

- Die **Portfolio-Strategien** entwickeln sich über Strategische Geschäftseinheiten, die einzelne Produkte bzw. Produktgruppen vermarkten. Werden die Geschäfte eines Unternehmens als Portfolio betrachtet, so sind strategische Entscheidungen darüber zu treffen, welche Produkte zu fördern bzw. aus dem Markt zu nehmen sind.

  In ein **4-Felder-Portfolio-Modell** (*Ehrmann, Olfert/Pischulti, Rahn, Ziegenbein*) werden Nachwuchs-, Verkaufs-, Star- und Problemprodukte mit ihren Umsätzen eingetragen. Die Felder ergeben sich aus Konstellationen des Marktwachstums (niedrig/hoch) und des relativen Marktanteils (in Prozent), worunter der eigene Marktanteil im Verhältnis zu den Marktanteilen der drei größten Konkurrenten zu verstehen ist.

Nachwuchs-produkte	Sie sind noch nicht lange am Markt (Question Marks, Problem Children, „Fragezeichen"), sind also noch nicht so bekannt. Die Marktnachfrage ist noch nicht stabil, aber dieses Produkt hat seine Stärken.
Verkaufs-produkte	Cash-Products (Cash Cows) lassen sich recht gut absetzen. Sie sichern die Unternehmensliquidität.
Spitzen-produkte	Sie sind überall bekannt (Stars/„Sterne") und verkaufen sich sehr gut. Sie verzeichnen einen hohen Marktanteil und haben ein vollendetes Aussehen.
Problem-produkte	Sie sind die „Sorgenkinder" (Dogs/„arme Hunde"). Sie verkaufen sich schlecht und haben eine niedrige Marktnachfrage.

Die Unternehmensleitung hat zu entscheiden, welche Produkte längerfristig gefördert werden sollen und welche Produkte aus dem Markt zu nehmen sind.

4.3.2 Corporate Governance

Außerdem sollte jeder neue Strategieentwurf der Unternehmensleitung Regelungen zur Unternehmensverfassung enthalten, die im englischen Sprachraum als **Corporate Governance** bezeichnet wird (*Hommelhoff/Hopt/v. Werder, Wöhe/Döring*).

Der Bedarf an solchen Regelungen entstand vor allem daraus, dass die **Anspruchsgruppen** (vgl. Kapitel A.1.3: Teilnehmer) durch unvollständige Verträge mit dem Unternehmens verbunden sind und damit Spielräume für mögliche opportunistische Verhaltensweisen dieser Gruppen bestehen. Diese Akteure können versuchen, die Unvollständigkeit von Verträgen zu ihren Gunsten und zu Lasten des Unternehmens auszunutzen.

In den letzten Jahren haben zusätzliche Diskussionen um **Missmanagement**, die Effizienz von Entscheidungen des **Aufsichtsrats** und Debatten um die **Mitbestimmung** der Arbeitnehmer den Ruf nach zweckmäßigen Formen der Leitung und Kontrolle des Unternehmensgeschehens erheblich verstärkt.

Die Regelungen zur Unternehmensverfassung zielen darauf ab, dass **Risiken** und **Chancen** verschiedener Interessengruppen erfasst, minimiert und kanalisiert werden. Durch geeignete rechtliche und faktische **Arrangements** aus Verfügungsrechten und durch entsprechende Gestaltung von **Anreizsystemen** sollen die Spielräume für opportunistisches Verhalten der Anspruchsgruppen wirkungsvoll eingeschränkt werden. Es sind im Wesentlichen folgende vier generelle Gestaltungsfelder von Bedeutung (*v. Werder*):

- Regelungen zur Festlegung der **übergeordneten Zielsetzungen** des Unternehmens, z. B. ist darüber zu entscheiden, ob im Rahmen der Führung die **Aktionärsinteressen** in den Vordergrund gestellt oder auch die Belange **anderer** Interessengruppen über die rechtlichen Regelungen hinaus berücksichtigt werden.
- Regelungen für die **Unternehmensführung** mit denen die Unternehmensziele erreicht werden sollen, z. B. Reglungen einer offenen Diskussionskultur zwischen Leitungs- und Überwachungsorganen sowie Standards für die Anforderungen an die Qualifikation und die Vergütung des Vorstands bzw. Aufsichtsrats.
- Regelungen zur Festlegung der **Strukturen**, **Prozesse**, und **Personen** zur Unternehmensführung sowie Bestandaufnahme und kontinuierlichen **Verbesserung** von **Modalitäten** der Unternehmensführung, z. B. die Empfehlung an den Aufsichtsrat, die Effizienz seiner Tätigkeit regelmäßig zu überprüfen.
- Regelungen zur **Kommunikation** im Unternehmen, d. h. durch Herstellung von mehr **Transparenz** das Vertrauen und die notwendige Unterstützung der Anspruchsgruppen dauerhaft zu gewinnen.

Die **Corporate Governance** hat das vorrangige Ziel, zur effizienten Unternehmensführung einen Ordnungsrahmen zu schaffen, um damit ernsthafte **Unternehmenskrisen** zu vermeiden. Ausgehend von den strategischen Grundlagen wird für die nächste Periode geklärt, welche Ziele zu verfolgen sind und auf welchen Wegen man sie erreichen kann. Der Regelkreis der betrieblichen Führung schließt sich wieder.

Aufgabe 35 > Seite 548

		Lösung
1.	Was verstehen Sie unter Führung?	S. 203
2.	Erläutern Sie kurz die Personalführung und die Unternehmensführung!	S. 203
3.	Schildern Sie Ansätze der traditionellen bzw. der modernen Managementlehre!	S. 203 f.
4.	Unterscheiden Sie Ansätze der Motivationstheorie!	S. 205 ff.
5.	Erklären Sie wesentliche Ansätze der personalen Führungsforschung!	S. 207
6.	Wiederholen Sie wesentliche Aussagen des Produktionsfaktor-, des Entscheidungs- und des Systemansatzes der BWL!	S. 208/ 228 ff.
7.	Was ist unter einem Führungsstil zu verstehen?	S. 208
8.	Unterscheiden Sie Führungsstile nach der Orientierung des Vorgesetzten!	S. 208
9.	Differenzieren Sie die Führungsstile nach der unterschiedlichen Art der Willensbildung!	S. 208 ff.
10.	Was beschreiben Führungstechniken?	S. 209
11.	Welche Arten von Führungstechniken kennen Sie?	S. 209
12.	Was ist unter Führungsmitteln zu verstehen?	S. 210
13.	Erklären Sie verschiedene Führungsmittel!	S. 210 f.
14.	Grenzen Sie Führung und Leitung voneinander ab!	S. 211
15.	Kennzeichnen Sie Wesen und Arten der Unternehmensleitung!	S. 213
16.	Erklären Sie das Wesen der Direktorialorganisation!	S. 213
17.	Welche Vor- bzw. Nachteile hat die Direktorialorganisation?	S. 213
18.	Wie ist die Kollegialorganisation strukturiert?	S. 213
19.	Welche Vor- bzw. Nachteile hat dieses System?	S. 213
20.	Zählen Sie Entscheidungsaufgaben der Unternehmensleitung auf!	S. 214
21.	Was umfasst die Unternehmensidentität?	S. 214
22.	Welche Qualifikationspotenziale sollten Unternehmensleiter mitbringen?	S. 215
23.	Welche Hauptaufgabe haben Bereichsleiter im Unternehmen?	S. 215
24.	Unterscheiden Sie die Bereichsleiter nach Funktionsbereichen!	S. 216
25.	Kennzeichnen Sie Entscheidungsaufgaben verschiedener Bereichsleiter!	S. 216 f.
26.	Welche Schlüsselqualifikationen sind für die einzelnen Bereichsleiter erforderlich?	S. 217 f.
27.	Geben Sie Beispiele für Gruppenleiter!	S. 219

		Lösung
28.	Worauf sind die sachbezogenen Entscheidungen der Gruppenleiter gerichtet?	S. 219
29.	Was ist unter einer Gruppe zu verstehen?	S. 219
30.	Unterscheiden Sie formelle und informelle Gruppen!	S. 219
31.	Mit welchem Führungsstil sind Gruppenmitglieder bzw. ganze Gruppen zu führen?	S. 219 ff.
32.	Zählen Sie verschiedene Gruppenmitglieder auf!	S. 222
33.	Wie läuft ein sachbezogener Führungsprozess ab?	S. 222 f.
34.	Was verstehen Sie unter Zielen?	S. 223
35.	Unterscheiden Sie monetäre und nichtmonetäre Ziele!	S. 223 f.
36.	Was sind komplementäre Ziele und in welchen Fällen liegen konkurrierende Ziele vor?	S. 224
37.	Kennzeichnen Sie indifferente Ziele!	S. 225
38.	Unterscheiden Sie Ober-, Mittel- und Unterziele!	S. 225
39.	Bilden Sie Beispiele für die Konkretisierung von Zielen!	S. 226
40.	Was besagt das Wort Planung?	S. 226
41.	Was ist unter einer Prognose zu verstehen?	S. 226
42.	Mit welchen Planungsüberlegungen wird sich die Unternehmensleitung genauer befassen?	S. 226 f.
43.	Unterscheiden Sie die Planungsebenen und Planungsprinzipien!	S. 227 f.
44.	Skizzieren Sie das Wesen der strategischen Planung!	S. 228 f.
45.	Was versteht man unter Strategien?	S. 229
46.	Worin besteht die strategische Problematik?	S. 229
47.	Schildern Sie das Wesen der taktischen Planung!	S. 229 f.
48.	In welchem Zusammenhang stehen die taktischen Pläne?	S. 230
49.	Von welchem Plan geht die taktische Planung üblicherweise aus?	S. 230
50.	In welchen Fällen ist das nicht möglich?	S. 230
51.	Beschreiben Sie das Wesen der operativen Planung!	S. 231
52.	Welche Inhalte hat ein operativer Plan?	S. 231
53.	Welche Aufgaben sind auf der Ausführungsebene zu lösen?	S. 231 ff.
54.	Erläutern Sie die verschiedenen Realisierungsfunktionen!	S. 233 f.
55.	Unterscheiden Sie sachbezogene und personenbezogene Realisierungsfunktionen!	S. 234
56.	Was wissen Sie über das Innovationsmanagement?	S. 234
57.	Bringen Sie Einflussgrößen der Realisierung mit den Unternehmensebenen in Verbindung!	S. 235

		Lösung
58.	Was ist unter Kontrolle zu verstehen und wie kann sie im Unternehmen erfolgen?	S. 235 f.
59.	Wie interpretieren Sie die Kontrolle als Teil des sachbezogenen Führungsprozesses?	S. 236
60.	Unterscheiden Sie die Kontrollarten nach dem Kontrollobjekt!	S. 236
61.	Teilen Sie die Arten der Kontrolle nach der Art, dem Vorgehen und nach dem Umfang ein!	S. 236 f.
62.	Wie hat die Kontrolle im Unternehmen zu erfolgen?	S. 237
63.	Welche Daten werden im Rahmen der Unternehmenskontrolle überwacht?	S. 237
64.	Kennzeichnen Sie das Wesen der Untersuchung von Unternehmensdaten!	S. 237
65.	Skizzieren Sie den Kreislauf der Unternehmensführung!	S. 238
66.	Was ist das Ergebnis eines Kontrollvorgangs?	S. 238
67.	Welches ist das besondere Kennzeichen einer jeden Strategie?	S. 238
68.	Welche Schritte umfasst die Entwicklung von Strategien?	S. 238 f.
69.	Bilden Sie Beispiele für Herausforderungen der Unternehmensleitung im Rahmen der Strategiefindung!	S. 239
70.	Was ist eine Umfeld- bzw. eine Unternehmensanalyse?	S. 239
71.	Nach welchen Faktoren kann man das Umfeld eines Unternehmens untersuchen?	S. 239
72.	Wie kann die eigene Wettbewerbssituation im Vergleich zur Konkurrenz beurteilt werden?	S. 239
73.	Woraus werden Prognosevarianten abgeleitet?	S. 239 f.
74.	Was sind Vorstellungsprofile der Unternehmensleitung?	S. 240
75.	Geben Sie Beispiele für Leitbildaussagen!	S. 240
76.	Welche wesentlichen Strategieentscheidungen sind von der Unternehmensleitung zu treffen?	S. 241
77.	Welche Hauptstoßrichtungen kann eine Unternehmensleitung bevorzugen?	S. 242
78.	Bilden Sie Beispiele für Hauptstrategien und Bereichsstrategien!	S. 243 ff.
79.	Geben Sie ein Beispiel für eine Portfolio-Strategie!	S. 245
80.	Was wissen Sie über die Unternehmensverfassung (Corporate Governance)?	S. 245 f.

D. Leistungsbereich

Unternehmen werden zu dem Zwecke betrieben, Leistungen zu erstellen und zu verwerten. Dazu dienen leistungswirtschaftliche und finanzwirtschaftliche Prozesse:

Die **finanzwirtschaftlichen Prozesse**, die den leistungswirtschaftlichen Prozessen entgegenlaufen, indem sie die aus der Leistungsverwertung freigesetzten Finanzmittel wieder in den Leistungsbereich bzw. zu den Beschaffungsmärkten leiten, werden im Kapitel E. beschrieben.

Die **leistungswirtschaftlichen Prozesse** umfassen im industriellen Unternehmen:

- den **Materialbereich**, dem insbesondere die Beschaffung der benötigten Werkstoffe, aber auch zukaufender Waren obliegt
- den **Produktionsbereich**, in dem die Be- und Verarbeitung der Werkstoffe unter Einsatz von Arbeitsleistungen und Betriebsmitteln erfolgt
- den **Marketingbereich**, der für die Leistungsverwertung der erstellten Erzeugnisse bzw. Dienstleistungen zu sorgen hat.

Diese Bereiche werden nachfolgend – unter dem Begriff „Leistungsbereich" zusammengefasst – behandelt:

<table>
<tr><td rowspan="3">Leistungsbereich</td><td>Materialbereich</td></tr>
<tr><td>Produktionsbereich</td></tr>
<tr><td>Marketingbereich</td></tr>
</table>

Wenn ein Unternehmen erfolgreich sein will, dann ist der Durchfluss von Gütern, Werten und Informationen im Leistungsbereich möglichst optimal zu gestalten. Dies geschieht mithilfe der **Logistik** (*Gudehus, Pfohl, Schulte, Vahrenkamp*) bzw. des **Logistikmanagements** (*Kummer, Piontek, Pfohl*).

Die **Logistik** umfasst Maßnahmen und Instrumente zur Gewährleistung eines optimalen Material-, Wert- und Informationsflusses, der sich von der Beschaffung von Produktionsfaktoren bzw. Informationen über die Fertigung und Weiterleitung bis zur Distribution der erstellten Leistungen erstreckt (*Ehrmann*). Dabei werden vor allem Kunden- und Lieferantenbeziehungen in das Geschehen einbezogen.

Logistische Prozesse beziehen sich auf den Transport, Nachschub, die Lagerung und auf den Umschlag von Gütern und dienen dazu, Zeit und Raum optimal zu überbrücken.

Von besonderer logistischer Bedeutung ist der **Materialbereich** und die damit verbundenen Probleme der Beschaffungslogistik – siehe ausführlich *Ehrmann, Oeldorf/Olfert*.

1. Materialbereich

In der Betriebswirtschaftslehre wird dem Materialbereich (*Arnolds/Heege/Röh/Tussing, Hartmann*) in den letzten Jahren verstärkte Aufmerksamkeit gewidmet. Er befasst sich mit der Beschaffung, Lagerung, Verteilung und – soweit erforderlich – Entsorgung der vom Unternehmen benötigten Materialien. Das können sein (*Oeldorf/Olfert*):

- **Rohstoffe** als Stoffe, die unmittelbar in das zu fertigende Erzeugnis eingehen und dessen Hauptbestandteil bilden. Das Erzeugnis eines Unternehmens kann als Rohstoff für ein nachgeschaltetes Unternehmen dienen, das eine Weiterbearbeitung des Erzeugnisses vornimmt.

  Beispiele

  Tuch-/Bekleidungsindustrie, Blech-/Automobilindustrie

- **Hilfsstoffe**, die ebenfalls unmittelbar in das zu fertigende Erzeugnis eingehen, aber im Vergleich zu den Rohstoffen lediglich eine Hilfsfunktion erfüllen, da ihr mengen- und wertmäßiger Anteil gering ist. Eine auf das einzelne Stück bezogene kostenmäßige Erfassung der Hilfsstoffe findet aus Gründen der Wirtschaftlichkeit nicht statt.

  Beispiele

  Leim, Schrauben, Lack bei der Möbelherstellung

- **Betriebsstoffe**, die selbst keinen Bestandteil des fertigen Erzeugnisses bilden, sondern mittelbar oder unmittelbar bei der Herstellung des Erzeugnisses verbraucht werden. Zu den Betriebsstoffen rechnen alle Güter, die den Leistungsprozess ermöglichen und in Gang halten.

Beispiele

Energiestoffe, Schmierstoffe, Büromaterialien, Betriebsmaterialien

Rohstoffe, Hilfsstoffe und Betriebsstoffe werden in der Betriebswirtschaftslehre zusammen als Werkstoffe bezeichnet.

- **Zulieferteile** als Güter, die einen hohen Reifegrad aufweisen und in die zu fertigenden Erzeugnisse eingehen. Sie können auch den Rohstoffen zugerechnet werden.

Beispiele

Motoren in der Automobilindustrie, Aggregate für Kühlschränke

- **Baukästen**, die eine Gesamtheit an hoch standardisierten Baugruppen und Teilen darstellen sowie **Module** als einzelne standardisierte Bauteile, welche in unterschiedlichen Kombinationen zu einem neuen Gesamtsystem führen. Durch sie wird die Menge an Teilen und Varianten reduziert. Module haben in den vergangenen Jahren immer größere Bedeutung erlangt. Sie sind für alle Fertigungsstufen beschaffbar.
- **Erzeugnisse** als alle vom Unternehmen selbst gefertigten Vorräte an Gütern. Es gibt:

Fertigerzeugnisse	Sie sind vom Unternehmen selbst produzierte Vorräte, die versandfertig sind. Vielfach wird von Erzeugnissen oder Enderzeugnissen gesprochen, wenn es sich um Fertigerzeugnisse handelt.
Unfertige Erzeugnisse	Sie umfassen alle Vorräte an Erzeugnissen, die noch nicht verkaufsfähig sind, für die aber im Unternehmen bereits Kosten entstanden sind. Erst mit der Fertigstellung der Erzeugnisse wird ihre (volle) Funktionsfähigkeit erreicht.

- **Waren** als gekaufte Vorräte, die das Produktionsprogramm ergänzen, neben den selbst gefertigten Gütern – den Erzeugnissen – im Verkaufsprogramm des Unternehmens enthalten sind und im Unternehmen weder bearbeitet noch verarbeitet werden. Sie verlassen das Unternehmen im gleichen Zustand, wie sie beschafft worden sind.
- **Verschleißwerkzeuge** als Werkzeuge, die nicht der ständigen Betriebsbereitschaft zuzurechnen sind. Es handelt sich um Verbrauchsteile, die – ähnlich den Betriebsstoffen – ständig neu zu ergänzen sind oder um Werkzeuge, die speziell für einen Auftrag angefertigt oder angeschafft und anschließend verschrottet werden.

Der Materialbereich hat in industriellen Unternehmen erhebliche **Bedeutung**, da die Materialkosten dort vielfach 40 % - 60 % der gesamten Herstellkosten ausmachen. Bei Dienstleistungsunternehmen liegen sie häufig bei nur 10 % - 20 %. Das bedeutet, dass im Materialbereich besonders sorgsam geplant, gesteuert und kontrolliert werden muss, da hier der Gewinn des Unternehmens am ehesten positiv beeinflusst werden kann, und zwar in Größenordnungen, die durch absatzpolitische Maßnahmen heute normalerweise nicht mehr erreicht werden können.

Die hohen Materialwerte, die im Unternehmen gebunden werden, erfordern Anstrengungen, die darüber hinausgehen, optimale Mengen zu günstigstmöglichen Preisen zu beschaffen. Es sind Überlegungen anzustellen, wie Kosten durch die Standardisierung und die Analyse der Materialien eingespart werden können.

Bei der **Materialstandardisierung** handelt es sich um die Vereinheitlichung von Gütern, die sich auf bestimmte Eigenschaften bzw. Mengen bezieht. Grundsätzlich können alle Güter individuell gestaltet sein, in der betrieblichen Praxis erweist sich eine Standardisierung wegen technischer bzw. wirtschaftlicher Zwänge aber vielfach als zweckmäßig oder notwendig.

Möglichkeiten der **Standardisierung von Eigenschaften** der Güter sind – siehe ausführlich *Oeldorf/Olfert*:

- Die **Normung** als Vereinheitlichung von Einzelteilen durch das Festlegen von Größen, Abmessungen, Formen, Farben, Qualitäten. Es gibt:

Internationale Normen	Sie werden ISO-Normen (International Organization for Standardization) genannt. National sind sie gültig, wenn der jeweilige nationale Normenausschuss die Normen übernimmt.
Nationale Normen	Sie werden vom Deutschen Normenausschuss (DNA) festgelegt und sind – rechtlich gesehen – Empfehlungen, können aber durch Lieferverträge, Gesetze bzw. Verordnungen, die sich auf die Normen beziehen, zwingenden Charakter erhalten.
Verbandsnormen	Sie werden von Verbänden und Vereinen als Richtlinien bzw. Vorschriften entwickelt, beispielsweise das VDE-Gütezeichen des Verbandes Deutscher Elektrotechniker, und haben empfehlenden Charakter.
Werksnormen	Sie werden von einem einzelnen Unternehmen zur eigenen Verwendung erstellt. Ihre Hauptaufgabe besteht darin, den Leistungsprozess unter Berücksichtigung der besonderen Erfordernisse des Unternehmens rationell zu gestalten.

  Die Normung vereinfacht und verbilligt die Beschaffung, Lagerhaltung und Verteilung der Materialien. Deshalb ist sie für das tägliche Leben und für die Funktionsfähigkeit der Wirtschaft von größter Bedeutung.

- Die **Typung** als Vereinheitlichung ganzer Erzeugnisse oder Aggregate hinsichtlich Arten, Größen, Ausführungsformen. Es gibt folgende Arten:

Überbetriebliche Typung	Sie umfasst die Kooperation branchengleicher Unternehmen, die Arbeit von Verbänden, die Erwartungen von Großabnehmern, die Forderungen des Gesetzgebers, die zu Typungen führen.
Innerbetriebliche Typung	Bei ihr können Baukästen verwendet, Typenreihen abgestuft, Varianten vermehrt oder Mehrzweckerzeugnisse von einem einzelnen Unternehmen geschaffen werden.

Die Typung vereinfacht und verbilligt die Beschaffung und Lagerhaltung der Materialien sowie den Kundendienst.

Neben der Standardisierung von Eigenschaften kann bei der Materialstandardisierung auch eine **Standardisierung von Mengen** vorgenommen werden. Dabei handelt es sich praktisch um die „Normung" des Materialverbrauches, der minimiert werden soll.

Beispiel

Der Verschnitt beim Stanzen von Blechen soll geringstmöglich sein, ebenso das Ausmaß spanabhebend zu bearbeitender Werkstücke.

Mithilfe der **Analyse der Materialien** können „wichtige" Materialien von „weniger wichtigen" Materialien getrennt bzw. kostengünstigere Materialien herausgefunden werden. Es lassen sich unterscheiden – siehe ausführlich *Oeldorf/Olfert*:

- Die **ABC-Analyse** als Instrument, mit welchem die Materialien nach der Verteilung ihrer Werthäufigkeit klassifiziert werden. Beispielsweise ergeben sich in der betrieblichen Praxis vielfach folgende Werte:

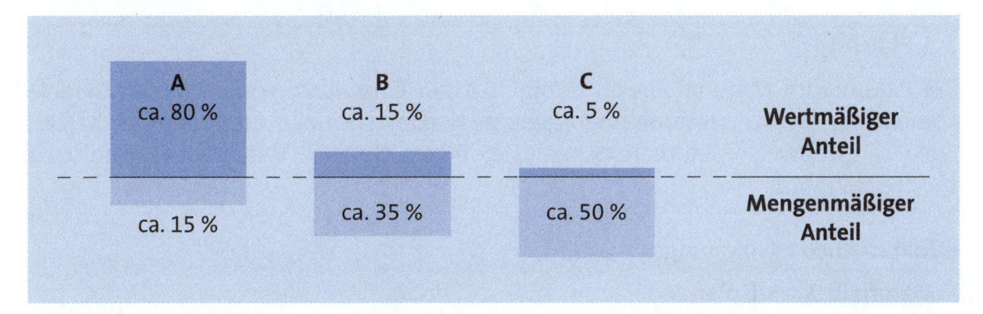

Mithilfe der ABC-Analyse können die A-Güter als Materialien mit hohem Wertanteil herausgefunden werden, um sie besonders sorgfältig zu planen, zu steuern und zu kontrollieren. Dagegen steht der Aufwand für eine intensive Planung, Steuerung und Kontrolle der C-Güter wegen ihres geringen wertmäßigen Anteiles in keinem angemessenen Verhältnis zum Erfolg.

- Die **Wertanalyse**, die den vom Unternehmen konzipierten und von den Kunden erwarteten Nutzen eines Erzeugnisses kostenminimal herbeiführen soll.

Beispiel

Ersetzen von Stahl- und Aluminiumteilen beim Auto durch Kunststoffteile, die kostengünstiger sind, aber den Zweck in gleicher – teilweise sogar besserer – Weise erfüllen.

Die Wertanalyse ist damit auf die **Kosten** ausgerichtet. Sie wird streng systematisch – vgl. VDI-Richtlinie 2801 – und im Team unter Einbeziehung der Entscheidungsträger aller betroffenen Funktionsbereiche durchgeführt.

Neben der Materialstandardisierung und Materialanalyse – und in Verbindung mit ihnen – ist die **Materialnummerung** ein weiteres Instrument, um die Materialwirtschaft wirkungsvoll zu rationalisieren. Sie wird auch Verschlüsselung genannt und hat die Aufgabe, sachlich zusammengehörende Gegenstände einem einheitlichen Ordnungsprinzip zu unterwerfen – siehe Seite 281 f.

Der **Führungsprozess** im Materialbereich umfasst (*Hartmann, Kluck, Oeldorf/Olfert*):

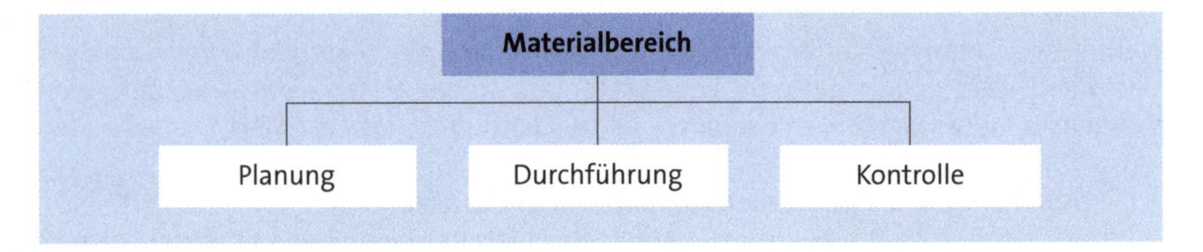

1.1 Planung

Die Planung im Materialbereich erfolgt auf der Grundlage vorgegebener **Ziele**. Das können allgemeine Unternehmensziele sein oder spezielle materialwirtschaftliche Ziele, beispielsweise Lieferbereitschaft, Flexibilität, Qualität, Wirtschaftlichkeit. Zu unterscheiden sind:

- **Materialbedarfsplanung**
- **Materialbestandsplanung**
- **Materialbeschaffungsplanung**.

1.1.1 Materialbedarfsplanung

Der Materialbedarf des Unternehmens ist art-, mengen- und zeitgerecht zu decken. Das erfordert eine möglichst genaue, aber dennoch wirtschaftliche Planung des Materialbedarfes, die erfolgen kann als – siehe ausführlich *Oeldorf/Olfert*:

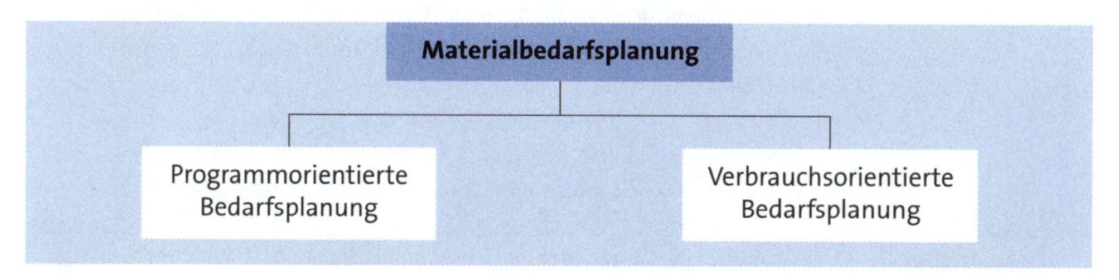

Die programmorientierte Bedarfsermittlung sollte für A- und B-Güter erfolgen, für C-Güter reicht eine verbrauchsorientierte Bedarfsermittlung aus.

1.1.1.1 Programmorientierte Materialbedarfsplanung

Die programmorientierte Materialbedarfsermittlung erfolgt zukunftsbezogen auf der Basis von zwei **Informationsquellen**:

- Dem **Produktionsprogramm**, das auf der Grundlage des künftigen Absatzprogrammes erstellt wird und festlegt, welche Aufträge von der Produktion in bestimmten Perioden durchzuführen sind. Es kann sich beziehen auf:

Lageraufträge	Sie werden zu Grunde gelegt, wenn das Unternehmen für den anonymen Markt fertigt. Das Produktionsprogramm ergibt sich aus der Gesamtheit der Lageraufträge, die aufgrund der Informationen aus der Marktforschung erstellt werden.
Kundenaufträge	Bei ihnen besteht ein direkter Bezug des Unternehmens zu den Abnehmern, die individuell für sie zu fertigende Erzeugnisse bestellen.

Die Lageraufträge und/oder die Kundenaufträge bestimmen das Produktionsprogramm, der sich daraus ergebende Bedarf wird **Primärbedarf** genannt.

- Den **Erzeugnissen**, die gefertigt werden sollen. Sie sind im Einzelnen zu beschreiben. Das geschieht mithilfe von:

Stück-listen	Sie sind Verzeichnisse der Rohstoffe, Teile und Baugruppen von Erzeugnissen unter Angabe verschiedener Daten und informieren über den qualitativen und quantitativen Aufbau der Erzeugnisse. Mithilfe der Stücklisten lässt sich der **Sekundärbedarf** an Materialien ermitteln: Sekundärbedarf = Bedarf an Enderzeugnissen • Bestandteile des jeweiligen Erzeugnisses
Verwendungs-nachweise	Sie geben – im Gegensatz zu den Stücklisten – an, in welchen Erzeugnissen die verwendeten Bestandteile enthalten sind.

Auf der Grundlage der Informationen über das Produktionsprogramm und der Erzeugnisse ergibt sich der **Materialbedarf**, der sein kann:

- **Bruttobedarf**, der den Sekundärbedarf – wie zuvor dargestellt – und ungeplanten Zusatzbedarf umfasst, der z. B. für Ausschuss oder Schwund anzusetzen ist:

	Sekundärbedarf
+	Zusatzbedarf
=	**Bruttobedarf**

- **Nettobedarf**, bei dem vom Bruttobedarf die vorhandenen Lagerbestände und die zwischenzeitlich bestellten, aber noch nicht im Lager eingegangenen Bestände abgesetzt bzw. vorgemerkte Bestände hinzugerechnet werden:

	Sekundärbedarf
+	Zusatzbedarf
=	**Bruttobedarf**
-	Lagerbestände
-	Bestellbestände
+	Vormerkbestände
=	**Nettobedarf**

Im Produktionsprogramm ist festgelegt, wann welche Erzeugnisse fertigzustellen sind. Um die Erzeugnisse rechtzeitig zur Verfügung zu haben, ist es erforderlich, eine zeitliche Planung vorzunehmen. Hier bedienen sich die Experten vorzugsweise des **Fabrikkalenders**. Zeitlich zu berücksichtigen sind:

- Die **Beschaffungszeit**, die für den Bestellvorgang, die Auftragsbestätigung, den Transport und die Materialannahme erforderlich ist.

- Die **Durchlaufzeit**, die sich aus der Differenz von Fertigstellungstermin und Anlieferungstermin ergibt und aus den einzelnen Arbeitszeiten sowie notwendigen Förderzeiten, Liegezeiten und Kontrollzeiten besteht.

Beschaffungszeit				**Durchlaufzeit**			
Bestellung	Auftragsbestätigung	Transport/Anlieferung	Annahme	Arbeitszeiten	Förderzeiten	Liegezeiten	Kontrollzeiten
◄―― Zeit von der Materialbeschaffung bis zur Fertigstellung der Erzeugnisse ――►							

- Die **Vorlaufverschiebung**, mit der zu berücksichtigen ist, dass bei mehrstufiger Produktion zunächst Einzelteile bzw. Baugruppen unterer Produktionsstufen fertig gestellt werden müssen, um sie für die nächsthöhere Produktionsstufe verfügbar zu haben.

1.1.1.2 Verbrauchsorientierte Materialbedarfsplanung

Die verbrauchsorientierte Ermittlung des Materialbedarfes erfolgt im Rahmen der **Bedarfsvorhersage**, d. h. der Materialbedarf wird aufgrund von Vergangenheitswerten prognostiziert. Das ist möglich, wenn eine ausreichende Zahl von Vergangenheitswerten vorliegt, und die Vergangenheitswerte eine gewisse Kontinuität über einen längeren Zeitraum hinweg aufweisen.

Geeignete Bedarfsverläufe

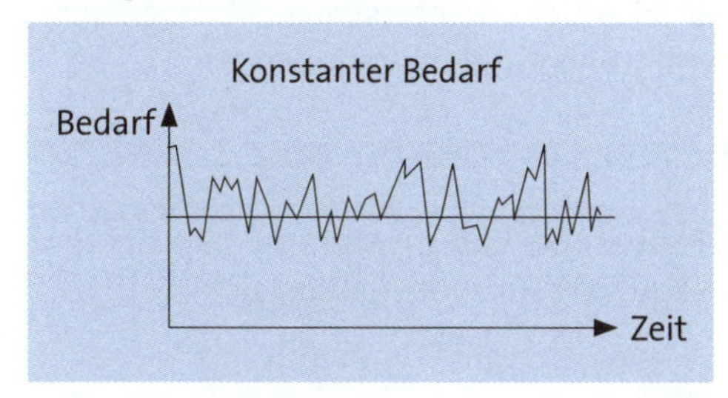

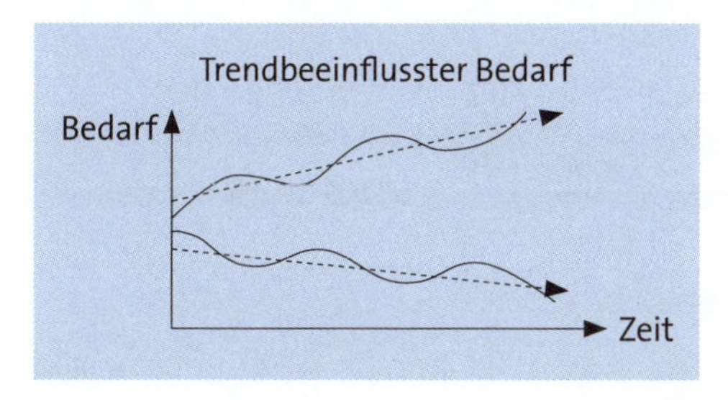

Ungeeignete Bedarfsverläufe

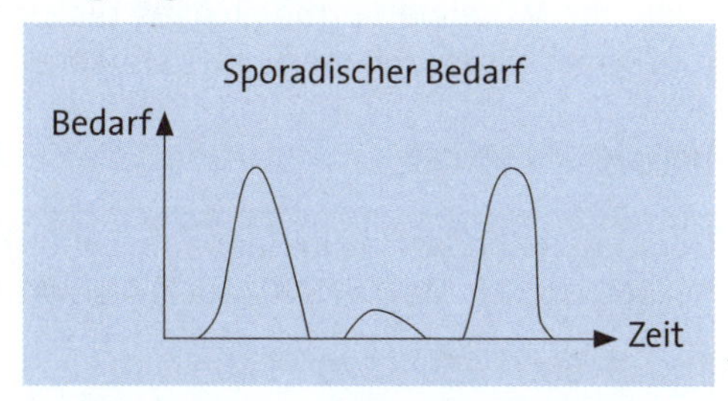

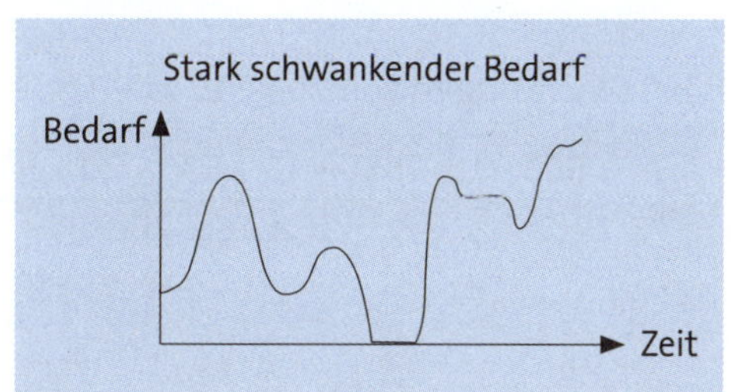

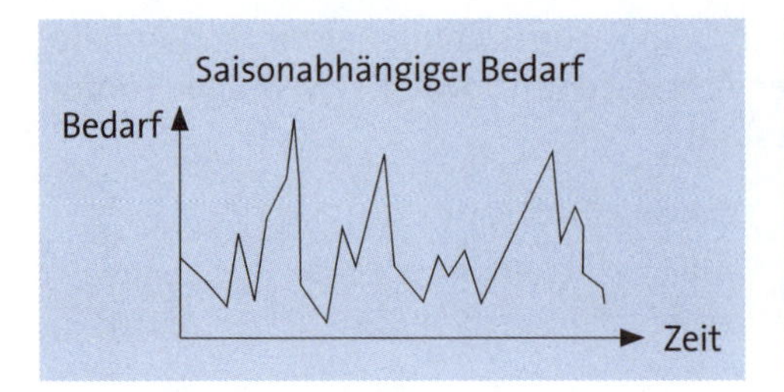

Die obigen Verläufe können nicht zur Ermittlung künftigen Materialbedarfs verwendet werden, da sie keine Kontinuität aufweisen.

Es gibt verschiedene Verfahren der verbrauchsorientierten Bedarfsplanung. Bei konstantem Bedarfsverlauf bietet sich das **Mittelwert-Verfahren** an. Dabei lassen sich nennen:

- **Gleitender Mittelwert**

$$V = \frac{T_1 + T_2 + ... + T_n}{n}$$

- **Gewogener gleitender Mittelwert**

$$V = \frac{T_1 G_1 + T_2 G_2 + ... + T_n G_n}{G_1 + G_2 + ... + G_n}$$

V_i = Vorhersagewert der nächsten Periode
T_i = Materialbedarf der Periode i
n = Anzahl der Perioden
G = Gewicht der Periode i

Beim gleitenden Mittelwert haben alle Perioden das gleiche Gewicht. Der gewogene gleitende Mittelwert ermöglicht es, die einzelnen Perioden unterschiedlich zu gewichten. Dabei bietet sich meist eine stärkere Gewichtung jüngerer Perioden an.

Beispiel

Der Materialbedarf lag im Januar bei 600, im Februar bei 550, im März bei 530, im April bei 560 und im Mai bei 540 Stück. Als Vorhersagewert für Juni ergeben sich:

$$V_{Juni} = \frac{600 + 550 + 530 + 560 + 540}{5} = \mathbf{556\ Stück}$$

Bei Gewichtungen von 10 %, 15 %, 20 %, 25 %, 30 % im Zeitablauf ergeben sich:

$$V_{Juni} = \frac{600 \cdot 10 + 550 \cdot 15 + 530 \cdot 20 + 560 \cdot 25 + 540 \cdot 30}{10 + 15 + 20 + 25 + 30} = \mathbf{550{,}5\ Stück}$$

Aufgabe 36 > Seite 549

1.1.2 Materialbestandsplanung

Um ermitteln zu können, wie viel Materialien für die Leistungserstellung nach Art, Menge und Zeit bereitzustellen sind, muss nicht nur der Bedarf festgestellt werden. Es ist auch der gegebenenfalls vorhandene bzw. bestellte sowie der bereits für andere Fertigungsaufträge reservierte Bestand zu berücksichtigen.

Beispiel

Zum 15.10. werden 5.000 Aggregate benötigt. Im Lager befinden sich 2.700 Aggregate, wovon 800 Aggregate für einen anderen Fertigungsauftrag reserviert sind. Am 01.10. wurden 2.000 Aggregate bestellt, die am 12.10. eintreffen werden. Demnach müssen nicht 5.000 Aggregate beschafft werden, sondern 5.000 - 2.700 + 800 - 2.000 = 1.100 Aggregate.

Für die Planung des Materialbestandes sind bedeutsam – siehe ausführlich *Oeldorf/ Olfert*:

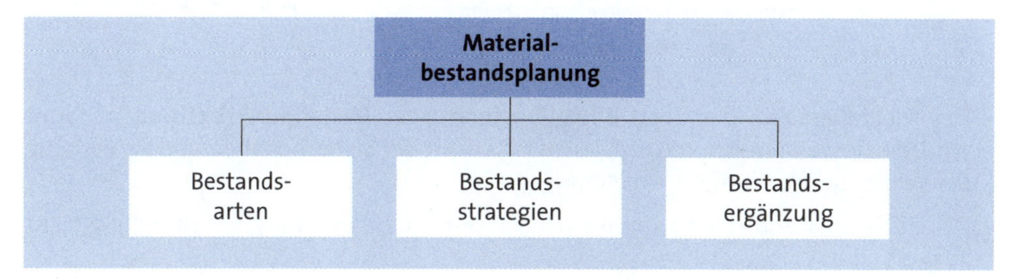

1.1.2.1 Bestandsarten

Folgende allgemeine **Arten** von Beständen lassen sich unterscheiden:

- Der **Lagerbestand**, der sich körperlich zum Planungszeitpunkt im Lager befindet. Teilmengen des Lagerbestandes sind:

Disponierter Bestand	Er wird auch als Vormerkungen oder Reservierungen bezeichnet und umfasst die Bestandsmengen, die bereits für laufende Aufträge geplant sind.
Verfügbarer Bestand	Er ist der Lagerbestand, zu dem offene Bestellungen zu addieren und von dem Vormerkungen zu subtrahieren sind.

- Der **Buchbestand**, der im Rechnungswesen geführt wird und sich aus Zu- und Abgängen ergibt. Er kann vom (tatsächlichen) Lagerbestand abweichen, beispielsweise bei Erfassungs- oder Dokumentationsfehlern, Schwund, Verderb.

- Der **Inventurbestand**, der durch körperliche Erfassung des Bestandes ermittelt wird und dem Lagerbestand entspricht.
- Der **Sicherheitsbestand**, der auch **eiserner Bestand**, **Mindestbestand** oder **Reserve** genannt wird. Er stellt einen Puffer dar, um die Leistungsbereitschaft des Unternehmens bei Lieferproblemen oder sonstigen Ausfällen bzw. bei ungeplantem Mehrbedarf – beispielsweise durch Ausschuss – zu gewährleisten, bis das Material (wieder) zur Verfügung steht.

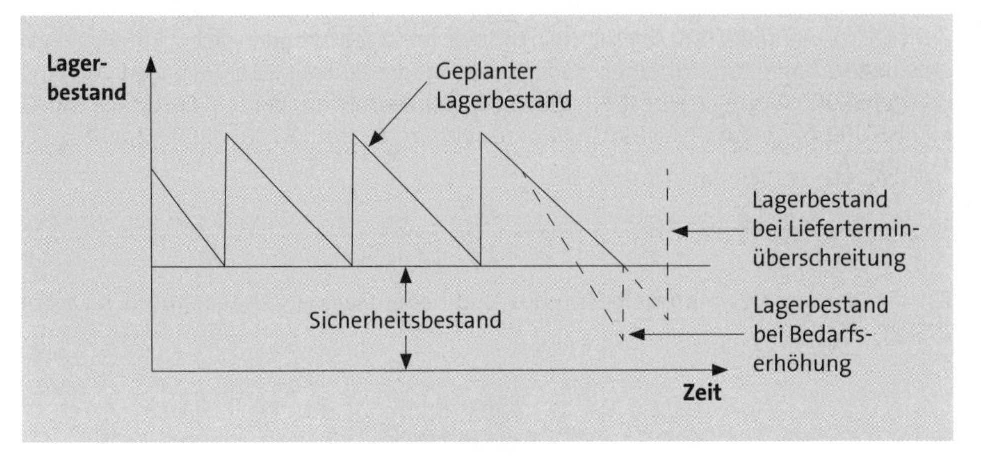

- Der **Meldebestand**, der auch **Bestellbestand** oder **Bestellpunktbestand** genannt wird, bei dessen Erreichen zu bestellen ist, damit der Sicherheitsbestand im Verlaufe der Wiederbeschaffungszeit nicht angegriffen wird.
- Der **Höchstbestand**, der maximal am Lager sein darf, damit die Kapitalbindung nicht zu groß wird.

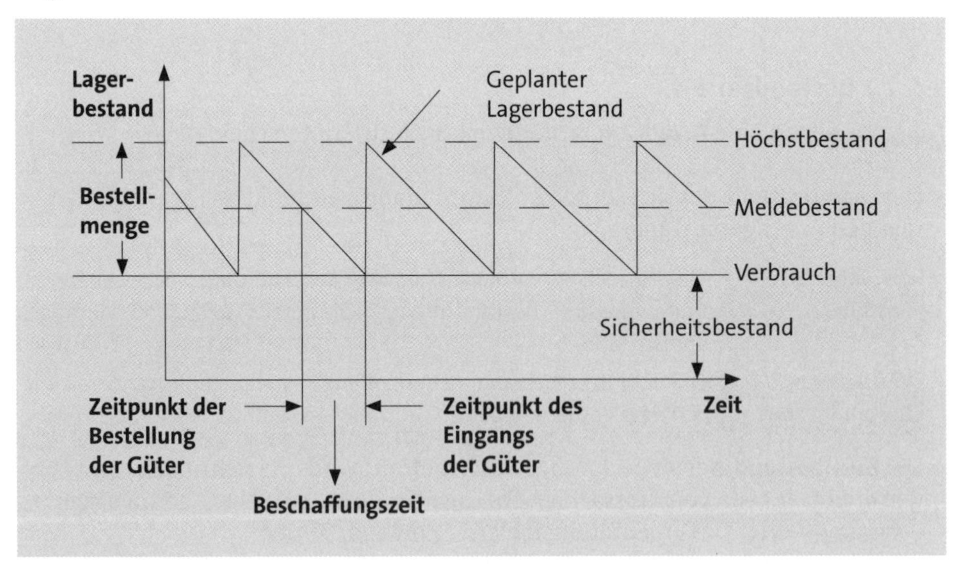

1.1.2.2 Bestandsstrategien

Bestandsstrategien, die auch **Lagerhaltungsstrategien** genannt werden, dienen der Entscheidung, wann und wie viel Materialien bereitzustellen sind. Sie werden beeinflusst:

- Von der Höhe des **Lieferbereitschaftsgrades**. Er gibt an, welche Anteile an Bedarfsanforderungen das Lager auszuführen im Stande ist. Beträgt er 100 %, können sämtliche Anforderungen vom Lager erfüllt werden. Da die Kosten mit jedem zusätzlichen Prozent an Lieferbereitschaftsgrad überproportional ansteigen, begnügt sich die betriebliche Praxis vielfach mit einem 90- bis 95-%igen Lieferbereitschaftsgrad.
- Von den möglichen **Fehlmengenkosten**. Sie entstehen, wenn das Unternehmen eine eingehende Bestellung nicht ausführen kann, und steigen bei sinkendem Lieferbereitschaftsgrad an und umgekehrt.

Als **Bestandsstrategien** kommen in Betracht (*Oeldorf/Olfert*):

- Die **S, T-Strategie**, bei der in konstanten Zeitintervallen (T) der Lagerbestand programmgemäß überprüft und disponiert wird. Ergibt sich eine Mindermenge, wird auf den Grundbestand S aufgefüllt.

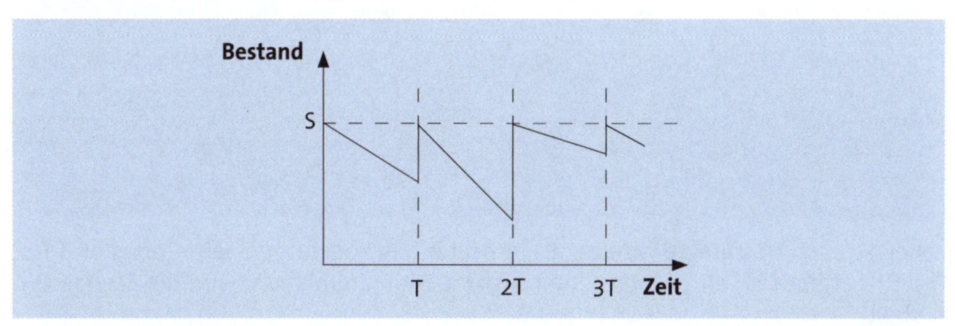

- Bei der **s, S-Strategie** findet nach jeder Entnahme eine Überprüfung des Lagerbestandes statt. Sobald der Bestellpunkt s unterschritten wird, erfolgt eine Auffüllung auf den Grundbestand S.

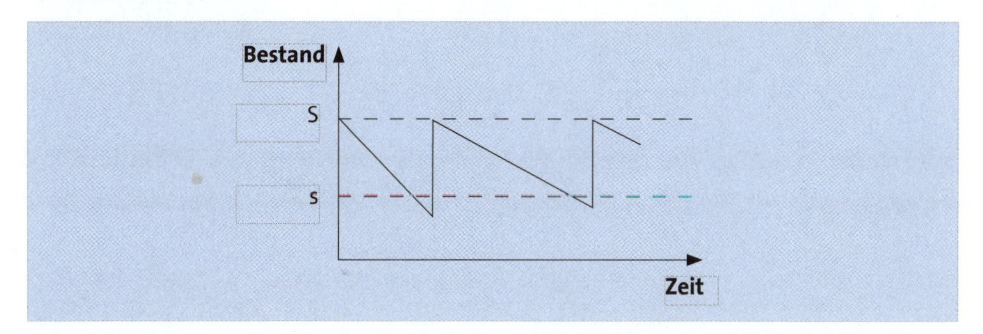

- Bei der **s, Q-Strategie** findet nach jeder Entnahme eine Überprüfung des Lagerbestandes statt. Sobald der Bestellpunkt s unterschritten wird, erfolgt die Auslösung einer Bestellung in der Menge Q.

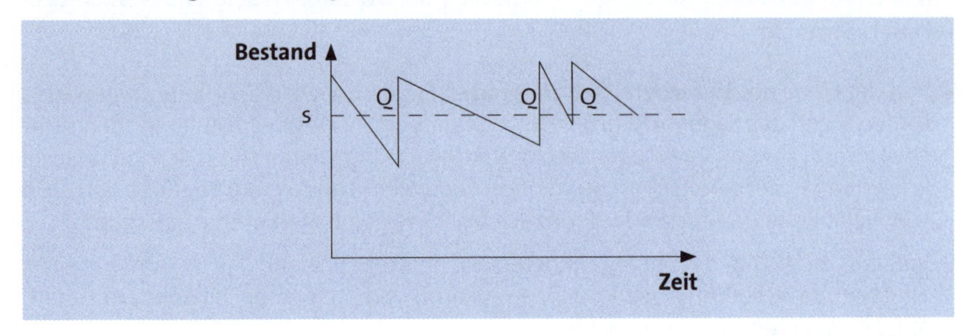

- Bei der **s, S, T-Strategie** wird der Lagerbestand in konstanten Zeitintervallen überprüft. Ergibt sich eine Unterschreitung des Bestellpunktes s, wird auf den Grundbestand S aufgefüllt.

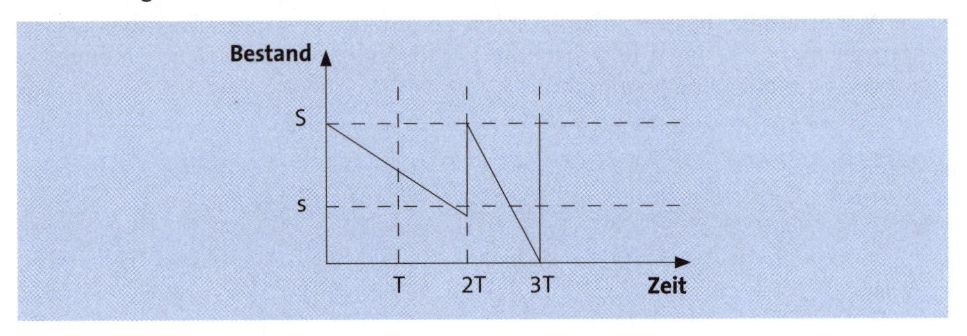

- Bei der **s, Q, T-Strategie** wird der Lagerbestand in konstanten Zeitintervallen T überprüft. Ergibt sich eine Unterschreitung des Bestellpunktes s, wird die Menge Q bestellt.

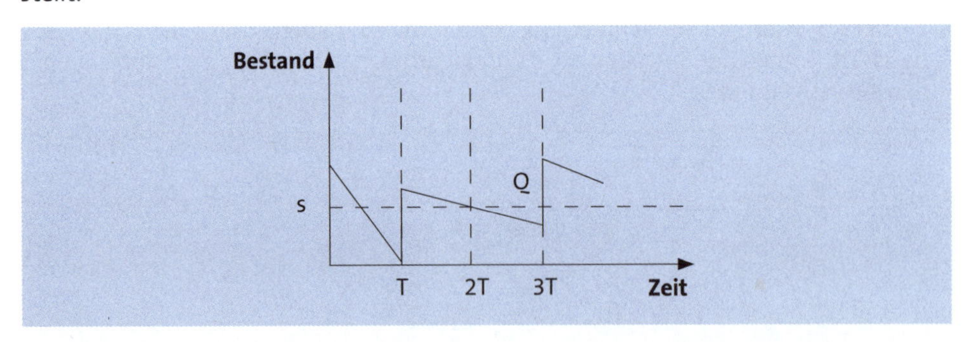

1.1.2.3 Bestandsergänzung

Die notwendige Ergänzung des Materialbestandes kann erfolgen:

- Als **verbrauchsbedingte Bestandsergänzung**, wenn ein regelmäßiger Verbrauch an Hilfs- und Betriebsstoffen sowie sonstigen relativ geringwertigen Materialien vorliegt. In der betrieblichen Praxis erfolgt diese Bestandsergänzung, indem auf einen Gesamtbestand aufgefüllt wird. Zu unterscheiden sind:

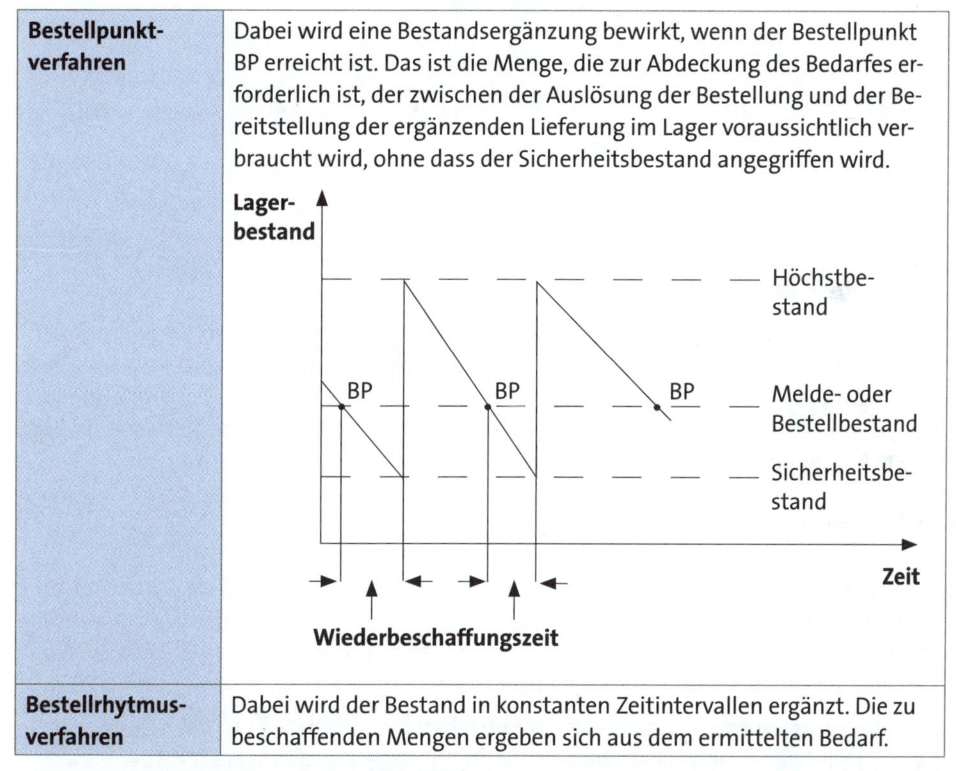

Bestellpunktverfahren	Dabei wird eine Bestandsergänzung bewirkt, wenn der Bestellpunkt BP erreicht ist. Das ist die Menge, die zur Abdeckung des Bedarfes erforderlich ist, der zwischen der Auslösung der Bestellung und der Bereitstellung der ergänzenden Lieferung im Lager voraussichtlich verbraucht wird, ohne dass der Sicherheitsbestand angegriffen wird.
Bestellrhytmusverfahren	Dabei wird der Bestand in konstanten Zeitintervallen ergänzt. Die zu beschaffenden Mengen ergeben sich aus dem ermittelten Bedarf.

- Als **bedarfsbedingte Bestandsergänzung**, wenn hochwertige Materialien zu planen sind. Die Aufgabe dieser Bestandserklärung ist es, die Reichweite des Lagers festzustellen und eine Lagerergänzung dann vorzunehmen, wenn die Eindeckung einen bestimmten Wert erreicht hat – siehe ausführlich *Oeldorf/Olfert*.

1.1.3 Materialbeschaffungsplanung

Bei der Materialbedarfsplanung wurde ermittelt, welcher Bedarf an Materialien nach Art, Menge und Zeit besteht. Mithilfe der Materialbestandsplanung wurde festgestellt, ob und wie viel der benötigten Materialien im Unternehmen vorhanden sind.

Die Planung der Materialbeschaffung hat von diesen Daten auszugehen. Weitere erforderliche Informationen liefert die **Beschaffungs-Marktforschung**, beispielsweise über am Markt verfügbare Materialien, Marktstrukturen, Marktentwicklungen, alternative Lieferanten und Marktpreise.

Im Rahmen der Materialbeschaffung sind vor allem zu planen – siehe ausführlich *Oeldorf/Olfert*:

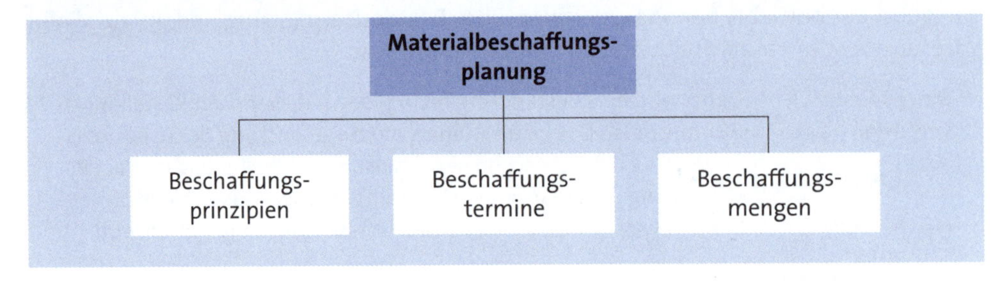

1.1.3.1 Beschaffungsprinzipien

Das Unternehmen muss zunächst überlegen, für welchen Zeitraum die Materialien zu beschaffen sind. Aus Gründen der Kapitalbindung könnte es einerseits vorteilhaft sein, die Materialien erst kurz vor ihrem Bedarf zu beziehen. Andererseits könnte diese Vorgehensweise sich nicht nur als risikoreich, sondern auch als teuer erweisen, weil größere Mengen gegebenenfalls günstiger zu beschaffen wären.

Als **Beschaffungsprinzipien** kommen in Betracht:

- Die **Vorratsbeschaffung**, die bei industriellen Unternehmen häufig anzutreffen ist. Bei ihr werden relativ große Materialmengen beschafft und auf Lager genommen. Möglicherweise günstigen Beschaffungspreisen stehen hohe Lager- und Zinskosten sowie eine hohe Kapitalbindung gegenüber.
- Die **Einzelbeschaffung**, bei der die Materialien in der benötigten Menge unmittelbar vor ihrem Bedarf beschafft werden. Geringen Lager- und Zinskosten sowie einer minimalen Kapitalbindung stehen hohe Beschaffungskosten und das Risiko einer ausbleibenden oder fehlerhaften Lieferung gegenüber.
- Die **produktionssynchrone Beschaffung**, bei der es sich um eine Kombination von Vorratsbeschaffung und Einzelbeschaffung handelt. Das beschaffende Unternehmen schließt rahmenmäßige Lieferverträge über große Materialmengen, ruft aber jeweils nur die für die Produktion unmittelbar benötigten Mengen ab.

1.1.3.2 Beschaffungstermine

Die Beschaffungstermine bedürfen einer genauen Planung, weil die Materialien meist nicht unverzüglich nach ihrer Anforderung zur Verfügung stehen. Gründe hierfür sind bestehende Lieferzeiten, erforderliche Beschaffungszeiten und Prüfungszeiten für die Materialien.

Die Ermittlung der Beschaffungstermine kann – wie im Abschnitt „Bestandsergänzung" gezeigt – **verbrauchsgesteuert** mithilfe des Bestellpunkt-Verfahrens bzw. Bestellrhythmus-Verfahrens oder **bedarfsgesteuert** erfolgen.

1.1.3.3 Beschaffungsmengen

Die Bedarfsmengen werden im Rahmen der Materialbedarfsplanung als **technologische Losgrößen** ermittelt. Für die Beschaffung der Materialien gilt es aber, die **wirtschaftlichen Losgrößen** festzulegen. Sie hängen insbesondere ab von:

- den **Beschaffungskosten** als bestellmengenabhängigen Kosten, die durch den Bezug der Materialien entstehen und sich aus den Einstandspreisen für die Materialien ergeben
- den **Bestellkosten** als bestellmengen*un*abhängigen Kosten, die für die jeweiligen Bestellabwicklungen anfallen, beispielsweise für die Beschaffung, Material- und Rechnungsprüfung
- den **Lagerhaltungskosten**, die aus den im Lager anfallenden Kosten bestehen, beispielsweise für den Lagerraum, das Personal, Abschreibungen, Instandhaltung, Heizung, Beleuchtung, und den Zinsen für das im Lager gebundene Kapital.

Die **Optimierung** der Beschaffungsmengen kann mithilfe verschiedener Verfahren erfolgen. Nach der klassischen Losgrößenformel von *Andler* ist die Beschaffungsmenge optimal, wenn die Kosten für die Bestellung und Lagerung zusammen ein Minimum ergeben.

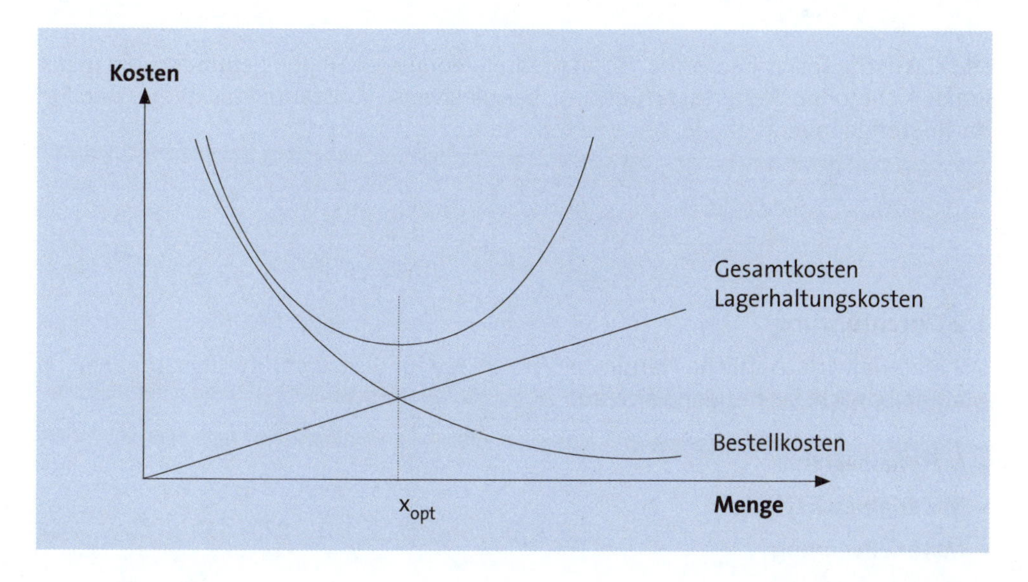

Rechnerisch wird die **optimale Beschaffungsmenge** ermittelt:

$$x_{opt} = \sqrt{\frac{200 \cdot M \cdot K_B}{E \cdot L_{HS}}}$$

x_{opt} = Optimale Beschaffungsmenge
M = Jahresbedarfsmenge
E = Einstandspreis pro Mengeneinheit
K_B = Bestellkosten je Bestellung
L_{HS} = Lagerhaltungskostensatz

Beispiel

Ein Unternehmen benötigt im Jahr 2014 voraussichtlich 1.200 Mengeneinheiten eines Materials, dessen Einstandspreis 4 €/Einheit beträgt. Die Bestellkosten für eine Bestellung betragen 40 €, der Lagerhaltungskostensatz wird mit 12 % des durchschnittlichen Lagerbestandes angesetzt.

$$x_{opt} = \sqrt{\frac{200 \cdot 1.200 \cdot 40}{4 \cdot 12}}$$

x_{opt} = **447,2 Mengeneinheiten**

Die klassische Losgrößenformel ist an mehrere Voraussetzungen gebunden, die in der Praxis nicht (ohne Weiteres) erfüllt sind, beispielsweise konstante Stückpreise und Bedarfe, stetige Lagerabgänge, keine Lieferzeiten.

Aufgabe 37 > Seite 550

1.2 Durchführung

Die materialwirtschaftliche Planung ist Grundlage für die Durchführungsaufgaben im Materialbereich. Sie beziehen sich auf:

- **Materialbestand**
- **Materialbeschaffung**
- **Materiallagerung**
- **Materialentsorgung**.

1.2.1 Materialbestand

Der Materialbestand wird mithilfe der **Bestandsführung** festgestellt, indem die aufgrund der Bedarfsplanung realisierten Materialabgänge ermittelt und bewertet werden. Sie geschieht damit als Mengenerfassung und Werterfassung – siehe ausführlich *Oeldorf/Olfert*:

- Die **Mengenerfassung** kann mithilfe folgender Methoden durchgeführt werden:

Skontrationsmethode	Sie erfolgt, indem die Zugänge auf der Grundlage der Lieferscheine, die Abgänge durch die Materialentnahmescheine erfasst werden. Sie setzt das Vorhandensein einer Lagerbuchhaltung voraus.
Inventurmethode	Sie erfordert keine Lagerbuchhaltung. Der Materialbestand ergibt sich lediglich durch eine Inventur als Endbestand, die Verbrauchsmengen ergeben sich aus dem Vergleich von alter und neuer Inventur.
Retrograde Methode	Die Verbrauchsmengen werden durch Rückrechnung aus den erstellten Halb- und Fertigerzeugnissen abgeleitet.

Als **Inventur** wird der tatsächliche Bestand des Vermögens und der Schulden für einen bestimmten Zeitpunkt durch körperliche Bestandsaufnahme mengen- und wertmäßig erfasst. Zu unterscheiden sind (*Rinker/Ditges/Arendt*):

Stichtagsinventur	Die körperliche Bestandsaufnahme erfolgt innerhalb von 10 Tagen vor oder nach dem Bilanzstichtag. Bestandsveränderungen werden auf den Bilanzstichtag fort- oder rückgerechnet.
Permanente Inventur	Die körperliche Bestandsaufnahme erfolgt einmal im Verlaufe des Jahres. Der Bestand am Bilanzstichtag wird über die Fortschreibung der Lagerbuchhaltung ermittelt.
Verlegte Inventur	Die körperliche Bestandsaufnahme erfolgt für einen Tag innerhalb der letzten 3 Monate vor bzw. der ersten zwei Monate nach Schluss des Geschäftsjahres. Bestandsveränderungen werden auf den Bilanzstichtag fort- oder rückgerechnet.

Die Bestandsführung erfasst die **Bestandsbewegungen**, die sein können:

Körperliche Bestandsänderungen	Dabei handelt es sich um Zugänge, die Materialeingänge oder Eigenfertigungen sein können, und Abgänge als interne und externe Entnahmen.
Nichtkörperliche Bestandsänderungen	Dazu zählen: ► **Reservierungen** bzw. **Vormerkungen**, die dem Lager für einen bestimmten Auftrag zu einem späteren Zeitpunkt entnommen werden ► **Stornierungen** als Rückbuchungen von Vorgängen im Lager.

- Die Materialien sind nicht nur mengenmäßig zu führen. Es ist auch eine **Werterfassung** vorzunehmen. Dabei bieten sich als Wertansätze an:

Anschaffungswert	Er ist der bei der Beschaffung des Materials zu zahlende Preis, der auch als **Einstandspreis** bezeichnet wird.
Wiederbeschaffungswert	Er ist der für die Wiederbeschaffung des Materials zu zahlende Preis, der auch als **Ersatzwert** bezeichnet wird.
Tageswert	Er ist der am Tag des Angebotes, der Lagerentnahme, des Umsatzes oder Zahlungseinganges ermittelte Preis.
Verrechnungswert	Er ist ein über einen längeren Zeitraum festgelegter Preis, der künftig erwartete Preisschwankungen berücksichtigt.

1.2.2 Materialbeschaffung

Die Materialbeschaffung wird in **vier Schritten** durchgeführt – siehe ausführlich *Oeldorf/Olfert*:

- Zunächst werden **Angebote** über die zu beschaffenden Materialien **eingeholt**. Für die Auswahl der in Frage kommenden Lieferanten können Bezugsquellenverzeichnisse, Lieferantenkarteien oder Anfrageregister nützlich sein.

  Die Angebote können vor allem bei C-Gütern mündlich und sollten bei A- und B-Gütern schriftlich eingeholt werden. Sie sind frühzeitig anzufordern.

- Die eingegangenen **Angebote** sind zu **prüfen**, wodurch sichergestellt werden soll, dass Anfrage und Angebot sachlich übereinstimmen, insbesondere hinsichtlich Materialart, Materialmenge, Materialqualität, Materialpreis, Liefer- und Zahlungsbedingungen, Erfüllungsort, Gerichtsstand.
- Das **günstigste Angebot** ist **auszuwählen**, wobei es sich anbietet, die Auswertung der Angebote nach einem standardisierten Schema vorzunehmen. Gegebenenfalls kann es sich als günstig erweisen, noch ergänzende Verhandlungen mit interessanten Anbietern aufzunehmen, um verbesserte Beschaffungsbedingungen zu erwirken.
- Schließlich ist die **Bestellung vorzunehmen**, die schriftlich oder mündlich erfolgen kann. Stimmen Angebot – einschließlich gegebenenfalls zusätzlich verhandelter Vereinbarungen – und Bestellung überein, kommt ein Kaufvertrag zu Stande.

1.2.3 Materiallagerung

Die Materiallagerung erfolgt in folgenden **Phasen** – siehe ausführlich *Oeldorf/Olfert*:

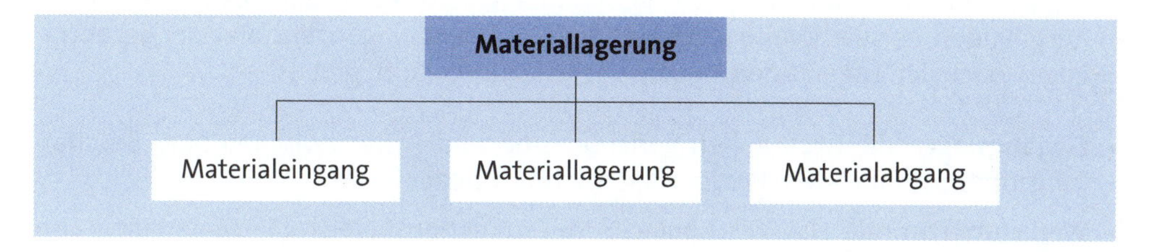

1.2.3.1 Materialeingang

Der Materialeingang umfasst mehrere **Schritte**:

- die Prüfung des Materials auf äußerlich erkennbare **Schäden** hin
- die **Belegprüfung**, bei der die Daten der Warenbegleitpapiere – z. B. der Lieferschein – mit den Daten der Bestellunterlagen – beispielsweise der Auftragsnummer bzw. Artikelnummer – verglichen werden
- die **Mengenprüfung**, bei der die gelieferten Materialmengen durch Zählen, Messen, Wiegen den bestellten Materialmengen gegenübergestellt werden
- die **Zeitprüfung**, bei der ein Vergleich des tatsächlichen Liefertermins mit dem in der Bestellung festgelegten Liefertermin erfolgt
- die **Qualitätsprüfung**, bei der die Materialien auf die in der Bestellung zu Grunde gelegte Qualität hin überprüft werden
- die **Rechnungsprüfung**, die sich auf einen Vergleich der Lieferantenrechnung mit der Auftragsbestätigung, der Bestellung, den Materialbegleitpapieren und dem Qualitätsprüfbericht erstreckt. Sie erfolgt als:

Sachliche Prüfung	Anhand der Bestellunterlagen ist die sachliche Richtigkeit der Lieferantenrechnung zu kontrollieren.
Preisliche Prüfung	Die von der Beschaffungsabteilung akzeptierten Preise sind auf ihre Vorteilhaftigkeit hin zu kontrollieren, was allerdings nicht einfach sein kann.
Rechnerische Prüfung	Mit ihr ist festzustellen, ob die Lieferantenrechnung rechnerisch ordnungsgemäß ist, und zu kontrollieren, dass keine mehrfache Rechnungstellung erfolgt ist.

1.2.3.2 Materiallagerung

Die Materiallagerung erfolgt in Lägern. Das sind Einrichtungen, die Materialien aufbewahren und verfügbar halten. Sie lassen sich nach verschiedenen Gesichtspunkten unterscheiden, beispielsweise als Hauptläger und Nebenläger, zentrale oder dezentrale Läger. Nach den **Lagerstufen**, die das Material durchläuft, gibt es:

- **Eingangsläger**, die nach außen gerichtet sind und Puffer zwischen dem Beschaffungsrhythmus und dem Produktionsrhythmus bilden
- **Werkstattläger**, die als Zwischenläger im Produktionsbereich die Materialien aufnehmen, die bereits Produktionsstufen durchlaufen haben und weitere Produktionsstufen durchlaufen sollen
- **Erzeugnisläger**, die nach Abschluss der Produktion die Erzeugnisse, Ersatzteile, Halbfabrikate und Waren aufnehmen und dazu dienen, die Schwankungen des Absatzmarktes aufzufangen.

Nach ihrer unterschiedlichen **Gestaltung** unterscheidet man:

- **Eingeschossläger**, die sich bei ausreichender Grundstücksfläche anbieten. Sie können sein:

Nach ihrer Bauart	Das sind offene, halboffene, geschlossene, Spezialläger (für bestimmte Materialien).
Nach ihren Objekten	Dazu zählen Rohstoffläger, Fertigteileläger, Hilfs- und Betriebsstoffläger.

- **Mehrgeschossläger**, bei denen die Materialien auf mehreren Ebenen aufbewahrt werden. Es lassen sich unterteilen:

Mehrgeschossläger	In ihrer traditionellen Form sind sie nicht EDV-gesteuert. Sie sind vielfach bei Unternehmen der Elektronik und Elektrotechnik zu finden.
Hochregalläger	Sie arbeiten mit einer großen Zahl spezialisierter Hebe- und Förderwerkzeuge und sind EDV-gesteuert.

Für die Einrichtung der Läger steht eine Vielzahl von Sachmitteln zur Verfügung, deren Einsetzbarkeit von den Lagerobjekten abhängt. Zu unterscheiden sind:

- **Regale** als Durchlauf-, Compact-, Paternoster-, Palettenregale
- **Packmittel** als Container, Collico-Behälter, Paletten
- **Fördermittel** als Belade-, Entlade-, Transport-, Hilfsgeräte.

1.2.3.3 Materialabgang

Der Materialabgang umfasst mehrere **Schritte**:

- Die unterschiedlichen betrieblichen Bereiche geben ihre **Anforderungen** an das Lager, das diese erfasst.
- Daraufhin erfolgt die **Auslagerung** der angeforderten Materialien.
- Die angeforderten und ausgelagerten Materialien werden **belegmäßig erfasst**, beispielsweise mithilfe von Entnahmescheinen oder Materialanforderungsscheinen.

1.2.4 Materialentsorgung

Mit der Bereitstellung der Materialien ist es dem Unternehmen möglich, seine Leistungserstellung zu bewirken. Wenn die Materialien in vollem Umfang in die Erzeugnisse eingegangen sind, ist der materialwirtschaftliche Prozess abgeschlossen.

Beispiel

Einbau von Zulieferteilen und Normteilen in Erzeugnisse

Es ist aber auch möglich, dass Materialien nicht oder nicht in vollem Umfang zu Bestandteilen der Erzeugnisse werden und hierfür eine weitere materialwirtschaftliche Maßnahme notwendig wird, die Materialentsorgung – siehe ausführlich *Oeldorf/ Olfert*.

Beispiel

Eine spanabhebende Bearbeitung von Materialien führt zu Abfällen. Bei der Bearbeitung von Materialien werden Schmiermittel verwendet, die zu entsorgen sind.

Dem Materialbereich oblag eigentlich von jeher die Entsorgungsaufgabe. Sie wurde früher aber eher als „lästige" Nebenaufgabe angesehen. Inzwischen hat sie jedoch im Materialbereich eine bedeutsame Stellung. Als **Materialentsorgung** kann – in Anlehnung an *Maier-Rothe* – verstanden werden:

- das Erfassen, Sammeln, Selektieren, Separieren, Einstufen der Rückstände nach der Möglichkeit der Verwertung, ihrer Gefährlichkeit und Umweltbelastungswirkung
- das Aufbereiten, Umformen, Regenerieren, Bearbeiten, Sichern der Materialien
- die Suche nach Abnehmern sowie der Verkauf oder die Abgabe der zu entsorgenden Materialien an Dritte.

Mit der Materialentsorgung befassen sich mehrere Gesetze und Verordnungen, beispielsweise das Gesetz über die Vermeidung und Entsorgung von Abfällen, das Bundesimmissionsgesetz, die Abfallbestimmungsverordnung, die Abfallnachweisverordnung, die Abfallbeförderungsverordnung, die Verpackungsverordnung. Im Rahmen der **Abfallwirtschaft** lassen sich unterscheiden:

- Die **Abfallbegrenzung**, die der beste Weg ist, umweltgerechte Unternehmenspolitik zu betreiben. Sie kann sein:

Abfallvermeidung	Sie ist eine Strategie, die ein Entstehen von Abfällen vor, während und nach dem betrieblichen Leistungsprozess gänzlich unterbindet.
Abfallminderung	Wenn eine Abfallvermeidung nicht möglich ist, sollte versucht werden, möglichst wenig und möglichst nur solche Abfälle in Kauf zu nehmen, die eine hohe, wirtschaftlich sinnvolle Recyclingfähigkeit aufweisen.

- Die **Abfallbehandlung**, die erforderlich ist, wenn Abfälle sich nicht vermeiden bzw. nur begrenzen lassen. Sie kann folgende Maßnahmen umfassen:

Recycling	Mit seiner Hilfe werden Abfälle, die an sich für den Leistungsprozess des Unternehmens nicht mehr verwertbar sind, durch geeignete Verfahren für diesen oder einen anderen Leistungsprozess wieder verwendbar gemacht. Gleiches gilt für die Rückgewinnung und Nutzung von Stoffen oder Energieinhalten aus gebrauchten Enderzeugnissen. Recycling kann durch die Wiederverwertung, Weiterverwertung, Weiterverarbeitung, Wiederverwendung, Weiterverwendung erfolgen.
Abfallvernichtung	Sie bezieht sich auf Abfälle, die mangelnde oder fehlende Recyclingfähigkeit aufweisen, bei ihrer Verwertung nicht recyclingbare Rückstände hervorrufen bzw. bei ihrer Verwertung nicht deponiefähige Rückstände ergeben.
Abfallbeseitigung	Sie kann als **Abfalldiffusion**, z. B. durch Verdünnung der Abfälle, **Abfallagerung** und (geordnete deponiemäßige) **Ablagerung** erfolgen.

Aufgabe 38 > Seite 550

1.3 Kontrolle

Die Kontrolle schließt den materialwirtschaftlichen Führungsprozess ab. Sie ist möglich als – siehe ausführlich *Oeldorf/Olfert*:

- **Kontrolle der materialwirtschaftlichen Planungen**, indem die Planwerte und Istwerte jeweils gegenübergestellt und die Abweichungen ermittelt werden, die einer Analyse zu unterziehen sind.

- **Kennzahlenanalyse**, bei der beispielsweise ermittelt werden:

$$\textbf{Bedarfsservice} = \frac{\text{Anzahl sofort bedienter Anforderungen}}{\text{Anzahl der Anforderungen}} \cdot 100$$

$$\textbf{Durchschnittlicher Lagerbestand} = \frac{\text{Anfangsbestand + Endbestand}}{2}$$

oder

$$\textbf{Durchschnittlicher Lagerbestand} = \frac{\text{Jahres-Anfangsbestand + 12 Monate-Endbestände}}{13}$$

$$\textbf{Umschlagshäufigkeit} = \frac{\text{Jahresverbrauch}}{\text{Durchschnittlicher Lagerbestand}}$$

$$\textbf{Lagerdauer in Tagen} = \frac{\text{Zahl der Tage der Periode}}{\text{Umschlagshäufigkeit}}$$

Die Kontrolle ist ein Teil des **Controllingprozesses**, der außerdem die Zielsetzung, Planung und Steuerung umfasst. Um steuernd eingreifen zu können, bedarf das Controlling eines Frühwarnsystems. Als Frühwarngrößen kommen insbesondere Kennzahlen in Betracht, da mit ihrer Hilfe unplanmäßige Entwicklungen rasch erkannt werden können.

Aufgabe 39 > Seite 551

2. Produktionsbereich

Der Zweck der betrieblichen Betätigung besteht darin, Leistungen zu produzieren bzw. bereitzustellen. Das können Sachgüter oder Dienstleistungen sein. Sie werden beispielsweise von Versicherungs-, Bank-, Handels-, Verkehrs- und industriellen Unternehmen erbracht.

Der Produktionsbereich dient der **industriellen Leistungserstellung**. Er befasst sich mit der Gesamtheit aller Einrichtungen und Maßnahmen zur Erstellung materieller Güter, die hauptsächlich dem Absatzmarkt zugeführt werden.

Insofern ist es wichtig, dass der Produktionsbereich eng mit dem Marketing zusammenwirkt, damit Güter erstellt werden, die vom Marketing auf dem Absatzmarkt letztlich verkauft werden können.

Die Produktion wird bewirkt, indem Menschen, Betriebsmittel und Werkstoffe in geeigneter Weise kombiniert werden. Das geschieht unter Verwendung bestimmter **Produktionsverfahren**, wie sie auf Seite 295 beschrieben werden.

Der **Führungsprozess** im Produktionsbereich umfasst (*Blohm u. a., Corsten, Ebel*):

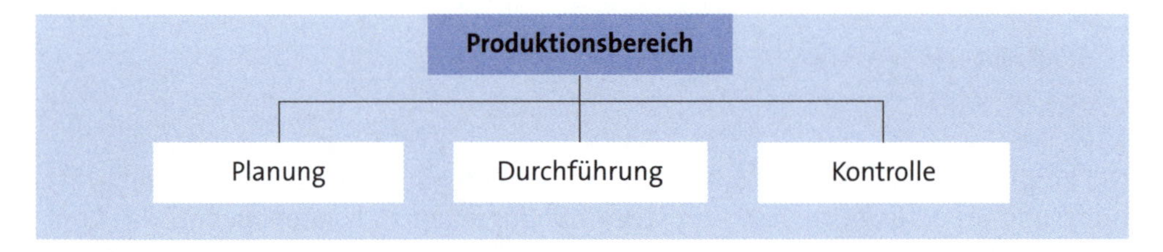

Die Basis einer ausgewogenen Produktion bilden **Forschung und Entwicklung**.

2.1 Planung

Die Planung im Produktionsbereich erfolgt auf der Grundlage der vorgegebenen **Ziele**. Das können allgemeine Unternehmensziele oder aber spezielle produktionswirtschaftliche Ziele sein. *Wildemann* nennt hierzu folgende Ziele:

- Minimierung der Produktions-Durchlaufzeiten
- Minimierung der Kapitalbindung
- Einhaltung der Produktionstermine
- Optimierung der Kapazitätsausnutzung
- Minimierung der Rüstkosten
- Minimierung der Transportkosten.

Erfolgsorientierte Führung heißt für den Produktionsleiter, geeignete Ziele als Qualitäts-, Mengen-, Zeit- und Kostenziele festzulegen und die Mitarbeiter so zu beeinflussen, dass diese Ziele erreicht werden. Dazu ist die produktionswirtschaftliche Planung erforderlich, die umfassen kann:

- **Erzeugnisplanung**
- **Programmplanung**
- **Arbeitsplanung**
- **Bereitstellungsplanung**
- **Prozessplanung.**

Die Erzeugnis-, Programm-, Arbeits-, Bereitstellungs- und Prozessplanung werden in ihrer Gesamtheit vielfach auch als **Produktionsplanung**, Fertigungsplanung oder Arbeitsvorbereitung bezeichnet. Sie ist die gegenwärtige gedankliche Vorwegnahme zukünftigen Handelns in dem Produktionsbereich.

2.1.1 Erzeugnisplanung

Die Erzeugnisplanung kann unter zwei Gesichspunkten gesehen werden:

- Sie kann eine Planung sein, mit deren Hilfe festgelegt wird, **welche Produkte** in das Leistungsprogramm des Unternehmens **aufgenommen werden sollen**. Da die Beantwortung dieser Frage sich stark am Absatzmarkt zu orientieren hat, erfolgt sie zu einem wesentlichen Teil im Marketingbereich – siehe den Produktinnovationsprozess, Seite 312 f.

  Selbstverständlich ist die Beantwortung dieser Frage ohne Einbindung des Produktionsbereiches nicht (ohne Weiteres) möglich, da dieser Bereich das Produktions-Know-how, die Betriebsmittel und Mitarbeiter sachgerecht zur Verfügung stellen muss.
- Im Produktionsbereich soll unter der Erzeugnisplanung die **Festlegung der Merkmale eines Erzeugnisses** verstanden werden, das in das Produktionsprogramm des Unternehmens aufgenommen wird. Im Wesentlichen geht es um die Frage, wie das Erzeugnis genau aussehen soll und aus welchen einzelnen Teilen es bestehen soll.

Die Erzeugnisbeschreibung umfasst drei **Arten der Dokumentation**, die sich gegenseitig ergänzen – siehe ausführlich *Oeldorf/Olfert*:

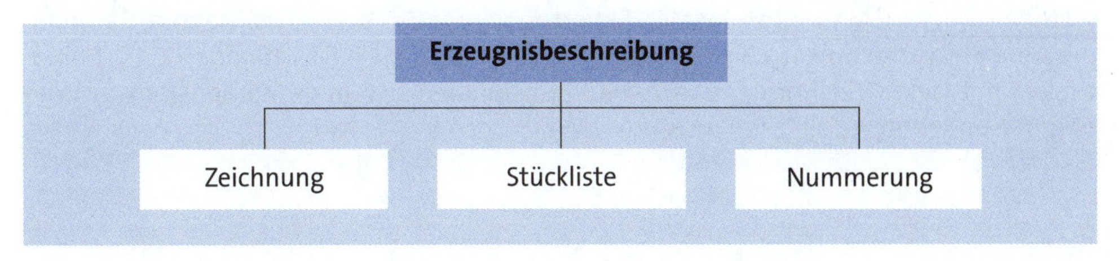

2.1.1.1 Zeichnung

Die (technische) Zeichnung beschreibt das Erzeugnis grafisch. Damit jeder sachkundige Betrachter gleiche Informationen aus der Zeichnung gewinnt, unterliegt die Art ihrer Erstellung strengen Normen.

Außer Einzelteilzeichnungen, Baugruppen- und Zusammenstellungszeichnungen gibt es in der Praxis z. B. Betriebsmittel-, Ersatzteil-, Aufstellungs- und Versandzeichnungen. Bei technischen Erzeugnissen reicht aufgrund ihrer Komplexität vielfach eine einzige Zeichnung nicht, sondern es muss ein **Zeichnungssatz** erstellt werden, der umfassen kann:

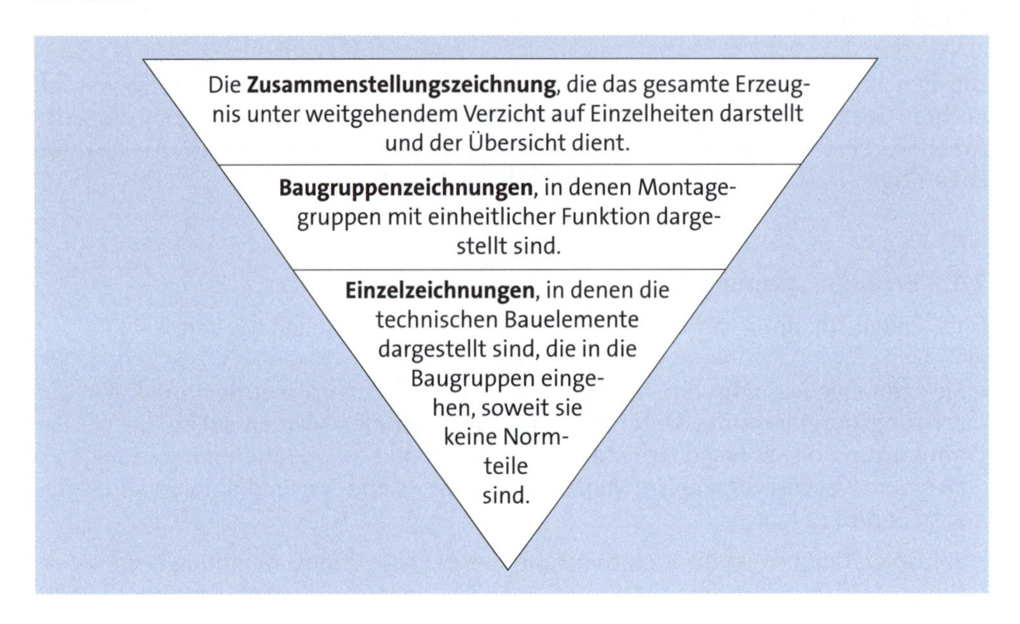

Während die Zeichnungen früher manuell erstellt wurden, geschieht das heute vielfach bereits mithilfe des Computers. Man spricht dabei von **CAD** als „Computer Aided Design".

In der heutigen Zeit sind für die Unternehmen CAD-Anwendungen zur Entwicklung von technischen Zeichnungen unentbehrlich geworden. Dabei werden die früher üblichen Hilfsmittel, wie Reißbrett, Bleistift und Zirkel durch professionelle CAD-Programme ersetzt (*Wöhe/Döring*). Heute ist mit CAD die computergestützte Bildung virtueller, dreidimensionaler Modelle möglich, aus denen **technische Zeichnungen** abgeleitet werden können. CAD wird von vielen Experten genutzt, z. B. von Architekten, Bauingenieuren, Elektrotechnikern. Im Internet werden heute zum Downloaden CAD-Bibliotheken mit vielen Zeichnungen in zweidimensionaler bzw. in dreidimensionaler Wiedergabe angeboten.

2.1.1.2 Stückliste

Die Stückliste ist das Verzeichnis der Rohstoffe, Teile und Baugruppen eines Erzeugnisses unter Angabe verschiedener Daten. Sie gibt Auskunft über den qualitativen und quantitativen Aufbau eines Erzeugnisses.

Als **Gesamtstückliste** – siehe Seite 280 – ist sie die Zusammenstellung aller Rohstoffe, Teile und Baugruppen eines Erzeugnisses, ohne dass sie nach besonderen Kriterien geordnet ist.

Aus der Gesamtstückliste werden speziellen **Zwecken** dienende Stücklisten abgeleitet (*Oeldorf/Olfert*):

Konstruktionsstückliste	Sie ist nach konstruktiven Gesichtspunkten sortiert, enthält die relevanten technischen Daten und ist üblicherweise eine Baukastenstückliste oder Strukturstückliste.
Dispositionsstückliste	Sie ist eine Mengenstückliste, in der nach Eigenfertigung und Fremdbeschaffung unterschieden wird.
Einkaufsstückliste	Sie wird aus der Dispositionsstückliste abgeleitet, enthält die fremd zu beschaffenden Teile und ist um die für die Beschaffung notwendigen Textspalten erweitert. Sie kann Angaben über Lieferanten, Preise, Liefertermine enthalten.
Bereitstellungsstückliste	Sie dient der Kommissionierung der einzelnen Fertigungsaufträge im Lager und ist nach den Lagerorten sortiert.
Ersatzteilstückliste	Sie dient zur Wartung und Reparatur der Erzeugnisse des Unternehmens und zur Bestellung von Ersatzteilen.
Kalkulationsstückliste	Sie wird in Abhängigkeit vom Kalkulationsverfahren gestaltet und enthält Daten der Kalkulation wie Verrechnungswerte und Durchschnittspreise.

Stücklisten können die Struktur eines Erzeugnisses in unterschiedlicher Weise darstellen. Dementsprechend lassen sich unterscheiden:

- **Mengen(übersichts)stücklisten**, mit denen die Bestandteile der Erzeugnisse unstrukturiert dargestellt werden. Sie weisen keine Gruppierung der Bestandteile auf und dienen lediglich der mengenmäßigen Dokumentation der Bestandteile.
- **Strukturstücklisten**, die nach produktionstechnischen Strukturmerkmalen gegliedert sind. Sie werden bei mehrstufiger Produktion verwendet und zeigen, in welcher Produktionsstufe ein Einzelteil oder eine Baugruppe verwendet wird.
- **Baukastenstücklisten**, die Zusammenbauten enthalten, deren struktureller Aufbau aber nur bis zur nächst niedrigeren Stufe dargestellt wird. Sie bilden – im Gegensatz zu den Strukturstücklisten – nur eine Produktionsstufe ab.
- **Variantenstücklisten**, mit denen mehrere, jedoch nur mit geringfügigen Unterschieden versehene Erzeugnisse listenmäßig auf wirtschaftliche Weise beschrieben werden.

Die Stücklisten gliedern die Erzeugnisse analytisch.

Gesamtstückliste		**Gerät: Automatisches Feuerzeug**		**Zeichnung-Nr. 14/1833/2**	
Pos.-Nr.	**St. je Einheit**	**Benennung**	**Zeichn-Nr. DIN-Nr.**	**Werkstoff und Abmessungen**	**Bemerkungen**
1	1	Tank	16-001	Ms 63 weich 0,8	vernickelt
2	1	Hülse	16-002	Ms 63 weich 0,8	glatt, vernickelt, mit Prägung
3	1	Plattform	16-003	Ms 63 weich 0,6	vernickelt
4	1	Rahmen	16-004	Ms 63 weich 0,8	vernickelt
5	1	Drucktaste	16-005	Ms 63 weich 0,8	vernickelt
6	1	Dochtkappe	16-006	Ms 63 weich 0,8	vernickelt
7	1	Deckel	16-007	Al 98 weich 0,5	
8	1	Schaltfeder	16-008	Federbandstahl 10 x 0,2	weiß poliert
9	1	Gelenk	16-009	Ms 63 halbhart 0,8	
10	1	Zugfedereinhänghaken	16-010	Ms 63 halbhart 16 x 6 x 1,0	
11	1	Reibrad			Fremdbezug
12	1	Verschlusskappe	16-011	Ms 63 weich 0,5	vernickelt
13	1	Dochtrohr	16-012	Ms 53 3 Ø	vernickelt
14	1	Steinrohr	16-013	Ms 53 3 Ø	
15	1	Achsschraube z. Drucktaste	16-014	St 3-2	vernickelt
16	1	Zugfeder			Fremdbezug
17	1	Steinfeder			Fremdbezug
18	1	Zylinderschraube	DIN 84	St 3-2	
19	1	Steinschraube	16-015	MS 58	
20	1	Rechtsschraube für Dochtkappe	16-016	St 3-2	vernickelt
21	1	Linksschraube für Dochtkappe	16-016	St 3-2	vernickelt
22	1	Lagerrohr für Reibrad	16-017	St 5-1 2,3 Ø	
23	1	Lagerschraube für Reibrad	16-018	St 3-2	vernickelt
24	1	Bolzen zur Steinfeder	16-019	St 3-2	
	Tag	Name		Tag Name	Blatt . . 1 . . von . . 1 . . Blättern
Bearbeitet:	28.02.2013	Müller	Geändert:		
Geprüft:	07.04.2013	Peters	Geprüft:		

Den Stücklisten stehen die **Verwendungsnachweise** gegenüber, die (synthetisch) zeigen, in welchen Erzeugnissen bestimmte Bestandteile enthalten sind.

2.1.1.3 Nummerung

Die Nummerung ist nach DIN 6763 das Bilden, Erteilen, Verwalten und Anwenden von Nummern für Nummerungsobjekte. Diese können Gegenstände, Datenträger, Personen oder Sachverhalte sein. Eine **Nummer** in diesem Sinne ist eine festgelegte Folge von Zeichen, z. B. Buchstaben, Ziffern und Sonderzeichen. In der Elektronischen Datenverarbeitung wird auch vom Schlüssel gesprochen.

Mit der Nummerung steht ein wichtiges Instrument zur Verfügung, die Erzeugnisplanung wirkungsvoll zu unterstützen. Sie wird auch **Verschlüsselung** genannt und hat die Aufgabe, sachlich zusammengehörende Gegenstände einem einheitlichen Ordnungsprinzip zu unterwerfen. Die Verschlüsselung kann dienen:

- Der **Identifikation**, indem eine bestimmte Nummer einem bestimmten Gegenstand zugeordnet wird. Keine Nummer darf doppelt vergeben werden, kein Gegenstand mehrere Nummern tragen.
- Die **Klassifikation**, bei der einer Nummer bestimmte Merkmale zugeordnet werden, beispielsweise Formen, Zustände, Eigenschaften. Mit der Klassifikation werden Sachgruppen gekennzeichnet, aber nicht einzelne Gegenstände wie bei der Identifikation. Die Klassifikation erfolgt in Nummernplänen.
- Der **Information**, indem der Schlüssel durch sinnvoll geordnete und sprechende Abkürzungen – beispielsweise über die Art, Wertigkeit, das Alter, den Hersteller des Materials – Auskunft gibt.

Als Nummernschlüssel lassen sich folgende **Systeme** unterscheiden:

- **Klassifizierende Nummernschlüssel**, deren Klassifizierungsmerkmale hierarchisch voneinander abhängen.

Beispiel

Erzeugnis Klasse	Haupt-Bauart	Größe	Unter-Bauart
X	X	XXX	XX
◄ Klassifizierungsteil ►			

- **Verbundschlüssel**, die auch halbsprechende Schlüssel genannt werden. Bei ihnen erfolgt eine Verschmelzung des Informations- bzw. Klassifikationsschlüssels mit dem Identifizierungsschlüssel.

Beispiel

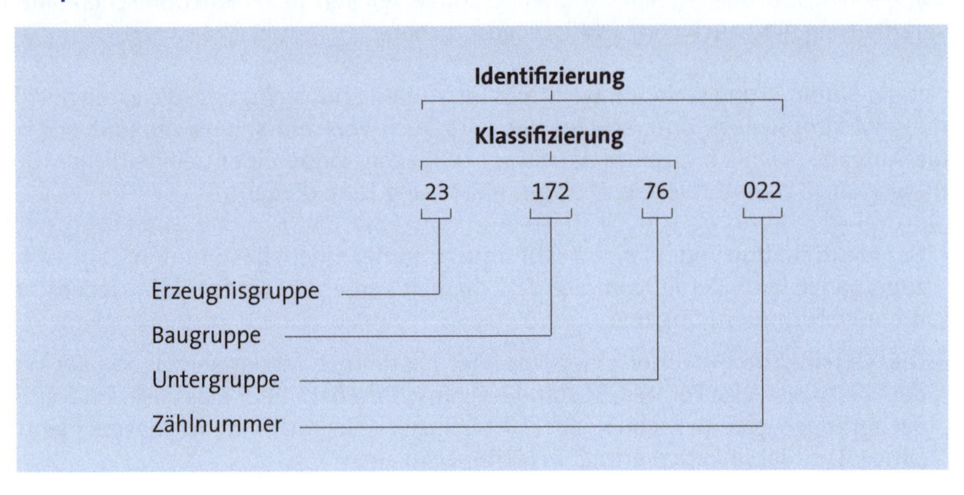

- **Systemfreie Schlüssel**, bei denen jeder Gegenstand eine vorangestellte systemfreie Zähl- oder Ident-Nummer erhält.

Beispiel

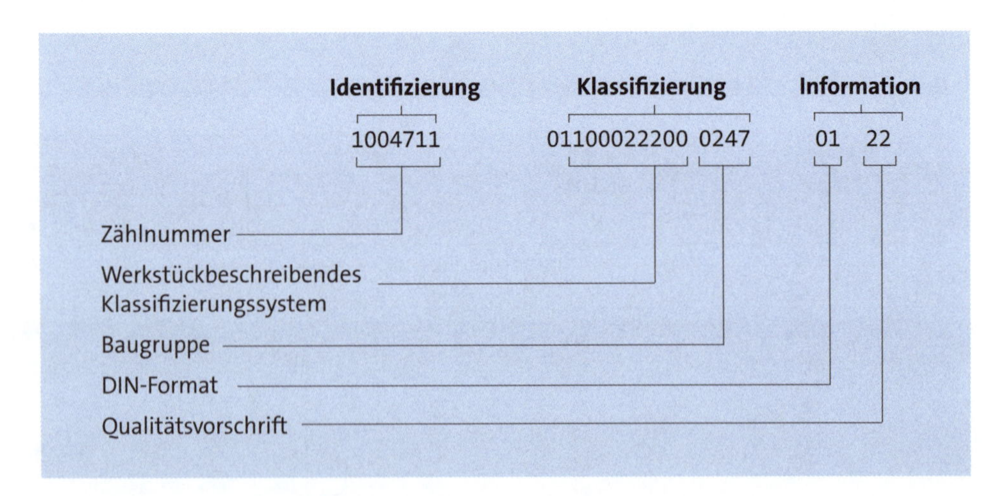

Um der Gefahr fehlerhafter Ziffern zu begegnen, werden heute vielfach **selbstprüfende Nummernkombinationen** verwendet.

2.1.2 Programmplanung

Das **Produktionsprogramm** ist die Aufstellung der im Unternehmen zu fertigenden Erzeugnisse unter Angabe der Arten, Mengen und Zeiten.

Es stellt für die Produktion eine **Vorgabe** dar. Zudem dient das Produktionsprogramm:

- der Ermittlung des Bedarfes an Personal, Betriebsmitteln, Materialien
- der Auslastung der im Unternehmen vorhandenen Kapazitäten.

Das Produktionsprogramm ist gekennzeichnet durch:

- seine **Breite**, die sich aus der Zahl zu fertigender Erzeugnisarten bzw. Erzeugnisausführungsformen ergibt
- seine **Tiefe**, die durch die Zahl der Produktionsstufen bestimmt wird.

Außerdem kann das Produktionsprogramm nach seiner **Fristigkeit** unterschieden werden:

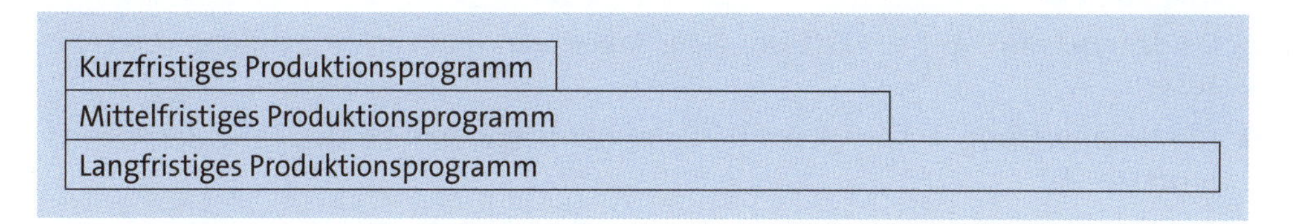

- Das **langfristige Produktionsprogramm** umfasst mehr als fünf Jahre. Seine Grundlage bilden die langfristige Marktforschung und entsprechende Vertriebsprognosen, die eine Einschätzung des künftigen Marktbedarfes erlauben.
- Das **mittelfristige Produktionsprogramm** ist auf 1 - 5 Jahre gerichtet. Es dient der Konkretisierung des langfristigen Produktionsprogrammes, in dem die Breite und Tiefe des Programms festgelegt werden.
- Das **kurzfristige Produktionsprogramm** umfasst bis zu einem Jahr. Darin werden die Erzeugnisarten, die Termine und die Mengen für eine Planperiode in Abstimmung zwischen dem Produktionsbereich und dem Absatzbereich bestimmt.

Die Planung des Produktionsprogrammes ist sorgsam vorzunehmen, da spätere Änderungen mit Umdispositionen, Mehrarbeit und erhöhten Kosten verbunden sein können. Sie ist durch die Veränderungen der globalen Produktionswirtschaft komplexer und anspruchsvoller als in der Vergangenheit.

Aufgabe 40 > Seite 552

2.1.3 Arbeitsplanung

Die Arbeitsplanung erzeugt die für die Produktion erforderlichen **Arbeitspapiere**. Das können insbesondere sein:

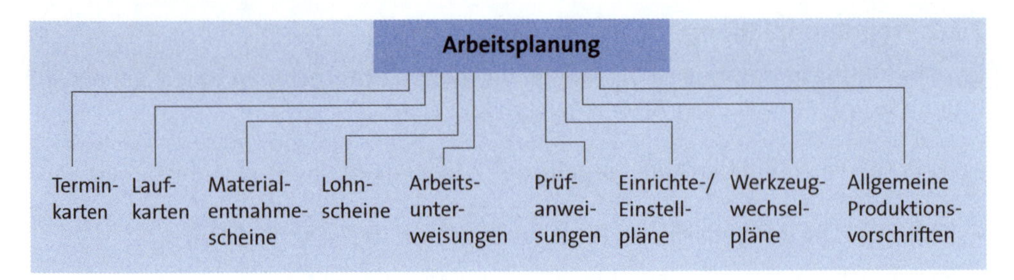

Diese Arbeitspapiere werden von der Arbeitsvorbereitung erstellt, die zur Produktionsplanung gehört. Diese Papiere erfüllen folgende Zwecke:

- Die **Terminkarte** dient der Festlegung des zeitlichen Durchlaufs durch die Produktionsstätten.
- Die **Laufkarte** zeigt jeden Arbeitsgang, nach dessen Beendigung die Daten eingetragen werden.
- Der **Materialentnahmeschein** dient der Erfassung der Entnahmemengen aus dem Materiallager.
- Der **Lohnschein** dient der Erfassung der Arbeitszeit und zur Verrechnung von Lohnkosten.
- Die **Unterweisung** der Arbeitskräfte dient der bessereren Bewältigung der Arbeitsprozesse.
- Die **Prüfanweisung** dient dazu, dass die Arbeitskräfte die Vorgänge genau überwachen können.
- Der **Einrichteplan** zeigt das Vorgehen bei der Umstellung auf andere Betriebsmittel.
- Der **Werkzeugwechselplan** verdeutlicht der Arbeitskraft, welche Werkzeuge nötig sind.
- Die **allgemeinen Produktionsvorschriften** ergänzen die obigen Arbeitspapiere.

Die Arbeitsplanung baut auf der Erzeugnisplanung auf, welche die notwendigen Arbeitsgänge und Produktionsverfahren zielorientiert bestimmt. Ihr Ergebnis ist der **Arbeitsplan**, der die Zeichnungen und Stücklisten um diejenigen Angaben ergänzt, die für die Ausführung der Produktion erforderlich sind. Er ist die auftragsunabhängige Dokumentation des Arbeitsablaufes für die Produktion aller Teile, Halbfabrikate und Enderzeugnisse und wird – auf jeweils eine Produktionsstufe bezogen – für alle zu fertigenden Stücklistenpositionen erstellt.

Beispiel

Arbeitsplan		Gegenstand			Ankerrad			Auftrags-Nr. F 18 049	
Zeichnung-Nr. 122-064		Teil-Nr.	Stückliste-Nr. 4666-8	Arbeitsgänge 7		einger. Ausschuss % 2,5		Auftragsmenge 20.000	
Werkstoff: 43 91 66 Schlüsselnummer		Ms 63 hart Bezeichnung		0,8 x 1000 x 1000 Abmessungen		0,79 kg Verbrauch/ 100 Einheiten		Termin 21.04.13	
Arb.-gang Nr.	Arbeitsgang	Kosten-stelle	Betriebsmittel	Anzahl	Werkzeuge, Vorrichtungen, Lehren	Rüstzeit min	Vorgabezeit min	Lohngruppe	Bemerkungen
1	Streifen	2611	Kraftschere			16,0	0,9	II	
	schneiden		6114						
2	Rohteil ausschneiden	2611	Exzenterpresse		Schnittwkz.	50,0	1,6	III	
			6501		73911				
3	Gelbbrennen	4318	Gelbbrenn-anlage				Z	III	
4	Mittelloch bohren	3693	Tischbohr-maschine		Bohrvor-richtung	18,0	11,4	II	
			1413		63844				
5	Entgraten beide Seiten	3693	v. Hd.		Handsen-ker		9,3	II	
					364				
6	24 Zähne fräsen	6327	Teilfräs-maschine	3	Spanndorn	42,0	27,6	III	20 St.
			8816		717				im Paket
7	Prüfen	5010	v. Hd.				Z	II	Sicht-
									prüfung

	Datum	Name	Änderungen	Verteiler
Bearbeitet:	14.02.13	Maurer		
Geprüft:	21.02.13	Kirsten		

Wie zu sehen ist, enthält der **Arbeitsplan** objektbezogene, materialbezogene und produktionsbezogene Daten.

Die produktionsbezogenen Daten beziehen sich auf:

- die **Produktionsverfahren**, die auszuwählen und festzulegen sind
- die zu nutzenden **Betriebsmittel**, die gegebenenfalls noch zu beschaffen sind
- die **Transportwege**, die zwischen den einzelnen Arbeitsplätzen zu überbrücken sind
- die **Vorgabezeiten**, die der Entlohnung, Terminierung, Kalkulation, Investitions- und Personalplanung dienen.

2.1.4 Bereitstellungsplanung

Um das Produktionsprogramm realisieren zu können, bedarf es der Bereitstellung der erforderlichen Produktionsfaktoren. Dabei ist darauf zu achten, dass die Produktionsfaktoren zur Verfügung stehen:

- in der richtigen Quantität
- in der richtigen Qualität
- zur richtigen Zeit
- am richtigen Ort.

Für die Planung der bereitzustellenden Produktionsfaktoren ist zu beachten:

- Die **Betriebsmittel** sind langfristig zu planen. Dazu ist es erforderlich, über einen langfristigen Programmplan zu verfügen, auf den die Betriebsmittel ausgerichtet werden können.
- Die Planung der **Arbeitskräfte** hat ebenfalls langfristig zu erfolgen. Sie orientiert sich sowohl am Programmplan als auch an der Planung der Betriebsmittel.
- Die **Werkstoffe** werden mittelfristig geplant. Dies geschieht in engem Zusammenwirken mit dem Materialbereich. Sie sollen rechtzeitig zur Verfügung stehen, ohne dass es jedoch zu einer Kapital bindenden Hortung kommen darf.

2.1.5 Prozessplanung

Die Planung des Produktionsprozesses erfolgt unter verschiedenen Gesichtspunkten. Das sind:

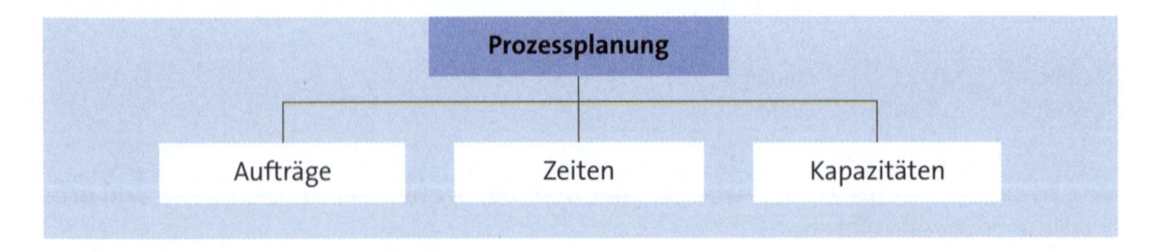

2.1.5.1 Aufträge

Aufträge sind Anweisungen an eine Stelle, bestimmte Arbeiten auszuführen. Sie müssen ebenfalls geplant werden. Die Planung der Auftragserstellung kann beruhen auf:

- dem **Produktionsprogramm**, das ohne unmittelbaren Kundenbezug für den anonymen Markt geplant wird, auf dem die Erzeugnisse abgesetzt werden sollen
- **einzelnen Aufträgen**, die geplant und später der Produktionssteuerung zugeleitet werden. Sie können sein:

Betriebsaufträge	Ihnen liegen Kundenaufträge zu Grunde, die individuell zu fertigen sind, beispielsweise im Spezialmaschinenbau.
Innerbetriebliche Aufträge	Sie dienen der Aufrechterhaltung oder Erweiterung der eigenen Leistungsfähigkeit, beispielsweise die Selbsterstellung eines Betriebsmittels.

Bei der Planung der Aufträge sind die materialbezogenen, personalbezogenen und betriebsmittelbezogenen Gegebenheiten zu beachten, d. h. es muss insbesondere sichergestellt sein, dass der **Bedarf** an Material, Personal und Betriebsmitteln gedeckt wird. Außerdem ist, sofern es sich nicht um eine Einzelfertigung handelt, eine optimale Losgröße anzustreben.

Die konkrete **Auftragserstellung** kann, wie oben gezeigt, vor allem die Erstellung von Terminkarten, Laufkarten, Materialentnahmescheinen, Lohnscheinen, Arbeitsunterweisungen, Prüfanweisungen, Einrichteplänen, Einstellplänen, Werkzeug-Wechselplänen, allgemeinen Produktionsvorschriften umfassen. Diese Arbeitspapiere sind für die spätere Durchführung der Produktion erforderlich.

2.1.5.2 Zeiten

Für die Auftragserstellung ist es wichtig, die für die Produktion erforderlichen Zeiten zu planen. Dabei ist als Ausgangspunkt jeder Zeitermittlung die **Analyse der** betreffenden **Tätigkeiten** anzusehen, mit der ein Arbeitsablauf in verschiedene Abschnitte gegliedert wird, die durch Zeitarten beschrieben werden. Daraufhin können die ermittelten **Ablaufarten** mit **Zeitwerten** versehen werden.

Zu erläutern sind:

- **REFA-Zeiten**
- **Durchlaufterminierung.**

2.1.5.2.1 REFA-Zeiten

Zu unterscheiden sind somit die Ablaufarten und Vorgabezeiten – siehe ausführlich *REFA*:

- Die **Ablaufarten**, die den Arbeitsablauf beim Menschen in verschiedene Abschnitte zerlegen, können sein (*REFA*):

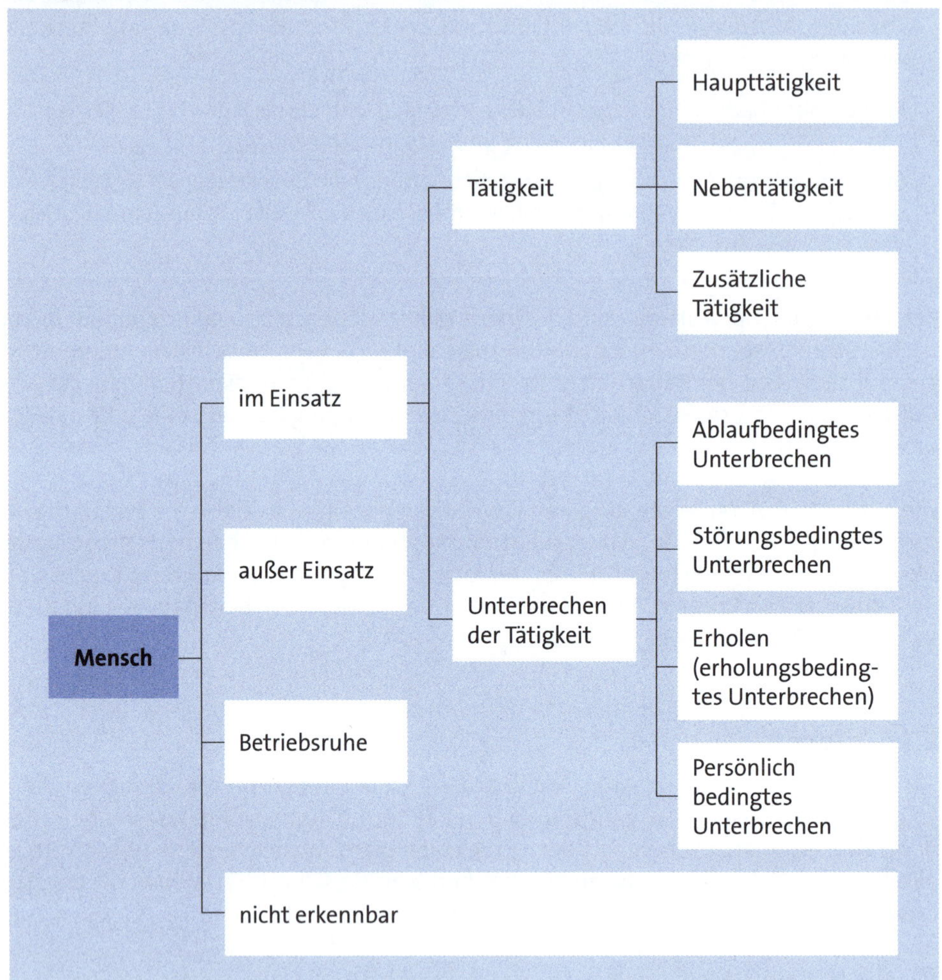

Unter den **Ablaufarten** kann verstanden werden:

Im Einsatz	Der Mensch führt innerhalb der festgelegten Arbeitszeit Arbeitsaufgaben aus. In einfachster Unterscheidung können dies Rüsten oder Ausführen sein: ► Beim **Rüsten** wird das Arbeitssystem auf die Erfüllung der Arbeitsaufgabe vorbereitet bzw. wieder in den ursprünglichen Zustand zurückversetzt. ► Beim **Ausführen** erfolgt die Realisierung der eigentlichen Arbeitsaufgabe.
Außer Einsatz	Der Mensch steht zur Erfüllung der Arbeitsaufgaben innerhalb der festgesetzten Arbeitszeit über längere Zeit nicht zur Verfügung oder der Betrieb kann ihn über längere Zeit nicht einsetzen.
Betriebsruhe	Der Mensch kann die Arbeitsaufgaben nicht erfüllen, da im Betrieb oder in einzelnen Betriebsteilen nicht gearbeitet wird.
Haupttätigkeit	Der Mensch übt eine planmäßige Tätigkeit aus, die unmittelbar zur Erfüllung der Arbeitsaufgabe nötig ist.
Nebentätigkeit	Der Mensch übt eine planmäßige Tätigkeit aus, die mittelbar zur Erfüllung der Arbeitsaufgabe dient.
Zusätzliche Tätigkeit	Der Mensch führt eine Tätigkeit durch, deren Ablauf oder Vorkommen nicht vorherbestimmt werden kann. Sie beruht auf organisatorischen, technischen oder Informationsmängeln oder wird ohne einen besonderen Auftrag durchgeführt.
Ablaufbedingtes Unterbrechen	Der Mensch wartet planmäßig auf die Beendigung von Ablaufabschnitten des Betriebsmittels oder Arbeitsgegenstandes.
Störungsbedingtes Unterbrechen	Der Mensch muss wegen technischer, organisatorischer oder Informationsmängel die Tätigkeit kurzfristig unplanmäßig unterbrechen.
Erholen	Der Mensch unterbricht die Tätigkeit zwecks Abbau der aus dieser Tätigkeit resultierenden Arbeitsermüdung.
Persönlich bedingtes Unterbrechen	Der Mensch unterbricht seine Tätigkeit aus Gründen, die nicht arbeitsablaufbedingt, sondern persönlicher Natur sind.

Für das Betriebsmittel lassen sich die **Ablaufarten** in ähnlicher Weise unterteilen (REFA):

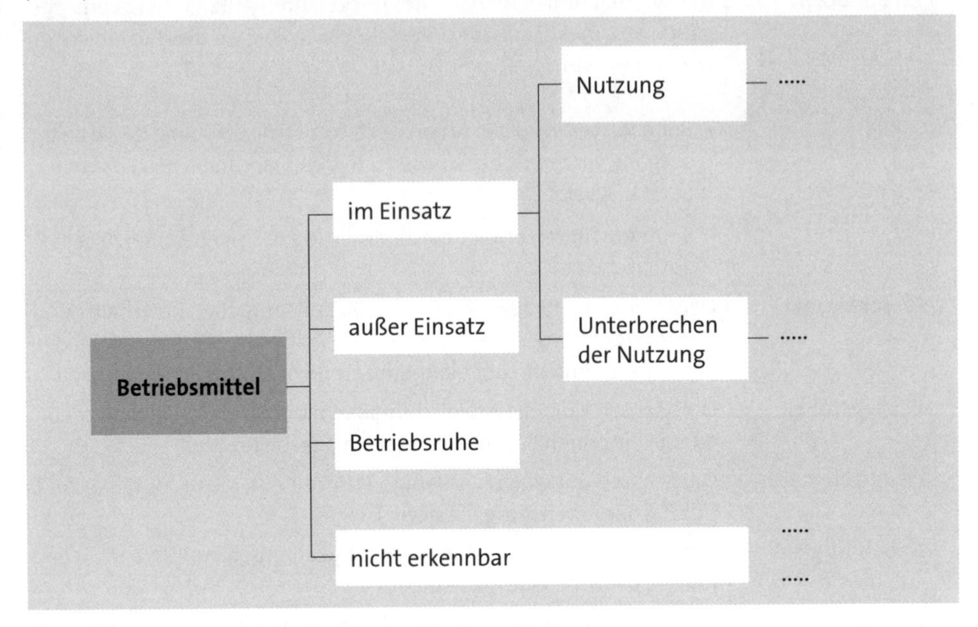

Ablaufarten für den **Arbeitsgegenstand** sind (*REFA*):

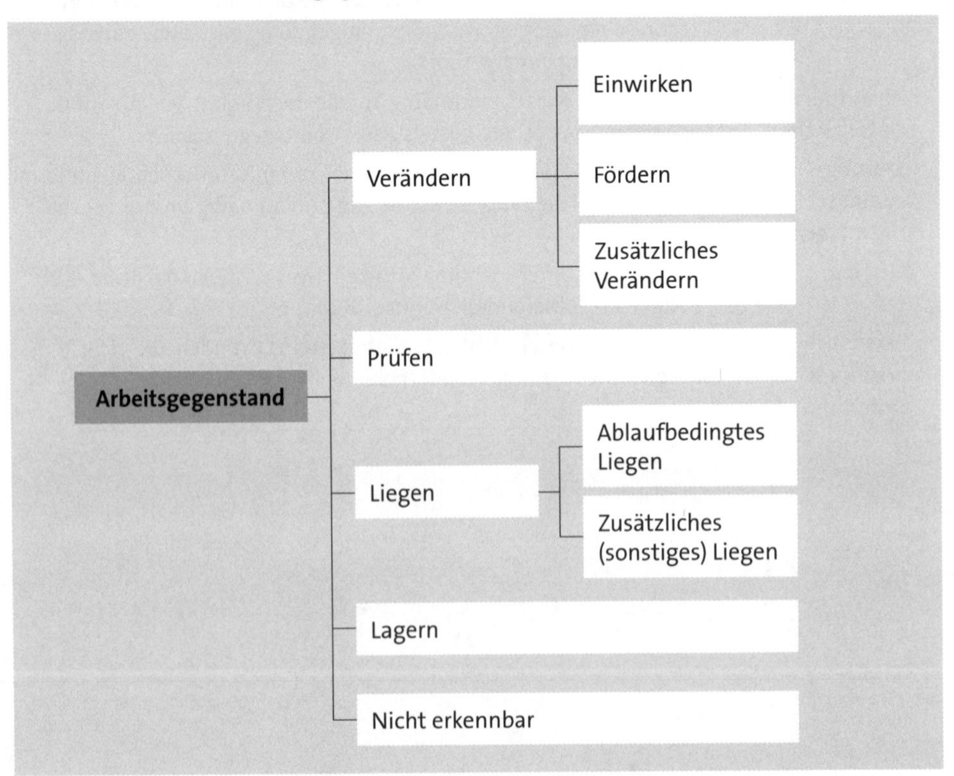

Unter den **Ablaufarten** sind zu verstehen:

Verändern	Der Arbeitsgegenstand wird in seinem Zustand, Ort, seiner Form oder Lage verändert.
Einwirken	Der Arbeitsgegenstand wird durch Be- oder Verarbeitung in seiner Form oder seinem Zustand verändert.
Fördern	Der Arbeitsgegenstand wird nach Lage oder Ort verändert.
Zusätzliches Verändern	Der Arbeitsgegenstand wird gefördert oder es wird auf ihn eingewirkt, wobei Verlauf oder Vorkommen nicht vorausbestimmbar ist.
Prüfen	Der Arbeitsgegenstand wird kontrolliert.
Liegen	Das Verändern und Prüfen des Arbeitsgegenstandes wird ablauf- oder störungsbedingt unterbrochen.
Lagern	Der Arbeitsgegenstand befindet sich im Bereich des Lagers.

- **Die Vorgabezeiten**, die Soll-Zeiten für Arbeitsabläufe sind, die von Menschen und Betriebsmitteln ausgeführt werden. Zu unterscheiden sind im Hinblick auf den Mitarbeiter (*REFA*):

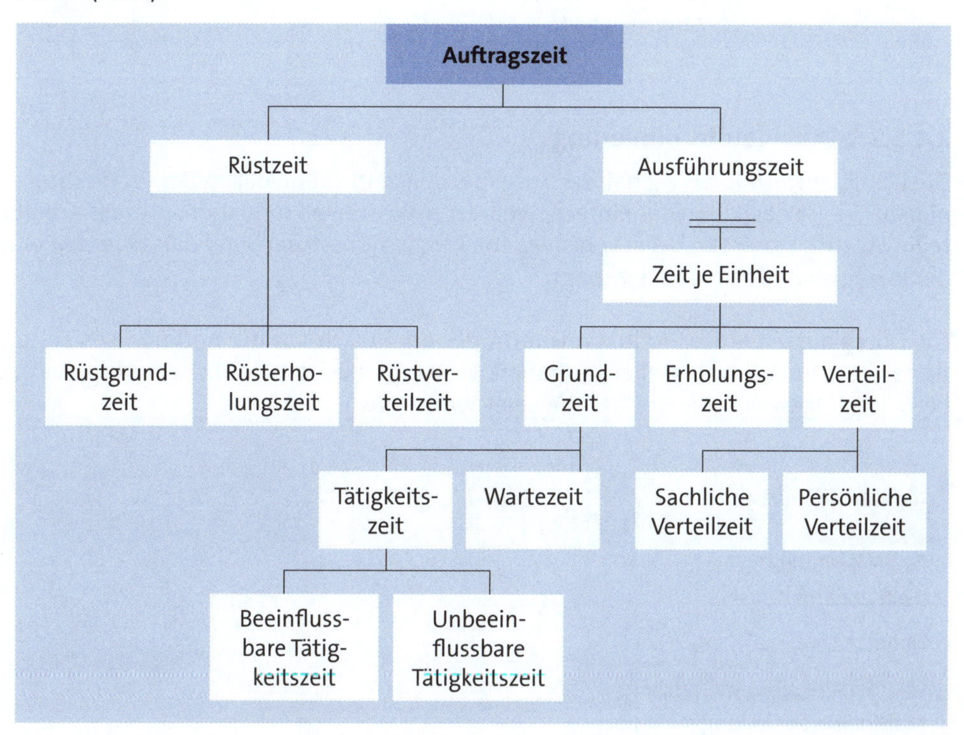

Unter den **Vorgabezeiten** sind zu verstehen:

Rüstgrundzeit	Sie ist die Zeit, während der das Betriebsmittel vom Menschen gerüstet wird.
Grundzeit	Sie ist die Zeit, die zum Ausführen einer Mengeneinheit durch den Menschen erforderlich ist.
Rüsterholungszeit	Sie ist die Zeit, die beim Rüsten notwendig ist, um die Ermüdung abzubauen, die durch das Rüsten eingetreten ist.
Erholungszeit	Sie ist die Zeit, die für das Erholen des Menschen erforderlich ist und bezieht sich auf eine Mengeneinheit. Ihre Länge orientiert sich an den Anforderungen, die an den Menschen gestellt werden. Der Erholungszeit können auch erholungswirksame Zeiten, die während der Arbeitszeit ablaufbedingt oder störbedingt anfallen, zugerechnet werden.
Rüstverteilzeit	Sie ist die Zeit, die beim Rüsten zusätzlich unplanmäßig durch den Menschen entsteht.
Verteilzeit	Sie ist die Zeit, die zusätzlich zur planmäßigen Ausführung eines Ablaufes durch den Menschen erforderlich ist und bezieht sich auf eine Mengeneinheit.

2.1.5.2.2 Durchlaufterminierung

Die Durchlaufterminierung hat die Aufgabe, den zeitlichen Vollzug der Produktion zu planen. Sie ist deshalb nicht einfach, weil der industrielle Produktionsprozess arbeitsteilig abläuft. Er wird dabei in verschiedene Produktionsstufen, und diese werden wieder in einzelne Arbeitsgänge zerlegt.

Die **Durchlaufzeit** eines Produktionsauftrages ergibt sich aus der Addition des Zeitbedarfes zur Durchführung aller Aufgaben, wobei parallel durchführbare Aufgaben zu berücksichtigen sind. Sie umfasst beispielsweise (*Ebel*):

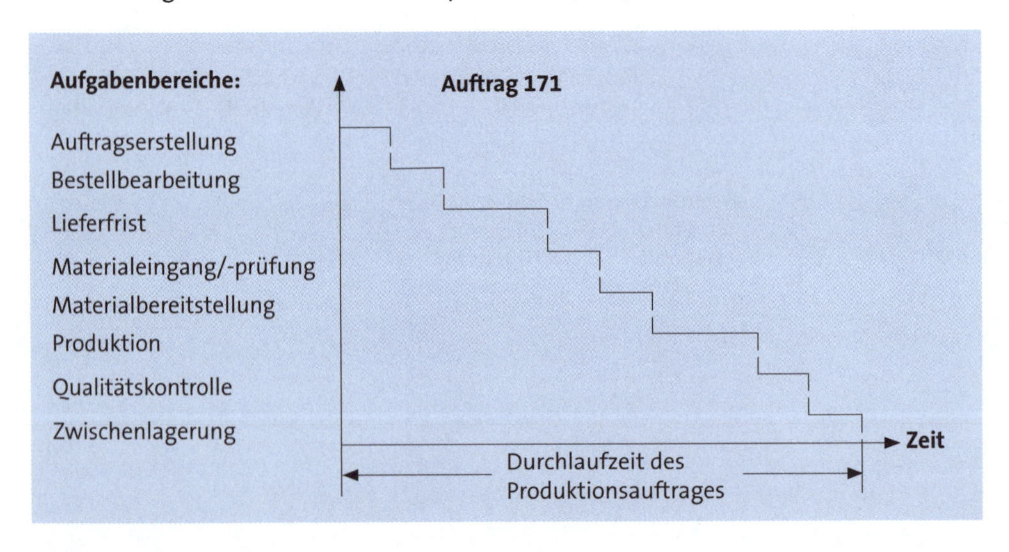

Die Durchlaufterminierung baut auf den im Arbeitsplan gegebenen Informationen, insbesondere den ermittelten Zeiten für die Arbeitsdurchführung und dem bzw. den vorgegebenen Terminen auf, die Anfangstermine und/oder Endtermine sein können.

Es ist möglich, die Durchlaufterminierung ohne oder mit Berücksichtigung von Kapazitätsgrenzen durchzuführen. Weiterhin kann sie als Vorwärtsterminierung und/oder Rückwärtsterminierung erfolgen:

- Bei der **Vorwärtsterminierung** wird von einem Anfangstermin in die Zukunft gerechnet, woraus sich der frühestmögliche Endtermin ergibt. Sind mehrere Produktionsaufträge nacheinander abzuwickeln, können sich zwangsweise Lagerzeiten ergeben.

Beispiel

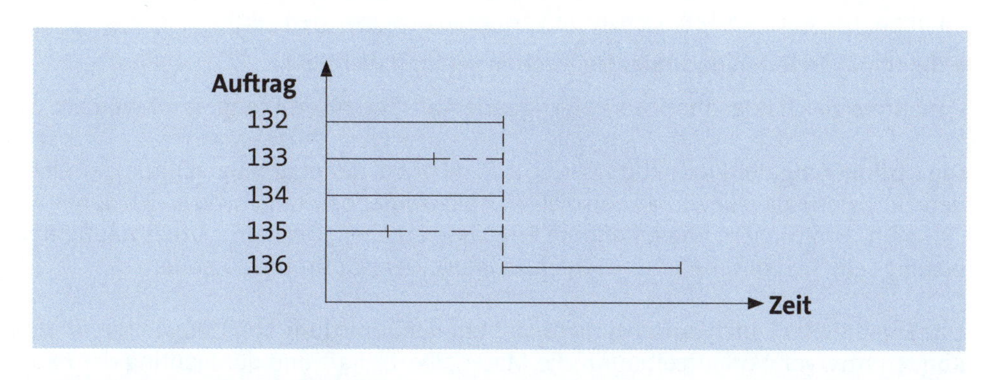

- Bei der **Rückwärtsterminierung** wird von einem Endtermin in die Gegenwart gerechnet, woraus sich der spätestmögliche Starttermin ergibt. Bei mehreren nacheinander abzuwickelnden Produktionsaufträgen sind unterschiedliche Starttermine für die einzelnen Stufen möglich.

Beispiel

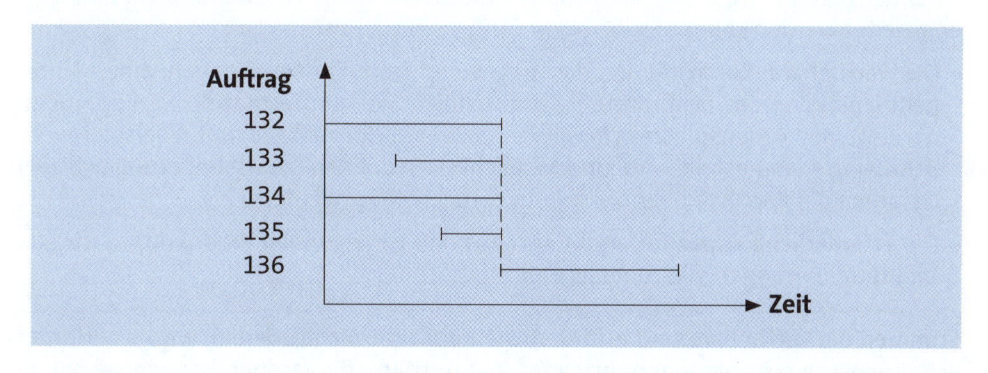

Die einzelnen Produktionsaufträge besitzen üblicherweise keine zeitliche Unabhängigkeit, sondern sind miteinander verknüpft, was bei der Durchlaufterminierung zu beachten ist.

In der Praxis ergibt sich häufig das Problem, dass ein Auftrag bei vorgegebenem Anfangstermin und/oder Endtermin nicht termingerecht abgewickelt werden kann. In diesem Falle ist eine **Durchlaufzeitverkürzung** anzustreben. Sie kann erfolgen, indem (*Ebel*):

- die Auftragsmenge in mehrere kleinere Teilmengen aufgeteilt wird
- ein Arbeitsgang an mehreren Arbeitsplätzen parallel erfolgt
- mehrere Arbeitsgänge zeitlich parallel durchgeführt werden
- auf andere, auch kostenintensivere Verfahren ausgewichen wird
- die Transportzeiten und/oder Liegezeiten verkürzt werden
- mehrere gleich oder ähnliche zu fertigende Aufträge zusammengefasst werden.

Die **Optimierung** der Produktion wird i. d. R. nicht bei der ersten Berechnung erreicht, denn in vielen Fällen bewirken beispielsweise Terminanpassungen, dass sich durch das „Stopfen" von Löchern wieder andere Engpässe ergeben. Deshalb wird es häufig notwendig sein, sich mit mehreren Berechnungen einem Optimum zu nähern.

Das **Ergebnis** der Durchlaufterminierung dient der Ermittlung von Lieferzeiten für den Kunden bzw. von Vorlaufzeiten für die Materialwirtschaft und der Planung der Kapazitätsauslastung.

2.1.5.3 Kapazitäten

Die Vorausbestimmung der wirtschaftlichen Auslastung der Kapazität ist eine weitere Aufgabe der Prozessplanung. Sie ist mit der Durchlaufterminierung verbunden. Dabei werden die verfügbare Kapazität und die für die Produktion erforderliche Kapazität einander gegenübergestellt, damit später die erforderlichen Anpassungsmaßnahmen eingeleitet werden können:

- Die **verfügbare Kapazität** ist das gegebene Produktionsvermögen eines Unternehmens in einem bestimmten Zeitabschnitt. Sie kann ermittelt werden, indem die einzelnen Arbeitsplätze erfasst werden, deren Normalkapazität – beispielsweise 8 Std./Tag – festgestellt wird, und Möglichkeiten der Kapazitätssteigerung wie auch Gefahren der Kapazitätsverminderung berücksichtigt werden.
- Die **erforderliche Kapazität** ergibt sich aus den vorliegenden Produktionsaufträgen und Terminierungen, die zu realisieren sind.

Stimmen die verfügbare und erforderliche Kapazität nicht überein, wird es erforderlich, **Anpassungen** vorzunehmen. Lang- und mittelfristig gesehen können sie bei der Kapazität, den Terminen, Aufträgen bzw. Verfahren erfolgen. Kurzfristig geschehen sie im Rahmen der Produktionssteuerung.

2.2 Durchführung

Die Durchführung der geplanten Maßnahmen im Produktionsbereich ist je nach dem Verfahren der Produktion unterschiedlich. Die Durchführung ist unter zwei Gesichtspunkten zu betrachten (*Ebel*):

- **Produktionsverfahren**
- **Produktionssteuerung**.

Bei der Durchführung im Produktionsbereich ist, wie bereits bei der Produktionsplanung vorgegeben, auf eine Minimierung der entstehenden **Produktionskosten** zu achten.

2.2.1 Produktionsverfahren

Die Produktionsverfahren können nach verschiedenen **Kriterien unterschieden werden als:**

- **Produktionsverfahren**, die sich in der betrieblichen Praxis nach ihrer **räumlichen und zeitlichen Strukturierung** unterscheiden lassen:

Werkstatt-fertigung	Bei ihr werden alle Betriebsmittel und Arbeitsplätze **gleichartiger Arbeitsverrichtungen** räumlich zusammengefasst, beispielsweise Stanzerei, Dreherei, Fräserei. Der Produktionsablauf wird vom Standort der Maschinen und Arbeitsplätze bestimmt. Sie ist sehr anpassungsfähig, weshalb sie sich für die Produktion geringer Stückzahlen eignet, und wenig störanfällig. Jedoch sind ihre Transportzeiten und -kosten hoch, Zwischenläger sind unvermeidlich.
Fließ-fertigung	Bei ihr werden die Betriebsmittel und Arbeitsplätze räumlich nach dem Produktionsprozess angeordnet. Den geringen Durchlauf- und Transportzeiten stehen die stark begrenzte Anpassungsfähigkeit, erhebliche Störanfälligkeit und psychologische Probleme beim Personal gegenüber. Sie kann erfolgen als: ► **Reihenfertigung**, bei der kein zeitlicher Zwangsablauf gegeben ist ► **Fließbandfertigung**, bei der die Werkstücke in einem bestimmten Zeittakt transportiert werden.
Gruppen-fertigung	Sie ist eine **Kombination** von Werkstattfertigung und Fließfertigung, bei der die Betriebsmittel und Arbeitsplätze für bestimmte Teile des Produktionsprozesses gruppenmäßig zusammengefasst, im Gesamtablauf aber nach dem Fließprinzip angeordnet sind.
Baustellen-fertigung	Sie bezieht sich auf unbewegliche Erzeugnisse. Bei ihr werden die Betriebsmittel und Arbeitsplätze zu den zu erstellenden Erzeugnissen gebracht, beispielsweise im Hochbau, Tiefbau, Schiffsbau.

- **Produktionsverfahren**, die nach den **erzeugten Mengen** eingeteilt werden können. Also können nach der Zahl der erstellten Produkte unterschieden werden (*Ebel*):

Einzelfertigung	Bei ihr wird ein einziges Erzeugnis erstellt, beispielsweise im Schiffsbau oder Großmaschinenbau. Durch die Aneinanderreihung unterschiedlicher Einzelproduktionen entstehen hohe Vorbereitungskosten. Die Möglichkeiten zur Rationalisierung sind sehr begrenzt.
Serienfertigung	Bei ihr werden jeweils mehrere Erzeugnisse einer Erzeugnisart aufgrund eines Auftrages gefertigt. Serien unterscheiden sich durch ihre fertigungstechnischen Besonderheiten. Je nach Anzahl der Erzeugnisse ist die **Klein**serienproduktion und die **Groß**serienproduktion zu unterscheiden. **Sonderformen** der Serienproduktion sind: ► die **Sortenproduktion**, bei der aus einem gemeinsamen Ausgangsmaterial gewollt verschiedene Sorten einer Erzeugnisart hergestellt werden, beispielsweise bei Brauereien ► die **Chargenproduktion**, bei der es trotz grundsätzlich einheitlicher Produktionsabläufe ungewollt zu beschränkten Unterschieden in den Erzeugnissen bzw. Erzeugnislosen kommen kann, beispielsweise bei der Stahlherstellung, weil die Ausgangsbedingungen und/oder der Prozess nicht konstant gehalten werden können.
Massenfertigung	Bei ihr wird keine **Produktionsmenge** konkret festgelegt. Es wird ohne Begrenzung über eine lange Zeit gefertigt, beispielsweise in der Zigarettenindustrie.

Aufgabe 41 > Seite 552

2.2.2 Produktionssteuerung

Die Produktionssteuerung hat vor allem die Aufgabe, die von der Planung erarbeiteten Ergebnisse bei allen Stellen durchzusetzen. Sie wird häufig auch als **Werkstattsteuerung** bezeichnet und kann mithilfe der Arbeitspapiere, von Zuteilungsbelegen, an Terminals oder automatisch mithilfe des Computers erfolgen.

Die **Auslösung des Auftrages** erfolgt durch **Auftragsfreigabe**. Sie erfordert die Bereitstellung der Produktionspapiere, wie sie in Verbindung mit der Auftragserstellung genannt wurden, beispielsweise der Terminkarten, Laufkarten, Materialentnahmescheine, Lohnscheine, Prüfanweisungen, Einrichtepläne, Einstellpläne, Werkzeug-Wechselpläne.

Außerdem sind die Materialien in der richtigen Art und Menge zum richtigen Zeitpunkt am richtigen Ort zur Verfügung zu stellen. Die Durchführung der Produktion kann mit Schwierigkeiten verbunden sein. Dabei sind **Störungen**, die arbeits-, betriebsmittel-, material- oder dispositionsbedingt auftreten, zu erkennen und zu beseitigen.

Bei Aufträgen, die vor einem Arbeitsplatz auf ihre Bearbeitung warten, sind Entscheidungen über die **Reihenfolge** der Bearbeitung zu treffen, wobei mögliche Prioritäten zu beachten sind. Die **Rückmeldung** muss kurzfristig geschehen sowie fehlerfrei und vollständig sein. Sie ist Voraussetzung für die Funktionsfähigkeit der Produktionssteuerung. Um den Bearbeitungsfortschritt verfolgen und die Ablaufplanung fortführen zu können, muss sie mindestens Angaben enthalten über:

- Auftragsnummer
- Arbeitsgangnummer
- gefertigte Menge.

Ein Produktionsplanungs- und steuerungssystem wird als **PPS**-System bezeichnet. Es ist ein computergestütztes System zur Gestaltung des Produktionsprozesses. Das PPS-System ist ein Baustein von **CIM** als Computer Integrated Manufacturing.

CIM beschreibt den integrierten, ganzheitlichen EDV-Ansatz (*Scheer*) für alle mit der Produktion zusammenhängenden Betriebsbereiche. Für dieses System kennzeichnend ist der durchgängige Informationsfluss von der Angebotsbearbeitung über die Fertigung bis hin zum Versand an den Kunden (*Ebel*).

Nach einer schlüssigen Darstellung des *Ausschusses für wirtschaftliche Fertigung (AWF)* wird der gleichgewichtige Stellenwert der Produktionsplanung und Produktionssteuerung (**PPS**) bzw. der **CA**-Techniken in folgender Abbildung deutlich:

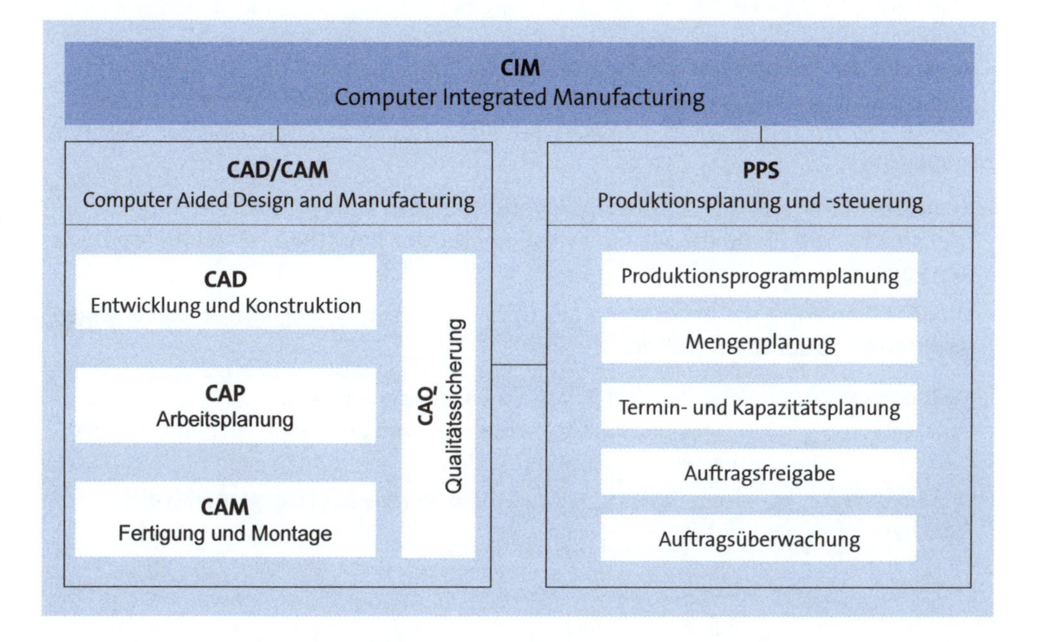

Dabei umfassen die **CA-Elemente** primär technische Details, die mit dem Begriff Computer Aided Design and Manufacturing (CAD/CAM) zusammengefasst werden. Dabei sind zu unterscheiden:

- **CAD** = Computer Aided Design als Anfertigung von Konstruktionszeichnungen
- **CAP** = Computer Aided Planning als Arbeitsplanerstellung
- **CAM** = Computer Aided Manufacturing als Fertigung und Montage
- **CAQ** = Computer Aided Quality Assurance als computergestützte Qualitätsrechung.

Demgegenüber umfassen die **PPS-Elemente** im Rahmen des Produktionsplanungs- und Produktionssteuerungssystems vorrangig betriebswirtschaftliche Daten, z. B. die Kosten. PPS bezeichnet dabei den Einsatz computergestützter Systeme zur Planung, Steuerung und Überwachung der Produktion von der Bearbeitung der Angebote bis zum Kundenversand.

Die technischen und betriebswirtschaftlichen Daten des CIM-Systems sind in vielfältiger Art und Weise miteinander verbunden. Die Ausgangsbasis dieses Konzeptes besteht in dem Ziel, durch Integration wirtschaftlicher und technischer Informationen überflüssige Arbeiten und Planungsfehler zu vermeiden. Mithilfe dieses **CIM-Systems** kann z. B. das Lager rationalisiert und die Durchlaufzeiten in der Produktion verkürzt werden – siehe ausführlich *Ebel, Oeldorf/Olfert*.

2.3 Kontrolle

Die Produktionskontrolle schließt den produktionswirtschaftlichen Führungsprozess ab. Sie kann erfolgen als:

- **Kontrolle der produktionswirtschaftlichen Planungen**, indem die Planwerte und Istwerte jeweils gegenüberstellt und die Abweichungen ermittelt werden. Sie sind einer Analyse zu unterziehen, beispielsweise als Durchlaufzeiten, Mengen, Termine, Rüstkosten.
- **Kennzahlenanalyse**, die sich beispielsweise auf die Kapazitätsauslastung der Betriebsmittel, die Produktivität oder die Qualität der gefertigten Erzeugnisse beziehen kann.
- **Qualitätskontrolle**, die im Rahmen des Qualitätswesens geschieht. Sie kann folgende Arten der **Qualität** betreffen:

Entwurfs-qualität	Sie ist die durch Konstruktion, Berechnung usw. gestaltete Qualität, die über die Brauchbarkeit eines Erzeugnisses für den Abnehmer entscheidet.
Produktions-qualität	Sie ergibt sich durch die Produktion, die das Erzeugnis entwurfsgerecht zu erstellen hat.

Typische, zu kontrollierende qualitative **Eigenschaften** sind beispielsweise:

Mechanische Eigenschaften	Form, Masse, Festigkeitswerte
Elektrische Eigenschaften	Widerstand, Kapazität, Induktion
Chemische Eigenschaften	Zusammensetzung, Reaktionsvermögen
Sensorische Eigenschaften	Geruch, Geschmack, Farbe

Die Grundlage für die Kontrolle der Qualität ist die Festlegung von **Kontrollstandards**. Sie können durch das fertigende Unternehmen und/oder durch seine Abnehmer vorgegeben werden. Es ist aber auch möglich, dass ihnen Rechtsvorschriften – beispielsweise Gesetze, Verordnungen, Normen, Verbandsnormen, oder Unfallverhütungsvorschriften – zu Grunde liegen.

► **Kostenkontrollen, Mengen- und Terminkontrollen** haben ebenfalls zu erfolgen. Kontrollen lassen sich nach verschiedenen Kriterien unterscheiden:

Stadium der Kontrolle	► Die **Eingangskontrolle** als Materialeingangsprüfung, die meist im Materialbereich vorgenommen wird. ► Die **Zwischenkontrolle** als Kontrolle zwischen Vorgängen oder während der Produktionsvorgänge. Sie dient der Qualitätsregelung. ► Die **Endkontrolle** als zum Abschluss des Produktionsprozesses durchgeführte Kontrolle, die für Zwecke der Qualitätsregelung zu spät kommt.
Träger der Kontrolle	► Die **Selbstkontrolle**, die vom Produktionsbereich bzw. vom ausführenden Arbeiter selbst vorgenommen wird, was Verantwortungsbewusstsein und Zuverlässigkeit voraussetzt. ► Die **Fremdkontrolle**, die von besonderen Kontrollorganen bzw. dem Vorgesetzten des ausführenden Arbeiters durchgeführt wird.
Umfang der Kontrolle	► Die **Hundertprozent-Kontrolle**, bei der alle gefertigten Erzeugnisse kontrolliert werden. ► Die **Stichprobenkontrolle**, bei der eine Stichprobe aus der Gesamtheit der gefertigten Erzeugnisse gezogen wird, beispielsweise wird jedes fünfte Erzeugnis kontrolliert.

Die Kontrolle ist ein Teil des Controllingprozesses, der außerdem die Zielsetzung, Planung und Steuerung umfasst. Um steuernd eingreifen zu können, bedarf das Controlling eines Frühwarnsystems. Als Frühwarngrößen kommen insbesondere Kennzahlen, beispielsweise Produktionszahlen, in Betracht. Mit ihrer Hilfe können unplanmäßige Entwicklungen rasch erkannt werden.

3. Marketingbereich

Nach der Produktion als Leistungserstellung bezieht sich das Marketing auf die Leistungsverwertung. Sie wurde früher vielfach als Absatz bezeichnet. Der begriffliche Wandel ging mit der **Veränderung** der Gegebenheiten am **Absatzmarkt** einher:

- Bis in die 1950er-Jahre gab es in Deutschland einen **Verkäufermarkt**. Er zeichnete sich dadurch aus, dass die angebotenen Produkte vom Markt vielfach ohne weiteres aufgenommen wurden, da ein Bedarf vorhanden war. Der – in wesentlich geringeren Stückzahlen als heute produzierenden – Produktion kam die größte Bedeutung in den Unternehmen zu. Die Leistungsverwertung erfolgte nachrangig, da sie als relativ problemlos angesehen wurde.
- Mit zunehmender Marktsättigung, anwachsendem Wohlstand und – den inzwischen technisch machbaren – größeren Stückzahlen in der Produktion veränderte sich im Laufe der 1950er-Jahre die Marktsituation. Es entstand allmählich ein **Käufermarkt**. Die Leistungsverwertung wurde schwieriger, die Unternehmen mussten sich immer mehr an den Wünschen und Erwartungen der Käufer orientieren, wenn sie erfolgreich bleiben wollten.

  Damit gewann die Leistungsverwertung zu Lasten der Produktion eine größere Bedeutung. Die Unternehmen mussten „vom Markt her" geführt werden. Diese Entwicklung war schon Jahre zuvor in den USA festzustellen, wo sich das **Marketing** als auf diese Situation ausgerichtetes Konzept der Unternehmensführung entwickelte.

  Der Begriff **„Marketing"** hat den Begriff **„Absatz"** immer mehr verdrängt, wobei er nach wie vor nicht eindeutig definiert ist:

Nieschlag/Dichtl/ Hörschgen	Marketing ist der Ausdruck eines marktorientierten, unternehmerischen Denkstils, der sich durch eine schöpferische und systematische Vorgehensweise auszeichnet.
Bidlingmaier	Eine Konzeption der Unternehmensführung, bei der alle betrieblichen Aktivitäten konsequent auf die gegenwärtigen und künftigen Erfordernisse der Märkte ausgerichtet werden, um die Unternehmensziele zu erreichen.
Meffert	Marketing ist die bewusst marktorientierte Führung des gesamten Unternehmens.
Bestmann	Die Erbringung der absatzwirtschaftlichen Leistung unter den Bedingungen eines Käufermarktes.

Anders als beim Absatz liegt dem Marketing eine bestimmte käuferorientierte Marktmacht bzw. Marktsituation zu Grunde. Damit stellt das Spektrum der Marketingaufgaben nicht nur differenzierte Anforderungen an die Führung innerhalb des Marketingbereiches, sondern auch in Bezug auf externe Marktteilnehmer.

Das **Direkt-Marketing** umfasst alle Maßnahmen der Kommunikationspolitik, die dazu dienen, einen Direktkontakt zum Kunden herzustellen, z. B. direkte Werbung bzw. Verkaufsförderung, Telefonverkauf, persönlicher Direktverkauf und Teleshopping (*Bruns, Dallmer, Holland*).

Eine aktuelle Form ist auch das **E-Marketing**, bei dem ein Unternehmen die technischen Möglichkeiten des Internets nutzt, um mit den Kunden über www-Adressen bzw. E-Mails in interaktive Kontakte zu treten. Es wird auch als **Online-Marketing** bezeichnet (*Weis*).

Darüber hinaus wird heute in Theorie und Praxis über das **Customer Relationship Management** (CRM) diskutiert, welches eine komplette Ausrichtung des Marketing auf vorhandene und potenzielle Kundenbeziehungen vorsieht. Es werden die Kundenbedürfnisse in den Vordergrund gestellt, Kunden schneller angesprochen, die Kundenbindung wird verstärkt und langfristige Kundenbindungen werden angebahnt (*Bruhn, Raab/Werner*).

Weitere Begriffe der Leistungsverwertung sind:

- der **Verkauf**, der einen Teilbereich des Absatzes darstellt
- der **Vertrieb**, der eher die technische Seite der Leistungsverwertung betrifft.

Das Marketing hat die Aufgabe, bestehende Absatzmärkte zu durchdringen und auszuschöpfen sowie neue Absatzmärkte zu erkunden und zu erschließen (*Weis*). Erfolgsorientierte Führung im Marketingbereich heißt, Ziele zu formulieren und die Marketingmitarbeiter zur Erreichung dieser Ziele zu motivieren.

Der **Führungsprozess** im Marketingbereich umfasst:

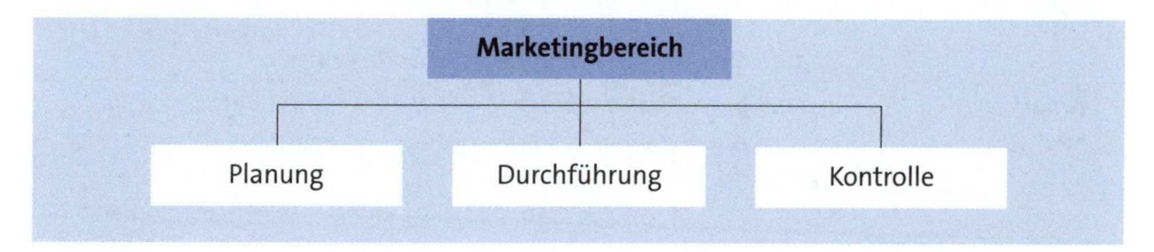

3.1 Planung

Die Marketingplanung erfolgt auf der Grundlage der vorgegebenen **Ziele**. Das können allgemeine Unternehmensziele sein oder spezielle Marketingziele, beispielsweise die Erhöhung des Marktanteiles[1] oder die Steigerung des Absatzvolumens[2]. Die Planung im Marketing baut auf den Daten der Marktforschung auf und umfasst mehrere Pläne. Zu beschreiben sind:

- **Marktforschung**
- **Pläne.**

[1] Der **Marktanteil** ist der prozentuale Anteil des Unternehmens am gesamten Markt.

[2] Das **Absatzvolumen** ist die Summe zu tätigender Umsätze bzw. abzusetzender Produktmengen.

3.1.1 Marktforschung

Die Marktforschung ist das systematische und methodisch einwandfreie Untersuchen eines Marktes mit dem Ziel, marktbezogene Informationen zu erlangen (*Altobelli, Berekoven/Eckert/Ellenrieder, Homburg*). Sie ist eines der wichtigsten Werkzeuge des Marketings und umfasst:

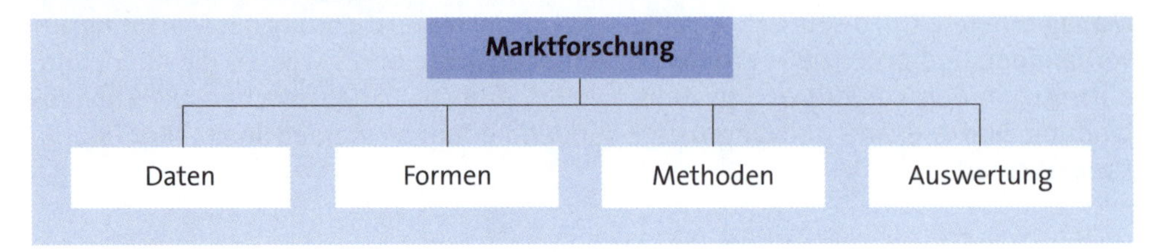

3.1.1.1 Daten

Die Marktforschung soll dem Marketing-Management Informationen bzw. Daten liefern. Diese Daten können unterschiedlichster Art sein. Sie lassen sich ihrem Wesen nach in zwei Gruppen unterscheiden:

- **Objektive Daten** dienen der Bestimmung des Marktvolumens und werden auch quantitative Daten genannt. Sie beziehen sich vor allem auf:

Abnehmer der Produkte	Sie sind nach demographischen Merkmalen – beispielsweise Geschlecht, Alter, Familienstand, Einkommen, Beruf – zu differenzieren. Damit ist eine Segmentierung der Märkte möglich.
Bedarf an Produkten	Er stellt die Aufnahmefähigkeit des Marktes unter Berücksichtigung der vorhandenen Kaufkraft dar, die aus Einkommen, Guthaben oder Kreditaufnahme resultieren kann.
Konkurrenz-unternehmen	Sie sind nach ihren wesentlichen Merkmalen – beispielsweise Mitarbeiterzahl, Umsätzen, Marktanteilen, Leistungsprogramm, Marktstrategie – zu analysieren.
Absatzmittler	Sie versorgen als Unternehmen des Groß- bzw. Einzelhandels die Abnehmer mit den Produkten der Hersteller.

- **Subjektive Daten** sind auf die Einflussgrößen von Kaufentscheidungen gerichtet. Sie werden auch als qualitative Daten bezeichnet.

  Unternehmen lassen sich in ihren Kaufentscheidungen sehr viel weniger beeinflussen als private Abnehmer, da Fachleute die Beschaffung der Investitionsgüter vornehmen, die Beschaffung institutionalisiert ist und vielfach mehrere Personen entscheiden.

  Private Abnehmer treffen ihre Kaufentscheidungen meist nicht gleichermaßen rational. Sie lassen sich von Marketingmaßnahmen – beispielsweise der Werbung oder einem Sonderpreis – eher beeinflussen, außerdem sind sie fachlich mitunter nicht in der Lage, die Vorteilhaftigkeit einzelner Produkte umfassend zu beurteilen.

Subjektive Daten der **Marktforschung** sind vor allem (*Bestmann*):

Emotionen	Das sind als angenehm oder unangenehm aufgenommene Empfindungen, die sich in Gefühlen, Affekten und Erregungen zeigen.
Motive	Das sind **Antriebskräfte** menschlichen Handelns, denen Mangelzustände zu Grunde liegen, die von den betreffenden Personen abzubauen versucht werden. Um die Motive für den Kauf oder Nichtkauf von Produkten herauszufinden, betreibt das Unternehmen die Motivforschung. Dabei wird versucht, die im Unbewussten oder Unterbewussten liegenden Motive mithilfe psychologischer Verfahren offenzulegen.
Einstellung	Sie ist die subjektiv empfundene Fähigkeit eines Menschen, vorhandene Bedürfnisse zu befriedigen und resultiert aus Lernprozessen. Liegen ihnen eher gefühlsmäßige Einschätzungen zu Grunde, wird Produkten oder Unternehmen ein Image zugeschrieben.

3.1.1.2 Formen

Es lassen sich verschiedene Formen der Marktforschung unterscheiden. Nach ihrem unterschiedlichen **Bezugszeitraum** sind zu nennen:

- Die **Marktanalyse**, die einmalig oder fallweise zeitpunktbezogen durchgeführt wird. Sie dient dem Vergleich von Strukturgrößen, beispielsweise Verbrauchergewohnheiten, Konkurrenzverhalten.
- Die **Marktbeobachtung**, die fortlaufend innerhalb eines bestimmten Zeitraumes erfolgt. Mit ihr sind Marktentwicklungen zu erkennen.

Nach ihrer unterschiedlichen **Art der Informationsgewinnung** lassen sich unterscheiden – siehe ausführlich *Weis*:

- Die **Sekundärforschung**, die auf vorhandenes Informationsmaterial zurückgreift, das gegebenenfalls für andere Zwecke erhoben wurde. Sie sollte am Anfang der Marktforschung stehen, da sie kostengünstig ist und eine nachfolgende Primärforschung erleichtern oder gar erübrigen kann.

  Sekundäres Informationsmaterial kann für das Unternehmen beispielsweise sein:

Internes Material	Externes Material
► Statistiken	► Staatliche Veröffentlichungen
► Außendienstberichte	► IHK-Veröffentlichungen
► Reklamationen	► Fachbücher/-zeitschriften
► Kundenkarteien	► (Statistische) Jahrbücher

- Die **Primärforschung**, bei der die gesuchten Daten mithilfe spezieller Marktforschungsmethoden erhoben werden. Da sie recht kostenintensiv ist, sollte auf sie nur dann zurückgegriffen werden, wenn die Sekundärforschung keine hinreichenden Ergebnisse gebracht hat bzw. nicht in Betracht kam.

  Mithilfe der Primärforschung werden Daten einer bestimmten Zielgruppe – beispielsweise der Autofahrer, Raucher – erhoben. Es besteht die Möglichkeit, dass:

  - **alle Personen** der Zielgruppe

    oder

  - nur eine **begrenzte Anzahl von Personen** der Zielgruppe in die Untersuchung einbezogen werden.

    Dabei ist bedeutsam, dass die begrenzte Anzahl von Personen **repräsentativ** für die gesamte Zielgruppe ist, d. h. im Hinblick auf den Untersuchungszweck strukturgleich ein Abbild der Gesamtheit darstellt. Das kann beispielsweise erreicht werden, indem aus der Grundgesamtheit zufallsbedingte Stichproben gezogen werden.

3.1.1.3 Methoden

Methoden der Informationsgewinnung können sein – siehe ausführlich *Weis*:

- Die **Befragung** als die wichtigste Methode der Informationsgewinnung. Sie kann zeitpunktbezogen oder zeitraumbezogen durchgeführt werden.

  Die Fragen sind zielgruppengerecht und psychologisch geschickt zu stellen. Dabei ist darauf zu achten, dass auch Fragen notwendig sein können, die Vertrauen schaffen, Themenwechsel erleichtern, Ausstrahlungseffekte bisheriger Themen beseitigen, die Motivation verbessern, den Wahrheitsgehalt bisheriger Antworten kontrollieren, Informationen zur Person des Befragten geben.

- Die **Beobachtung** ist eine Methode der Informationsgewinnung, die nicht auf die Auskunftsbereitschaft der erhobenen Personen angewiesen ist. Sie kann zeitpunktbezogen oder zeitraumbezogen erfolgen. Mit ihr ist es beispielsweise möglich, das Käufer-, Verkäufer-, Passanten-, Leser-, Konkurrenzverhalten festzustellen.

  Im Gegensatz zur Befragung ist davon auszugehen, dass die Beobachteten keine „falschen Antworten" geben können. Andererseits kann bei der Beobachtung die Repräsentanz der erhobenen Personen nicht gewährleistet werden. Schließlich lassen sich mehrere Sachverhalte nicht ohne weiteres gleichzeitig feststellen.

- Die Befragung und Beobachtung werden als **Panel** bezeichnet, wenn sie über einen (längeren) Zeitraum hinweg mit an sich den gleichen Personen über an sich die gleichen Themen erfolgen. Typische Panels sind:

Haushalts-panel	Es ist eine **Befragung**, bei dem Haushalte periodisch – beispielsweise wöchentlich oder monatlich – Fragebogen über die von ihnen getätigten Einkäufe ausfüllen. Dabei kann nicht ausgeschlossen werden, dass die Haushalte zu wenige oder zu viele Käufe eintragen bzw. durch die Fragebogen-„Kontrolle" ihr Kaufverhalten verändern.
Einzelhandels-panel	Es ist eine **Beobachtung**, bei dem in Einzelhandelsgeschäften – beispielsweise zweimonatlich – die Veränderungen in den Lagerbeständen festgestellt werden.

- **Experimente** dienen dazu, durch Veränderung der Wirkung einer oder mehrerer Größen die Auswirkungen aus diesen Veränderungen auf andere Größen aufzuzeigen. Sie können als Befragungsexperimente oder Beobachtungsexperimente durchgeführt werden. Weiter zu unterscheiden sind:

Feld-experimente	Sie erfolgen unter Alltagsbedingungen, d. h. werden im „normalen" Umfeld durchgeführt.
Labor-experimente	Sie werden unter speziell geschaffenen Bedingungen realisiert, d. h. nicht im „normalen" Umfeld.

Typische Experimente sind **Tests** von Produkten, Werbemitteln, Plakaten, Namen, Preisen, Packmengen.

3.1.1.4 Auswertung

Die mithilfe der Marktforschung gewonnenen Daten müssen vielfach noch ausgewertet werden. Das kann in folgenden **Schritten** erfolgen:

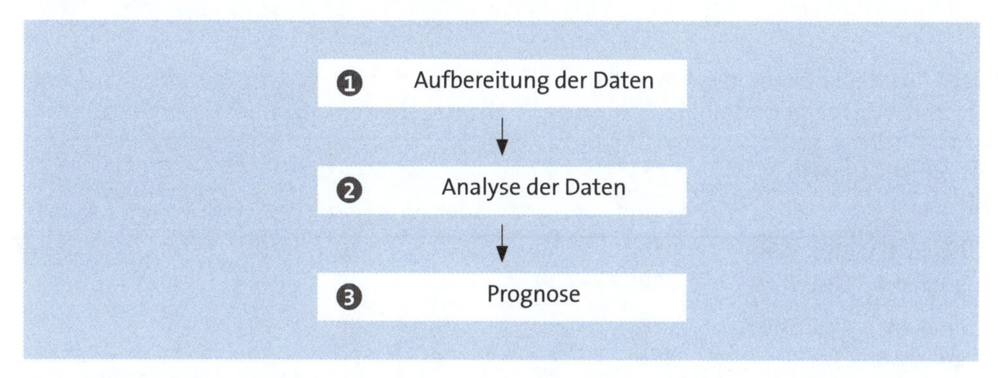

Die Marktforschung endet – auf der Grundlage der Marktanalyse und Marktbeobachtung – mit der **Marktprognose**. Das ist das bewusste und systematische Vorausschätzen zukünftiger Marktgegebenheiten. Hierfür können mehrere unterschiedliche Prognoseverfahren eingesetzt werden – siehe ausführlich *Weis*.

Aufgabe 42 > Seite 553

3.1.2 Pläne

Der Marketingbereich bedient sich verschiedener Arten von Plänen, deren wichtigste sind:

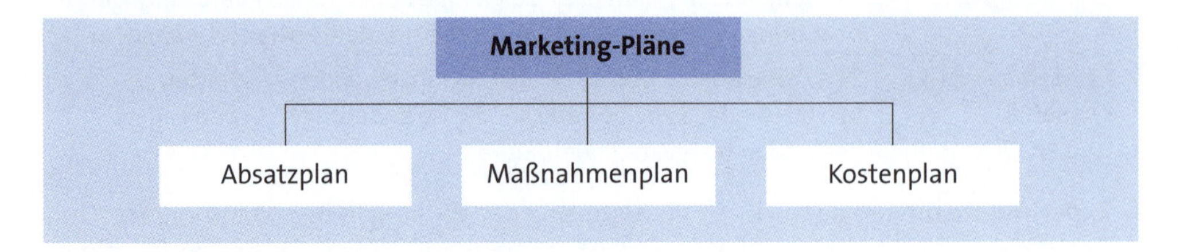

3.1.2.1 Absatzplan

Als Absatzplan kann der gesamte Marketingplan bezeichnet werden. Im engeren Sinne ist er ein Absatzmengenplan, der vorgibt,

- welche Produkte oder Produktgruppen
- an welche Abnehmergruppen
- in welchen Absatzgebieten
- zu welchen Preisen

abgegeben werden sollen. Er ist damit die Grundlage für den Maßnahmenplan und Kostenplan im Marketingbereich. Außerdem bildet er oft die Basis für den Produktionsplan, Investitionsplan, Beschaffungsplan und Personalplan in den übrigen betrieblichen Funktionsbereichen sowie für den Erfolgsplan des Unternehmens.

Der Absatzplan kann die Absatzzahlen in Stück und/oder die Umsatzzahlen in € enthalten. *Weis* zeigt beispielhaft einen nach Absatzgebieten ausgerichteten Absatzplan:

Kosmetik GmbH		**Absatzplan 2014**						
		∑ gesamt	Ausland	∑ Inland	Ost	Süd	West	Nord
Produkt-gruppe A	Tsd. Stück	110	40	70	10	10	30	20
	Tsd. €	290	130	160	20	20	80	40
Produkt-gruppe B	Tsd. Stück	80	20	60	10	20	10	20
	Tsd. €	280	100	180	20	50	45	65
Produkt-gruppe C	Tsd. Stück	40	25	15	0	0	0	0
	Tsd. €	400	300	100	0	0	0	0

Außer den Mengen, Werten und Verkaufsgebieten sind auch die konkreten Maßnahmen hinsichtlich marketingpolitischer Instrumente zu planen.

3.1.2.2 Maßnahmenplan

Im Maßnahmenplan wird der Einsatz der marketingpolitischen Instrumente periodisch oder für bestimmte Marketingaktivitäten vorbereitet:

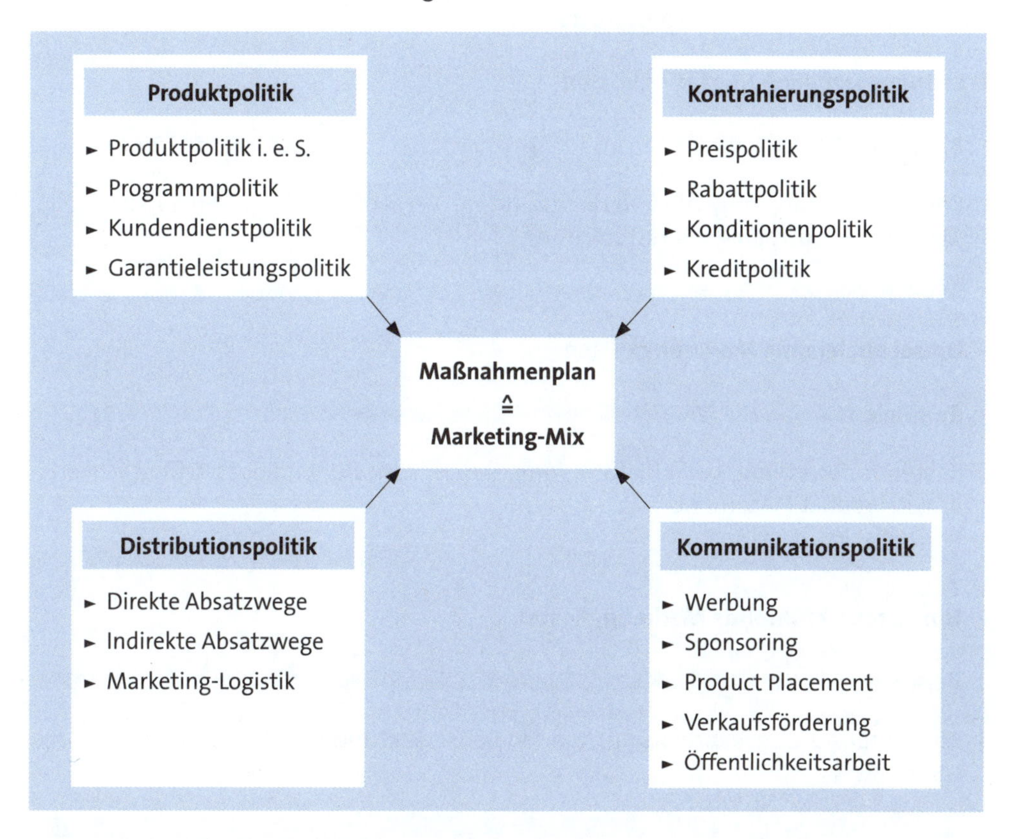

Die im Maßnahmenplan zusammengefasste Kombination der marketingpolitischen Instrumente kann als **Marketing-Mix** bezeichnet werden. Die unterschiedliche Bedeutung marketingpolitischer Instrumente bei verschiedenen Produkten zeigt *Weis* beispielhaft:

Produkte/ Dienstleistungen Instrumente	Zahnpasta	Brötchen	Fernsehgeräte	Anzug	Bausparvertrag
Produktpolitik	hoch	hoch	sehr hoch	sehr hoch	mittel
Preispolitik	mittel	hoch	mittel	mittel	gering
Werbung	sehr hoch	sehr gering	hoch	gering	hoch
Absatzweg	hoch	sehr hoch	gering	gering	mittel
Kundendienst	keine	keine	hoch	gering	mittel

Die geplanten Maßnahmen verursachen den Unternehmen meist beträchtliche Kosten.

3.1.2.3 Kostenplan

Der Kostenplan umfasst als **Vertriebskostenplan** alle Kosten, die mit dem Absatz der Produkte am Markt entstehen. Er basiert auf dem Maßnahmenplan. *Weis* unterscheidet folgende funktionsbezogene Kosten:

- **Leitungsbezogene Marketingkosten**

  Beispiele

  Kosten für Marketing- und Verkaufsleitung, Verkaufsplanung, Verkaufskontrolle, Marketing-Controlling, Marktforschung

- **Umsatzerzielende Marketingkosten**

  Beispiele

  Kosten für Werbung, Verkaufsförderung, Innen- bzw. Außendienst, Öffentlichkeitsarbeit, Product Placement

- **Umsatzdurchführende Marketingkosten**

  Beispiele

  Kosten für Auftragsbearbeitung, Kundendienst, Fakturierung, Versand, Verpackung, Lieferung

Es ist zu empfehlen, die Vertriebskosten in ihre fixen und variablen Bestandteile aufzulösen.

Aufgabe 43 > Seite 554

3.2 Durchführung

Die Marketingplanung ist Grundlage für die Durchführungsaufgaben des Marketing. Wie gezeigt, sind die marketingpolitischen Instrumente in geeigneter Weise einzusetzen bzw. zu kombinieren. Das sind:

- **Produktpolitik**
- **Kontrahierungspolitik**
- **Distributionspolitik**
- **Kommunikationspolitik.**

3.2.1 Produktpolitik

Der Produktpolitik kommt unter den marketingpolitischen Instrumenten eine besondere Bedeutung zu. Sie beeinflusst den Erfolg eines Unternehmens erheblich.

Das **Ziel** der Produktpolitik besteht nicht nur in der Entwicklung hochwertiger Produkte sondern auch in der Orientierung der Produkteigenschaften an den Bedürfnissen der Nachfrager. Mit dem Erwerb eines Produktes möchte der Kunde sowohl einen objektiven Grundnutzen als auch einen subjektiven Zusatznutzen befriedigen (*Wöhe/Döring, Thommen/Achleitner, Weis*):

- der **Grundnutzen** besteht dabei in einem stoffbezogenen, technischen Nutzen, z. B. die Funktionsfähigkeit, Schutz, Haltbarkeit und Werthaltigkeit eines Produktes
- der **Zusatznutzen** als persönlich empfundener Nutzen, der sich beispielsweise in Sicherheit, Prestige, Design, Auffälligkeit und Repräsentation zeigt.

Ein Produktanbieter überwindet Widerstände beim Kauf umso eher, je mehr es ihm gelingt, den **Bedürfnissen** der Nachfrager gerecht zu werden.

Wenn ein Produkt in seiner materiellen und funktionellen Qualität sowie seinem Äußeren nicht die Erwartungen der Kunden trifft, wird es keinen Erfolg haben, selbst wenn beispielsweise der Preis beachtlich gering ist. Die Produktpolitik umfasst im weiteren Sinne:

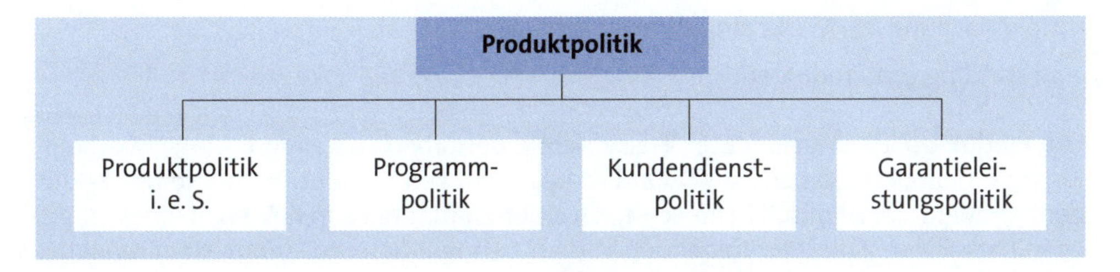

3.2.1.1 Produktpolitik i. e. S.

Die Produktpolitik i. e. S. bezieht sich auf das **einzelne Produkt**, das in das Leistungsprogramm des Unternehmens aufzunehmen, zu gestalten und – bei rückläufigem Erfolg – zu eliminieren ist.

Die Gestaltung der einzelnen Produkte kann grundsätzlich nach dem Ermessen des Unternehmens erfolgen. Dennoch gibt es einige Punkte zu beachten, die teilweise rechtlich geregelt sind – siehe ausführlich *Nieschlag/Dichtl/Hörschgen*:

- Die **Lebensmittelkennzeichnungsverordnung** schreibt für die von ihr erfassten Produkte vor, dass u. a. der Name des Herstellers, Inhalt, Herstellungs-, Abgabe- und Abfülldaten, Mindesthaltbarkeit und Konservierungsstoffe offen auszuweisen sind.
- Die Hersteller haften im Rahmen ihrer **Produzentenhaftung** für Personen-, Sach- und Vermögensschäden, die als Folge der Benutzung ihrer Produkte aufgrund eines Fehlers dieser Produkte entstehen, beispielsweise für Konstruktions-, Fabrikations-, Entwicklungs-, Instruktionsfehler.
- Die Produktsicherheit wird durch bestimmte **Warenkennzeichnungen** dokumentiert, beispielsweise das VDE-Gütezeichen, das TÜV-Maschinenschutz-Prüfzeichen, das RAL-Gütezeichen, den Test-Kompass der Stiftung Warentest.
- Vor Irreführung des Verbrauchers bzw. Verwenders der Produkte sollen beispielsweise die **Handelsklassenverordnung**, das **Eichgesetz**, die **Fertigpackungsverordnung** schützen.

Die **Aufgaben** der Produktpolitik lassen sich in folgende Aufgabenbereiche unterscheiden (*Weis*):

- Suche nach neuen Produktideen
- Entwicklung neuer Produkte
- Markteinführung neuer Produkte
- Qualitätsveränderung von Produkten
- Variation und Differenzierung von Produkten
- Elimination von Produkten
- Überwachung am Markt eingeführter Produkte
- Gestaltung von Produkten.

Um Produktpolitik in geeigneter Weise richtig betreiben zu können, ist es zweckmäßig, den typischen „Lebensweg" von Produkten zu kennen, der **Produktlebenszyklus** genannt wird. Idealtypisch kann er – nach einem Auflaufen von Kosten in einer möglichen Entwicklungsphase – folgenden Verlauf nehmen (*Wöhe/Döring*). Der Produktlebenszyklus lässt sich beschreiben:

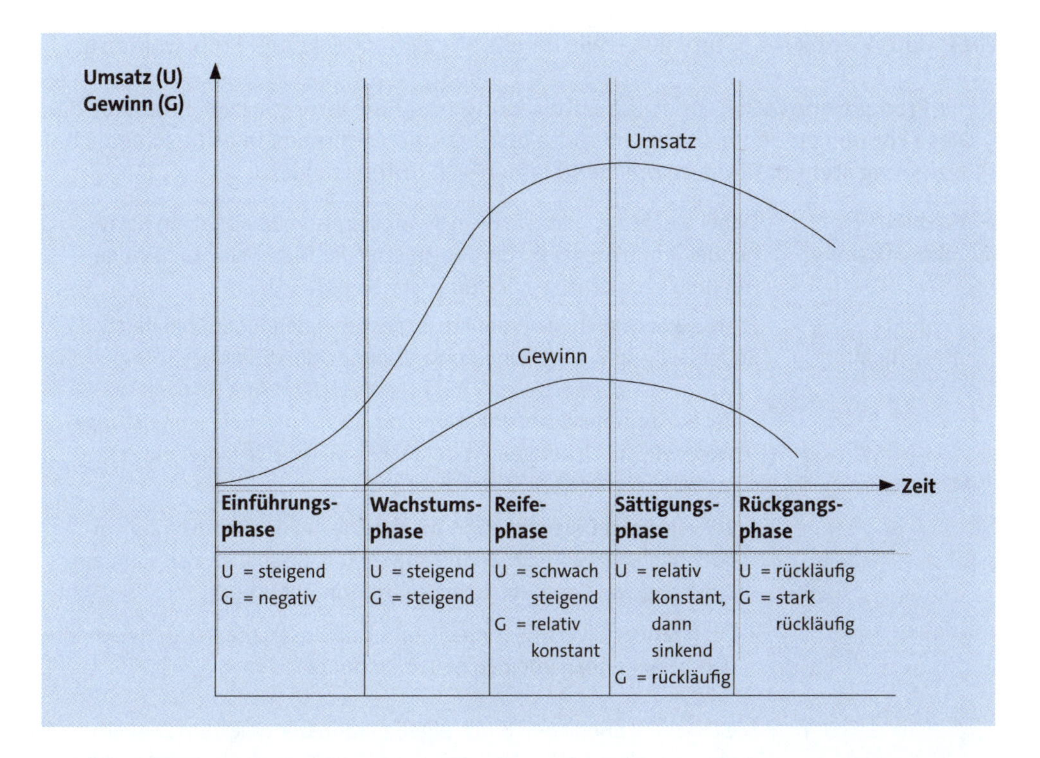

- In der **Einführungsphase** steigt der Umsatz langsam an. Mit ihrem Ende wird die Gewinnschwelle überschritten. Werbung ist das wirksamste Instrument. Massenartikel werden häufig zu Niedrigpreisen, höherwertige Gebrauchsgüter zu hohen Preisen angeboten.
- In der **Wachstumsphase** steigt der Umsatz stark an, sofern das Produkt kein „Flop" ist. Konkurrenten kommen auf den Markt, die Marktstruktur wird oligopolistisch[1]. Niedrigpreise werden angehoben bzw. hohe Preise werden gesenkt. Die Werbung wird fortgeführt. Produktvariationen sind möglich. Der Gewinn steigt langsam an. Die Phase endet im Wendepunkt der Umsatzkurve.
- In der **Reifephase** steigt der Umsatz immer langsamer und erreicht sein Maximum. Der Gewinn steigt weniger als vorher. Die Marktstruktur wird zunehmend polypolistisch[2]. Die Produktpolitik erhält verstärkt Bedeutung. Die Werbung soll Präferenzen erhalten und neu aufbauen. Es kommt zu Preissenkungen.
- In der **Sättigungsphase** bleibt der Umsatz zunächst konstant, bis er absinkt. Ebenso wird der Gewinn immer kleiner. Die Marktstruktur bleibt polypolistisch. Die Bedeutung der Produktpolitik verstärkt sich weiter.
- In der **Rückgangsphase** fällt der Umsatz stark ab. Es werden später Verluste erwirtschaftet. Die Marktstruktur ist eher oligopolistisch. Die Werbung wird eingeschränkt, die Preise werden mitunter angehoben.

---

1 Oligopolistisch heißt, dass **einige** (wenige) Anbieter am Markt sind.

2 Polypolistisch heißt, dass **viele** Anbieter am Markt sind.

Die Produktpolitik i. e. S. umfasst – wie bereits angesprochen – drei **Problemkreise**:

- Die **Produktinnovation** stellt die Entwicklung und Einführung neuer Produkte dar. Diese können zu den bisherigen Produkten des Unternehmens in unterschiedlicher Beziehung stehen. Dementsprechend lassen sich unterscheiden:

Produkt-differenzierung	Dabei werden neue zusätzliche Produkte als Abwandlungen bestehender Produkte geschaffen. Beispielsweise bietet ein Staubsauger-Hersteller zusätzlich ein leistungsstärkeres Modell an.
Produkt-diversifikation	Hierbei kommen neue Produkte zu bestehenden Produkten hinzu, die andersartig sind, also keine Abwandlungen darstellen. ► Bei **horizontaler Diversifikation** sind sie auf der gleichen Leistungsstufe wie die bisherigen Produkte. Beispielsweise bietet ein Automobilhersteller auch Motorräder an. ► Bei **vertikaler Diversifikation** werden die neuen Produkte auf vor- oder nachgelagerten Märkten angeboten. Beispielsweise stellt ein Zulieferer von Computerteilen selbst Computer her. ► Bei **lateraler Diversifikation** besteht kein Zusammenhang zwischen den bestehenden und den neuen Produkte. Die Diversifikation kann durch eigene Produktentwicklung, Erwerb einer Lizenz, Kauf eines Unternehmens oder Kooperation mit anderen Unternehmen bewirkt werden.

Die Produktinnovation geht in der Praxis grundsätzlich in folgenden **Phasen** vor sich – siehe ausführlich *Weis*:

1	**Suche nach Produktideen**	Quellen sind das Vorschlagswesen, die Forschung und Entwicklung, Absatzorganisation, Marktforschung, Kunden, Absatzmittler, Absatzhelfer, Konkurrenz.
2	**Vorauswahl der Produktideen**	Mithilfe von Checklisten lassen sich 70 % - 80 %, mithilfe von Nutzwertrechnungen weitere 10 % - 15 % nicht verwertbarer Produktideen eliminieren.
3	**Auswahl der Produktideen**	Sie erfolgt mithilfe von Wirtschaftlichkeitsrechnungen, beispielweise der Break-Even-Analyse, Pay-off-Rechnung, Kapitalwertmethode und speziellen Methoden.
4	**Produkt-entwicklung**	Sie umfasst die technische Produktentwicklung, die Produktgestaltung, die Gestaltung des Namens und der Marke sowie der Verpackung.
5	**Produkt-prüfung**	Nach einer Prüfung des Produktes unter Laborbedingungen bietet es sich an, das Produkt einem Markttest zu unterziehen.
6	**Produkt-einführung**	Nach erfolgreich absolvierten Prüfungen erfolgt die Einführung am Markt. Damit beginnt der Produktlebenszyklus des Produktes.

Die **Produktgestaltung** bezieht sich auf äußere Merkmale, wie Form, Farbe und „innere" Merkmale, beispielsweise die Qualität, die sich in der Lebensdauer, Fehlerfreiheit, Gebrauchsfähigkeit, Haltbarkeit äußern kann.

Der **Name** soll ein Produkt „individualisieren". Dabei soll er produkttypisch, werbewirksam, einprägsam, unverwechselbar sein und positive Assoziationen hervorrufen. Es ist darauf zu achten, dass er nicht bereits geschützt ist.

Ein weiteres Identifizierungs- und Qualitätsmerkmal von Produkten ist die **Marke**. Man spricht von einem Markenartikel und verbindet damit eine bestimmte Qualitätserwartung.

Die **Verpackung** dient dem Schutz, der Bewahrung, Identifizierung, Differenzierung und Selbstpräsentation der Produkte. Sie ist nach technischen und werblichen Gesichtspunkten – gegebenenfalls unter Beachtung rechtlicher Vorschriften – zu gestalten.

- Die **Produktvariation** ist die Veränderung bestimmter Eigenschaften eines Produktes, das am Markt eingeführt ist. Damit wird gleichzeitig etwas Neues und dennoch Vertrautes angeboten. Die Variation kann sich beziehen auf:
  - funktionelle Eigenschaften des Produkte
  - physische Eigenschaften des Produktes
  - Farbe, Design des Produktes.
- Die **Produktelimination** schließt das Produktleben ab. Sie kann sich auf einzelne Produkte oder ganze Produktlinien beziehen, die nicht mehr den erwarteten Erfolgsbeitrag leisten. Es bietet sich an, zunächst eine **Programmanalyse** vorzunehmen, der sich **Produktanalysen** für „eliminationsgefährdete" Produkte anschließen.

3.2.1.2 Programmpolitik

Das Leistungsprogramm wird bei industriellen Unternehmen als Verkaufsprogramm, bei Handelsunternehmen als Sortiment bezeichnet. Seine Struktur wird durch die Breite und Tiefe bestimmt.

Die **Breite** ergibt sich aus der Anzahl der Produktlinien (Industrie) bzw. Warengruppen (Handel). Die **Tiefe** beschreibt die Anzahl der Ausführungen (Industrie) – beispielsweise Typen, Modelle – bzw. der Artikel (Handel), die noch in Sorten differenziert werden können.

Das **Verkaufsprogramm** industrieller Unternehmen kann sich an verschiedenen Prinzipien orientieren:

- Bei **problem- oder bedarfstreuer Programmpolitik** löst das Unternehmen bestimmte Probleme eines vorhandenen Abnehmerkreises. Dabei passt es seine Produkte dem technischen Fortschritt oder sonstigen Veränderungen an.

Beispiel

Die Hersteller traditionell mechanischer Produktionsmaschinen bieten computergesteuerte Produktionsmaschinen an.

- Ist das Unternehmen an bestimmte Produkte oder Materialien gebunden, erweist sich eine problem- oder bedarfstreue Programmpolitik als nicht möglich. Mithilfe einer **produkt- oder materialtreuen Programmpolitik** sind neue Abnehmerkreise zu erschließen.

Beispiel

Die Anbieter bestimmter Materialien – Rohstoffe, Kunststoffe, Stähle – können aufgrund ihrer maschinellen und personellen Ausstattung nicht ohne weiteres (völlig) andere Materialien verarbeiten.

- Bei **wissenstreuer Programmpolitik** verfügt das Unternehmen über einen bestimmten spezialisierten Wissens- und Erfahrungsschatz, den es programmpolitisch nutzt.

Beispiel

Verfahrensmonopole von Unternehmen der Datenverarbeitungsindustrie und Raumfahrt.

Das **Sortiment** der Handelsunternehmen ist grundsätzlich flexibler zu gestalten als das Verkaufsprogramm, bei dem oftmals eine relativ starre maschinelle und personelle Ausstattung gegeben ist. Es kann ausgerichtet werden:

- am **Material** der Produkte, beispielsweise in Textil-, Leder-, Eisenwarengeschäften
- an **Käufergruppen**, beispielsweise in Geschäften, die Luxusgüter anbieten
- an **Verwendungszwecken**, beispielsweise in Geschäften für Freizeit- oder Heimwerkerbedarf. Das Sortiment orientiert sich am Verwender- bzw. Bedarfskreis
- an **Preislagen**, beispielsweise in Niedrigpreis- und Diskontgeschäften, Verbrauchermärkten, die sich an niedrigen Preisklassen ausrichten
- an der **Selbstverkäuflichkeit**, beispielsweise in Supermärkten, SB-Warenhäusern.

3.2.1.3 Kundendienstpolitik

Der Kundendienst ergänzt die Hauptleistung des Unternehmens, das Produkt. Seine Bedeutung hat in den letzten Jahren immer mehr zugenommen. Dies nicht nur, weil die Produkte technisch immer komplizierter werden, sondern auch, weil sich Unternehmen damit positiv von Konkurrenten abheben wollen. Die Kundendienstpolitik umfasst:

- **technische Kundendienstleistungen**, beispielsweise Einweisung, Schulung, Installation, Wartung, Inspektionen, Reparatur und Erzeugung
- **kaufmännische Kundendienstleistungen**, beispielsweise Informationen, Beratung, Verpackung, Zustellung und Inzahlungnahme älterer Erzeugnisse.

Die Kundendienstleistungen können vor, bei, nach dem Kauf erfolgen und kostenlos oder kostenpflichtig sein.

3.2.1.4 Garantieleistungspolitik

Die Garantieleistungspolitik ist eine Form der Produktpolitik. Garantiezusagen verschaffen Produkten einen Konkurrenzvorteil, wenn sie potenzielle Kunden eher überzeugen, d. h. als Verkaufsargument dienen.

Sie sind besonders **bedeutsam** bei technisch komplizierten und hochwertigen Gütern, z. B. hinsichtlich der einwandfreien Funktionsfähigkeit bei Personenkraftwagen in Bezug auf die Karosserie-Durchrostung bzw. der Lack-Haltbarkeit.

Die Garantie ist von der **Gewährleistung** zu unterscheiden. Diese bedeutet, dass der Verkäufer dem Käufer gegenüber dafür haftet, dass die verkaufte Ware im Zeitpunkt der Übergabe nicht mit Mängeln behaftet ist, die den Wert oder die Funktion der Ware mindern bzw. unmöglich machen (§ 433 Abs. 1 Satz 2 BGB).

Die Gestaltung der **Gewährleistungsrechte** erfolgt durch die Formulierung von **„Garantiebedingungen"** vonseiten des Verkäufers. Mit diesem Garantieversprechen übernimmt der Verkäufer die Verpflichtung, für einen evtl. entstehenden Schaden einzutreten. Diese ist Bestandteil des Kaufvertrages.

Die **Händlergarantie** kann entweder zusätzlich oder anstelle der gesetzlichen Gewährleistungspflicht des Verkäufers vereinbart werden. In beiden Fällen muss die Vertragsgestaltung den Anforderungen der §§ 305 ff. BGB entsprechen.

Aufgabe 44 > Seite 554

3.2.2 Kontrahierungspolitik

Mithilfe der Produktpolitik werden die Produkte so gestaltet, dass sie von den Abnehmern möglichst positiv aufgenommen werden. Die Kontrahierungspolitik befasst sich als marketingpolitisches Instrument mit der **finanziellen Abgeltung der angebotenen Leistungen** durch die Abnehmer.

Das sind zunächst die (Angebots-)Preise der Produkte. Dazu kommen, praktisch als „Feinsteuerinstrumente" der anbietenden Unternehmen, mögliche Rabatte sowie die Liefer- und Zahlungsbedingungen. Mit ihnen können die schließlich effektiv zu zahlenden Preise vermindert, aber auch – beispielsweise durch Überwälzung von Transportkosten auf die Abnehmer – erhöht werden. Ein weiteres Steuerinstrument ist die Kreditpolitik. Als Kontrahierungspolitik sind zu unterscheiden:

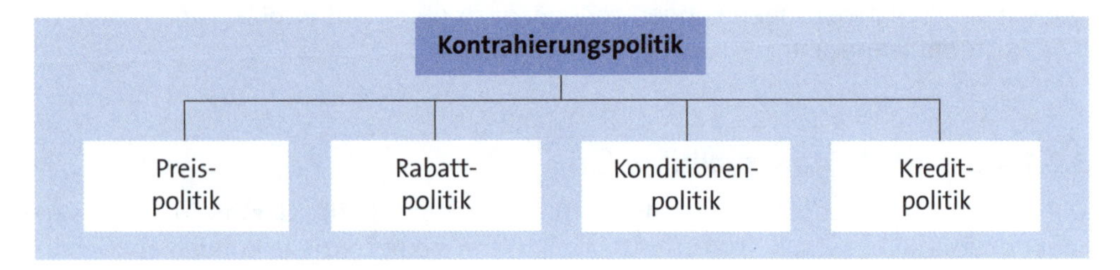

3.2.2.1 Preispolitik

Die Preispolitik umfasst alle Maßnahmen des Unternehmens zur Gestaltung der Preise. Sie ergeben sich durch das Zusammentreffen von **Angebot** und **Nachfrage** am Markt.

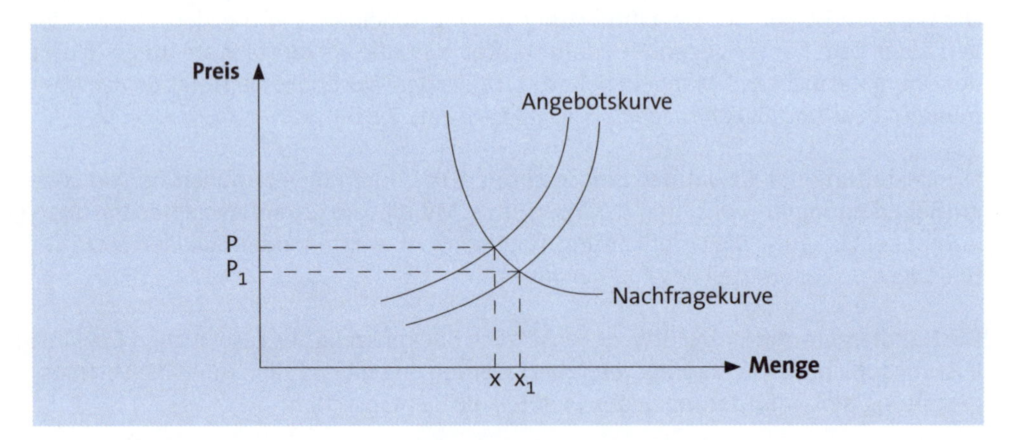

Wie zu sehen ist, ergibt sich – theoretisch – bei einer Angebotsmenge x ein Preis P. Wird die Angebotsmenge auf x_1 erhöht, sinkt der Preis auf P_1 ab. Zu einer Preiserhöhung käme es, wenn die Angebotsmenge vermindert würde.

Da die Preise aus dem Zusammentreffen von Angebot und Nachfrage am **Markt** resultieren, ist es bedeutsam, den Markt in seiner Struktur zu kennen, um Preispolitik zu betreiben. In der Preistheorie werden unterschieden:

Angebot / **Nachfrage**	**Viele Anbieter**	**Wenige Anbieter**	**Ein Anbieter**
Viele Nachfrager	Polypolistische Konkurrenz	Angebots-oligopol	Angebots-monopol
Wenige Nachfrager	Nachfrage-oligopol	Bilaterales Oligopol	Beschränktes Angebotsmonopol
Ein Nachfrager	Nachfrage-monopol	Beschränktes Nachfragemonopol	Bilaterales Monopol

Aus dem **Marktformenschema** kann theoretisch die Position des einzelnen Anbieters bzw. Nachfragers abgeleitet werden, die Preise zu beeinflussen.

In der Praxis ist es grundsätzlich jedem Anbieter möglich, selbstständig über seine Preise zu entscheiden. Inwieweit er die Zahlungsbereitschaft der Nachfrager richtig eingeschätzt hat, zeigen schließlich seine Absatzzahlen. Es gibt aber auch **Ausnahmen**, deren wichtigste sind – siehe ausführlich *Nieschlag/Dichtl/Hörschgen*:

- Für öffentliche Aufträge gibt es Richtlinien zur Preisbildung, beispielsweise VOB, VOL, VPöA, LSP[1].
- Bei Produkten, die lebenswichtige Bedarfe decken bzw. von Unternehmen mit großer Marktmacht zu außerordentlich hohen Preisen angeboten werden, kann das Bundeskartellamt eine Preissenkung verlangen.
- Das Angebot von Produkten unter dem Einstandspreis ist rechtswidrig, wenn die Unterbietung insbesondere systematisch bzw. planmäßig erfolgt, um die wirtschaftliche Existenz eines Unternehmens zu vernichten.
- An sich angemessene Preise, die jedoch zum Zwecke der Beeinflussung der Marktverhältnisse mit Wettbewerbern abgesprochen werden, sind unzulässig.

[1] VOB = Verdingungsordnung für Bauleistungen
VOL = Verdingungsordnung für Leistungen – ausgenommen Bauleistungen
VPöA = Verordnung über die Preise bei öffentlichen Aufträgen
LSP = Leitsätze für die Preisermittlung aufgrund von Selbstkosten

Die **Preisbildung** unterliegt in der betrieblichen Praxis mehreren Einflussgrößen. Dazu können – wie bereits angesprochen – gehören:

- Die **Marktform**, die Polypolisten keinen, Monopolisten dagegen einen hohen Einfluss auf die Preisbildung gibt. Oligopolisten können sich ruinös bekämpfen oder auf eine für sie vorteilhafte Preisbildung verständigen.
- Der **Produktlebenszyklus**, in dessen Verlauf auch preispolitische Maßnahmen ergriffen werden.
- **Gesetzliche Vorschriften**, die zu preislichen Untergrenzen oder Obergrenzen führen können.

Außerdem sind für die Preisbildung von erheblicher Bedeutung:

- Die **Kosten**, die für die Erstellung und Verwertung der Produkte anfallen. Sie sind grundsätzlich zu decken. Es gibt aber auch Unternehmens- und Angebotssituationen, die eine differenzierte Betrachtung erfordern. Die mithilfe der Deckungsbeitragsrechnung zu ermittelnden, kostenorientierten Preisuntergrenzen können sein – siehe ausführlich *Olfert*:

  Kurzfristige Preisuntergrenze ≙ Variable Kosten

  Langfristige Preisuntergrenze ≙ Variable Kosten + Fixe Kosten

- Die **Nachfrager**, die als Marktpartner dem anbietenden Unternehmen gegenüberstehen. Sie sind bereit, einen bestimmten Preis für die angebotenen Produkte zu zahlen, der vor allem resultiert aus:
  - dem Nutzen der Produkte
  - ihren Preisvorstellungen
  - ihrer Preisbereitschaft
  - der Dringlichkeit ihres Bedarfes
  - der Produktqualität
  - dem Image des Produktes
  - den Preisklassen
  - der Kaufkraft.
- Die **Konkurrenten**, die weitere Marktteilnehmer darstellen. Sie haben durch das von ihnen am Markt präsentierte Preis-Leistungs-Verhältnis ebenfalls einen Einfluss auf die Preisbildung des anbietenden Unternehmens.

Unter Berücksichtigung der Einflussgrößen, die auf den Preis der Produkte wirken, kann das Unternehmen verschiedene **preispolitische Strategien** betreiben. Es lassen sich unterscheiden:

- Relativ hohe Preise, die mit hoher Produktqualität verbunden sind, als **Prämienpreise** bzw. relativ niedrige Preise, um ein Niedrigpreis-Image aufzubauen, als **Promotionspreise**.

- Bei Produkteinführung zunächst relativ hohe Preise als **Abschöpfungspreise**, die sukzessive gesenkt werden bzw. relativ niedrige Preise als **Penetrationspreise**, die sukzessive erhöht werden.
- Die **Preisdifferenzierung**, bei der von verschiedenen Abnehmern für die gleiche Leistung unterschiedliche Preise verlangt werden. Dazu müssen die einzelnen Absatzsegmente abgrenzbar sein. Es lassen sich unterscheiden:

Räumliche Preisdifferenzierung	► Inland ► Ausland	► Stadt ► Dorf
Zeitliche Preisdifferenzierung	► Tag ► Nacht ► Feiertag	► Werktag ► Sonntag
Personelle Preisdifferenzierung	► Schüler ► Studenten	► Soldaten ► Senioren
Mengenmäßige Preisdifferenzierung	► Großabnehmer ► Kleinabnehmer	

- Der **preispolitische Ausgleich**, bei dem verlustbringende Produkte durch Gewinn bringende Produkte einen Ausgleich erhalten müssen, damit – über das gesamte Leistungsprogramm hinweg gesehen – die Vollkosten gedeckt sind.
- Die **psychologische Preisgestaltung**, bei der unterhalb „runder" Preise – beispielsweise eine Ware für 9,98 € – angeboten wird. Auch Multipacks und große Angebotseinheiten vermitteln mitunter den Eindruck von Preiswürdigkeit.

3.2.2.2 Rabattpolitik

Rabatte sind Preisnachlässe für Leistungen des Abnehmers. Sie verändern die Angebotspreise – z. B. als Listenpreise – nicht, wohl aber die schließlich effektiv zu zahlenden Preise. Damit haben die Abnehmer die Möglichkeit, günstiger einzukaufen. Andererseits werden die Angebotspreise der Lieferanten grundsätzlich nicht gefährdet.

Die Rabattpolitik ermöglicht damit die **„Fein"steuerung** der effektiven Preise. Treten Lieferanten und Abnehmer als Unternehmen in Erscheinung, sind vor allem folgende Arten von Rabatten zu unterscheiden (*Weis*):

- **Funktionsrabatte**, die dem Groß- und Einzelhandel für die übernommenen Funktionen zur Deckung ihrer Handelskosten gewährt werden. Zu ihnen zählen auch die Barzahlungsrabatte oder die Skonti.

- **Mengenrabatte**, die bei Abnahme größerer Mengen je Auftrag den Kunden gewährt werden als:

Barrabatte	Es folgen Preisnachlässe.
Naturalrabatte	Es wird mehr geliefert als gezahlt.

Es ist auch möglich, sie – als **Bonus** – auf die Abnahme größerer Mengen innerhalb eines Zeitraumes, beispielsweise des Geschäftsjahres, zu beziehen.

- **Zeitrabatte**, die gewährt werden, wenn die Bestellung und/oder Abnahme der Produkte zu bestimmten Zeitpunkten bzw. in bestimmten Zeiträumen erfolgt, beispielsweise als:

Einführungs-rabatte	Sie sollen helfen, möglichst rasch Frühkunden zu gewinnen, um die Phase der Produkteinführung abzukürzen.
Saison-rabatte	Sie sollen dazu dienen, durch die Jahreszeit bedingte Absatzausfälle zu verringern.
Auslauf-rabatte	Sie haben die Aufgabe, die Läger von veralteten Produkten zu räumen.

In 2001 hat der Gesetzgeber zahlreiche Gesetze zur Beschränkung von Rabatten und Zugaben aufgehoben.

3.2.2.3 Konditionenpolitik

Die Konditionenpolitik umfasst die Gestaltung der Lieferungs- und Zahlungsbedingungen. Sie regeln:

- Als **Lieferungsbedingungen** die Lieferungspflichten des Lieferanten:

Erfüllungsort	Das ist der Ort, an dem der Lieferant die Produkte zu übergeben hat und die Gefahr auf den Abnehmer übergeht.
Erfüllungszeit	Das ist die Zeit, zu der ein Lieferant die Produkte zu übergeben hat. Das BGB sieht Rechte des Abnehmers bei Verzug des Lieferanten vor, die in den Lieferungsbedingungen zwischen **Kaufleuten** vereinbart bzw. eingeschränkt werden können. Bei **Nichtkaufleuten** gilt das nur dann, wenn sie individuell ausgehandelt werden (Allgemeine Geschäftsbedingungen = AGB).
Versandkosten	Sie fallen insbesondere für Porti, Frachten, Versicherungen an. **Beispiele:** „Ab Werk, Lager" trägt der Käufer, „frei Haus, Werk, Lager" der Verkäufer alle Versandkosten.

- Als **Zahlungsbedingungen** die Zahlungsverpflichtungen der Abnehmer:

Zahlungsweise	Dabei wird geregelt, ob im Voraus, bei Erhalt der Produkte, nach Erhalt der Produkte, unter Leistung einer Anzahlung oder in Raten zu zahlen ist.
Zahlungsfrist	Sie ist insbesondere bei Zahlung nach Erhalt der Produkte enthalten, häufig in Verbindung mit einer Skontovereinbarung, beispielsweise „zahlbar innerhalb von 30 Tagen netto Kasse, innerhalb von 10 Tagen abzüglich 2 % Skonto“.
Inzahlungnahme	Sie kann sich auf gebrauchte oder neue Produkte im Rahmen von Gegen- bzw. Kompensationsgeschäften beziehen.

Mitunter wird der Konditionenpolitik auch die Gewährung der Rabatte hinzugerechnet.

3.2.2.4 Kreditpolitik

Die Kreditpolitik dient dazu, Abnehmer zu Käufen zu bewegen, die sie – ohne Gewährung des Kredits – nicht oder noch nicht vornehmen würden. Sie fördert damit den Absatz des Unternehmens.

Ein Kredit ist die Überlassung von Kapital und Kaufkraft gegen Entgelt (Zins) auf Zeit zwischen einem Kapitalgeber als Gläubiger und einem Kapitalnehmer als Schuldner. Der Gläubiger vertraut auf die Fähigkeiten und Bereitschaft des Schuldners, seine Schuldverpflichtung zu erfüllen.

Als kreditpolitische **Maßnahmen** können unterschieden werden – siehe ausführlich *Olfert*:

- die Gewährung von **Lieferantenkrediten**, bei denen die Abnehmer die gelieferten Produkte erst zu einem (möglicherweise wesentlich) späteren Zeitpunkt zu zahlen haben
- die Gewährung von **Teilzahlungskrediten**, die auch als Kleinkredite und Anschaffungsdarlehen bekannt sind, durch die Anbieter oder Teilzahlungskreditinstitute
- das **Leasing**, bei dem bezüglich eines bestimmten Produktes ein miet- oder pachtähnliches Verhältnis zwischen dem Leasing-Geber und Leasing-Nehmer entsteht.

Aufgabe 45 > Seite 555

3.2.3 Distributionspolitik

Die Distributionspolitik befasst sich als marketingpolitisches Instrument mit der Gestaltung des Weges von Produkten des Herstellers zum Verwender oder Verbraucher. Dabei geht es um die Frage, auf welchen Absatzwegen die Produkte die Verwender oder Verbraucher erreichen können. Außerdem ist zu klären, wie die physische Verteilung der Produkte optimal erfolgen kann. Dementsprechend lassen sich unterscheiden:

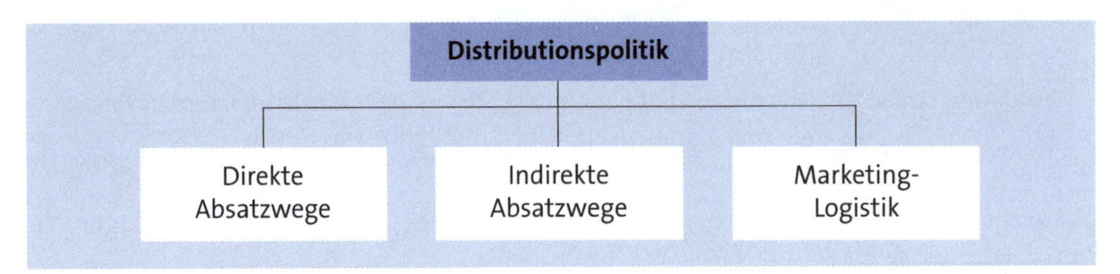

Grundsätzlich ist das Unternehmen in der Gestaltung seiner Distributionspolitik frei. Es muss aber dennoch einige Punkte beachten – siehe ausführlicher *Nieschlag/Dichtl/Hörschgen*:

- Zunächst ergibt sich die Frage, **wer beliefert werden darf** bzw. **muss**. Bei bestimmten Produkten – beispielsweise Milch, Arzneimitteln, Waffen – darf vom Hersteller und Großhandel nur beliefert werden, wer Zuverlässigkeit sowie Sach- bzw. Fachkunde nachweisen kann.

  Der Ausschluss von Abnehmern bei sonstigen Produkten ist nicht ohne weiteres möglich. Einerseits ist er im Rahmen der Vertragsfreiheit denkbar, andererseits darf er nach dem **Gesetz gegen Wettbewerbsbeschränkungen** (GWB) weder zu einer unbilligen Behinderung noch zu einer sachlich nicht gerechtfertigten Diskriminierung führen. Letztere ist gegeben, wenn das belieferte Unternehmen eine Alleinstellung erhält und sich damit dem Leistungsvergleich entzieht.

  Mögliche **Abnehmereinschränkungen** sind:

Vertriebsbindung	Dabei verpflichtet sich ein Wiederverkäufer, die bezogenen Produkte nur an vom Hersteller festgelegte Abnehmer zu verkaufen, beispielsweise an Fachgeschäfte.
Ausschließlichkeitsbindung	Sie schafft dem Hersteller eine Alleinstellung im Sortiment des Händlers. Das ist nur zulässig, wenn es branchenüblich bzw. durch technische oder qualitative Gründe der Produkte bedingt ist.

- Weiterhin gibt es Regelungen, die begrenzen, **wann** Distributionsleistungen erbracht werden dürfen. Dazu zählen das **Ladenschlussgesetz** und das **Gesetz gegen den unlauteren Wettbewerb** (UWG), das Schlussverkäufe und Sonderverkäufe regelt.

3.2.3.1 Direkte Absatzwege

Als direkte Absatzwege werden all jene Absatzwege bezeichnet, die sich nicht des Handels bedienen. Sie können sein – siehe ausführlich *Weis*:

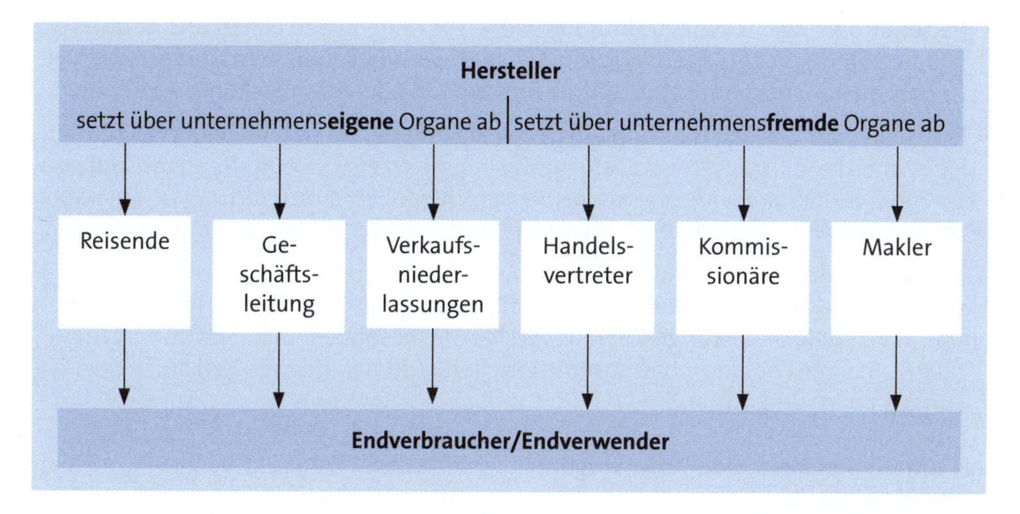

Ob die Nutzung direkter Absatzwege für ein Unternehmen vorteilhaft ist, hängt von mehreren Faktoren ab, beispielsweise vom Produkt selbst, seinem Verkaufsprogramm, seiner Größe und Marktstellung, seiner Kosten- und Erlössituation, der Konkurrenz und den Abnehmern.

Der direkte Absatz macht das Unternehmen von der Leistungsbereitschaft und Leistungsfähigkeit des **Handels** unabhängig. Er kann sich anbieten, wenn (*Weis*):

- die Zahl der Abnehmer begrenzt ist
- die Abnehmer räumlich stark konzentriert sind
- die Produkte stark erklärungsbedürftig sind
- die Produkte technisch kompliziert sind.

Damit bietet sich ein direkter Absatz besonders bei Unternehmen an, die Investitionsgüter herstellen. Er ist aber auch bei dienstleistenden Unternehmen, beispielsweise **Banken** und **Versicherungen**, verbreitet.

Der direkte Absatz wird durch die Marketingabteilung geplant, gesteuert und kontrolliert. Dabei kann sie sich – wie gezeigt – besonders folgender **unternehmenseigener Absatzorgane**[1] bedienen. Es gibt:

- **Reisende** als Angestellte des Unternehmens, die Kunden aufsuchen und beraten sowie Bestellungen entgegennehmen. Sie sind weisungsgebunden und erhalten ein Gehalt, zu dem noch umsatzbedingte Provisionen oder Prämien kommen können.
- **Mitglieder der Geschäftsleitung** werden vielfach tätig, wenn die Abnehmerzahl sehr klein und die Auftragsgrößen sehr groß sind, beispielsweise in der Investitionsgüter- und Bekleidungsindustrie sowie bei verschiedenen Zulieferern. Es ist aber auch möglich, dass sie andere Absatzorgane in besonders wichtigen Fällen unterstützen.
- **Verkaufsniederlassungen** bieten – beispielsweise auch als Verkaufsstellen oder Fabrikfilialen – die Möglichkeit, abnehmernah qualifiziert zu beraten, rasch zu liefern und Kundendienstleistungen bereitzustellen. Insbesondere die Investitionsgüterindustrie, chemische und pharmazeutische Industrie hat vielfach Verkaufsniederlassungen im In- und Ausland.

Als **unternehmensfremde Absatzorgane**, die den direkten Absatz bewirken, werden vielfach angesehen:

- **Handelsvertreter** als selbstständige Gewerbetreibende, die ständig damit betraut sind, Geschäfte für andere Unternehmen zu vermitteln oder in deren Namen abzuschließen. Sie sind, sofern keine vertraglichen Regelungen entgegenstehen, anders als die Reisenden nicht an Weisungen des Unternehmen gebunden und können ihre Arbeitszeit frei gestalten.

  Die Vergütung der Handelsvertreter kann unterschiedlich geregelt sein und umfassen:

  - Umsatzabhängige Provision
  - Umsatzabhängige Provision + Fixum.

  Mit Vertragsende haben sie grundsätzlich einen Anspruch auf Zahlung eines Ausgleiches.
- **Kommissionäre** als selbstständige Gewerbetreibende, die im eigenen Namen für Rechnung ihrer Auftraggeber handeln. Sie übernehmen für ihre Auftraggeber den Einkauf und Verkauf von Produkten, ohne dass diese in ihr Eigentum eingehen. Ihre Vergütung besteht üblicherweise aus einer umsatzabhängigen Kommission.
- **Makler** als selbstständige Gewerbetreibende, die für andere Personen fallweise Verträge über Produkte vermitteln. Sie haben die Interessen beider Vertragspartner zu wahren. Ihre Vergütung ist eine im Zweifel von den Vertragsparteien hälftig zu tragende Courtage.

[1] Mitunter werden auch **Vertragshändler** und **Franchisepartner** hinzugerechnet, da sie eine sehr enge Bindung an das Unternehmen haben. Unter dieser Betrachtung ist diese Zuordnung möglich, formell gesehen sind sie aber – als Handelsunternehmen – den indirekten Absatzwegen zuzurechnen. Zum Franchising siehe Seite 380.

3.2.3.2 Indirekte Absatzwege

Die indirekten Absatzwege schließen den **Einzel- und Großhandel** in den Distributionsprozess ein. Sie können sein – siehe ausführlich *Weis*:

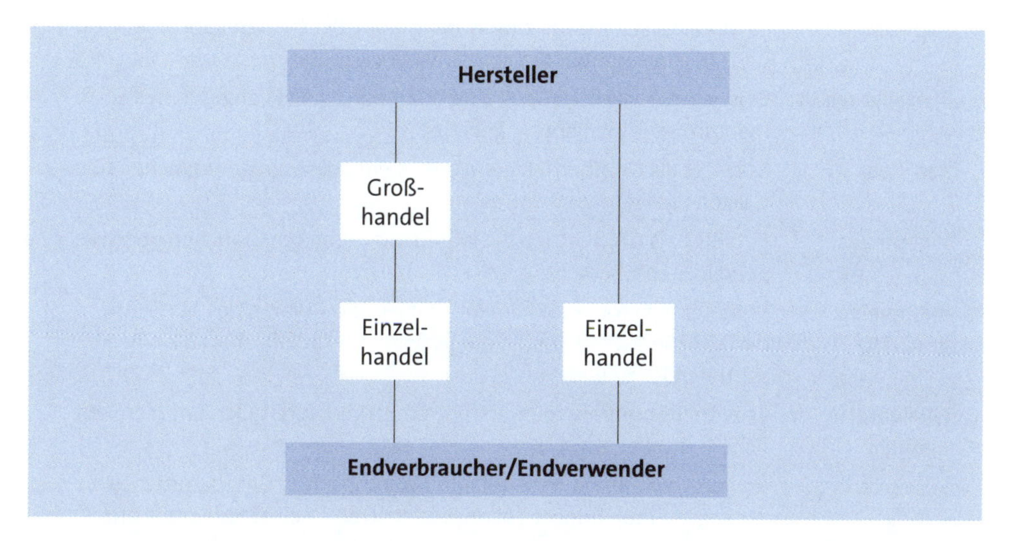

Der Handel überbrückt als Absatzmittler die räumliche und zeitliche Distanz zwischen dem Hersteller und den Endverbrauchern bzw. Endverwendern. Mit der Bildung von Sortimenten stellt er ihnen die Produkte mengen- und qualitätsgerecht zur Verfügung. Er kann Großhandel oder Einzelhandel sein:

- Als **Großhandel** beschafft er Waren und setzt sie unverändert oder nicht nennenswert verändert an Wiederverkäufer, Weiterverarbeiter oder Großabnehmer ab. Seine **Betriebsformen** sind beispielsweise:

Sortimentsgroßhandel	Er verfügt über ein breites Sortiment, das den Abnehmern ein ausgeweitetes Leistungsangebot bietet.
Spezialgroßhandel	Er weist ein schmales Sortiment auf, die Kaufmöglichkeiten sind deshalb stark begrenzt.
Zustellgroßhandel	Hierzu gehört der Lebensmittelsortimenthandel, Getränkespezialhandel, genossenschaftlicher Großhandel.
Abholgroßhandel	Er wird auch Cash-and-Carry-Großhandel genannt, der nach dem Prinzip der Selbstbedienung arbeitet.
Rack-Jobber	Er ist ein Regal-Großhändler, der in Handelsunternehmen für eigene Rechnung das Sortiment ergänzende Waren vertreibt.

- Der **Einzelhandel** lässt sich als die wirtschaftliche Tätigkeit des Absatzes von Waren an Endabnehmer interpretieren. Der **Einzelhandel** schafft Waren an und bietet sie unverändert oder nach üblicher Be- bzw. Verarbeitung in offenen Verkaufsstellen jedermann zum Verkauf an. Er zeigt Muster und Proben, um Bestellungen entgegenzunehmen oder versendet Waren, die nach Katalog, Mustern, Proben bzw. aufgrund eines sonstigen Angebotes bestellt wurden.

Die **Betriebsformen** des Einzelhandels sind vor allem:

Gemischt-warengeschäft	Es ist ein Ladengeschäft mit Fremdbedienung, „üblichen" Preisen und mittelbreitem, flachem Sortiment.
Fachgeschäft	Es ist ein Geschäft, das eine Warengruppe bei mittlerer Sortimentsbreite und -tiefe in Fremdbedienung anbietet.
Spezialgeschäft	Es ist ein Geschäft, das aus einer Warengruppe ein enges, tiefes Sortiment in Fremdbedienung anbietet.
Kaufhaus	Es bietet als Großbetrieb die Waren einer oder weniger Branchen überwiegend in Fremdbedienung an.
Warenhaus	Es bietet als Großbetrieb die Waren aus mehreren Branchen überwiegend in Fremdbedienung an.
Kleinpreis-geschäft	Es bietet ein straffes Sortiment problemloser Waren des Massenbedarfes in Selbstbedienung, auf geringer Verkaufsfläche, zu kleinen bis mittleren Preisen an.
Filialunter-nehmen	Es betreibt mehrere räumlich getrennte Verkaufsstellen unter einheitlicher Leitung.
Supermarkt	Er bietet auf mindestens 400 qm Nahrungs- und Genussmittel sowie ergänzend problemlose Nichtlebensmittel in Selbstbedienung an.
Discountmarkt	Er führt ein auf umsatzstarke Artikel konzentriertes Angebot und spricht die Verbraucher insbesondere über seine Niedrigpreispolitik an.
SB-Warenhaus	Es bietet als Verbrauchermarkt auf mindestens 1.000 qm ein warenhausähnliches Sortiment in Selbstbedienung zu niedrigen Preisen an.
Versandhandel	Er bietet ein breites Sortiment mit bis zu 70.000 Artikeln nach Katalogen, Prospekten, Anzeigen an, das zugestellt wird.
Einkaufs-zentrum	Es umfasst mehrere rechtlich selbstständige Einzelhandelsunternehmen „unter einem Dach". Es wird auch vom „Shopping Center" gesprochen.

3.2.3.3 Marketing-Logistik

Die Marketing-Logistik beschäftigt sich mit der Gestaltung der physischen Distribution der angebotenen Produkte. Dabei sind Kundenerwartungen zu berücksichtigen und Kostenüberlegungen anzustellen. Typische **Problemstellungen** der Marketing-Logistik können sein – siehe ausführlich *Weis*:

- Auftragsabwicklung
- Zahl und Standorte der Läger
- Eigenläger oder Fremdläger
- Transportmittel und Transportwege
- Verpackung.

Aufgabe 46 > Seite 556

3.2.4 Kommunikationspolitik

Die Kommunikationspolitik befasst sich als marketingpolitisches Instrument mit der Gestaltung der Kommunikation als Übermittlung von Informationen und Bedeutungsinhalten zum Zweck der Steuerung von Meinungen, Einstellungen, Erwartungen und Verhaltensweisen gemäß spezifischer Zielsetzungen (*Meffert*) durch das Unternehmen. Zu unterscheiden sind:

Vielfach wird der Kommunikationspolitik auch der **persönliche Verkauf** zugerechnet, der aber auch – wie *Nieschlag/Dichtl/Hörschgen* ihn interpretieren – als ein Instrument der Distributionspolitik verstanden werden kann. Mit dem persönlichen Verkauf soll der direkte Informationsfluss zwischen dem Unternehmen und seinen Abnehmern hergestellt werden.

Ebenfalls als Instrumente der Kommunikationspolitik gelten in den vergangenen Jahren das Product Placement und Sponsoring (*Weis*):

- Beim **Product Placement** werden Produkte in Medien dargestellt, ohne dass dies als Werbung unmittelbar erkennbar ist bzw. sein soll, beispielsweise indem der Hauptdarsteller in einem unterhaltenden Fernsehfilm einen BMW fährt.
- Beim **Sponsoring** stellt ein Sponsor einer Person oder Personengruppe Geld- oder Sachmittel zur Verfügung, beispielsweise einem Sportverein Trainingsanzüge mit werbendem Aufdruck.

3.2.4.1 Werbung

Die Werbung *„ist ein Marketinginstrument, das durch absichtlichen und zwangfreien Einsatz spezieller Kommunikationsmittel die Zielpersonen zu einem Verhalten veranlassen will, das zur Erfüllung der Werbeziele des Unternehmens beiträgt“* (*Bidlingmaier*). Sie kann vom Unternehmen grundsätzlich nach eigenem Ermessen gestaltet werden. Dabei hat es aber zu beachten – siehe ausführlich *Nieschlag/Dichtl/Hörschgen*:

- Werbung darf nicht gegen die Grundsätze **lauteren Wettbewerbs** verstoßen (§ 1 UWG), z. B. als Werbe-Mails, Werbe-Faxe, Werbe-Telefonate ohne vorherige Zustimmung belästigend wirken.
- Werbung darf nicht irreführend sein (§ 3 UWG). **Irreführende Werbung** ist *„das Hervorrufen oder Bestätigen eines falschen, d. h. der Wirklichkeit nicht entsprechenden Eindrucks über einen bestimmten Sachverhalt“*.

Der falsche Eindruck muss dabei ursächlich sein für eine Beeinflussung von Einstellungen, Handlungsabsichten oder Handlungen, ohne dass der Beeinflusste diese spezifische Form der Einflussnahme bemerkt.

- **Vergleichende Werbung** ist nur erlaubt, wenn sie dazu dient, einen nach Form oder Inhalt ungerechtfertigten Angriff eines Wettbewerbers abzuwehren, außerdem zum Zwecke der Verdeutlichung eines nur auf diese Weise darzustellenden technischen Fortschritts oder mittels objektiver Testergebnisse. **Herabsetzende** vergleichende Werbung ist nicht erlaubt.
- Die **Wertreklame**, z. B. in Form der Werbeprämie, der Werbeprobe, des Werbepreises, des Werberabattes, des Werbegeschenkes.

Die Werbung soll bei dem oder den Umworbenen Reaktionen auslösen. Das bekannteste Konzept dazu ist das **AIDA-Schema** (*Meffert, Wöhe/Döring, Schierenbeck/Wöhle*):

A = Attention als das Erwecken von Aufmerksamkeit

I = Interest am Kauf eines Produktes wecken

D = Desire als das Auslösen von Kaufwünschen

A = Action als das Auslösen einer Handlung beim Käufer

Dieses Werbekonzept wurde von *Lewis* entwickelt (*Hutzschenreuter*). Um mithilfe der Werbung solche Wirkungen erreichen zu können, sind die Zielgruppen, an die sich die Werbemaßnahmen richten, genau zu bestimmen.

Im Hinblick auf die Werbung sind zu betrachten – siehe ausführlich *Weis*:

- Die **Grundsätze**, an denen sich die Werbung zu orientieren hat. Das können sein:

Wahrheit	Werbung darf nicht täuschen oder irreführen.
Klarheit	Werbung soll verständlich und deutlich sein.
Wirksamkeit	Werbung soll informieren und motivieren.
Wirtschaftlichkeit	Ihre Kosten sollen kleiner als die aus ihr resultierenden Erlöse sein. Unwirtschaftlichkeit ist zu vermeiden.

- Die **Arten** der Werbung, die unterschieden werden können (*Weis*):

Nach den Zielen der Werbung	► **Einführungswerbung**, die als erstmalige Werbung für ein neues Produkt erfolgt, um es bekannt zu machen. ► **Expansionswerbung**, die einer Erhöhung des Umsatzes bzw. Marktanteils dienen soll. ► **Erhaltungswerbung**, die den Bekanntheitsgrad eines Produktes erhalten und Umsatzrückgänge vermeiden soll.
Nach der Zahl der Werbenden	► **Einzelwerbung**, bei der *ein* Anbieter für seine Produkte wirbt. ► **Gemeinschaftswerbung**, bei der sich mehrere Unternehmen mit homogenen Produkten zusammenschließen.

Nach der Zahl der Umworbenen	► **Einzelumwerbung**, bei der die Werbung individuell an eine Person gerichtet ist. ► **Mengenumwerbung**, bei der die Werbung sich an eine Teilmenge oder die gesamte Bevölkerung wendet.
Nach der Stellung der Werbenden	► **Herstellerwerbung**, die ein Produkt bekannt machen und ein Image aufbauen soll. ► **Handelswerbung**, die kurzfristig orientiert ist und Umsatz erzielen soll.
Nach der beabsichtigten Wirkung	► **Informationswerbung**, mit der objektive Informationen vermittelt werden sollen. ► **Suggestivwerbung**, mit der Triebe und Gefühle freigesetzt werden sollen, beispielsweise mithilfe von Leitbild- und Assoziationswerbung.
Nach der Form psychologischer Ausgestaltung	► **Überschwellige Werbung**, die vom Umworbenen bewusst wahrgenommen werden kann. ► **Unterschwellige Werbung**, die wegen ihrer Kürze nicht bewusst aufgenommen werden kann und deshalb sittenwidrig ist.

Die Werbung hat sich an den Marketing-Zielen zu orientieren und daraus die **Werbeziele** zu entwickeln. Unter Beachtung dieser Werbeziele sind folgende Werbeentscheidungen zu treffen:

- Das **Werbeobjekt** ist zu bestimmen, für das als einzelnes Produkt, als Produktgruppe oder als Gesamtheit aller Produkte geworben werden soll.
- Die **Werbesubjekte** sind zu bestimmen. Das sind die Personen oder Personengruppen, die mit der Werbung angesprochen werden sollen, als Zielpersonen oder Zielgruppen.
- Der **Werbeinhalt** ist festzulegen. Er soll das Interesse am Produkt wecken oder fördern, es als nützlich, vorteilhaft oder einzigartig darstellen.
- Die **Werbeperiode** ist zu bestimmen. Sie kann grundsätzlich einmalig und zeitlich begrenzt, kontinuierlich – beispielsweise täglich, wöchentlich – oder in regelmäßigen bzw. unregelmäßigen Zeitabständen wiederkehrend sein.
- Das **Werbebudget** ist in seiner Höhe festzusetzen. Es sollte an den Zielen und Aufgaben der Werbung orientiert sein. Weniger empfehlenswert ist es, sich bei der Festlegung des Werbebudgets an den finanziellen Möglichkeiten, an Prozentzahlen zum Umsatz oder am Gewinn oder an der Konkurrenz zu orientieren, wobei letztere nicht völlig außer Acht gelassen werden darf.
- Das **Werbebudget** ist zu verteilen. Die Zuteilung auf die einzelnen Werbeobjekte kann dabei unmittelbar mit der Bestimmung des Werbebudgets erfolgen oder in einem darauf folgenden Schritt vorgenommen werden.

- Die **Werbemittel** sind zu bestimmen. Das ist *„eine Zusammenfassung von Werbeelementen und/oder Werbefaktoren, die als letzte, nicht weiter zerlegbare Bestandteile Werbewirkung auslösen sollen“* (*Korndörfer*). Bedeutsame Werbemittel sind:

Anzeigen	Plakate	Flugblätter
Fernsehspots	Kataloge	Werbedias
Rundfunkspots	Werbefilme	Beilagen
Prospekte	Werbebriefe	Werbegeschenke

- Die **Werbeträger** sind festzulegen. Das sind Personen und Sachen, die Werbemittel an die Werbesubjekte heranführen. Sie wirken über ihre Verbreitung oder Streuung. Typische Werbeträger sind:

Zeitungen	Anschlagtafeln	Direktwerbeunternehmen
Zeitschriften	Plakatsäulen	Verkehrsmittel
Rundfunkanstalten	Bundespost	Verpackungen
Fernsehanstalten	(Adress-)Bücher	Absatzmittler
Kinos	Messegesellschaften	Schaufenster

Aufgrund der getroffenen Entscheidungen erfolgt die **Durchführung der Werbung**, die das Unternehmen selbstständig betreibt, einer Werbeagentur übergeben oder als Kombination beider Möglichkeiten vornehmen kann.

Der Durchführung der Werbung schließt sich die **Kontrolle des Werbeerfolges** an. Sie ist schwierig, da der Werbeerfolg von vielen, teils unbekannten Faktoren beeinflusst wird, beispielsweise auch von den übrigen marketingpolitischen Instrumenten.

3.2.4.2 Verkaufsförderung

Die Verkaufsförderung ergänzt die Werbung durch informierende und motivierende Maßnahmen. Sie wird auch als **Sales Promotion** bezeichnet. Ihre Bedeutung ist in den letzten Jahren ständig angewachsen.

Im Gegensatz zur Werbung, die sich überwiegend an den Endabnehmer wendet, zielt die Verkaufsförderung auch auf den eigenen Verkaufsbereich und auf den Handel. Sie umfasst damit folgende Maßnahmen (*Weis*):

- **Verkaufspromotions**, die eine Förderung der Verkäufer im Innen- und Außendienst bewirken sollen:

Schulung	**Beispiele:** Produkt-, Marktkenntnisse, Gesprächsführung
Unterstützung	**Beispiele:** Preislisten, Kataloge, Prospekte, Muster, Proben
Motivation	**Beispiele:** Provisionen, Prämien, Verkaufswettbewerbe

- **Handelspromotions**, die der Unterstützung der Händler dienen:

Information	**Beispiele:** Tagungen, Händlerzeitschriften, Händlerschulung
Unterstützung	**Beispiele:** Displays, Regalpflege, Kalkulationshilfen, Verkaufsaktionen.
Motivation	**Beispiele:** Händlerpreisausschreiben, -wettbewerbe, Aktionsprogramme.

- **Verbraucherpromotions**, die der Förderung der Verbraucher dienen, beispielsweise als Proben, Zugaben, Gewinnspiele, Preisausschreiben.

3.2.4.3 Öffentlichkeitsarbeit

Als Öffentlichkeitsarbeit wird das bewusste, geplante und dauernde Bemühen bezeichnet, gegenseitiges Verständnis und Vertrauen in der Öffentlichkeit aufzubauen und zu pflegen. Sie ist – anders als die Werbung – nicht produktbezogen, sondern hat das Unternehmen zum Gegenstand. Vielfach wird auch von **Public Relations** gesprochen.

Instrumente der Öffentlichkeitsarbeit sind Pressemitteilungen, Pressekonferenzen, Unternehmensveröffentlichungen, Werbezeitschriften, Betriebsbesichtigungen.

Da die Öffentlichkeit alle im Umfeld des Unternehmens befindlichen Personen und Institutionen umfasst, muss sie in homogene Zielgruppen zerlegt werden, beispielsweise Geschäftspartner, Arbeitnehmer, Politiker. Nur so kann eine differenzierte und damit wirksame Öffentlichkeitsarbeit betrieben werden.

Aufgabe 47 > Seite 556

3.3 Kontrolle

Die Marketingkontrolle schließt den Führungsprozess im Marketing ab. Sie kann in der Praxis erfolgen als (*Ehrmann, Link/Weiser, Reinecke/Janz*):

- **Kontrolle der Marketingaktivitäten**, mit der festzustellen ist, inwieweit diese erfolgreich waren. *Nieschlag/Dichtl/Hörschgen* nennen sie deshalb ergebnisorientierte Marketingkontrolle. Sie kann sein:

Kontrolle des Marketing-Mix	**Beispiele für Kontrollgrößen:** Umsatz, Gewinn, Deckungsbeitrag, Einstellungen, Kennzahlen.

Kontrolle einzelner Marketinginstrumente	**Beispiele für Kontrollgrößen:** ► Der **statistische Werbeerfolg**,der sich aus Marketing-Kennzahlen ergibt, wie beispielsweise Umsatz- und Kostenhöhe. ► Der **ökonomische Werbeerfolg**, der sachlich und zeitlich nicht abgegrenzt werden kann, beispielsweise als Vergrößerung des Umsatzes oder Marktanteiles. Es ist auch nicht bekannt, wie diese Daten sich ohne Werbung entwickelt hätten. ► Der **außerökonomische Werbeerfolg**,auf den wegen der Schwierigkeiten bei der Feststellung des ökonomischen Erfolges zurückgegriffen wird. Er bezieht sich auf die Kontakthäufigkeit mit dem Werbemittel bzw. auf psychische Wirkung der Werbung.

- **Kontrolle des Marketingsystems**, mit der die Arbeitsweise des Marketing-Management beurteilt wird, nicht aber seine Ergebnisse bewertet werden. Sie wird vielfach als **Marketing-Audit** bezeichnet und bezieht sich auf Prämissen, Ziele, Strategien, Maßnahmen, Prozesse und Organisation des Marketing.

Die Kontrolle ist ein Teil des **Controllingprozesses**, der außerdem die Zielsetzung, Planung und Steuerung umfasst. Um steuernd eingreifen zu können, bedarf das Controlling eines Frühwarnsystemes.

Als Frühwarngrößen kommen insbesondere Kennzahlen, beispielsweise Umsatzzahlen, in Betracht. Mit ihrer Hilfe können unplanmäßige Entwicklungen rasch erkannt werden.

Aufgabe 48 > Seite 557

		Lösung
1.	Beschreiben Sie die leistungswirtschaftlichen Prozesse und die finanzwirtschaftlichen Prozesse!	S. 251
2.	Was verstehen Sie unter Logistik?	S. 252
3.	Mit welchen Materialien befasst sich der Materialbereich?	S. 252 ff.
4.	Worin unterscheiden sich Rohstoffe, Hilfsstoffe, Betriebsstoffe?	S. 252 f.
5.	Welche Bedeutung hat der Materialbereich in den Unternehmen?	S. 253 f.
6.	Was verstehen Sie unter Materialstandardisierung?	S. 254
7.	Worin unterscheiden sich Normung und Typung?	S. 254 f.
8.	Inwieweit sind DIN-Normen im Wirtschaftsleben zwingend?	S. 254
9.	Erläutern Sie, was unter der Mengenstandardisierung zu verstehen ist!	S. 255
10.	Wozu dient die ABC-Analyse?	S. 255
11.	Worauf ist die Wertanalyse ausgerichtet?	S. 256
12.	Wozu dient die Materialnummerung?	S. 256
13.	Welche Planungen können im Materialbereich vorgenommen werden?	S. 256
14.	Wozu dient die Materialbedarfsplanung?	S. 257
15.	Erläutern Sie, auf welchen Informationsquellen die programmorientierte Materialbedarfsplanung beruht!	S. 257 f.
16.	Wie lässt sich der Materialbedarf rechnerisch ermitteln?	S. 258
17.	Welche Zeiten müssen berücksichtigt werden, um sicherzustellen, dass die zu fertigenden Erzeugnisse rechtzeitig zur Verfügung stehen?	S. 258 f.
18.	Wie erfolgt die verbrauchsorientierte Materialbedarfsplanung?	S. 259
19.	Welche Bedarfsverläufe sind für eine Bedarfsvorhersage geeignet, welche nicht?	S. 259 f.
20.	Wie kann beim Mittelwert-Verfahren vorgegangen werden?	S. 260
21.	Wozu dient die Materialbestandsplanung?	S. 261
22.	Was ist unter dem Lagerbestand, Buchbestand, Inventurbestand zu verstehen?	S. 261 f.
23.	Was verstehen Sie unter dem Sicherheitsbestand, Meldebestand, Höchstbestand?	S. 262
24.	Wovon wird die Wahl der Bestandsstrategien beeinflusst?	S. 263
25.	Beschreiben Sie die verschiedenen Bestandsstrategien!	S. 263 f.
26.	Erläutern Sie die Arten der Bestandsergänzung!	S. 265
27.	Wozu dient die Materialbeschaffungsplanung?	S. 265 f.

		Lösung
28.	Welche Daten kann die Beschaffungs-Marktforschung liefern?	S. 265 f.
29.	Erläutern Sie, welche Beschaffungsprinzipien für ein Unternehmen in Betracht kommen können!	S. 266
30.	Weshalb sind die Beschaffungstermine genau zu planen?	S. 266
31.	Welche Losgrößen können unterschieden werden?	S. 267
32.	Wovon hängt die wirtschaftliche Losgröße insbesondere ab?	S. 267
33.	Wie ermittelt *Andler* die optimale Beschaffungsmenge?	S. 267 f.
34.	Inwieweit entspricht die *Andler'sche* Formel den Gegebenheiten der Praxis?	S. 268
35.	Welche Durchführungsaufgaben stellen sich dem Materialbereich?	S. 268
36.	Beschreiben Sie die Methoden, die der Mengenerfassung der Materialien dienen!	S. 269
37.	Was ist unter der Inventur zu verstehen?	S. 269
38.	Erläutern Sie, welche Arten der Inventur zu unterscheiden sind!	S. 269
39.	Welche Bestandsänderungen gibt es?	S. 269
40.	Erläutern Sie, welche Wertansätze bei der Werterfassung vorgenommen werden können!	S. 270
41.	Beschreiben Sie die Schritte, in denen die Materialbeschaffung erfolgt!	S. 270
42.	In welchen Phasen erfolgt der Materiallagerungsprozess?	S. 271
43.	Welche Schritte umfasst der Materialeingang?	S. 271
44.	Was sind Läger?	S. 272
45.	Erläutern Sie, welche Läger nach den Lagerstufen zu unterscheiden sind!	S. 272
46.	Welche Läger gibt es nach ihrer Gestaltung?	S. 272
47.	In welchen Schritten erfolgt der Materialabgang?	S. 273
48.	Was ist unter Materialentsorgung zu verstehen?	S. 273
49.	Wie kann die Abfallbegrenzung erfolgen?	S. 274
50.	Welche Möglichkeiten der Abfallbehandlung bieten sich einem Unternehmen?	S. 274
51.	Worauf kann sich die materialwirtschaftliche Kontrolle beziehen?	S. 274 f.
52.	Womit befasst sich der Produktionsbereich?	S. 276
53.	Wie wird die Produktion bewirkt?	S. 276
54.	Nennen Sie produktionswirtschaftliche Ziele!	S. 276
55.	Welche Arten umfasst die Planung im Produktionsbereich?	S. 277
56.	Was kann unter der Erzeugnisplanung verstanden werden?	S. 277

		Lösung
57.	Wodurch erfolgt die Erzeugnisbeschreibung?	S. 277 f.
58.	Erläutern Sie die Begriffe Zeichnung, Zeichnungssatz und CAD!	S. 278
59.	Erläutern Sie, welche Arten von Stücklisten es gibt!	S. 279
60.	Worin unterscheiden sich Stücklisten und Teileverwendungsnachweise? Wie sieht eine Gesamtstückliste aus?	S. 280
61.	Welche Aufgabe hat die Nummerung?	S. 281
62.	Wozu kann die Nummerung dienen?	S. 281
63.	Beschreiben Sie die verschiedenen Nummerungssysteme!	S. 281 f.
64.	Was ist unter der Programmplanung zu verstehen?	S. 283
65.	Wozu dient die Arbeitsplanung?	S. 284
66.	Erläutern Sie, was unter dem Arbeitsplan zu verstehen ist!	S. 284 f.
67.	Welche Informationen enthält ein Arbeitsplan?	S. 285
68.	Beschreiben Sie die Bereitstellungsplanung!	S. 286
69.	Wie kann die Auftragserstellung geplant werden?	S. 287
70.	Welche Papiere können der Auftragserstellung dienen?	S. 287
71.	Wie erfolgt die Planung der erforderlichen Zeiten?	S. 287 f.
72.	Erläutern Sie die verschiedenen Ablaufarten, die beim Menschen möglich sind!	S. 288 f.
73.	Welche Ablaufarten gibt es beim Betriebsmittel?	S. 290
74.	Welche Ablaufarten lassen sich beim Arbeitsgegenstand unterscheiden?	S. 290 f.
75.	Was sind Vorgabezeiten?	S. 291
76.	Beschreiben Sie, woraus die Auftragszeit sich zusammensetzt!	S. 291 f.
77.	Aus welchen Zeiten besteht die Ausführungszeit?	S. 291 f.
78.	Wozu dient die Durchlaufterminierung?	S. 292
79.	Woraus ergibt sich die Durchlaufzeit?	S. 292
80.	Auf welche Arten kann die Durchlaufterminierung erfolgen?	S. 293
81.	Wie kann eine Durchlaufzeitverkürzung bewirkt werden?	S. 294
82.	Erläutern Sie, wie die Kapazitätsauslastung geplant wird!	S. 294
83.	Welche Durchführungsaufgaben ergeben sich im Produktionsbereich?	S. 295
84.	Beschreiben Sie die Produktionsverfahren, die nach ihrer räumlichen und zeitlichen Strukturierung zu unterscheiden sind!	S. 295
85.	Wie lassen sich Produktionsverfahren nach den erzeugten Mengen einteilen?	S. 296
86.	Wie wird ein Auftrag ausgelöst?	S. 296
87.	Wie erfolgt die Produktionssteuerung mit CIM?	S. 297 f.

		Lösung
88.	Worauf kann sich die produktionswirtschaftliche Kontrolle beziehen?	S. 298
89.	Welche Arten der Qualität lassen sich unterscheiden?	S. 298
90.	Nennen Sie Produkteigenschaften, die kontrolliert werden können!	S. 299
91.	Erläutern Sie, welche Arten der Kontrolle zu unterscheiden sind!	S. 298 f.
92.	Was ist unter einem Käufer- bzw. Verkäufermarkt zu verstehen?	S. 300
93.	Erläutern Sie, was unter Marketing verstanden werden kann!	S. 300
94.	Unterscheiden Sie Direkt-Marketing, E-Marketing und CRM!	S. 300 f.
95.	Worauf baut die Marketing-Planung auf?	S. 301
96.	Was verstehen Sie unter der Marktforschung?	S. 302
97.	Welche Arten von Daten soll die Marktforschung bereitstellen?	S. 302 f.
98.	Welche objektiven Daten können Sie nennen?	S. 302
99.	Worauf beziehen sich subjektive Daten?	S. 302
100.	Worin unterscheiden sich Marktanalyse und Marktbeobachtung?	S. 303
101.	Erläutern Sie, was unter der Sekundärforschung zu verstehen ist!	S. 303
102.	Warum sollte die Marktforschung mit der Sekundärforschung beginnen?	S. 303
103.	Welche Merkmale weist die Primärforschung auf?	S. 304
104.	Welches Problem entsteht, wenn eine Primärforschung nicht alle Personen einer Zielgruppe einschließt?	S. 304
105.	Nennen Sie die Methoden der Marktforschung!	S. 304 f.
106.	Wie ist eine Befragung durchzuführen?	S. 304
107.	Worauf kann sich die Beobachtung beziehen?	S. 304
108.	Wie ist die Beobachtung zu beurteilen?	S. 304
109.	Was ist unter Panels zu verstehen?	S. 304 f.
110.	Erläutern Sie Experimente im Marketingbereich!	S. 305
111.	Wie erfolgt die Auswertung der mithilfe der Marktforschung gewonnenen Daten?	S. 305
112.	Welche Pläne können im Marketingbereich gegeben sein?	S. 306
113.	Beschreiben Sie den Absatzplan!	S. 306
114.	Wozu dient der Maßnahmenplan?	S. 307
115.	Erläutern Sie, was unter dem Kostenplan zu verstehen ist!	S. 308
116.	Welche Durchführungsaufgaben stellen sich dem Marketingbereich?	S. 309
117.	Was ist unter der Produktpolitik zu verstehen?	S. 309
118.	Welche Aufgaben hat die Produktpolitik i. e. S.?	S. 310
119.	Inwieweit ist ein Unternehmen in der Gestaltung seiner Produkte frei?	S. 310

		Lösung
120.	Beschreiben Sie die einzelnen Phasen des Produktlebenszyklus!	S. 311
121.	Welche Problemkreise umfasst die Produktpolitik i. e. S.?	S. 312
122.	Erläutern Sie die Arten der Produktinnovation!	S. 312
123.	In welchen Phasen geht ein Produktinnovations-Prozess grundsätzlich vor sich?	S. 312
124.	Welche Maßnahmen umfasst die Gestaltung eines Produktes?	S. 313
125.	Was verstehen Sie unter der Produktvariation?	S. 313
126.	Erläutern Sie, wie eine Produktelimination erfolgen kann!	S. 313
127.	Was ist unter dem Leistungsprogramm eines Unternehmens zu verstehen?	S. 313
128.	Woraus ergeben sich seine Breite und Tiefe?	S. 313
129.	Nach welchen Prinzipien kann das Verkaufsprogramm industrieller Unternehmen gestaltet werden?	S. 313 f.
130.	Welche Möglichkeiten der Gestaltung gibt es bei den Sortimenten der Handelsunternehmen?	S. 314
131.	Welche Bedeutung hat die Kundendienstpolitik?	S. 315
132.	Welche Maßnahmen umfasst die Kundendienstpolitik?	S. 315
133.	Worin unterscheiden sich Gewährleistung und Garantie?	S. 315
134.	Was ist unter der Kontrahierungspolitik zu verstehen?	S. 316
135.	Welche Maßnahmen umfasst die Kontrahierungspolitik?	S. 316
136.	Erläutern Sie, was unter der Preispolitik zu verstehen ist!	S. 316
137.	Wie ergeben sich die Preise nach der Preistheorie?	S. 316 f.
138.	Was ist unter dem Monopol, Oligopol, Polypol zu verstehen?	S. 317
139.	Inwieweit ist das Unternehmen in seiner Preisgestaltung frei?	S. 317
140.	Von welchen Faktoren kann die Preisbildung in der Praxis abhängen?	S. 318
141.	Welche preispolitischen Strategien kann das Unternehmen betreiben?	S. 318 f.
142.	Was sind Prämien-, Promotions-, Abschöpfungs-, Penetrationspreise?	S. 318 f.
143.	Erläutern Sie, wie Preisdifferenzierungen erfolgen können!	S. 319
144.	Was ist unter dem preispolitischen Ausgleich zu verstehen?	S. 319
145.	Geben Sie Beispiele für psychologische Preisgestaltung!	S. 319
146.	Wozu dient die Rabattpolitik?	S. 319
147.	Beschreiben Sie Arten der Rabatte!	S. 319 f.
148.	Was ist unter der Konditionenpolitik zu verstehen?	S. 320
149.	Welche Regelungen umfassen die Lieferbedingungen?	S. 320
150.	Was kann bei den Zahlungsbedingungen geregelt werden?	S. 321

		Lösung
151.	Wozu dient die Kreditpolitik?	S. 321
152.	Welche Maßnahmen umfasst die Kreditpolitik?	S. 321
153.	Was ist unter der Distributionspolitik zu verstehen?	S. 322
154.	Welche Arten der Distributionspolitik sind zu unterscheiden?	S. 322
155.	Inwieweit ist das Unternehmen bei der Gestaltung seiner Distributionspolitik frei?	S. 322
156.	In welchen Fällen kann es sich anbieten, direkt abzusetzen?	S. 323
157.	Erläutern Sie, welche unternehmenseigenen Absatzorgane dem direkten Absatz dienen können!	S. 324
158.	Mit welchen unternehmensfremden Absatzorganen kann der direkte Absatz bewirkt werden?	S. 324
159.	Wie kann ein indirekter Absatz grundsätzlich erfolgen?	S. 325
160.	Worin unterscheiden sich Groß- und Einzelhandel?	S. 325
161.	Welche Betriebsformen des Großhandels gibt es?	S. 325
162.	Beschreiben Sie die Betriebsformen des Einzelhandels!	S. 326
163.	Welche Probleme sollen mithilfe der Marketing-Logistik gelöst werden?	S. 326
164.	Was ist unter der Kommunikationspolitik zu verstehen?	S. 327
165.	Welcher Instrumente bedient sich die Kommunikationspolitik?	S. 327
166.	Was ist unter dem persönlichen Verkauf zu verstehen?	S. 327
167.	Beschreiben Sie, was unter Product Placement und Sponsoring zu verstehen ist!	S. 327
168.	Erläutern Sie, was unter Werbung zu verstehen ist!	S. 327
169.	Inwieweit ist das Unternehmen frei, seine Werbung zu gestalten?	S. 327 f.
170.	In welchen Schritten werden die werbenden Maßnahmen nach dem AIDA-Schema realisiert?	S. 328
171.	An welchen Grundsätzen sollte sich die Werbung orientieren?	S. 328
172.	Welche Arten der Werbung lassen sich unterscheiden?	S. 328 f.
173.	Welche Werbeentscheidungen sind zu treffen?	S. 329
174.	Nennen Sie beispielhaft einige Werbemittel und Werbeträger!	S. 330
175.	Weshalb ist der Werbeerfolg schwierig zu kontrollieren?	S. 330
176.	Was ist unter der Verkaufsförderung zu verstehen?	S. 330
177.	Welche Maßnahmen umfasst die Verkaufsförderung?	S. 330 f.
178.	Was ist unter der Öffentlichkeitsarbeit zu verstehen?	S. 331
179.	Nennen Sie einige Instrumente der Öffentlichkeitsarbeit!	S. 331
180.	Worauf kann sich die Kontrolle im Marketingbereich beziehen?	S. 331 f.

E. Finanzbereich

Die Erstellung und Verwertung betrieblicher Leistungen erfolgt im Materialbereich, Produktionsbereich und dem Marketingbereich als güterwirtschaftlicher Prozess. Ihm steht ein finanzwirtschaftlicher Prozess gegenüber, in dessen Verlauf Kapital beschafft, verwendet, wieder freigesetzt und verwaltet wird (*Perridon/Steiner/Rathgeber, Wöhe/Bilstein/Ernst/Häcker*).

Dem Finanzbereich obliegt die Gestaltung dieses Prozesses, in dem die **Einzahlungen** und **Auszahlungen** des Unternehmens geplant, gesteuert und kontrolliert werden, beispielsweise in folgender Weise (*Olfert*):

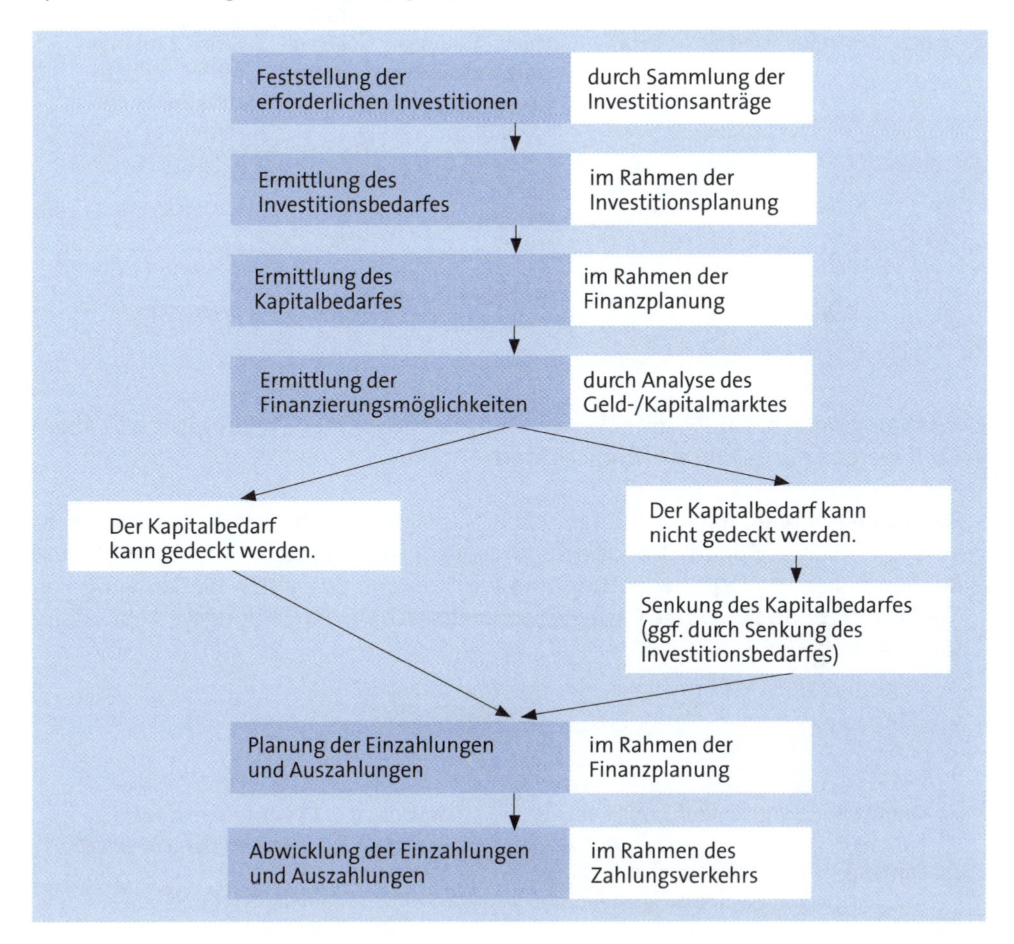

Damit werden die **Funktionen** des Finanzbereiches deutlich:

- die **Kapitalbeschaffung** oder **Finanzierung**, die zur Aufgabe hat, das Unternehmen mit dem erforderlichen Kapital zu versorgen
- die **Kapitalverwendung** oder **Investition**, die dazu dient, das beschaffte Kapital im Unternehmen einzusetzen

- die **Kapitalverwaltung**, welche die Abwicklung der Einzahlungen und Auszahlungen des Unternehmens ermöglicht, die im Rahmen des **Zahlungsverkehrs** erfolgt.

Bevor Investition und Finanzierung näher zu behandeln sind, soll auf den Zahlungsverkehr eingegangen werden. Er kann grundsätzlich auf drei **Arten von Zahlungsmitteln** beruhen:

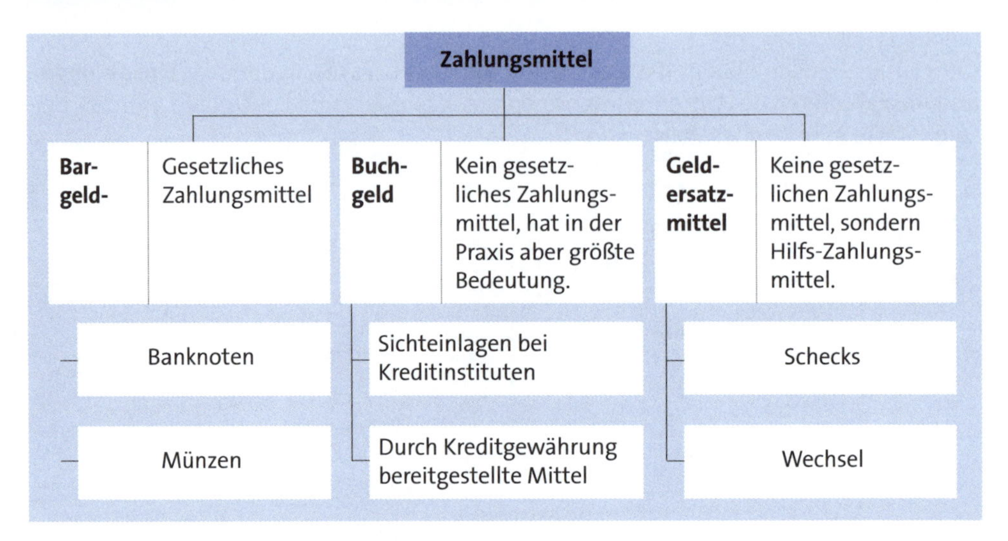

Der Zahlungsverkehr kann – unter Verwendung der genannten Zahlungsmittel – abgewickelt werden als – siehe ausführlich *Olfert*:

- **Barzahlungsverkehr**, bei dem Bargeld übertragen wird. Er hat im Geschäftsverkehr im Wesentlichen nur bei Handels- und Dienstleistungsunternehmen, die private Kunden haben, größere Bedeutung und wird zunehmend durch die Nutzung von **Kreditkarten** und **Electronic Cash-Systemen** ersetzt. Als Barzahlungsverkehr lassen sich unterscheiden:

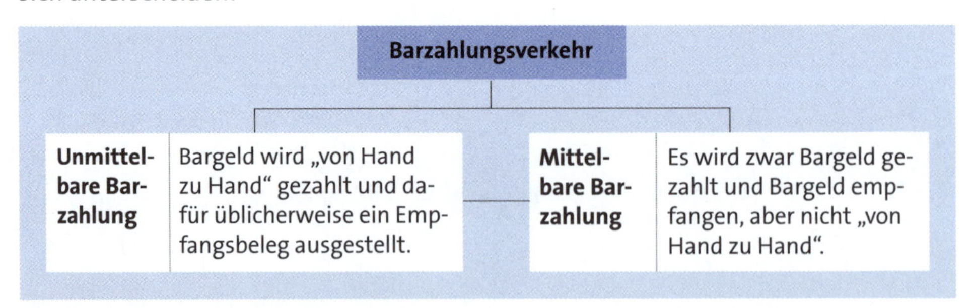

- **Halbbarer Zahlungsverkehr**, bei dem Bargeld in Buchgeld umgewandelt wird und umgekehrt. Dabei muss eine der am Zahlungsverkehr beteiligten Personen über ein Konto verfügen.

  Die Auszahlung des Barschecks erfolgt bei einem Kreditinstitut. Bei einer Zahlungsanweisung füllt der Zahlungspflichtige die Anweisung aus und sendet sie an das

Konto führende Kreditinstitut, welches die Barauszahlung an den Empfänger veranlasst. Als halbbarer Zahlungsverkehr sind zu unterscheiden:

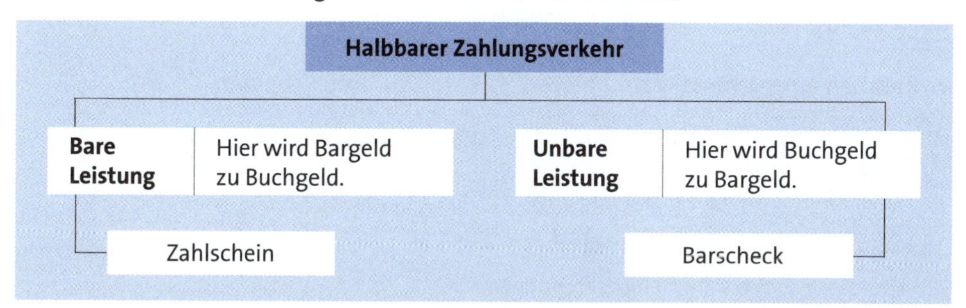

Im Geschäftsverkehr hat nur der Zahlschein Bedeutung, der von den Unternehmen oft den von ihnen gestellten Rechnungen beigelegt wird.

- **Bargeldloser Zahlungsverkehr**, bei dem weder der Zahlungspflichtige noch der Zahlungsempfänger mit Bargeld in Berührung kommen. Beide verfügen über ein Konto.

Die Konten müssen nicht beim gleichen Kreditinstitut geführt werden, Buchgeld kann also auch von Konten eines Kreditinstituts auf Konten bei anderen Kreditinstituten übertragen werden. Dies setzt die **Vernetzung der Kreditinstitute untereinander** voraus.

Der Zahlungsverkehr erfolgt hier mithilfe von Buchgeld, das durch Umbuchung übertragen wird und jederzeit durch Abhebung in Bargeld umgewandelt werden kann, wozu die Kreditinstitute nach § 3 KWG verpflichtet sind.

Im Rahmen bargeldlosen Zahlungsverkehrs sind zu unterscheiden (*Olfert*):

Überweisungen	Sie werden von Kreditinstituten ausgegeben und können sein: ► Einzelüberweisungen ► Dauerüberweisungen ► Sammelüberweisungen. Im Rahmen des **Online-Banking** setzen sich Online-Überweisungen immer mehr durch.
Einzugsermächtigungen	Bei ihnen erteilt der Zahlungspflichtige dem Zahlungsempfänger unmittelbar seine Zustimmung zum Lastschriftverkehr, der diese seinem Kreditinstitut vorlegt.
Abbuchungsaufträge	Bei ihnen gibt der Zahlungspflichtige seinem Kreditinstitut den Auftrag, Lastschriften eines bestimmten Zahlungsempfängers einzulösen bzw. abzubuchen.
Barschecks	Sie kann der Scheckempfänger bei dem bezogenen Institut bar einlösen. Er kann aber auch die Barschecks zur Gutschrift vorlegen bzw. einreichen oder weitergeben.
Verrechnungsschecks	Sie schließen die bare Verfügung aus und sind auf der Vorderseite durch den Vermerk „Nur zur Verrechnung" oder zwei diagonal parallele Striche in der linken oberen Ecke gekennzeichnet.
Inhaberschecks	Sie tragen keine Angabe eines Zahlungsempfängers und sind, da sie Überbringerschecks darstellen, mit dem Zusatz „oder Überbringer" versehen.
Orderschecks	Sie tragen den Namen eines Zahlungspflichtigen, dazu kann – muss aber nicht – der Vermerk „oder Order" kommen. Mit Orderschecks wird sichergestellt, dass nur der Begünstigte ihn einlösen oder weitergeben kann.
Bestätigte Schecks	Die Deutsche Bundesbank bestätigt auf Antrag für acht Tage die Verpflichtung zur Einlösung eines auf sie gezogenen Schecks (Bestätigter LZB-Scheck). Kreditinstitute ziehen Schecks auf ihr LZB-Konto, lassen sie bestätigen und reichen diese an Kunden aus, die damit eine auf Zeit garantierte Zahlungsmöglichkeit bekommen.
Gezogene Wechsel	Sie enthalten die unbedingte Anweisung eines Ausstellers an den Bezogenen, einen bestimmten Geldbetrag bei Fälligkeit an die Person zu zahlen, die im Wechsel als berechtigt ausgewiesen sind. Gezogene Wechsel werden auch als **Tratten** bezeichnet.
Eigene Wechsel	Sie enthalten das unbedingte Versprechen eines Ausstellers, einen bestimmten Geldbetrag bei Fälligkeit an die Person zu zahlen, die im Wechsel als berechtigt ausgewiesen ist. Eigene Wechsel heißen auch **Solawechsel**.

Für den Scheckverkehr und Wechselverkehr gilt:

- Die Verwendung des **Schecks** kann erfolgen:

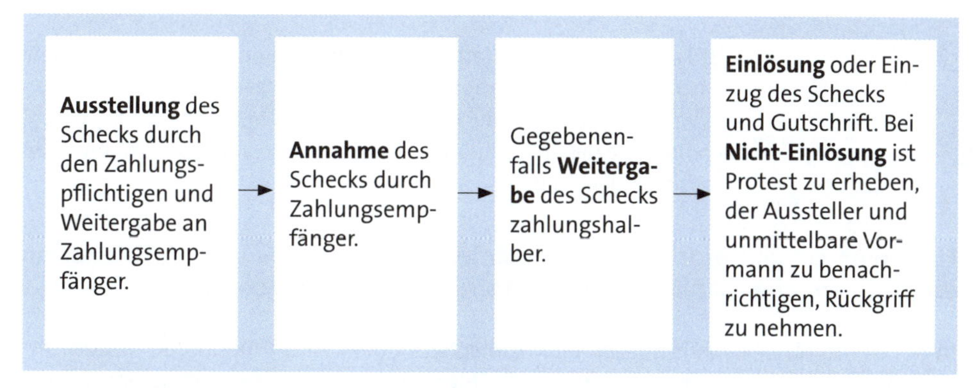

- Der **Wechsel** kann in folgender Weise verwendet werden:

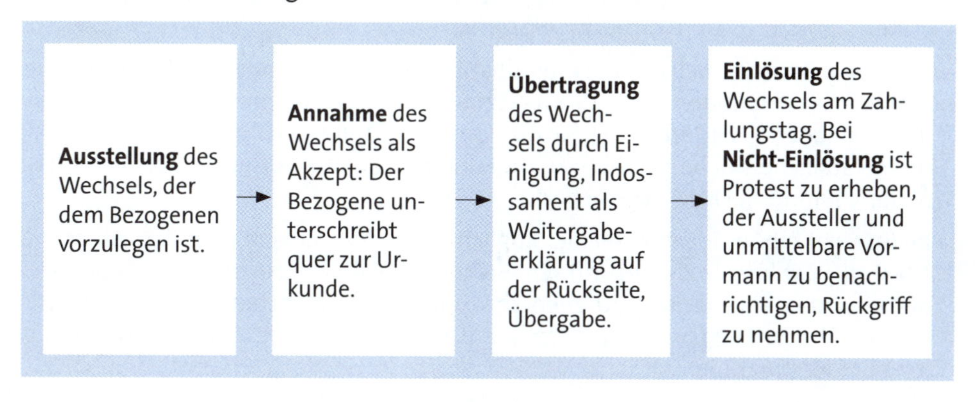

Der Zahlungsverkehr zwischen Unternehmen ist fast ausschließlich bargeldloser Zahlungsverkehr. In der Praxis kann er als Überweisungs-, Lastschrift-, Scheck- und Wechselverkehr vorkommmen – siehe Abbildung Seite 341.

Der bargeldlose Zahlungsverkehr hat sich in den letzten Jahren weiterentwickelt, beispielsweise in Form von:

Kreditkarten	Der Kunde kann sie bei Vertragsunternehmen der Kreditkartenaussteller erwerben, um damit bargeldlos Waren- und Dienstleistungen bzw. auch Bargeld zu beschaffen. Als Kreditkarten gibt es z. B. Eurocard, American-Express-Card.

Electronic Cash-Systeme	Sie sind **automatisierte Kassensysteme** und werden im Handel zunehmend eingesetzt. Der Kunde kann im Supermarkt oder an der Tankstelle bargeldlos bezahlen. Dies kann anhand einer **Karte mit Magnetstreifen** geschehen, nachdem die persönliche Identifikationsnummer in das Kassenterminal eingegeben wurde. Es sind aber auch **Mikroprozessor Chipkarten** (Chips) verwendbar, von denen Rechnungsbeträge solange abgebucht werden können, bis sie „leer" sind.

Ein geordneter und wirtschaftlich gestalteter Zahlungsverkehr ist die Voraussetzung, um die finanzwirtschaftlichen Aufgaben optimal erfüllen zu können.

In der heutigen Zeit beeinflussen elektronische Medien zunehmend den gesamten finanzwirtschaftlichen Prozess. Formen des **Electronic-Finance** als Einsatz der Informations- und Kommunikationstechnologie zur Unterstützung finanzwirtschaftlicher Aktivitäten sind z. B. (*Bodendorf/Robra-Bissantz*):

- **Electronic-Banking**, bei dem die Kreditinstitute mit ihren Kunden auf elektronischem Wege direkt verbunden sind, z. B. Kreditgewährung, Wertpapier- und Zahlungstransaktionen über das Internet. Die Abwicklung von Zahlungsaufträgen wird mittels einer persönlichen Geheimzahl (PIN) und den Einmalpasswörtern in Form von Transaktionsnummern (TAN) abgesichert.

  Im **Internet** gibt es inzwischen die Möglichkeit, mit virtuellem Geld (E-Cash oder Cyber-Cash) Zahlungen durchzuführen. Bisher ist es üblich, zur späteren Begleichung der über das Internet abgerufenen Leistung die Kreditkartennummer anzugeben oder andere Zahlungswege zu nutzen, z. B. den Versand eines Schecks oder die Zahlung per Nachnahme.

- **Home Banking Computer Interface** (HBCI), das ein Verfahren darstellt, welches – unabhängig vom Provider – Transaktionen mittels einer Chipkarte oder eines Chipkartenlesers auch unabhängig von den Öffnungszeiten der Banken zulässt. Das **Online-Banking** wird von sog. Direktbanken angeboten, die ausschließlich über Internet, Telefon, FAX oder Brief erreichbar sind, z. B. von Großbanken, Sparkassen bzw. VR- und Raiffeisenbanken.

- **Electronic-Insurance,** bei dem praktisch alle **Versicherungsunternehmen** über elektronische Medien direkt mit ihrem Kunden bzw. Interessenten verbunden sind. Typische Anwendungsfelder sind z. B. schnellere Zahlungsabwicklung bei Schäden, rechnergestützte Bearbeitung von Versicherungsaufgaben, Dokumentenmanagement und Unterstützung des Außendienstes, z. B. Abruf von Kundendaten über mobile Rechner.

Die **E-Finance** ist Bestandteil des **E-Business**, das den gesamten Einsatz von Informations- und Kommunikationstechnologie zur Unterstützung von Geschäftsprozessen umfasst, an denen z. B. Unternehmen, Mitarbeiter, Lieferanten und Konsumenten sowie öffentliche Institutionen beteiligt sind – siehe ausführlich *Ebel*.

1. Investition

Investitionen sind Auszahlungen für Vermögensteile. Sie beginnen mit den Anschaffungsauszahlungen für das jeweilige Investitionsobjekt, denen laufende Auszahlungen – beispielsweise für Löhne und Materialien – folgen.

Das so gebundene Kapital wird durch die Verwertung der mithilfe des Investitionsobjektes erstellten Leistungen in Form von Einzahlungen wieder freigesetzt, deren letzte ein Liquidationserlös sein kann. Dieser Prozess wird als **Desinvestition** bezeichnet.

Der Führungsprozess im **Investitionsbereich** umfasst:

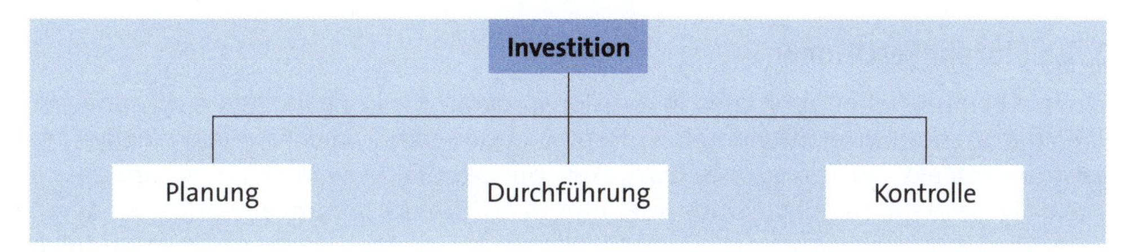

1.1 Planung

Die Investitionsplanung dient der Ermittlung der zukünftigen investiven Erfordernisse und der Festlegung der daraus resultierenden Maßnahmen. Sie erfolgt auf der Grundlage der vom Management vorgegebenen Ziele, die insbesondere sein können:

- Die **Liquidität**, deren Erhaltung für das Unternehmen lebensnotwendig ist als:

Absolute Liquidität	Das ist die Eigenschaft von Vermögensteilen, als Zahlungsmittel verwendet oder in Zahlungsmittel umgewandelt zu werden. Sie bezieht sich nur auf die Aktiv-Seite der Bilanz und ist ungeeignet, den Bestand des Unternehmens zu sichern.
Relative Liquidität	► Als **statische Liquidität** beschreibt sie das Verhältnis zwischen Zahlungsmitteln, kurzfristigen Forderungen, Vorräten und den kurzfristigen Verbindlichkeiten. Sie ist zu eng mit der Bilanz verknüpft und lediglich zeitpunktbezogen. Damit ist sie ebenfalls nicht geeignet, den Bestand des Unternehmens zu sichern. ► Als **dynamische Liquidität** ist sie die Fähigkeit des Unternehmens, die zu einem Zeitpunkt zwingend fälligen Zahlungsverpflichtungen uneingeschränkt erfüllen zu können, die zu jedem Zeitpunkt seines Bestehens gegeben sein muss.

- Die **Sicherheit**, die in einer Risikobegrenzung zu sehen ist, um den Bestand des Unternehmens nicht zu gefährden. Jede Investition bietet die Chance, Gewinne daraus zu erwirtschaften. Sie birgt aber auch das Risiko keines oder eines geringeren Gewinnes oder gar eines Verlustes.

- Die **Rentabilität**, die sich aus dem Verhältnis von Gewinn und Kapital bzw. Umsatz ergibt. Sie kann im Investitionsbereich durch die Wahl wirtschaftlich vorteilhafter Investitionsobjekte positiv beeinflusst werden.

Die Investitionsplanung bezieht sich auf:

- **Einzelinvestitionen**
- **Investitionsprogramm**
- **Unternehmensbewertung.**

1.1.1 Einzelinvestitionen

Um zur Planung eines optimalen Investitionsprogrammes zu gelangen, sind zunächst die angestrebten Investitionen planerisch zu optimieren. Dabei kann ein **einziges Investitionsobjekt** auf seine Vorteilhaftigkeit hin betrachtet werden. Es ist aber auch möglich, dass für eine Investition **mehrere Investitionsalternativen** vorliegen, deren vorteilhafteste zu ermitteln ist. Schließlich kann zu beurteilen sein, ob ein **altes durch ein neues Investitionsobjekt** ersetzt werden soll.

Für die Planung einzelner Investitionen ist folgender Ablauf typisch – siehe ausführlich *Olfert*:

- Die **Investition** wird **angeregt**, beispielsweise wegen nicht mehr ausreichender Kapazitäten, neuer verbesserter Produktionsverfahren, neuer verbesserter Materialien, veränderter Erwartungen der Abnehmer, neuer Vorschriften des Gesetzgebers.
- Das **Investitionsproblem** wird – zweckmäßigerweise schriftlich – beschrieben und **begründet**, seine Dringlichkeit festgestellt, und die sich aus der Investition für das Unternehmen ergebenen Vorteile und Nachteile werden dokumentiert.
- Die zur Beurteilung der Vorteilhaftigkeit der Investition geeigneten **Bewertungskriterien** sind festzulegen. Sie können sein:

Quantitative Bewertungskriterien[1]	Kosten Gewinn Rentabilität Amortisationszeit Kapitalwert Interner Zinsfuß Annuität

[1] Sie werden in den **Investitionsrechnungen**, die unten beschrieben sind, verwendet. Weitere quantitative Bewertungskriterien sind der Ertrags-, Reproduktions-, Substanz-, Mittelwert, die für die Bewertung von Unternehmen als Investitionsobjekt verwendet werden – siehe *Olfert*.

Qualtitative Bewertungskriterien[1]	Wirtschaftliche Kriterien Technische Kriterien Soziale Kriterien Rechtliche Kriterien

- Gegebenenfalls sind durch das Investitionsobjekt zwingend zu erfüllende Nebenbedingungen zu bestimmen, die als **Begrenzungsfaktoren** wirken, beispielsweise technische Mindestdaten einer Maschine.
- Die möglichen **Investitionsalternativen** werden daraufhin **untersucht**, ob sie die zuvor aufgestellten Nebenbedingungen erfüllen. Ist das der Fall, werden sie mithilfe obiger quantitativer bzw. qualitativer Bewertungskriterien untersucht.

Ein wesentlicher Baustein der Investitionsplanung ist die **Investitionsrechnung**. Sie ist ein Rechenverfahren dessen Zweck es ist festzustellen, ob ein Investitionsobjekt der Zielsetzung des Investors entspricht und welches von mehreren Investitionsobjekten die Zielsetzung am besten erfüllt (*Olfert*).

Sie dient damit der quantitativen und qualitativen Beurteilung der Vorteilhaftigkeit von Investitionen und hat die Aufgabe, die finanziellen Wirkungen einer geplanten Investition zu prognostizieren und die bei diesem Vorgehen gewonnenen Informationen so zu verdichten, dass eine zielkonforme **Investitionsentscheidung** getroffen werden kann (*Wöhe/Döring*).

Da die Investitionsrechnungen sowohl in der betrieblichen Praxis als auch in der Literatur im Mittelpunkt der Investitionsplanung stehen, sollen sie hier ausführlich behandelt werden. Als **quantitative Verfahren** zur Beurteilung der einzelnen Investitionen sind zu unterscheiden:

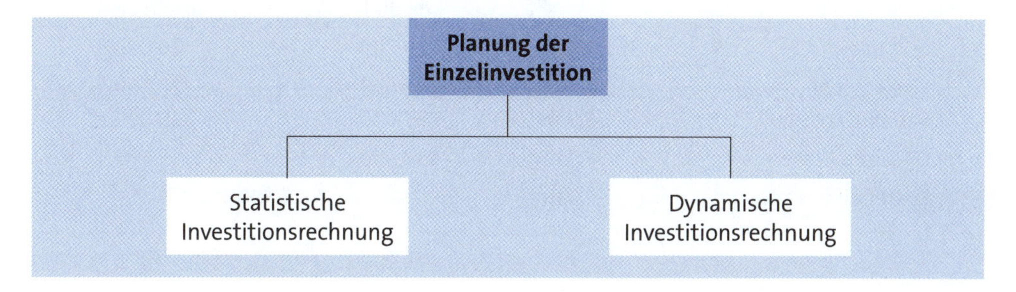

[1] Sie werden in den qualitativen Investitionsrechnungen verwendet, die – als **Nutzwertrechnungen** – ausführlich von *Olfert* dargestellt werden.

1.1.1.1 Statische Investitionsrechnungen

Eine Optimierung von Investitionsentscheidungen ist dann möglich, wenn die Investitionsdauer und die Höhe bzw. der Zeitpunkt aller investitionsrelevanten Ein- und Auszahlungen prognostiziert werden können. Um diesen enormen Prognoseaufwand zu vermeiden, hat die betriebliche Praxis Hilfsverfahren entwickelt, die als statische Investitionsverfahren bezeichnet werden (*Wöhe/Döring*).

Da hier praktisch nur mit einer Periode gerechnet wird, sind bei diesem **Einperiodenverfahren** Aussagen nur über relativ kurze Zeiträume sinnvoll möglich. Statische Investitionsverfahren legen bei ihren Berechnungen Kosten und Erlöse sowie das eingesetzte Kapital zu Grunde. Diese Verfahren erfreuen sich in der Praxis immer noch großer Beliebtheit, obwohl sie wegen ihrer Fehleranfälligkeit immer mehr durch die dynamischen Investitionsrechnungen verdrängt werden.

Es sind vier **statische Investitionsrechnungen** zu unterscheiden – siehe ausführlich *Olfert*:

- Die **Kostenvergleichsrechnung**, mit welcher die für die Investitionsalternativen anfallenden Kosten ermittelt werden, um die kostengünstigste Investitionsalternative festzustellen. Die Vorteilhaftigkeit einer **Erweiterungsinvestition** kann dabei ermittelt werden als:
  - **Vergleich pro Periode**, wenn die Leistungsmengen der Investitionsalternativen gleich groß sind.

Beispiel

		Investitionsobjekt I	**Investitionsobjekt II**
Leistung	Stück/Jahr	20.000	20.000
Fixe Kosten[1]	€/Jahr	42.000	27.500
Variable Kosten[2]	€/Jahr	295.000	326.000
Gesamte Kosten	€/Jahr	337.000	353.500
Kostendifferenz I - II	€/Jahr	**- 16.500**	

  - **Vergleich pro Leistungseinheit**, der erforderlich wird, wenn die Investitionsalternativen unterschiedliche Leistungen erbringen.

[1] **Fixe Kosten** sind Kosten, die innerhalb bestimmter Leistungsgrenzen und innerhalb eines bestimmten Zeitraumes keine Veränderungen aufweisen, beispielsweise Mieten, Versicherungsprämien, zeitabhängige Abschreibungen, Zinsen für Anlagevermögen, Gehälter.

[2] **Variable Kosten** sind Kosten, die sich bei Leistungsschwankungen unmittelbar ändern, beispielsweise leistungsbezogene Löhne, leistungsabhängige Materialien, Energiekosten, verbrauchsabhängige Abschreibungen, Zinsen für Umlaufvermögen.

Beispiele

		Investitionsobjekt I	Investitionsobjekt II
Leistung	Stück/Jahr	19.500	20.000
Fixe Kosten	€/Jahr	42.500	27.500
	€/Stück	2,15	1,38
Variable Kosten	€/Jahr	295.000	326.000
	€/Stück	17,28	16,30
Gesamte Kosten	€/Jahr	337.000	353.500
	€/Stück	17,28	17,68
Kostendifferenz I - II	€/Jahr	**- 0,40**	

Der Kostenvorteil von 0,40 € bezieht sich jedoch nur auf den Fall, dass die maximale Leistungsmenge auch genutzt wird.

Ist die Nutzung der maximalen Leistungsmenge nicht gegeben, sollte eine **Break-Even-Analyse** (= Gewinnschwellenanalyse) vorgenommen werden, bei der für beide Maschinen die Kostenfunktionen zu bilden sind, die dann zwecks Ermittlung der **kritischen Menge** gleichgesetzt werden (*Ehrmann, Führer, Olfert*).

Beispiel

$$K_{I} = 15{,}13\,x + 42.000$$

$$K_{II} = 16{,}30\,x + 27.500$$

$$15{,}13\,x + 42.000 = 16{,}30\,x + 27.500$$

$$x = \mathbf{12.393}$$

Bei einer Ausbringungsmenge unter 12.393 Stück/Jahr ist Maschine II kostengünstiger, ansonsten Maschine I.

Mithilfe der Kostenvergleichsrechnung lässt sich auf die gleiche Weise auch die Vorteilhaftigkeit einer **Ersatzinvestition** ermitteln, wobei zu beachten ist, dass die Herausnahme eines alten Investitionsobjektes zu einem Liquidationsverlust und Zinsentgang führen kann, was rechnerisch zu berücksichtigen ist.

Die Kostenvergleichsrechnung wird in der Praxis **gerne** eingesetzt, obgleich keine Aussagen über die Rentabilitäten der Investitionsalternativen erfolgen. Außerdem werden gleich hohe Erlöse aus den Investitionsalternativen unterstellt.

- Die **Gewinnvergleichsrechnung** ist eine Erweiterung der Kostenvergleichsrechnung um die Erlöse, die bei den Investitionsalternativen unterschiedlich sein können. Die Vorteilhaftigkeit einer **Erweiterungsinvestition** kann bei ihr ermittelt werden als:
  - **Vergleich pro Periode**, der notwendig ist, wenn die Leistungsmengen der Investitionsalternativen unterschiedlich groß sind. Er kann aber auch bei gleich großen Leistungen der Investitionsalternativen erfolgen.

Beispiel

		Investitions-objekt I		Investitions-objekt II	
Leistung	Stück/Jahr	19.500		20.000	
Erlöse	€/Jahr		482.000		484.000
Fixe Kosten	€/Jahr	42.000		27.000	
Variable Kosten	€/Jahr	295.000		326.500	
Gesamte Kosten	€/Jahr		337.000		353.500
Gewinn			145.000		130.500
Kostendifferenz I - II	€/Jahr	**14.500**			

- **Vergleich pro Leistungseinheit**, der erfolgen kann, wenn die Leistungen der Investitionsalternativen gleich groß sind.

Wie bei der Kostenvergleichsrechnung lässt sich die **kritische Menge** ermitteln. Bei der Gewinnvergleichsrechnung gibt sie an, bei welcher Menge die durch die Investitionsalternativen erzielten Gewinne gleich groß sind. Dazu werden die Gewinnfunktionen der Investitionsalternativen gleichgesetzt.

Mithilfe der Gewinnvergleichsrechnung lässt sich entsprechend auch die Vorteilhaftigkeit einer **Ersatzinvestition** feststellen, wobei die bei der Kostenvergleichsrechnung gegebenen Hinweise zu beachten sind.

Die Gewinnvergleichsrechnung wird **weniger häufig** als die Kostenvergleichsrechnung **genutzt**. Sie ermöglicht ebenfalls keine Aussagen über die Rentabilität. Die Zurechnung der Erlöse auf die Investitionsalternativen ist mitunter nicht ohne weiteres möglich.

- Die **Rentabilitätsvergleichsrechnung** dient dazu, die durchschnittliche jährliche Verzinsung der Investitionsalternativen zu ermitteln.

$$\text{Rentabilität} = \frac{\text{Erlöse - Kosten}}{\text{Durchschnittlicher Kapitaleinsatz}} \cdot 100$$

Als **durchschnittlicher Kapitaleinsatz** werden angesetzt:

- bei abnutzbaren Anlagegütern die halben Anschaffungskosten
- bei nicht abnutzbaren Anlagegütern und Gütern des Umlaufvermögens die Anschaffungskosten.

Die Vorteilhaftigkeit einer **Erweiterungsinvestition** kann ermittelt werden, indem der Gewinn – wie in der Gewinnvergleichsrechnung beschrieben – festgestellt und zum durchschnittlichen Kapitaleinsatz in Beziehung gesetzt wird.

Beispiel

		Maschine I	Maschine II
Anschaffungskosten	€	90.000	88.020
Nutzungsdauer	Jahre	6	6
Leistungsmenge	Stück/Jahr	20.000	23.000
Fixe Kosten	€/Jahr	20.000	18.670
Variable Kosten	€/Jahr	72.000	70.000
Gesamte Kosten		92.000	88.670
Erlöse		112.300	114.230
Gewinn		**20.300**	**25.560**

$$R_I = \frac{112.300 - 92.000}{45.000} \cdot 100 = \mathbf{45{,}1\ \%}$$

$$R_{II} = \frac{114.230 - 88.670}{44.010} \cdot 100 = \mathbf{58{,}1\ \%}$$

Mithilfe der Rentabilitätsvergleichsrechnung lässt sich auch die Vorteilhaftigkeit von **Ersatzinvestitionen** ermitteln. Dabei werden die durchschnittliche jährliche Kostenersparnis und der durchschnittliche Kapitaleinsatz in Beziehung zueinander gesetzt.

Weichen Anschaffungskosten und/oder Nutzungsdauern der Investitionsalternativen (wesentlich) voneinander ab, wird der Rentabilitätsvergleich erschwert. Um eine Vergleichbarkeit herzustellen, ist der Ansatz wertergänzender **Differenzinvestitionen** erforderlich.

Die Rentabilitätsvergleichsrechnung wird in der Praxis **häufig** verwendet. Allerdings ist die Zurechnung der Erlöse auf die Investitionsalternativen mitunter nicht ohne Weiteres möglich. Der Ansatz erforderlicher Differenzinvestitionen kann außerhalb der praktischen Gegebenheiten liegen.

- Die **Amortisationsvergleichsrechnung**, die auch **Pay-Off-Rechnung** genannt wird, dient der Ermittlung des Zeitraumes, der erforderlich ist, um die Ausgaben für die Anschaffung von Investitionsalternativen durch die jährlich daraus erzielten Überschüsse auszugleichen.

$$\text{Amortisationszeit} = \frac{\text{Anschaffungskosten}}{\text{Jährlicher Gewinn + jährliche Abschreibungen}}$$

Um die Vorteilhaftigkeit einer **Erweiterungsinvestition** ermitteln zu können, werden die jährlichen Rückflüsse der Investitionsalternativen als jährlich zusätzlich entstehender Gewinn und jährlich zusätzlich entstehende Abschreibungen interpretiert.

Beispiel

	Maschine I	Maschine II
Anschaffungskosten (€) Nutzungsdauer (Jahre)	100.000 5	150.000 5
Durchschnittlicher Gewinn (€/Jahre)	28.000	36.000

$$W_I = \frac{100.000}{28.000 + (100.000 : 5)} = \mathbf{2{,}08\ Jahre}$$

$$W_{II} = \frac{150.000}{36.000 + (150.000 : 5)} = \mathbf{2{,}27\ Jahre}$$

Es ist zu sehen, dass die Maschine I eine um 0,19 Jahre geringere Amortisationszeit hat als Maschine II und damit die vorteilhaftere Investitionsalternative darstellt.

Bei einer **Ersatzinvestition** werden die jährlichen Rückflüsse als jährlich entstehende Kostenersparnis und jährlich zusätzlich entstehende Abschreibungen angesehen, die sich durch die zu beschaffenden Investitionsalternativen ergeben.

Die Amortisationsvergleichsrechnung ist das in der Praxis **am weitesten verbreitete Verfahren**. Allerdings vermittelt es keine Informationen über die Rentabilitäten der Investitionsalternativen. Im Übrigen ist die Zurechnung der Erlöse auf die Investitionsalternativen mitunter nicht ohne Weiteres möglich, die Erlöse nach der Amortisationszeit bleiben unberücksichtigt.

Aufgabe 49 > Seite 557

1.1.1.2 Dynamische Investitionsrechnungen

Im Gegensatz zu den statischen Investitionrechnungen zeichnen sich die dynamischen Investitionrechnungen dadurch aus, dass sie sich auf **mehrere Perioden** beziehen. Dabei bedienen sich die dynamischen Investitionsrechnungen **finanzmathematischer Methoden**, mit deren Hilfe die unterschiedliche Bedeutung der Daten im Zeitablauf berücksichtigt wird.

Sie können somit rechnerisch **wesentlich genauere Werte** als die statischen Investitionsrechnungen liefern. Praktisch ergibt sich vielfach allerdings das Problem, dass sich die Zahlungsströme in ihrer Höhe und zeitlichen Verteilung auf die Investitionsalternativen nicht ohne weiteres zurechnen lassen.

Zu unterscheiden sind folgende dynamische Investitionsrechnungen – siehe ausführlich *Olfert*:

- Bei der **Kapitalwertmethode** werden alle einer Investition zuzurechnenden Einzahlungen und Auszahlungen mithilfe des Abzinsungsfaktors[1] abgezinst:

$$C_0 = C_E - C_A$$

$$C_0 = \frac{E_1 - A_1}{q} + \frac{E_1 - A_1}{q^2} + \dots + \frac{E_n - A_n}{q^n} - A_0$$

C_0 = Kapitalwert
C_E = abgezinste Einzahlungen (einschließlich Restwert)
C_A = abgezinste Auszahlungen (einschließlich Anschaffungswert)
E = Einzahlungen in den Nutzungsjahren 1 ... n
A = Auszahlungen in den Nutzungsjahren 1 ... n
q = Kalkulationszinsfuß
$\frac{1}{q^n}$ = Abzinsungsfaktor
A_0 = Anschaffungswert in der Periode 0

Eine Investition ist vorteilhaft, wenn der Kapitalwert **mindestens Null** beträgt. Beim Vergleich mehrerer Alternativen ist das Anlagegut vorzuziehen, das den höchsten Kapitalwert hat:

- Ein **positiver Kapitalwert** zeigt an, dass der angesetzte Kalkulationszinsfuß von der Rentabilität der Investition übertroffen wird.
- Ein **Kapitalwert von Null** lässt erkennen, dass sich die Investition genau in Höhe des verwendeten Kalkulationszinses verzinst hat.
- Ein **negativer Kapitalwert** legt offen, dass die angenommene Verzinsung durch die Investition nicht erreicht wird.

Die Kapitalwertmethode ist für die Beurteilung einer **Erweiterungsinvestition**, nicht dagegen einer Ersatzinvestition geeignet. Nachteilig an der Kapitalwertmethode ist, dass sich die Zahlungsströme in ihrer Höhe und in ihrer zeitlichen Verteilung nicht ohne Weiteres zurechnen lassen.

[1] Zum **Abzinsungsfaktor** siehe ausführlich *Däumler, Olfert*. Er beträgt z. B.:

Jahr	6 %	8 %	10 %	12 %	14 %	16 %
1	0,943396	0,925926	0,909091	0,892857	0,877193	0,862069
2	0,889996	0,857339	0,826446	0,797194	0,769468	0,743163
3	0,839619	0,793832	0,751315	0,711780	0,674972	0,640658
4	0,792094	0,735030	0,683013	0,635518	0,592080	0,552291
5	0,747258	0,680583	0,620921	0,567427	0,519369	0,476113
6	0,704961	0,630170	0,564474	0,506631	0,455587	0,410442
7	0,665057	0,583490	0,513158	0,452349	0,399637	0,353830
8	0,627412	0,540269	0,466507	0,403883	0,350559	0,305025
9	0,591898	0,500249	0,424098	0,360610	0,307508	0,262953
10	0,558395	0,463193	0,385543	0,321973	0,269744	0,226684

Beispiel

Die Anschaffungskosten werden mit 100.000 €, die Nutzungsdauer mit 5 Jahren und der Kalkulationszinsfuß mit 8 % angenommen.

Jahr	Ein-zahlungen	Aus-zahlungen	Rückfluss	Abzinsungs-faktor[1]	Barwert
1	110.000	85.000	25.000	0,925926	23.148
2	95.000	70.000	25.000	0,857339	21.434
3	105.000	70.000	35.000	0,793832	27.784
4	100.000	65.000	35.000	0,735030	25.726
5	90.000	80.000	10.000	0,680583	6.806
	Summe (€)				104.898
	- Anschaffungswert (€)				100.000
	Kapitalwert (€)				**4.898**

Die Investition ist hier vorteilhaft, weil sich ein positiver Kapitalwert ergibt.

Bei unterschiedlichen Anschaffungswerten und/oder Nutzungsdauern von Investitionsalternativen sind **Differenzinvestitionen** anzusetzen.

- Bei der **Internen Zinsfuß-Methode** wird der Zinssatz ermittelt, der für die Investitionsalternative zu einem Kapitalwert von Null führt. Die Investition ist vorteilhaft, wenn der interne Zinsfuß nicht kleiner ist als der von dem Unternehmen festgelegte Kalkulationszinsfuß.

  Mithilfe der Internen Zinsfuß-Methode kann die Vorteilhaftigkeit einer **Erweiterungsinvestition** ermittelt werden. Dazu werden die jeweiligen Rückflüsse aus der Investitionsalternative auf den Bezugszeitpunkt abgezinst. Das geschieht zweckmäßigerweise unter Verwendung von zwei Versuchszinssätzen.

[1] Zum Abzinsungsfaktor vgl. Tabelle S. 353

Beispiel

Bei einer Maschine mit einem Anschaffungswert von 100.000 € und einer Nutzungsdauer von 5 Jahren ergeben sich bei Versuchszinssätzen von 8 % und 16 % folgende Kapitalwerte:

Jahr	Rückfluss	Versuchszinssatz 8 %		Versuchszinssatz 16 %	
		Abzinsungsfaktor[1]	Barwert	Abzinsungsfaktor[1]	Barwert
1	10.000	0,925926	9.259	0,862069	8.620
2	35.000	0,857339	30.006	0,743163	26.010
3	25.000	0,793832	19.845	0,640658	16.016
4	35.000	0,734030	25.691	0,552291	19.330
5	30.000	0,680583	20.417	0,476113	14.283
	Summe (€)		105.253		84.259
	- Anschaffungswert (€)		100.000		100.000
	Kapitalwert (€)		**5.253**		**- 15.741**

Zur Ermittlung des internen Zinsfußes dient die Formel:

$$r = p_1 - C_{01} \frac{p_2 - p_1}{C_{02} - C_{01}}$$

p = Versuchszinssatz (1 bzw. 2)
r = interner Zinsfuß
C_0 = Kapitalwert (bei p_1 bzw. p_2)

Beispiel

In Fortführung des vorangegangenen Beispiels ergibt sich als interner Zinsfuß:

$$r = 8 - 5.253 \frac{16 - 8}{-15.741 - 5.253} = \mathbf{10{,}0\ \%}$$

[1] Zum Abzinsungsfaktor vgl. Tabelle S. 353

- Bei der **Annuitätenmethode** werden die durchschnittlichen jährlichen Einzahlungen den durchschnittlichen jährlichen Auszahlungen gegenübergestellt. Dabei wird zunächst der Kapitalwert der Investitionsalternative ermittelt, der dann mit dem Kapitalwiedergewinnungsfaktor[1] multipliziert wird:

$$a = C_0 \cdot \frac{q^n (q-1)}{q^n - 1}$$

a = Annuität

C_0 = Kapitalwert

$\frac{q^n (q-1)}{q^n - 1}$ = Kapitalgewinnungsfaktor

Mithilfe der Annuitätenmethode kann die Vorteilhaftigkeit einer **Erweiterungsinvestition** beurteilt werden. Eine Investitionsalternative ist positiv zu beurteilen, wenn die Annuität nicht negativ ist.

Beispiel

Maschine I hat einen Anschaffungswert von 60.000 €, Maschine II von 70.000 €. Beide Maschinen sind 4 Jahre nutzbar. Der Kalkulationszinsfuß beträgt 10 %.

Jahr	Abzinsungsfaktor[2]	Maschine I		Maschine II	
		Rückfluss	Barwert	Rückfluss	Barwert
1	0,909091	18.000	16.363	18.000	16.363
2	0,826446	25.000	20.661	30.000	24.793
3	0,751315	25.000	18.783	30.000	22.539
4	0,683013	20.000	13.660	25.000	17.075
	Summe (€)		69.467		80.770
	- Anschaffungswert (€)		60.000		70.000
	Kapitalwert (€)		**9.467**		**10.770**
		a_I = 9.467 · 0,315471 = **2.986 €**		a_{II} = 10.770 · 0,315471 = **3.397 €**	

1 Zum **Kapitalgewinnungsfaktor** siehe ausführlich *Däumler, Olfert*. Er beträgt z. B.:

Jahr	5 %	6 %	7 %	8 %	9 %	10 %	11 %	12 %
1	1,050000	1,060000	1,070000	1,080000	1,090000	1,100000	1,110000	1,120000
2	0,537805	0,545437	0,553092	0,560769	0,568469	0,576190	0,583934	0,591698
3	0,367209	0,374110	0,381052	0,388034	0,395055	0,402115	0,409213	0,416349
4	0,282012	0,288591	0,295228	0,301921	0,308669	0,315471	0,322326	0,329234
5	0,230975	0,237396	0,243891	0,250456	0,257092	0,263797	0,270570	0,277410
6	0,197017	0,203363	0,209796	0,216315	0,222920	0,229607	0,236377	0,243226
7	0,172820	0,179135	0,185553	0,192072	0,198691	0,205405	0,212215	0,219118
8	0,154722	0,161036	0,167468	0,174015	0,180674	0,187444	0,194321	0,201303
9	0,140690	0,147022	0,153486	0,160080	0,166799	0,173641	0,180602	0,187679
10	0,129505	0,135868	0,142378	0,149029	0,155820	0,162745	0,169801	0,176984

2 Zum Abzinsungsfaktor vgl. Tabelle S. 353

Die Anschaffung der Maschine II ist vorteilhafter, weil sie eine um **411 €** höhere Annuität erzielt.

Die Annuitätenmethode ist ebenfalls **geeignet**, die Vorteilhaftigkeit einer **Ersatzinvestition** zu ermitteln.

Aufgabe 50 > Seite 558

1.1.2 Investitionsprogramm

Das Unternehmen hat in einer Rechnungsperiode nicht nur eine Investition vorzunehmen, sondern eine Vielzahl von Investitionen, die das Investitionsprogramm darstellen und im **Investitionsplan** dokumentiert werden. Die Planung des Investitionsprogrammes umfasst – siehe *Olfert*:

- Die **Ermittlung des Investitionsbedarfes**, der die Summe aller gewünschten Investitionen ist. Dabei empfiehlt sich, die gewünschten Investitionen zu unterteilen in:

Notwendige Investitionen	Die Investitionen sind zur Erreichung der vorgegebenen Ziele des Unternehmens unbedingt erforderlich.
Erwünschte Investitionen	Sie sind nicht zwingend erforderlich, fördern die Erreichung der Ziele des Unternehmens aber mit.

- Die **Beurteilung der Investitionen** bezüglich ihrer Vorteilhaftigkeit, wie sie oben bei den Einzelinvestitionen beschrieben wurde. Sie führt dazu, dass die zunächst gewünschten Investitionen in das Investitionsprogramm aufgenommen werden oder nicht.
- Die **Ermittlung des Kapitalbedarfes**, der sich aus den gewünschten Investitionen ergibt. Er entsteht dadurch, dass vom Unternehmen Auszahlungen – beispielsweise für Maschinen, Rohstoffe, Personal – zu leisten sind, denen unmittelbar keine zumindest gleich hohen Einzahlungen – beispielsweise aus dem Verkauf der erstellten Produkte – gegenüberstehen.

  Der Kapitalbedarf wird im **Finanzierungsbereich** des Unternehmens ermittelt, der festzustellen hat, inwieweit die gewünschten Investitionen finanzierbar sind.
- Die **Ermittlung der Kapitaldeckung**, die ebenfalls im Finanzierungsbereich erfolgt. Sie geschieht im Rahmen der **Finanzplanung**. Dabei geht es nicht nur um die Frage, ob Investitionen mit Eigenkapital oder Fremdkapital, kurzfristig oder langfristig finanzierbar sind, sondern beispielsweise auch um die Finanzierungskosten, den Einfluss der Kapitalgeber, die zu stellenden Sicherheiten.
- Die **Festlegung des Investitionsprogrammes**, der Anpassungsmaßnahmen des Investitionsplanes und/oder des Finanzierungsplanes vorausgehen.

Beispiel

Angepasster Investitionsplan:

	Vorläufiger Ansatz 2014	Revidierter Ansatz 2014	
Finanzierungsplan	T€		T€
– Einzahlungen –			
Umsätze	1.455		
Sachanlagen	15		
Immaterielle Anlagen	22		
Finanzanlagen	48		
Eigenkapital	0		
Fremdkapital	410		
Zinsen/Provisionen/Gewinne	8		
Sonstige	6		
	1.964		
Investitionsplan			
– Auszahlungen –			
Sachanlagen	850	- 110	740
Immaterielle Anlagen	85	- 40	45
Finanzanlagen	110	- 25	85
Material	440	- 30	410
Personal	530	- 40	490
Steuern/Abgaben	63	- 5	58
Eigenkapital	0		0
Fremdkapital	119	- 10	109
Zinsen/Provisionen/Gewinne	41	- 23	18
Sonstige	12	- 3	9
	2.250	**- 286**	**1.964**

1.1.3 Unternehmensbewertung

Ein weiteres Problemfeld des Finanz- und Investitionsbereichs bildet das Thema der **Unternehmensbewertung**, bei der es um die Ermittlung des Wertes ganzer Unternehmen oder von Unternehmensteilen geht. Die Basis dieser Bewertungen ist die Abschätzung des zukünftigen Erfolgspotenzials und der daraus zu erwartenden zukünftigen Einzahlungsüberschüsse des Unternehmens. Grundsätzlich ist die Bewertung eines Unternehmens daher mit der **Beurteilung eines Investitionsprojektes** vergleichbar.

Die **Bewertungsanlässe** von Unternehmen sind vielfältiger Art, wie die folgende Übersicht zeigt (*Ballwieser, Drukarczyk/Schüler, Hutzschenreuter, Wöhe/Döring*):

- Kauf, Verkauf und Fusion von Unternehmen oder Unternehmensteilen
- Ausscheiden eines Gesellschafters aus einer Personengesellschaft
- Eintritt neuer Gesellschafter in eine bestehende Gesellschaft
- Börseneinführung
- Barabfindung oder Abfindung in Aktion für Minderheitsaktionäre
- Sanierungsprüfung, Ermittlung von Positionswerten für Insolvenzpläne
- Erbauseinandersetzungen und Erbteilungen
- Enteignung/Vergesellschaftung nach Art. 14 und 15 des Grundgesetzes (GG).

Der bekannteste Anlass zur Unternehmensbewertung ist der Kauf oder Verkauf von Unternehmen oder Unternehmensteilen. Zur Bewertung von Unternehmen stehen unterschiedliche traditionelle **Bewertungsverfahren** (Ertragswert-Verfahren, Substanzwert-Verfahren, Mittelwert-Verfahren und Übergewinn-Verfahren), Multiplikator-Verfahren und Cashflow-Verfahren zur Verfügung, z. B. die Discounted Cashflow-Methode und die Shareholder Value-Methode – siehe ausführlich *Olfert*.

1.2 Durchführung

Die Durchführung der Investitionen schließt sich der Planung an. Sie sollte frühzeitig eingeleitet werden. So ist zu beachten, dass für die Investitionsobjekte mitunter Lieferfristen bestehen, die erheblich sein können. Bei komplexen Investitionen sind genaue Zeitpläne zu erstellen.

Grundsätzlich können als Investitionen realisiert werden:

- **objektbezogene Investitionen**
- **wirkungsbezogene Investitionen.**

1.2.1 Objektbezogene Investitionen

Objektbezogene Investitionen sind:

- **Sachinvestitionen**, die am Leistungsprozess des Unternehmens direkt beteiligt sind – beispielsweise als Maschinen – oder den Leistungsprozess ermöglichen – beispielsweise als Gebäude.

- **Finanzinvestitionen**, die sich auf das Finanzanlagevermögen des Unternehmens beziehen. Dazu zählen:

Forderungsrechte	Bankguthaben, festverzinsliche Wertpapiere, gewährte Darlehen
Beteiligungsrechte	Aktien, sonstige Beteiligungen an Unternehmen

- **Immaterielle Investitionen**, die dazu dienen, das Unternehmen wettbewerbsfähig zu halten bzw. seine Wettbewerbsfähigkeit zu stärken. Sie können vor allem drei Bereiche betreffen:

Personalbereich	Investitionen in geeignete Mitarbeiter, Aus- und Fortbildungsinvestitionen, Sozialinvestitionen
Forschungs- und Entwicklungsbereich	Schaffung von neuen Erzeugnissen, neuen Fertigungsverfahren, neuen Anwendungsmöglichkeiten im Hinblick auf Innovationen, die Produktion und Absatz steigern
Marketingbereich	Werbende und Image verbessernde Investitionen

Die für die Sachinvestitionen und Finanzinvestitionen bewirkten Auszahlungen lassen sich den Investitionsobjekten genau zurechnen, bei den immateriellen Investitionen ist das mehr oder weniger genau möglich. Eine genaue Zurechnung der Einzahlungen ist allerdings nur bei den Finanzinvestitionen möglich, ansonsten ist eine Zurechnung vielfach schwierig.

1.2.2 Wirkungsbezogene Investitionen

Nach ihrer unterschiedlichen Wirkung lassen sich die folgenden Investitionen unterscheiden:

- **Nettoinvestitionen** als Investitionen, die erstmals im Unternehmen vorgenommen werden, und zwar als:

Gründungsinvestitionen	Sie fallen bei der Gründung oder beim Kauf eines Unternehmens einmalig an.
Erweiterungsinvestitionen	Sie dienen der Vergrößerung eines vorhandenen oder der Schaffung eines neuen Leistungspotenzials.

- **Reinvestitionen** als Investitionen, die ein Wiederauffüllen des während einer Periode durch Gebrauch oder Verbrauch oder durch sonstige Umstände verminderten Bestandes an Produktionsfaktoren darstellen und sein können:

Ersatzinvestitionen	Sie dienen dazu, die Leistungsfähigkeit des Unternehmens zu erhalten, indem nicht mehr genutzte durch neue, gleichartige Investitionsobjekte ersetzt werden.
Rationalisierungsinvestitionen	Sie dienen der Steigerung der Leistungsfähigkeit des Unternehmens, indem vorhandene durch neue, technisch verbesserte Investitionsobjekte ersetzt werden.

Umstellungsinvestitionen	Sie beruhen auf mengenmäßigen Verschiebungen im Produktionsprogramm, jedoch ohne sachliche Veränderungen.
Diversifizierungsinvestitionen	Sie werden durch eine Veränderung des Absatzprogrammes und/oder der betrieblichen Absatzorganisation bewirkt. Das Unternehmen möchte sich damit einen neuen Markt erschließen.
Sicherungsinvestitionen	Sie werden vorgenommen, um die wirtschaftliche Existenz des Unternehmens zu sichern.

Nettoinvestitionen und Reinvestitionen ergeben zusammen die **Bruttoinvestition** eines Unternehmens.

1.3 Kontrolle

Die Investitionskontrolle folgt der Durchführung der Investition. Sie kann erfolgen als:

- **Kontrolle der Investitionsplanung**, indem Plansätze und Istwerte gegenübergestellt und die Abweichungen ermittelt werden, die einer Analyse zu unterziehen sind
- **Kennzahlenanalyse**, bei der beispielsweise ermittelt werden können – siehe ausführlich *Olfert*:

$$\text{Vermögenskonstitution} = \frac{\text{Anlagevermögen}}{\text{Umlaufvermögen}} \cdot 100$$

$$\text{Anlageintensität} = \frac{\text{Anlagevermögen}}{\text{Gesamtvermögen}} \cdot 100$$

$$\text{Umlaufintensität} = \frac{\text{Umlaufvermögen}}{\text{Gesamtvermögen}} \cdot 100$$

$$\text{Anlagennutzung} = \frac{\text{Umsatz}}{\text{Sachanlagen}} \cdot 100$$

Wie aus den obigen Kennzahlen zu ersehen ist, bezieht sich die **Investitionskontrolle** vorrangig auf die Vermögensseite der **Bilanz**.

Die Kontrolle ist ein Teil des Controllingprozesses, der außerdem die Zielsetzung, Planung und Steuerung umfasst. Um steuernd eingreifen zu können, bedarf das **Controlling** eines Frühwarnsystems. Als Frühwarngrößen kommen insbesondere Kennzahlen in Betracht. Mit ihrer Hilfe können unplanmäßige Entwicklungen rasch erkannt werden.

Aufgabe 51 > Seite 560

2. Finanzierung

Finanzierung ist die Beschaffung von Kapital, das abstrakt oder konkret sein kann:

AKTIVA	Bilanz PASSIVA
Konkretes Kapital als ► Sachgüter ► Rechte ► Geld	Abstraktes Kapital als ► Eigenkapital ► Fremdkapital

Das für Finanzierungszwecke zu beschaffende Kapital soll als **konkretes Kapital** angesehen werden. Damit ist es möglich, als Finanzierung nicht nur den Zufluss von Eigenkapital und Fremdkapital beispielsweise als Darlehen zu betrachten, sondern auch den unmittelbaren Zufluss von Sachgütern beispielsweise durch Leasing und von Rechten.

Für das zu finanzierende Unternehmen ist es indessen wichtig, ob der Kapitalzufluss den Charakter von Eigenkapital oder Fremdkapital hat, da beide Kapitalarten unterschiedliche, für das Unternehmen bedeutsame Merkmale aufweisen:

Merkmale	Eigenkapital	Fremdkapital
Rechtsverhältnis	Es besteht ein Beteiligungsverhältnis.	Es besteht ein Schuldverhältnis.
Haftung	EK-Geber haftet mindestens mit seiner Einlage, gegebenenfalls auch mit Privatvermögen.	FK-Geber haftet als Gläubiger des Unternehmens nicht.
Entgelt	EK-Geber ist anteilig an Gewinn und Verlust beteiligt.	FK-Geber hat einen festen Zinsanspruch.
Mitbestimmung	EK-Geber ist grundsätzlich zur Mitbestimmung berechtigt.	FK-Geber hat grundsätzlich kein Mitbestimmungsrecht.
Steuern	EK-Zinsen sind steuerlich nicht absetzbar.	FK-Zinsen sind steuerlich absetzbar.

Es gibt mehrere Möglichkeiten, die **Arten der Finanzierung** zu systematisieren.

- Nach den unterschiedlichen **Arten des Kapitals** lassen sich unterscheiden:

Finanzierung mit unterschiedlichen Kapitalarten

Finanzierung mit Eigenkapital		**Finanzierung mit Fremdkapital**	
Beteiligungsfinanzierung	Zuführung von EK in ein Unternehmen von außen in Form von Geldeinlagen, Sacheinlagen, Rechten.	**Fremdfinanzierung**	Zuführung von FK in ein Unternehmen von außen in Form von Geldeinlagen und Sacheinlagen.
Fin. aus zurückbehalt. Gewinnen = Selbstfinanzierung	Erzielte Gewinne des Unternehmens, die in der Bilanz ausgewiesen oder als stille Reserven vorhanden sind, werden nicht an die EK-Geber ausgeschüttet.	**Finanzierung aus Rückstellungsgegenwerten**	Im Unternehmen gebildete Rückstellungen werden zur Finanzierung verwendet, soweit sie über den Verkauf der Absatzgüter als Einzahlungen zugeflossen sind.

Finanzierung aus Abschreibungsgegenwerten	Die über den Verkauf der Absatzgüter zurückfließen-den Anteile der Abschrei-bungen werden unmittelbar wieder für Investitionen verwendet.
Finanzierung aus sonstigen Kapitalfreisetzungen	Sie erfolgt durch Maßnahmen der Rationalisierung oder den Verkauf von Vermögensteilen, die keine Absatzgüter sind.

Während bei der Finanzierung mit Eigenkapital die Finanzmittel aus Beteiligungen oder aus zurückbehaltenen Gewinnen stammen, wird bei der Fremdfinanzierung von außerhalb Fremdkapital zugeführt oder es wird über Rücklagen finanziert.

Bei der **Finanzierung aus Abschreibungsgegenwerten** wird angestrebt, das gebundene Kapital wieder freizusetzen und gegebenenfalls die Kapazität des Unternehmens zu erweitern. Die **Finanzierung aus sonstigen Kapitalfreisetzungen** erfolgt durch Maßnahmen der Rationalisierung oder den Verkauf von Vermögensteilen, die keine Absatzgüter sind.

Die Finanzierung aus Abschreibungsgegenwerten und aus sonstigen Kapitalfreisetzungen ist *nicht eindeutig* dem Eigenkapital oder Fremdkapital *zuzuordnen*.

- Nach der unterschiedlichen **Herkunft des Kapitals** können genannt werden:

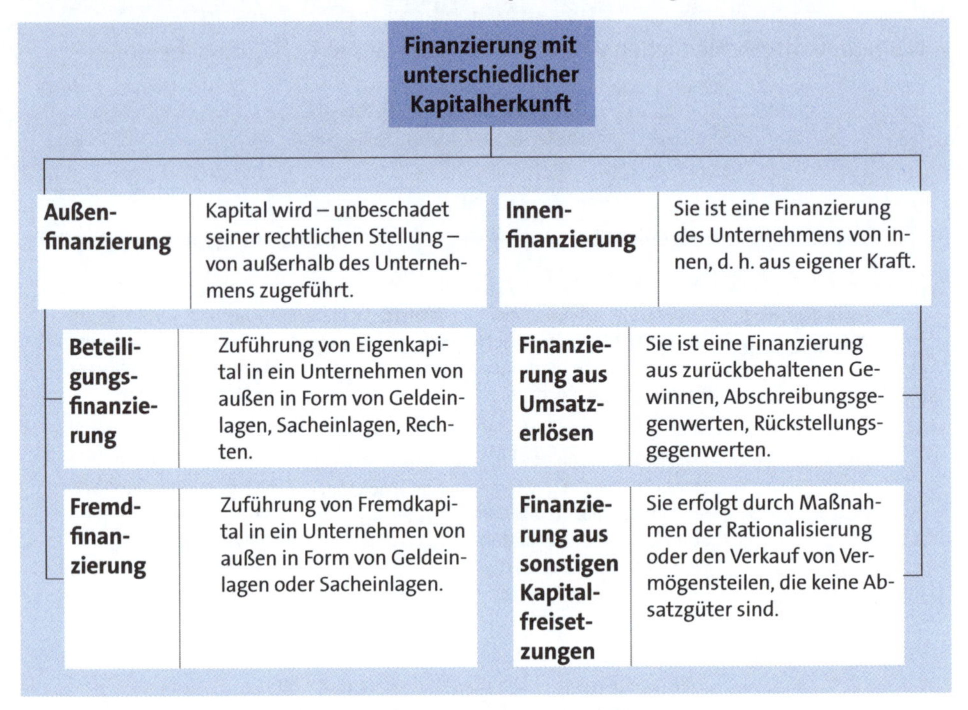

Der **Führungsprozess** im Finanzierungsbereich umfasst:

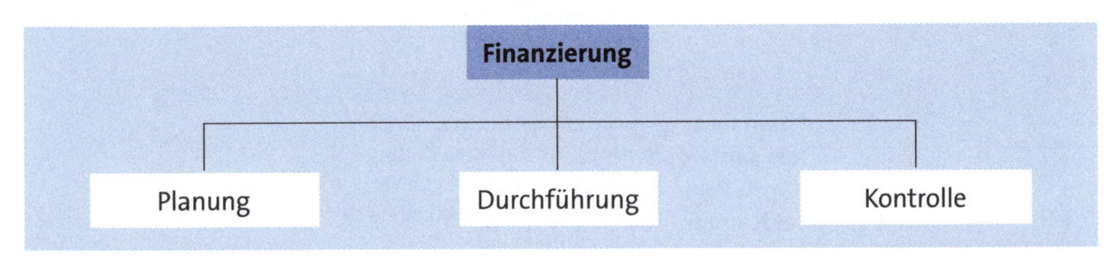

2.1 Planung

Die Finanzplanung dient der Ermittlung der zukünftigen finanziellen Erfordernisse und Festlegung der daraus resultierenden Maßnahmen. Sie erfolgt auf der Grundlage der vom Management vorgegebenen **Ziele**, die bei der Investition – Seite 345 f. – bereits beschrieben wurden:

- Liquidität
- Sicherheit
- Rentabilität.

Dazu kommt ein weiteres Ziel:

- Die **Unabhängigkeit**, die sich das Unternehmen größtmöglich erhalten sollte. Abhängigkeit kann sich aus Forderungen der Fremdkapitalgeber nach Information, Mitsprache, Kontrolle, Richtlinien und nach Mitwirkung in der Geschäftsführung ergeben.

Die Finanzplanung hat regelmäßig zu erfolgen, alle Zahlungsströme des Unternehmens einzubeziehen und die Zahlungsströme unter realistischen Erwartungen zeitpunktgenau und betragsgenau anzusetzen.

Instrumente der Finanzplanung sind – siehe ausführlich *Olfert*:

- **Kapitalbedarfsrechnung**
- **Finanzplan.**

Beide Instrumente sollen dazu dienen, den Kapitalbedarf festzustellen, der sich aus den gewünschten Investitionen ergibt und zu finanzieren ist. Er entsteht dadurch, dass vom Unternehmen Auszahlungen – beispielsweise für Maschinen, Rohstoffe, Personal – zu leisten sind, denen unmittelbar keine zumindest gleich hohen Einzahlungen – beispielsweise aus dem Verkauf der erstellten Produkte – gegenüberstehen.

Die **Größe des Kapitalbedarfes** hängt sowohl von der Höhe der Einzahlungen und Auszahlungen als auch von ihrem zeitlichen Auseinanderfallen ab. Er ist damit – bei unveränderten Auszahlungen und Einzahlungen – umso höher, je weiter die Zahlungsströme auseinander fallen.

Kapitalbedarf = Kumulierte Auszahlungen - Kumulierte Einzahlungen

Die Kapitalbedarfsrechnung und der Finanzplan sind nicht gleichermaßen geeignet, den Kapitalbedarf festzustellen.

2.1.1 Kapitalbedarfsrechnung

Die Kapitalbedarfsrechnung ermittelt den Kapitalbedarf auf relativ einfache und damit ungenaue Weise. Sie ist nur geeignet, wenn der Kapitalbedarf bei **Gründungen** oder betrieblichen **Erweiterungen** festzustellen ist.

Der Kapitalbedarf wird in drei **Schritten** ermittelt:

- Die **Ermittlung des Anlagekapitalbedarfes** erfolgt durch Addition der für das Anlagevermögen zu leistenden Auszahlungen:

Beispiel

Grundstücke	800.000 €
Gebäude	1.300.000 €
Maschinen	600.000 €
Sonstige Auszahlungen	300.000 €
Anlagekapitalbedarf	**3.000.000** €

In den sonstigen Auszahlungen können auch Auszahlungen für den Gründungsvorgang und die Ingangsetzung des Geschäftsbetriebes enthalten sein.

- Die **Ermittlung des Umlaufkapitalbedarfes** geschieht, indem die Bindungsdauern des Umlaufvermögens mit den dafür täglich anfallenden durchschnittlichen Auszahlungen multipliziert und die Ergebnisse addiert werden:

$$\text{Umlaufkapitalbedarf} = \text{Kapitalbindungsdauer abzüglich Lieferantenziel} \cdot \text{Durchschnittliche tägliche Auszahlungen}$$

Beispiel

Rohstoff-Lagerdauer	25 Tage
Lieferantenziel	10 Tage
Produktionsdauer	20 Tage
Fertigerzeugnis-Lagerdauer	5 Tage
Kundenziel	15 Tage
Ø täglicher Werkstoffeinsatz	5.000 €
Ø täglicher Lohneinsatz	15.000 €
Ø täglicher Gemeinkosteneinsatz	8.000 €

$$
\begin{aligned}
\text{Umlaufkapitalbedarf} &= (15 + 5 + 20) \cdot 15.000 \\
&+ (15 + 5 + 20 + 25 - 10) \cdot 5.000 \\
&+ (15 + 5 + 20 + 25) \cdot 8.000 \\
&= \mathbf{1.395.000\ €}
\end{aligned}
$$

- Der **Gesamtkapitalbedarf** wird durch Addition des Anlagekapitalbedarfes und Umlaufkapitalbedarfes festgestellt:

Beispiel

	Anlagekapitalbedarf	3.000.000 €
+	Umlaufkapitalbedarf	1.395.000 €
=	Gesamtkapitalbedarf	**4.395.000 €**

2.1.2 Finanzplan

Der Finanzplan dient, wie auch die Kapitalbedarfsrechnung, der Ermittlung des betrieblichen Kapitalbedarfes. Er ist die für die **kontinuierliche Finanzplanung** einzig vertretbare Kapitalbedarfsrechnung.

Inhaltlich umfasst der Finanzplan vier **Elemente**, die zweckmäßigerweise nicht nur als Planwerte ausgewiesen werden, sondern denen nach Ablauf der jeweiligen Planperioden die Istwerte hinzugefügt werden sollten:

	Januar		Februar		März	
	Plan	Ist	Plan	Ist	Plan	Ist
Zahlungsmittel-Anfangsbestand + Einnahmen - Ausgaben = Zahlungsmittel-Endbestand						

Der Finanzplan kann innerhalb der Einzahlungen und Auszahlungen – je nach Zweck – sachlich unterschiedlich und unterschiedlich tief gegliedert sein. Seine Gliederung wird umso differenzierter sein können, je kurzfristiger er ist.

Beispiel

Finanzplan vom 01.01.2014 bis 31.12.2014

Beträge in T€	Januar		Februar		März		...
	Plan	Ist	Plan	Ist	Plan	Ist	
A. Zahlungsmittel-Anfangsbestand							
Einzahlungen Umsätze Sachanlagen Immaterielle Anlagen Finanzanlagen Eigenkapital Fremdkapital Zinsen/Provisionen/Gewinne							
B. Gesamte Einzahlungen							

Beträge in T€	Januar		Februar		März		...
	Plan	Ist	Plan	Ist	Plan	Ist	
Auszahlungen Sachanlagen Immaterielle Anlagen Finanzanlagen Material Personal Steuern/Abgaben Eigenkapital Fremdkapital Zinsen/Provisionen/Gewinne Sonstige							
C. Gesamte Auszahlungen							
D. Zahlungsmittel-Schlussbestand (A + B - C)							

Um den Finanzplan mit zukünftigen Daten zu füllen, müssen **Prognosen** erstellt werden. Dafür kann man sich beispielsweise folgender Verfahren bedienen – siehe ausführlich *Olfert*:

- Mittelwert-Verfahren
- Exponentielle Glättung
- Trendrechnung.

Da die Planansätze trotz Verwendung von Prognosen nicht sicher sind, empfiehlt es sich, **vorsichtig** zu **planen**. Das kann dadurch geschehen, dass verschiedene Pläne – beispielsweise mit optimistischen, realistischen, pessimistischen Erwartungen – aufgestellt und/oder Liquiditätsreserven bei der Planung berücksichtigt werden.

Aufgabe 52 > Seite 560

2.2 Durchführung

Die Finanzierung kann durchgeführt werden als:

- **Beteiligungsfinanzierung**
- **Fremdfinanzierung**
- **Innenfinanzierung**.

2.2.1 Beteiligungsfinanzierung

Die Beteiligungsfinanzierung dient dazu, **Eigenkapital** von außerhalb des Unternehmens zuzuführen. Das kann in Form von Geldeinlagen, Sacheinlagen oder dem Einbringen von Rechten – beispielsweise von Patenten, Wertpapieren – erfolgen.

Die Zuführungen können von bisherigen oder neuen Gesellschaften vorgenommen werden. Soweit die Unternehmen keinen Zugang zur Börse haben, ist die Beteiligungsfinanzierung wegen des fehlenden „Eigen-" Kapitalmarktes oftmals schwierig.

Für die Beurteilung der **Vorteilhaftigkeit** einer Beteiligungsfinanzierung gibt es eine Vielzahl von **Kriterien**, deren wichtigste sein können:

Wirtschaftliches Kriterium	Rechte der Gesellschaft	Pflichten der Gesellschaft
► Kapitalkosten	► Geschäftsführung ► Kontrolle ► Vertretung ► Gewinnanteil ► Kapitalentnahme ► Übertragung des Anteils ► Kündigung ► Liquidationserlös	► Geschäftsführung ► Kapitaleinlage ► Haftung ► Verlustanteil

Die Beteiligungsfinanzierung kann sich insbesondere beziehen auf – siehe ausführlich *Olfert*:

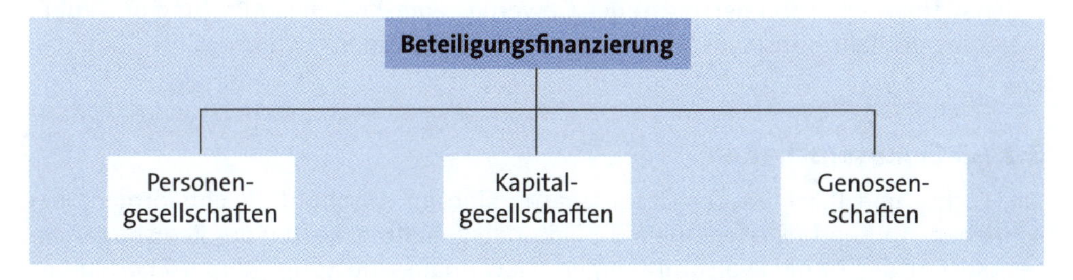

Die Beteiligungsfinanzierung beim **Einzelunternehmen** ist dadurch gekennzeichnet, dass dem Einzelunternehmer alle Rechte und Pflichten allein zustehen. Die Kapitalkosten sind sehr gering.

2.2.1.1 Personengesellschaften

Die Rechte und Pflichten der Gesellschafter sind dem Abschnitt „Rechtsformen" zu entnehmen. Als **Kapitalkosten** fallen an:

- für die **OHG** die Kosten des Registergerichtes, Gewinnausschüttung, Einkommensteuer (bei den Gesellschaftern) und Gewerbesteuer
- für die **KG** – wie bei der OHG – die Kosten des Registergerichtes, Gewinnausschüttungen, Einkommensteuer (bei den Gesellschaftern) und Gewerbesteuer
- für die **Stille Gesellschaft** die Gewinnausschüttungen, Einkommen- bzw. Körperschaftsteuer (bei den Gesellschaftern), Kapitalertragsteuer (beim stillen Gesellschafter)
- für die **GdbR** die Gewinnausschüttungen, Einkommensteuer (bei den Gesellschaftern) und Gewerbesteuer, wenn die GdbR gewerblich tätig ist.

2.2.1.2 Kapitalgesellschaften

Die Rechte und Pflichten der Gesellschafter sind in dem Abschnitt „Rechtsformen" dargestellt. Als **Kapitalkosten** sind zu nennen:

- Für die **GmbH** die Notariatsgebühren, Kosten des Registergerichtes, Kosten der Gesellschafterversammlung, Körperschaftsteuer, Einkommensteuer (bei den Gesellschaftern), Kapitalertragsteuer, Gewerbesteuer. Sie liegen höher als bei den Personengesellschaften.
- Für die **AG** die Notariatsgebühren, Kosten des Registergerichtes, Kosten der Hauptversammlung, Kosten der Aktienemission, Kosten des Kapitaldienstes, Kosten der Kurssicherung, Gewinnausschüttungen, Körperschaftsteuer, Einkommensteuer (bei den Aktionären), Kapitalertragsteuer, Gewerbesteuer, Kosten der Prüfung und Publizierung des Jahresabschlusses. Sie liegen bei der AG am höchsten.

2.2.1.3 Genossenschaften

Die Rechte und Pflichten der Gesellschafter sind im Abschnitt „Rechtsformen" beschrieben. Als **Kapitalkosten** fallen die Notariatsgebühren, Kosten des Registergerichtes, Kosten der Generalversammlungen, Gewinnausschüttung, Körperschaftsteuer, Einkommensteuer (bei den Genossen), Kapitalertragsteuer, Gewerbesteuer, Kosten der Prüfung des Jahresabschlusses an.

Aufgabe 53 > Seite 561

2.2.2 Fremdfinanzierung

Die Fremdfinanzierung dient dazu, dem Unternehmen **Fremdkapital** von außen zuzuführen. Dabei kommen vor allem Kreditinstitute, Lieferanten und Kunden als Fremdkapitalgeber in Betracht, die Geld, Sachgüter oder lediglich ihren „guten Namen" zur Verfügung stellen. Das Fremdkapital wird **überlicherweise befristet** gewährt. Es sind zu unterscheiden:

- **kurzfristiges Fremdkapital** mit einer Laufzeit bis zu einem Jahr
- **mittelfristiges Fremdkapital** mit einer Laufzeit von einem bis fünf Jahren
- **langfristiges Fremdkapital** mit einer Laufzeit über fünf Jahre.

Als **Entgelt** für das Fremdkapital dienen die Zinsen, die als fester oder – in Abhängigkeit von einem Referenzzinssatz – variabler Satz vereinbart sein können. Dazu können noch **weitere Kapitalkosten** kommen, beispielsweise Provisionen, Bearbeitungsgebühren, Disagio, Kosten der Stellung bzw. Rückerstattung von Sicherheiten, Bereitstellungsprovisionen, Überziehungsprovisionen.

Die Fremdfinanzierung ist für das Unternehmen von besonderer Bedeutung. Sie soll dargestellt werden als:

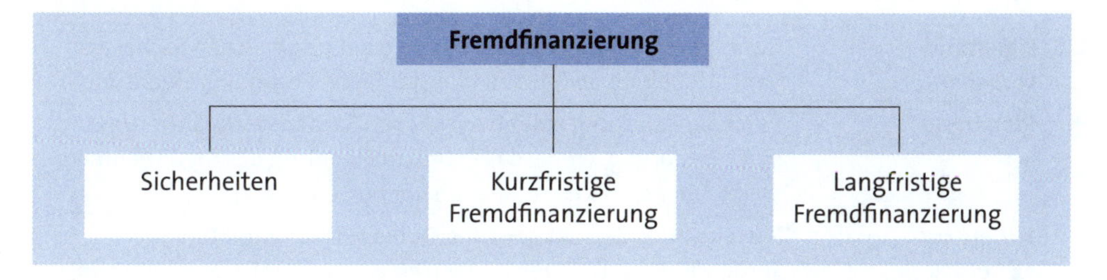

2.2.2.1 Sicherheiten

Die Fremdkapitalgeber wollen sich bei der Hingabe ihres Kapitals absichern. Das geschieht zunächst einmal dadurch, dass sie sich über den Fremdkapitalnehmer **informieren**, um seine Bonität einschätzen zu können. Während Lieferanten und Kunden dies vielfach nicht allzu offensichtlich, mitunter auch weniger systematisch tun, ist die Vorgehensweise bei den Kreditinstituten eine andere.

Das Unternehmen hat dem Kreditinstitut einen Kreditantrag vorzulegen, der von diesem nach rechtlichen, persönlichen und wirtschaftlichen Gesichtspunkten eingehend geprüft wird. Erst nach positivem Abschluss der **Kreditwürdigkeitsprüfung** wird das Fremdkapital zugesagt, wobei die Zusage an Bedingungen geknüpft sein kann.

Eine häufig genannte Bedingung ist die Stellung von **Sicherheiten**. Das können sein – siehe ausführlich *Olfert*:

- **Personalsicherheiten**, bei denen neben dem Fremdkapitalnehmer eine dritte Person für das Fremdkapital haftet:

Bürgschaft	Sie ist ein Vertrag zwischen dem Bürgen und dem Gläubiger eines Dritten, in dem sich der Bürge dem Gläubiger gegenüber verpflichtet, für die Erfüllung der Verbindlichkeiten des Dritten einzustehen.
Garantie	Sie ist ein Vertrag, in dem sich der Garantiegeber dem Garantienehmer gegenüber verpflichtet, für den Eintritt eines Erfolges oder das Ausbleiben eines Misserfolges Gewähr zu leisten.
Kreditauftrag	Ein möglicher Kreditgeber wird von einer Person beauftragt, einem Dritten im eigenen Namen und auf eigene Rechnung Kredit zu gewähren.
Schuldbeitritt	Er ist ein Vertrag, in dem einem Darlehensvertrag neben dem Kreditnehmer eine weitere Person beitritt, die gesamtschuldnerisch die Haftung für einen Kreditbetrag übernimmt.

- **Realsicherheiten**, bei denen der Kreditnehmer Sachwerte zur Kreditsicherung bereitstellt. Es können vereinbart werden:

Eigentumsvorbehalt	Dabei wird ein Käufer zum Besitzer einer beweglichen Sache, der Verkäufer bleibt aber bis zur vollständigen Bezahlung Eigentümer.
Pfandrecht	Es ist die Belastung einer beweglichen Sache zwecks Sicherung einer Forderung, wobei das Pfand im Eigentum des Kreditnehmers bleibt, aber dem Kreditgeber übergeben wird.
Sicherungsabtretung	Sie wird auch Zession genannt. Dabei tritt der Kreditnehmer Forderungen, z. B. gegen Kunden, in einem formfreien Vertrag an den Kreditgeber ab.
Sicherungsübereignung	Durch Vereinbarung eines Besitzkonstitutes wird ein Kreditgeber zwar Eigentümer, belässt dem Kreditnehmer aber den Besitz an einer beweglichen Sache.
Hypothek	Sie ist ein Pfandrecht an einem Grundstück, das der Sicherung einer Forderung dient.
Grundschuld	Sie ist ein Pfandrecht an einem Grundstück, das nicht das Bestehen einer Forderung voraussetzt.

2.2.2.2 Kurzfristige Fremdfinanzierung

Die kurzfristige Fremdfinanzierung ist die Zuführung von Fremdkapital, dessen Verfügbarkeit im Unternehmen ein Jahr grundsätzlich nicht übersteigt. Unabhängig davon werden Warenkredite aller Art der kurzfristigen Fremdfinanzierung zugerechnet.

Für ein fremdfinanziertes Unternehmen wird es nicht den optimalen Kredit geben, für den es sich entscheidet, sondern es werden sich – auch unter Einbeziehung des langfristigen Fremdkapitals – für die jeweiligen betrieblichen Situationen geeignete **Kombinationen von Krediten** anbieten.

Formen der kurzfristigen Fremdfinanzierung sind – siehe ausführlich *Olfert*:

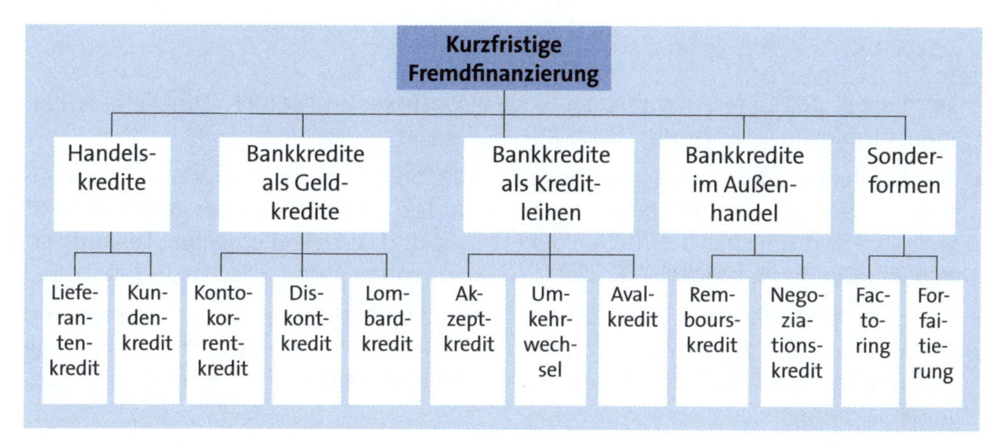

Handelskredite sind Kredite, die von den Handelspartnern des Unternehmens gewährt werden. Zu unterscheiden sind:

- Der **Lieferantenkredit**, bei dem ein Kaufvertrag zwischen einem Lieferanten als Kreditgeber und einem Abnehmer als Kreditnehmer zu Grunde liegt, der Leistungen auf Ziel – also unter Stundung des Kaufpreises – erhält.

Beispiel

Zahlungsbedingungen: „Zahlbar innerhalb von 30 Tagen netto Kasse oder innerhalb von 10 Tagen abzüglich 3 % Skonto."

Mit dem Lieferantenkredit verfolgt der Lieferant vor allem absatzpolitische Ziele. Für das Kredit nutzende Unternehmen ist er sehr teuer. Seine **Kapitalkosten** lassen sich ermitteln:

$$r = \frac{S}{z - s} \cdot 360$$

r = Jahresprozentsatz
s = Skontofrist
S = Skontosatz
z = Zahlungsziel

Beispiel

Bei Zahlung innerhalb von 30 Tagen und Nichtausnutzung der 3 % Skonto innerhalb von 10 Tagen ergibt sich ein Jahresprozentsatz von

$$r = \frac{3}{30 - 10} \cdot 360 = \mathbf{54\ \%}$$

Der **Vorteil** des Lieferantenkredites liegt insbesondere in seiner schnellen, bequemen, formlosen Gewährung.

- Der **Kundenkredit** wird – als Kundenanzahlung oder Vorauszahlungskredit – von einem Kunden als Kreditgeber an einen Lieferanten als Kreditnehmer gewährt. Er ist vor allem dort üblich, wo zwischen der Planung und Fertigstellung einer Leistung erhebliche Zeit liegt, beispielsweise im Großanlagenbau, Wohnungsbau, Schiffsbau.

  Mit dem Kundenkredit will der Lieferant seine Liquidität günstig beeinflussen und die Abnahme der zu erstellenden Leistungen sichern. Seine Höhe und der bzw. die Zeitpunkte seiner Zahlung können von der Branche und den Markt(macht)verhältnissen abhängen.

Bei den **Geldkrediten** als Bankkrediten stellen die Kreditinstitute Geld zur Verfügung. Geldkredite können sein:

- Der **Kontokorrentkredit**, bei dem ein Kreditinstitut einem Kreditnehmer einen Kredit in einer bestimmten Höhe einräumt, der vom Kreditnehmer seinem Bedarf entsprechend bis zum vereinbarten Maximalbetrag – der Kreditlinie – in Anspruch genommen werden kann.

  Seine Laufzeit wird meist auf sechs Monate vereinbart und prolongiert, d. h. verlängert. Er ist sehr flexibel nutzbar und damit geeignet, kurzzeitige Schwankungen im Kapitalbedarf abzudecken, beispielsweise bei Lohn- und Gehaltszahlungen.

  Die **Kosten** des Kontokorrentkredites sind recht hoch. Sie umfassen vor allem die Sollzinsen, die 4 % - 5 % über den Geldmarktsätzen liegen können, die Umsatzprovision als Entgelt für die Kontoführung, Barauslagen und – bei Überschreiten der Kreditlinie – die Überziehungsprovision.

- Der **Diskontkredit** ist ein Wechselkredit, bei welchem der Lieferant einer Ware einen Wechsel auf den Abnehmer zieht, den dieser akzeptiert und zurückgibt. Daraufhin verkauft der Lieferant seinem Kreditinstitut den Wechsel, das ihm die abgezinste Wechselsumme bereitstellt.

  Die Deutsche Bundesbank refinanzierte den Wechseldiskontkredit bis Ende 1998 zum Diskontsatz, der bis dahin zusammen mit dem Lombardsatz als Leitzins in Deutschland diente. Mit dem Übergang auf die **Europäische Zentralbank** entfallen diese notenbankgetragenen Refinanzierungsgeschäfte.

Die **Kapitalkosten** des Diskontkredites sind relativ gering. Sie umfassen den Diskontbetrag, den das Kreditinstitut von der Wechselsumme einbehält, und die Diskontspesen.

- Der **Lombardkredit** ist ein Kredit, den ein Kreditinstitut einem Kreditnehmer gegen Verpfändung von Wertpapieren oder (haltbaren und marktfähigen) Waren, in geringem Umfang auch von Wechseln, Forderungen, Edelmetallen gewährt.

  Dabei werden Wertpapiere mit 50 % - 80 % und Waren mit 50 % - 60 % beliehen. Die sich daraus ergebende Kreditsumme wird in vollem Umfang für einen vereinbarten Zeitrahmen zur Verfügung gestellt.

  Die **Kapitalkosten** sind ähnlich wie beim Kontokorrentkredit. Sie umfassen die Zinsen, die sich an den Spitzenrefinanzierungs-Fazilitäten (= Refinanzierungs-Möglichkeiten) der nationalen Zentralbanken richten, und die Kosten für die Bewertung, Verwahrung und Verwaltung der verpfändeten Güter.

Bankkredite können auch als **Kreditleihen** vorkommen. Das Kreditinstitut stellt dann kein Geld zur Verfügung, sondern lediglich seinen „guten Namen". Es sind zu unterscheiden:

- Der **Akzeptkredit**, der ein Wechselkredit ist. Dabei zieht der Kunde eines Kreditinstitutes einen Wechsel auf das Kreditinstitut, das ihn akzeptiert. Der Kunde kann den Wechsel zahlungshalber weitergeben oder von seinem bzw. einem anderen Kreditinstitut diskontieren lassen. Er hat den Wechselbetrag vor dem Zeitpunkt der Wechselfälligkeit beim Kreditinstitut bereitzustellen.

  Die **Kapitalkosten** liegen relativ günstig. Sie umfassen die Akzeptprovision und die Bearbeitungsgebühren, die zusammen rund 2 % - 2,5 % ausmachen.

- Beim **Umkehrwechsel** zahlt der Käufer unter Ausnutzung des Skonto mit einem Scheck und lässt gleichzeitig einen Wechsel auf sich ziehen, den er akzeptiert. Den Wechsel reicht er zur Refinanzierung der Scheckzahlung seinem Kreditinstitut zur Diskontierung ein. Diese Vorgehensweise wird auch als **Scheck-Wechsel-Verfahren** bezeichnet.

- Beim **Avalkredit** übernimmt ein Kreditinstitut die Haftung für Verbindlichkeiten eines Kunden gegenüber einem Dritten in Form einer Bürgschaft oder Garantie.

Beispiele

Zollbürgschaft, Frachtstundungsbürgschaft, Bietungsgarantie, Auszahlungsgarantie, Leistungsgarantie, Gewährleistungsgarantie

Die **Kapitalkosten** fallen als Avalprovision an und betragen 1 % - 2,5 %.

Neben den Handelskrediten, Geldkrediten und Kreditleihen haben sich in den letzten Jahren **besondere Formen** der kurzfristigen Fremdfinanzierung entwickelt:

- Das **Factoring**, das auf einem zwischen einem Unternehmen als Klient und einem Finanzierungsinstitut als Factor geschlossenen Vertrag beruht, der die Übernahme folgender Funktionen für das Unternehmen umfassen kann:

Dienstleistungsfunktion	Sie umfasst die Debitorenbuchhaltung, das Mahnwesen und das Rechnungsinkasso.
Delkrederefunktion	Mit ihr wird das Risiko einer möglichen Zahlungsunfähigkeit des Abnehmers der Waren oder Dienstleistungen übernommen.
Finanzierungsfunktion	Hier erfolgt die Bevorschussung der angekauften Forderungen mit etwa 80 % - 90 %.

  Der Klient stellt dem Factor Gesamtheiten von Forderungen zur Verfügung. Durch die Übertragung der Dienstleistungs- und Finanzierungsfunktion und gegebenenfalls auch der Delkrederefunktion wird der Klient in wesentlicher Weise sachmittelbezogen und personell entlastet. Andererseits begibt er sich damit in eine gewisse Abhängigkeit.

  Die **Kosten** liegen für die Dienstleistungsfunktion bei 0,3 % - 3 %, für die Delkrederefunktion bei 0,2 % - 1,2 % und für die Finanzierungsfunktion etwa 4,5 % über dem Diskontsatz.

- Bei der **Forfaitierung** handelt es sich um den Ankauf einzelner Forderungen, meist aus exportierten Investitionsgütern. Der Forfaitist übernimmt die Delkrederefunktion und Finanzierungsfunktion. Die **Kapitalkosten** sind nach Land und Laufzeit sehr unterschiedlich.

Aufgabe 54 > Seite 561

2.2.2.3 Langfristige Fremdfinanzierung

Als langfristige Fremdfinanzierung wird die Zuführung von Fremdkapital mit einer Laufzeit von mehr als fünf Jahren angesehen. **Formen** der langfristigen Fremdfinanzierung sind – siehe ausführlich *Olfert*:

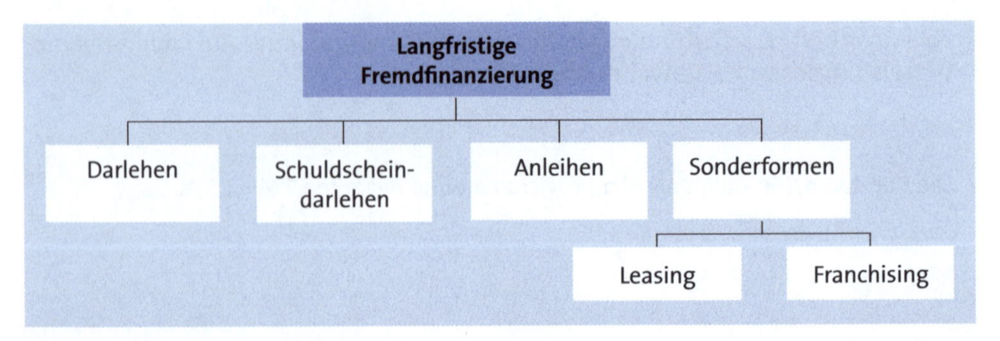

Auch die kurzfristige Finanzierung kann langfristigen Charakter haben, nämlich dann, wenn immer wieder kurzfristige Krediteinräumungen bzw. Prolongationen erfolgen.

Die **Formen** der langfristigen Finanzierung weisen folgende Merkmale auf:

- Das **Darlehen** wird insbesondere von Kreditinstituten und Bausparkassen, aber auch von Versicherungen gewährt. Die lange Laufzeit bedingt eine umfassende Kreditwürdigkeitsprüfung.

  Als **Sicherheiten** dienen üblicherweise Grundpfandrechte auf Immobilien, die jedoch nur mit 60 %, bei Bausparkassen mit 80 % ihres Verkehrswertes beliehen werden.Die **Tilgung** als Rückzahlung einer Geldschuld kann in steigenden oder fallenden Beträgen bzw. in einem einmaligen Betrag erfolgen. Die Höhe und Fälligkeit der Tilgungsraten werden i. d. R. in einem Tilgungsplan dokumentiert. Dementsprechend gibt es:

Annuitätendarlehen	Der Kapitalnehmer zahlt regelmäßig gleich hohe Annuitäten (= Zins + Tilgung), sodass die Zinsanteile im Zeitablauf abnehmen, die Tilgungsanteile zunehmen.
Abzahlungsdarlehen	Der Kapitalnehmer zahlt regelmäßig gleich hohe Tilgungsbeträge, sodass die Annuitäten und damit auch die Zinsanteile im Zeitablauf sinken.
Festdarlehen	Der Kapitalnehmer zahlt regelmäßig gleich hohe Zinsen und tilgt das Darlehen erst mit Ende der Laufzeit.

  Die Zinsen liegen – als **nominale Zinsen** – erfahrungsgemäß 3 % - 4 % über dem Eckzins für Spareinlagen und können für die gesamte Laufzeit oder einen Teil davon, beispielsweise die ersten 3 Jahre, fest vereinbart sein oder Zinsgleitklauseln unterliegen.

  Die **effektiven Zinsen**, die das Darlehen kostet, liegen meistens höher, beispielsweise weil der Kapitalgeber vielfach ein Damnum einbehält, das aber dennoch später zurückzuzahlen ist.

  Als effektive Zinsen lassen sich ermitteln:

$$r = \frac{Z + \frac{D}{n}}{K} \cdot 100$$

r = Effektivzinssatz
Z = Nominalzinssatz
D = Damnum
K = Auszahlungskurs
n = Laufzeit

Beispiel

Ein Darlehen von 100.000 € wird zu einem Zinsatz von 10 % bei einer Auszahlung von 95 % (= 5 % Damnum) auf 5 Jahre gewährt und am Ende des 5. Jahres getilgt.

$$r = \frac{10 + \frac{5}{5}}{95} \cdot 100 = \mathbf{11{,}58\ \%}$$

Die **Kapitalkosten** können Zinsen, Damnum, Schätzkosten, Bewertungskosten, Beurkundungsgebühren, Eintragungsgebühren, Löschungsgebühren umfassen.

- Das **Schuldscheindarlehen** ist ein langfristiges, anleiheähnliches Fremdkapital größeren Umfanges, das von Kapitalsammelstellen – beispielsweise Versicherungsgesellschaften, Sparkassen, Bausparkassen, Sozialversicherungsträgern – unter bestimmten Voraussetzungen gewährt wird.

  Als Grundlage kann ein **Schuldschein** dienen, der heute aber vielfach durch einen Darlehensvertrag abgelöst ist. Kapitalnehmer sind Unternehmen erster Bonität, Kreditinstitute mit Sonderaufgaben und Körperschaften des öffentlichen Rechtes.

  Kapitalkosten können Zinsen, Treuhandgebühren, Beurkundungsgebühren, Vermittlungsprovisionen, Eintragungsgebühren, Löschungsgebühren sein.

- Die **Anleihe** ist ein langfristiges Darlehen an ein Unternehmen, das dem „breiten Publikum" gewährt wird. Grundlage sind die vom Unternehmen ausgegebenen **Teilschuldverschreibungen**, die an der Börse gehandelt und dort von den Kapitalgebern erworben werden.

  Die **Grundform** der Anleihe ist die **Industrieobligation**. Sie wird von der gewerblichen Wirtschaft ausgegeben. Die gesamte Anleihesumme wird dabei in kleine Teile zerlegt – meist in Beträge von 100 €, 500 €, 1.000 €, 5.000 €, 10.000 € – und als Teilschuldverschreibungen an der Börse angeboten.

  Der **Nennwert** der Industrieobligation muss weder mit ihrem Ausgabebetrag noch mit ihrem Rückzahlungsbetrag übereinstimmen. Damit wird die effektive Verzinsung beeinflusst.

  Da die Industrieobligation über 10 - 25 Jahre am Markt ist, kann eine Anpassung des Nominalzinssatzes erforderlich werden, die gegebenenfalls möglich ist, indem das Unternehmen die ausgegebene Industrieobligation kündigt und eine neue aktualisierte Industrieobligation anbietet.

  Die **Tilgung** kann zu einem einheitlichen Termin oder in Raten erfolgen, üblicherweise nach einer tilgungsfreien Zeit. Die vom Unternehmen zu tilgenden Teilschuldverschreibungen können ausgelöst werden, das Unternehmen kann sie aber auch an der Börse zurückkaufen.

  Kapitalkosten fallen für die Vorbereitung und Auflegung, Stellung der Sicherheiten, Börseneinführung und als Zinsen an.

Sonderformen der Industrieobligation sind:

Wandelschuld-verschreibungen	Sie verfügen neben den Rechten aus der Teilschuldverschreibung über ein **Umtauschrecht** auf Aktien, das nach einer Sperrfrist wahrgenommen werden kann. Für ihre Ausgabe hat die AG eine **bedingte Kapitalerhöhung** vorzunehmen. Das **Umtauschverhältnis** muss nicht 1:1 sein, beispielsweise können drei Wandelschuldverschreibungen in eine Aktie umgetauscht werden. Der **Zeitpunkt des Umtausches** durch die Kapitalgeber kann durch – steigende oder fallende – Zuzahlungen beeinflusst werden.
Options-anleihen	Sie haben mit den Wandelschuldverschreibungen das Recht auf Aktien gemein. Es erfolgt aber **kein Umtausch**. Die Optionsanleihen bleiben bis zu ihrer Tilgung neben den neuen Aktien bestehen.
Gewinnschuld-verschreibungen	Sie zeichnen sich dadurch aus, dass die Kapitalgeber am **Gewinn** des Unternehmens beteiligt sind. Ihre Bedeutung ist heute nicht mehr groß.

Neuere Arten der Anleihe sind beispielsweise:

- **Nullkupon-Anleihen** (Zero Bonds), für die während ihrer Laufzeit keine Zinsen anfallen. Sie werden meistens mit einem hohen Disagio ausgegeben und zum Nennwert getilgt.
- **Anleihen mit variablen Zinssätzen** (Floating Rate Notes), bei denen alle 3 oder 6 Monate Zinsanpassungen über einen Referenzzinssatz erfolgen.

Neben dem Darlehen, Schuldscheindarlehen und der Anleihe haben sich in den letzten Jahren als **Sonderformen** der langfristigen Fremdfinanzierung entwickelt:

► Das **Leasing** als ein über einen bestimmten Zeitraum abgeschlossenes miet- oder pachtähnliches Verhältnis zwischen einem Leasing-Geber und einem Leasing-Nehmer. Dabei erwirbt der Leasing-Geber ein Leasing-Gut, das er dem Leasing-Nehmer gegen Gebühr zur Verfügung stellt. Er selbst refinanziert sich über ein Kreditinstitut (*Bender*).

Gegenstand des Leasing können einzelne Güter oder Gesamtheiten von Gütern, Konsumgüter oder Investitionsgüter sein. Bei kurzfristigen Laufzeiten spricht man vom **Operate-Leasing**, bei langfristigen, innerhalb einer Grundmietzeit nicht kündbaren Leasing-Verträgen vom **Finance-Leasing**.

Die **Grundmietzeit** beim Finance-Leasing liegt meist bei 50 % - 75 % der betriebsgewöhnlichen Nutzungsdauer. Innerhalb dieser Zeit will der Leasing-Geber die entstehenden Kosten abdecken und seinen geplanten Gewinn erzielen.

Der Leasingvertrag kann für die nach der Grundmietzeit liegende Zeit keine Regelungen erhalten. Er kann aber auch eine Mietverlängerung oder einen Kauf des Leasinggutes zum Gegenstand haben. Die bilanzielle Zurechnung des Leasing-Gutes erfolgt beim Leasing-Nehmer, wenn es ihm als wirtschaftliches Eigentum zuzurechnen ist, beim Leasing-Geber bei einem eher miet- oder pachtähnlichen Verhältnis.

Das Leasing ist eine relativ **teuere Finanzierungsalternative**, bei der ein Leasing-Nehmer innerhalb der Grundmietzeit rund 125 % - 155 % der Anschaffungskosten des Leasing-Gutes zahlt. Andererseits kann es die **Liquidität** des Unternehmens **entlasten** und – bei hoher Verschuldung bzw. geringen Sicherheiten – Investitionen erst ermöglichen.

- Das **Franchising** ist eine Form der Kooperation, bei der ein Kontrakt-Geber als Franchisor aufgrund einer langfristigen vertraglichen Bindung rechtlich selbstständig bleibenden Kontrakt-Nehmern als Franchises gegen Entgelt das Recht einräumt, bestimmte Waren oder Dienstleistungen unter Verwendung von Namen, Warenzeichen, Ausstattung oder sonstigen Schutzrechten sowie der technischen und gewerblichen Erfahrungen des Franchise-Gebers und unter Beachtung des von ihm entwickelten Absatz- und Organisationssystems anzubieten.

Beispiele

Avis, Eduscho, Holiday Inn, McDonald's, Nordsee, Rodier, Rosenthal, Salamander, WMF

Der Franchise-Nehmer hat – neben seinen Investitionskosten – meist mit einer einmaligen Gebühr zu rechnen und laufend 1 % - 3 % des Umsatzes abzuführen.

Aufgabe 55 > Seite 562

2.2.3 Innenfinanzierung

Die Innenfinanzierung nimmt das Unternehmen **aus eigener Kraft** vor. Dabei fließen ihm Umsatzerlöse und sonstige Erlöse zu, die für Maßnahmen der Finanzierung verwendet werden können, soweit ihnen keine auszahlungswirksamen Aufwendungen gegenüberstehen. **Formen** der Innenfinanzierung sind – siehe ausführlich *Olfert*:

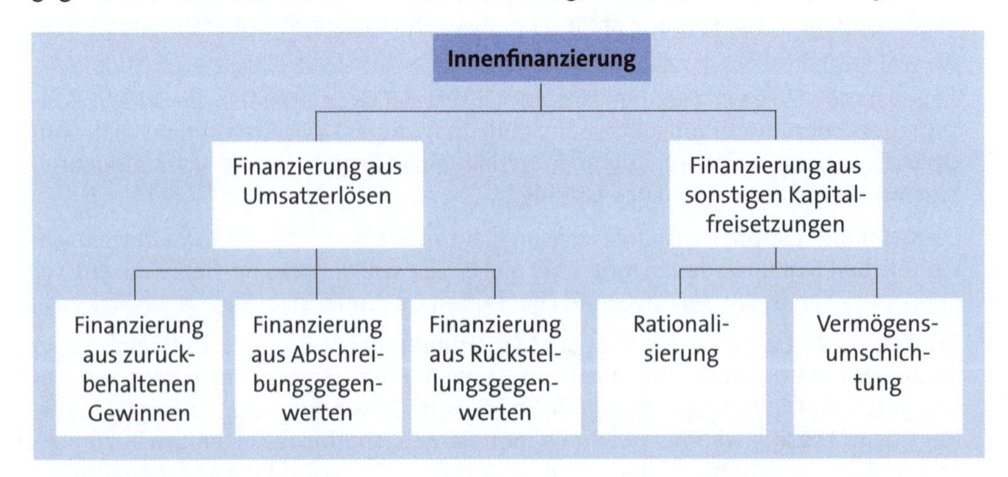

2.2.3.1 Finanzierung aus Umsatzerlösen

Um Finanzierung aus Umsatzerlösen betreiben zu können, müssen die zurückbehaltbaren Gewinne sowie die Abschreibungen und Rückstellungen in die Verkaufspreise der Produkte kalkuliert sein, die Verkaufspreise erzielbar sein und tatsächlich auch realisiert werden. **Arten** der Finanzierung aus Umsatzerlösen sind – siehe ausführlich *Olfert*:

- Die **Finanzierung aus zurückbehaltenen Gewinnen**, die auch als **Selbstfinanzierung** bezeichnet wird. **Arten** der Selbstfinanzierung können sein:

Offene Selbstfinanzierung	Bei der offenen Selbstfinanzierung wird der notwendigerweise erzielte Gewinn in der Bilanz ausgewiesen, versteuert und nicht an die Gesellschafter des Unternehmens ausgeschüttet. Der Gegenwert des nicht ausgeschütteten Gewinns findet sich auf der Aktiv-Seite der Bilanz als: ► **Guthaben**, soweit der Gewinn als liquide Mittel ausgewiesen ist und noch keine Investition stattgefunden hat. ► **Investition** in das Umlauf- oder Anlagevermögen. Die offene Selbstfinanzierung erfolgt bei den einzelnen Rechtsformen verschieden.
Stille Selbstfinanzierung	Sie ist nicht aus der Bilanz ersichtlich, da stille Reserven Kapitalreserven sind, die durch eine positive Wertdifferenz zwischen dem Tagesbeschaffungswert und dem Buchwert entstehen. Auslöser für die stillen Reserven sind **Bilanzierungsmaßnahmen** oder **Bewertungsmaßnahmen**, die liquide Mittel im Unternehmen binden, ohne zuvor als Gewinn zu erscheinen. Dies kann durch Unterbewertung der Aktiva oder Überbewertung der Passiva geschehen. Insbesondere nicht emissionsfähige Unternehmen sind in erheblichem Maße auf diese Form der Finanzierung angewiesen, wobei steuerliche Gesichtspunkte die Selbstfinanzierung für alle Rechtsformen unter der Voraussetzung interessant machen, dass Gewinne erzielt wurden.

  Die Selbstfinanzierung ist kostengünstig, fördert die Kreditfähigkeit des Unternehmens und bedarf keiner Sicherheiten. Durch fehlende Außeneinflüsse kann sie andererseits die Gefahr von Fehlinvestitionen in sich bergen.

- Bei der **Finanzierung aus Abschreibungsgegenwerten** wird angestrebt, das gebundene Kapital wieder freizusetzen und gegebenenfalls die Kapazität des Unternehmens zu erweitern.

  Abschreibungen sind Aufwand, der einer Abrechungsperiode für Wertminderungen materieller und inmaterieller Gegenstände des Anlagevermögens zugerechnet wird. Die **Ursachen** für die Abschreibungen können beispielsweise im Verschleiß bzw. der

Entwertung der Wirtschaftsgüter liegen. Als **Arten** der Abschreibung lassen sich unterscheiden – siehe ausführlich Seite 491:

Lineare Abschreibungen	Dabei wird der Basiswert eines Anlagegutes – beispielsweise als Anschaffungswert oder Wiederbeschaffungswert – gleichmäßig auf die einzelnen Nutzungsperioden verteilt.
Degressive Abschreibungen	Hierbei wird der Basiswert eines Anlagegutes ungleichmäßig auf die einzelnen Nutzungsperioden verteilt, wobei die ersten Jahre der Nutzung stärker mit Abschreibungen belastet werden als die letzten Jahre.
Leistungsbezogene Abschreibungen	Die jährlichen Abschreibungsbeträge ergeben sich aus dem Umfang der Beanspruchung des Anlagegutes, der jeweils unterschiedlich ist.

Der **Kapitalfreisetzungseffekt** ergibt sich dadurch, dass die Abschreibungen durch den Verkauf der Produkte in den jeweils produktbezogen kalkulierten Teilbeträgen dem Unternehmen wieder zufließen.

Unter dem **Kapazitätserweiterungseffekt** wird die Wirkung verstanden, die sich daraus ergibt, dass die freigesetzten Abschreibungsgegenwerte sofort zu Neuinvestitionen für gleichwertige Anlagen verwendet werden, wobei sich über mehrere Jahre hinweg theoretisch eine Kapazitätserweiterung von nahezu 100 % ergeben kann. Er wird auch **Lohmann-Ruchti-Effekt** und **Marx-Engels-Effekt** genannt.

Beispiel

Es wird von einem Anfangsbestand von 10 Maschinen zum Preis von je 1.000 € und einer Nutzungsdauer von 5 Jahren ausgegangen.

Jahr	Maschinenzahl	Jährliche Abschreibung	Zugang	Abgang	Restbetrag
1	10	2.000	2	0	0
2	12	2.400	2	0	400
3	14	2.800	3	0	200
4	17	3.400	3	0	600
5	20	4.000	4	10	600
6	14	2.800	3	2	400
7	15	3.000	3	2	400
8	16	3.200	3	3	600
9	16	3.200	3	3	800
10	16	3.200	4	4	0

Der Kapazitätserweiterungseffekt ist in der Praxis nicht in diesem Umfang erzielbar, beispielsweise weil das Kapital auch in zusätzlich erforderlichem Umlaufvermögen gebunden werden muss, die Anlagegüter weder alle gleichartig noch weitgehend teilbar sind, der technische Fortschritt sowie die Entwicklung des Beschaffungsmarktes und Absatzmarktes unberücksichtigt bleiben.

- Bei der **Finanzierung aus Rückstellungsgegenwerten** wird der Aufwand für die Rückstellungen sofort verrechnet, die Auszahlungen erfolgen aber erst in späteren Perioden. Während des dazwischen liegenden Zeitraumes kann das Unternehmen über die Rückstellungen verfügen, sofern die Gegenwerte über den Umsatzprozess zugeflossen sind.

  Rückstellungen sind Fremdkapital, das dem Grunde und/oder der Fälligkeit nach ungewiss ist und dessen Verursachung in der abgelaufenen Rechnungsperiode liegt. Sie sind für Finanzierungszwecke umso vorteilhafter, je längerfristiger sie sind, beispielsweise als Pensionsrückstellungen.

  Die Höhe zu bildender Rückstellungen ist auf den Betrag begrenzt, der nach vernünftiger kaufmännischer Beurteilung erforderlich ist. Sie sind aufzulösen, wenn es keine Rechtfertigung mehr für sie gibt.

2.2.3.2 Finanzierung aus sonstigen Kapitalfreisetzungen

Die Finanzierung aus sonstigen Kapitalfreisetzungen kann erfolgen durch:

- **Rationalisierung**, bei der eine Verringerung des Kapitaleinsatzes bewirkt wird, ohne dass es zu einer Verminderung des Produktionsvolumens bzw. Umsatzvolumens kommt, beispielsweise durch verbesserte Materialdisposition, schnellere Produktionsverfahren, rascheren Eingang von Forderungen.

  Mit diesen Maßnahmen werden finanzielle Mittel freigesetzt, die für andere Zwecke verwendet werden können.

- **Vermögensumschichtung**, bei der materielle und/oder immaterielle Vermögenswerte in liquide Form überführt werden, um für Finanzierungszwecke zur Verfügung zu stehen. Dabei sollte aber darauf geachtet werden, dass die Betriebsbereitschaft des Unternehmens nicht gefährdet wird.

Aufgabe 56 > Seite 562

2.3 Kontrolle

Die Finanzkontrolle schließt den Führungsprozess im Finanzierungsbereich ab. Sie kann erfolgen als:

- **Kontrolle der Finanzplanung**, indem Planansätze und Istwerte gegenübergestellt und die Abweichungen festgestellt werden, die einer Analyse zu unterziehen sind
- **Kennzahlenanalyse**, bei der beispielsweise Finanzierungskennzahlen und Liquiditätskennzahlen ermittelt werden – siehe ausführlich *Olfert*:

$$\text{Eigenkapitalanteil} = \frac{\text{Eigenkapital}}{\text{Gesamtkapital}} \cdot 100$$

$$\text{Anpassungskoeffizient} = \frac{\text{Fremdkapital}}{\text{Gesamtkapital}} \cdot 100$$

$$\text{Verschuldungskoeffizient} = \frac{\text{Fremdkapital}}{\text{Eigenkapital}} \cdot 100$$

$$\text{Bilanzkurs} = \frac{\text{Eigenkapital}}{\text{Gezeichnetes Kapital}} \cdot 100$$

$$\text{Deckungsgrad A} = \frac{\text{Eigenkapital}}{\text{Anlagevermögen}} \cdot 100$$

$$\text{Deckungsgrad B} = \frac{\text{Eigenkapital + langfristiges Fremdkapital}}{\text{Anlagevermögen}} \cdot 100$$

$$\text{Deckungsgrad C} = \frac{\text{Eigenkapital + langfristiges Fremdkapital}}{\text{Anlagevermögen + langfristig gebundenes Umlaufvermögen}} \cdot 100$$

$$\text{Liquidität 1. Grades} = \frac{\text{Zahlungsmittelbestand}}{\text{Kurzfristige Verbindlichkeiten}} \cdot 100$$

$$\text{Liquidität 2. Grades} = \frac{\text{Kurzfristiges Umlaufvermögen}}{\text{Kurzfristige Verbindlichkeiten}} \cdot 100$$

$$\text{Liquidität 3. Grades} = \frac{\text{Gesamtes Umlaufvermögen}}{\text{Kurzfristige Verbindlichkeiten}} \cdot 100$$

$$\text{Gesamtkapitalrentabilität} = \frac{\text{Gewinn + Fremdkapitalzinsen}}{\text{Gesamtkapital}} \cdot 100$$

$$\text{Eigenkapitalrentabilität} = \frac{\text{Gewinn}}{\text{Eigenkapital}} \cdot 100$$

$$\text{Umsatzrentabilität} = \frac{\text{Gewinn}}{\text{Umsatz}} \cdot 100$$

Im Rahmen der dynamischen Liquiditätsanalyse werden vielfach der **Cashflow** und die **Kapitalflussrechnung** verwendet – siehe ausführlich *Rinker/Ditges/Arendt, Olfert*.

Die Kontrolle ist ein Teil des Controllingprozesses, der außerdem die Zielsetzung, Planung und Steuerung umfasst. Um steuernd eingreifen zu können, bedarf das **Controlling** eines Frühwarnsystemes, wobei als Frühwarngrößen insbesondere Kennzahlen in Betracht kommen. Mit ihrer Hilfe können unplanmäßige Entwicklungen rasch erkannt werden.

Aufgabe 57 > Seite 563

KONTROLLFRAGEN

		Lösung
1.	Welche Aufgabe stellt sich dem Finanzbereich?	S. 339
2.	Nennen Sie die finanzwirtschaftlichen Funktionen!	S. 339 f.
3.	Welche Zahlungsmittel können unterschieden werden?	S. 340
4.	Wie kann der Barzahlungsverkehr erfolgen?	S. 340
5.	Beschreiben Sie, wie der halbbare Zahlungsverkehr abgewickelt werden kann!	S. 340 f.
6.	Auf welche Arten ist es möglich, den Zahlungsverkehr bargeldlos vorzunehmen?	S. 341
7.	Was ist unter Überweisungen, Einzugsermächtigungen, Abbuchungsaufträgen zu verstehen?	S. 342
8.	Was sind Barschecks, Verrechnungsschecks, Eurocheques, bestätigte Schecks?	S. 342
9.	Was ist unter eigenen und gezogenen Wechseln zu verstehen?	S. 342
10.	Wie können Schecks und Wechsel (weiter) verwendet werden?	S. 343
11.	Erklären Sie kurz die Formen des Electronic-Finance!	S. 344
12.	Erläutern Sie, was Investitionen bzw. Desinvestitionen sind!	S. 345
13.	Welche Ziele liegen der Investitionsplanung zu Grunde?	S. 345 f.
14.	Worin unterscheiden sich die absolute und relative Liquidität?	S. 345
15.	Worauf kann sich die Investitionsplanung beziehen?	S. 346
16.	Welche Problemstellungen können der Optimierung von Einzelinvestitionen zu Grunde liegen?	S. 346
17.	Wie läuft die Planung einzelner Investitionen typischerweise ab?	S. 346 f.
18.	Was versteht man unter statischen Investitionsrechnungen?	S. 348
19.	Welche Arten statischer Investitionsrechnungen können unterschieden werden?	S. 348 f.
20.	Beschreiben Sie, wie bei der Kostenvergleichsrechnung vorgegangen werden kann!	S. 348 f.
21.	Wie ist die kritische Menge zu ermitteln?	S. 349
22.	Erläutern Sie die Vorgehensweise bei der Gewinnvergleichsrechnung!	S. 349 f.
23.	Wie erfolgt die Rentabilitätsvergleichsrechnung?	S. 350 f.
24.	Beschreiben Sie, wie bei der Amortisationsvergleichsrechnung vorgegangen wird!	S. 351 f.
25.	Was ist unter dynamischen Investitionsrechnungen zu verstehen?	S. 352
26.	Nennen Sie die Arten dynamischer Investitionsrechnungen!	S. 353 ff.
27.	Erläutern Sie die Vorgehensweise bei der Kapitalwertmethode!	S. 353 f.

		Lösung
28.	In welchen Fällen sind Differenzinvestitionen anzusetzen?	S. 354
29.	Beschreiben Sie, wie bei der Internen Zinsfuß-Methode vorgegangen werden kann! Erläutern Sie die Formel dazu!	S. 354 f.
30.	Wie erfolgt die Annuitätenmethode?	S. 356 f.
31.	Was ist unter dem Investitionsprogramm zu verstehen und wie läuft die Planung des Investitionsprogrammes typischerweise ab?	S. 357
32.	Erläutern Sie Wesen und Anlässe der Unternehmensbewertung!	S. 358 f.
33.	Welche Durchführungsaufgaben stellen sich im Investitionsbereich?	S. 359
34.	Nennen Sie die objektbezogenen Investitionen!	S. 359 f.
35.	Welche wirkungsbezogenen Investitionen lassen sich unterscheiden?	S. 360 f.
36.	Was ist unter Nettoinvestitionen zu verstehen?	S. 360
37.	Welche Arten von Reinvestitionen können Sie nennen?	S. 360
38.	Worauf kann sich die Kontrolle im Investitionsbereich beziehen?	S. 361
39.	Was ist unter Finanzierung zu verstehen?	S. 362
40.	Welche Merkmale weisen Eigenkapital und Fremdkapital auf?	S. 362
41.	Welche Finanzierungen lassen sich nach den unterschiedlichen Kapitalarten nennen?	S. 363
42.	Erläutern Sie die Arten der Finanzierung, die sich aus der unterschiedlichen Herkunft des Kapitals ergeben!	S. 364
43.	An welchen Zielen hat sich die Finanzplanung zu orientieren?	S. 364 f.
44.	Nennen Sie die Instrumente der Finanzplanung!	S. 365
45.	Wovon hängt die Größe des Kapitalbedarfes grundsätzlich ab?	S. 365
46.	In welchen Fällen ist die Kapitalbedarfsrechnung einsetzbar?	S. 365
47.	Beschreiben Sie die Schritte, in denen der Kapitalbedarf mithilfe der Kapitalbedarfsrechnung ermittelt werden kann!	S. 366 f.
48.	In welchen Fällen ist es erforderlich, den Finanzplan zur Ermittlung des Kapitalbedarfes zu verwenden?	S. 367
49.	Nennen Sie die grundlegenden Elemente, die ein Finanzplan enthält!	S. 367
50.	Wie können „vorsichtige Planansätze“ bewirkt werden?	S. 368
51.	Welche Durchführungsaufgaben obliegen dem Finanzierungsbereich?	S. 368
52.	Was ist unter der Beteiligungsfinanzierung zu verstehen?	S. 369
53.	Welche Kriterien dienen der Beurteilung der Vorteilhaftigkeit von Beteiligungsfinanzierungen?	S. 369

		Lösung
54.	Welche Kapitalkosten der Beteiligungsfinanzierung fallen bei der OHG, KG, Stillen Gesellschaft, GdbR an?	S. 370
55.	Welche Kapitalkosten der Beteiligungsfinanzierung fallen bei der GmbH, AG, Genossenschaft an?	S. 370
56.	Erläutern Sie, was unter der Fremdfinanzierung zu verstehen ist!	S. 371
57.	Welche Arten des Fremdkapitals können nach seiner Fristigkeit unterschieden werden?	S. 371
58.	Welche Kapitalkosten können bei der Fremdfinanzierung grundsätzlich anfallen?	S. 371
59.	Wie können sich Fremdkapitalgeber bei der Hingabe ihres Kapitals absichern?	S. 371 f.
60.	Worin unterscheiden sich Personal- und Realsicherheiten?	S. 372
61.	Beschreiben Sie die Arten der Personalsicherheiten!	S. 372
62.	Erläutern Sie, welche Realsicherheiten zu unterscheiden sind!	S. 372
63.	Was ist unter der kurzfristigen Fremdfinanzierung zu verstehen?	S. 372
64.	Systematisieren Sie die Formen der kurzfristigen Fremdfinanzierung!	S. 373
65.	Beschreiben Sie, was unter dem Lieferantenkredit zu verstehen ist!	S. 373
66.	Wie ist der Lieferantenkredit zu beurteilen?	S. 373 f.
67.	Wozu dient der Kundenkredit?	S. 374
68.	Welche Merkmale weist der Kontokorrentkredit auf?	S. 374
69.	Was ein Diskontkredit?	S. 374 f.
70.	Beschreiben Sie den Lombardkredit!	S. 375
71.	Worin liegen die Merkmale des Akzeptkredits?	S. 375
72.	Erläutern Sie, was unter dem Scheck-Wechsel-Verfahren zu verstehen ist!	S. 375
73.	Was ist unter dem Avalkredit zu verstehen?	S. 375
74.	Welche Funktionen können von einem Factor übernommen werden?	S. 376
75.	Worin unterscheidet sich die Forfaitierung vom Factoring?	S. 376
76.	Was ist unter der langfristigen Fremdfinanzierung zu verstehen?	S. 376
77.	Systematisieren Sie die Formen der langfristigen Fremdfinanzierung!	S. 377 ff.
78.	Welche Merkmale weisen Darlehen auf?	S. 377
79.	Welche Arten von Darlehen lassen sich unterscheiden?	S. 377
80.	Warum stimmen beim Darlehen nominale und effektive Zinsen üblicherweise nicht überein?	S. 377

		Lösung
81.	Erläutern Sie, was unter Schuldscheindarlehen zu verstehen ist!	S. 378
82.	Was sind Anleihen?	S. 378
83.	Welche Merkmale weisen Industrieobligationen auf?	S. 378
84.	Beschreiben Sie, welche Sonderformen der Industrieobligationen zu unterscheiden sind!	S. 379
85.	Nennen Sie neuere Arten der Anleihen!	S. 379
86.	Was ist unter dem Leasing zu verstehen?	S. 379
87.	Welche Bedeutung hat die Grundmietzeit beim Finance-Leasing?	S. 379
88.	Wie ist das Leasing zu beurteilen?	S. 379 f.
89.	Erläutern Sie, was unter dem Franchising zu verstehen ist!	S. 380
90.	Was ist unter der Innenfinanzierung zu verstehen?	S. 380
91.	Systematisieren Sie die Formen der Innenfinanzierung!	S. 381 ff.
92.	Beschreiben Sie die Arten der Selbstfinanzierung!	S. 381
93.	Wozu dient die Finanzierung aus Abschreibungsgegenwerten?	S. 381
94.	Welche Arten der Abschreibung lassen sich unterscheiden?	S. 382
95.	Was sind der Kapazitätsfreisetzungs- und Kapazitätserweiterungs-effekt?	S. 382
96.	Wie erfolgt die Finanzierung aus Rückstellungsgegenwerten?	S. 383
97.	Was sind Rückstellungen?	S. 383
98.	Inwieweit kann durch Rationalisierung finanziert werden?	S. 383
99.	Was ist unter Vermögensumschichtung zu verstehen?	S. 383
100.	Worauf kann sich die Kontrolle im Finanzierungsbereich beziehen?	S. 383 f.

F. Personalbereich

Im Personalbereich erfolgen alle planenden, steuernden und kontrollierenden Aktivitäten, die auf die im Unternehmen tätigen Arbeitskräfte ausgerichtet sind. Dieser Bereich wird auch **Personalwesen** (*Gaugler/Oechsler/Weber*) und **Personalmanagement** (*Berthel/Becker, Bühner, Scholz*) genannt. Als unmittelbare **Träger** der Personalwirtschaft gelten:

- Die **Vorgesetzten**, die als Führungskräfte für die Erreichung der Sachziele durch die Mitarbeiter und ihre Motivation zu sorgen haben. Sie verfügen über die Macht, den Mitarbeitern **Weisungen** zu erteilen, die sich innerhalb der arbeitsvertraglichen Pflichten bewegen müssen.
- Die **Personalabteilung**, die bestimmte Daueraufgaben abwickelt und die Vorgesetzten dadurch entlastet. Dabei wirkt sie auch mit dem Betriebsrat zusammen.

Beispiele

Planung des Personalbedarfes, Stellenausschreibung, Personalfragebogen, einzelne Einstellungen, Versetzungen, Umgruppierungen, ordentliche Kündigungen, Beginn und Ende von Arbeitszeit und Pausen, Entgeltmodalitäten, Formen der Arbeitsbewertung, Akkord und Prämiensätze

Als weiterer Träger der Personalwirtschaft kann zudem auch die **Unternehmensleitung** angesehen werden, die für die Gestaltung der Rahmenbedingungen zuständig ist. Eine besondere Bedeutung kommt bei Großunternehmen dem Arbeitsdirektor zu.

Der **Betriebsrat** ist zwar kein Träger des Personalwesens, hat aber auf die Erfüllung von personalbezogenen Aufgaben durch seine umfassenden Mitwirkungs- und Mitbestimmungsrechte großen Einfluss auf die Personalwirtschaft (*Olfert*).

Rechtliche Grundlagen für die vom Personalbereich betreuten Arbeitsverhältnisse, aus denen sich die Rechte und Pflichten von Arbeitgeber und Arbeitnehmer ergeben, sind (*Berthel/Becker, Drumm, Jung, Hentze/Kammel, Oechsler, Olfert*):

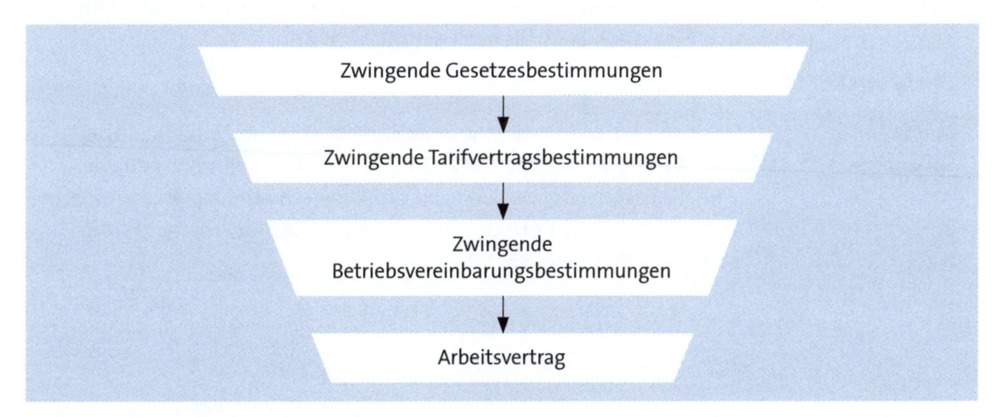

Den einzelnen Bestimmungen kommen unterschiedliche Rangordnungen zu. Wenn ein Sachverhalt „weiter oben“ bereits geregelt ist, gilt das auch „weiter unten“, insbesondere darf die Position des Arbeitnehmers nicht verschlechtert werden.

Der **Führungsprozess** im Personalbereich umfasst:

Personalbereich	Planung
	Durchführung
	Kontrolle

1. Planung

Die personalwirtschaftliche Planung dient der Ermittlung der zukünftigen personellen Erfordernisse und der Festlegung der daraus resultierenden personellen Maßnahmen. Sie erfolgt auf der Grundlage der vom Management vorgegebenen Ziele und unter Berücksichtigung arbeitsrechtlicher Vorschriften. Zu unterscheiden sind – siehe ausführlich *Olfert*:

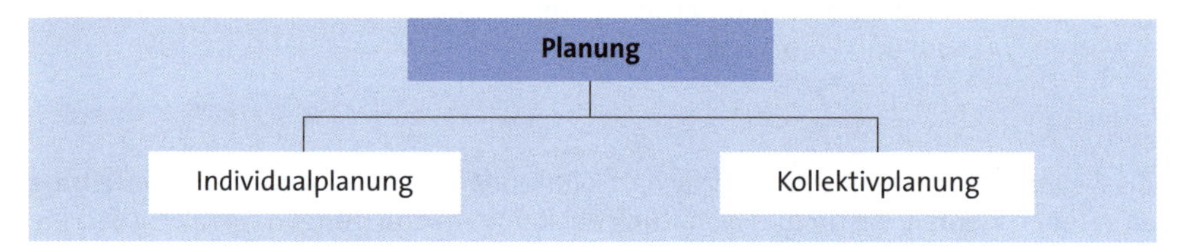

1.1 Individualplanung

Die Individualplanung bezieht sich auf den einzelnen Mitarbeiter des Unternehmens. Sie erfordert die Bereitschaft des Mitarbeiters, an ihr mitzuwirken. Zu unterscheiden sind:

- Die **Bedürfnisse**, die der Planung zu Grunde liegen. Das sind die Unternehmensbedürfnisse, die sich in der bestmöglichen Stellenbesetzung äußern, und Mitarbeiterbedürfnisse, beispielsweise nach beruflicher Fortentwicklung.
- Die **Arten** der Individualplanung, die sein können:

Laufbahnplanung	Sie zeigt dem Mitarbeiter, welche Positionen er im Zeitablauf erreichen kann, wenn er den Erwartungen des Unternehmens gerecht wird. Dabei bezieht sie sich nicht auf konkrete Arbeitsplätze, sondern auf betriebliche Tätigkeiten, beispielsweise Sachbearbeiter – Gruppenleiter – Abteilungsleiter.

Besetzungs-planung	Sie geht von den im Unternehmen vorhandenen oder zu schaffenden Stellen aus und zeigt, welche Mitarbeiter den einzelnen Stellen im Zeitablauf zugeordnet werden. Beispielsweise wird mit der Einkaufsabteilung ab 06.2014 Herr Schmitt, ab 04.2015 Herr Lehmann, ab 09.2015 Frau Neumann befasst.
Entwicklungs-planung	Mit ihr werden die Mitarbeiter an berufliche Veränderungen, beispielsweise den technischen Fortschritt, angepasst bzw. darin unterstützt, Führungsaufgaben gerecht zu werden. Das kann mithilfe von Ausbildungs-, Fortbildungs- oder Umschulungsmaßnahmen geschehen.
Einarbeitungs-planung	Sie erfolgt für neu in das Unternehmen eintretende Mitarbeiter, gegebenenfalls aber auch für versetzte Mitarbeiter, die damit systematisch mit ihren Aufgaben, dem gegebenen Umfeld, den betrieblichen Strukturen und den künftigen Kommunikationspartnern bekanntgemacht werden können.

1.2 Kollektivplanung

Die Kollektivplanung befasst sich mit **mehreren Mitarbeitern**, beispielsweise einer Gruppe, einer Abteilung, einem Werk oder der gesamten Belegschaft. Es gibt:

- Die **quantitative Planung**, bei der mit den „Köpfen" der Belegschaftsmitglieder geplant wird, und die **qualitative Planung**, bei der die Qualifikation, Ausbildung und Lohn- bzw. Gehaltsgruppe der Mitarbeiter berücksichtigt werden.
- Die **Arten** der Kollektivplanung, das sind insbesondere:

Personal-bedarfsplanung	Aufgrund der Vorgaben aus dem Management, beispielsweise der Zahl zu erstellender Erzeugnisse, ergibt sich ein bestimmter Personalbedarf, der zu planen ist.
Personal-bestandsplanung	Um feststellen zu können, ob die vorgegebenen Leistungen tatsächlich auch erstellbar sind, ist der Personalbestand zu planen und mit dem künftigen Personalbedarf abzugleichen.
Personal-veränderungs-planung	Der Vergleich von Bedarfs- und Bestandsplan kann zeigen, dass zu wenig oder zu viel Mitarbeiter im Planungszeitraum verfügbar sein werden. Eine **Beschaffungsplanung** oder **Freistellungsplanung** wird notwendig.
Personal-einsatzplanung	Sie soll die Personalbesetzung dem kurz- und mittelfristigen Arbeitsanfall anpassen, z. B. als Schichtplan. Dabei sind Unregelmäßigkeiten beim Arbeitsanfall und Abwesenheiten zu berücksichtigen.
Personal-entwicklungs-planung	Sie soll beispielsweise die Fortbildungserfordernisse ermitteln, die Fortbildungsziele bestimmen, den Fortbildungsumfang festlegen und die Fortbildungsmaßnahmen planen. Dabei steht sie in enger Beziehung zu der individuellen Entwicklungsplanung.

Personal-kostenplanung	Personalkosten ergeben sich aus dem Bestand, der Beschaffung, dem Abbau, dem Einsatz und der Entwicklung des Personals. Sie müssen als direkte Personalkosten, gesetzliche und freiwillige Personalnebenkosten geplant werden.

Aufgabe 58 > Seite 563

2. Durchführung

Die personalwirtschaftliche Planung ist die Grundlage für die Durchführungsaufgaben des Personalbereiches, die umfassen – siehe ausführlich *Olfert*:

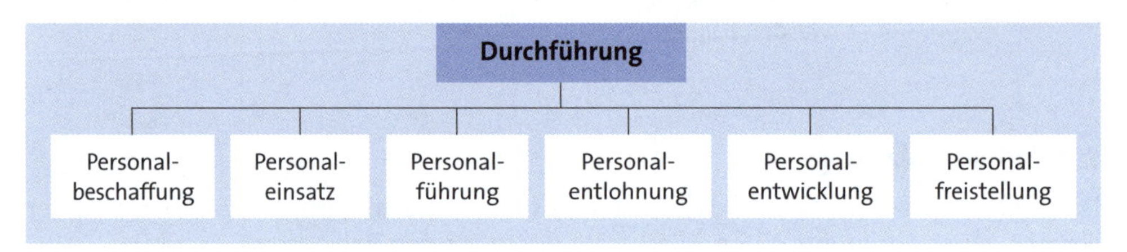

Die genannten Durchführungsaufgaben werden von der **Personalverwaltung** abgewickelt, sofern es sich um routinemäßige Daueraufgaben handelt.

Beispiele

Verwaltung von Personalakten; Bearbeitung von Versetzungen, Beförderungen, Freistellungen; Ermittlung der Mitarbeiterentgelte; Betreuung der Sozialeinrichtungen; Abrechnung der Sozialleistungen; Führung der Personalstatistik

2.1 Personalbeschaffung

Die Personalbeschaffung befasst sich mit der Bereitstellung der für das Unternehmen erforderlichen Arbeitskräfte in

- quantitativer (2 Mitarbeiter)
- qualitativer (mit Ausbildung zum Industriekaufmann)
- zeitlicher (zum 01.02.2014)

Hinsicht.

Bei der Personalbeschaffung gibt es für das Unternehmen vier **Problemkreise**, die zu bearbeiten sind:

- die Auswahl der **Beschaffungswege**
- die Bearbeitung der **Bewerbungen**
- die **Auswahl** der geeigneten Bewerber
- die Ausfertigung der **Arbeitsverträge**.

2.1.1 Beschaffungswege

Um die erforderlichen Arbeitskräfte bereitstellen zu können, kann das Unternehmen mehrere Wege beschreiten. Welcher Beschaffungsweg vorteilhaft erscheint, hängt insbesondere von der Art der zu besetzenden Stelle ab. Grundsätzlich kann aus der Sicht des Unternehmens zwischen internen und externen Beschaffungswegen gewählt werden:

- **Interne Beschaffungswege** beziehen sich auf den Teil des Arbeitsmarktes, der innerhalb des Unternehmens liegt. Sie zu nutzen hat mehrere Vorteile, beispielsweise die Verbesserung der Motivation und Mobilität der betroffenen Arbeitnehmer. Andererseits kann eine gewisse Betriebsblindheit gefördert werden. Als interne Beschaffungswege sind insbesondere möglich – siehe ausführlich *Olfert*:

Innerbetriebliche Stellenausschreibung	Sie kann vom Betriebsrat – allgemein oder für bestimmte Arten von Tätigkeiten – gefordert werden (§ 93 BetrVG). Kommt das Unternehmen dem Verlangen nicht nach, kann der Betriebsrat die Zustimmung zu einer Einstellung oder Versetzung verweigern.
Personalentwicklung	Mit ihr – als Ausbildung, Fortbildung, Umschulung – kann das Unternehmen einen künftigen Bedarf an qualifizierten Arbeitnehmern decken.
Versetzung	Sie ist nach § 95 Abs. 3 Betr. VG die Zuweisung eines anderen Arbeitsbereiches, die voraussichtlich die Dauer von einem Monat überschreitet oder mit einer erheblichen Änderung der Umstände verbunden ist, unter denen die Arbeit zu leisten ist.
Mehrarbeit	Sie ermöglicht zusätzliche Leistungen, ohne dass die Zahl der Arbeitnehmer erhöht wird. Beispielsweise leisten die Arbeitnehmer Überstunden bzw. die Arbeitsintensität wird durch Rationalisierungsmaßnahmen erhöht.

- **Externe Beschaffungswege** sind auf den Teil des Arbeitsmarktes gerichtet, der außerhalb des Unternehmens liegt. Das können vor allem sein – siehe ausführlich *Olfert*:

Öffentliche Arbeitsvermittlung	Die öffentliche Arbeitsvermittlung obliegt in Deutschland der **Bundesagentur für Arbeit**. Sie erfolgt in den Agenturen für Arbeit und der Zentralen Auslands- und Fachvermittlung (ZAV) in Bonn mit den Bereichen Auslandsvermittlung, Fachvermitttlung und Arbeitsmarktzulassung.
Stellenanzeigen	Sie sind Ausschreibungen von Stellen eines Unternehmens. Die Bedeutung einer Stellenausschreibung ist umso größer, je höher die angebotene Stelle hierarchisch angesiedelt ist. Die **Inhalte** der Stellenanzeigen sollten so gestaltet sein, dass sich qualifizierte Stellensuchende bewerben, jedoch weniger Qualifizierte auf eine Bewerbung verzichten. Eine Stellenanzeige sollte Aussagen über das Unternehmen, die freie Stelle, die Anforderungsmerkmale, die Leistungen des Unternehmens und über die Bewerbungsunterlagen enthalten. Als Stellenanzeigen sind möglich: ► Die **Print-Stellenanzeigen**, die offen – unter Nennung des inserierenden Unternehmens – oder als Chiffre-Anzeige veröffentlich werden, bei denen der Name des Unternehmens nicht bekannt wird. Auch Anzeigen von Personalberatern sind möglich. Anzeigenträger sind insbesondere Tageszeitungen, Wochenzeitungen und Fachzeitschriften. ► Die **Internet-Stellenanzeigen**, die immer bedeutender werden, weil sie in der Regel preiswerter und Änderungen im Text zu jeder Zeit sofort möglich sind. Es bestehen nahezu unbegrenzte Möglichkeiten der Gestaltung in Layout, Farbe und sogar Ton. Als Formen der Internet-Anzeigen sind die firmeneigene Homepage und Jobbörsen zu nennen. Bei der Gestaltung von Stellenanzeigen sind die Geschlechtsneutralität und nach § 11 AGG das Benachteiligungsverbot zu beachten.
Arbeitnehmerüberlassung	Sie wird auch als **Personalleasing** oder **Zeitarbeit** bezeichnet und ermöglicht die Beschaffung von Arbeitskräften mit eher standardisierbaren Tätigkeitsmerkmalen. Gründe für den Einsatz von Leiharbeitnehmern sind z. B. Urlaub, Krankheit und kurzfristige Leistungsspitzen. Es gilt das Arbeitnehmerüberlassungsgesetz (AÜG), das seit 2011 zahlreiche Neuregelungen enthält und sich – im Gegensatz zur früheren Fassung – nicht nur auf gewerbsmäßige Verleihungen bezieht. Seit Beginn 2004 gibt es für Leiharbeitnehmer Tarifverträge.
Private Arbeitsvermittlung	Sie ist seit 1994 erlaubt und seit 2002 **genehmigungsfrei**. Durch sie soll die Vermittlungseffizienz von Bewerbern erhöht werden.

Weitere externe Beschaffungswege können Personalberater, Vermittlungen durch Mitarbeiter, Aushänge am Werkstor, Besichtigungen von Unternehmen, Kontakte mit Bildungseinrichtungen, Plakatierungen und Handzettel sein. Schließlich soll es auch vorkommen, dass Arbeitskräfte abgeworben werden.

2.1.2 Bewerbung

Eine Bewerbung kann dem Unternehmen aufgefordert – beispielsweise aufgrund einer Stellenanzeige – oder unaufgefordert zugehen. Letztere geschieht vielfach als Kurzbewerbung, z. B. über das Internet. Die Bewerbung erfolgt üblicherweise schriftlich. Die beim Unternehmen eingehenden **Bewerbungsunterlagen** sind – siehe ausführlich *Olfert*:

- **sorgfältig** zu **behandeln** und vor Unbefugten **sicher aufzubewahren**
- nach ihrem Gesamteindruck und ihrer Vollständigkeit zu **überprüfen** und im einzelnen **inhaltlich auszuwerten**:

Bewerbungsschreiben	Es soll stellenspezifisch ausgerichtet, klar gegliedert, ordentlich gestaltet und stilistisch einwandfrei sein.
Bewerberfoto	Es soll ein Fotografen-Foto neueren Datums in üblicher Größe sein. Aufgrund des Gleichbehandlungsgesetzes (AGG) ist zu erwarten, dass Bewerberfotos künftig keine (größere) Bedeutung mehr haben (dürfen).
Lebenslauf	Er soll – heute meist in tabellarischer Form – die persönliche und berufliche Entwicklung des Bewerbers lückenlos aufzeigen.
Schulzeugnisse	Sie sollen – eher bei jüngeren Bewerbern – über deren Eignung informieren, z. B. bei Auszubildenden.
Arbeitszeugnisse	Sie sollen lückenlos als **einfache** oder **qualifizierte** Zeugnisse vorliegen und informieren über: ► Dauer der Tätigkeiten ► Termine des Ausscheidens ► Inhalte der Tätigkeiten ► Gründe des Ausscheidens ► Leistung (nur qualifizierte Zeugnisse) ► Führung im Sinne des Verhaltens (nur qualifizierte Zeugnisse).
Referenzen	Sie können – praktisch als Beurteilung von Nicht-Arbeitgebern – angegeben oder hinzugefügt werden.
Arbeitsproben	Sie können – beispielsweise als berufsbezogene Veröffentlichungen, Zeichnungen, Bilder – **eingereicht** oder beim Unternehmen **abgeleistet** werden.

Vielfach sendet das Unternehmen den interessanten Bewerbern einen **Personalfragebogen** zu, der auszufüllen und zurückzugeben ist.

Die Auswertung der Bewerbungsunterlagen ermöglicht eine **Vorauswahl**, die erkennen lässt, welche Bewerber ungeeignet bzw. geeignet sind. Den ungeeigneten Bewerbern sind die Bewerbungsunterlagen – ohne Bewerbungsschreiben und Personalfragebogen – unverzüglich und in ordnungsmäßigem Zustand zurückzusenden.

2.1.3 Auswahl

Um die Auswahl des geeigneten Bewerbers vornehmen zu können, ist es wichtig, die aus der Vorauswahl verbliebenen Bewerber kennen zu lernen. Dabei können sich anbieten:

- Ein **Vorstellungsgespräch**, in dem die Persönlichkeit der Bewerber, ihre Interessen und Wünsche erkannt werden können, und das Unternehmen mit dem zu besetzenden Arbeitsplatz präsentiert werden kann. Es ist auch – insbesondere bei höher qualifizierten Bewerbern – möglich, nach einigen Tagen ein **zweites Vorstellungsgespräch** zu führen.

  Beim Vorstellungsgespräch sollen subjektive Einflüsse weitestgehend ausgeschaltet werden. Es dürfen nur Fragen gestellt werden, die mit der Einstellung und späteren Tätigkeit in Zusammenhang stehen. Sein typischer **Ablauf** kann sein:

Phase 1	Begrüßung des Bewerbers
Phase 2	Besprechung seiner persönlichen Situation
Phase 3	Besprechung seines Bildungsganges
Phase 4	Besprechung seiner beruflichen Entwicklung
Phase 5	Information über das Unternehmen
Phase 6	Verhandlungen über den Arbeitsvertrag
Phase 7	Abschluss des Gespräches

- In Verbindung mit dem Vorstellungsgespräch, gegebenenfalls vor ihm, kann ein **Eignungstest** durchgeführt werden. Dabei werden unterschieden:

Persönlichkeitstests	Sie sollen Interessen, Neigungen, Einstellungen, Sozialverhalten, charakterliche Eigenschaften feststellen.
Fähigkeitstests	Mit ihnen sollen die allgemeine Leistungsfähigkeit, die Intelligenz, spezielle Begabungen und Leistungsfähigkeiten festgestellt werden.

- Für Bewerber mit höherer Qualifikation können sich auch **Assessment-Center** anbieten. Das sind Gruppenauswahlverfahren, die sich meist über mehrere Tage erstrecken und die Teilnehmer mit Aufgaben und Problemen konfrontieren, die denen ihres künftigen Arbeitsplatzes entsprechen – siehe ausführlich *Olfert*.
- Es kann ein **grafologisches Gutachten** erstellt werden. Seine Aussagekraft und sein Stellenwert im Rahmen der Personalauswahl sind umstritten.
- Schließlich dient die **ärztliche Eignungsuntersuchung** der Überprüfung, inwieweit der Bewerber den psychischen und physischen Belastungen seines künftigen Arbeitsplatzes gewachsen ist.

Die Auswahl endet mit der **Entscheidung**, welcher Bewerber eingestellt werden soll. Dem Besetzungsvorschlag muss der **Betriebsrat** nach § 99 BetrVG **zustimmen**. Erst dann kann die Einstellung abschließend bewirkt werden.

2.1.4 Arbeitsvertrag

Der Arbeitsvertrag ist die rechtliche Grundlage für die Beziehung von Arbeitgeber und Arbeitnehmer. Sein **Inhalt** kann zwischen dem Arbeitgeber und dem Arbeitnehmer vereinbart werden, er muss aber mindestens zwingenden gesetzlichen Bestimmungen, Regelungen eines Tarifvertrages und gegebenen Betriebsvereinbarungen gerecht werden, soweit diese für das Arbeitsverhältnis gelten. Der Arbeitsvertrag kann geschlossen werden:

- Grundsätzlich **formlos**, weshalb sein Abschluss mündlich möglich ist, es sei denn, Gesetze, Tarifverträge oder Betriebsvereinbarungen schreiben die **Schriftform** vor oder er ist befristet. Der Arbeitnehmer hat aber in jedem Fall Anspruch auf eine schriftliche Fassung der wesentlichen Vertragsbedingungen (Nachweisgesetz).
- Als befristeter oder unbefristeter Arbeitsvertrag, wobei gilt:

Unbefristeter Arbeitsvertrag	Er wird auch **Dauerarbeitsvertrag** genannt und kann durch eine einseitige Erklärung als Kündigung oder vertragliche Vereinbarung in Form eines Aufhebungsvertrages beendet werden.
Befristeter Arbeitsvertrag	Er bedarf der **Schriftform** und ist nur bis maximal zwei Jahre zulässig. Sein Ende erfolgt „automatisch“ zu einem Zeitpunkt, der unmittelbar – z. B. 31.12.2014 – oder mittelbar – z. B. mit Projektende – vereinbart ist.

Der Abschluss des Arbeitsvertrages beendet die Personalbeschaffung.

Aufgabe 59 > Seite 563

2.2 Personaleinsatz

Mit dem Personaleinsatz werden die im Unternehmen vorhandenen **Mitarbeiter** den gegebenen **Arbeitsplätzen** in quantitativer, qualitativer und zeitlicher Hinsicht **zugeordnet**. Er beginnt nach der Personalbeschaffung mit der Probezeit bzw. der Einführung und Einarbeitung der neuen Mitarbeiter und endet mit dem letzten Tag der Anwesenheit der Mitarbeiter im Unternehmen bzw. mit Vertragsablauf.

Der Personaleinsatz soll die vom Unternehmen erwartete Arbeitsleistung des Mitarbeiters bewirken. Dabei wird unter der **Arbeit** die Tätigkeit eines Menschen verstanden, die der Erfüllung einer Aufgabe dient. Leistung ist das bewertete Ergebnis, das aus menschlicher Arbeit resultiert. Die Arbeitsleistung unterliegt vor allem folgenden **Bestimmungsfaktoren**:

- Der **Leistungsfähigkeit**, die auf Ausbildung, Fähigkeiten, Fertigkeiten, Erfahrungen, aber auch persönlichkeitsbezogenen Faktoren wie Gesundheit, Belastbarkeit, Anpassungs-, Team-, Koordinations-, Konflikt-, Durchsetzungsfähigkeit beruht.

- Der **Leistungsbereitschaft**, die in Zusammenhang mit dem Arbeitslohn und den Arbeitsbedingungen steht. Ein erhöhter Arbeitslohn muss allerdings die Antriebe der Mitarbeiter nicht zwangsweise vergrößern.

Für den Personaleinsatz sind bedeutsam – siehe ausführlich *Olfert*:

- **Arbeitsplatz**
- **Arbeitszeit**
- **Arbeitsaufgabe.**

2.2.1 Arbeitsplatz

Der Arbeitsplatz kann unter verschiedenen Gesichtspunkten **gestaltet** werden:

- Bei der **anthropometrischen Gestaltung** des Arbeitsplatzes geht es um die Anpassung des Arbeitsplatzes und der Arbeitsmittel an den Menschen:

Arbeitsplatz-Anpassung	Es werden vor allem die Höhe des Arbeitsplatzes, der Griffbereich und das Gesichtsfeld gestaltet.
Arbeitsmittel-Anpassung	Es werden vor allem die Handgriffe, Pedale, Knöpfe, Schalter nach Form und Abmessung gestaltet.

- Bei der **psychologischen Gestaltung** des Arbeitsplatzes geht es um alle Maßnahmen zur angenehmeren Gestaltung der Umwelt, z. B. durch Farben, Pflanzen, Musik.
- Bei der **physiologischen Gestaltung** geht es um:

Arbeits-methoden	Wirtschaftlicher Muskeleinsatz, optimale Kraftrichtung, wenig statische Muskelarbeit.
Arbeits-bedingungen	Gestaltung von Beleuchtung, Klima, Lärm, Lüftung, Farben sowie Staub.

- Bei der **organisatorischen Gestaltung** des Arbeitsplatzes erfolgt die Gestaltung der Aufgabenstellung und der zeitlichen Bindung des Menschen an den Arbeitsablauf. Dabei können der Aufgabenstellung als **Einsatzprinzipien** zu Grunde liegen:

Job Rotation	Es erfolgt ein planmäßiger Wechsel des Arbeitsplatzes und der Arbeitsaufgaben. **Beispiel:** Eine Näherin wechselt von Platz A zu Platz B und später zu Platz C.
Job Enlargement	Sie ist eine Erweiterung der Arbeitsaufgabe durch Verminderung der horizontalen Arbeitsteilung, indem gleich- oder ähnlichwertige Arbeitselemente mehrerer Arbeitsplätze an einem Arbeitsplatz zusammengefasst werden. **Beispiel:** Eine Näherin hat bisher nur Ärmel genäht und näht jetzt das ganze Hemd.

Job Enrichment	Es erfolgt eine Erweiterung der Arbeitsaufgabe sowohl in horizontaler als auch vertikaler Sicht, indem der Entscheidungs- und Kontrollspielraum des Arbeitnehmers erhöht wird, also höherwertige Arbeitselemente hinzukommen. **Beispiel:** Eine Näherin hat Hemden bisher nur genäht und darf jetzt an der planenden Gestaltung der Hemden mitwirken.

Die genannten Einsatzprinzipien sollen die **Monotonie** und einseitige Arbeitsbelastung der Mitarbeiter vermindern.

- Schließlich kann der Arbeitsplatz auch gestaltet sein:
  - **informationstechnisch**, wobei Sehen, Hören, Tasten im Mittelpunkt stehen
  - **sicherheitstechnisch**, z. B. Einhaltung von Unfallverhütungsvorschriften.

2.2.2 Arbeitszeit

Die Arbeitszeit ist die Zeit vom Beginn bis zum Ende der Arbeit ohne Ruhepausen. Sie ist im Arbeitszeitgesetz (ArbZG) geregelt. Außerdem gibt es Festlegungen zur Arbeitszeit vor allem im Jugendarbeitsschutzgesetz (JArbSchG) und Mutterschutzgesetz (MuSchG), die den Umfang der täglichen bzw. wöchentlichen Arbeitszeit regeln.

Bei der Gestaltung der Arbeitszeit kann zwischen **fester** und **gleitender** Arbeitszeit unterschieden werden. Es wird auch eine Flexibilisierung der Arbeitszeit angestrebt. In engem Zusammenhang mit der Arbeitszeit stehen:

- Die **Tagesrhythmik**, die Schwankungen der physiologischen Leistungsbereitschaft erkennen lässt:

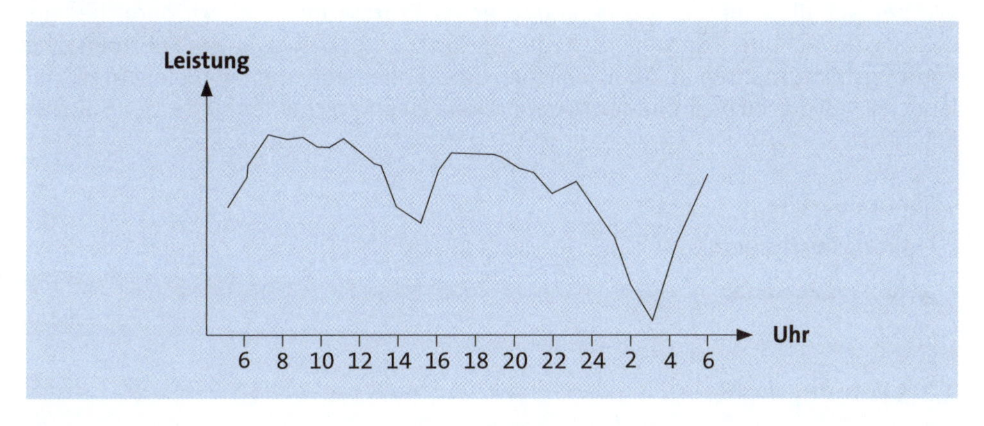

Es ist zu erkennen, dass die Leistungsbereitschaft am Vormittag größer ist, und im Verlaufe der Mittagszeit absinkt, um in der zweiten Nachthälfte ihren Tiefpunkt zu erreichen.

- Die **Arbeitspausen**, die der körperlichen und geistigen Erholung der Arbeitskraft dienen. Sie sind durch die Arbeitszeitordnung vorgeschrieben, auch in ihrer Anzahl und Mindestdauer entsprechend der täglichen Arbeitszeit.

  Die Erholung ist in den ersten Minuten einer Pause am größten. Je länger die Pause dauert, umso länger ist die Einarbeitungszeit danach.

2.2.3 Arbeitsaufgabe

Bei der Gestaltung der Arbeitsaufgabe geht es um das zielgerichtete **Zusammenführen von Arbeitsplatz und Mitarbeiter**. Die Zuordnung der Arbeitsaufgaben wird in Plänen dokumentiert, beispielsweise in Tageseinsatzplänen bzw. in Schichtplänen.

Für den optimalen Personaleinsatz ist es erforderlich, die **Eignungswerte** bzw. **Eignungsprofile der Mitarbeiter** festzustellen. Nur so kann die Eignung der Mitarbeiter für bestimmte Arbeitsaufgaben bzw. Stellen erkannt werden.

Aufgabe 60 > Seite 564

2.3 Personalführung

Führung ist ein kommunikativer Prozess, der darauf gerichtet ist, das Verhalten der Mitarbeiter eines Unternehmens zielorientiert zu beeinflussen. Mithilfe der Personalführung werden die Unternehmensziele und grundlegenden Strategien bzw. Entscheidungen auf den einzelnen hierarchischen Ebenen durch Vorgesetzte umgesetzt (*Weibler, Wunderer*).

Wird Personalführung als **personenbezogener Prozess** interpretiert, dann bedeutet das aus der Sicht der Führungskraft, das Personal unter Einbezug von Führungszielen, Führungsinstrumenten und betrieblichen Situationen auf einen gemeinsam zu erzielenden Erfolg hin zu beeinflussen (*Olfert, Rahn*). Zu unterscheiden sind – siehe ausführlich *Olfert*:

- **Führungskräfte**
- **Führungsinstrumente**
- **geführtes Personal.**

2.3.1 Führungskräfte

Führungskräfte haben die Aufgabe, die ihnen unterstellten Mitarbeiter so zu lenken, dass sie erfolgreich arbeiten. Ihre Führungsautorität und ihre Führungsqualitäten zeichnen sie aus. Das Führungsverhalten von Führungskräften wird auch vom jeweiligen **Führungstyp** geprägt.

Führungskräfte lassen sich nach verschiedenen Kriterien unterteilen, von denen als **Verhaltenstypen** genannt werden sollen (*Rahn*):

- **Strenge Führungskräfte** haben eine Neigung zu autoritärem Führungsverhalten. Sie erwarten, dass ihnen überall Respekt entgegengebracht wird.
- **Sachliche Führungskräfte** führen vorrangig mit Richtlinien, Rundschreiben, Dienstanweisungen und Vorschriften. Formalismus und Bürokratie sind nicht selten.
- **Muntere Führungskräfte** verstehen es, ihre Mitarbeiter anzuspornen und mitzureißen. Sie mögen kein übertriebenes Gleichmaß. Oft sind sie schlechte Zuhörer.
- **Kritische Führungskräfte** prüfen mit einem gewissen Misstrauen alle Vorgänge auf Verbesserungsmöglichkeiten. Anderen halten sie gern einen Spiegel vor, sind aber vielfach selbst kritikanfällig.
- **Ehrgeizige Führungskräfte** betonen die Anforderungen des Leistungssystems mehr als die des menschlichen Bereichs. Fehler werden bestraft. Stress wird durch Dominanz und Machteinsatz bekämpft.
- **Humane Führungskräfte** haben Verständnis für ihre Mitarbeiter. Sie neigen zu kooperativem Führungsverhalten und verstehen es, zu ermutigen. Auseinandersetzungen gehen sie aus dem Wege.
- **Hektische Führungskräfte** stehen ständig unter Termindruck und Anspannung. Sie haben wenig Zeit für die Probleme ihrer Mitarbeiter, setzen sich aber voll für das Unternehmen ein.
- **Nachlässige Führungskräfte** überlassen die Mitarbeiter sich selbst und kümmern sich nicht um ihre Führungsaufgaben. Deshalb entstehen Autoritätsprobleme.
- **Souveräne Führungskräfte** haben keine Probleme mit der Autorität. Sie besitzen die Fähigkeit zur präzisen Analyse, erkennen schnell das Machbare und haben viel Überzeugungskraft. Das geistige Potenzial der Mitarbeiter wird durch kooperatives Verhalten genutzt.

2.3.2 Führungsinstrumente

Den Führungskräften steht eine Vielzahl von Führungsinstrumenten zur Verfügung. Der Einsatz des Führungsinstrumentariums hängt u. a. von der gegebenen Machtstruktur ab, d. h. von dem Einfluss und vom Stand in der betrieblichen Hierarchie. **Führungsmittel** sind beispielsweise:

- **Arbeitsrechtliche Mittel**, zu denen der Arbeitsvertrag als die rechtliche Grundlage für die Beziehung zwischen Arbeitgeber und Arbeitnehmer und die Weisungen des Vorgesetzten gehören.
- **Anreizmittel** als Möglichkeiten der Motivation, die aufgrund gegebener Bedürfnisstruktur einen Aufforderungscharakter für den Mitarbeiter haben. Hierzu ist beispielsweise das Lob zu zählen.

- **Kommunikationsmittel**, die sich aus der wechselseitigen Information zwischen Vorgesetzten und Mitarbeitern ergeben.

Gespräch	Es ist ein Zweiergespräch zwischen dem Vorgesetzten und Mitarbeiter, beispielsweise als Kontakt-, Anerkennungs-, Kritik-, Beschwerde-, Entwicklungsgespräch.
Besprechung	Bei ihr werden zwei oder mehr Mitarbeiter in die Kommunikation einbezogen, beispielsweise um Berichte zu erstatten, Vorgänge zu analysieren, Informationen auszutauschen, Meinungen zu bilden, Entscheidungen vorzubereiten oder zu treffen.
Konferenz	Sie ist ein sachlich orientiertes Zusammentreffen, in dem mehrere Personen aktiv Informationen und Meinungen zusammentragen, die zu einem Ergebnis führen.
Verhandlung	Im Rahmen einer Verhandlung sind mehrere Personen bestrebt, ihre jeweils zuvor festgelegten Ziele zu erreichen.

- **Steuerungsmittel**, die Zielvorgaben an die Mitarbeiter oder auch kritische Anmerkungen der Vorgesetzten sein können. Auch die Erfolgskontrolle ist ein Steuerungsmittel.
- **Beurteilungsmittel**, die ein wesentlicher Führungsfaktor sind, denn mangelhafte Ergebnisse bzw. hervortretendes Verhalten werden erfasst und dokumentiert, um die entsprechenden Folgen abzuleiten.
- **Informationsmittel**, die aus Informationen über das Personal bestehen, beispielsweise durch Beobachtung oder Befragung. Als Anweisungen, Aufträge und Anordnungen sind sie Informationen an das Personal. Außerdem sind Informationen von dem Personal zu berücksichtigen.

Außer den Führungsmitteln können auch die **Führungsstile** und **Führungstechniken** den Führungsinstrumenten zugerechnet werden – siehe Seite 208 f. sowie ausführlich *Olfert*.

2.3.3 Geführtes Personal

Nicht nur die Persönlichkeit der Geführten und deren Verhalten, sondern auch die Bedürfnisse und Erwartungen, die Fähigkeiten und die Bereitschaft bzw. die Ziele und Antriebe der Mitarbeiter sind für den **Erfolg** bedeutsam. Das geführte Personal lässt sich beispielsweise in folgende **Typen von Mitarbeitern** einteilen (*Olfert, Olfert/Rahn*):

- **Jugendliches Personal**, zu dem man im Sinne des Arbeitsrechts rechnet, wer das 14. Lebensjahr vollendet und das 18. Lebensjahr noch nicht überschritten hat. Dazu zählen Auszubildende, Ungelernte, Volontäre und Praktikanten.
- **Älteres Personal**, von dem gesprochen wird, wenn es über fünfzig Jahre alt ist. Mit zunehmendem Alter tritt weniger eine generelle Leistungsminderung als vielmehr ein Leistungswandel ein. Die Körperkräfte können nachlassen, aber Umsicht, Erfahrung, Geduld und Besonnenheit werden zunehmen.

- **Weibliches Personal**, dem sich die Arbeitswelt fast in allen Berufssparten öffnet. Ein während des ganzen Berufslebens der meisten Frauen bestehendes Problem bildet die Doppelbelastung in Beruf und Haushalt. Für weibliches Personal bestehen im Arbeitsleben Schutzvorschriften, beispielsweise das Mutterschutzgesetz.
- **Männliches Personal**, das zu einem sehr hohen Prozentsatz die Führungspositionen in Wirtschaft und Verwaltung wahrnimmt. Gleichberechtigung und Gleichbehandlung von Frauen und Männern sind im Arbeitsleben dort zu realisieren, wo sie auf der Grundlage gleicher Bedingungen stattfinden können.
- **Behindertes Personal**, zu dem Rehabilitationsfälle, psychisch Kranke und Körperbehinderte zählen. Auch Schwerbehinderte sind von den Verantwortlichen einzubeziehen. Nach § 5 des neuen Schwerbehindertengesetzes sind Arbeitgeber mit mindestens 20 Arbeitsplätzen dazu verpflichtet, mindestens 5 % davon als Schwerbehinderte zu beschäftigen (§ 71 SGB IX).

  Die Zahlung einer **Ausgleichsabgabe** ist im „Sozialgesetzbuch IX" geregelt und von der Beschäftigungsquote Schwerbehinderter abhängig, z. B. bei einer Quote von unter 2 % sind 260 € pro Monat und Pflichtplatz zu zahlen (§ 77 Abs. 2 SGB IX). Die Zahlung entbindet aber nicht von der Verpflichtung zur Erfüllung der obigen Quote von 5 %.
- **Ausländisches Personal**, das abhängig Beschäftigte ohne deutsche Staatsangehörigkeit umfasst. Es hat es im fremden Land nicht einfach, weil es sich – weitab von der Heimat – mit zum Teil neuen Bedingungen abfinden muss.

Aufgabe 61 > Seite 565

2.4 Personalentlohnung

Die Personalentlohnung umfasst die **geldlichen Leistungen** des Unternehmens an die Mitarbeiter, die in unmittelbarem Zusammenhang mit den von ihnen erbrachten Arbeitsleistungen stehen. In einzelnen Fällen zählen aber auch **geldwerte Leistungen** dazu, beispielsweise die private Nutzbarkeit eines Dienstfahrzeuges.

Nicht zur Personalentlohnung wird üblicherweise die Erfolgsbeteiligung der Arbeitnehmer gerechnet. Gleiches gilt für die betrieblichen Sozialleistungen[1], beispielsweise Zuschüsse, Mitarbeiterverpflegung oder Altersversorgung, da sie in keinem unmittelbaren Verhältnis zu den von den Arbeitnehmern erbrachten Leistungen stehen.

Die Personalentlohnung muss darauf angelegt sein, die **Löhne gerecht** zu **verteilen**. Indessen gibt es keine absolute Lohngerechtigkeit, da objektive Maßstäbe zu ihrer Realisierung fehlen. Durch Verhandlungen zwischen Arbeitgebern und Arbeitnehmern, deren Ergebnisse sich beispielsweise in Tarifverträgen oder Einzelarbeitsverträgen niederschlagen, wird eine relative Lohngerechtigkeit erreicht.

---

[1] Sie werden als **Sozialmaßnahmen**, die den Mitarbeitern direkt zugewandt werden, oder als **Sozialeinrichtungen** im Rahmen der Personalbetreuung gestaltet – siehe ausführlich *Olfert*.

In einem engem Zusammenhang mit dem Personalentgelt stehen – siehe ausführlich *Olfert*:

- **Arbeitsbewertung**
- **Arbeitslöhne**
- **Zusatzkosten**
- **Lohn- und Gehaltsrechnung.**

2.4.1 Arbeitsbewertung

Die Arbeitsbewertung dient der Untersuchung von Arbeiten, um deren Verhältnis zueinander nach dem Arbeitsinhalt oder den Arbeitsanforderungen festzulegen. Ihr Ergebnis ist keine absolute Lohnbestimmungsgröße, sondern ein Zahlensymbol für die Höhe der Arbeitsschwierigkeit.

Um die Arbeitsbewertung durchführen zu können, ist zunächst eine **qualitative Arbeitsanalyse** erforderlich. Sie besteht aus:

- einer **Arbeitsuntersuchung**, in welcher der zu untersuchende Gegenstand – als Arbeitsgang oder Arbeitsplatz – abgegrenzt wird
- einer **Arbeitsbeschreibung**, mit der die gestellte Arbeitsaufgabe, das gewünschte Arbeitsergebnis, der Arbeitsablauf und die verwendeten Mittel dargestellt werden.

Die Arbeitsbewertung kann erfolgen als:

- **Summarische Arbeitsbewertung**, bei welcher der Gegenstand der Bewertung als geschlossene Einheit betrachtet wird und eine Gesamteinschätzung erfolgt. Als **Verfahren** lassen sich unterscheiden:

Rangfolge-verfahren	Dabei werden alle anfallenden Arbeiten aufgrund der Arbeitsbeschreibungen aufgelistet und nach ihrer Arbeitsschwierigkeit in eine Rangfolge gebracht.
Lohngruppen-verfahren	Bei diesem, auch Katalogverfahren genannten Verfahren werden mehrere Lohn- und Gehaltsgruppen mit unterschiedlichen Schwierigkeitsgraden gebildet und durch Beschreibungen bzw. Beispiele erläutert. Es wird häufig in Tarifverträgen verwendet.

Die summarische Arbeitsbewertung ist ein Verfahren, das einfach zu handhaben, kostengünstig und leicht verständlich ist (*Olfert*). In kleineren Unternehmen bzw. bei einfachen Arbeitsverrichtungen führt sie zu brauchbaren Ergebnissen (*Jung*).

- **Analytische Arbeitsbewertung**, bei der nicht die Arbeitsschwierigkeit als Ganzes, sondern ein Arbeitswert für jede einzelne Anforderungsart ermittelt wird. Die Gesamtbeanspruchung ergibt sich aus den einzelnen Beurteilungen. Als **Anforderungsarten** können unterschieden werden (*REFA*):

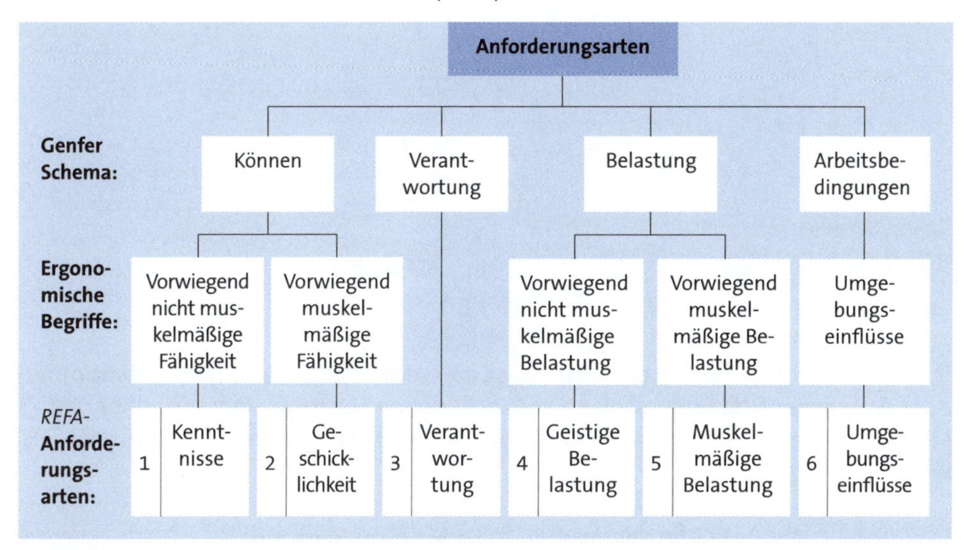

Verfahren der analytischen Arbeitsbewertung sind:

Rangreihenverfahren	Wie beim Rangfolgeverfahren wird eine Einordnung von der einfachsten zur schwierigsten Verrichtung vorgenommen, allerdings für jede Anforderungsart getrennt. Die Stellung einer bestimmten Tätigkeit in der Rangreihe wird in Prozent ausgedrückt (0 % - 100 %).
Stufenwertzahlverfahren	Hier wird für jede einzelne Anforderungsart eine Punktwert-Reihe erstellt. Jede Bewertungsstufe der Punktwert-Reihe ist definiert und durch Arbeitsbeispiele erläutert.

Der analytischen Arbeitsbewertung wird gegenüber den summarischen Verfahren im Allgemeinen der Vorzug gegeben, weil es im Regelfall in Unternehmen eine Vielzahl von zu bewertenden Tätigkeiten gibt (*Jung*). Ohne die Kenntnis der Anforderungen ist es für ein Unternehmen schwieriger, die einzelnen Mitarbeiter entsprechend ihrer Fähigkeiten an den entsprechenden Arbeitsplätzen einzusetzen. Die analytischen Verfahren haben einen genaueren Maßstab und werden als objektiver beurteilt (*Olfert*).

2.4.2 Arbeitslöhne

Nach der Ermittlung der unterschiedlichen Anforderungen an die Arbeitskräfte und der Feststellung der Lohnsätze für die verschiedenen Anforderungsgrade sind die Lohnformen zu bestimmen, die sein können:

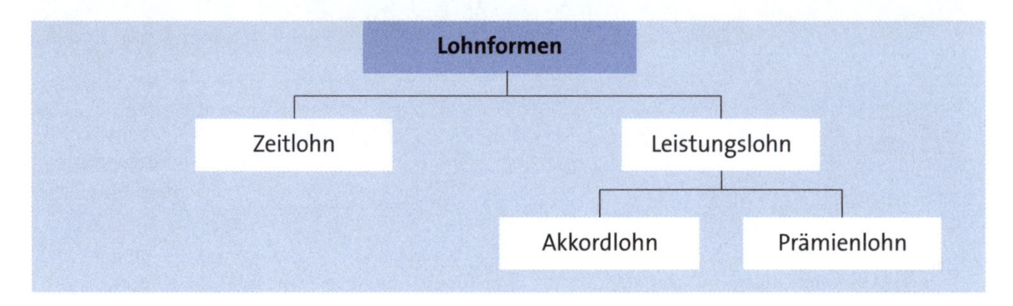

Innerhalb der gewählten Lohnformen ist zu entscheiden, ob eine **Einzelentlohnung** oder **Gruppenentlohnung** erfolgen soll, d. h. ob die Leistung einer einzelnen Arbeitskraft oder einer Arbeitsgruppe für die Feststellung der Lohnhöhe zu Grunde gelegt wird.

Die verschiedenen **Lohnformen** weisen folgende **Merkmale** auf:

- Beim **Zeitlohn** als Monats-, Wochen-, Tages- oder Stundenlohn wird ein bestimmter Lohnsatz pro Zeiteinheit gezahlt:

  Zeitlohn = Lohnsatz je Zeiteinheit • Anzahl der Zeiteinheiten

  Der Zeitlohn wird verwendet, wenn die zu leistende Arbeit nicht vorherbestimmbar oder messbar, schöpferisch-künstlerisch, von besonderer Qualität oder mit besonderen Unfallgefahren verbunden ist.

  Die Abrechnung des Zeitlohnes ist für das Unternehmen vergleichsweise relativ einfach. Andererseits trägt es das Risiko der Minderleistung der Arbeitnehmer. Die Gefahr mangelnder Motivation kann gegebenenfalls durch die Gewährung einer Leistungszulage gemindert werden.

- Beim **Akkordlohn** wird die geleistete Arbeitsmenge entlohnt. Er weist damit einen unmittelbaren Leistungsbezug auf. Seine Anwendung ist möglich, wenn der Ablauf der Arbeit im Voraus bekannt, gleichartig, regelmäßig wiederkehrend, leicht und genau messbar ist und die Leistungsmenge von der Arbeitskraft beeinflusst werden kann.

  Der Akkordlohn besteht aus dem **Mindestlohn**, der tariflich garantiert ist, und dem **Akkordzuschlag**, der üblicherweise 15 % - 25 % des Mindestlohnes beträgt. Mindestlohn und Akkordzuschlag werden als **Grundlohn** oder **Akkordrichtsatz** bezeichnet. Er stellt den Lohn einer Arbeitskraft bei Normalleistung dar.

Der Akkordlohn kann sein:

Stückakkord	Der Arbeitskraft wird ein Geldbetrag für eine bestimmte Arbeitsleistung vorgegeben, der als Akkordsatz bezeichnet wird: $$\text{Akkordsatz} = \frac{\text{Akkordrichtsatz}}{\text{Leistungseinheiten bei Normalzeiten}}$$ Der Arbeitslohn der Arbeitskraft ergibt sich: Akkordlohn = Leistungsmenge • Akkordsatz Die Zeitvorgabe ist für die Arbeitskraft nicht unmittelbar erkennbar, bei Tarifänderungen müssen die Akkordvorgaben neu berechnet werden.
Zeitakkord	Der Arbeitskraft werden für jedes erstellte Stück im Voraus festgelegte Zeiteinheiten gutgeschrieben, die der Vorgabezeit entsprechen. Der Arbeitslohn der Arbeitskraft ergibt sich: Akkordlohn = Leistungsmenge • Vorgabezeit • Minutenfaktor wobei: $$\text{Minutenfaktor} = \frac{\text{Akkordrichtsatz}}{60}$$ Die Zeitvorgabe ist für die Arbeitskraft unmittelbar erkennbar, bei Tarifänderungen muss lediglich der Minutenfaktor geändert werden.

- Beim **Prämienlohn** gibt es einen leistungsunabhängigen Teil – den **Grundlohn** – und einen leistungsabhängigen Teil – die **Prämie**:

Prämienlohn = Grundlohn + Prämie

Der Grundlohn ist meist ein Zeitlohn. Die Prämie wird planmäßig und zusätzlich für objektiv feststellbare Mehrleistungen qualitativer oder quantitativer Art gewährt, beispielsweise als Mengenleistungsprämie, Güteprämie, Ersparnisprämie, Nutzungsprämie, Termineinhalteprämie, Umsatzprämie.

Der Prämienlohn wird verwendet, wenn das Arbeitsergebnis vom Arbeitnehmer (noch) beeinflussbar ist, die Ermittlung genauer Akkordvorgaben aber unwirtschaftlich oder mangels geeigneter Fachkräfte nicht möglich ist.

2.4.3 Zusatzkosten

Außer den unmittelbaren Lohnkosten gibt es Personalzusatzkosten, die über die Arbeitslöhne hinausgehen. Das können sein:

- **Zusätzliche Vergütungen**, die der Arbeitgeber ohne Nennung bestimmter Voraussetzungen für den Anspruch gewährt, beispielsweise das 13. Monatsgehalt. Bei einer Kündigung kann ein Arbeitnehmer die zusätzliche Arbeitsvergütung nach dem Umfang der von ihm abgeleisteten Dienstzeit beanspruchen.
- **Sondervergütungen** oder **Gratifikationen**, die zu besonderen Anlässen gewährt werden, beispielsweise Weihnachten, Urlaub, Dienstjubiläum. Werden sie dreimal nacheinander ohne Vorbehalt gezahlt, entsteht ein Anspruch auf künftige Zahlungen. Der Arbeitgeber kann ihre Gewährung davon abhängig machen, dass das Arbeitsverhältnis zum Auszahlungszeitpunkt nicht gekündigt ist.
- **Zuschläge**, die nach Grund und Höhe arbeitsrechtlich festgelegte über die Grundvergütung hinausgehende Entgeltteile darstellen, beispielsweise Nacht-, Sonntags-, Gefahren-, Schmutz-, Erschwernis-, Leistungszuschläge. Überstundenzuschläge sind nicht nur zu vergüten, wenn die Überstunden angeordnet werden, sondern auch, wenn sie bekannt sind und geduldet werden.

2.4.4 Lohn- und Gehaltsrechnung

Die Lohn- und Gehaltsrechnung ist ein Bestandteil des Personalrechnungswesens und umfasst die Ermittlung des Entgeltes sowie alle weiterführenden Maßnahmen bis zur Auszahlung an die Mitarbeiter. Da die Entgeltrechnung von hoher Komplexität ist, wird sie grundsätzlich mithilfe der EDV durchgeführt.

Die Komplexität der Entgeltrechnung ist bedingt durch:

- unterschiedliche Entgeltformen wie Lohn, Gehalt, Provision usw.
- verschiedenartige Entgeltsysteme wie Zeit-, Akkord-, Prämienlohn
- vielfältige Rechtsschriften wie Gesetze, Tarifverträge usw.
- häufige Änderungserfordernisse, z. B. Steuerrechtsänderungen.

Als **Entgeltrechnung** sind zu unterscheiden – siehe ausführlich *Olfert*:

- Die **Bruttorechnung**, mit deren Hilfe das Bruttoentgelt für jeden Arbeitnehmer für eine Abrechnungsperiode ermittelt wird. Sie kann sich beziehen auf:

Bruttolohn	Er wird auf der Basis von Lohnscheinen ermittelt, welche die Lohnart, den Namen und die Personalnummer des Arbeitnehmers, Art der Tätigkeit, Lohngruppe, Lohnstunden und Lohn pro Stunde enthalten.
Bruttogehalt	Seine Ermittlung geschieht auf der Basis der Datenstammsätze, da sie über längere Zeit hinweg gleich bleibend ist. Diese Vorgehensweise ist auch für Zeitlohnempfänger mit Monatslohn maßgeblich.

Außer dem Grundlohn können Provisionen für Mitarbeiter des Außendienstes, die aus Umsätzen oder aus Auftragseingängen ermittelt werden, und Sonderzuwendungen in das Bruttoentgelt eingehen, beispielsweise Weihnachtsgratifikationen und Urlaubsgelder.

- Die **Nettorechnung** dient dazu, das Nettoentgelt des Arbeitnehmers zu berechnen. Dabei sind gesetzliche Bestimmungen und Vorschriften zu beachten. Von dem Bruttoentgelt werden folgende gesetzlich festgelegte Abzüge subtrahiert:

	Bruttoentgelt
-	Lohnsteuer
-	Solidaritätszuschlag
-	Kirchensteuer
-	Rentenversicherungsbeitrag
-	Krankenversicherungsbeitrag
-	Pflegeversicherungsbeitrag
-	Arbeitslosenversicherungsbeitrag
=	**Nettoentgelt**

Die für die Berechnung der Abzüge notwendigen Daten sind bei EDV-orientierter Lohn- und Gehaltsrechnung in der Personalstammdatei gespeichert, beispielsweise als Steuerklasse, Familienstand, Steuerfreibetrag und Versicherungsnummer.

Aufgabe 62 > Seite 565

2.5 Personalentwicklung

Die Personalentwicklung ist die Gesamtheit aller Maßnahmen, die darauf ausgerichtet sind, die **Qualifikation** der Mitarbeiter **zu verbessern**. Die wirtschaftlichen und technischen Wandlungen machen es erforderlich, das Personal frühzeitig und qualifiziert auf diese Entwicklung einzustellen.

Durch die Personalentwicklung und durch den meistens damit verbundenen beruflichen Aufstieg, kann die Motivation der Mitarbeiter verbessert werden. Unternehmen, die nicht in hinreichendem Umfang in die Personalentwicklung ihrer Mitarbeiter investieren, laufen Gefahr, ihre Wettbewerbsfähigkeit zu verlieren. Damit gefährden sie auch ihren Bestand.

Mithilfe der Personalentwicklung sichern sich die Unternehmen langfristig die Verfügbarkeit geeigneter Fach- und Führungskräfte. Die Mitarbeiter werden in ihrer **Handlungskompetenz** gefördert, die sich zusammensetzt aus:

- **sozialer Kompetenz**, die sie z. B. befähigt, wirksam zusammenzuarbeiten und zu kommunizieren sowie effizient mit Konflikten umzugehen.
- **fachlicher Kompetenz**, die sich insbesondere auf fachliche Fähigkeiten, Fertigkeiten und Kenntnisse für berufliche Aufgaben bezieht.
- **methodischer Kompetenz**, bei der es sich z. B. um die Fähigkeit handelt, Informationen zu beschaffen und zu verwenden sowie Lösungen für neue Probleme eigenständig zu finden.

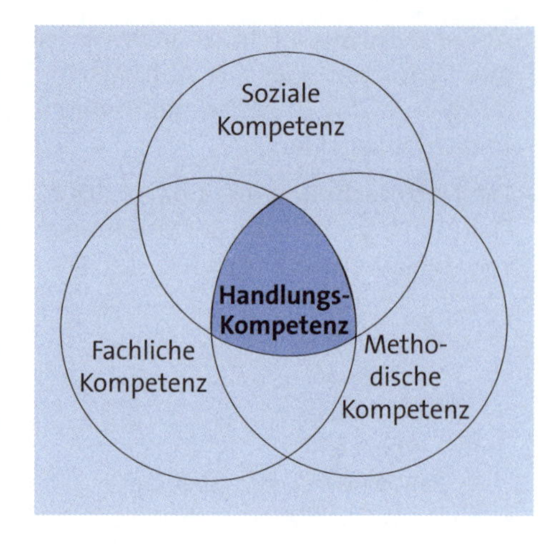

Die Personalentwicklung kann erfolgen als – siehe ausführlich *Olfert*:

- **Ausbildung**
- **Fortbildung**
- **Umschulung**.

Ausbildung, Fortbildung[1] und Umschulung sind – als Berufsbildung – im Berufsbildungsgesetz (BBiG) zu finden.

2.5.1 Ausbildung

Die berufliche Erstbildung im Unternehmen wird üblicherweise als Ausbildung bezeichnet. Im Berufsbildungsgesetz (BBiG), das in 2005 geändert wurde, wird von **Berufsausbildung** gesprochen. Sie erfolgt grundsätzlich im „dualen System".

Dabei erfolgt der praktische Teil der Ausbildung in einem Unternehmen, in Ausnahmefällen auch in einer überbetrieblichen Lehrwerkstatt. An der Ausbildung sind Ausbildende, Ausbilder und Auszubildende beteiligt. Der theoretische Teil wird in den Berufsschulen mit wochentäglichem oder Blockunterricht bewältigt.

Die Ausbildung kann sich beziehen auf:

- **Ausbildungsberufe ohne Spezialisierung**, die ein einheitliches Berufsbild für alle Auszubildenden aufweisen, ohne dass Spezialisierungen möglich sind
- **Ausbildungsberufe mit Spezialisierung**, die sich gleichermaßen auf einen einheitlichen Ausbildungsberuf beziehen, innerhalb dessen aber Spezialisierungen vorgenommen werden können

[1] Vielfach wird auch von **Weiterbildung** gesprochen.

- **Stufenausbildungsberufe**, die Ausbildungen in zwei oder drei Stufen ermöglichen, wobei jede Stufe mit einem anerkannten Abschluss endet, der eine berufliche Tätigkeit erlaubt.

Für die Ordnungsmäßigkeit einer Ausbildung ist festgelegt, welche Eignung das ausbildende Unternehmen, die vom Unternehmen eingesetzten Ausbilder und die Auszubildenden aufweisen müssen. Die Ausbildung selbst ist geregelt:

- Im **Ausbildungsberufsbild**, in dem die grundlegenden Ausbildungsinhalte festgelegt sind. Es geht hier um die zu vermittelnden beruflichen Fertigkeiten, Kenntnisse und Fähigkeiten.
- In der **Ausbildungsordnung** (§ 5 BBiG), die es für jedes anerkannte Ausbildungsberufsbild gibt. Darin werden die Bezeichnung des Ausbildungsberufes, die Ausbildungsdauer, die zu vermittelnden Kenntnisse und Fertigkeiten, die sachliche und zeitliche Gliederung der Ausbildung, die Prüfungsanforderungen dargestellt.
- Im **Ausbildungsrahmenplan**, der ausführlich den Inhalt und Umfang der einzelnen Lehrstoffe eines Ausbildungsberufsbildes beschreibt.
- In der **Prüfungsordnung**, die alle der Abschlussprüfung zu Grunde liegenden Regelungen enthält, beispielsweise Zulassung zur Prüfung, Gliederung der Prüfung, Prüfungszeugnis.

In den Unternehmen steht die betriebspraktische Ausbildung in den ausbildungsdienlichen Fachabteilungen im Mittelpunkt. Sie wird vielfach durch betriebliche Unterrichtselemente ergänzt, die in größeren Unternehmen regelmäßig, in mittleren oder kleineren Unternehmen gelegentlich oder fallweise erfolgen.

2.5.2 Fortbildung

Mit der Fortbildung sollen die beruflichen Kenntnisse und Fertigkeiten erweitert und an die aktuellen Entwicklungen angepasst werden. Sie kann sein:

- die **Erhaltungsfortbildung**, mit der verlustig gegangene Kenntnisse und Fertigkeiten ausgeglichen werden sollen, die durch fehlende Ausübung des Berufes entstanden sind, z. B. nach einer beruflichen Unterbrechung
- die **Erweiterungsfortbildung**, mit welcher der Erwerb zusätzlicher beruflicher, über die gegenwärtige Arbeitsaufgabe hinausgehender Kenntnisse und Fertigkeiten angestrebt wird
- die **Anpassungsfortbildung**, die der Angleichung der Kenntnisse und Fertigkeiten an veränderte Arbeitsbedingungen dient, z. B. bei organisatorischem bzw. technologischem Wandel
- die **Aufstiegsfortbildung**, mit der Kenntnisse und Fertigkeiten vermittelt werden, die zur Bewältigung höherwertiger Aufgaben bzw. zur Einnahme höherer hierarchischer Positionen befähigen soll.

Die Fortbildung kann unternehmensintern oder unternehmensextern erfolgen:

- Die **unternehmensinterne Fortbildung** ist am Arbeitsplatz oder außerhalb des Arbeitsplatzes möglich:

Fortbildung am Arbeitsplatz (on-the-job)	► Die **Anleitung** und **Beratung durch** den **Vorgesetzten** als gelenkte Erfahrungsvermittlung. ► Der Einsatz als **Assistent**, der stufenweise Aufgaben der übergeordneten Stelle übernimmt und damit auf eine Nachfolge oder Stellvertretung vorbereitet wird. ► Die **Übertragung von Sonderaufgaben**, die über Routineaufgaben hinausgehen, um auf neue Aufgabenstellungen vorzubereiten. ► Der **Arbeitsplatzwechsel**, bei dem Aufgaben an unterschiedlichen Arbeitsplätzen zu erledigen sind. Er wird auch job rotation genannt.
Fortbildung außerhalb des Arbeitsplatzes (off-the-job)	► Die **Vorlesungsmethode**, mit der systematisch und kostensparend, Wissen aber nur passiv vermittelt werden kann. ► Die **programmierte Unterweisung** als aktive Lehrmethode, bei welcher der Lehrstoff schrittweise vermittelt wird. ► Die **Konferenzmethode** als aktive Lehrmethode, bei welcher die Diskussion im Vordergrund steht, die vom Konferenzleiter gelenkt wird. ► Die **Fallmethode**, bei der die Teilnehmer Entscheidungssituationen analysieren und Handlungsalternativen herausarbeiten. ► Das **Planspiel**, mit dem ein Unternehmen simuliert wird, für das Entscheidungen zu treffen sind.

- Die **unternehmensexterne Fortbildung** wird von außerhalb des Unternehmens stehenden Institutionen und Trainern vorgenommen. Sie können ausschließlich für die Mitarbeiter des Unternehmens eingesetzt und damit unternehmensspezifisch ausgerichtet werden oder ihr Angebot an die Mitarbeiter verschiedener Unternehmen richten.

  Die Teilnehmer dieser Veranstaltungen können sich unternehmensübergreifend austauschen. Es wird Professionalität geboten und Betriebsblindheit kommt weniger auf. Dafür sind die Gruppen eher heterogen und die Kosten oftmals relativ hoch.

2.5.3 Umschulung

Die Umschulung ist eine zweite Ausbildung in einem anderen als dem bisher ausgeübten Beruf. Sie dient der **beruflichen Neuorientierung** von Arbeitnehmern, die arbeitslos sind oder werden bzw. sich unfall- oder krankheitsbedingt neu orientieren müssen. Für die Umschulung kommen verschiedene **Träger** in Betracht:

- Unternehmen
- Rehabilitationszentren bei Krankheit oder Unfall
- private Bildungseinrichtungen.

Gründe für die Umschulung können z. B. sein:

Einsatz neuer Technologien	Umschulung eines kaufmännischen Sachbearbeiters zum EDV-Sachbearbeiter
Berufsstrukturelle Veränderung	Umschulung eines Bäckers zum „Betriebswirt des Handwerks“
Altersbedingte Umorientierung	Umschulung eines 45-jährigen Elektromechanikers zum Elektroniker
Unfall-/krankeitsbedingte Veränderung	Umschulung eines Mitarbeiters mit Stauballergie durch berufliche Rehabilitation
Fehlbedarf im ausgeübten Beruf	Umschulung eines Finanzbuchhalters zu Programmierer

Für Umschulungsmaßnahmen können Förderungsmittel nach dem Sozialgesetzbuch III erlangt werden.

Aufgabe 63 > Seite 566

2.6 Personalfreistellung

Die Personalfreistellung umfasst alle Maßnahmen, mit denen eine personelle Überdeckung in quantitativer, qualitativer und zeitlicher Hinsicht abgebaut wird. Sie wird auch Personalfreisetzung genannt und kann beispielsweise durch rückläufigen Absatz, saisonale Schwankungen, Rationalisierung, Mechanisierung oder Automation notwendig werden.

Die Veränderung der Personalkapazität kann erfolgen als – siehe ausführlich *Olfert*:

- **interne Personalfreistellung**
- **externe Personalfreistellung.**

2.6.1 Interne Personalfreistellung

Bei der internen Personalfreistellung wird personelle Kapazität durch die Änderung bestehender Arbeitsverhältnisse angepasst, **ohne** dass es zu einem **Personalabbau** kommt. Sie kann erfolgen:

- Durch den **Abbau von Mehrarbeit**, worunter die Arbeitszeit verstanden wird, die über die meist tarifvertraglich festgelegte, betriebsübliche, regelmäßige Arbeitszeit eines Tages oder einer Woche hinausgeht.
- Durch die **Flexibilisierung der Arbeitszeit**, bei der die tägliche, wöchentliche, monatliche oder jährliche Arbeitszeit nicht immer das gleiche Stundenvolumen aufweist, im Durchschnitt aber die vereinbarte durchschnittliche Arbeitszeit pro Arbeitsintervall erreicht.

- Durch die **Flexibilisierung der Arbeitszeit**, indem Vollzeitstellen in **Teilzeitstellen** umgewandelt werden. Dabei können neben festen Arbeitszeiten vereinbart werden:

Arbeit auf Abruf	Sie wird auch als kapazitätsorientierte variable Arbeitszeit bzw. (**KAPOVAZ**) bezeichnet und ermöglicht, die Lage und Dauer der Arbeitszeit an den Arbeitsanfall anzupassen.
Teilung von Arbeitsplätzen	Sie wird auch **Job Sharing** genannt und besteht darin, dass zwei oder mehr Arbeitnehmer sich einen Arbeitsplatz teilen.

- Durch die **Anpassung des Urlaubes** hinsichtlich seiner Dauer und/oder Lage, wobei z. B. einzelne Mitarbeiter ihren Urlaub – soweit rechtlich zulässig – vorziehen bzw. verschieben, die Betriebsferien für alle Arbeitnehmer zeitlich verlegt werden, Sonderurlaub oder unbezahlter Urlaub gewährt wird.
- Durch die **Einführung von Kurzarbeit**, worunter die vorübergehende Herabsetzung der betriebsüblichen regelmäßigen Arbeitszeit für den gesamten Betrieb, einzelne Betriebsabteilungen bzw. bestimmte Arbeitnehmergruppen mit der Folge von Entgeltminderungen zu verstehen ist.
- Durch die **Versetzung von Arbeitnehmern**, wobei der Arbeitgeber aufgrund seines aus den Arbeitsverträgen resultierenden Direktionsrechtes den Arbeitnehmern andere Tätigkeitsfelder zuweist.
- Durch den **Ausspruch von Änderungskündigungen**, womit arbeitsvertraglich vereinbarte Arbeitsbedingungen verändert werden sollen, soweit sie nicht durch einseitige Weisungen oder einvernehmliche Vereinbarungen erreichbar sind.

2.6.2 Externe Personalfreistellung

Bei der externen Personalfreistellung wird personelle Kapazität durch Beendigung bestehender Arbeitsverhältnisse angepasst. Damit kommt es zu einem **Personalabbau**. Die externe Personalfreistellung kann bewirkt werden:

- Durch **Ausnutzung der Fluktuation**, indem Stellen, die beispielsweise durch Kündigung, Pensionierung oder Tod freigeworden sind, nicht wieder oder nur innerbetrieblich besetzt werden.
- Durch die **Vereinbarung von Aufhebungsverträgen**, mit denen Arbeitsverhältnisse einvernehmlich zu einem bestimmten Zeitpunkt beendet werden. Sie kann grundsätzlich formlos erfolgen und ist, da sie keine Kündigung darstellt, weder an Kündigungsfristen noch an kündigungsrechtliche Schutzvorschriften gebunden.

  Außergerichtliche Aufhebungsverträge können mit oder ohne **Abfindungen** vereinbart werden. Abfindungen ermöglichen die einvernehmliche Beendigung des Arbeitsverhältnisses möglicherweise überhaupt erst.
- Durch **Outplacement**, einer Modifizierung des Aufhebungsvertrages. Dabei beauftragt und bezahlt das Unternehmen meistens einen externen Berater, der den Mitarbeiter in noch ungekündigter Position bei der Suche nach einer neuen, außerhalb des Unternehmens liegenden Existenz gezielt unterstützt.

- Durch die **Kündigung** des Unternehmens, die eine empfangsbedürftige Willenserklärung darstellt. Sie kann grundsätzlich formlos erfolgen und wird rechtswirksam, wenn sie dem Vertragspartner zugegangen ist. Es lassen sich unterscheiden:

Außerordentliche Kündigung	Sie wird auch als fristlose Kündigung bezeichnet, da die sonst geltenden Kündigungsfristen nicht zu beachten sind. **Voraussetzung** ist das Vorliegen eines wichtigen Grundes, beispielsweise Diebstahl. Die außerordentliche Kündigung muss innerhalb von zwei Wochen nach Kenntnis des Grundes ausgesprochen werden.
Ordentliche Kündigung	Sie ist gegeben, wenn die Kündigungsfristen und Kündigungstermine eingehalten werden. In den Betrieben bis 2003 mit mehr als 5 Arbeitnehmern und seit 2004 mehr als 10 Arbeitnehmern nach einer Mindestdauer des Arbeitsverhältnisses von 6 Monaten ist sie nur aus personen-, verhaltens- oder betriebsbedingten Gründen möglich (Kündigungsschutzgesetz).

Nach dem BGB gilt eine **gesetzliche Grundkündigungsfrist** in den ersten zwei Beschäftigungsjahren für alle Arbeitnehmer von 4 Wochen zum 15. eines Monats oder zum Monatsende. Die Grundkündigungsfrist gilt **gleichermaßen** für Arbeitgeber und Arbeitnehmer.

Mit dem Ausspruch der Kündigung entsteht der **Anspruch** des Arbeitnehmers **auf ein Arbeitszeugnis**, das als einfaches Arbeitszeugnis Angaben über die Person des Arbeitnehmers sowie die Art und Dauer der Beschäftigung enthält (§§ 630 BGB, 109 GewO, 16 BBiG). Als qualifiziertes Arbeitszeugnis, das der Arbeitnehmer verlangen kann, enthält es zudem eine Beurteilung des Verhaltens und der Leistung des Arbeitnehmers.

Aufgabe 64 > Seite 567

3. Kontrolle

Die Personalkontrolle schließt den Führungsprozess in der Personalwirtschaft ab. Sie kann erfolgen als:

- **Kontrolle der** einzelnen **Personalplanungen** durch Gegenüberstellung der Planansätze und Istwerte. Die Abweichungen sind einer Analyse zu unterziehen.
- **Kennzahlenanalyse**, bei der z. B. ermittelt werden können:

  Arbeitskräftestruktur, Ausländerquote, Einstellungsquote, Facharbeiterquote, Fehlzeitenquote, Fluktuationsrate, Fluktuationskosten, Krankheitsausfallquote, Krankenquote, Personalbedarfsdeckungsquote, Überstundenquote, Verbleibquote, Versetzungsrate, Vorstellungsquote, Höhe der Personalkosten.

Die Kontrolle ist ein Teil des **Controllingprozesses**, der außerdem die Zielsetzung, Planung und Steuerung umfasst. Um steuernd eingreifen zu können, bedarf das **Controlling** eines Frühwarnsystems. Als Frühwarngrößen kommen die Kennzahlen in Betracht. Mit ihrer Hilfe können unplanmäßige Entwicklungen rasch erkannt werden.

KONTROLLFRAGEN

	Lösung
1. Wer sind die Träger der Aktivitäten im Personalbereich?	S. 391
2. Worin sind die rechtlichen Grundlagen für die Arbeitsverhältnisse enthalten?	S. 391
3. Welche Planungen im Personalbereich können unterschieden werden?	S. 392
4. Worin unterscheiden sich die Individual- und Kollektivplanung?	S. 392 ff.
5. Erläutern Sie die Arten der Individualplanung!	S. 392 f.
6. Welche Arten der Kollektivplanung gibt es?	S. 393 f.
7. Nennen Sie die Durchführungsaufgaben des Personalbereiches!	S. 394
8. Mit welchen Problemkreisen befasst sich die Personalbeschaffung?	S. 394 f.
9. Worin unterscheiden sich interne und externe Beschaffungswege?	S. 395 f.
10. Welche innerbetrieblichen Beschaffungswege lassen sich unterscheiden?	S. 395
11. Erläutern Sie die externen Beschaffungswege!	S. 396
12. Aus welchen Teilen bestehen Bewerbungsunterlagen?	S. 397
13. Welchen Anforderungen sollen die Bewerbungsunterlagen gerecht werden?	S. 397
14. Wozu dient das Vorstellungsgespräch?	S. 398
15. Wie kann ein Vorstellungsgespräch ablaufen?	S. 398
16. Welche Eignungstests können unterschieden werden?	S. 398
17. Was ist unter einem Assessment-Center zu verstehen?	S. 398
18. Welche Bedeutung haben graphologische Gutachten?	S. 398
19. Wozu dient die ärztliche Eignungsuntersuchung?	S. 398
20. Inwieweit kann der Arbeitsvertrag zwischen Arbeitgeber und Arbeitnehmer frei vereinbart werden?	S. 399
21. Welche Arten von Arbeitsverträgen gibt es?	S. 399
22. Was ist unter dem Personaleinsatz zu verstehen?	S. 399
23. Welchen Bestimmungsfaktoren unterliegt die Arbeitsleistung?	S. 399 f.
24. Nach welchen Gesichtspunkten kann ein Arbeitsplatz gestaltet sein?	S. 400 f.
25. Beschreiben Sie die Einsatzprinzipien von Mitarbeitern!	S. 400
26. Wo finden sich Regelungen zur Arbeitszeit?	S. 401
27. Was ist unter der Tagesrhythmik zu verstehen?	S. 401
28. Worum geht es bei der Gestaltung der Arbeitsaufgabe?	S. 402

	Lösung
29. Wozu dient die Personalführung?	S. 402
30. Welche Typen von Führungskräften können unterschieden werden?	S. 403
31. Erläutern Sie, über welche Führungsmittel die Führungskräfte verfügen!	S. 403 f.
32. Welche Typen von Mitarbeitern lassen sich unterscheiden?	S. 404 f.
33. Was ist unter der Personalentlohnung zu verstehen?	S. 405
34. Worin besteht die grundlegende Problematik der Entlohnung?	S. 405
35. Wozu dient die Arbeitsbewertung?	S. 406
36. Welche Arten der Arbeitsbewertung gibt es?	S. 406 f.
37. Worin unterscheiden sich die summarische und analytische Arbeitsbewertung?	S. 406 f.
38. Nennen Sie die Verfahren der summarischen Arbeitsbewertung!	S. 406
39. Welche Verfahren der analytischen Arbeitsbewertung kennen Sie?	S. 407
40. Systematisieren Sie die Lohnformen!	S. 408
41. Stellen Sie die Merkmale des Zeitlohnes dar!	S. 408
42. Beschreiben Sie den Akkordlohn!	S. 408 f.
43. Worin unterscheiden sich der Stück- und Zeitakkord?	S. 409
44. Was ist unter dem Prämienlohn zu verstehen?	S. 409
45. Welche zusätzlichen Personalkosten können Sie nennen?	S. 410
46. Erklären Sie die Lohn- und Gehaltsrechnung!	S. 410 f.
47. Erläutern Sie, was unter der Personalentwicklung zu verstehen ist!	S. 411 f.
48. Welche Arten der Personalentwicklung sind zu unterscheiden?	S. 412
49. Was versteht man unter der Ausbildung?	S. 412 f.
50. Welche Vorschriften dienen dazu, die Ausbildung zu regeln?	S. 413
51. Wozu kann Fortbildung dienen?	S. 413
52. Beschreiben Sie die Möglichkeiten der unternehmensinternen Fortbildung!	S. 414
53. Was ist unter der Umschulung zu verstehen?	S. 414
54. Wer kann Träger der beruflichen Umschulung sein?	S. 414
55. Welche Maßnahmen umfasst die Personalfreistellung?	S. 415
56. Auf welche Arten kann die Personalfreistellung erfolgen?	S. 415 ff.
57. Worin unterscheiden sich interne und externe Personalfreistellungen?	S. 415 ff.

	Lösung
58. Welche Möglichkeiten der internen Personalfreistellung gibt es?	S. 415 f.
59. Was ist KAPOVAZ?	S. 416
60. Erläutern Sie, was unter Job sharing zu verstehen ist!	S. 416
61. Welche Maßnahmen können externe Personalfreistellungen bewirken?	S. 416 f.
62. Worin unterscheiden sich die ordentliche und außerordentliche Kündigung?	S. 417
63. Wann entsteht ein Anspruch auf ein Arbeitszeugnis?	S. 417
64. Welche Unterschiede gibt es zwischen dem einfachen und qualifizierten Arbeitszeugnis?	S. 417
65. Worauf kann sich die Kontrolle im Personalbereich beziehen?	S. 417
66 Geben Sie Beispiele für personalwirtschaftliche Kennzahlen!	S. 417

G. Informationsbereich

Der Informationsbereich befasst sich mit der Planung, Verarbeitung und Kontrolle von Daten. Sie stellen Informationen dar, die in Verbindung mit den betrieblichen Zielen stehen. Das **Informationsmanagement** hat die Aufgabe, für Datentransparenz zu sorgen (*Heinrich/Stelzer, Krcmar, Schwarze*). Der Informationsmanager ist der Mittler zwischen der Unternehmensleitung, der EDV-Abteilung und den anderen Fachbereichen.

Die zu treffenden Entscheidungen sind für alle Unternehmensbereiche von Bedeutung. Zu unterscheiden sind:

Informationsbereich	Informationen
	Informatik

1. Informationen

Unter Informationen ist nicht nur das zweckbezogene Wissen über das Personal, Kapital und Material zu verstehen, sondern auch die Mitteilungen von Mitarbeitern an Vorgesetzte und die Datenweitergabe von Führungskräften an Mitarbeiter.

Informationen sind eine unerlässliche Grundlage für die **Führung** im Unternehmen. Sie können unterschiedlichster Art sein, je nachdem, ob sie unter prozess-, struktur- oder datenverarbeitungsbezogenen Aspekten betrachtet werden.

Die Gewinnung, Auswahl, Verarbeitung und Weitergabe von Informationen ist ein zentrales Problem der modernen Betriebswirtschaftslehre. Um die sich daraus ergebenden Aufgaben bewältigen zu können, benötigt das Unternehmen Informationssysteme, bei denen folgende Arten zu unterscheiden sind.

- **Management-Informationssysteme** (MIS), bei denen die abgegebenen Informationen direkt in die sachbezogenen Führungsprozesse einfließen und die Grundlage von Entscheidungen bilden. Weil sie auf der EDV-Unterstützung basieren, werden sie auch computergestützte Management-Informationssysteme (CIS), Entscheidungs-Unterstützungssysteme (EUS) und Führungsinformationssysteme (FIS) genannt.
- **Funktionsbezogene Informationssysteme**, die das Gesamtsystem in abgrenzbare Teilsysteme unterteilen, z. B. Marketing-, Produktions- und Personalinformationssysteme (PIS) bzw. Forschungs- und Entwicklungs-Informationssysteme (FORIS), Controllinginformationssysteme. Inzwischen besteht das Bestreben, diese Teilsysteme zu integrierten Unternehmens-Informationssystemen (UIS) zu verknüpfen, wobei der Gedanke des Computer Integrated Manufacturing (CIM) tragend ist.
- **Branchenbezogene Informationssysteme**, bei denen die zu verarbeitenden Daten auf die verschiedenen Wirtschaftszweige bezogen werden, z. B. Banken-, Versicherungs-, Handels-, Land- und Geo-Informationssysteme. Es gibt auch Krankenhaus-Informationssysteme (KIS) und Technologische Informationssysteme (TIS).

- **Analytische Informationssysteme** stellen Daten zur Planung und Kontrolle von Führungsentscheidungen bereit. Dabei bildet das sogenannte Data-Warehouse die zentrale Datenbank eines Unternehmens. Die Entscheidungsträger können die von ihnen benötigten Daten abrufen.
- Im **Data Warehouse** werden Daten aus allen betrieblichen Bereichen gesammelt und ggf. durch zusätzliche externe Datenquellen ergänzt. Eine zentrale Data Warehouse-Architektur stellt sicher, dass Daten aus den **operativen Systemen** (z. B. SAP R/3 oder EXCEL) ausgewählt, integriert und verdichtet werden. Damit bilden sie das unternehmensweite Data Warehouse, auf dem **Auswertungen** bzw. **Analysen** aufsetzen. Für die Nutzer des Systems verbessert sich der Zugangskomfort erheblich.

In der betrieblichen Praxis hat sich gezeigt, dass das bei dieser Vorgehensweise entstehende Data Warehouse einen extrem hohen Komplexitätsgrad erreichen kann. Um dennoch eine effiziente Nutzung der Daten zu ermöglichen, wurde das Konzept der **Data Marts** als Datenpool integriert. Dieser fasst die Daten für eine bestimmte Klasse von Anwendungen bzw. für eine bestimmte Benutzergruppe so zusammen, dass eine effektive Datenverwertung ermöglicht wird. Damit ergibt sich folgende **Data Warehouse-Architektur** (*Bauer/Günzel, Holey/Welter/Wiedemann, Mertens, Wöhe/Döring*):

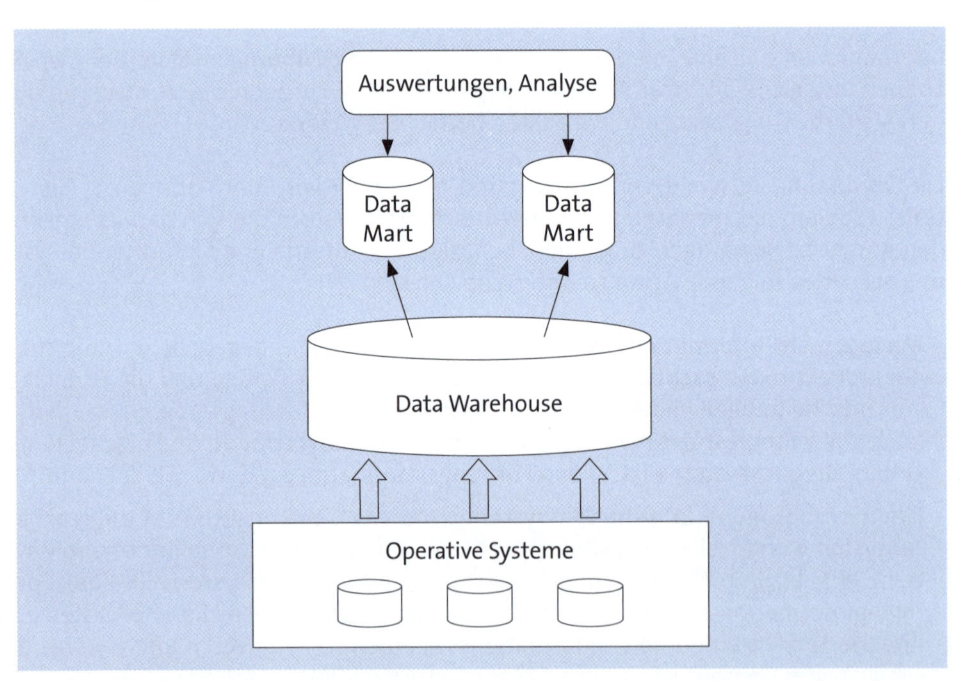

Die Architektur des Data Warehouse ermöglicht es, auch benutzerspezifische Berichte und Abfragen vorzunehmen, die mithilfe des operativen Systems nicht möglich wären oder unzumutbare lange Wartezeiten mit sich bringen würden. Die **Einsatzmöglichkeiten** dieser Anwendungen erstrecken sich insbesondere auf:

- Die **Unternehmensleitung** bzw. die betroffenen Unternehmensbereiche, die bei ihren Entscheidungen gezielt mit den notwendigen Informationen versorgt werden. Mit der Data Warehouse-Architektur erschließen sich vor allem auch dem **Marketing** neue Möglichkeiten der Anwendung.
- Das **Controlling** des Unternehmens, das umfangreiche Planungs-, Kontroll-, Steuerungs- und Informationsaufgaben zu bewältigen hat. Dabei bedienen sich die Controllingexperten der Analysewerkzeuge und der Anwendungsmöglichkeiten des Data Warehouse.

Den Informationssystemen kommt innerhalb des **Informationsmanagement** große Bedeutung zu, weil die rechtzeitige, wirtschaftliche und gezielte Versorgung z. B. der Führungskräfte, Mitarbeiter und Kunden mit qualitativ hochwertigen und quantitativ angemessenen Informationen zu sichern ist. Die **Informationsgüte** wird durch mehrere Faktoren bestimmt:

- Anzahl der Informationsdaten
- Genauigkeit der Informationsdaten
- Bereitstellung der Informationsdaten.

Der **Führungsprozess** im Informationsbereich umfasst:

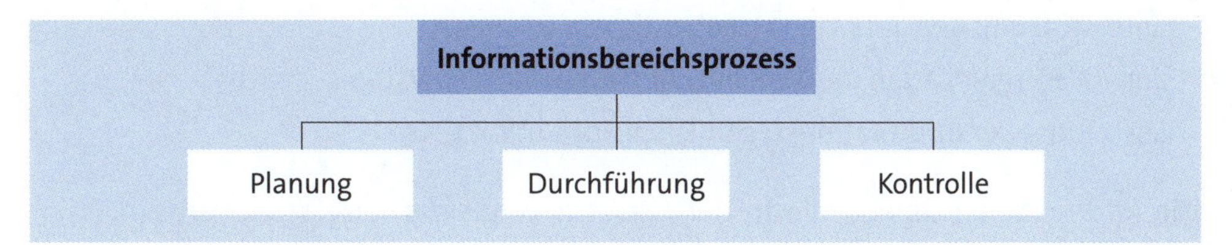

1.1 Planung

Die Komplexität des wirtschaftlichen Geschehens, das Wachstum der Unternehmen, die Verlängerung der Produktionswege und die zunehmende Arbeitsteilung lassen den Informationsbedarf und das Informationsvolumen der Unternehmen ansteigen. Mit höherem Informationsvolumen nimmt die Notwendigkeit systematischer Informationsplanung zu. Der Planung liegen zu Grunde:

- **Bedarfsanalyse**
- **Zielanalyse.**

1.1.1 Bedarfsanalyse

Die Ermittlung des zukünftigen Informationsbedarfs eines Unternehmens ist eine wesentliche Aufgabe des Informationsmanagement. Die Methode zur Erhebung und Bewertung dieses Bedarfs wird als Informationsbedarfsanalyse bezeichnet.

In den **Informationsbedarf** gehen die Anforderungen der Unternehmensbereiche im Hinblick auf die Entwicklung neuer betrieblicher Informationssysteme ein. Dabei wird nicht nur der bereits vorhandene Informationsbedarf erfasst, sondern auch der zukünftige Bedarf wird prognostiziert. Die **Ermittlung** des Informationsbedarfes kann sich beziehen auf:

- Informationsempfäger
- Informationsarten
- Informationszeit
- Informationsort
- Informationsgrund
- Informationsmittel
- Informationsmenge
- Informationsqualität
- Informationskosten.

Die **Informationsplanung** erfolgt auf der Grundlage der vorgegebenen Ziele.

1.1.2 Zielanalyse

Der gesteigerte Informationsbedarf und die sich daraus ergebende Flut an Informationen hat dazu geführt, dass dem Informationsmanagement verstärkte Beachtung geschenkt wird. Die **Ziele** des Informationsmanagement können sein:

- Unterstützung der Unternehmensbereiche
- sinnvolle Organisation des betrieblichen Informationssystems
- Gestaltung der Informationstechnik (vgl. Informatik).

Die Informationsplanung, die in der Literatur vergleichsweise stark vernachlässigt wird, kann sich mit folgenden **Soll-Größen** beschäftigen:

- Wirtschaftlichkeit der Informationen
- bedarfsgerechte Informationsmenge und Informationsqualität
- Benutzerfreundlichkeit der EDV-Anlagen
- Zuverlässigkeit der Informationen
- Schnelligkeit der Informationsverarbeitung
- unverzüglicher Informationsfluss.

Um den Trägern der Entscheidungen die Fülle an betrieblichen und außerbetrieblichen Informationen nutzbar zu machen, ist eine **Verdichtung** und **Zusammenfassung** der Informationen erforderlich. Die Informationsplanung ist die Grundlage für die Durchführung im Informationsbereich.

1.2 Durchführung

Als Durchführung ist die **Verarbeitung** und **Weitergabe** der Informationen anzusehen. Dabei ist darauf zu achten, dass geeignete Sachmittel, Techniken und Methoden eingesetzt werden. Ebenso sind bestimmte Anforderungen an das mit der Informationsverarbeitung und -weitergabe befasste Personal zu stellen, beispielsweise Genauigkeit und Schnelligkeit. Im Rahmen der Durchführung sind zu unterscheiden:

- **Informationsarten**
- **Informationsverarbeitung**.

1.2.1 Informationsarten

Zu den Arten zählen Informationen über das Personal, die Güter und das Kapital:

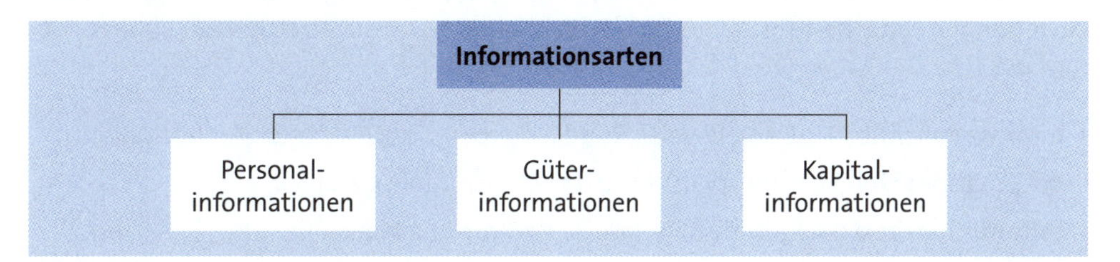

1.2.1.1 Personalinformationen

Die verschiedenen Aufgabenträger an den einzelnen Stellen geben Informationen ab, nehmen Informationen auf und verarbeiten sie. Gegenseitige Informationen werden als **Kommunikation** bezeichnet. Sie ist für den Führungsprozess bedeutsam. Personalinformationen können sein (*Olfert*):

- **Informationen über Personal**
- **Informationen von Personal**
- **Informationen an Personal**.

1.2.1.1.1 Informationen über Personal

Informationen über die Kenntnisse, Fähigkeiten, Einstellungen, Erwartungshaltungen und über die Arbeitsplätze des Personals bilden eine wesentliche Grundlage der Personalführung. Auf dieser Basis kann man Personalinformationen als zweckorientiertes, personen- und arbeitsplatzbezogenes Wissen interpretieren.

Das moderne **Informationsmanagement** hat die Aufgabe, für Transparenz zu sorgen. Dazu dienen Datenbanken, Personalinformationssysteme und die gesamte moderne Technologie (*Lange*). Die Informationsversorgungsaufgaben sind in Form eines integrativen Personalinformationsmanagement zu realisieren (*Scholz*).

1.2.1.1.2 Informationen von Personal

Unter bestimmten Voraussetzungen bekommt die Aufgabe der Unternehmensführung ein besonderes Gewicht, betrieblich relevante Informationen von den Mitarbeitern zu gewinnen. Der Informationsfluss geschieht dann „von unten nach oben".

Quellen dieser Aufwärtsinformationen können beispielsweise Mitarbeitergespräche, Gruppengespräche, Befragungen, Berichte, das betriebliche Vorschlagswesen sowie Informationen aus Qualitätszirkeln sein.

1.2.1.1.3 Informationen an Personal

Einen wesentlichen Inhalt des Informationsbegriffes bildet die Weitergabe bzw. das Mitteilen von Informationen an das Personal. Innerbetriebliche Information stellt somit das Informieren der Mitarbeiter dar. Informationen an Personal erstreben bei den betreffenden Mitarbeitern zielgerichtete Wirkungen. Um sie erreichen zu können, bedarf es:

- **Informationsmittel**, beispielsweise Rundschreiben, Anweisungen, Anordnungen
- **Informationsfähigkeit**, beispielsweise das Informationsgeschick
- **Informationsbereitschaft**, beispielsweise der Informationswille.

Eine erfolgreiche Zusammenarbeit im Unternehmen setzt außerdem voraus, dass jeder Mitarbeiter gründlich und mit dem nötigen Verständnis in seine Aufgaben einzuweisen ist. Er ist rechtzeitig über alle Veränderungen zu informieren, die ihn selbst oder sein Arbeitsgebiet betreffen (§ 81 BetrVG).

Beispiele

Informationen über Unternehmensziele, Entwicklungstendenzen, die Betriebsordnung, Organisationsrichtlinien, Sicherheitsvorschriften, Arbeitsanweisungen, Arbeitsberichte und Arbeitsunterlagen mit technischen und geschäftlichen Daten

Wird die Information als **Führungsaufgabe** gesehen, steht meist die Tätigkeit des Informierens im Vordergrund. Es werden dabei insbesondere erörtert:

- allgemeine Probleme der Weitergabe von Informationen
- Unterrichtung der Mitarbeiter durch Unternehmensleiter
- Information des Personals durch Bereichsleiter
- Weitergabe von Nachrichten durch Gruppenleiter
- Unterrichtung der Mitarbeiter durch Vorgesetzte.

Wenn das Personal mitdenken, selbstständig handeln, andere beraten, unterstützen oder vertreten soll, dann muss es zunächst einmal selbst ausreichend informiert sein. Ein Vorgesetzter kann von seinen Mitarbeitern kaum Verantwortungsbereitschaft und Vertrauen erwarten, wenn er sie nur als „Untergebene“ ansieht, ihre Persönlichkeit wenig achtet und ihnen gerade so viel mitteilt, wie arbeitsrechtlich unumgänglich ist.

Information sollte als eines der wichtigsten **Führungsmittel** darauf abzielen, die notwendigen Kenntnisse zu vermitteln, das Verständnis für inner- und überbetriebliche Zusammenhänge zu wecken und damit die Bereitschaft zur kooperativen Zusammenarbeit zu stärken (*Staehle*).

Die Informationen an das Personal fließen in der betrieblichen Hierarchie nicht nur von oben nach unten, sondern auch auf gleicher Ebene einer Abteilung bzw. diagonal zu anderen Abteilungen. Dementsprechend können verschiedene **Arten** von Informationen unterschieden werden (*Olfert, Rahn)*:

- **Längsinformationen** als Personalinformationen, die mit voller Weisungsbefugnis des Vorgesetzten verbunden sind. Sie fließen beispielsweise innerhalb eines Bereiches von „oben nach unten“. Damit sind sie Ausdruck der Über- und Unterordnungsverhältnisse im Unternehmen.

  Mithilfe der Längsinformationen wird der Leitungswille im Unternehmen durchgesetzt. Sie bilden ein bedeutsames Führungs- und Weisungsmittel. Allgemein stellen sie Weisungen dar, mit denen eine einzelne Arbeitsaufgabe zugeteilt oder ein bestimmtes Verhalten von einem Mitarbeiter gefordert wird. Sie können sein:

Weisungen	Dabei wird eine einzelne Arbeitsaufgabe zugeteilt oder ein bestimmtes Verhalten von einem Mitarbeiter gefordert.
Befehle	Es handelt sich um Weisungen, die widerspruchslos zu befolgen sind. Sie bilden einen wesentlichen Bestandteil des autoritären Führungsstils. Hier hat der Weisungsempfänger keinen Raum für Entscheidungen.
Kommandos	Sie erfolgen beispielsweise in Form eines knappen Zurufs. Sie sind dann nötig, wenn z. B. bei der Produktion ein gleichzeitiges Zupacken bei einer gemeinsamen Betätigung gewährleistet sein muss.
Anordnungen	Hier wird über die bloße Auftragserteilung hinaus auch das Verfahren des Vorgehens festgelegt. Dies ist vor allem dann notwendig, wenn dem Mitarbeiter die aufgetragene Tätigkeit noch nicht in allen Einzelheiten bekannt ist.
Aufträge	Dabei wird der Mitarbeiter darüber informiert, was er wann und warum zu tun hat. Allerdings entfallen nähere Angaben über das „Wie“ des Vorgehens.

  Längsinformationen kann man auch danach unterteilen, ob Mitarbeiter sie erhalten müssen, beispielsweise um ihre Arbeitsaufgabe ordnungsgemäß erfüllen zu können, ob sie sie erhalten sollten oder ob sie sie zu erhalten wünschen. In der Praxis empfinden die Mitarbeiter nicht nur das Ausbleiben von arbeitsbezogenen Informationen, sondern auch das Fehlen von Hintergrundinformationen als Defizit.

- **Querinformationen** sind nach *Fayol* Informationen, die nicht von einem Über- und Unterordnungsverhältnis ausgehen, sondern auf reinen Querkontakten beruhen und auf gleicher oder unterschiedlicher hierarchischer Ebene erfolgen. Als Querinformationen lassen sich unterscheiden:

Formelle Querinformationen	Sie entstehen aus dem Betriebszweck und enthalten Daten über Material, Kapital und Personal. Bei diesen Querinformationen steht die betriebliche Aufgabenerfüllung im Vordergrund.
Informelle Querinformationen	Sie enthalten Hinweise auf Sympathie- bzw. Antipathiebeziehungen von Mitarbeitern. Man findet solche Querinformationen in informellen Gruppen. Diese Informationen sind aus der Betriebswelt nicht wegzudenken.

  Querinformationen sind nicht mit Weisungsbefugnissen des Informationsgebers verbunden, sie haben lediglich informativen oder beratenden Charakter. Formelle Querinformationen beschleunigen den Informationsfluss in der Unternehmenshierarchie, weil der vielfach umständliche und zeitaufwändige Instanzenweg über die Linie erspart wird.

  Eine termingerechte Lösung von Führungsaufgaben und die Notwendigkeit, höhere Instanzen nicht mit Aufgaben unterer Instanzen zu überlasten, machen zweckentsprechende Querinformationen zwischen Instanzen unumgänglich.

  Andererseits können Querinformationen dann problematisch werden, wenn sie nicht zweckentsprechend wahrgenommen werden. Außerdem kann eine zu hohe Zahl von Querinformationen zu einer Meinungsvielfalt führen, die das beabsichtigte Kontaktpotenzial möglicherweise in ein Konfliktpotenzial wandelt.

- **Diagonalinformationen** laufen beispielsweise diagonal von einem Bereich in andere betriebliche Bereiche hinein (*Rahn*). Eine solche sachbezogene Diagonalinformation verläuft beispielsweise von einem kaufmännischen Ausbildungsleiter der Personalabteilung zu einem kaufmännischen Auszubildenden am Ausbildungsplatz im Einkauf. Die zweite Information geht von dem nebenamtlichen Ausbilder aus, der den Auszubildenden unmittelbar am Arbeitsplatz unterweist.

  Diagonalinformationen beziehen sich also auf Organisationseinheiten, die Doppelunterstellungen unterliegen. Die vorgesetzten Instanzen haben jeweils nur begrenzte Weisungsbefugnis. Auch in einer typischen Matrixorganisation finden sich Diagonalinformationen.

- **Richtlinieninformationen** setzen voraus, dass der Informationssender die Kompetenz hat, diese Informationen zu geben und beinhalten, dass ihnen Richtlinien zu Grunde liegen. Mit Richtlinieninformationen kann ein Vorgesetzter die betrieblichen Interessen durchsetzen. So wird beispielsweise dem Organisationsleiter die Unterstützung der Unternehmensleitung zugesichert, wenn gegen die beschlossenen Richtlinien verstoßen wird. Daraufhin kann der Organisationsleiter die Mängel in geeigneter Weise ansprechen.

Richtlinieninformationen unterscheiden sich:

- von den **Längsinformationen**, da Richtlinieninformationen keine direkte Weisungsbefugnis enthalten
- von den **Querinformationen**, weil diese Informationen aus lockeren, nicht verbindlichen Kontakten der Beteiligten bestehen
- von den **Diagonalinformationen**, denn Richtlinieninformationen sind nicht mit Doppel- oder Mehrfachunterstellungen verbunden.

Die Effektivität der Wirkung von Richtlinieninformationen hängt weniger von der Dokumentation des Vorhandenseins dieser Verbindungen ab, sondern vielmehr vom konkreten Unterstützungsverhalten der Unternehmensleitung.

1.2.1.2 Güterinformationen

Güterinformationen geben Auskünfte über die einzelnen Wirtschaftsgüter (*Jung, Thommen/Achleitner*) als Gebrauch- bzw. Konsumgüter, bzw. über die Art und Struktur der Materialien, die im güterwirtschaftlichen Prozess entsprechende Verwendung finden. Sie können sein:

- **Materielle Güterinformationen** als Informationen über Roh-, Hilfs- und Betriebsstoffe, Betriebsmittel, selbstgefertigte Erzeugnisse, Werkzeuge, Waren und über abzusetzende Produkte des Unternehmens. Solche Informationen fließen auch von außen.
- **Immaterielle Güterinformationen** als Informationen über Dienste und Rechte, die im Unternehmen geleistet wurden und/oder abgesetzt werden sollen. Immaterielle Güterinformationen können auch aus der Umwelt in das Unternehmen fließen.

Die Güterinformationen stellen eine notwendige Grundlage für die Kapitalinformationen dar.

1.2.1.3 Kapitalinformationen

Die zur Fertigung erforderlichen Güter bewirken am Beschaffungsmarkt entsprechende Auszahlungen, die abgesetzten Güter führen am Absatzmarkt zu Einzahlungen. Diese Vorgänge bringen finanzwirtschaftliche Informationen mit sich:

- **Finanzierungsinformationen**, die anfallen, wenn Kapital für betriebliche Projekte zu beschaffen ist. Das Unternehmen erhält Informationen darüber, wie es mit dem nötigen Kapital auszustatten ist.
- **Investitionsinformationen**, die benötigt werden, wenn das beschaffte Kapital im Unternehmen eingesetzt werden soll. Hier steht also die Kapitalverwendung im Vordergrund.

- **Zahlungsinformationen**, welche die Abwicklung des konkreten Zahlungsverkehrs unterstützen. Es gibt Informationen über bare, halbbare oder bargeldlose Zahlungsmöglichkeiten.

Die Weitergabe von Personal-, Güter- und Kapitalinformationen sollte sachlich, kurz und klar, rechtzeitig, eindeutig, treffend, verständlich und vollständig erfolgen.

1.2.2 Informationsverarbeitung

Daten sind formatierte Informationen in Zeichenform. Unter Formatierung wird die einheitliche Strukturierung von Informationen in Feldern verstanden. Zeichenform bedeutet, dass die Information in Buchstaben, Ziffern bzw. Sonderzeichen vorliegt.

Als **Verarbeitung** lässt sich die Umformung und Verknüpfung von Daten oder Materialien bezeichnen. Sie erfolgt in der Datenverarbeitung über das Drucken, Ordnen, Rechnen, Sortieren, Übermitteln, Vergleichen, Wiedergewinnen und Zuweisen. Die Datenverarbeitung wird von Menschen und/oder Maschinen als Arbeitsträgern ausgeführt. Entsprechend sind zu unterscheiden:

- Die **konventionelle Datenverarbeitung**, wenn die Arbeitsaufgaben entweder ohne Maschineneinsatz oder unter Benutzung von Büromaschinen erledigt wird (bis Ende der 1950er-Jahre).
- Die **arbeitsteilige Datenverarbeitung**, wenn die Datenverarbeitungsaufgaben abwechselnd von Mensch bzw. Maschine bearbeitet werden. Diese Datenverarbeitungsart war bis Ende der 1970er-Jahre im Einsatz. Sie wird heute auch als Stapelverarbeitung bezeichnet.
- Die **Dialogdatenverarbeitung**, wenn die Datenverarbeitungsaufgabe gemeinsam und gleichzeitig vom Menschen und vom Computer gelöst wird. Voraussetzung dafür ist ein Kommunikationsmittel zwischen den beiden Dialogpartnern, wie z. B. das Terminal beim Einsatz von Großrechnern und der Bildschirm bzw. die Tastatur bei Nutzung eines Personalcomputers.
- Die **vollautomatische Datenverarbeitung**, wenn die Aufgaben ohne direkte menschliche Arbeit gelöst wird. Typisches Beispiel ist ein Mahnwesen mit dem Computer, wie man es beispielsweise in Bibliotheken benutzt. Der Computer ermittelt die Fälligkeit und druckt Mahnschreiben, die ohne menschlichen Arbeitseinsatz versandt werden.

Die zu verarbeitenden und weiterzugebenden Informationen können nach verschiedenen **Kriterien** unterschieden werden (*Schierenbeck/Wöhle*):

- Nach der **Datenbasis**

Faktische Informationen	Die faktischen Informationen beschreiben im Sinne von „Ist-Aussagen“ die Wirklichkeit.
Prognostische Informationen	Prognostisch sind Informationen, die sich als „Wird-Aussagen“ auf die Zukunft beziehen.
Explanatorische Informationen	Die Informationen ergründen als „Warum-Aussagen“ die Ursachen von Sachverhalten.
Konjunktive Informationen	Konjunktive Informationen beziehen sich als „Kann-Aussagen“ auf zu Grunde liegende Möglichkeiten.
Normative Informationen	Als „Soll-Aussagen“ enthalten sie normative Informationen beispielsweise Ziele, Werturteile oder Normen.
Logische Informationen	Logische Informationen stellen im Sinne von „Muss-Aussagen“ logische Beziehungen her.
Explikative Informationen	Mithilfe von explikativen Informationen werden definitorische Grundlagen vermittelt.
Instrumentale Informationen	Instrumentale Informationen beziehen sich auf zu Grunde liegende methodologische Probleme.

- Nach dem **Informationszustand**

Vollkommene Informationen	Bei vollkommenen Informationen sind alle Handlungsalternativen und Konsequenzen bekannt.
Unvollkommene Informationen	Bei unvollkommenen Informationen herrschen Unsicherheit und Risiko vor. Sie sind nicht genau bestimmbar.

- Nach den betrieblichen **Zwecken**

Materialinformationen	Materialinformationen betreffen Materialien, beispielsweise Rohstoffe, Hilfsstoffe, Betriebsstoffe, Waren, Zulieferteile.
Produktionsinformationen	Sie beziehen sich auf die industrielle Leistungserstellung, also vor allem auf die Fertigprodukte.
Marketinginformationen	Mit ihnen werden Hinweise auf die Leistungsverwertung gegeben, also Absatzgüter im Hinblick auf Garantieleistungen, Kundendienst, Verkaufspreise, Werbung und Verkaufsförderung.
Finanzinformationen	Sie betreffen die Kapitalbeschaffung bzw. Finanzierung, die Kapitalverwendung als Investitionen und den Zahlungsverkehr.
Personalinformationen	Personalinformationen enthalten Aussagen über Personal, von Personal und an Personal des Unternehmens.
Rechnungsweseninformationen	Bei ihnen geht es um Bilanzwerte, Gewinn- und Verlustrechnungsdaten, Kosteninformationen bzw. Buchhaltungsdaten.
Controllinginformationen	Sie beziehen sich auf Planungs-, Frühwarnungs-, Budgetierungs-, Berichts-, Kontroll- und Steuerungsinformationen.
Führungsinformationen	Dabei kann es sich um Unternehmens-, Bereichs-, Gruppen- bzw. Einzelpersonen bezogene Führungsinformationen handeln.

Im Unternehmen laufen verschiedene **Informationsprozesse (I)** ab:

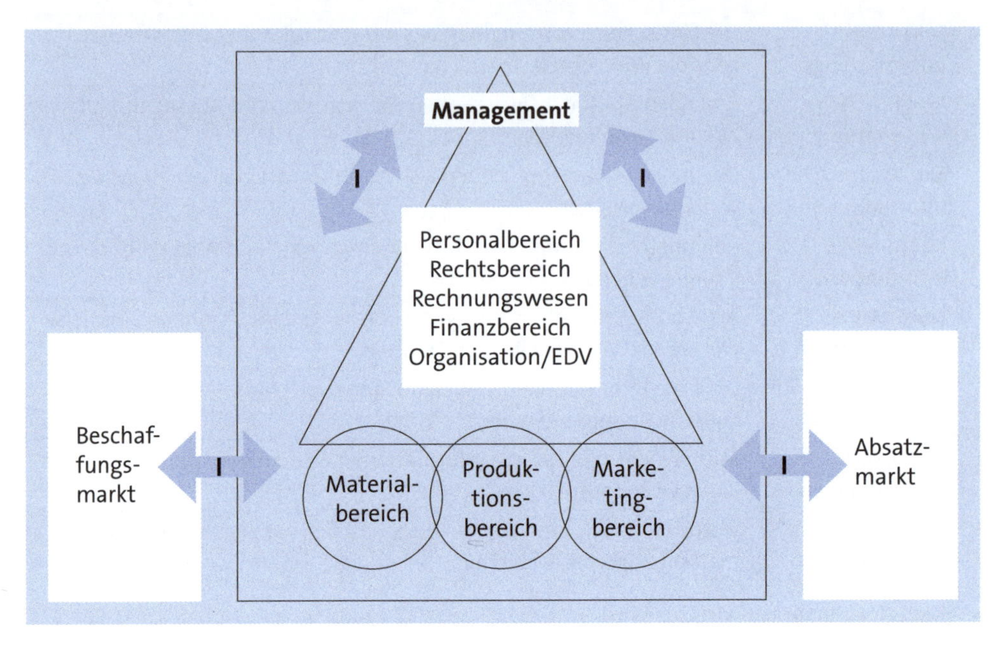

Dazu kommen die güterwirtschaftlichen Prozesse, die den finanzwirtschaftlichen Prozessen gegenüberstehen. Beide Prozesse werden vom Prozess der Gewinnung, Verarbeitung, Speicherung und Weiterleitung von Informationen begleitet und gelenkt.

Der Informationsprozess überspannt die beiden Prozesse. Informationen werden auf allen Ebenen des Unternehmens gewonnen und verarbeitet. Es kann von **Informationsströmen** in und zwischen den Unternehmensbereichen gesprochen werden. Außerdem gibt es Informationsströme, die nach außen fließen bzw. die von außen kommen.

1.3 Kontrolle

Die Kontrolle des Informationsflusses orientiert sich an den vorgegebenen **Soll-Größen**. Die Informationsnehmer sollten mit Informationen weder über- noch unterversorgt werden. Im Rahmen der Informationskontrolle ist zu prüfen:

- die Erreichung der Informations-Wirtschaftlichkeit
- das Gegebensein einer definierten Informationsqualität
- das Vorhandensein bestimmter Informationseigenschaften
- die Erfüllung der Informationszuverlässigkeit
- die Einhaltung der Informationszeit.

Die Kontrolle ist ein Teil des Controllingprozesses, der außerdem die Zielsetzung, Planung und Steuerung umfasst. Um steuernd eingreifen zu können, bedarf das **Controlling** eines Frühwarnsystems. Es sollte geprüft werden, ob sich Informationsnutzen und Informationskosten in einem vertretbaren Rahmen bewegen.

Aufgabe 65 > Seite 568

2. Informatik

Die Informatik ist die Wissenschaft, die sich mit dem Aufbau von Rechnern und ihrer Programmierung befasst (*Hansen/Neumann*). Sie verdankt ihre Entstehung der immer stärker zunehmenden **Informationsverarbeitung** in der Technik, Wissenschaft und Verwaltung. Diese Tendenz wird sich auch in Zukunft verstärken, weil eine höhere Arbeitsproduktivität, größere Schnelligkeit, einfache Handhabung und Einsparung von Kosten angestrebt werden.

Heute sind vorwiegend **Personal-Computer** oder **Großrechner** die Arbeitsträger der Informationsverarbeitung. Es wird daher von der maschinellen Datenverarbeitung gesprochen. In der betrieblichen Praxis wird die Informationsverarbeitung von Mensch und Maschine durchgeführt.

Damit beschäftigt sich die **Wirtschaftsinformatik** (*Holey/Welter/Wiedemann*). Die Wirtschaftsinformatik ist ein eigenständiges Fachgebiet zwischen Betriebswirtschaftslehre und Informatik (*Scheer, Stahlknecht/Hasenkamp*). Sie umfasst folgende Aufgaben, die miteinander verwoben und voneinander abhängig sind:

- Verwaltungsaufgaben, beispielsweise die Datenpflege
- Informationsaufgaben, beispielsweise Berichte
- Planungsaufgaben, beispielsweise im kaufmännischen Bereich
- Dispositionsaufgaben, beispielsweise die Materialdisposition
- Steuerungsaufgaben, beispielsweise die Produktionssteuerung
- Kontrollaufgaben, beispielsweise das Erreichen eines Vorgabewertes.

Da heute der Einsatz von Informations- und Kommunikationstechnologie in den Unternehmen unverzichtbar geworden ist, gewinnt das **Electronic-Business** immer mehr an Bedeutung. Diese Technologie wird zur Unterstützung von Geschäftsprozessen genutzt, an denen Unternehmen, Mitarbeiter, Lieferanten, Konsumenten und öffentliche Institutionen beteiligt sind. Als **E-Business** sind zu unterscheiden (*Corsten, Ebel*):

- **Electronic-Commerce** (E-Commerce) zur Unterstützung von güter- und dienstleistungsbezogenen Geschäftsprozessen, bei denen es um den Direktabsatz von Unternehmen über Online-Dienste oder über das Internet geht, z. B. das **Customer Relationship Management**, das besonders intensive Beziehungen zu den Kunden pflegt, um diese dauerhaft zufrieden zu stellen.

Hier ist auch das **Supply Chain Management** von Bedeutung, das den computergestützten Aufbau und die Verwaltung integrierter Logistikketten über den gesamten Prozess der Wertschöpfung in Unternehmen betrifft.

- **Electronic-Finance** (E-Finance) zur Unterstützung finanzwirtschaftlicher Geschäftsprozesse des Unternehmens, z. B. Electronic Banking, bei dem Kreditinstitute direkt mit ihren Kunden verbunden sind und die Kontaktaufnahme über einen Online-Dienst oder das Internet möglich ist. Die Direktbanken bieten ihren Kunden das Onlinebanking an.

  Beim **Electronic-Insurance** sind praktisch alle Versicherungsunternehmen über elektronische Medien direkt mit ihren Kunden bzw. Interessenten verbunden, um diesen Informationen geben und die Kommunikation pflegen zu können.

- **Electronic-Government** (E-Government) zur Unterstützung von Geschäftsprozessen der öffentlichen Verwaltung, die mit den Unternehmen in Verbindung steht. Die öffentliche Verwaltung soll dadurch servicefreundlicher gestaltet werden, z. B. durch Abgabe der Steuererklärungen online und elektronisch geführte Register.

Mit dem Einsatz der modernen Informations- und Kommunikationstechnologie wollen die Organisationen den Herausforderungen der heutigen Märkte gerecht werden, die sich zunehmend durch Globalisierung auszeichnen und immer mehr Wissen erfordern. Die Informatik umfasst:

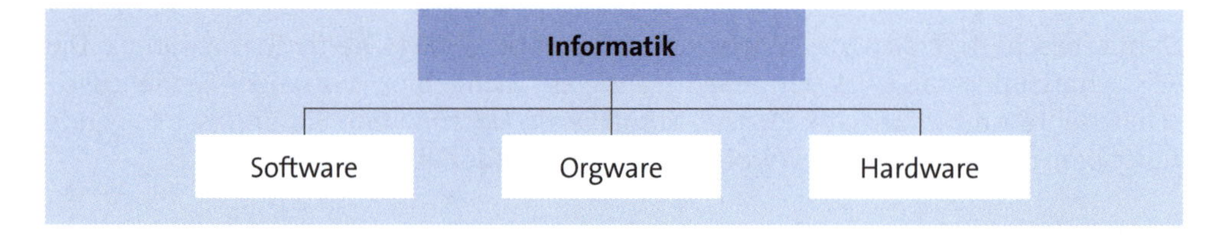

2.1 Software

Unter Software kann sowohl die Gesamtheit aller Programme als auch das Anweisungssystem an einen Computer zur wiederholten Aufgabendurchführung – als einzelnes Programm – verstanden werden. Sie ist für **Personalcomputer** ebenso erforderlich wie für **Großcomputer** (*Holey/Welter/Wiedemann*).

An die Software sind einige **Anforderungen** zu stellen, die ihre Qualität ausmachen. Insbesondere sind zu nennen:

- Die **Softwareergonomie**, unter der man versteht:

Benutzerfreundlichkeit	Die Anwendungsprogramme sollen den Anforderungen der Einfachheit, Flexibilität, Auskunftsbereitschaft und der Verlässlichkeit entsprechen.
Systemarchitektur	Das aktuelle Konzept der Firma IBM heißt Systemanwendungsarchitektur (SAA). Dieses ist durch einheitliche Benutzerunterstützung, einheitliche Programmierunterstützung und einheitliche Anwendungen gekennzeichnet.

- Die **Antwortzeit** als Zeit, die vom Abschicken eines Bildschirminhaltes bis zur Antwortanzeige auf dem Bildschirm vergeht. Sie soll so kurz wie möglich sein. Allerdings bestimmt die Software die Antwortzeit nur zum Teil.
- Die **Pflegeleichtheit**, die zutage tritt, wenn Veränderungen an der Software vorzunehmen sind, beispielsweise das Beseitigen von Fehlern oder das Verbessern von Verfahren.

  Veränderungen der Software sollen mit geringem Aufwand durchgeführt werden können, was möglich ist, wenn der Programmaufbau übersichtlich, die Programmierung strukturiert und die Dokumentation verständlich ist.
- Die **Stabilität**, die gewährleisten soll, dass Systemausfälle vermieden werden. Die Mitarbeiter sind auf die dauernde Dienstbereitschaft des Dialogsystems angewiesen, um ihre Arbeit ausführen zu können. Systemausfälle führen zu Arbeitsverzögerungen und Mehrkosten.
- Die **Portabilität**, die sicherstellt, dass Software sich von einem System auf ein anderes System problemlos übertragen lässt.

Jedes Anwendungsprogramm ist nach dem EVA-Prinzip aufgebaut (*Schwarze*):

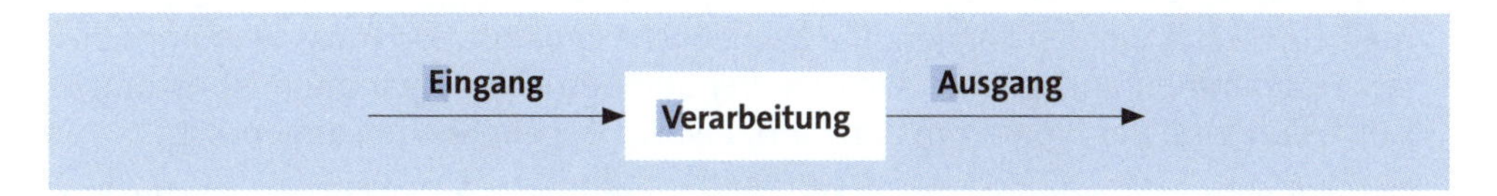

- Die **Eingabe** von Informationen erfolgt entweder vom Mitarbeiter über die Tastatur oder aus Dateien, die auf Platten oder Disketten gespeichert sind.
- Die **Verarbeitung** wird nach den Vorgaben des Programmes ausgeführt.
- Die **Ausgabe** kann auf einen maschinenlesbaren Datenträger oder für den Benutzer auf dem Bildschirm und/oder auf einem Drucker vorgenommen werden.

Die zur Datenverarbeitung erforderlichen Vorgaben können auf der gegebenen Wissensbasis und/oder auf speziellen **Programmen** basieren. Im Hinblick auf die **Programme** sind zu nennen:

- **Arten**
- **Einsatzbereiche**
- **Programmierung.**

2.1.1 Arten

Programme sind auf die individuellen Bedürfnisse eines Betriebes ausrichtbar. Sie lassen sich aber auch so organisieren, dass sie ohne Änderung gleichermaßen von einer Vielzahl von Betrieben einzusetzen sind. Folgende **Arten** von Programmen lassen sich unterscheiden:

- Bei **Betriebsprogrammen** handelt es sich um für ein Unternehmen gestaltete und erarbeitete Programme. Es erfolgt eine vollständige Ausrichtung auf die dortigen, spezifischen Gegebenheiten. Die überwiegende Zahl der derzeitig auf Großrechnern eingesetzten Programme sind noch Betriebsprogramme.

  Es ist jedoch eine eindeutige Tendenz zum geringeren Einsatz von Betriebsprogrammen zu erkennen. Die Gründe dafür liegen vor allem darin, dass die Erarbeitungskosten für diese Programme stark steigen. Außerdem wird der Zeitbedarf zur Programmerarbeitung als zu lange angesehen. Deswegen gewinnen Modular- und Standardprogramme in der betrieblichen Datenverarbeitung zunehmend an Bedeutung.

- **Modularprogramme** werden insbesondere in komplexen Anwendungsgebieten eingesetzt, wie sie beispielsweise in der Materialwirtschaft und in der Produktionswirtschaft vorkommen. Diese Programme sind in Module gegliedert.

  Es gibt Modularprogramme, die aus mehreren 100 Modulen bestehen. Der Anwender wählt dabei aus dem Modulangebot die von ihm benötigten Module aus. Eine ausführliche und übersichtliche Dokumentation über das Anwender- bzw. Programmier- bzw. Operatorhandbuch ist notwendig.

- **Standardprogramme** sind vollständig ausgearbeitete Programme, die ohne Änderung eingesetzt werden können. Die betriebliche Organisation muss allerdings diesen Programmen angeglichen werden. Bei den Betriebsprogrammen ist es umgekehrt: dort wird das Programm den betrieblichen Gegebenheiten angepasst.

  Das zunehmende Angebot an Standardprogrammen ermöglicht es, solche Programme zu erwerben, die weitgehend den betrieblichen Bedürfnissen genügen. Vor allem sind die Kosten überseh- und kalkulierbar.

  Zur Datensoftware zählen alle Programme zur Speicherung und Verwaltung von Daten. Eine **Datenbank** ist eine im Allgemeinen große Anzahl von Daten, die in Dateien aufbewahrt und von einem Datenbankverwaltungssystem gemeinsam verwaltet werden (*Hansen/Neumann*). Über ein Datenzugriffssystem stehen die Daten mehreren Benutzern gleichzeitig für Auswertungen zur Verfügung (*Mertens*).

2.1.2 Einsatzbereiche

Anwendungsprogramme werden in allen Unternehmensbereichen eingesetzt:

- Im **Materialbereich** gibt es u. a. Programme (*Grupp*) für die Bestandsrechnung, die Bedarfsrechnung und für die Bestellrechnung. Im Einkauf sind Programme zur Lieferantenauswahl, für das Schreiben von Bestellungen, für die Lieferantenüberwachung sinnvoll.
- Zunehmend werden auch im **Produktionsbereich** Programme zur Steuerung von Maschinen eingesetzt. Diese Anwendungsprogramme werden zur Durchlaufterminierung, Kapazitätsauslastung und zur Werkstattsteuerung benötigt. Auch zur Produktion selbst wird zunehmend der Computer genutzt. Hier unterscheidet man die **computergestützte Produktion** und die computerintegrierte Produktion.

In computergestützter Form können die Werkstückbearbeitung, der Werkzeugwechsel, die Teilemontage und die Fertigungszwischenlagerung erfolgen. Der Totaleinsatz von Computern und Programmen zur flexiblen Automatisierung des Produktionsprozesses wird im Rahmen der **computerintegrierten Produktion** angestrebt (*Scheer*). Schlagworte sind „automatische Produktion" und „computerintegrierte Fabrik".

- Im **Marketingbereich** gibt es ebenfalls viele Einsatzbereiche. Im Rahmen der Auftragsabwicklung ist die Auftragserfassung von Bedeutung. Die Erfassung der Auftragsdaten beim Kunden kann heute mit mobilen Personalcomputern erfolgen (**Laptop** oder **portabler Personalcomputer**). Später sind Programme zur Umsatz-, Gewinn-, Werbeerfolgs-, Vertriebs- und Kundenanalyse einsetzbar (*Weis*).
- Im **Finanzbereich** können im Rahmen der Liquiditäts- und Bonitätsprüfung Programme hilfreich sein. Unter Bonität versteht man den Ruf eines Unternehmens im Hinblick auf die Zahlungsfähigkeit (*Olfert*). Im Finanzbereich gibt es Programme zur Systematisierung des Mahnwesens.
- Im **Personalbereich** liegt das Schwergewicht des EDV-Einsatzes in den Personalinformationssystemen, der Personalverwaltung (Personaldateien), der Personalplanung und in der Lohn-, Gehalts- und Provisionsrechnung. Aber der EDV-Einsatz ist auch in anderen Funktionen des Personalwesens sinnvoll (*Brökermann, Olfert*).
- Im **Rechnungswesen** fällt regelmäßig eine Massendatenverarbeitung an. Im Rahmen der Buchhaltung, der Kosten- und Leistungsrechnung bzw. der Statistik ist der Einsatz der maschinellen Datenverarbeitung besonders weit fortgeschritten (*Olfert*).
- Im **Controlling** finden sich ebenfalls Anwendungsprogramme. Ein modernes Unternehmen bedarf eines controllingorientierten Informations- und Kommunikationssystems, das computergestützt ist. Im Mittelpunkt eines Netzwerkes stehen entsprechende Programme und Datenbanksysteme (*Ziegenbein*).

2.1.3 Programmierung

Die Programmierung ist die Entwicklung eines Programms zur automatischen Verarbeitung von Anweisungen durch den Rechner einer EDV-Anlage. Dabei wird ein **Algorithmus**, der eine Vorgehensweise zur Lösung eines Problems beschreibt in eine formale Sprache umgesetzt (*Holey/Welter/Wiedemann*).

Die Umsetzung muss in einer **Programmiersprache** erfolgen, weil ein Computer eine natürliche Sprache nicht versteht. Um die benötigte Software zu erlangen, kann sie am Markt erworben, die Erarbeitung des Programms kann an Fremdfirmen vergeben oder das Programm kann selbst erstellt werden.

Die Programmierung erfolgt in zwei **Schritten**:

- Der **Programmvorgabe**, bei der die Eingabe, Verarbeitung, Speicherung und Ausgabe festgelegt werden. Die Inhalte einer zur Ausführung reifen Programmvorgabe müssen den Programmierer befähigen, das Programm ohne Rückfrage zu erarbeiten. Sie kann eine Programmübersicht, Verarbeitungsvorgaben, Datenflusspläne, Strukturdiagramme, Formularentwürfe, Sicherungsmaßnahmen und Textdaten enthalten.

- Die **Programmausarbeitung**, bei der zunächst die Gestaltung der Programmlogik erfolgt. Dabei werden die Einzelaktivitäten als zeitlich-logistischer Prozess geplant. Dann erfolgt die Codierung, bei der die Formulierung mit dem Wortvorrat einer Programmiersprache am Bildschirm vorgenommen wird. Danach wird die Prüfung der Einsatzreife in Form eines Tests vollzogen und parallel dazu die Dokumentation vorgenommen.

Von den in Unternehmen verwendeten **Programmiersprachen** sind folgende hervorzuheben (*Holey/Welter/Wiedemann, Mertens*):

- **COBOL** (Common Business Oriented Language) ist eine für den kommerziellen Einsatz häufig eingesetzte Sprache. Sie ist relativ leicht verständlich. Ihr Nachteil besteht in dem großen Schreibaufwand.
- **FORTRAN** (Formula Translation) wird für technisch-wissenschaftliche Aufgaben eingesetzt. Aber auch für Aufgaben der Statistik und des Operations Research (Unternehmensforschung).
- **PASCAL** wurde nach dem französischen Mathematiker und Philosophen *B. Pascal* benannt. Sie erlaubt eine reichhaltige Datenstrukturierung.
- **BASIC** (Beginners Allpurpose Symbolic Instruction Code) ist eine stark vereinfachte FORTRAN-Ausführung.
- **JAVA** hat als Programmiersprache im Zusammenhang mit dem Internet erhebliche Bedeutung erlangt.
- **C++** ist eine Programmiersprache, die Ähnlichkeit mit PASCAL aufweist und universell einsetzbar ist.
- **PL 1** (Programming Language 1) wurde sowohl für kommerzielle als auch für technisch-wissenschaftliche Aufgaben entwickelt.
- **RPG** (Report Programm Generator) ist eine Sprache für den kaufmännischen Bereich.
- **PHP** ist insbesondere für die Entwicklung von Homepages und zur Erstellung dynamischer Webseiten bedeutend.
- **PYTHON** eignet sich für unterschiedliche Arten der Programmierung und kommt auch als Skriptsprache zum Einsatz.

Aufgabe 66 > Seite 569

2.2 Orgware

Organisation ist die Tätigkeit des Organisierens, der Zustand des gesamten Unternehmens oder das Ergebnis der Organisationsarbeit. Letzteres ist die Vorgabe für den Programmierer, um Software zu gestalten. Im Sinne einer Vorgabe wird die Organisation als Orgware bezeichnet. Sie beeinflusst wesentlich die Wirtschaftlichkeit der Aufgabenausführung. Die Organisationsarbeit ist mit hoher Produktivität durchzuführen. Das setzt voraus, dass die Daten vernünftig organisiert werden.

Die **Datenorganisation** stellt die Gestaltung der Strukturierung, die Speicherung und Wiedergewinnung der betrieblichen Daten dar. Diese sind formatierte, in Zeichenform vorliegende Informationen, die der Rechtschreibung unterliegen.

Die **Betriebsdaten** lassen sich nach den Unternehmensbereichen gliedern:

- **Materialbereichsdaten**, beispielsweise aus der Materialbestands- und Materialbewegungsdatei, Einkaufsstammdaten
- **Produktionsbereichsdaten**, beispielsweise aus der Erzeugnisdatei
- **Marketingbereichsdaten**, beispielsweise Kundenstammdatei, Vertriebsplandatei
- **Rechnungswesendaten**, beispielsweise Buchhaltungskosten der Kreditorendatei (Lieferanten) bzw. der Debitorendatei (Kunden)
- **Personalwesendaten**, beispielsweise aus der Personalstammdatei bzw. der Kostenstellenstammdatei.

Zur Darstellung von Informationen stehen Buchstaben, Ziffern und Sonderzeichen zur Verfügung. Daten brauchen ein Medium, damit sie gespeichert werden können. Als **Datenträger** lassen sich Papier (Formulare, Karten), Magnetspeicher (Diskette, Festplatte, Plattenstapel, Magnetband), Mikrofilm und das menschliche Gehirn unterscheiden. Bei der Übertragung auf Datenträger ist auch auf die Datensicherung zu achten.

Unter **Datensicherung** werden Maßnahmen verstanden, die dazu dienen,

- den Verlust
- die Veränderung
- die unerlaubte Kenntnisnahme

von Daten des Unternehmens zu verhindern. Demgegenüber versteht man unter **Datenschutz** im Sinne des Bundesdatenschutzgesetzes (BDSG) Maßnahmen zum Schutz vor Missbrauch personenbezogener Daten.

Das Datenschutzrecht wurde zuletzt mehrfach geändert, einerseits als Folge der Europäischen Rahmenrichtlinien und andererseits, um neue technologische Entwicklungen zu berücksichtigen. In einigen Bundesländern gibt es Landesdatenschutzgesetzte. Die Bedeutung des Datenschutzes hat mit der Entwicklung der Digitaltechnik zugenommen. Zu den **Datenschutzmaßnahmen** zählen nach der Anlage § 9, Satz 1 BDSG u. a.:

- **Zugangskontrolle**, denn Unbefugte sollen keinen Zugang haben
- **Abgangskontrolle**, um unbefugte Datenentfernung zu verhindern
- **Speicherkontrolle**, um unbefugtes Datenspeichern zu verhindern
- **Transportkontrolle**, um unbefugten Datentransport zu beeinflussen
- **Organisationskontrolle**, damit die Organisation den Anforderungen des Datenschutzes gerecht wird.

Ein **Datenschutzbeauftragter** (DSB) ist eine natürliche Person mit der Aufgabe, auf die Einhaltung des Bundesdatenschutzgesetzes (BDSG) und anderer Vorschriften des Datenschutzes hinzuwirken. Diese Person kann ein Mitarbeiter des Unternehmens sein oder von außerhalb des Unternehmens kommen. Die Funktionen eines Datenschutzbeauftragten werden in § 4 f bzw. § 4 g des Bundesdatenschutzgesetzes bzw. durch entsprechende landesrechtliche Vorschriften geregelt: Ein Datenschutzbeauftragter ist in Unternehmen **schriftlich zu bestellen** (i. d. R. auf 5 Jahre), wenn

- personenbezogene Daten (z. B. von der Personalabteilung) **automatisch** verarbeitet werden und mehr als 9 Personen mit der Verarbeitung dieser Daten beschäftigt sind.
- personenbezogene Daten auf andere Weise (z. B. **konventionell**) erhoben, verarbeitet oder genutzt werden und damit i. d. R. mindestens 20 Personen beschäftigt sind.

Die Bestellung muss spätestens einen Monat nach Aufnahme der Betriebstätigkeit erfolgen (§ 4 f Abs. 1, Satz 2 BDSG). Bei Nichtbestellung oder bei verspäteter Bestellung eines Datenschutzbeauftragten liegt eine Ordnungswidrigkeit vor (§ 43 Abs. 1 BDSG) und kann mit einem Bußgeld geahndet werden (§ 43 Abs. 3 BDSG).

Der **Datenschutzbeauftragte** hat vor allem (§ 4 g Abs. 1 BDSG):

- die ordnungsgemäße Anwendung der Programme zur Datenverarbeitung zu überwachen, mit deren Hilfe personenbezogene Daten verarbeitet werden sollen. Über Vorhaben der automatisierten Verarbeitung personenbezogener Daten ist er rechtzeitig zu unterrichten.
- das bei der Verarbeitung personenbezogener Daten tätige Personal durch geeignete Maßnahmen mit den Vorschriften des BDSG sowie anderen Vorschriften über den Datenschutz und mit dessen besonderen Erfordernissen vertraut zu machen.

Zum Datenschutzbeauftragten darf nur bestellt werden, wer die zur Aufgabenerfüllung erforderliche Fachkunde und Zuverlässigkeit besitzt (§ 4 f Abs. 2 BDSG). Das Maß der **erforderlichen Fachkunde** bestimmt sich vor allem nach dem Umfang der Datenverarbeitung und dem Schutzbedarf der personenbezogenen Daten.

Der Beauftragte für den Datenschutz ist direkt der **Unternehmensleitung** zu unterstellen (§ 4 f Abs. 3 BDSG). Er ist in der Ausübung seiner Fachkunde auf dem Sektor des Datenschutzes weisungsfrei und darf wegen seiner Aufgaben nicht benachteiligt werden. Der Datenschutzbeauftragte ist für die Unternehmensleitung in allen Fragen des Datenschutzes ein erster Ansprechpartner.

Mit der Novellierung des Bundesdatenschutzgesetzes von 2009 wurde der betriebliche Datenschutzbeauftragte gemäß § 4 f Abs. 3 BDSG mit einem verbesserten Kündigungsschutz ausgestattet. Außerdem ist die Unternehmensleitung als verantwortliche Stelle ausdrücklich dazu verpflichtet, dem betrieblichen Datenschutzbeauftragten zur Erhaltung der erforderlichen Fachkunde die Teilnahme an Fort- und Weiterbildungsveranstaltungen zu ermöglichen und deren Kosten zu übernehmen (§ 4 f Abs. 3, Satz 7 BDSG).

In den großen Unternehmen bildet die betriebliche Informatik in der Regel eine eigene organisatorische Einheit. Eine kleine **Datenverarbeitungsabteilung** hat bis zu 10 Mitarbeiter, eine große Datenverarbeitungsabteilung kann über 50 Beschäftigte haben.

In EDV-bezogenen Positionen sind als Aufgabenträger EDV-Leiter, EDV-Organisator, Organisationsprogrammierer, Anwendungsprogrammierer, Systemprogrammierer, Datenbankadministrator und Anwender- bzw. Systembetreuer denkbar.

2.3 Hardware

Die Hardware umfasst die Gesamtheit der physischen Bestandteile von Datenverarbeitungsanlagen (*Holey/Welter/Wiedemann*). Sie wird z. B. von der Software gesteuert und verwaltet.

- Als **Formen** der Hardware sind zu unterscheiden:

Personal-computer	Personalcomputer (PC) sind vorwiegend – soweit sie in Wirtschaft und Verwaltung eingesetzt werden – am Arbeitsplatz der Benutzer in den Unternehmensbereichen aufgestellt. *Hansen* spricht auch vom Mikrorechner. Ein Laptop ist ein mobiler Computer, der z. B. im Außendienst Verwendung findet.
Großrechner	Großrechner haben eine wesentlich höhere Leistungsfähigkeit als Personalcomputer. Neben der erheblich leistungsstärkeren Zentraleinheit sind die Großrechner auch durch ihre periphere Ausstattung gekennzeichnet: - **Dialoggeräte** (Bildschirmgerät und Tastatur, Terminals) - **Eingabegeräte** (Belegleser, Scanner) - **Speichergeräte** (Magnetbänder, Magnetbandkassetten, Disketten, Festplatte) - **Ausgabegeräte** (Drucker, Plotter, Mikrofilmgeräte) - **Verbindungseinrichtungen** (Kanäle, Steuereinrichtungen). Ein **Rechenzentrum** ist die organisatorische und räumliche Einheit, welche die optimalen Bedingungen für den Einsatz eines Großcomputers bietet.

- Der Einsatz des Computers eröffnet dem Nutzer die Möglichkeit, über verschiedene Wege intern und extern zu kommunizieren, wie beispielsweise über:

Internet	Das Internet ist ein weltweites Netzwerk für den Austausch digitaler Daten, wobei der Zugang entweder über einen mit dem Netz verbundenen Computer oder durch einen **Provider** (Vermittler) erfolgt. Jeder Rechner besitzt im Internet eine **Internetadresse**, über die kommuniziert werden kann. Aus dem Internet sind viele verschiedene **Informationen** abrufbar, z. B. über Banking, Computer, Gesundheit, Literatur, Reisen, Shopping, Unterhaltung. Das Internet bietet den Anwendern eine Fülle von Diensten an. Beispielsweise stellt das **Word Wide Web** eine Rahmenarchitektur (www.) dar, um auf verknüpfte Dokumente zugreifen zu können. Der Benutzer stellt seine Anfrage über einen Client, der in Form eines Programms realisiert ist, den **Browser**, z. B. Firefox oder Microsoft Internet Explorer. Um mit dem Browser auf eine www.Seite zu kommen, ist die Eingabe der Adresse notwendig. Die UsenetNews bilden ein Konferenzsystem, das aus Dikussionsforen zu vielen unterschiedlichen Themen besteht. Die in solchen **Newsgroups** verbreiteten Informationen stehen an der Newsgroup angemeldeten Anwendern zur Verfügung. Das **File Transfer Protocol** (FTP) dient dem Datentransfer von bzw. zu einem im Netz befindlichen **Download** bzw. Upload, das vom Nutzer heruntergeladen und verwertet werden kann. Das Intranet dient der Abwicklung unternehmensinterner **Kommunikation**. Zur Absicherung nicht autorisierter Zugriffe werden z. B. Firewall-Programme installiert. Aufgrund seiner globalen Verbreitung und seiner stark steigenden Nutzerzahlen dient das Internet zunehmend als Plattform für den elektronischen Handel mit den Endkunden und zwischen Unternehmen (**E-Business/E-Commerce**).
E-Mail	Über das Internet können weltweit Informationen versandt werden. Empfangene **Nachrichten** werden für den Benutzer des PC zunächst zentral gespeichert und können dann abgerufen, gelesen, beantwortet bzw. gelöscht werden.
Telefax	Der Telefax-Dienst (Fernkopieren) ermöglicht eine schnelle Übermittlung von Texten und Grafiken über beliebige Entfernung (**Fernkopiersystem**).

Aufgabe 67 > Seite 569

		Lösung
1.	Womit beschäftigt sich der Informationsbereich?	S. 421
2.	Welche grundlegenden Aufgaben haben Informationsmanagement und Informationsmanager?	S. 421
3.	Was ist unter Informationen und Informationssystemen zu verstehen?	S. 421
4.	Erklären Sie das Data Warehouse und den Informationsbereichsprozess!	S, 422 f.
5.	Worauf bezieht sich die Ermittlung des Informationsbedarfs und welche Ziele hat das Informationsmanagement?	S. 424
6.	Mit welchen Soll-Größen beschäftigt sich die Informationsplanung?	S. 424
7.	Wieso ist eine Verdichtung und Zusammenfassung der Informationen nötig?	S. 424
8.	Worauf ist im Rahmen der Durchführung der Information zu achten?	S. 425
9.	Welche Arten der Informationen sind zu unterscheiden?	S. 425
10.	Was ist unter Personalinformationen zu verstehen?	S. 425
11.	Zählen Sie Quellen von Aufwärtsinformationen auf!	S. 426
12.	Welche Voraussetzungen erfordert sinnvolle Information an das Personal?	S. 426
13.	Was wird erörtert, wenn die Information als Führungsaufgabe gesehen wird?	S. 426 f.
14.	Was wissen Sie über die Längsinformationen?	S. 427
15.	Beschreiben Sie Wesen und Notwendigkeit von Querinformationen!	S. 428
16.	Kennzeichnen Sie das Wesen von Diagonalinformationen!	S. 428
17.	Wie unterscheiden sich davon die Richtlinieninformationen?	S. 428
18.	Wovon hängt die Wirkung von Richtlinieninformationen ab?	S. 428
19.	Unterscheiden Sie die Arten der Güterinformationen!	S. 429
20.	Grenzen Sie davon die Arten der Kapitalinformationen ab!	S. 429 f.
21.	In welcher Weise sollte die Weitergabe von Informationen erfolgen?	S. 430
22.	Was ist unter der Verarbeitung von Daten zu verstehen?	S. 430
23.	Welche Arten der Datenverarbeitung sind zu unterscheiden?	S. 430
24.	Teilen Sie die Informationen nach der Datenbasis ein!	S. 431
25.	Unterscheiden Sie die Informationen nach dem Informationszustand!	S. 431
26.	Gliedern Sie die Informationen nach ihren betrieblichen Zwecken!	S. 431
27.	Stellen Sie den gesamten Informationsprozess übersichtlich dar!	S. 432

		Lösung
28.	Was ist unter Informationskontrolle zu verstehen?	S. 432
29.	Was verstehen Sie unter Informatik und Wirtschaftsinformatik?	S. 433
30.	Erklären Sie die Begriffe E-Business, E-Commerce, E-Finance und E-Government!	S. 433 f.
31.	Wie ist der Begriff Software zu erklären?	S. 434
32.	Welche Anforderungen sind an die Software zu stellen?	S. 434 f.
33.	Erläutern Sie das EVA-Prinzip!	S. 435
34.	Unterscheiden Sie die Arten der Programme!	S. 435 f.
35.	In welchen Unternehmensbereichen werden Anwendungsprogramme eingesetzt?	S. 436 f.
36.	In welchen Schritten erfolgt die Erstellung eines Programms?	S. 437 f.
37.	Erläutern Sie einige Programmiersprachen!	S. 438
38.	Was verstehen Sie unter Orgware?	S. 438
39.	Was wissen Sie über Datenschutz und den Datenschutzbeauftragten?	S. 439 ff.
40.	Unterscheiden Sie Formen der Hardware!	S. 441 f.

H. Rechnungswesen

Das Rechnungswesen ist die Gesamtheit der Einrichtungen und Verrichtungen, die bezwecken, alle wirtschaftlich wesentlichen Gegebenheiten und Vorgänge, im Einzelnen und Gesamten, zahlenmäßig nach Geld und – soweit möglich – nach Mengeneinheiten zu erfassen (*Eisele/Knobloch, Weber/Weißenberger, Wedell/Dilling*). Seine **Notwendigkeit** ergibt sich aus zwei wesentlichen Gründen:

- **Betriebswirtschaftlich** erfordert die Vielzahl der betrieblichen Vorgänge als Folge der Leistungserstellung und Leistungsverwertung entsprechende Maßnahmen der mengen- und wertmäßigen Erfassung, Steuerung und Kontrolle.
- **Rechtlich** werden bestimmte Anforderungen an das Unternehmen gestellt, die nur mithilfe eines ordnungsmäßigen Rechnungswesens erfüllt werden können.

Wie bei den bisher dargestellten Bereichen des Unternehmens lässt sich auch das betriebliche Rechnungswesen **als Prozess** darstellen, der in der Praxis umfasst (*Olfert*):

- Die **Planung** im Rechnungswesen als die gegenwärtige gedankliche Vorwegnahme zukünftigen Zahlenmaterials, das auf Daten der Buchführung, des Jahresabschlusses, der Kostenrechnung und der Statistik aufbaut.

  Weil im Rechnungswesen sehr umfassendes Zahlenmaterial zu verarbeiten ist, wird sie in der Betriebswirtschaftslehre auch als **Planungsrechnung** bezeichnet (*Jung, Olfert/Rahn, Wöhe/Döring*). Sie liefert einerseits fortlaufende Daten des gesamten Unternehmensprozesses und andererseits mengen- und wertmäßige Schätzungen der voraussichtlichen Entwicklung.

  Die der Planung zu Grunde liegenden **Ziele** im Rechnungswesen ergeben sich z. B. aus folgenden Planungsrechnungen, deren Ergebnisse sich aus entsprechenden Analysen bzw. Detailrechnungen ableiten lassen (*Kralicek, Ziegenbein*). Es sind zu unterscheiden:

  - Die **Planbilanz** als übersichtliche Darstellung der zu erreichenden Soll-Daten als Vermögens- und Kapitalwerte, die es vom Unternehmen zu erreichen gilt. Sie bildet das Kernstück einer integrierten Planungsrechnung.
  - Die **Plan-GuV-Rechnung**, welche die anzustrebenden Ertrags- und Aufwandswerte enthält, die ebenfalls als Soll-Werte zu interpretieren sind. Daraus sind Planstandards ableitbar, z. B. Planumsätze, Planmengen und Plankosten, deren Einhaltung später zu kontrollieren ist.

  Weil jede Planung in die Zukunft gerichtet ist, müssen die Zukunftserwartungen geschätzt werden. Hier entsteht für das planende Personal das Problem der **Voraussehbarkeit** und **Vorausbestimmbarkeit** späterer Ereignisse.

  Je unvollkommener die Informationen der **Unternehmensleitung** sind, desto größer werden die Unsicherheiten und Risiken, die in den Erwartungen stecken. Mit zunehmender Unternehmensgröße werden die komplexen Planungsaufgaben immer schwieriger lösbar und erfordern die Anwendung immer komplizierterer Rechenverfahren.

Zur besseren Lösung schwieriger Planungs- und Koordinationsprobleme sind im Bereich der **Unternehmensforschung**, die auch **Operations Research** genannt wird, wissenschaftliche Methoden und Verfahren auf der Grundlage mathematischer Entscheidungsmodelle entwickelt worden.

- Die **Durchführung** im Rechnungswesen bildet die zweite Prozessphase. Sie umfasst die umfangreichen Aufgaben der Buchführung, des Jahresabschlusses mit der Ist-Bilanz bzw. Ist-GuV-Rechnung und der Kostenrechnung. Die Durchführung wird in den folgenden Kapitel ausführlich dargestellt.
- Die **Kontrolle** schließt den Prozess im Rechnungswesen ab. Da sie mit einem hohen Rechenaufwand verbunden ist, wird auch von Kontrollrechnung gesprochen. Die Kontrolle im Rechnungswesen besteht aus:
  - Dem **Soll-Ist-Vergleich**, d. h. es werden beispielsweise die Plan-/Ist-Bilanzwerte bzw. die Plan-/Ist-GuV-Werte miteinander verglichen, um die Differenzen zu ermitteln.
  - Der **Untersuchung** von Soll-/Ist-Abweichungen, damit die Analyseergebnisse in die künftigen Planungen eingehen, z. B. bei zu geringen Erlösen und zu hohen Kosten.

Die Kontrolle ist die notwendige Ergänzung zur Planung und umfasst im Kern den Vergleich von geplanten Größen und realisierten Ergebnissen. Ihre Hauptzwecke bestehen in der Sicherung der Planerfüllung und in der Verbesserung des Führungsprozesses.

In allen drei Phasen des Rechnungswesens spielt die **Statistik** eine große Rolle. Sie dient vor allem dazu, die vorhandenen Informationen sinnvoll aufzubereiten und ergänzende Informationen der Vergangenheit sowie außerbetriebliche Informationen zu verarbeiten und für betriebliche Entscheidungen aufzubereiten (*Puhani, Schwarze*). Die Statistik gewinnt durch Vergleichen mit betrieblichen Tatbeständen mithilfe von **Kennzahlen** zusätzliche Erkenntnissse.

Zur Durchführung im Rechnungswesen zählen:

Rechnungswesen	Buchführung
	Jahresabschluss
	Kostenrechnung

1. Buchführung

Die Buchführung ist die zeitlich und sachlich geordnete Aufzeichnung der betrieblichen Geschäftsvorfälle. Dazu gehören das Sammeln von Belegen, das Formulieren von Buchungssätzen, die Konteneintragung, der Kontenabschluss. Formal werden die Konten nach Kontenklassen entsprechend des Kontenrahmens eingeteilt. Die Buchführung kann unterteilt werden in:

- die **Geschäfts**- oder **Finanzbuchführung**, in der die Außenbeziehungen des Unternehmens erfasst werden
- die **Betriebsbuchführung**, die sich mit dem internen Geschehen beschäftigt.

Die Buchführung umfasst – siehe ausführlich *Bornhofen/Bornhofen, Bussiek/Ehrmann, Zschenderlein*:

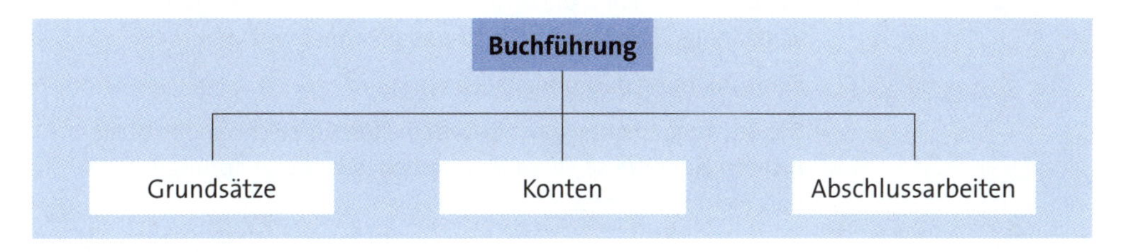

1.1 Grundsätze

Die Grundsätze ordnungsmäßiger Buchführung (GoB) stellen Regeln dar, nach denen ein Kaufmann zu verfahren hat. Nach der Auffassung des Bundesfinanzhofs richtet sich der Inhalt der GoB vor allem danach, was das allgemeine Bewusstsein der Kaufleute hierunter versteht (*Bussiek/Ehrmann*). Die Grundsätze gelten nicht nur für die Buchführung im engeren Sinne, sondern für die gesamte Rechnungslegung. Deshalb werden als GoB unterschieden:

- Die **Grundsätze ordnungsmäßiger Buchführung** im engeren Sinne.

  Danach ist eine Buchführung ordnungsmäßig, wenn sie den Grundsätzen des Handelsrechts entspricht. Das ist der Fall, wenn die für eine kaufmännische Buchführung erforderlichen Bücher geführt werden, die Bücher förmlich in Ordnung sind, und der Inhalt sachlich richtig ist. Die GoB im engeren Sinne beziehen sich damit auf:

Materielle Ordnungsmäßigkeit	Sie beinhaltet die Forderung nach **Richtigkeit** und **Vollständigkeit** der Aufzeichnungen. Das bedeutet, dass ► Geschäftsvorfälle, die stattgefunden haben, aufzuzeichnen sind, ► Geschäftsvorfälle richtig aufzuzeichnen sind, ► Geschäftsvorfälle nicht aufgezeichnet werden, die nicht stattgefunden haben.

Formelle Ordnungs-mäßigkeit	Sie soll sicherstellen, dass ein sachverständiger Dritter sich innerhalb angemessener Zeit einen Überblick über die Geschäftsvorfälle und die Vermögenslage des Unternehmens verschaffen kann. Die Forderung nach **Klarheit** und **Übersichtlichkeit** kann durch die Organisation der Buchführung erreicht werden, z. B.: ► Die Buchungen und die sonst erforderlichen Aufzeichnungen sind vollständig, richtig, zeitgerecht und geordnet vorzunehmen. ► Keine Buchung darf ohne Beleg erfolgen. ► Die Buchungen oder sonst erforderlichen Aufzeichnungen dürfen nicht in einer Weise verändert werden, dass der ursprüngliche Inhalt nicht mehr feststellbar ist. ► Bücher, Jahresabschlüsse, Lageberichte, Eröffnungsbilanz, Aufzeichnungen, Buchungsbelege, Inventare sowie die zu ihrem Verständnis erforderlichen Arbeitsanweisungen und sonstigen Organisationsunterlagen sind 10 Jahre aufzubewahren. ► Handels- oder Geschäftsbriefe, Unterlagen, die für die Besteuerung von Bedeutung sind, sind 6 Jahre aufzubewahren (*Bussiek/Ehrmann*). Jeder Buchführung muss eine **Systematik** zu Grunde liegen. Der Kaufmann ist zur doppelten Buchführung verpflichtet.

► Die **Grundsätze ordnungsmäßiger Inventur**.

Die **Inventur** ist die mengen- und wertmäßige Erfassung des tatsächlichen Bestandes des Vermögens und der Schulden eines Unternehmens für einen bestimmten Zeitpunkt durch körperliche Bestandsaufnahme (§ 240 HGB i. V. mit § 241 HGB). Sie ist eine Tätigkeit und besteht insbesondere aus Zählen, Messen, Wiegen, aber auch mitunter aus Schätzen und kann erfolgen als:

Stichtags-inventur	Die körperliche Bestandsaufnahme erfolgt innerhalb von 10 Tagen vor oder nach dem Bilanzstichtag. Bestandsveränderungen werden auf den Bilanzstichtag fort- oder rückgerechnet.
Permanente Inventur	Die körperliche Bestandsaufnahme erfolgt einmal im Verlaufe des Jahres. Der Bestand am Bilanzstichtag wird über die Fortschreibung der Lagerbuchhaltung ermittelt.
Verlegte Inventur	Die körperliche Bestandsaufnahme erfolgt für einen Tag innerhalb der letzten 3 Monate vor bzw. der ersten 2 Monate nach Schluss des Geschäftsjahres. Bestandsveränderungen werden auf den Bilanzstichtag fort- oder rückgerechnet.

Das Verzeichnis, in dem die Ergebnisse der Inventur dokumentiert werden, ist das **Inventar**. Die Grundsätze ordnungsmäßiger Inventur sind:

Vollständigkeit und Richtigkeit	Es sind sämtliche Bestände aufzunehmen und mit den richtigen Werten im Inventar anzugeben. Das Entstehen „stiller Mengenreserven" soll verhindert werden.
Wirtschaftlichkeit und Wesentlichkeit	Alle Bestände sind zwar genau zu erfassen, allerdings nur im Rahmen des Zumutbaren. Damit sind in begrenztem Umfang auch Schätzungen möglich.
Klarheit und Nachprüfbarkeit	Im Inventar sind die einzelnen Bestände mit entsprechenden Gegenstandsbezeichnungen zu versehen, die eine Identifizierung der Gegenstände erlauben.

- Die **Grundsätze ordnungsmäßiger Bilanzierung**, die Klarheit, Wahrheit, Kontinuität und Identität der Bilanzen fordern – siehe ausführlicher Seite 465 f.

1.2 Konten

Die Buchführung beruht auf der Kontoführung. Ihr Grundgedanke ist es, jede Position der Bilanz gesondert zu erfassen und Veränderungen der einzelnen Positionen festzuhalten. Zu unterscheiden sind (*Zschenderlein*):

- Das **Konto**, das eine zweiseitige Rechnung ist, bei der gleichartige Vorfälle, d. h. die jeweiligen Plus- bzw. Minusveränderungen auf einer zugeordneten Seite erfasst werden. Diese Gegenüberstellung zeigt das T-Konto, welches das System der doppelten Buchführung verdeutlicht.
- Der **Kontenrahmen**, in den die einzelnen Konten bzw. Kontenklassen systematisch eingeordnet sind. Er bildet die Grundlage für die Buchführung. In der Vergangenheit wurde von den industriellen Unternehmen der Gemeinschaftskontenrahmen (**GKR**) verwendet, der in den vergangenen Jahren aber durch den Industriekontenrahmen (**IKR**) ersetzt wurde (*Rinker/Ditges/Arendt*):

	IKR
Kontenklasse 0	Immaterielle Vermögensgegenstände und Sachanlagen
Kontenklasse 1	Finanzanlagen
Kontenklasse 2	Umlaufvermögen und aktive Rechnungsabgrenzungsposten
Kontenklasse 3	Eigenkapital und Rückstellungen
Kontenklasse 4	Verbindlichkeiten und passive Rechnungsabgrenzungsposten
Kontenklasse 5	Erträge
Kontenklasse 6	Betriebliche Aufwendungen
Kontenklasse 7	Weitere Aufwendungen
Kontenklasse 8	Ergebnisrechnungen
Kontenklasse 9	Kosten- und Leistungsrechnung

Die **Geschäftsbuchhaltung** beim IKR ist nach dem international verbreiteten Abschlussgliederungsprinzip gestaltet, wodurch es möglich ist, die Abschluss-, Prüfungs- und Revisionsarbeiten des Jahresabschlusses rationell zu gestalten. Die **Betriebsbuchhaltung** im IKR ist nach dem Prozessgliederungsprinzip aufgebaut.

Eine Reihe von Unternehmen verwendet inzwischen auch einen der **DATEV**[1]-Kontenrahmen (*Bornhofen/Bornhofen, Zschenderlein*).

Die Buchführung ist meistens eine **doppelte Buchführung**. Darunter ist zu verstehen, dass jeder Geschäftsvorfall zweifache Veränderungen hervorruft. Sie ist für alle Kaufleute vorgeschrieben. Da die Bilanz aus den einzelnen Konten entwickelt wird, deren Zusammenfassung sie praktisch darstellt, werden mit jedem Geschäftsvorfall auch immer zwei Konten angesprochen. Eine **Buchung** im Soll eines Kontos erfordert zum Erhalt der Bilanzgleichung eine entsprechende Buchung im Haben eines anderen Kontos.

Beispiel

Es werden von einem Bankkonto 5.000 € entnommen und in die Kasse gegeben. Dann ergeben sich folgende Buchungen:

S		**Kasse**		H
Kasse	5.000			

S		**Bank**		H
			Kasse	5.000

Der Vorgang wird auf dem Konto „Kasse" als Zugang im **Soll** (Aktiva) und auf dem Konto „Bank" als Abgang im **Haben** (Passiva) gebucht.

Obige Buchung erfordert beispielsweise folgende **Angaben**:

► Datum	15.03.2014
► Konto und Gegenkonto	Kasse an Bank
► Kurztext für den Geschäftsvorfall	Einzahlung
► Belegnummer	49
► Betrag	5.000 €

Die Differenz von Plus- und Minusvorgängen, der beiden Seiten des Kontos also, ergibt den **Saldo** des Kontos.

Folgende Konten lassen sich unterscheiden (*Zschenderlein*):

- **Bestandskonten**
- **Erfolgskonten.**

[1] DATEV ist die „Datenverarbeitungsorganisation des steuerberatenden Berufes in der Bundesrepublik Deutschland eG".

1.2.1 Bestandskonten

Bestandskonten enthalten den Bestand von Vermögensgütern und Schulden. Sie sind Konten, deren Werte in die Bilanz eingehen.

Beispiel

Bestandskonten der **Aktiv-Seite der Bilanz**:

- Grundstückskonto
- Maschinenkonto
- Betriebsstoffkonto
- Forderungskonto
- Kassenkonto
- Bankkonto

Bestandskonten der **Passiv-Seite der Bilanz**:

- Eigenkapitalkonto
- Verbindlichkeitskonto

Die **Geschäftsvorfälle** werden in folgender Weise auf die jeweiligen Bestandskonten verbucht:

- Mit Aufnahme der Geschäftstätigkeit eines Unternehmens ist eine **Eröffnungsbilanz** zu erstellen:

  Beispiel

AKTIVA		**Eröffnungsbilanz**	**PASSIVA**
	Euro		Euro
Grundstücke	30.000	Eigenkapital	110.000
Maschinen	30.000	Verbindlichkeiten	50.000
Betriebsstoffe	40.000		
Forderungen	30.000		
Kasse	20.000		
Bank	10.000		
	160.000		160.000

- Zunächst wird aus der Eröffnungsbilanz das **Eröffnungsbilanzkonto** eingerichtet.

Beispiel

AKTIVA	Eröffnungsbilanzkonto		PASSIVA
Eigenkapital	110.000	Grundstücke	30.000
Verbindlichkeiten	50.000	Maschinen	30.000
		Betriebsstoffe	40.000
		Forderungen	30.000
		Kasse	20.000
		Bank	10.000
	160.000		160.000

- Das Eröffnungsbilanzkonto wird in die einzelnen **Bestandskonten** aufgelöst.

Beispiel

Bestandskonten der Aktiv-Seite

S	Grundstückskonto		H
AB	30.000		

S	Maschinenkonto		H
AB	30.000		

S	Betriebsstoffkonto		H
AB	40.000		

S	Forderungskonto		H
AB	30.000		

S	Kassenkonto		H
AB	20.000		

S	Bankkonto		H
AB	10.000		

Bestandskonten der Passiv-Seite

S	Eigenkapitalkonto		H
		AB	110.000

S	Verbindlichkeitskonto		H
		AB	50.000

AB = Anfangsbestand
SB = Schlussbestand

- Es erfolgt die Buchung der **Geschäftsvorfälle**, die beispielsweise sein können:

Beispiel

- Rohstoffe wurden gekauft, die durch Banküberweisung gezahlt werden.

  Buchungssatz:

Betriebsstoffe	an	Bank	2.000 €

S	Betriebsstoffe		H
AB	40.000		
Bank	2.000		

S	Bank		H
AB	10.000	Betriebsstoffe	2.000,00

- Betriebsstoffe wurden gekauft, die aber nicht sofort bezahlt wurden, sondern es wird ein Lieferantenkredit in Anspruch genommen (Kauf auf Ziel), der zu Verbindlichkeiten gegenüber dem Lieferanten führt.

  Buchungssatz:

Betriebsstoffe	an	Verbindlichkeiten	6.000 €

S	Betriebsstoffe		H
AB	40.000		
Bank	2.000		
Verbindlichk.	6.000		

S	Verbindlichkeiten		H
		AB	50.000
		Betriebsstoffe	6.000

- Schließlich wird eine **Inventur** durchgeführt, d. h. eine körperliche Bestandsaufnahme des Vermögens und der Schulden zu einem Zeitpunkt. Das Ergebnis der Inventur heißt Inventar.
- Unter der Annahme, dass zunächst keine weiteren Geschäftsvorfälle erfolgt sind und sich bei der Inventur keine Differenzen feststellen ließen, erfolgen die **Abschlussbuchungen**.

Beispiel

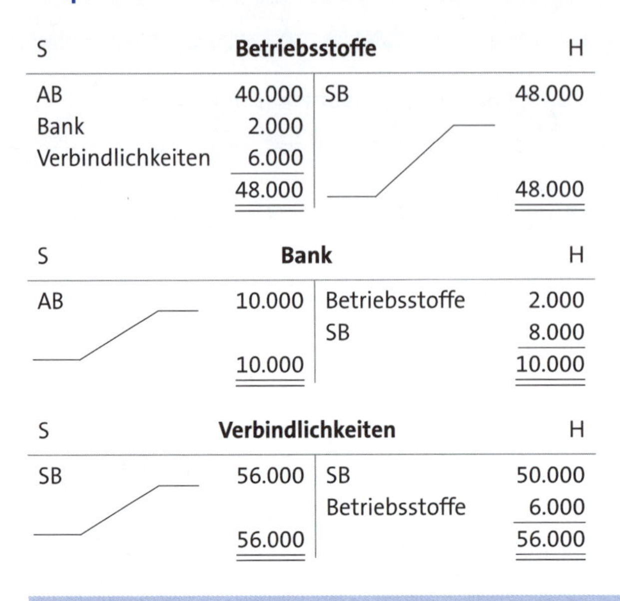

S	Betriebsstoffe		H
AB	40.000	SB	48.000
Bank	2.000		
Verbindlichkeiten	6.000		
	48.000		48.000

S	Bank		H
AB	10.000	Betriebsstoffe	2.000
		SB	8.000
	10.000		10.000

S	Verbindlichkeiten		H
SB	56.000	SB	50.000
		Betriebsstoffe	6.000
	56.000		56.000

- Die jeweiligen Schlussbestände – auch die der von den Buchungen nicht betroffenen Konten – werden in die **Schlussbilanz** übernommen.

Beispiel

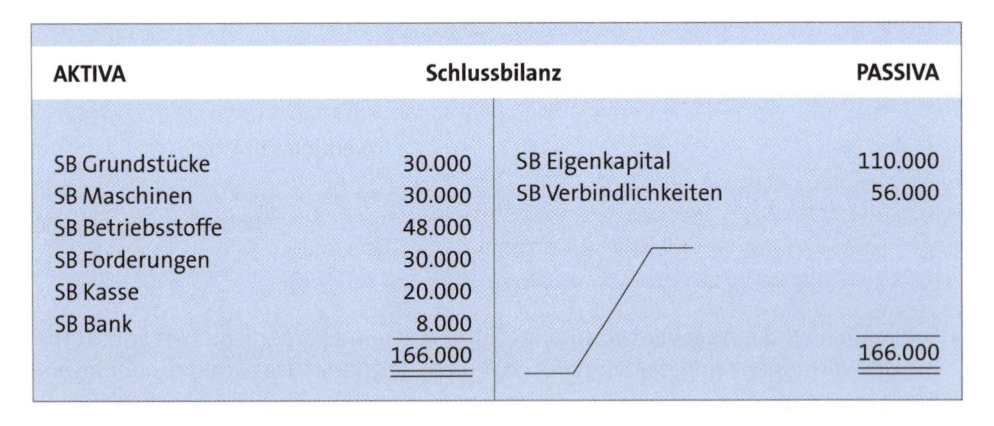

AKTIVA	Schlussbilanz		PASSIVA
SB Grundstücke	30.000	SB Eigenkapital	110.000
SB Maschinen	30.000	SB Verbindlichkeiten	56.000
SB Betriebsstoffe	48.000		
SB Forderungen	30.000		
SB Kasse	20.000		
SB Bank	8.000		
	166.000		166.000

Zu erkennen ist, dass sich aufgrund der Buchungen die Bestände des Betriebsstoff-, des Bank- und des Verbindlichkeitenkontos gegenüber der Eröffnungsbilanz verändert haben.

Aufgabe 68 > Seite 570

1.2.2 Erfolgskonten

Erfolgskonten sind Konten, auf denen Aufwendungen und Erträge des Unternehmens erfasst werden. Ihre Werte gehen in die Gewinn- und Verlust-Rechnung (GuV-Rechnung) ein. Sie sollen erläutert werden – siehe ausführlich *Olfert, Zschenderlein*:

- **Aufwendungen** sind der Wertverzehr für Güter und Dienstleistungen innerhalb einer bestimmten Rechnungsperiode, der nicht nur der Erfüllung des Betriebszweckes dient. Als folgende Aufwendungen lassen sich unterscheiden:

Zweckaufwendungen	Sie werden auch **Betriebsaufwendungen** genannt und entstehen bei der Leistungserstellung und Leistungsverwertung, beziehen sich also ausschließlich auf die Erfüllung des Betriebszweckes und sind deckungsgleich mit den Kosten in der Kostenrechnung. **Beispiele:** Verbrauch von Roh-, Hilfs- und Betriebsstoffen, Löhne, Gehälter, Aufwendungen für bezogene Leistungen (§ 275 Abs. 2 HGB).
Neutrale Aufwendungen	Sie dienen grundsätzlich nicht der Realisierung des Betriebszweckes und können sein: ► **Betriebsfremde Aufwendungen**, bei denen kein Zusammenhang mit der Leistungserstellung und Leistungsverwertung, also der eigentlichen betrieblichen Tätigkeit besteht. **Beispiele:** Spenden, Aufwendungen für Sanierungen, Aufwendungen für Umwandlungen, Abschreibungen auf Finanzanlagen, Verluste aus dem Abgang von Wertpapieren. ► **Außerordentliche Aufwendungen**, die zwar durch die Leistungserstellung und Leistungsverwertung verursacht werden, aber unregelmäßig oder nur vereinzelt anfallen. **Beispiele:** Verkauf einer Maschine unter dem Buchwert, Insolvenzbedingte Forderungsverluste. ► **Periodenfremde Aufwendungen**, bei denen es sich um Aufwendungen handelt, die durch die Leistungserstellung und Leistungsverwertung entstehen, jedoch erst in einer späteren Rechnungsperiode anfallen. **Beispiele:** Steuernachzahlung, Prozesskosten für einen im Vorjahr abgeschlossenen Prozess.

Aufwendungen und **Kosten** stehen in folgender Beziehung zueinander – siehe S. 483 f.:

Neutrale Aufwendungen	Zweckaufwendungen	
	Grundkosten	Zusatzkosten

► **Erträge** sind der Wertzuwachs durch erstellte Güter und Dienstleistungen innerhalb einer bestimmten Rechnungsperiode, der nicht nur auf der Erfüllung des Betriebszweckes beruht. Danach können unterschieden werden:

Betriebliche Erträge	Sie werden durch die Leistungserstellung und Leistungsverwertung erzielt und beziehen sich ausschließlich auf die Erfüllung des Betriebszweckes. Als Leistungen werden sie den Kosten gegenübergestellt und können sein: ► **Umsatzerlöse** durch den Verkauf der Güter oder Dienstleistungen, wobei Einzahlungen in der betreffenden Periode nicht erfolgen müssen (Umsatzleistungen). ► **Innerbetriebliche Erträge** durch selbsterstellte Güter oder werterhöhende Reparaturen, die zu aktivieren sind, d. h. auf der Aktiv-Seite der Bilanz aufgenommen werden müssen, wenn sie nicht in der gleichen Rechnungsperiode verbraucht werden. **Beispiele:** Aktivierte Eigenleistungen, Bestandsmehrungen als Lagerleistung. ► **Nebenerlöse** durch den Verkauf von Abfallprodukten, beispielsweise Schrott (sonstige betriebliche Erträge).
Neutrale Erträge	Sie resultieren grundsätzlich nicht aus der Erstellung und Verwertung der Güter und Dienstleistungen, dienen also nicht dem Betriebszweck. Zu unterscheiden sind: ► **Betriebsfremde Erträge**, die keinerlei Zusammenhang mit der Leistungserstellung und Leistungsverwertung aufweisen. **Beispiele:** Gewinne aus Wertpapieren, erhaltene Spenden, Schenkungen, Gewinne aus Beteiligungen. ► **Außerordentliche Erträge** stehen in Zusammenhang mit der Leistungserstellung und Leistungsverwertung. Sie fallen aber unregelmäßig und nur vereinzelt an. **Beispiele:** Verkauf einer Maschine über Buchwert. ► **Periodenfremde Erträge** sind Erträge, welche zwar durch die Leistungserstellung und Leistungsverwertung entstehen, jedoch erst in einer späteren Periode erfolgen. **Beispiele:** Rückerstattung von Steuern.

Erträge und **Leistungen** weisen folgende Zusammenhänge auf:

Neutrale Erträge	Zweckerträge	
	Grundleistungen	Zusatzleistungen

Geschäftsvorfälle mit Erfolgscharakter werden auf Erfolgskonten gebucht. Den Aufwand bucht man stets auf **Aufwandskonten** im Soll und den Ertrag auf **Ertragskonten** im Haben. Die **Erfolgskonten** werden auf das Gewinn- und Verlustkonto abgeschlossen, das dem Eigenkapitalkonto vorgeschaltet ist.

Die Behandlung der **Erfolgskonten** erfolgt – nach der Einrichtung der Erfolgskonten – in folgender Weise:

Beispiel

► Es fallen folgende **Geschäftsvorfälle** an:

- Aufwand an Betriebsstoffen (Materialentnahme) 60.000 €
- Gehaltsaufwand durch die Bank 40.000 €
- Miete durch die Bank gezahlt 4.000 €
- Zinserträge gehen bei der Bank ein 1.000 €
- Verkauf von Fertigerzeugnissen auf Ziel 130.000 €

Daraus ergeben sich folgende Buchungen:

Aufwands- und Ertragskonten

S	**Betriebsstoffaufwand**		H
Betriebsstoffe	60.000		

S	**Gehaltsaufwand**		H
Bank	40.000		

S	**Mietaufwand**		H
Bank	4.000		

S	**Zinserträge**		H
		Bank	1.000

S	**Umsatzerlöse**		H
		Forderungen	130.000

Bestandskonten

S	**Verbindlichkeiten**		H
		Betriebsstoffaufwand	130.000

S	**Bank**		H
Zinsen	1.000	Gehälter	40.000
		Miete	4.000

S	Forderungen		H
Umsatzerlöse	130.000		

- Die **Erfolgskonten** werden zunächst einzeln abgeschlossen:

Beispiel

S	Betriebsstoffaufwand		H
Betriebsstoffe	60.000	GuV	60.000

S	Gehaltsaufwand		H
Bank	40.000	GuV	40.000

S	Mietaufwand		H
Bank	4.000	GuV	4.000

S	Zinserträge		H
GuV	1.000	Bank	1.000

S	Umsatzerlöse		H
GuV	130.000	Forderungen	130.000

- Daraufhin erfolgt die Übertragung der Werte auf das **Gewinn- und Verlustkonto**:

Beispiel

S	Gewinn- und Verlustkonto		H
Betriebsstoffaufwand	60.000	Umsatzerlöse	130.000
Gehaltsaufwand	40.000	Zinserträge	1.000
Mietaufwand	4.000		
Jahresüberschuss	27.000		
	131.000		131.000

Wenn von den Erträgen die Aufwendungen abgezogen werden, entsteht ein **Jahresüberschuss** von 27.000 € als positive Differenz. Durch die Addition des Gewinnvortrages aus dem Vorjahr und der Entnahmen aus Rücklagen bzw. durch Subtraktion der Einstellungen in die Gewinnrücklagen, ist der **Bilanzgewinn** ermittelbar. Er entspricht dem Geldbetrag, der an die Aktionäre ausgeschüttet werden kann.

1.3 Abschlussarbeiten

Bis jetzt wurden folgende Aktivitäten beschrieben:

- Erstellung der Eröffnungsbilanz
- Einrichtung des Eröffnungsbilanzkontos
- Einrichtung der Bestands- und Erfolgskonten
- Verbuchung der Geschäftsvorfälle
- Durchführung der Inventur.

In einem nächsten Schritt wird die **Hauptabschlussübersicht** erstellt, die auch als **Betriebsübersicht** oder **Abschlusstabelle** bezeichnet wird. Sie stellt die Gesamtheit der vorbereitenden Abschlussbuchungen und die Abschlussbuchungen systematisch und zusammenhängend dar. Die formale Richtigkeit des Jahresabschlusses wird damit zuverlässig kontrollierbar gemacht.

Die Hauptabschlussübersicht besteht in der Regel aus sechs **Hauptspalten**:

Summenbilanz	Saldenbilanz I	Umbuchungsbilanz	Saldenbilanz II	Erfolgsbilanz	Schlussbilanz
Sie bildet die erste Hauptspalte dieser Übersicht und besteht aus einer Soll- und einer Habenseite, die sich auf jede Zeile (je Konto) beziehen. Es werden je Zeile die in einer Periode je Konto im Soll bzw. im Haben insgesamt gebuchten Summen aufgenommen. Die Addition von Sollseite bzw. Habenseite über alle Konten muss gleiche Beträge ergeben.	Je Zeile, d. h. je Konto werden nun die Salden aus der Aktiv- bzw. Passivbuchung der Summenbilanz gebildet und in die Saldenbilanz übertragen. Der jeweilige Saldobetrag wird auf der Seite des höheren Betrags in die Saldenbilanz eingetragen. Auch hier muss die jeweilige Addi-tion der Soll-seite bzw. der Habenseite gleiche Beträge ergeben.	Sie enthält die vorbereitenden Abschlussbuchungen, wie z. B. Abschreibungen auf Anlagen und Forderungen, Verbuchung von Bestandsdifferenzen, Bestandsänderungen, zeitliche Abgrenzung, Bildung von Rückstellungen, Ermittlung der Steuerlast usw.	Durch Horizontaladdition der Beträge der Saldenbilanz I und der Umbuchungsbilanz je Zeile entsteht die Saldenbilanz II. Aus ihr werden dann GuV-Rechnung und Schlussbilanz abgeleitet.	Die Sollseite dieser Hauptspalte übernimmt die Aktivsalden der Erfolgskonten, also den Aufwand. Die Habenseite dieser Hauptspalte übernimmt die Passiv-Seite der Erfolgskonten aus der Saldenbilanz II, d. h. die Erträge. Damit ergibt sich das Periodenergebnis als Verlust bzw. als Gewinn, wenn die Erträge größer als die Aufwendungen sind.	Sie übernimmt die Endbestände der Bestandskonten aus der Saldenbilanz II und weist die Bilanzansätze aus, die den in der Inventur ermittelten Beständen und Bewertungen – unter Einbeziehung der Wertberichtigungen – entsprechen.

In jeder der einzelnen Spalten müssen die Addition der Sollseite und der Habenseite jeweils **gleiche Beträge** ergeben.

Die Hauptabschlussübersicht bietet als tabellarische Übersicht einen Einblick in den Gesamtumfang der Buchungen. Diese beziehen sich auf alle Bestands- und Erfolgskonten sowie auf die erfolgsbestimmenden Veränderungen einer Periode.

Nach der Erstellung der Hauptabschlussübersicht erfolgen folgende **Vorgänge**:

- Ausführung der Umbuchungen aus der Hauptabschlussübersicht
- Abschluss der Bestandskonten über das Schlussbilanzkonto

  (Maschinen, Rohstoffe, Forderungen, Bankguthaben)
- Abschluss der Erfolgskonten über das GuV-Konto
- Abschluss des GuV-Kontos

  (Bei Einzelunternehmen und Personengesellschaften wird das Konto „Privat" auf das Eigenkapitalkonto abgeschlossen)
- Abschluss des Eigenkapitalkontos über das Schlussbilanzkonto bzw. das Verbindlichkeitenkonto.

Damit kann die **Schlussbilanz** erstellt werden, die immer am Ende einer Rechnungsperiode erfolgt. Ein Kaufmann hat nach § 242 Abs. 1 HGB für den Schluss eines jeden Geschäftsjahres eine Bilanz aufzustellen, die auf der Aktiv-Seite z. B. Grundstücke, Maschinen, Betriebsstoffe, Forderungen, Bank und auf der Habenseite z. B. das Eigenkapital und die Verbindlichkeiten ausweist.

Die gegebenen Beispiele zeigen, dass bei der **doppelten Buchführung** jeder Buchungsfall, aus dem eine Veränderung eines Buchungspostens erfolgt, auch die Veränderung eines zweiten Postens mit sich bringt. Das System entspricht damit dem Prinzip der Bilanzgleichung

Jede Erfassung eines Geschäftsvorfalls ist mit zwei wertgleichen Buchungen verbunden, die einerseits die Sollseite eines Kontos und andererseits die Habenseite eines anderen Kontos betreffen. Der sog. Doppik entsprechend, erfolgt also jede Erfassung eines Geschäftsvorfalls als **doppelte Buchung**, z. B. als Gutschrift bzw. Lastschrift, welche auf Buchungssätzen basieren, die immer auf Belegen beruhen (*Bussiek/Ehrmann, Eisele/Knobloch, Gabele/Mayer, Zschenderlein*).

Damit ergibt sich ein **geschlossenes Kontensystem** der in T-Form geführten Konten, das sich abschließend schematisch zusammenfassen lässt:

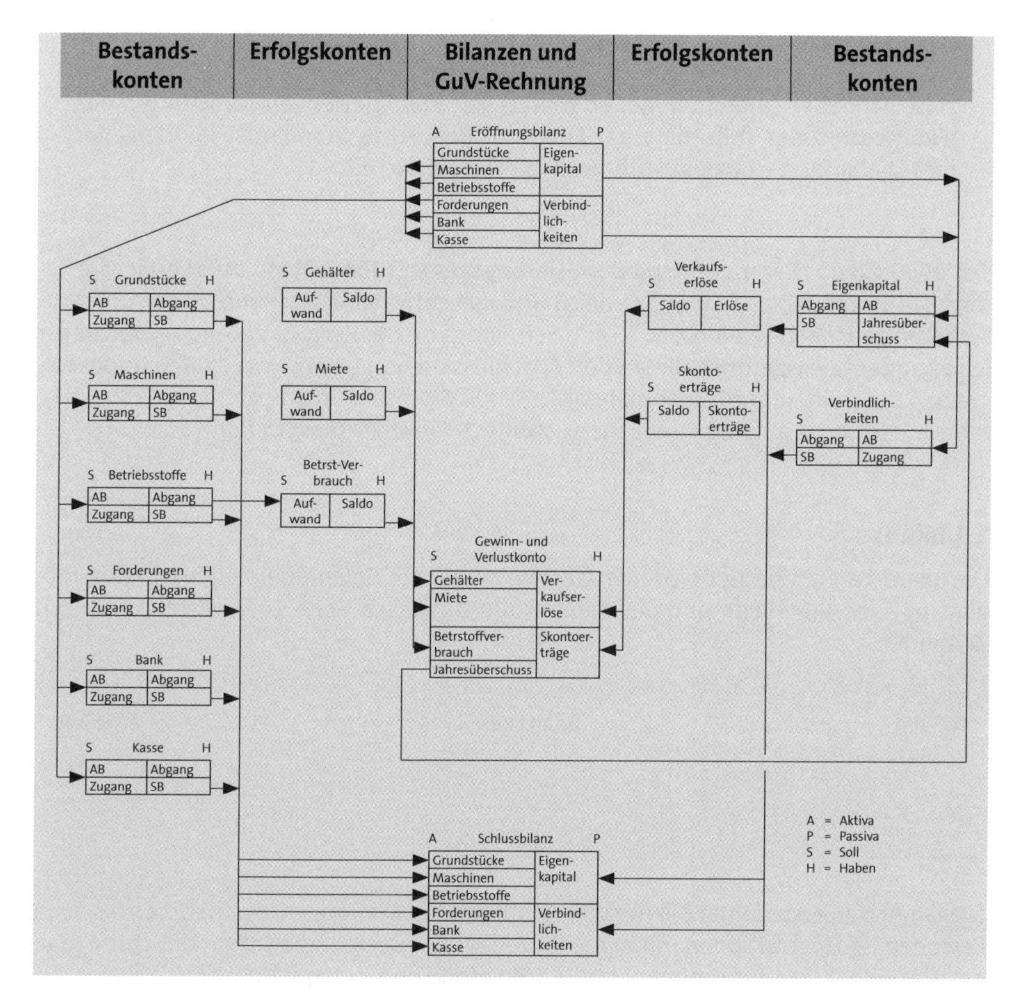

2. Jahresabschluss

Handelsrechtlich bilden die Bilanz und die GuV-Rechnung den Jahresabschluss, der bei Kapitalgesellschaften um den Anhang ergänzt wird, zu dem auch ein Lagebericht zu rechnen ist (*Buchner, Coenenberg/Haller/Schultze, Rinker/Ditges/Arendt, Grefe*):

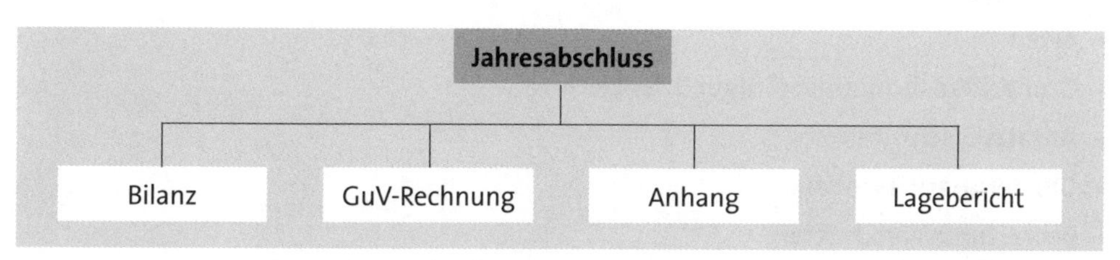

Die folgenden Ausführungen beziehen sich auf den Jahresabschluss nach HGB. Die für kapitalmarktorientierte Unternehmen (Zulassung von Wertpapieren zum Handel in einem geregelten Markt) seit 2005 geltenden Vorschriften des **IFRS**-Abschlusses (**I**nternational **F**inancial **R**eporting **S**tandards) werden hier nicht behandelt – dazu ausführlich *Bolin/Ditges/Arendt*.

Seit 2009 gilt das **Bilanzrechtsmodernisierungsgesetz (BilMoG)** als umfangreichste Reform des Bilanzrechts. Es wurden viele handelsrechtliche Ansatz- und Bewertungsvorschriften geändert. So wurde u. a. eine Befreiung von der Rechnungslegungspflicht für jene Kaufleute eingeführt, die an den Abschlussstichtagen von zwei aufeinander folgenden Geschäftsjahren nicht mehr als 500.000 € Umsatz und nicht mehr als 50.000 € Jahresüberschuss aufweisen – siehe ausführlich *Rinker/Ditges/Arendt*.

2.1 Bilanz

Die Bilanz ist – im betriebswirtschaftlichen Sinn – die Gegenüberstellung des Vermögens auf der Aktiv-Seite und des Kapitals auf der Passiv-Seite zu einem bestimmten Zeitpunkt.

AKTIVA	**Bilanz zum ...**	**PASSIVA**
Vermögen		Kapital

Die jährlich zu erstellende Bilanz soll sowohl das bilanzierende Unternehmen als auch Personen und Institutionen mit berechtigtem Interesse über die Entwicklung und Lage des Unternehmens informieren. Ihre **Adressaten** können Kapitalgeber, Gläubiger, Arbeitnehmer, Fiskus und die interessierte Öffentlichkeit sein.

Die kritische Beurteilung und wirtschaftliche Auswertung von Bilanzen geschieht im Rahmen der **Bilanzanalyse** siehe – ausführlich *Gräfer/Schneider, Langenbeck*. Die **Informationen** beziehen sich auf die Vermögenslage, Finanzlage und Ertragslage. Zu unterscheiden sind:

- **Arten**
- **Grundsätze ordnungsmäßiger Bilanzierung**
- **Ansatzvorschriften**
- **Gliederungsvorschriften**
- **Bewertungsvorschriften.**

2.1.1 Arten

Der Jahresbilanz können unterschiedliche **Rechtsnormen** zu Grunde liegen. Dementsprechend sind zu unterscheiden – siehe ausführlich *Grefe, Rinker/Ditges/Arendt*:

- Die **Handelsbilanz**, die den Rechnungslegungsvorschriften des HGB zu entsprechen hat. Sie finden sich für alle Kaufleute in den §§ 238 - 263 HGB und ergänzend für Kapitalgesellschaften in den §§ 264 - 289a HGB. Dazu kommen noch zusätzliche Vorschriften:
  - für die **AG** in AktG (§§ 150, 152, 158, 160)
  - für die **GmbH** in GmbHG (§§ 42, 42a)
  - für die **OHG** in HGB (§ 120)
  - für die **KG** in HGB (§§ 166, 167)
  - für die **Stille Gesellschaft** in HGB (§ 232)
  - für die **Genossenschaft** in HGB (§§ 336 - 339)
  - für den **Konzern** in HGB (§§ 290 - 315).

  Außerdem ist das **Publizitätsgesetz** zu berücksichtigen, insbesondere für Einzelkaufleute und Personengesellschaften, sofern sie nach **§ 1 PublG** als Großunternehmen einzustufen sind.

  Die öffentliche Rechnungslegungspflicht und auch die Aufstellung eines **Konzernabschlusses** (*Angermayer/Oser, Rinker/Ditges/Arendt*) setzen das Vorliegen von zwei der drei folgenden Merkmale an drei aufeinander folgenden Abschlussstichtagen voraus:

Bilanzsumme	Sie ist größer als 65 Mio €.
Umsatz	Er ist in den letzten 12 Monaten vor dem Abschlussstichtag größer als 130 Mio €.
Arbeitnehmer	Ihre Zahl liegt im Durchschnitt der 12 Monate vor dem Abschlussstichtag über 5.000.

- Die **Steuerbilanz** ist eine nach den steuerrechtlichen Vorschriften abgewandelte Handelsbilanz. Sie wird jährlich zum Zwecke der Veranlagung zur Einkommen- und Körperschaftsteuer erstellt. Rechtsgrundlagen sind:
  - Abgabenordnung (insbesondere §§ 140 - 148)
  - Handelsgesetzbuch (insbesondere §§ 238 - 256)
  - Einkommensteuergesetz (insbesondere §§ 4 - 7)
  - Körperschaftsteuergesetz
  - Gewerbesteuergesetz.

  Nach § 5 Abs. 1 EStG ist die Steuerbilanz aus der Handelsbilanz abzuleiten. Mit dem Bilanzrechtsmodernisierungsgesetz (BilMoG) von 2009 wurde die bisher in der Praxis verwendete Maßgeblichkeit der Steuerbilanz (umgekehrte Maßgeblichkeit) abgeschafft (*Rinker/Ditges/Arendt, Petersen/Zwirner, Theile*).

Neben der nach unterschiedlichen Rechtsnormen zu erstellenden Bilanz – als Handelsbilanz bzw. Steuerbilanz – gibt es:

- **Aussagezweckorientierte Bilanzen**

Erfolgsbilanzen	Sie informieren über den Erfolg eines Unternehmens in einer bestimmten Periode; dabei sind die handels- und steuerrechtlichen Bewertungsvorschriften zu beachten.
Statusbilanzen	Sie sind mit den Erfolgsbilanzen eng verwandt, sollen aber nur die am Stichtag vorhandenen Vermögensgegenstände und die Kapitallage zeigen, weshalb Bewertungsvorschriften nicht zu beachten sind.
Liquiditätsbilanzen	Sie sind Bilanzen, die unter den Gesichtspunkten „Grad der Liquidierbarkeit" und „Fälligkeit des Kapitals" erstellt werden.
Bewegungsbilanzen	Sie sind Zeitraumrechnungen, die Mittelherkunft und Mittelverwendung gegenüberstellen, also die Bewegungen in den einzelnen Bilanzpositionen im Verlaufe einer Periode aufzeigen.

- **Informationsempfängerorientierte Bilanzen**

Interne Bilanzen	Sie haben als Zielgruppe die Unternehmensleitung und werden erstellt, um ein genaues Bild über die Lage des Unternehmens zu erhalten und auf dieser Basis disponieren zu können. Die Wertansätze in diesen Bilanzen sollen möglichst realistisch sein. Sie orientieren sich nicht an rechtlichen Vorschriften.
Externe Bilanzen	Diese Bilanzen wenden sich an die verschiedenen Zielgruppen und sind im Allgemeinen nach den handels- und steuerrechtlichen Vorschriften zu erstellen.

- **Umfangorientierte Bilanzen**

Einzelbilanzen	Einzelbilanzen werden von den einzelnen Unternehmen erstellt, die zu bilanzieren haben.
Generalbilanzen	Sie werden von rechtlich und wirtschaftlich selbstständigen Unternehmen gemeinsam erstellt, beispielsweise von Interessengemeinschaften.
Konzernbilanzen	Konzernbilanzen sind von Unternehmen zu erstellen, die zwar rechtlich selbstständig sind, wirtschaftlich jedoch eine Einheit bilden.

- **Anlassorientierte Bilanzen**, die auch als **Sonderbilanzen** bezeichnet werden:

Gründungsbilanzen	Gründungsbilanzen sind zu erstellen, wenn ein Unternehmen gegründet wird, das heißt, wenn es neu entsteht.
Umwandlungsbilanzen	Sie sind zu erstellen, wenn ein Unternehmen umgewandelt und damit von einer Rechtsform in eine andere überführt wird.
Auseinandersetzungsbilanzen	Ihre Erstellung wird notwendig, wenn Gesellschafter beispielsweise durch Kündigung, Tod, Insolvenz bei Personengesellschaften oder Gesellschaften mit beschränkter Haftung ausscheiden.

Fusionsbilanzen	Wenn mehrere rechtlich selbstständige Unternehmen zu einem Rechtsgebilde verschmolzen werden, bedarf es der Erstellung von Fusionsbilanzen.
Sanierungs-bilanzen	Sie müssen erstellt werden, wenn ein Unternehmen sich in finanziellen Schwierigkeiten befindet, die sich in einer Unterbilanz oder Überschuldungsbilanz äußern können. Das Untermehmen möchte diese Schwierigkeiten überbrücken, indem es Sanierungsmaßnahmen ergreift, beispielsweise durch die Herabsetzung des (Eigen-)Kapitals oder durch einen Teilverzicht der Gläubiger.
Liquidations-bilanzen	Liquidationsbilanzen sind zu erstellen, wenn Unternehmen freiwillig ihre Tätigkeit beenden.
Insolvenzbilanzen	Wenn Unternehmen aufgrund von Zahlungsunfähigkeit bzw. Überschuldung zwangsweise aufgelöst werden, ist die Erstellung von Insolvenzbilanzen erforderlich.

2.1.2 Grundsätze ordnungsmäßiger Bilanzierung

Nach § 243 Abs. 1 HGB ist der Jahresabschluss nach den GoB aufzustellen. Damit sind die **GoB** auch für die Bilanz maßgeblich. Wie bei der Buchführung gezeigt wurde, umfassen die GoB im weiten Sinne (*Coenenberg/Haller/Schultze, Grefe, Rinker/Ditges/Arendt*):

- die Grundsätze ordnungsmäßiger Buchführung i. e. S. (§ 238 Abs. 1 HGB)
- die Grundsätze ordnungsmäßiger Inventur (indirekt § 241 HGB)
- die Grundsätze ordnungsmäßiger Bilanzierung (§ 243 Abs. 1 HGB).

Die Grundsätze ordnungsmäßiger Bilanzierung beziehen sich auf den **formellen Bilanzansatz**, bei dem entschieden werden muss, was in der Bilanz auszuweisen ist. Es geht außerdem um den **materiellen Bilanzansatz**, bei dem festgelegt wird, mit welchem Wert ein zu bilanzierendes Wirtschaftsgut anzusetzen ist.

Als **Grundsätze ordnungsmäßiger Bilanzierung** sind zu unterscheiden:

- Der **Grundsatz der Bilanzklarheit**, der fordert, dass der Jahresabschluss klar und übersichtlich aufzustellen ist. Dabei sind vor allem die Gliederungsvorschriften für die Bilanz (§ 266 HGB) und GuV-Rechnung (§ 275 HGB) sowie die Vorschriften über die Angaben im Anhang (§§ 284, 285 HGB) zu beachten.
- Der **Grundsatz der Bilanzwahrheit** wird im HGB nicht direkt angesprochen. Er kann so verstanden werden, dass die Bilanz sämtliche Vermögenswerte zu enthalten hat, die wahrheitsgemäß zu bewerten sind. Was als wahr anzusehen ist, kann nur aus der Zwecksetzung einer Bilanz abgeleitet werden.

- Der **Grundsatz der Bilanzkontinuität** dient der Vergleichbarkeit der einzelnen Jahresabschlüsse untereinander. Dabei kann die Bilanzkontinuität sein:

Formelle Bilanzkontinuität	Aufeinander folgende Jahresabschlüsse sind an gleichbleibenden Stichtagen zu erstellen und gleich zu gliedern. Die ausgewiesenen Posten sollen inhaltlich stetig sein.
Materielle Bilanzkontinuität	Sie umfasst die Anwendung gleicher Bewertungsgrundsätze in aufeinander folgenden Bilanzen und die Regelung, dass ein in der Schlussbilanz des Vorjahres vorgenommener Wertansatz nicht überschritten werden darf.

- Der **Grundsatz der Bilanzidentität** fordert die Gleichheit der Schlussbilanz eines Vorjahres und der Anfangsbilanz des folgenden Jahres im Hinblick auf die ausgewiesenen Positionen, Mengen und Werte.

Wie zu sehen ist, unterliegt die Erstellung einer Bilanz umfangreichen Vorschriften, die Ansatz-, Gliederungs- und Bewertungsvorschriften sind.

Aufgabe 69 > Seite 571

2.1.3 Ansatzvorschriften

Die Ansatzvorschriften regeln die Bilanzierung dem Grunde nach. Sie legen fest, **welche Positionen** bilanziell angesetzt werden müssen oder können bzw. nicht angesetzt werden dürfen. Dementsprechend lassen sich unterscheiden:

- **Ansatzgebot,** wobei das allgemeine Ansatzgebot des § 246 Abs. 1 HGB vorschreibt, dass der Jahresabschluss sämtliche Vermögensgegenstände, Schulden und Rechnungsabgrenzungskosten zu enthalten hat, soweit gesetzlich nichts anderes bestimmt ist.

  Nach § 249 HGB müssen Rückstellungen gebildet werden für ungewisse Verbindlichkeiten, für drohende Verluste aus schwebenden Geschäften, für unterlassene Instandhaltung bei Nachholung innerhalb von drei Monaten im nachfolgenden Geschäftsjahr sowie für Gewährleistungen, die ohne rechtliche Verpflichtung erbracht werden.

- **Ansatzverbote,** die einen Ansatz in der Bilanz generell ausschließen:

§ 248 Abs. 1 Nrn. 1 - 3 HGB	Aufwendungen für die Gründung des Unternehmens, für die Beschaffung des Eigenkapitals, für den Abschluss von Versicherungsverträgen
§ 248 Abs. 2 Satz 2 HGB	Selbst geschaffene Marken, Drucktitel, Verlagsrechte, Kundenlisten oder vergleichbare immaterielle Vermögensgegenstände des Anlagevermögens

- **Ansatzwahlrechte**, bei denen der Ansatz oder Nichtansatz in der Bilanz von der Entscheidung des Kaufmanns abhängig ist. Die wichtigsten Ansatzwahlrechte sind:

§ 248 Abs. 2 Satz 2 HGB	Aktivierung von selbst geschaffenen immateriellen Vermögensgegenständen des Anlagevermögens (z. B. Patente)
§ 250 Abs. 3 HGB	Abgrenzung des Damnums/Disagios auf der Aktiv-Seite bei den Rechnungsabgrenzungsposten
§ 274 Abs. 1 HGB	Aktivische Abgrenzung latenter Steuern (für Kapitalgesellschaften)

2.1.4 Gliederungsvorschriften

Das Gliederungsschema nach § 266 HGB ist auf die Kapitalgesellschaften ausgerichtet. Nach herrschender Meinung ist es auch von Nicht-Kapitalgesellschaften anzuwenden. Es enthält – als Grobgliederung – folgende wesentliche Positionen:

AKTIVA	**Bilanz zum ... PASSIVA**
A. Anlagevermögen I. Immaterielle Vermögensgegenstände II. Sachanlagen III. Finanzanlagen	**A. Eigenkapital** I. Gezeichnetes Kapital II. Kapitalrücklage III. Gewinnrücklagen IV. Gewinnvortrag/Verlustvortrag V. Jahresüberschuss/Jahresfehlbetrag
B. Umlaufvermögen I. Vorräte II. Forderungen und sonstige Vermögensgegenstände III. Wertpapiere IV. Schecks, Kassenbestand, Bundesbank- und Postgiroguthaben, Guthaben bei Kreditinstituten	**B. Rückstellungen** **C. Verbindlichkeiten** **D. Rechnungsabgrenzungsposten**
C. Rechnungsabgrenzungsposten	

Näher zu betrachten sind – siehe ausführlich *Grefe, Rinker/Ditges/Arendt*:

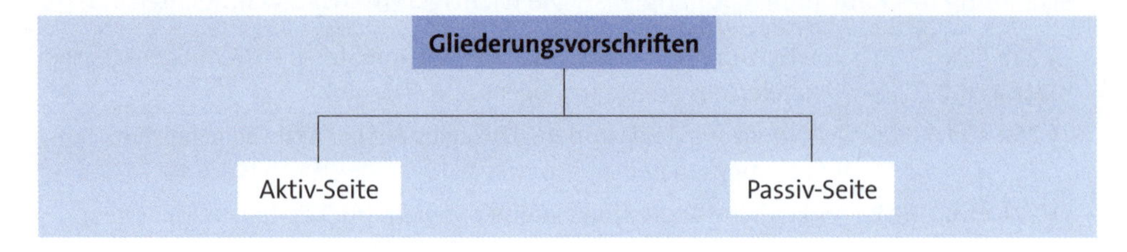

2.1.4.1 Aktiv-Seite

Im Einzelnen weist die Aktiv-Seite folgende Positionen auf:

Gliederungsschema nach § 266 Abs. 2 HGB **Aktiva**	
A. Anlagevermögen	Alle jene Vermögensgegenstände, die dazu bestimmt sind, dem Geschäftsbetrieb dauernd zu dienen.
I. Immaterielle Vermögensgegenstände	Alle nicht-körperlichen Gegenstände.
1. Selbstgeschaffene gewerbliche Schutzrechte und ähnliche Rechte auf Werte	Damit sollen die selbsterstellten von den entgeltlich erworbenen immateriellen Vermögensgegenständen abgrenzt werden.
2. Entgeltlich erworbene Konzessionen, gewerbliche Schutzrechte und ähnliche Rechte auf Werte sowie Lizenzen an solchen Rechten und Werten	**Beispiele:** Konzessionen, Patente, Lizenzen, Marken-, Urheber-, Werksrechte, Gebrauchsmuster, Warenzeichen, Nutzungs-, Brenn-, Braurechte.
3. Geschäfts- oder Firmenwert	Differenz zwischen dem für die Übernahme eines Unternehmens gezahlten Kaufpreis und dem Wert der Vermögensgegenstände abzüglich Schulden.
4. Geleistete Anzahlungen	Anzahlungen für aktivierungspflichtige immaterielle Wirtschaftsgüter.
II. Sachanlagen	Alle körperlichen Vermögensgegenstände.
1. Grundstücke, grundstücksgleiche Rechte und Bauten einschl. den Bauten auf fremden Grundstücken	Es ist eine Aufteilung nach Grund und Boden bzw. nach Gebäuden erforderlich.
2. Technische Anlagen und Maschinen	Alle Vermögensgegenstände, die keine Gebäude sind und ihrer Art nach unmittelbar dem Produktionsprozess dienen.
3. Andere Anlagen, Betriebs- und Geschäftsausstattung	Alle Vermögensgegenstände, die den obigen Sachanlagen-Gruppen nicht zuzuordnen sind, z. B. Arbeitsgeräte, Werkstatt-Büroeinrichtungen, Transportgeräte, Fahrzeuge.

4. Geleistete Anzahlungen und Anlagen im Bau	Alle Aufwendungen, die zum Bilanzstichtag für unvollendete und damit noch nicht nutzbare Anlagegüter anfallen.
III. Finanzanlagen	
1. Anteile an verbundenen Unternehmen	Unternehmen, zwischen denen ein Mutter-Tochter-Verhältnis besteht, sowie Tochterunternehmen untereinander.
2. Ausleihungen an verbundene Unternehmen	Alle langfristigen Finanz- und Kapitalforderungen.
3. Beteiligungen	Anteile an anderen Unternehmen, die bestimmt sind, dem eigenen Geschäftsbetrieb durch Herstellung einer dauerhaften Verbindung zu jenen Unternehmen zu dienen.
4. Ausleihungen an Unternehmen, mit denen ein Beteiligungsverhältnis besteht	
5. Wertpapiere des Anlagevermögens	Dem Geschäftsbetrieb des Unternehmens – ohne Beteiligungsabsicht – langfristig dienende Obligationen, Pfandbriefe, öffentliche Anleihen, Aktiva.
6. Sonstige Ausleihungen	Alle langfristigen Finanz- und Kapitalforderungen, die nicht gegenüber Beteiligungs- oder verbundenen Unternehmen bestehen.
B. Umlaufvermögen	Alle Vermögensteile, die nicht Anlagevermögen und keine Posten der Rechnungsabgrenzung sind.
I. Vorräte	
1. Roh-, Hilfs- und Betriebsstoffe	Siehe Abschnitt „Materialbereich“.
2. Unfertige Erzeugnisse	Vorräte, die noch nicht verkaufsfertige Erzeugnisse darstellen, für die aber bereits Aufwendungen angefallen sind.
3. Fertige Erzeugnisse	Versandfertige Vorräte, die im eigenen Unternehmen be- oder verarbeitet wurden. Waren sind Handelsartikel fremder Herkunft.
4. Geleistete Anzahlungen	Noch nicht gelieferte Vorräte bis zum Zeitpunkt des Gefahrenüberganges.

II. Forderungen und sonstige Vermögensgegenstände	
1. Forderungen aus Lieferungen und Leistungen	Sie beruhen auf Kauf-, Werk-, Dienstleistungsverträgen in dem Zeitpunkt, in dem die Leistung bzw. Lieferung bewirkt ist.
2. Forderungen gegen verbundene Unternehmen	Alle dem Umlaufvermögen zurechenbaren Forderungen gegen verbundene Unternehmen.
3. Forderungen gegen Unternehmen, mit denen ein Beteiligungsverhältnis besteht	Alle dem Umlaufvermögen zurechenbaren Forderungen an Unternehmen, mit denen ein Beteiligungsverhältnis besteht.
4. Sonstige Vermögensgegenstände	Alle sonst nicht zuordenbaren Vermögensgegenstände, z. B. Vorschüsse, Kautionen, Zinsansprüche.
III. Wertpapiere	Urkunden, in denen ein privates Recht verbrieft ist, das an den Besitz der Urkunde gebunden ist.
1. Anteile an verbundenen Unternehmen	Wertpapiere, die nicht dem Anlagevermögen zuzurechnen sind.
2. Eigene Anteile	Sie können Vermögenswerte oder lediglich Korrekturposten zum Eigenkapital darstellen.
3. Sonstige Wertpapiere	Alle Wertpapiere, die nicht zum Anlagevermögen und nicht zu B III, 1, 2 gehören.
IV. Schecks, Kassenbestand, Bundesbank, Guthaben bei Kreditinstituten	
C. Rechnungsabgrenzungsposten	Ausgaben vor dem Bilanzstichtag, soweit sie Aufwendungen für eine bestimmte Zeit nach diesem Tag darstellen.

Die Aktiv-Seite einer Bilanz besteht nach § 247 Abs. 1 HGB aus dem Anlage- und Umlaufvermögen bzw. den Rechnungsabgrenzungsposten. Während das **Anlagevermögen** diejenigen Vermögensgegenstände umfasst, die dazu bestimmt sind, dem Geschäftsbetrieb **dauernd** zu dienen (§ 247 Abs. 2 HGB), weist das **Umlaufvermögen** alle Vermögensgegenstände aus, die dem Geschäftsbetrieb **nicht** dauernd dienen sollen.

Während auf der **Aktiv-Seite** einer Bilanz die Struktur der Vermögensverhältnisse als **Anlage**- bzw. Umlaufvermögen ausgewiesen werden, zeigen die als **Passiva** aufgeführten Positionen die Quellen der Eigentumsverhältnisse als Eigenkapital bzw. Fremdkapital.

2.1.4.2 Passiv-Seite

Die Passiv-Seite umfasst folgende Positionen:

Gliederungsschema nach § 266 Abs. 2 HGB Passiva	
A. Eigenkapital	Das bilanzielle und rechnerische Eigenkapital umfasst den aus der Bilanz zu ermittelnden Saldo zwischen Vermögen und Schulden.
I. Gezeichnetes Kapital	Haftendes Kapital, das jedoch nicht ganz eingezahlt sein muss.
II. Kapitalrücklage	Alle Einlagen, die nicht gezeichnetes Kapital darstellen, z. B. ein bei der Ausgabe von Anteilen über den Nennbetrag hinaus erzieltes Agio.
III. Gewinnrücklage	
1. Gesetzliche Rücklage	Sie gibt es bei AG und KGaA. In diese Rücklage sind 5 % des um einen Verlustvortrag aus dem Vorjahr geminderten Jahresüberschusses einzustellen, bis die gesetzliche Rücklage und Kapitalrücklage zusammen 10 % oder den in der Satzung bestimmten höheren Teil des Grundkapitals erreichen.
2. Rücklage für eigene Anteile	Sie ist zu bilden, wenn ein Unternehmen eigene Anteile erwirbt. Sie dient als Ausschüttungssperre.
3. Satzungsmäßige Rücklagen	Sie werden aufgrund des Gesellschaftsvertrags, der Satzung oder des Statuts gebildet.
4. Andere Gewinnrücklagen	Sie stellen eine Restgröße dar.
IV. Gewinnvortrag/Verlustvortrag	Bilanzgewinn/-verlust des oder der Vorjahre, über dessen endgültige Verwendung erst später entschieden wird.
V. Jahresüberschuss/Jahresfehlbetrag	Der aus der GuV-Rechnung als Differenz zwischen Erträgen und Aufwendungen übernommene Betrag.
B. Rückstellungen	
1. Rückstellungen für Pensionen und ähnliche Verpflichtungen	Ihnen muss eine rechtsverbindliche Pensionsverpflichtung zu Grunde liegen. Die Pensionszusage muss schriftlich erfolgen und darf keine steuerschädlichen Vorbehalte aufweisen.

2. Steuerrückstellungen	Alle ungewissen Verbindlichkeiten aus Steuern.
3. Sonstige Rückstellungen	Sie stellen eine Restgröße dar.
C. Verbindlichkeiten	
1. Anleihen, davon konvertibel	Alle Schuldverpflichtungen, die am öffentlichen Kapitalmarkt aufgenommen wurden, z. B. Schuldverschreibungen, Wandelobligationen, Optionsanleihen, Gewinnschuldverschreibungen.
2. Verbindlichkeiten gegenüber Kreditinstituten	
3. Erhaltene Anzahlungen auf Bestellungen	Sie setzen voraus, dass ein Vertragspartner aufgrund abgeschlossener Liefer- oder Leistungsverträge bereits gezahlt hat.
4. Verbindlichkeiten aus Lieferungen und Leistungen	Alle Verpflichtungen aus dem normalen Geschäftsverkehr mit Lieferanten.
5. Verbindlichkeiten aus der Annahme gezogener Wechsel und der Ausstellung eigener Wechsel	
6. Verbindlichkeiten gegenüber verbundenen Unternehmen	Verbindlichkeiten aus dem Waren-, Leistungs-, Finanz-, Beteiligungsverkehr mit verbundenen Unternehmen.
7. Verbindlichkeiten gegenüber Unternehmen, mit denen ein Beteiligungsverhältnis besteht	Verbindlichkeiten aus dem Waren-, Leistungs-, Finanz-, Beteiligungsverkehr mit Unternehmen in einem Beteiligungsverhältnis.
8. Sonstige Verbindlichkeiten, davon aus Steuer, davon im Rahmen der sozialen Sicherheit	Alle oben nicht erfassten Schulden.
D. Rechnungsabgrenzungsposten	Alle Einnahmen vor dem Abschlussstichtag, soweit sie Erträge für eine bestimmte Zeit nach diesem Tag darstellen.

Aufgabe 70 > Seite 571

2.1.5 Bewertungsvorschriften

§ 252 HGB stellt den Vorschriften über die Wertansätze der Vermögensgegenstände und Schulden allgemeine Bewertungsgrundsätze voran, die weitgehend den Grundsätzen ordnungsmäßiger Buchführung entsprechen (*Rinker/Ditges/Arendt*).

Bewertungsgrundsätze sind:

- der **Grundsatz der Bilanzidentität**, nach dem die Schlussbilanz des Vorjahres und die Eröffnungsbilanz des nächsten Geschäftsjahres identisch sein müssen (§ 252 Abs. 1 Nr. 1 HGB)
- der **Grundsatz der Unternehmensfortführung**, der besagt, dass bei der Bewertung von der Fortführung der Unternehmenstätigkeit auszugehen ist, sofern nicht tatsächliche oder rechtliche Gegebenheiten entgegenstehen (§ 252 Abs. 1 Nr. 2 HGB)
- der **Grundsatz der Einzelbewertung und Stichtagsbewertung**, nach dem die Vermögensgegenstände und Schulden zum Abschlussstichtag einzeln zu bewerten sind (§ 252 Abs. 1 Nr. 3 HGB)
- der **Grundsatz der Verlustantizipation**, der nach § 252 Abs. 1 Nr. 4 HGB auf die Beachtung des Grundsatzes der Vorsicht (z. B. Berücksichtigung aller entstandenen Risiken und Verluste), auf das Imparitätsprinzip (z. B. dürfen nur die unrealisierten Verluste ausgewiesen werden, die mit erheblichen Unsicherheiten belastet sind) und auf das Realisationsprinzip (z. B. sind nur Gewinne bzw. Erträge auszuweisen, die am Abschlussstichtag realisiert sind) hinweist
- der **Grundsatz der Periodenabgrenzung**, demzufolge Aufwendungen und Erträge des Geschäftsjahres unabhängig von den Zeitpunkten der Zahlungen im Jahresabschluss zu berücksichtigen sind (§ 252 Abs. 1 Nr. 5 HGB)
- der **Grundsatz der Bewertungstätigkeit**, der besagt, dass die auf den vorhergehenden Jahresabschluss angewandten Bewertungsmethoden beibehalten werden (§ 252 Abs. 1 Nr. 6 HGB).

Die Bewertungsvorschriften können sich beziehen auf – siehe ausführlich *Grefe, Rinker/Ditges/Arendt*:

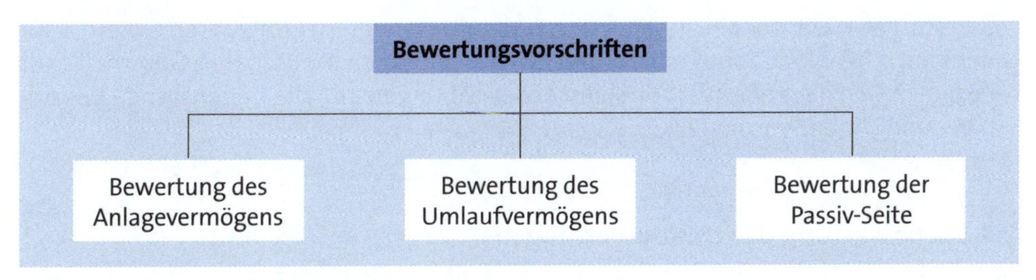

2.1.5.1 Bewertung des Anlagevermögens

Nach § 253 Abs. 1 Satz 1 HGB sind die Wertansätze der Vermögensgegenstände die Anschaffungs- oder Herstellungskosten:

- **Anschaffungskosten** sind nach § 255 Abs. 1 HGB die Aufwendungen, die geleistet werden, um einen Vermögensgegenstand zu erwerben und ihn in einen betriebsbereiten Zustand zu versetzen, soweit sie dem Vermögensgegenstand einzeln zugeordnet werden können.

  Zu den Anschaffungskosten zählen auch die Nebenkosten sowie die nachträglichen Anschaffungskosten. Minderungen des Anschaffungspreises sind abzusetzen.
- **Herstellungskosten** sind Aufwendungen, die durch den Verbrauch von Gütern und durch Inanspruchnahme von Diensten für die Herstellung eines Vermögensgegenstandes, seine Erweiterung oder für eine über seinen ursprünglichen Zustand hinausgehende wesentliche Verbesserung entstehen (§ 255 Abs. 2 HGB).

Die betriebliche Leistungserstellung führt bei den abnutzbaren Wirtschaftsgütern des Anlagevermögens zu einem allmählichen **Wertverzehr**.

Aus diesem Grunde müssen die Anschaffungs- oder Herstellungskosten der Anlagegüter nach § 253 Abs. 3 bzw. 4 HGB um **Abschreibungen** – bzw. steuerrechtlich um Absetzungen für Abnutzung – gemindert werden. Zu unterscheiden sind:

- **Planmäßige Abschreibungen**, die bei Gütern des Anlagevermögens erfolgen, die sind:
  - abnutzbar
  - zeitlich begrenzt nutzbar.

  Der Verlauf der planmäßigen Abschreibungen ist in einem Abschreibungsplan darzulegen.
- **Außerplanmäßige Abschreibungen**, die unter bestimmten Voraussetzungen – beispielsweise außerordentlichen Ereignissen, Wertminderungen, gesunkenen Wiederbeschaffungspreisen – vorgenommen werden können oder müssen.

  Sie erfolgen nicht nur bei abnutzbaren und zeitlich begrenzt nutzbaren Gütern, sondern auch bei nicht abnutzbaren und zeitlich unbegrenzt nutzbaren Gütern. Damit beziehen sich die außerplanmäßigen Abschreibungen auf alle Gegenstände des Anlage- und Umlaufvermögens.

2.1.5.2 Bewertung des Umlaufvermögens

Bei der Bewertung des Umlaufvermögens sind das Vorratsvermögen, Forderungen und Wertpapiere zu unterscheiden:

- Das **Vorratsvermögen** umfasst die auf Lager befindlichen, für den Produktionsprozess oder den Absatz bestimmten Waren und Stoffe. Es ist grundsätzlich mit den Anschaffungs- oder Herstellungskosten zu bewerten. Handelsrechtlich sind folgende **Bewertungsvereinfachungsverfahren** zulässig (§ 253 Abs. 1 HGB):

Festbewertung	Nach § 240 Abs. 3 HGB können Anlagegüter und Roh-, Hilfs-, Betriebsstoffe, wenn sie regelmäßig ersetzt werden und ihr Gesamtwert für das Unternehmen von nachrangiger Bedeutung ist, mit einer gleichbleibenden Menge und einem gleichbleibenden Wert angesetzt werden.
Durchschnittsbewertung	Nach § 240 Abs. 4 HGB können gleichartige Vermögensgegenstände des Vorratsvermögens jeweils zu einer Gruppe zusammengefasst und mit dem gewogenen Durchschnittswert angesetzt werden.
Verbrauchsfolgeverfahren	Nach § 256 HGB kann zur Ermittlung der Anschaffungs- bzw. Herstellungskosten gleichartiger Gegenstände des Vorratsvermögens unterstellt werden, dass die zuerst oder dass die zuletzt angeschafften oder hergestellten Vermögensgegenstände zuerst oder in einer sonstigen bestimmten Folge verbraucht oder veräußert worden sind. Es sind Lifo- und Fifo-Verfahren zu unterscheiden.

Liegt der Börsen- oder Marktpreis am Abschlussstichtag unter den Anschaffungs- bzw. Herstellungskosten, so muss der niedrigere Wert angesetzt werden (§ 253 Abs. 4 HGB):

Börsenpreis	Das ist der an einer amtlich anerkannten Börse festgestellte Preis für die an der betreffenden Börse zum Handel zugelassenen Wertpapiere und Waren.
Marktpreis	Dabei handelt es sich um denjenigen Preis, der an einem bestimmten Handelsplatz für Waren einer bestimmten Gattung von durchschnittlicher Art und Güte zu einem bestimmten Zeitpunkt im Durchschnitt gewährt wird. Soweit kein aktiver Markt besteht, anhand dessen sich der Marktpreis ermitteln lässt, ist der beizulegende Zeitwert (gem. § 255 Abs. 4 HGB) mit Hilfe allgemein anerkannter Bewertungsmethoden zu bestimmen. Lässt sich indes nach den aufgezeigten Maßstäben kein beizulegender Zeitwert ermitteln, sind die Anschaffungs- oder Herstellkosten fortzuführen.

- **Forderungen** sind nach § 253 Abs. 1 HGB grundsätzlich mit den Anschaffungskosten anzusetzen (*Rinker/Ditges/Arendt*). Übersteigt der Nennbetrag den Wert, der den Forderungen am Abschlussstichtag beizumessen ist, so ist nach § 253 Abs. 4 Satz 2 HGB auf diesen niedrigeren Wert abzuschreiben.

  Die Abschreibung von Forderungen auf den niedrigeren Wert bezeichnet man als **Wertberichtigung** unabhängig davon, dass das Bilanzschema nach § 266 HGB keinen Wertberichtigungsposten mehr vorsieht.

  Das Prinzip der Einzelbewertung würde gerade bei den Forderungen einen hohen Arbeitsaufwand bedingen. Jede einzelne Forderung müsste einer Bonitätsprüfung unterzogen werden. Nach den GoB ist deshalb die **Pauschalwertberichtigung** zulässig, deren Höhe sich nach den durchschnittlichen, tatsächlichen Forderungsausfällen der vergangenen Jahre richtet. Auch die Finanzverwaltung erkennt die pauschale Wertberichtigung unter bestimmten Voraussetzungen als steuerlich zulässig an. Die Wertberichtigung ist direkt vom Forderungsbestand abzusetzen.

- **Wertpapiere** sind gemäß § 253 Abs. 1 HGB mit den Anschaffungskosten anzusetzen. Da bei einer Vielzahl von Wertpapieren und häufigen Zu- und Abgängen die Einzelbewertung zu Anschaffungskosten sehr schwierig wird, ist unter bestimmten Voraussetzungen die Durchschnittsbewertung zulässig (*Rinker/Ditges/Arendt*).

2.1.5.3 Bewertung der Passiv-Seite

Hier geht es vor allem um die Bewertung der Positionen Eigenkapital, Rückstellungen und Verbindlichkeiten:

- Das **Eigenkapital**, das sich bei Personengesellschaften aus den Einlagen der Gesellschafter und bei Kapitalgesellschaften aus dem gezeichneten Kapital sowie gegebenenfalls vorhandenen Rücklagen zusammensetzt. Das gezeichnete Kapital wird mit dem Nennbetrag bewertet.
- Bei **Rückstellungen** ergibt sich die Frage, in welcher Höhe sie zu bilden sind. Im Gegensatz zu Verbindlichkeiten sind Rückstellungen der Höhe nach unbestimmt. Nach § 253 Abs. 1 HGB sind Rückstellungen nur in Höhe des Erfüllungsbetrages anzusetzen, der nach vernünftiger kaufmännischer Beurteilung notwendig ist.

  Als vernünftiger Bewertungsmaßstab kann nur diejenige Beurteilung gelten, *„die in sich logisch ist und sachlich objektiv begründet werden kann, eine Beurteilung also, zu der auch ein Dritter unter sonst gleichen Umständen gelangen würde“* (*Rinker/Ditges/Arendt*).
- **Verbindlichkeiten** nach § 253 Abs. 1 HGB sind zu ihrem Erfüllungsbetrag anzusetzen. Dieser gilt ohne Rücksicht auf den Enstehungsgrund, die Sicherheit und Fälligkeit für alle Verbindlichkeiten.

2.2 Gewinn- und Verlustrechnung

Die GuV-Rechnung ergänzt die Bilanz, indem sie nicht nur den Erfolg ausweist, sondern auch seine Zusammensetzung offenlegt. Sie ist nach § 275 Abs. 1 HGB in Staffelform nach dem Gesamtkostenverfahren oder Umsatzkostenverfahren aufzustellen:

- Das **Gesamtkostenverfahren** gliedert den Aufwand nach Aufwandsarten. Es zeigt damit die Aufwandsstruktur des Geschäftsjahres und weist den Aufwand unabhängig davon aus, ob die im Geschäftsjahr hergestellten Produkte oder erbrachten Leistungen am Markt abgesetzt worden sind oder nicht.

  Diese Gliederung der GuV-Rechnung ist leistungsbezogen und bedarf deshalb des Postens „Bestandsveränderungen“. Sie wird in folgender Form auch als Produktionsrechnung bezeichnet:

Gliederungsschema bei Anwendung des Gesamtkostenverfahrens nach § 275 Abs. 2 HGB	
1. Umsatzerlöse	Erlöse aus Dienstleistungen und aus dem Verkauf und der Vermietung und Verpachtung im Rahmen der gewöhnlichen Geschäftstätigkeit. Preisnachlässe und zurückgewährte Entgelte sind abzusetzen.
2. Erhöhung oder Verminderung des Bestands an fertigen und unfertigen Erzeugnissen	Bestandsminderungen sind von den Erlösen abzusetzen, Bestandsmehrungen sind ihnen hinzuzurechnen.
3. Andere aktivierte Eigenleistungen	Beispielsweise selbsterstellte Anlagen und Werkzeuge, aktivierte Großreparaturen, aktivierte Anlauf-, Entwicklungs-, Versuchskosten.
4. Sonstige betriebliche Erträge	Erträge, die nicht in 1., 9., 10., 11. enthalten sind und innerhalb der gewöhnlichen Geschäftstätigkeit anfallende periodenfremde Erträge.
5. Materialaufwand	
a) Aufwendungen für Roh-, Hilfs- und Betriebsstoffe und für bezogene Waren.	Siehe Abschnitt „Materialbereich“.
b) Aufwendungen für bezogene Leistungen	Produktionsbezogene Fremdleistungen, z. B. für Lohnbe- und -verarbeitung durch Fremde, Leiharbeitskräfte, Fremdreparaturen, Energie.
6. Personalaufwand	
a) Löhne und Gehälter	Bruttobeträge der Entgelte, z. B. laufende Vergütungen, Nebenbezüge, Sachwertbezüge.
b) Soziale Abgaben und Aufwendungen für Altersversorgung und Unterstützung, davon für Altersversorgung.	Soziale Abgaben sind z. B. die Arbeitgeberanteile zur Renten-, Kranken-, Pflege-, Arbeitslosenversicherung, Berufsgenossenschaftsbeiträge, Schwerbehindertenabgabe. Unterstützungen erfolgen z. B. bei Krankheit, Unfall, Kur, Erholung, Heirat, Geburt.

7. Abschreibungen	Siehe Abschnitt „Kostenrechnung".
a) auf immaterielle Vermögensgegenstände des Anlagevermögens und Sachanlagen sowie auf aktivierte Aufwendungen für die Ingangsetzung des Geschäftsbetriebes.	Es werden planmäßige, außerplanmäßige und Sofortabschreibungen geringwertiger Wirtschaftsgüter aufgenommen.
b) auf Vermögensgegenstände des Umlaufvermögens, soweit diese die in der Kapitalgesellschaft üblichen Abschreibungen überschreiten.	Die Bestimmung, was „üblich" ist, gilt als schwierig.
8. Sonstige betriebliche Aufwendungen	Sammelposten aller betrieblichen Aufwendungen, die nicht unter anderen Aufwandsposten auszuweisen sind.
9. Erträge aus Beteiligungen, davon aus verbundenen Unternehmen	Dividenden, Gewinnanteile und in sonstiger Weise ausgeschüttete Gewinne als Bruttobeträge.
10. Erträge aus anderen Wertpapieren und Ausleihungen des Finanzanlagevemögens, davon aus verbundenen Unternehmen	Zinsen, Dividenden und andere Erträge aus Finanzanlagen als Bruttobeträge.
11. Sonstige Zinsen und ähnliche Erträge, davon aus verbundenen Unternehmen	Zinserträge für Einlagen bei Kreditinstituten und für Forderungen an Dritte, Zinsen und Dividenden auf Wertpapiere des Umlaufvermögens.
12. Abschreibungen auf Finanzanlagen und auf Wertpapiere des Umlaufvermögens	Abschreibungen auf Anteile an verbundene Unternehmen, Ausleihungen an verbundene und in Beteiligungsverhältnis stehende Unternehmen, Beteiligungen, Wertpapiere, eigene Anteile, sonstige Ausleihungen.
13. Zinsen und ähnliche Aufwendungen, davon an verbundene Unternehmen	Zinsen für Kredite, Kreditprovisionen, Bereitstellungsgebühren, Überziehungsprovisionen, Umsatzprovisionen, Diskontbeträge für Wechsel.
14. Ergebnis der gewöhnlichen Geschäftstätigkeit	Zwischensumme aus allen vorhergehenden Ertrags- und Aufwandsposten.
15. Außerordentliche Erträge	Erträge, die außerhalb der gewöhnlichen Geschäftstätigkeit anfallen, z. B. Schenkungen, Spenden.

16. Außerordentliche Aufwendungen	Aufwendungen, die außerhalb der gewöhnlichen Geschäftstätigkeit gegeben sind, z. B. Umwandlungen.
17. Außerordentliches Ergebnis	Saldo aus den unter Nr. 15 und 16 ausgewiesenen außerordentlichen Erträgen und Aufwendungen.
18. Steuern vom Einkommen und vom Ertrag	Körperschaftsteuer, Gewerbeertragsteuer, Kapitalertragsteuer; Steuernachzahlungen hierzu.
19. Sonstige Steuern	Alle übrigen erfolgswirksamen Steuern, z. B. Kfz-, Versicherungs-, Mineralöl-, Erbschafts-, Grundsteuer.
20. Jahresüberschuss/Jahresfehlbetrag	Schlussposition der GuV-Rechnung.

Der Vorteil des Gesamtkostenverfahrens wird darin gesehen, dass dem Bilanzleser der Gesamtaufwand des Jahres in der Aufgliederung der Aufwandsarten gezeigt wird. Das Verfahren ist i. d. R. weniger aufwändig als das Umsatzkostenverfahren und stellt geringe Anforderungen an die Buchführung (*Rinker/Diges/Arendt*).

Das Umsatzkostenverfahren zwingt den Anwender durch die Gliederung nach den Bereichen Herstellung, Vertrieb und allgemeine Verwaltung zur Kostenaufschlüsselung, woraus sich Abgrenzungsprobleme ergeben.

- Beim **Umsatzkostenverfahren** werden den Umsatzerlösen die Herstellungskosten der im Geschäftsjahr verkauften Produkte oder Leistungen gegenübergestellt, und zwar unabhängig davon, in welchem Geschäftsjahr die Herstellungskosten angefallen sind.

Die nach diesem Verfahren aufgestellte GuV-Rechnung ist somit umsatzbezogen. Im Gegensatz zum Gesamtkostenverfahren ist der Aufwand nicht nach Aufwandsarten, sondern nach den Funktionsbereichen Herstellung, Vertrieb und allgemeine Verwaltung gegliedert. Das folgende Gliederungsschema zeigt die Einzelpositionen:

Gliederungsschema bei Anwendung des Umsatzkostenverfahrens nach § 275 Abs. 3 HGB	
1.	Umsatzerlöse
2.	Herstellungskosten der zur Erzielung der Umsatzerlöse erbrachten Leistungen
3.	Bruttoergebnis vom Umsatz
4.	Vertriebskosten
5.	Allgemeine Verwaltungskosten
6.	Sonstige betriebliche Erträge
7.	Sonstige betriebliche Aufwendungen
8.	Erträge aus Beteiligungen, davon aus verbundenen Unternehmen
9.	Erträge aus anderen Wertpapieren und Ausleihungen des Finanzanlagevermögens, davon aus verbundenen Unternehmen
10.	Sonstige Zinsen und ähnliche Erträge, davon aus verbundenen Unternehmen
11.	Abschreibungen auf Finanzanlagen und auf Wertpapiere des Umlaufvermögens
12.	Zinsen und ähnliche Aufwendungen, davon an verbundene Unternehmen
13.	Ergebnis der gewöhnlichen Geschäftstätigkeit
14.	Außerordentliche Erträge
15.	Außerordentliche Aufwendungen
16.	Außerordentliches Ergebnis
17.	Steuern vom Einkommen und vom Ertrag
18.	Sonstige Steuern
19.	Jahresüberschuss/Jahresfehlbetrag.

2.3 Anhang/Lagebericht

Nach § 264 Abs. 1 Satz 1 HGB ist der Anhang bei Kapitalgesellschaften ein Bestandteil des Jahresabschlusses. Zusätzlich haben sie einen Lagebericht zu erstellen. Das gilt nicht für kleine Kapitalgesellschaften.

- Der **Anhang** dient vor allem der Information und Erläuterung. Er ist wahrheitsgemäß, klar und übersichtlich zu erstellen und auf wesentliche Sachverhalte zu beschränken. *Adler/Düring/Schmalz* schlagen folgende **Gliederung** vor, mit der auch der **Inhalt** kurz umrissen ist:

I. Allgemeine Angaben zu Bilanzierungs- und Bewertungsmethoden

II. Erläuterungen der Bilanz und Gewinn- und Verlustrechnung

1. Bilanz
2. Gewinn- und Verlustrechnung
3. Gegebenenfalls erforderliche zusätzliche Angaben nach § 264 Abs. 2 Satz 2 HGB

III. Sonstige Angaben
1. Haftungsverhältnisse und sonstige finanzielle Verpflichtungen
2. Angaben zu Vorratsaktien und eigenen Aktien, genehmigtem Kapital u. dgl.
3. Mitarbeiter
4. Bezüge, Vorschüsse, Kredite und Haftungsverhältnisse von bzw. gegenüber Organmitgliedern
5. Beziehungen zu verbundenen Unternehmen und Beteiligungen
6. Andere Angaben

IV. Namen der Organmitglieder

- Der **Lagebericht** ist nach § 264 Abs. 1 HGB von den gesetzlichen Vertretern einer Kapitalgesellschaft neben dem Jahresabschluss zu erstellen. Wie der Anhang dient der Lagebericht der Information und Erläuterung. Er soll, ergänzend zum Jahresabschluss, das **Gesamtbild des Unternehmens** darstellen.

  Die Adressaten des Jahresabschlusses sollen Erläuterungen erhalten, die Aussagen des Jahresabschlusses ergänzen und eine Gesamtwürdigung der Angaben vor dem Hintergrund der Darstellung der Gesamtlage des Unternehmens ermöglichen.

  Darüber hinaus sollen sie in die Lage versetzt werden, die tatsächliche **Unternehmensentwicklung** im abgelaufenen Geschäftsjahr einzuschätzen und Anhaltspunkte für die voraussichtliche Entwicklung der Gesellschaft zu erhalten.

  Der Lagebericht ist wahrheitsgemäß, klar und übersichtlich zu erstellen und auf wesentliche Sachverhalte zu beschränken.

Aufgabe 71 > Seite 572

3. Kostenrechnung

Die Kostenrechnung ist ein Teilbereich des Rechnungswesens. Sie entspricht der Betriebsbuchhaltung, in die auch die Leistungsrechnung eingegliedert ist. Damit ist sie ein integrativer Bestandteil der Kostenrechnung, wodurch die Kostenrechnung zu einer **kalkulatorischen Erfolgsrechnung** wird.

Die Kostenrechnung ist eine fortlaufend durchgeführte Rechnung, die kurzfristigen Charakter aufweist. Darin unterscheidet sie sich von der **Investitionsrechnung**, die langfristig ausgerichtet ist.

Während die Investitionsrechnung die Entscheidungen über die Anschaffung von Gütern vorbereitet, befasst sich die Kostenrechnung mit der Vorbereitung von Entscheidungen über den Einsatz bereits vorhandener Güter. Die Investitionsrechnung und die Kostenrechnung unterstützen die **Unternehmensleitung** bei der Wahrnehmung ihrer Aufgaben.

Die Kostenrechnung hat vor allem folgende **Aufgaben** zu erfüllen (*Olfert*):

- Planung des leistungsbezogenen Erfolges
- Planung der Fertigungsverfahren
- Planung der Beschaffungsmethoden
- Planung der Absatzmethoden

- Erfassung der Kosten nach Kostenarten
- Verteilung der Kosten auf die Kostenstellen
- Zurechnung der Kosten auf die Kostenträger
- Ermittlung der Wirtschaftlichkeit
- Kontrolle der Wirtschaftlichkeit

- Ermittlung der Angebotspreise
- Ermittlung der Preisuntergrenzen für Absatzgüter
- Ermittlung der Preisobergrenzen für Beschaffungsgüter
- Ermittlung der Verrechnungspreise für innerbetriebliche Leistungen
- Kontrolle der Preise

- Kontrolle des leistungsbezogenen Erfolges.

Die Kostenrechnung soll beschrieben werden – siehe ausführlich *Olfert*:

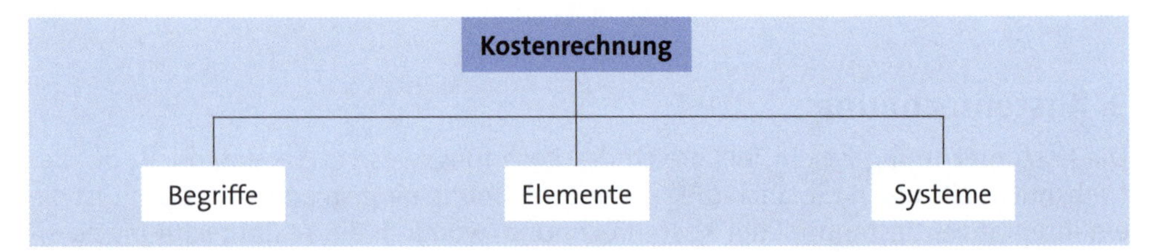

3.1 Begriffe

Während die Geschäftsbuchhaltung die Aufwendungen und Erträge dokumentiert, arbeitet die Betriebsbuchhaltung und damit auch die Kostenrechnung mit den Begriffen:

- **Leistungen**
- **Kosten**.

3.1.1 Leistungen

Leistungen sind in Erfüllung des Betriebszweckes erstellte Güter- und Dienstleistungen, denen ein Verbrauch an Produktionsfaktoren zu Grunde liegt. In der Kostenrechnung werden sie als **Kostenträger** bezeichnet. Das können beispielsweise sein:

- **Absatzleistungen**, bei denen Außenaufträge vom Absatzmarkt vorliegen, die zu Umsätzen führen sollen. Sie können sich auf verschiedene Arten von Aufträgen beziehen. Das sind:

Kundenaufträge	Sie beziehen sich auf bestimmte Abnehmer, die Sachgüter bzw. Dienstleistungen anfordern.
Lageraufträge	Sie beziehen sich auf den anonymen Markt.

- **Eigenleistungen**, bei denen interne Aufträge für vom Unternehmen selbst zu nutzende Güter oder Dienstleistungen vorliegen. Als Eigenleistungen können beispielsweise unterschieden werden:

Reparaturen	Eigene Wiederherstellung bzw. eigene Instandsetzung.
Maschinen/ Anlagen	Selbsterstellte Wirtschaftsgüter.

Die Erstellung und Verwertung der Leistungen verursacht **Kosten**.

3.1.2 Kosten

Kosten sind der wertmäßige Verzehr von Produktionsfaktoren zur Erstellung und Verwertung von Leistungen sowie zur Sicherung der dafür erforderlichen betrieblichen Kapazitäten. Als **wertbezogene Kosten** weisen sie drei **Merkmale** auf:

- mengenmäßiger Güter- oder Leistungsverbrauch
- leistungsbezogener Güter- oder Leistungsverbrauch
- bewerteter Güter- oder Leistungsverbrauch.

Damit können die Wertansätze des Güter- oder Leistungsverbrauches am Zwecke der Kostenrechnung ausgerichtet werden. Sie müssen nicht mit den tatsächlichen Auszahlungen übereinstimmen, d. h. der Anschaffungswert ist nicht zwangsweise anzusetzen, die Verwendung eines Tages-, Ersatz- oder Verrechnungswertes ist möglich.

Die Kosten enthalten aufgrund der Freiheit im Wertansatz auch **Kostenteile**, denen **keine Aufwendungen** gegenüberstehen:

Neutrale Aufwendungen	Zweckaufwendungen	
	Grundkosten	Zusatzkosten

Für die genannten Begriffe gilt:

- **Neutrale Aufwendungen** dienen grundsätzlich nicht dem Betriebszweck und werden in der Kostenrechnung deshalb nicht angesetzt, beispielsweise Spenden.
- **Zweckaufwendungen** dienen dem Betriebszweck. Sie fallen bei der Erstellung und Verwertung der Leistungen an und entsprechen den Grundkosten, beispielsweise Rohstoffe, Löhne.
- **Grundkosten** sind die in der Kostenrechnung angesetzten Kosten, denen Zweckaufwendungen gegenüberstehen, beispielsweise verarbeitete Werkstoffe.
- **Zusatzkosten** fallen bei der Erstellung und Verwertung der Leistungen an, ohne dass sie zu Aufwendungen führen, z. B. ein Teil der kalkulatorischen Abschreibungen.

Es lassen sich verschiedene **Arten** von Kosten unterscheiden, wobei näher betrachtet werden sollen:

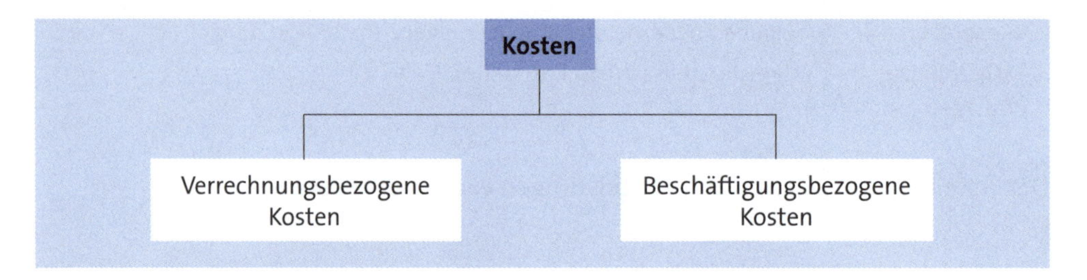

3.1.2.1 Verrechnungsbezogene Kosten

Nach ihrer Verrechnung auf die Kostenträger gibt es Einzelkosten und Gemeinkosten:

- **Einzelkosten** können den Kostenträgern unmittelbar zugerechnet werden. Zu ihnen zählen:

Fertigungs-materialkosten	Sie fallen für Rohstoffe an und gehen unmittelbar in die zu fertigenden Erzeugnisse ein, deren Hauptbestandteile sie bilden.
Fertigungs-lohnkosten	Sie fallen bei der Be- und Verarbeitung des Einzelmaterials in der Produktion an und dienen dem unmittelbaren Arbeitsfortschritt.
Sondereinzelkosten der Fertigung	Sie lassen sich ebenfalls für die Kostenträger erfassen, werden aber nicht den einzelnen Erzeugnissen zugerechnet, sondern den jeweiligen Aufträgen, beispielsweise Serien. Es gibt: ► Sondereinzelkosten der **Fertigung** ► Sondereinzelkosten des **Vertriebs.**

- **Gemeinkosten** werden den Kostenträgern nicht unmittelbar zugerechnet, da sie für verschiedene Erzeugnisse gemeinsam anfallen, sondern in den Kostenstellen zu erfassen sind, um danach den Kostenträgern zugeschlagen zu werden.

Als **unechte Gemeinkosten** werden Kosten bezeichnet, die als Einzelkosten behandelt werden könnten, aber aus Gründen der rationellen Abrechnung als Gemeinkosten behandelt werden, beispielsweise geringwertige Materialien.

3.1.2.2 Beschäftigungsbezogene Kosten

Kosten lassen sich auch nach ihrem unterschiedlichen Verhalten bei veränderter Beschäftigung, worunter die tatsächliche Nutzung des Leistungsvolumens eines Unternehmens zu verstehen ist, unterscheiden. Als **Maßstab der Beschäftigung** dient der Beschäftigungsgrad:

$$\text{Beschäftigungsgrad} = \frac{\text{Genutzte Kapazität}}{\text{Vorhandene Kapazität}}$$

Beschäftigungsbezogen zu betrachtende Kosten sind – siehe ausführlich *Olfert*:

- **Fixe Kosten**, die innerhalb bestimmter Beschäftigungsgrenzen und innerhalb eines bestimmten Zeitraumes keine Veränderungen aufweisen. Sie sind Gemeinkosten.

Beispiele

Mieten, Versicherungsprämien, zeitabhängige Abschreibungen

Bleiben die fixen Kosten bei Beschäftigungsschwankungen unverändert, wird von **absolut fixen Kosten** gesprochen. Ist ihre Konstanz nur innerhalb bestimmter Beschäftigungsintervalle gegeben, sind die Kosten **sprungfix**.

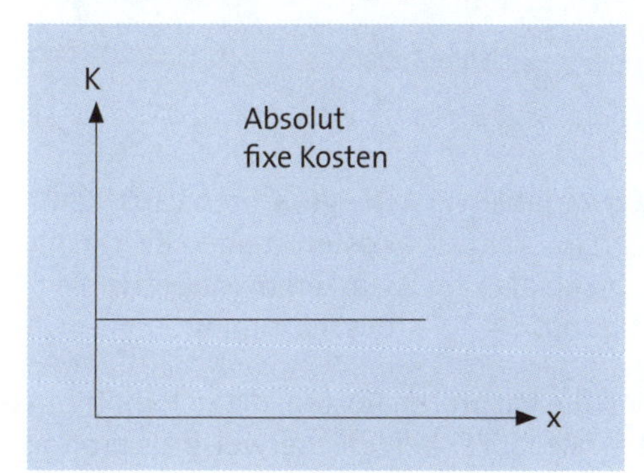

Die gesamten fixen Kosten bleiben bei Beschäftigungsschwankungen konstant.

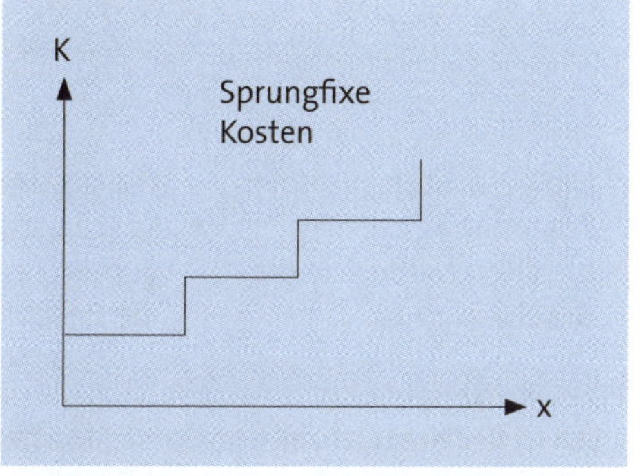

Die gesamten fixen Kosten bleiben jeweils innerhalb eines Beschäftigungsintervalls konstant.

Die fixen Kosten lassen sich entsprechend der Nutzung der zur Verfügung stehenden Kapazität unterteilen in:

Nutzkosten	Das sind die Kosten der tatsächlich genutzten Kapazität. Nutzkosten = Fixe Kosten • Beschäftigungsgrad
Leerkosten	Dabei handelt es sich um die Kosten der *nicht* genutzten Kapazität. Leerkosten = Fixe Kosten - Nutzkosten

- **Variable Kosten** ändern sich bei Beschäftigungsschwankungen unmittelbar. Sie können Einzelkosten oder Gemeinkosten sein und fallen nur an, wenn Leistungen erstellt werden.

Beispiele

beschäftigungsabhängige Material- und Arbeitskosten, Eingangsverpackungen, Eingangsfrachten, Sondereinzelkosten der Fertigung, Sondereinzelkosten des Vertriebs

Bei den variablen Kosten lassen sich verschiedene Verläufe unterscheiden. Das sind insbesondere:

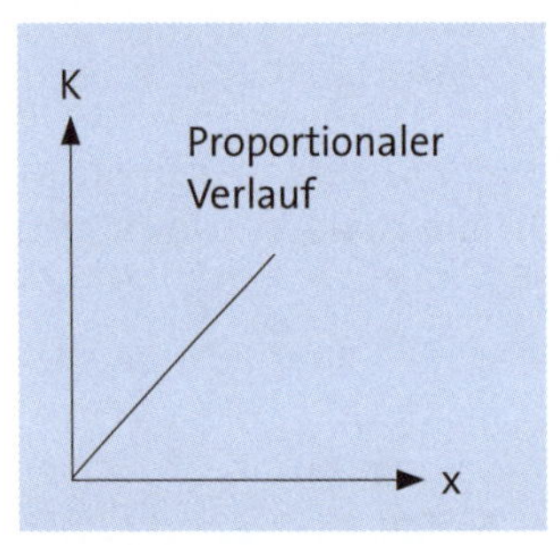

Die gesamten variablen Kosten reagieren im gleichen Maße wie die Beschäftigung.

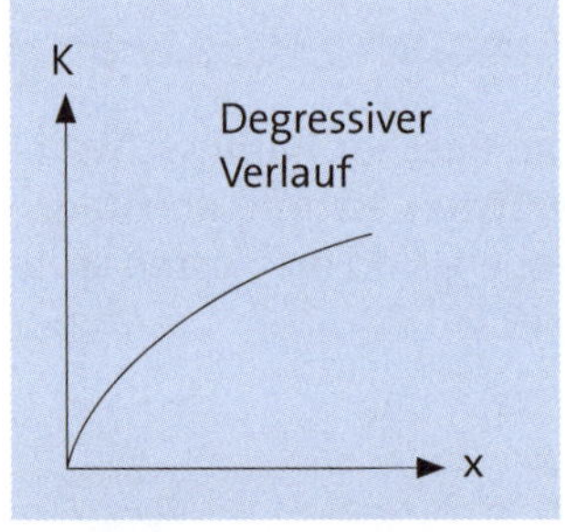

Die gesamten variablen Kosten steigen in geringerem Maße als die Beschäftigung.

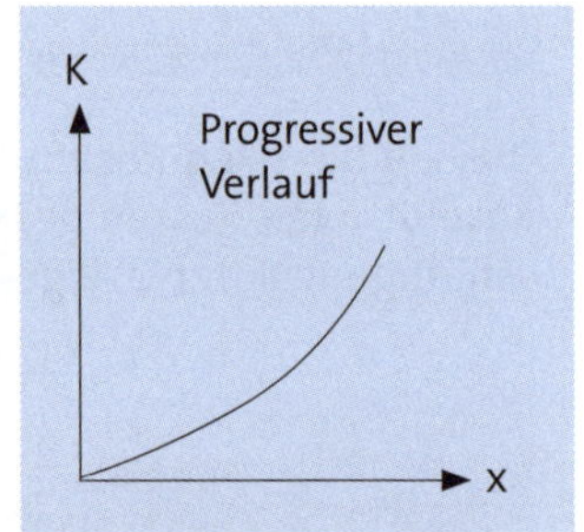

Die gesamten variablen Kosten steigen in stärkerem Maße als die Beschäftigung.

Fixe und variable Kosten ergeben zusammen die gesamten Kosten, die sich mathematisch in der **Kostenfunktion** darstellen lassen. Sie lautet bei üblicherweise als proportional angenommenen variablen Kosten:

$$K = K_f + k_v \cdot x$$

K = Gesamte Kosten (€/Periode)
K_f = Fixe Kosten (€/Periode)
k_v = Variable Kosten (€/Stück)
x = Leistungsmenge (Stück/Periode)

Beispiel

Aus der Kostenfunktion K = 1.000 + 6 x ergibt sich die **Gesamtkostenkurve**:

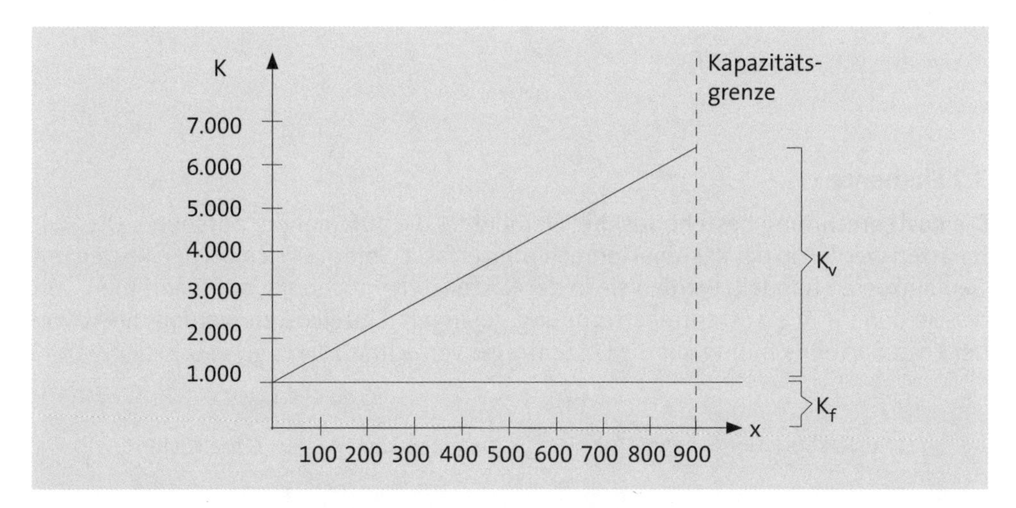

Unter Berücksichtigung eines Verkaufserlöses von 9 €/Einheit gilt als **Umsatzfunktion**:

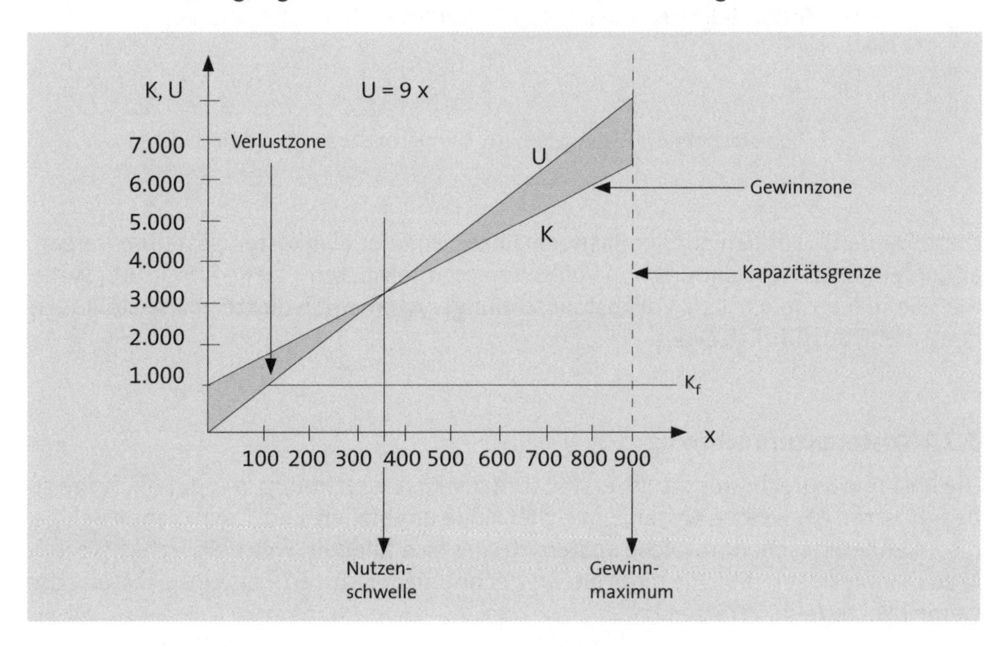

Die **Nutzenschwelle** ist der Übergang von der Verlustzone in die Gewinnzone. Sie ergibt sich aus dem Schnittpunkt von Kostenkurve und Umsatzkurve. Das **Gewinnmaximum** wird bei einer linearen Gesamtkostenkurve an der Kapazitätsgrenze erreicht.

Aufgabe 72 > Seite 573

3.2 Elemente

Die Kostenrechnung besteht aus drei Elementen, die aufeinander aufbauen. Die Kostenarten werden in der Kostenartenrechnung erfasst. Sofern es sich bei den Kosten um Gemeinkosten handelt, werden sie in der Kostenstellenrechnung aufgenommen, von der sie dann in die Kostenträgerrechnung gelangen. Einzelkosten werden direkt von der Kostenartenrechnung auf die Kostenträger verrechnet.

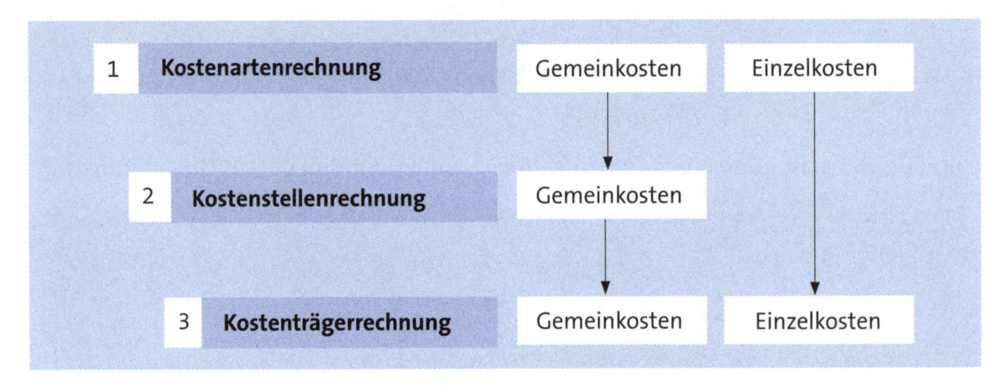

Diese Elemente können auf der Basis von Istkosten oder Plankosten gestaltet werden, außerdem unter Verwendung von Vollkosten oder Teilkosten – siehe Abschnitt „Systeme“. Sie sollen zunächst als **Vollkostenrechnungssystem mit Istkosten** dargestellt werden – siehe ausführlich *Olfert*.

3.2.1 Kostenartenrechnung

Die Kostenartenrechnung ist die erste Stufe der Kostenrechnung, mit der die Frage zu beantworten ist, **welche Kosten** in welcher Höhe **angefallen** sind. Dazu dienen Belege, die erkennen lassen, um welche Kostenarten es sich handelt, welche Geschäftsvorfälle zu Grunde liegen und wie die Weiterverrechnung der Kosten – als Einzelkosten oder Gemeinkosten – zu erfolgen hat.

Die Erfassung der Kosten ist vollständig, periodengerecht und geordnet vorzunehmen. Zur geordneten Kostenerfassung sind die Kostenarten begrifflich eindeutig zu bestimmen und abzugrenzen sowie in einem detaillierten **Kostenartenplan** zusammenzustellen.

Da die Kostenartenrechnung die Aufwendungen aus der Geschäftsbuchhaltung übernimmt, ist zunächst abzugrenzen, welche Aufwendungen auch Kosten darstellen. Neutrale Aufwendungen gehören nicht in die Kostenrechnung.

In der Kostenartenrechnung werden **primäre Kosten** erfasst, die insbesondere sein können (*Olfert*):

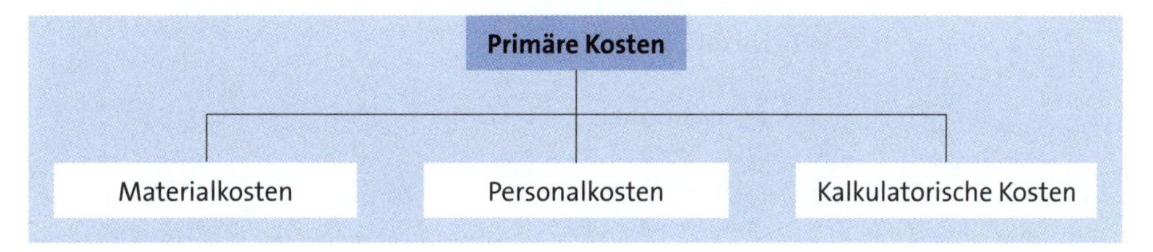

Dazu werden noch **Dienstleistungskosten** für die Inanspruchnahme von Leistungen anderer Wirtschaftseinheiten und **öffentliche Abgaben** erfasst, sofern sie Kostencharakter haben.

3.2.1.1 Materialkosten

Materialkosten fallen für Rohstoffe, Hilfsstoffe und Betriebsstoffe an. Sie werden in zwei **Schritten** ermittelt:

- Zunächst werden die **Verbrauchsmengen** festgestellt. Dazu dienen:

Skontrationsmethode	Sie erfolgt, indem die Zugänge auf der Grundlage der Lieferscheine, die Abgänge durch die Materialentnahmescheine erfasst werden. Dabei wird das Vorhandensein einer Lagerbuchhaltung vorausgesetzt.
Inventurmethode	Sie erfordert keine Lagerbuchhaltung. Der Materialbestand ergibt sich lediglich durch eine Inventur als Endbestand, die Verbrauchsmengen aus dem Vergleich von alter und neuer Inventur.
Retrograde Methode	Die Verbrauchsmengen werden durch Rückrechnung aus den erstellten Halb- und Fertigerzeugnissen abgeleitet.

  Diese verschiedenen Methoden zur Ermittlung der Verbrauchsmengen haben in der betrieblichen Praxis nicht nur Vorteile, sondern sie sind auch mit Nachteilen verbunden – siehe ausführlich *Olfert*.

- Nach der Ermittlung der Verbrauchsmengen ist es erforderlich, die Mengen **mit Preisen** zu bewerten, damit die Materialkosten für die einzelnen Kostenarten festgestellt und in die Kostenstellenrechnung oder Kostenträgerrechnung übernommen werden können. Grundsätzlich bieten sich folgende Möglichkeiten zur **Bewertung** der Verbrauchsmengen (*Olfert*):

Anschaffungswert	Er ist der bei der Beschaffung des Materials zu zahlende Preis, der auch als **Einstandspreis** bezeichnet wird und sich ergibt: Angebotspreis - Rabatt - Bonus + Mindermengenzuschlag = **Zieleinkaufspreis** - Skonto = **Bareinkaufspreis** + Bezugskosten Verpackung Fracht Rollgeld Versicherung Zoll = **Einstandspreis**
Wiederbeschaffungswert	Er ist der für die Wiederbeschaffung des Materials zu zahlende Preis, der auch als **Ersatzwert** bezeichnet wird.
Tageswert	Er ist der am Tag des Angebotes, der Lagerentnahme, des Umsatzes oder Zahlungseinganges ermittelte Preis.
Verrechnungswert	Er ist ein über einen langen Zeitraum festgelegter Preis, der künftig erwartete Preisschwankungen berücksichtigt.

Es ist darauf zu achten, dass sich **Preisdifferenzen** ergeben, wenn die Bewertung der Verbrauchsmengen nicht mit dem Anschaffungswert erfolgt. Sie sind buchhalterisch zu verrechnen.

3.2.1.2 Personalkosten

Personalkosten entstehen durch den Einsatz der menschlichen Arbeitskraft im Unternehmen, insbesondere in Form von Löhnen, Gehältern und Sozialkosten. Sie werden in der Lohn- und Gehaltsbuchhaltung erfasst:

- **Löhne** sind das vertragsmäßige Entgelt, das Arbeitern aufgrund eines Arbeitsvertrages gezahlt wird. Nach ihrem Kostencharakter gibt es:

Fertigungslöhne	Sie sind **Einzelkosten**, da sie sich auftragsweise erfassen lassen und den Kostenträgern unmittelbar zurechenbar sind.
Hilfslöhne	Sie sind **Gemeinkosten**, die sich nicht auftragsweise erfassen lassen, beispielsweise für Reinigung, Transport, Lager.

Weiterhin sind Zeitlöhne, Akkordlöhne und Prämienlöhne zu unterscheiden – siehe Kapitel F.

- **Gehälter** sind Zeitlöhne, die an Angestellte gezahlt werden, ohne dass ein direkter Leistungsbezug zu Grunde liegt. Sie sind nur in Ausnahmefällen als Einzelkosten verrechenbar, beispielsweise bei Produktmanagern.
- **Sozialkosten** sind der Teil der Aufwendungen für Arbeitnehmer, der über die Löhne und Gehälter hinausgeht. Sie können sein:

Gesetzliche Sozialkosten	Dazu zählen der Arbeitgeberanteil zur Renten-, Kranken-, Pflege- und Arbeitslosenversicherung sowie die gesetzliche Unfallversicherung.
Freiwillige Sozialkosten	Sie werden aufgrund von Betriebs- oder arbeitsvertraglichen Vereinbarungen gewährt, beispielsweise Zuschüsse, Beihilfen.

3.2.1.3 Kalkulatorische Kosten

Kalkulatorische Kosten werden angesetzt, um die Kostenrechnung von Zufälligkeiten und Unregelmäßigkeiten zu befreien, die ihre Stetigkeit stören würden und um auch jenen Güter- und Diensteverzehr bei der Ermittlung der Selbstkosten zu berücksichtigen, der nicht zu Aufwendungen führt. Damit wird auch die Möglichkeit innerbetrieblicher und zwischenbetrieblicher Vergleiche geschaffen.

Als kalkulatorische Kosten sind zu unterscheiden – siehe ausführlich *Olfert*:

- **Kalkulatorische Abschreibungen**, die der substantiellen Kapitalerhaltung des Unternehmens dienen und rechtlich nicht geregelt sind. Sie sind ein Hilfsmittel der Kostenrechnung, um den verursachungsgerechten Werteverzehr zu ermitteln. Dementsprechend können sie in beliebiger Höhe angesetzt werden.

  Sie sind damit nicht von den Anschaffungs- oder Herstellkosten abhängig, sondern können – bei steigenden Preisen – vom Wiederbeschaffungswert, aber auch vom Tageswert ausgehen. Als **Abschreibungsverfahren** bieten sich an:

Lineare Abschreibung	Bei ihr wird der Basiswert eines Anlagegutes gleichmäßig auf die voraussichtlich nutzbaren Rechnungsperioden verteilt: $a = \frac{B}{n}$ Sie ist rechnerisch leicht zu handhaben, entspricht aber nicht dem tatsächlichen Werteverzehr.
Geometrisch-degressive Abschreibung	Bei ihr wird die jährliche Abschreibung ebenfalls mit gleichbleibend hohen Prozentsätzen vorgenommen, aber nicht vom Basiswert, sondern vom jeweiligen Restwert. Der Abschreibungssatz ergibt sich: $p = 100 \cdot (1 - \sqrt[n]{\frac{B}{n}})$

Arithmetisch-degressive Abschreibung	Bei ihr fallen die jährlichen Abschreibungsbeträge stets um den gleichen Betrag. Der Degressionsbetrag ergibt sich aus: $D = \frac{B}{N}$ Die Ermittlung des jährlichen Abschreibungsbetrages erfolgt dann wie folgt: $a = D \cdot T$
Leistungs-bezogene Abschreibung	Bei ihr orientieren sich die jährlichen Abschreibungsbeträge ausschließlich am Umfang der Beanspruchung des Anlagegutes. Der jährliche Abschreibungsbetrag ergibt sich: $a = \frac{B}{L} \cdot L_p$ Sie ist die betriebswirtschaftlich einzig zutreffende Abschreibung.

a = Abschreibungsbetrag (€)
B = Basiswert (€)
D = Degressionsbetrag (€)
L = Gesamtleistung des Anlagegutes (Einheiten/Lebensdauer)
L_p = Periodenleistung des Anlagegutes (Einheiten/Periode)
N = Summe der arithmetischen Reihe von 1 + 2 + ... + n Nutzungsjahren
n = Geschätzte Nutzungsdauer (Jahre)
p = Abschreibungssatz (%)
T = Rest-Nutzungsdauer zum Jahresbeginn (Jahre)

- **Kalkulatorische Zinsen** stellen die Verzinsung des im Unternehmen gebundenen Eigenkapitals dar, die auf der Basis des betriebsnotwendigen Kapitals erfolgt:

Kalkulatorische Zinsen = Betriebsnotwendiges Kapital • Zinssatz

- **Kalkulatorische Wagnisse** können als Einzelwagnisse, nicht hingegen als allgemeines Unternehmenswagnis, kostenrechnerisch angesetzt werden. Dies gilt, wenn sie vorhersehbar und aufgrund von Erfahrungswerten berechenbar sind.

Beispiele

Gewährleistungswagnis, Vertriebswagnis, Beständewagnis, Fertigungswagnis

- **Kalkulatorischer Unternehmerlohn** lässt sich bei Einzelunternehmen und Personengesellschaften kalkulatorisch verrechnen, bei denen den mitarbeitenden Gesellschaftern keine Gehälter gezahlt, sondern ihre Leistungen durch den Gewinn abgegolten werden.

- **Kalkulatorische Miete** kann für die Bereitstellung eigener Räume durch Einzelunternehmer oder Gesellschafter von Personengesellschaften kostenrechnerisch angesetzt werden.

Aufgabe 73 > Seite 573

3.2.2 Kostenstellenrechnung

Die Kostenstellenrechnung ist die zweite Stufe der Kostenrechnung. Sie übernimmt die **Gemeinkosten** aus der Kostenartenrechnung, ermittelt die auf die Kostenstellen entfallenden Gemeinkosten als Zuschlagsätze, die daraufhin in der Kostenträgerrechnung verwendet werden. Bei der Kostenstellenrechnung gibt es zwei Problemkreise – siehe ausführlich *Olfert*:

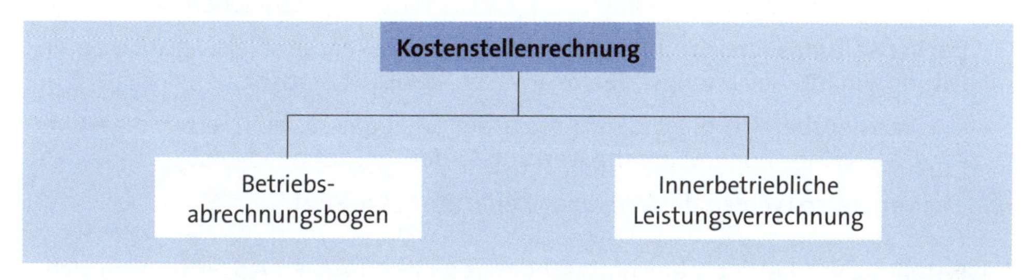

3.2.2.1 Betriebsabrechnungsbogen

Die Kostenstellenrechnung wird in der Praxis üblicherweise mithilfe des Betriebsabrechnungsbogens (BAB) durchgeführt, der meist monatlich erstellt wird. In ihm werden die Gemeinkosten aufgenommen. Er hat folgende Grundstruktur:

Kostenstellen / Kostenarten	Zahlen der Buchhaltung	Allgemeiner Bereich	Materialbereich	Produktionsbereich	Verwaltungsbereich	Vertriebsbereich
. . . Gemeinkosten . . .						

Es ist zu erkennen:

- In der **Horizontalen** finden sich die Kostenstellen bzw. Kostenbereiche als Orte, an denen die zur Leistungserstellung benötigten Güter und Dienstleistungen verbraucht werden. Sie sind **Hauptkostenstellen**, wenn sie nicht auf andere Kostenstellen weiterverrechnet und ihre Zuschlagssätze in die Kostenträgerrechnung übernommen werden. Ist das nicht der Fall, handelt es sich um **Hilfskostenstellen**.

  Bei **funktionsorientierter Gliederung** lassen sich unterscheiden:

  - Der **Allgemeine Bereich**, in dem man die Kosten jener Leistungen erfasst, die für die anderen Kostenstellen des Unternehmens erbracht werden.
  - Der **Materialbereich** dient dazu, das Material, Rohstoffe, Hilfsstoffe, Betriebsstoffe für den Produktionsbereich zu beschaffen und zu lagern.
  - Der **Produktionsbereich** ist der Bereich des Unternehmens, in dem die Erzeugnisse hergestellt werden. Er ist vielfach noch beträchtlich zu untergliedern.
  - Der **Verwaltungsbereich** umfasst die Verwaltungsstellen, beispielsweise Geschäftsleitung, Finanz-, Rechnungs-, Personalwesen, Revision, Statistik.
  - Der **Vertriebsbereich** dient dem Absatz der Erzeugnisse, beispielsweise als Versand, Marktforschung, Werbung, Verkaufsförderung, Kundendienst.

- In der **Vertikalen** werden die Gemeinkostenarten aufgeführt.

Die **Erstellung** des Betriebsabrechnungsbogens geht in mehreren **Schritten** vor sich – siehe ausführlich *Olfert*:

❶	**Aufnahme der Einzelkosten**	Sie dienen nur zur Information, um mit ihrer Hilfe später Zuschlagsätze zu ermitteln.
❷	**Aufnahme der primären Gemeinkosten**	Sie werden aus der Betriebsbuchhaltung übernommen. Es sind Gemeinkosten, die in den Kostenstellen tatsächlich als einzelne Kostenarten entstanden sind.
❸	**Verteilung der primären Gemeinkosten**	Sie werden auf die Kostenstellen verteilt, wobei dies aufgrund von Belegen oder hilfsweiser Verteilungsschlüssel erfolgen kann, beispielsweise nach Raumgröße, Maschinenzahl.
❹	**Verteilung der sekundären Gemeinkosten**	Die Summen der Gemeinkosten, die sich in den Hilfskostenstellen ergeben, werden auf die Hauptkostenstellen verteilt. Dazu dienen entsprechende Verteilungsschlüssel.
❺	**Bildung von Ist-Gemeinkosten-zuschlägen**	Sie werden ermittelt, indem die Gemeinkosten der einzelnen Hauptkostenstellen zu den in diesen Kostenstellen angefallenen Einzelkosten in Beziehung gesetzt werden.
❻	**Ermittlung der Normal-Gemeinkosten**	Sie werden ermittelt, indem die jeweiligen Ist-Einzelkosten mit den vorgegebenen Normal-Gemeinkostenzuschlagsätzen multipliziert werden.
❼	**Vergleich der Ist- u. Normal-Gemeinkosten**	Ihr Vergleich zeigt, ob eine Unterdeckung – mit „zu viel" verbrauchten Kosten – oder eine Überdeckung gegeben ist, d. h. „zu wenig" Kosten verbraucht werden.

Auf der nächsten Seite wird ein vollständiger Betriebsabrechnungsbogen gezeigt, mit dessen Hilfe die zuvor beschriebenen Schritte ❶ bis ❼ nachvollziehbar sind. Er erhält die folgenden Kostenstellen bzw. Kostenbereiche:

- **Allgemeiner Kostenbereich**
  1 = Wasserversorgung
  2 = Sozialeinrichtung
- **Materialbereich**
  (Sammelposition)
- **Verwaltungsbereich**
  (Sammelposition)
- **Vertriebsbereich**
  (Sammelposition)
- **Produktionsbereich**
  mit zwei Hilfskostenstellen

  1 = Arbeitsvorbereitung
  2 = Betriebsleitung

  A = Fräserei
  B = Dreherei

Die allgemeinen Kostenstellen und Hilfskostenstellen werden im folgenden Verhältnis umgelegt:

Allgemeine Kostenstelle 1	1 : 2 : 2 : 1 : 1 : 2 : 1
Allgemeine Kostenstelle 2	1 : 0 : 0 : 1 : 1 : 1 : 1
Hilfskostenstelle 1	1 : 2
Hilfskostenstelle 2	1 : 1

Beispiel

Kostenstellen / Kostenarten		Zahlen der Buchhaltung	Allgemeiner Bereich 1	Allgemeiner Bereich 2	Materialbereich	Produktionsbereich: Hilfsstelle 1	Produktionsbereich: Hilfsstelle 2	Produktionsbereich: Hauptstelle A	Produktionsbereich: Hauptstelle B	Produktionsbereich: Summe A + B	Verwaltungsbereich	Vertriebsbereich
Fertigungsmaterial	❶	*10.000*			*10.000*							
Fertigungslohn	❶	*6.000*						*2.000*	*4.000*	*6.000*		
Hilfs-, Betriebsstoffe	❷	2.500	50	80	150	300	320	510	630	1.140	240	220
Energie	❷	500	30	60	80	50	40	60	80	140	50	50
Hilfslöhne	❷	5.000	100	150	300	550	600	900	1.700	2.600	300	400
Gehälter	❷	3.000	60	70	170	200	280	650	710	1.360	400	460
Abschreibung	❷	1.200	30	40	80	140	160	280	290	570	90	90
Sonstige	❷	2.000	60	45	115	200	160	390	285	675	300	445
Summe		14.200	330	445	895	1.440	1.560	2.790	3.695	6.485	1.380	1.665
Umlage Allg.Ko.st.1	❸				33	66	66	33	33	66	66	33
Umlage Allg.Ko.st.2	❸				89	0	0	89	89	178	89	89
Summe					1.017	1.506	1.626	2.912	3.817	6.729	1.535	1.787
Umlage Hi.Ko.st.1	❹							502	1.004	1.506		
Umlage Hi.Ko.st.2	❹							813	813	1.626		
Summe					1.017			4.227	5.634	9.861	1.535	1.787
Ist-Zuschläge %	❺				10,17			211,35	140,85	164,35	5,71	6,65
Normalzuschläge %					9,70			210,10	143,20		4,70	6,65
Normal-Gemeinkosten	❻				970			4.202	5.728	9.930	1.264	1.789
Über-/Unterdeckung	❼				**-47**			**-25**	**+94**	**+69**	**-271**	**+2**

Hinweise zur Berechnung:

Beim Schritt ❺ des Beispiels sind folgende Formeln zu nutzen:

$$\text{Ist-Materialgemeinkostenzuschlag} = \frac{\text{Materialgemeinkosten}}{\text{Fertigungsmaterial}} \cdot 100$$

Beim Schritt ❻ des Beispiels sind folgende Formeln zu nutzen:

$$\text{Normal-Materialgemeinkosten} = \textbf{Ist-Fertigungsmaterial} \cdot \text{Normal-Zuschlag}$$

$$\text{Ist-Fertigungsgemeinkostenzuschlag} = \frac{\text{Fertigungsgemeinkosten}}{\text{Fertigungslöhne}} \cdot 100$$

$$\text{Normal-Fertigungsgemeinkosten} = \textbf{Ist-}\text{Fertigungsmaterial} \cdot \text{Normal-Zuschlag}$$

$$\text{Ist-Verwaltungsgemeinkostenzuschlag} = \frac{\text{Verwaltungsgemeinkosten}}{\text{Herstellkosten des Umsatzes}} \cdot 100$$

$$\text{Normal-Verwaltungsgemeinkosten} = \textbf{Normal-}\text{Herstellkosten} \cdot \text{Normal-Zuschlag}$$

$$\text{Ist-Vertriebsgemeinkostenzuschlag} = \frac{\text{Vertriebsgemeinkosten}}{\text{Herstellkosten des Umsatzes}} \cdot 100$$

$$\text{Normal-Vertriebsgemeinkosten} = \textbf{Normal-}\text{Herstellkosten} \cdot \text{Normal-Zuschlag}$$

wobei:

	Fertigungsmaterial
+	Materialgemeinkosten
+	Fertigungslöhne
+	Fertigungsgemeinkosten
=	**Herstellungskosten der Erzeugung**
+	Minderbestand
-	Mehrbestand
=	**Herstellkosten des Umsatzes**

wobei:

	Ist-Fertigungsmaterial
+	Normal-Materialgemeinkosten
+	**Ist**-Fertigungslöhne
+	Normal-Fertigungsgemeinkosten
=	**Normal-Herstellungskosten der Erzeugung**
+	Minderbestand
-	Mehrbestand
=	**Normal-Herstellkosten des Umsatzes**

Aufgabe 74 > Seite 575

3.2.2.2 Innerbetriebliche Leistungsverrechnung

Die Verrechnung innerbetrieblicher Leistungen erfolgt für interne, nicht für den Absatz bestimmte Leistungen des Unternehmens, beispielsweise selbsterstellte Betriebsmittel oder Betriebsstoffe, selbst durchgeführte Forschungen, Entwicklungen oder Instandhaltungen. Es erweist sich vielfach als recht **schwierig**, die innerbetrieblichen Leistungen verursachungsgerecht zuzurechnen – siehe ausführlich *Olfert*.

3.2.3 Kostenträgerrechnung

Die Kostenträgerrechnung ist die dritte Stufe der Kostenrechnung. Sie übernimmt die **Einzelkosten** aus der Kostenartenrechnung und die **Gemeinkosten** – als Zuschlagssätze – aus der Kostenstellenrechnung. Außerdem werden die Leistungen in der Kostenträgerrechnung erfasst, wodurch der leistungsbezogene Erfolg des Unternehmens ermittelt werden kann.

Die Zurechnung der Kosten auf die einzelnen Kostenträger kann erfolgen:

- nach dem **Kostenverursachungsprinzip**, wonach die Kosten genau auf die Kostenträger zu verteilen sind, was allerdings bei Verwendung von Vollkostenrechnungen nicht möglich ist
- nach dem **Durchschnittsprinzip**, bei dem die Kosten lediglich möglichst genau den Kostenträgern zuzuordnen sind, was mit Vollkostenrechnungen leistbar ist
- nach dem **Kostentragfähigkeitsprinzip**, bei dem die Kosten den Kostenträgern nach deren Belastbarkeit und damit mehr oder weniger willkürlich zugeteilt werden.

Die Kostenträgerrechnung kann durchgeführt werden als – siehe ausführlich *Olfert*:

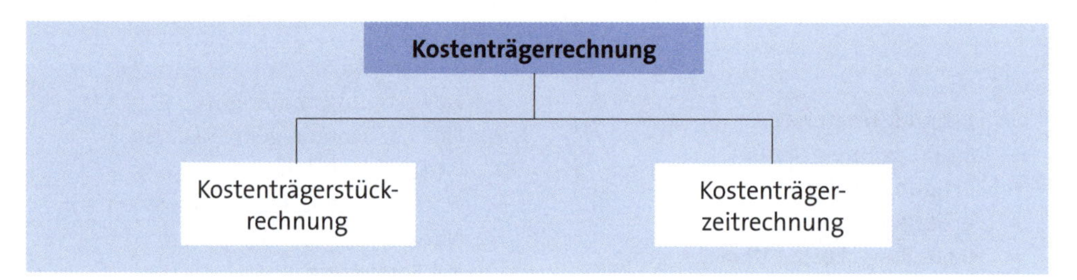

3.2.3.1 Kostenträgerstückrechnung

Die Kostenträgerstückrechnung ermittelt die Selbstkosten des Unternehmens für eine Kostenträgereinheit. Sie wird auch **Kalkulation** genannt. Durch Gegenüberstellung der Kosten und Erlöse ist sie außerdem in der Lage, den kalkulatorischen Erfolg einer Einheit der Kostenträger festzustellen. Nach dem unterschiedlichen Zeitpunkt ihrer Durchführung kann die Kostenträgerstückrechnung eine Vor-, Zwischen- oder Nachkalkulation sein.

Verfahren der Kostenträgerstückrechnung sind – siehe ausführlich *Olfert*:

- Die **Divisionskalkulation**, die einfach durchzuführen ist, aber nur bei einheitlicher Massenfertigung angewendet werden kann.

  Die **Selbstkosten** einer Erzeugniseinheit ergeben sich bei der Divisionskalkulation grundsätzlich:

  $$k = \frac{K}{x}$$

  k = Selbstkosten (€/Stück)
  K = Gesamtkosten (€/Periode)
  x = Leistungsmenge (Stück/Periode)

- Die **Äquivalenzziffernkalkulation**, die eine Divisionskalkulation im weiteren Sinne ist. Sie ist für Mehrprodukt-Unternehmen einsetzbar, deren Erzeugnisse hinsichtlich ihrer Ausgangsmaterialien gleichartig sind, aber nicht gleich hohe Kosten bei der Be- und Verarbeitung verursachen.

  Bei ihr wird davon ausgegangen, dass die Kosten der artverwandten Erzeugnisse in einem bestimmten Verhältnis zueinander stehen, das durch Äquivalenzziffern ausgedrückt werden kann. Die **Selbstkosten** einer Erzeugniseinheit ergeben sich bei der Äquivalenzziffernkalkulation grundsätzlich:

  $$k_i = \frac{K}{a_1 x_1 + ... + a_n x_n} \cdot a_i$$

  a_i = Äquivalenzziffer des Produktes i
  k_i = Selbstkosten des Produktes i (€/Stück)
  x_i = Menge des Produktes i (Stück/Periode)
  n = Anzahl der Produkte (Stück/Periode)

- Die **Zuschlagskalkulation**, die anwendbar ist, wenn die Unternehmen verschiedenartige Erzeugnisse in unterschiedlichen Arbeitsabläufen herstellen, beispielsweise bei Einzelfertigung und Serienfertigung.

  Sie setzt eine Trennung der Einzelkosten und Gemeinkosten voraus. Die Einzelkosten werden unmittelbar auf die Produkteinheit verteilt. Demgegenüber werden die Gemeinkosten gesammelt, nach gleichen Verursachungsmomenten gegliedert und durch einen prozentualen Zuschlag auf die Fertigungslöhne, die Fertigungsmaterialien oder die Summe von beiden verrechnet.

Die **Selbstkosten** einer Erzeugniseinheit ergeben sich bei der Zuschlagskalkulation grundsätzlich:

	Materialeinzelkosten	...	
+	Materialgemeinkosten	...	
=	**Materialkosten**	...	
+	Fertigungseinzelkosten	...	
+	Fertigungsgemeinkosten	...	
+	Sondereinzelkosten der Fertigung	...	
=	**Fertigungskosten**		...
=	**Herstellkosten**		...
+	Verwaltungsgemeinkosten		...
+	Vertriebsgemeinkosten		...
+	Sondereinzelkosten des Vertriebs		...
=	**Selbstkosten**		...

- Die **Kuppelkalkulation**, bei der Erzeugnisse hergestellt werden, die aufgrund von technischen Gegebenheiten zwangsweise gemeinsam anfallen, beispielsweise Koks, Gas, Teer, Benzol in Kokereien.

  Bei der Kuppelkalkulation handelt es sich demgemäß um ein Verfahren, das die Kosten nicht verursachungsgemäß verrechnen kann, da der Kostenanteil der verschiedenen Kuppelprodukte nicht ermittelbar ist, sondern um eine Methode, die sich am **Prinzip der Kostentragfähigkeit** orientiert.

Aufgabe 75 > Seite 575

3.2.3.2 Kostenträgerzeitrechnung

Die Kostenträgerzeitrechnung erfasst die Kosten und die Erlöse des Unternehmens, die während eines bestimmten Zeitraumes angefallen sind. Damit wird es möglich, den leistungsbezogenen Erfolg des Unternehmens – als Gewinn oder Verlust – zu ermitteln.

Entsprechend ihrer unterschiedlichen Kostengliederung kann die Kostenträgerzeitrechnung nach zwei **Verfahren** durchgeführt werden, die zum gleichen Ergebnis kommen:

- Das **Gesamtkostenverfahren**, das üblicherweise verwendete Verfahren, um den Periodenerfolg des Unternehmens, der jährlich festzustellen ist, zu ermitteln. Dabei werden die gesamten Kosten der Rechnungsperiode – nach Kostenarten gegliedert – den gesamten betrieblichen Erträgen gegenübergestellt.

  Das Betriebsergebnis kann mathematisch, buchhalterisch oder statistisch-tabellarisch ermittelt werden. Die statistisch-tabellarische Ermittlung erfolgt im **Kostenträgerblatt**, das beispielsweise folgendes Aussehen haben kann:

	Fertigungsmaterial	...	
+	Materialgemeinkosten	...	
=	Materialkosten		...
	Fertigungslöhne	...	
+	Fertigungsgemeinkosten	...	
+	Sondereinzelkosten der Fertigung	...	
=	Fertigungskosten		...
=	Herstellkosten der Erzeugung		...
+	Minderbestand unfertige/fertige Erzeugnisse		...
-	Mehrbestand unfertige/fertige Erzeugnisse		...
=	**Herstellkosten des Umsatzes**		...
+	Verwaltungsgemeinkosten		...
+	Vertriebsgemeinkosten		...
+	Sondereinzelkosten des Vertriebs		...
=	**Selbstkosten des Umsatzes**		...
	Netto-Verkaufserlöse		...
-	Selbstkosten des Umsatzes		...
=	**Betriebsergebnis**		...

- Beim **Umsatzkostenverfahren** werden die Kosten und Erlöse der abgesetzten Erzeugnisse gegenübergestellt. Der Vergleich sollte – als Artikelerfolgsrechnung – nach Erzeugnissen oder Erzeugnisgruppen vorgenommen werden. Der betriebliche **Erfolg** ergibt sich aus der Differenz der Kosten und Erlöse.

Bestandsveränderungen müssen beim Umsatzkostenverfahren – im Gegensatz zu dem Gesamtkostenverfahren – nicht berücksichtigt werden, weil das Umsatzkostenverfahren von vornherein nur die abgesetzten Erzeugnisse berücksichtigt.

Voraussetzung für die Anwendung des Umsatzkostenverfahrens ist die Existenz einer qualifizierten Kostenrechnung. Die gesamten Kosten der einzelnen Erzeugnisse oder Erzeugnisgruppen werden als Selbstkosten aus der Kostenträgerstückrechnung entnommen, die gesamten Erlöse aus den Ausgangsrechnungen.

Auch das Umsatzkostenverfahren kann mathematisch, buchhalterisch oder statistisch-tabellarisch erfolgen, wobei das **Kostenträgerblatt** beispielsweise wie folgt aussehen kann:

	Erzeugnis-(gruppe) A	Erzeugnis-(gruppe) B	Erzeugnis-(gruppe) C	Gesamt
Herstellkosten der abgesetzten Erzeugnisse	...	...	...	...
	...	...	...	...
+ Verwaltungsgemeinkosten	...	...	...	...
+ Vertriebsgemeinkosten	...	...	...	...
+ Sondereinzelkosten des Vertriebs				
= **Selbstkosten der abgesetzten Erzeugnisse**	...	...	...	...
Bruttoerlöse	...	...	...	...
- Erlösschmälerungen	...	...	...	...
= **Nettoerlöse**	...	...	...	...
- Selbstkosten der abgesetzten Erzeugnisse	...	...	...	...
= **Betriebsergebnis**	...	...	...	...

Aufgabe 76 > Seite 576

3.3 Systeme

Als Systeme der Kostenrechnung lassen sich unterscheiden:

- **Vollkostenrechnungen**
- **Teilkostenrechnungen**.

3.3.1 Vollkostenrechnungen

Bei den Vollkostenrechnungen werden die gesamten ermittelten Kosten auf die Kostenträger verteilt. Sie werden in der Praxis vielfach angewandt, obgleich die Überwälzung aller Kosten auf die Kostenträger zu Fehlentscheidungen führen kann, weil sie letztlich nicht verursachungsgerecht erfolgt. Die Vollkostenrechnungen werden durchgeführt als:

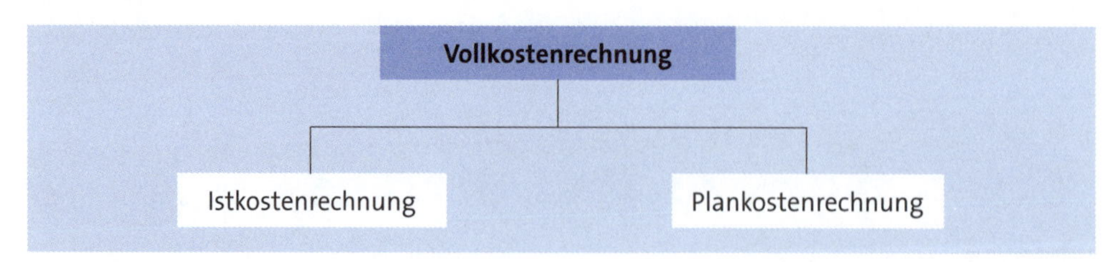

3.3.1.1 Istkostenrechnung

Die Istkostenrechnung ist die **traditionelle Form** der Kostenrechnung, wie sie auch oben beschrieben wurde. Ihr Ziel ist allgemein, die auf die einzelnen Erzeugniseinheiten entfallenden Istkosten im Rahmen der Nachkalkulation zu ermitteln.

Der Grundgedanke der Istkostenrechnung besteht darin, Istwerte anzusetzen. Das ist in reiner Form aber nicht möglich, wie oben gezeigt. Beispielsweise können kalkulatorische Abschreibungen nur erwartete Werte sein, ebenso angesetzte Verrechnungswerte.

3.3.1.2 Plankostenrechnung

Die Plankostenrechnung basiert auf **Plankosten**. Das sind jene Einzel- und Gemeinkosten, die sich bezüglich der Preise und Mengen im Wesentlichen auf die Zukunft – in der Regel die kommende Rechnungsperiode – beziehen.

Ihr Wesen ist darin zu sehen, dass die geplanten Kosten, die sich aus Planpreis und Planmenge zusammensetzen, mit den tatsächlich angefallenen Kosten verglichen werden, sodass eine Soll-Ist-Analyse ermöglicht wird. Dabei können Abweichungen ermittelt werden.

Als **flexible Plankostenrechnung** ist sie dadurch gekennzeichnet, dass die Plankosten der einzelnen Kostenstellen zwar für eine bestimmte Planbeschäftigung vorgegeben sind, die als Jahresdurchschnitt erwartet wird. Es erfolgt aber während der einzelnen Rechnungsperiode eine Anpassung an die jeweils realisierte Istbeschäftigung. Die wesentliche Voraussetzung dafür ist die Aufspaltung der Kosten in fixe und variable Bestandteile.

Abweichungen, die mithilfe der flexiblen Plankostenrechnung feststellbar sind, können sein (*Olfert*):

- **Preisabweichungen** als Differenzen zwischen den Istpreisen und den Plan- bzw. Verrechnungspreisen bezogener Güter
- **Verbrauchsabweichungen** als Differenzen zwischen den tatsächlich verbrauchten Mengen und den geplanten Mengen von Gütern
- **Beschäftigungsabweichungen** als Differenzen zwischen Sollkosten und verrechneten Plankosten.

Grafisch kann man die Verbrauchsabwicklung und die Beschäftigungsabweichung folgendermaßen darstellen:

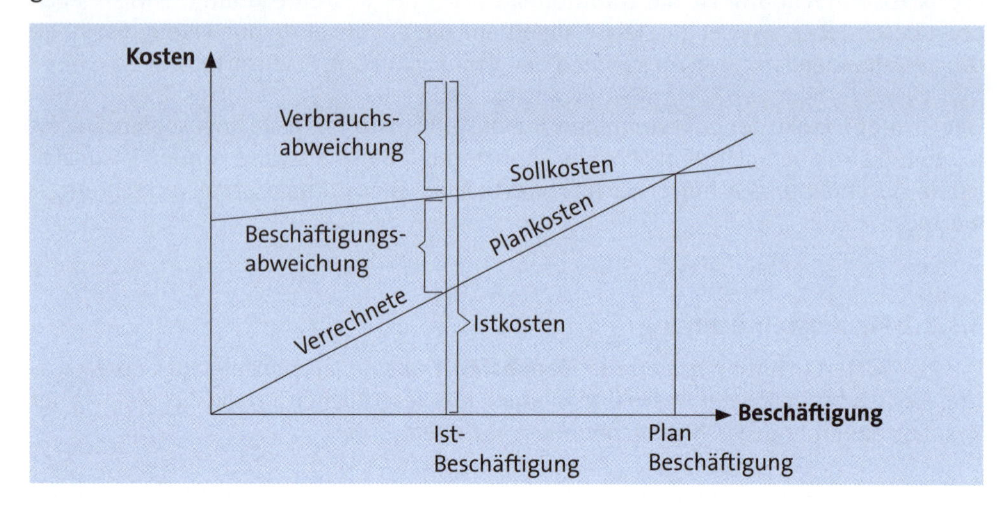

Aufgabe 77 > Seite 577

3.3.2 Teilkostenrechnungen

Teilkostenrechnungen ordnen den Kostenträgern nicht die vollen Kosten zu, sondern vielfach nur die Einzelkosten als variable Kosten und die variablen Teile der Gemeinkosten.

Sie können sein – siehe ausführlich *Olfert*.

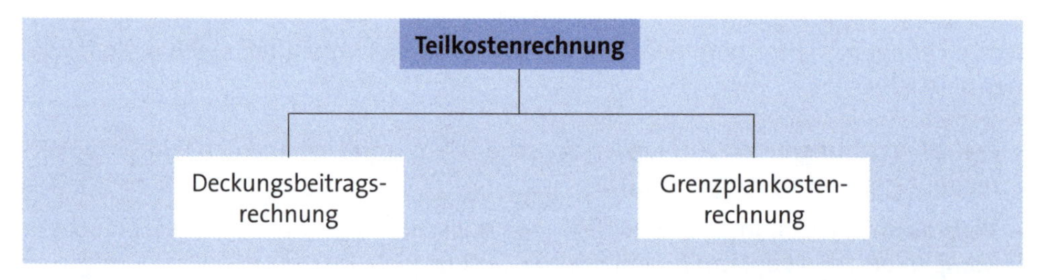

Eine weitere Art ist die **Deckungsbeitragsrechnung mit relativen Einzelkosten**, auf die hier nicht einzugehen ist.

3.3.2.1 Deckungsbeitragsrechnung

Die Deckungsbeitragsrechnung wird – wie die oben dargestellte traditionelle Kostenrechnung – als geschlossenes System durchgeführt, das als **Elemente** aufweist:

- Kostenartenrechnung

- Kostenstellenrechnung
- Kostenträgerrechnung.

Im Gegensatz zu der traditionellen Kostenrechnung rechnet sie den Kostenträgern nur die variablen Kosten zu. Damit kann sie als Grundlage für eine Reihe von **betrieblichen Entscheidungen** dienen, beispielsweise:

- Die Ermittlung der **Gewinnschwelle** eines Unternehmens als dem Punkt, in dem die gesamten Kosten gleich den gesamten Erlösen sind.
- Die Ermittlung der **Preisuntergrenze** als dem Angebotspreis (= Nettoverkaufspreis), den ein Unternehmen mindestens fordern muss, um zu überleben. Dabei gilt:

  Kurzfristige Preisuntergrenze ≙ Variable Kosten

  Langfristige Preisuntergrenze ≙ Variable Kosten + Fixe Kosten

- Die Feststellung, ob **Zusatzaufträge** mit geringeren Stückpreisen angenommen werden sollen, wenn ein Unternehmen durch die aktuell gegebene Auftragslage kapazitätsmäßig nicht ausgelastet ist.
- Die Ermittlung der **optimalen Produktionsverfahren** als kostenminimale Verfahren, die sich grundsätzlich aus dem Kostenvergleich alternativer Fertigungsverfahren ergeben.
- Die Fixierung des **optimalen Produktionsprogrammes**, das sich durch einen höchstmöglichen Deckungsbeitrag oder Gewinn auszeichnet, wobei möglicherweise auch andere unternehmerische Ziele zu beachten sind.
- Die Feststellung, ob die **Eigenfertigung** oder der **Fremdbezug** kostenrechnerisch für ein Unternehmen vorteilhafter ist.

3.3.2.2 Grenzplankostenrechnung

Die Grenzplankostenrechnung ist praktisch eine Deckungsbeitragsrechnung auf der Grundlage von **Plankosten**. Ihr wesentlicher Unterschied zur flexiblen Plankostenrechnung (auf Vollkostenbasis) besteht in der Eliminierung der fixen Kosten aus dem Soll-Ist-Vergleich, weshalb es keine Beschäftigungsabweichungen mehr gibt.

Wie die oben dargestellte traditionelle Kostenrechnung und die Deckungsbeitragsrechnung wird auch die Grenzplankostenrechnung als geschlossenes System durchgeführt, das die Elemente umfasst:

- Kostenartenrechnung
- Kostenstellenrechnung
- Kostenträgerrechnung.

Aufgabe 78 > Seite 577

KONTROLLFRAGEN

	Lösung
1. Was verstehen Sie unter dem Rechnungswesen?	S. 445
2. Aus welchen Gründen ergibt sich die Notwendigkeit des Rechnungswesens?	S. 445
3. Welche Aufgaben zählen zum Rechnungswesen?	S. 445 f.
4. Nennen Sie die Hauptprobleme bei der Planungsrechnung!	S. 445
5. Zeigen Sie Zusammenhänge zwischen unvollkommener Information und auftretenden Risiken auf!	S. 445
6. Welche grundlegenden Aufgaben hat die betriebliche Statistik?	S. 446
7. Wozu dient die betriebliche Statistik?	S. 446
8. Welcher Zusammenhang besteht zwischen der Planungsrechnung und Operations Research?	S. 446
9. Was ist unter Buchführung zu verstehen?	S. 446
10. Unterscheiden Sie die Finanz- und die Betriebsbuchführung!	S. 447
11. Erläutern Sie die Grundsätze ordnungsmäßiger Buchführung!	S. 447 f.
12. Erklären Sie die Begriffe Inventur und Inventar!	S. 448
13. Welche Grundsätze ordnungsmäßiger Inventur kennen Sie?	S. 449
14. Was ist unter einem Konto zu verstehen?	S. 449
15. Wofür bildet der Kontenrahmen die Grundlage?	S. 449
16. Nach welchem Prinzip ist der Gemeinschaftskontenrahmen gegliedert?	S. 449
17. Wie ist die Geschäftsbuchhaltung beim IKR strukturiert?	S. 449 f.
18. Kennzeichnen Sie das Wesen der doppelten Buchführung!	S. 450
19. Bilden Sie Beispiele für Bestandskonten!	S. 451
20. Bilden Sie ein Beispiel für eine Eröffnungsbilanz!	S. 451
21. Stellen Sie diesen Konten einige Erfolgskonten gegenüber!	S. 455 f.
22. Wie unterscheidet sich davon die Schlussbilanz?	S. 454
23. Welche Arten von Aufwendungen kann man unterscheiden?	S. 455
24. Erläutern Sie das Wesen betrieblicher Erträge!	S. 456
25. Grenzen Sie davon die neutralen Erträge ab!	S. 456
26. Entwickeln Sie ein GuV-Konto!	S. 458
27. Zählen Sie die nötigen Abschlussarbeiten auf!	S. 459 ff.
28. Welche Spaltenüberschriften enthält eine Hauptabschlussübersicht?	S. 459

	Lösung
29. Welche Vorgänge werden nach der Erstellung der Hauptabschlussübersicht vollzogen?	S. 460
30. Erklären Sie das Beispiel zur doppelten Buchführung!	S. 460
31. Aus welchen Teilen besteht der Jahresabschluss?	S. 461 f.
32. Was ist unter einer Bilanz zu verstehen?	S. 462
33. Welche Aufgabe hat die Jahresbilanz?	S. 462
34. Nennen Sie Rechtsnormen, denen die Handelsbilanz unterliegt!	S. 463
35. Welche Rechtsnormen gelten für die Steuerbilanz?	S. 463
36. Erläutern Sie, welche aussagezweckorientierten Bilanzen zu unterscheiden sind!	S. 464
37. Was sind interne und externe Bilanzen?	S. 464
38. Welche umfangorientierten Bilanzen gibt es?	S. 464
39. Stellen Sie fest, welche Sonderbilanzen unterschieden werden können!	S. 464 f.
40. Worauf beziehen sich die Grundsätze ordnungsmäßiger Bilanzierung?	S. 465 f.
41. Nennen Sie die Grundsätze ordnungsmäßiger Bilanzierung!	S. 465 f.
42. Welche Ansatzvorschriften gelten für die Bilanz?	S. 466 f.
43. Wie ist die Bilanz – grob – gegliedert?	S. 467 ff.
44. Erläutern Sie, welche Bewertungsgrundsätze es gibt!	S. 473
45. Wie ist das Anlagevermögen zu bewerten?	S. 474
46. Weshalb dürfen die Anschaffungs- oder Herstellungskosten der Anlagegüter um Abschreibungen gemindert werden?	S. 474
47. Inwieweit können oder müssen außerplanmäßige Abschreibungen vorgenommen werden?	S. 474
48. Wie ist das Vorratsvermögen zu bewerten?	S. 474 f.
49. Welche Bewertungsvereinfachungsverfahren sind beim Vorratsvermögen handelsrechtlich zulässig?	S. 475
50. Wie sind Forderungen zu bewerten?	S. 475
51. Wie sind die Abschreibungen von Forderungen auf den niedrigeren Wert zu bezeichnen?	S. 475
52. Wie sind Wertpapiere zu bewerten?	S. 476
53. Mit welchem Wert ist das Eigenkapital anzusetzen?	S. 476

	Lösung
54. In welcher Höhe können Rückstellungen gebildet werden?	S. 476
55. Wie sind Verbindlichkeiten zu bewerten?	S. 476
56. Nach welchen Verfahren kann die GuV-Rechnung aufgestellt werden?	S. 476
57. Erläutern Sie, wie die GuV-Rechnung bei Anwendung des Gesamtkostenverfahrens gegliedert ist!	S. 476 ff.
58. Wie ist die GuV-Rechnung bei Anwendung des Umsatzkostenverfahrens gegliedert?	S. 479 f.
59. Wozu dient der Anhang?	S. 480
60. Welchen Inhalt sollte der Anhang aufweisen?	S. 480 f.
61. Welche Aufgaben hat der Lagebericht?	S. 481
62. Was ist unter der Kostenrechnung zu verstehen?	S. 481
63. Worin unterscheidet sich die Kostenrechnung von der Investitionsrechnung?	S. 481
64. Welche Aufgaben hat die Kostenrechnung zu erfüllen?	S. 482
65. Was sind im Rahmen der Kostenrechnung Leistungen?	S. 483
66. Unterscheiden Sie die verschiedenen Leistungen!	S. 483
67. Was sind Kosten?	S. 483
68. Welche Merkmale weisen Kosten auf?	S. 483
69. Was versteht man unter Zweckaufwendungen und neutralen Aufwendungen?	S. 484
70. Worin unterscheiden sich Grundkosten und Zusatzkosten?	S. 484
71. Was sind Einzelkosten und Gemeinkosten?	S. 484
72. Welche Arten von Einzelkosten lassen sich unterscheiden?	S. 484
73. Worin unterscheiden sich fixe und variable Kosten?	S. 485 f.
74. Wie können fixe Kosten unterteilt werden?	S. 485
75. Welche Verläufe können variable Kosten nehmen?	S. 486
76. Wie lautet die Kostenfunktion unter der Annahme proportional verlaufender variabler Kosten?	S. 487
77. Was ist unter der Nutzenschwelle zu verstehen?	S. 487
78. Wo liegt bei einer linearen Gesamtkostenkurve das Gewinnmaximum?	S. 487
79. Aus welchen Elementen besteht die Kostenrechnung?	S. 488
80. Was geschieht in der Kostenartenrechnung?	S. 488

		Lösung
81.	Welchen Anforderungen hat die Erfassung der Kosten gerecht zu werden?	S. 488
82.	In welchen Schritten werden die Materialkosten erfasst?	S. 489
83.	Welche Methoden können der Feststellung der Verbrauchsmengen dienen?	S. 489
84.	Mithilfe welcher Wertansätze können die Verbrauchsmengen bewertet werden?	S. 489 f.
85.	Wodurch entstehen Personalkosten?	S. 490
86.	Welche Personalkosten lassen sich unterscheiden?	S. 490 f.
87.	Worin unterscheiden sich Fertigungs- und Hilfslöhne?	S. 490
88.	Nennen Sie gesetzliche und freiwillige Sozialkosten!	S. 491
89.	Weshalb werden kalkulatorische Kosten angesetzt?	S. 491
90.	Welche kalkulatorischen Kosten gibt es?	S. 491
91.	Wozu dienen kalkulatorische Abschreibungen?	S. 491 f.
92.	Erläutern Sie, welche Abschreibungsverfahren unterschieden werden können!	S. 491 f.
93.	Was ist unter kalkulatorischen Zinsen und Wagnissen zu verstehen?	S. 492
94.	Wozu dient der Ansatz von kalkulatorischem Unternehmerlohn und kalkulatorischer Miete?	S. 492 f.
95.	Was geschieht in der Kostenstellenrechnung?	S. 493
96.	Wie ist der Betriebsabrechnungsbogen aufgebaut?	S. 493 f.
97.	Worin unterscheiden sich Haupt- und Hilfskostenstellen?	S. 494
98.	In welchen Schritten kann ein BAB erstellt werden?	S. 494 f.
99.	Wofür erfolgt eine innerbetriebliche Leistungsverrechnung?	S. 497
100.	Was geschieht in der Kostenträgerrechnung?	S. 498
101.	Nach welchen Prinzipien kann die Zurechnung der Kosten auf die Kostenträger erfolgen?	S. 498
102.	Welche Arten der Kostenträgerrechnung sind zu unterscheiden?	S. 498
103.	Welche Aufgaben hat die Kostenträgerstückrechnung?	S. 498
104.	Nennen Sie die Verfahren der Kostenträgerstückrechnung!	S. 499 f.
105.	Erläutern Sie, wie die Divisionskalkulation durchgeführt wird!	S. 499
106.	Wie wird bei der Äquivalenzziffernkalkulation vorgegangen?	S. 499
107.	Beschreiben Sie, wie die Zuschlagskalkulation erfolgt!	S. 499 f.

		Lösung
108.	In welchen Fällen bietet sich die Kuppelkalkulation an?	S. 500
109.	Mithilfe welcher Verfahren kann die Kostenträgerzeitrechnung durchgeführt werden?	S. 500 f.
110.	Worin unterscheiden sich das Umsatz- und Gesamtkostenverfahren?	S. 501 f.
111.	Welche Systeme der Kostenrechnung können unterschieden werden?	S. 502 f.
112.	Was sind Vollkostenrechnungen?	S. 502
113.	Wie können Vollkostenrechnungen durchgeführt werden?	S. 502
114.	Werden bei der Istkostenrechnung ausschließlich Istkosten angesetzt?	S. 503
115.	Worin ist das Wesen der Plankostenrechnung zu sehen?	S. 503
116.	Welche Abweichungen sind mithilfe der flexiblen Plankostenrechnungen feststellbar?	S. 503
117.	Was sind Teilkostenrechnungen?	S. 504
118.	Welche Teilkostenrechnungen können unterschieden werden?	S. 504
119.	Welche betrieblichen Entscheidungen können mithilfe der Deckungsbeitragsrechnung vorgenommen werden?	S. 504 f.
120.	Worin unterscheidet sich die Grenzplankostenrechnung von der flexiblen Plankostenrechnung auf Vollkostenbasis?	S. 505

I. Controlling

Das Controlling verbindet den Koordinationsprozess der Planung, Kontrolle und Steuerung mit der Informationsversorgung. Es geht also über die Kontrolle hinaus, wie sie als letzte Phase des Führungsprozesses beschrieben wurde (*Horváth, Jung, Küpper, Reichmann, Weber/Schäffer*).

Ziegenbein versteht unter **Controlling** die Bereitstellungen von Methoden und Informationen für arbeitsteilig ablaufende Planungs- und Kontrollprozesse sowie die funktionsorientierte Koordination dieser Prozesse.

Das Controlling kann unterteilt werden (*Olfert, Olfert/Rahn, Rahn*):

- Nach der **Aufgabe** des Controlling

Unternehmens-controlling	Es geht von dem Unternehmenscontroller aus und bezieht sich auf das ganze Unternehmen. Die Planung, Kontrolle und Steuerung des Unternehmensgeschehens erfolgt auf der Ebene des Top Management. Es ist ein **Gesamtcontrolling**.
Bereichs-controlling	Es erfolgt z. B. durch den jeweiligen Bereichscontroller, der im Material-, Produktions-, Marketing-, Finanz-, Personal- bzw. Informationsbereich tätig sein kann. Die gedankliche Vorwegnahme, die Überwachung und Untersuchung bzw. Steuerung des Unternehmensgeschehens geschieht aus der Sicht des Middle Management.
Gruppen-controlling	Es wird z. B. durch die jeweiligen Gruppenleiter betrieben, die in den obigen Bereichen tätig sind. Die Planung, Kontrolle und Steuerung des Geschehens wird aus der Sicht des Lower Management durchgeführt.

- Nach der **Ebene** des Controlling

Strategisches Controlling	Es ist ein langfristiges Controlling, das auf der oberen Leitungsebene erfolgt, und die strategische Planung, Frühwarnsysteme, Budgetierung, Budgetkontrolle sowie das Berichtswesen umfasst.
Taktisches Controlling	Es erfolgt auf der oberen bzw. mittleren Leitungsebene des Unternehmens. Die Bereichsleiter entwickeln Steuerungsmaßnahmen zur Umsetzung der strategischen Pläne und kontrollieren ihre Maßnahmen.
Operatives Controlling	Es geschieht auf der unteren Leitungsebene, kann aber auch in die mittlere Ebene hineinreichen. Seine Grundlage ist das taktische Controlling.

Der **Controller** vollzieht nicht das unmittelbare Unternehmensgeschehen, sondern er soll die einzelnen Bereiche des Unternehmens bei ihrer Arbeit unterstützen.

► Nach der dem Controlling zugrundeliegenden **Verrichtung**

Gesamt-controlling	Es umfasst Kennzahlen, beispielsweise Wirtschaftlichkeit, Rentabilität bzw. Produktivität, Umsatz-, Aufwands- bzw. Gewinnbeträge.
Material-controlling	Hier werden beispielsweise durchschnittlicher Lagerbestand, Umschlagshäufigkeit und Lagerdauer als Kennzahlen ermittelt.
Produktions-controlling	Kennziffern sind beispielsweise die Produktionszahlen, die eine Periode betreffen. Auch die Betriebsmittelproduktivität gehört dazu.
Marketing-controlling	Dabei werden beispielsweise die Umsatzzahlen als Kennziffern erfasst und mit denen der Vorperioden verglichen.
Finanz-controlling	Als Kennziffern sind beispielsweise der Cashflow, Eigenkapitalanteil, Verschuldungskoeffizient sowie die Liquidität, Eigenkapital- und Umsatzrentabilität zu nennen.
Personal-controlling	Hier sind die Fehlzeitenquote, Fluktuationsrate, Überstundenquote und die Arbeitsproduktivität als Kennziffern von Bedeutung.
Informations-controlling	Es hat auf die Informations-Wirtschaftlichkeit, die Informationsqualität und auf Informations-Zuverlässigkeit zu achten.
Organisations-controlling	Es stehen hier die Effizienz von Aufbau-, Prozess- und Projektorganisation im Vordergrund.

► Nach dem **Aufbau** des Controlling

Zentrales Controlling	Das Controlling geht von einem Zentrum aus, durch das die Planung, Kontrolle und Steuerung des Geschehens geschlossen erfolgen. Es ist in einer Funktionalorganisation denkbar, die zentral organisiert ist.
Dezentrales Controlling	Das Controlling erfolgt ungeschlossen, d. h. in getrennten Organisationseinheiten, die beispielsweise in eigener Gewinnverantwortung wirtschaften. Es kann in einer Spartenorganisation eingesetzt werden.

► Nach der **Einordnung** des Controlling

Stabs-controlling	Der Controller fungiert ohne Weisungsbefugnis, d. h. er unterbreitet der Unternehmensleitung lediglich Vorschläge zur Planung, Kontrolle und Steuerung.
Linien-controlling	Das Controlling ist mit Weisungsbefugnis verbunden. Der Liniencontroller plant, kontrolliert und setzt seine Steuerungsmaßnahmen selbst durch.

Die Ausübung des Unternehmens-Controlling stellt hohe Anforderungen an den Stelleninhaber. Als **fachliche Anforderungen** sind hervorzuheben (*Ziegenbein*):

► **Fachkenntnisse** über Unternehmensplanung, Organisation, Material- und Produktionswirtschaft, Marketing, Finanzwirtschaft, Personalwirtschaft, Rechnungswesen, Informatik, Operations Research und Revision. Das nötige Fachwissen kann sich der Controller durch ein betriebswirtschaftliches Studium aneignen.

- **Sprachkenntnisse** in Englisch sind unerlässlich, um den kommenden Anforderungen des Euro- bzw. Weltmarktes entsprechen zu können. Außerdem sind diese Kenntnisse für den Einsatz in multinationalen Unternehmen notwendig.
- **Praktische Erfahrungen** richten sich nach der Art der Aufgabe. Eine gute Branchen- und Firmenkenntnis erleichtert die Kommunikation mit dem Management.

An **persönlichkeitsbedingten Eigenschaften** eines Controllers nennt *Ziegenbein*:

- Verantwortungsbewusstsein
- Durchsetzungsvermögen
- Bereitschaft zu Teamarbeit
- Verhandlungsgeschick
- Beherrschen der Konferenz- bzw. Präsentationstechnik
- Kontaktfähigkeit
- Fähigkeit zur Integration.

Staufenbiel zählt weitere Kriterien auf, die Controller aufweisen sollte:

- analytisch-planerisches Denken
- Kreativität
- technisches Verständnis
- guter mündlicher und schriftlicher Ausdruck.

Das Controlling soll dargestellt werden:

Controlling	Organisation
	Prozess
	Aufgaben

1. Organisation

Die Organisation des Controlling kann auf unterschiedliche Weise erfolgen:

- Beim **Stabscontrolling** wird das Controlling als Stabsstelle oder Stabsabteilung in die Unternehmensorganisation eingeordnet. Der Controller hat dabei keine Weisungsbefugnis, er berät die Unternehmensleitung lediglich.

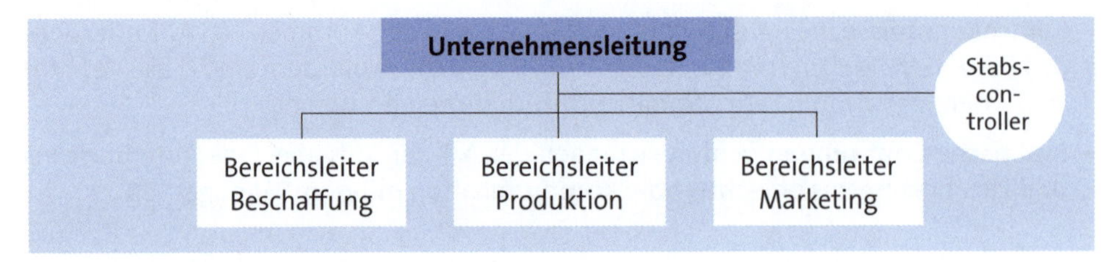

Das Stabscontrolling weist folgende **Probleme** auf:

- Durch die starre Funktionstrennung in Linie und Stab können auch gute Vorschläge des Controlling-Stabes blockiert werden.
- Der Stab kann Entscheidungen herbeiführen, die er selbst nicht zu verantworten hat. Dann tritt er beispielsweise als sog. „graue Eminenz" auf.
- Da der Stab als Kontrolleinrichtung benutzt wird, kann bei nachgeordneten Instanzen eine abnehmende Informationsbereitschaft die Folge sein.
- Aus unklarer Kompetenzabgrenzung kann Streit zwischen Stab und Linie entstehen.
- Stäbe können sich unnötig gegenüber der Linie „aufspielen". Sie nutzen dann ihre Macht des Wissensvorsprungs.

► Beim **Liniencontrolling** wird der Controller im Instanzenweg eingesetzt. Er hat Weisungsbefugnis. Als Linienabteilung kann das Controlling unterschiedlich in die Unternehmensorganisation **eingeordnet** werden:

- Die Einordnung kann **beim Finanz- und Rechnungswesen** erfolgen.

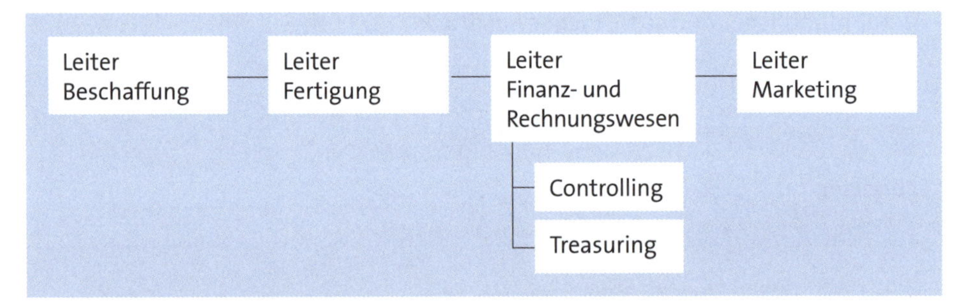

Das **Treasuring** nimmt im Rahmen der Finanzwirtschaft die Finanzdisposition wahr, beispielsweise Liquiditätssicherung, Finanzierung und allgemeine Finanzverwaltung. Das **Controlling** ist für das interne Rechnungswesen zuständig.

Diese Einordnung hat mehrere **Nachteile**:

- Der Leiter des Finanz- und Rechnungswesens erhält seinen Kollegen gegenüber einen beträchtlichen Informationsvorsprung, der zu internem Unfrieden führen kann.
- Durch die relativ tiefe Einordnung des Controlling wird dem eigentlichen Stellenwert dieser Funktion nicht entsprochen. Der Controller benötigt u. U. mehr Zeit, um an bedeutsame Informationen heranzukommen, wenn das innerbetriebliche Machtpotenzial fehlt.

- Außerdem ist es denkbar, dass der Leiter des Finanz- und Rechnungswesens überlastet ist, weil dort zu viele Informationen anfallen.

Die Einordnung beim **Finanz- und Rechnungswesen** verstößt gegen das Prinzip der Unabhängigkeit des Controlling von den anderen betrieblichen Bereichen.

- Die Einordnung kann im Bereich der **Unternehmensleitung** erfolgen. Dabei bieten sich als Möglichkeiten der Organisation:

Unternehmen mit **Direktorialsystem**:

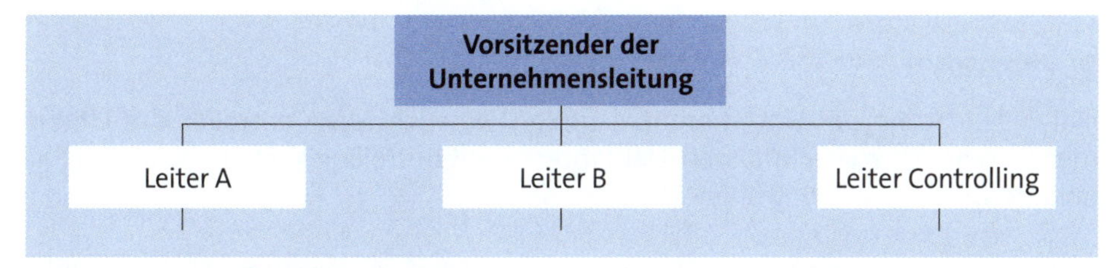

Unternehmen mit **Kollegialsystem**:

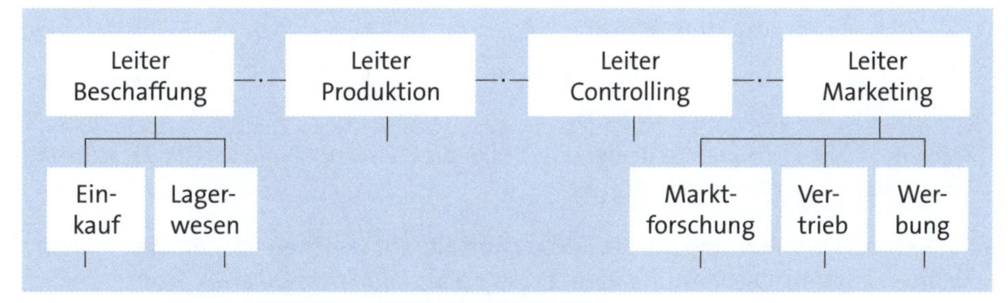

Aus dieser Einordnung können sich **Probleme** ergeben:

- Aus seiner Verantwortlichkeit heraus muss der Controller stets mehreren Personen gegenüber (dem gesamten Führungsgremium) in gleichem Maße zur Verfügung stehen.
- Das kann zu Konflikten führen, weil der Controller nicht mehr nur Serviceleistungen zu erbringen hat, sondern als Mitglied der Unternehmensleitung selbst Entscheidungsträger ist.

- Die Einordnung kann auch in **Bereichen** erfolgen, die vielfach ein gewisses Maß an Autonomie haben.

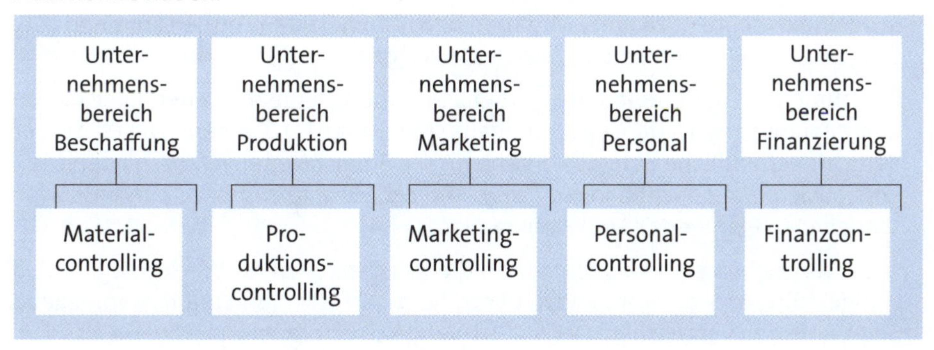

Diese organisatorische Lösung kann den **Nachteil** haben, dass die Controlling-Funktion zersplittert wird, weil mehrere Controller agieren. Außerdem ist es denkbar, dass manche Probleme im Bereich „zugeschüttet" werden, wenn eine externe Bereichskontrolle fehlt.

Für den Erfolg des Controlling ist die organisatorische Einordnung in die Unternehmensleitung zu empfehlen, weil der Controller hier die Aktivitäten des Controlling unmittelbar initiieren kann.

2. Prozess

Unter Beachtung des Unternehmenserfolges versucht der Controller, das Unternehmensgeschehen zu beeinflussen. Der Prozess des Controlling kann in folgenden **Phasen** ablaufen:

- In der **Zielsetzungsphase** sind die Ziele möglichst in messbarer Form festzulegen. So beispielsweise die Wirtschaftlichkeits-, Rentabilitäts-, Produktivitäts- und Liquiditätsziele. Dabei sind zu unterscheiden:

Stabs-controller	Er unterbreitet der Leitung lediglich Vorschläge zur Zielsetzung des Unternehmens.
Linien-controller	Er entscheidet selbst über die Zielsetzung und wirkt auch selbst auf die Planung ein.

- Im Rahmen der **Planungsphase** wird ermittelt, auf welchen Wegen die Ziele erreicht werden können. Die Planung kann erfolgen als (*Horváth, Dillerup/Stoi*):

Top-down-Planung	Sie erfolgt von **„oben nach unten"**. Dabei wird von einer ganzheitlichen Zielformulierung ausgegangen, aus der strategische, taktische und operative Maßnahmen abgeleitet werden. Sie bedarf nur weniger Planungsträger.
Bottom-up-Planung	Sie wird von **„unten nach oben"** durchgeführt. Bei ihr stehen weniger die Ziele als vielmehr die Durchführbarkeit der untergeordneten Teilpläne im Vordergrund. Ein integrierter Rahmenplan entsteht durch das schrittweise Zusammenfassen der Teilpläne auf jeweils übergeordneten Planungsebenen.

  In der Praxis sollte es zu einer Mischform zwischen beiden Formen kommen (*Ziegenbein*). Aus der Planung ergeben sich Soll-Werte.

  Im Rahmen der **Budgetplanung** werden die Planungsergebnisse der Bereiche von der Zentralplanung geprüft. Gegebenenfalls sind sie noch zu ändern. Die Pläne werden dann als verbindliche Budget-Vorgabe für die Bereichsleiter verabschiedet. Die Budgets basieren auf **Planbilanzen** (*Jung, Kralicek, Ziegenbein*) bzw. periodisch fortgeschriebenen Planwerten und Planstandards.

- Die **Überwachungsphase** dient dazu, die entstandenen Ist-Werte möglichst frühzeitig (Frühwarnindikatoren) vom Controller zu erfassen und mit den vorgegebenen Soll-Werten zu vergleichen. Der Soll-Ist-Vergleich erfolgt beispielsweise als:

- Budgetkontrolle mit Bezug zu den Planungswerten (Vergangenheitsorientierung)
- Kontrolle der Einhaltung von Planstandards mindestens einmal im Jahr, in vielen Unternehmen geschieht sie aber vierteljährlich oder monatlich, mitunter in bestimmten Bereichen – beispielsweise im Verkauf – sogar täglich.

- Im Verlauf der **Untersuchungsphase** erfolgt die Abweichungsanalyse, um die Ursachen der positiv oder negativ abweichenden Entwicklung herauszufinden. Dabei ist auf die Einfluss- bzw. Störgrößen des Unternehmensgeschehens einzugehen. Die Ergebnisse werden in Berichten dokumentiert, die eine wesentliche Grundlage strategischer Überlegungen bilden (Zukunftsorientierung).
- In der **Steuerungsphase** unterbreitet – auf der Basis der gewonnenen Informationen – der Stabscontroller Vorschläge bzw. entscheidet der Liniencontroller über konkrete Maßnahmen der Steuerung, um die Soll-Ist-Abweichungen zu vermindern oder auszugleichen. Solche Maßnahmen können z. B. Preissenkung, Kostensenkung, Eigenkapitalerhöhung, Arbeitsplatzabbau sein.

Der **Prozess des Controlling** kann als Regelkreis dargestellt werden:

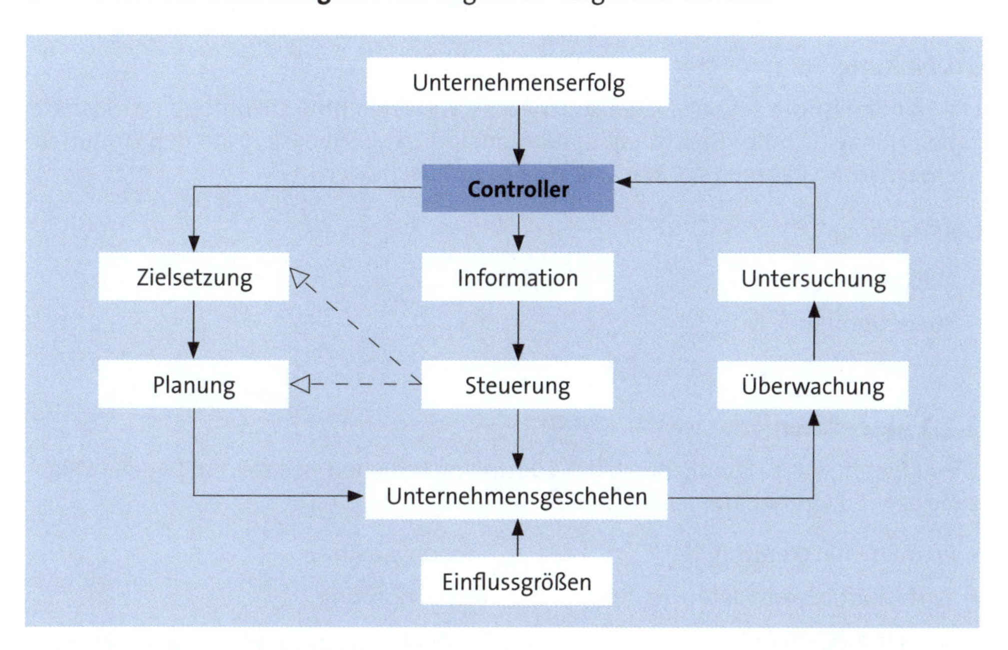

Aus dieser Darstellung ergeben sich die wesentlichen Aufgaben eines Controllers. Die **Realisierung** des Unternehmensgeschehens mit unmittelbarer Ergebniserzielung ist allerdings nicht seine Aufgabe, denn sie obliegt den Aufgabenträgern der Fachabteilungen des Unternehmens.

Aufgabe 79 > Seite 578

3. Aufgaben

Die zweckentsprechende Wahrnehmung der sich dem Controller stellenden Aufgaben dient der Erfüllung von Unternehmenszielen. Dazu ist es notwendig, dass die Fachabteilungen mit dem Controller eng zusammenarbeiten. Die spezielle Ausprägung der Controllingaufgaben hängt von der Art der **Organisation** des Controlling ab.

Als Hauptaufgaben des Controlling können unterschieden werden (*Ehrmann, Horváth, Küpper, Ziegenbein*):

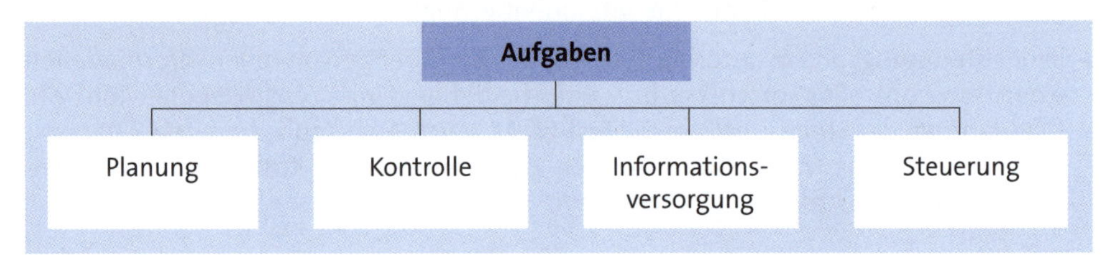

3.1 Planung

Die Planung ist die gegenwärtige gedankliche Vorwegnahme zukünftigen wirtschaftlichen Handelns unter Beachtung des Rationalprinzips. Sie basiert auf den Unternehmenszielen. Im Rahmen der Planung sind zu unterscheiden:

- **Aktivitäten**
- **Indikatoren**
- **Budgetierung.**

3.1.1 Aktivitäten

Die Aktivitäten der Planung durch das Controlling beziehen sich z. B. auf folgende **Planziele** bzw. Sollgrößen (*Jung, Ziegenbein*):

- Produktivitätskennzahlen
- Wirtschaftlichkeitsdaten
- Gewinngrößen
- Rentabilitätskennziffern
- Deckungsbeitrag
- Wertschöpfung
- Cashflow.

Mit *Horváth* können im Unternehmen folgende **Planungsaufgaben** des Controlling unterschieden werden:

- Erarbeitung und Pflege des Planungssystems
- Erarbeitung der Grundlageninformationen für die Planung
- Inganghaltung von Planungsaktivitäten der Fachabteilung

- Hilfeleistung und Beratung bei der Planung
- Abstimmung der Planungstätigkeit und der Pläne
- formelle Prüfung der Pläne
- Mitwirkung bei der Budgetierung.

Der Controller nimmt diese Aufgaben für die strategische, taktische und operative Planung wahr. Im Vordergrund steht aber die Mitwirkung an der **strategischen Planung** (vgl. S. 228), weil diese das künftige Unternehmensgeschehen bestimmt.

Der Hauptzweck jeder periodisch durchgeführten strategischen Planung liegt nach *Gälweiler/Schwaninger* in der Schaffung und Erhaltung von **Erfolgspotenzialen**, worunter die Voraussetzungen für das mögliche und erreichbare Maß an Effizienz verstanden werden. Das Erfolgspotenzial kann beispielsweise folgende strategische Erfolgsfaktoren enthalten, die für die Unternehmensleitung bedeutend sind:

- Marktattraktivität, z. B. Marktwachstum
- relative Wettbewerbsposition, z. B. relativer Marktanteil
- Investitionsattraktivität, z. B. Kapazitätsauslastung
- Kostenattraktivität, z. B. Verhältnis Marketingaufwand zu Umsatz
- allgemeine Unternehmensmerkmale, z. B. Größe, Diversifikationsgrad
- Veränderung vorgenannter Größen, z. B. Marktanteilsänderung.

Aufgrund der mangelnden Voraussehbarkeit und Vorausbestimmbarkeit der Zukunft ist die **strategische Planung** relativ schwierig durchzuführen. Der Controller kann sich zur Lösung der Planungsprobleme verschiedener **Planungskonzepte** bedienen – siehe ausführlich *Olfert/Pischulti, Rahn.*

Die Unternehmensleitung hat ein gesteigertes Interesse daran, dass relevante externe oder interne Daten, die sich außerhalb festgelegter Planungszyklen ergeben, möglichst frühzeitig festgestellt werden. Dazu bedarf es einer laufenden Aufklärung durch die Erfassung von Indikatoren.

3.1.2 Indikatoren

Indikatoren sollen helfen, auftretende Ereignisse bereits frühzeitig zu entdecken und damit strategische Überraschungen so weit wie möglich zu verhindern. Die Frühindikatoren haben die Eigenschaft, sich im Frühstadium nur schwach und leicht überhörbar anzukündigen.

Vielfach werden die Indikatoren nur unterbewusst aufgenommen und sind zunächst schwierig zu strukturieren. Erst im Zeitablauf werden sie immer konkreter, wenn deren Quellen und Ursachenkomplexe erkannt werden.

Als **Indikatoren** lassen sich – soweit sie als entsprechende **Sollgrößen** erfassbar sind – unterscheiden:

- **Globalindikatoren**, die zur groben Messung des Unternehmenserfolges durch das Controlling geeignet sind:
  - Erfolgspotenziale
  - Rentabilitätskennziffern
  - Betriebsklima
  - Kostenstrukturen
  - Cashflow
  - Produktimage.
- **Umfeld-Einzelindikatoren**, die detaillierte Messungen externer Einflussgrößen ermöglichen. Die Klassifizierung der Umwelt kann in verschiedener Weise vorgenommen werden. Es können z. B. folgende Indikatoren einbezogen werden:
  - Stabilität des politischen Systems
  - Einstellung gegenüber Investoren
  - Währungskonvertibilität
  - Durchsetzbarkeit von Verträgen
  - Geldentwertung
  - Bürokratie (z. B. Zollformalitäten)
  - Wirtschaftswachstum
  - Verstaatlichungstendenzen
  - Daten der Konkurrenten
  - Zahlungsbilanz.
- **Unternehmens-Einzelindikatoren**, die detaillierte Messungen interner Einflussgrößen erlauben.
  - Teilevielfalt
  - Lagerbestände
  - Auftragseingänge
  - Lieferfristen
  - Anzahl eigener Patente
  - Ausschussraten in der Produktion
  - Reklamationsraten von Kunden
  - Fluktuationsraten und Fehlzeiten
  - Auslastungsgrade der Kapazitäten.

In Zukunft wird die Bedeutung der **computergestützten Planung** zunehmen. Ihre Notwendigkeit ergibt sich vor allem aus der hohen Komplexität strategischer Planungsprobleme. Die Speicherung der Planungsdaten in einer Datenbank ermöglicht den effektiven Zugriff und verhindert kosten- bzw. zeitintensive Suchaktivitäten.

3.1.3 Budgetierung

Formal betrachtet sind die **Budgets** bestimmte gestaltete Ordnungsformen, deren Inhalte aus Rechengrößen bestehen (*Siegwart*). Die Zahlen des Budgets stellen Soll-Vorgaben dar, die einem Verantwortungsbereich für eine Periode vorgegeben werden und von den Beteiligten zu erreichen sind (*Küpper*). Ein Budget wird um so eher erfüllt werden, je mehr sich das Personal im Unternehmen damit identifiziert.

Die Erstellung, Vorgabe und Kontrolle von Budgets wird Budgetierung genannt. Der Prozess der Budgetierung ist so zu gestalten, dass Einzelbudgets nach dem **Baukasten-**

prinzip in einer sachlich zweckmäßigen Reihenfolge so erstellt werden, dass ein **Budgetsystem** entsteht (*Horváth, Ziegenbein*):

- das **Umsatzbudget**, das die Umsatzvorgaben in der Periode enthält, unter Berücksichtigung von Erlösschmälerungen und Bestandsveränderungen
- das **Materialbudget**, das den geplanten Einsatz an Material für die betriebliche Produktion enthält
- das **Produktionsbudget**, das die erwartete Produktionsleistung des Unternehmens zeigt
- das **Finanzbudget**, das die vorgesehene Mittelverwendung und die geplanten Investitionen offenlegt
- das **Personalbudget**, das die geplanten Personalkosten in möglichst übersichtlicher Weise darstellt
- das **Ergebnisbudget**, das u. a. das vorraussichtlich eintretende Betriebsergebnis zeigt.

Die Einzelbudgets werden nach der traditionellen Budgetierung im Rahmen der Budgetierung zu einem Gesamtbudget zusammengeführt (*Jung*). Die Planziele, Indikatoren und die Budgetwerte bilden die vom Controlling zu überprüfenden **Sollgrößen** des Unternehmens.

Außerdem gibt es in das Praxis das **Zero-Base-Budgeting** (Null-Basis-Budgetierung), das weniger Wert auf die Untersuchung der Einzelkosten der direkten Bereiche legt, sondern vielmehr die Potenziale der Rationalisierung in Gemeinkosten-Bereichen analysiert.

Da gegenüber der traditionellen Budgetierung in der Literatur kritisch angemerkt wird, dass sie nicht selten aufgebläht erscheine, Budgetfehler erst mit Zeitverzögerung bemerkt würden und Zukunftbetrachtungen nicht möglich seien, gibt es **neuere Budgetierungsansätze** (*Daum, Ziegenbein*):

- Das **Beyond Budgeting**, welches die Inhalte der Planung in strategischer Sicht sieht und als Instrumente die Balanced Scorecard, rollierende Prognosen und das Benchmarking einbezieht. Es sind flexible Planungsmaßnahmen und Dezentralisierung notwendig.
- Das **Better Budgeting**, das das bisherige zentrale Budgetierungs-Konzept beibehält, aber die Besonderheiten der Branche, strategische Erfolgsfaktoren und die spezielle Unternehmenskultur berücksichtigt. Die traditionelle Komplexität ist zu reduzieren.
- Das **Advanced Budgeting**, welches zwischen den beiden obigen Ansätzen einen Kompromiss sucht, indem die aus den strategischen Sachzielen des Unternehmens abgeleiteten Strukturwerte als Voraussetzungen der Budgetierung interpretiert werden, damit strategische, taktische und operative Planung nahtlos ineinander übergehen.

  Gewachsene Organisationsstrukturen können dadurch „entschlackt werden. Allerdings gibt es auch gegenüber diesem System kritische Anmerkungen – siehe ausführlich *Ziegenbein*.

3.2 Kontrolle

Die Kontrolle durch das Controlling ist ein Vorgang der Gewinnung von Informationen. Sie schließt sich der Durchführung des betrieblichen Geschehens in den Fachabteilungen an. Es sind zu unterscheiden (*Olfert/Rahn*):

- Die **Überwachung**, die eher vergangenheitsorientiert ist. Dabei werden die Ist-Werte erfasst und die Differenzen zu den Sollwerten ermittelt. Das Controlling vergleicht also die von der Fachabteilung angestrebten Ziele mit den tatsächlich erreichten Ergebnissen, um die Ergebnisse analysieren zu können.
- Die **Untersuchung**, die sich der Überwachung anschließt und vergangenheits- bis zukunftsorientiert ist. Hier werden die Soll-Ist-Abweichungen der Vergangenheit vom Controller analysiert, um die Gründe der Abweichungen herauszufinden. Dieser geht hier sehr gründlich vor, um aus den Erkenntnissen Steuerungsmaßnahmen abzuleiten.

Dabei resultiert die Notwendigkeit der Kontrolle durch das Controlling z. B. aus möglichen Planungs- und Realisierungsfehlern der am jeweiligen Prozess beteiligten Personen. Auch Störgrößen des Umfeldes bzw. die Unvollkommenheit der Informationen erfordern Zusatzkontrollen (*Ziegenbein*).

Die Kontrolle basiert auf den Plänen der vorhergehenden Perioden. Sie betreffen vor allem folgende **Arten der Kontrolle**:

- Die **Zielkontrolle**, die sich z. B. auf Produktivitäts-, Wirtschaftlichkeits-, Gewinn-, Rentabilitäts-, Deckungsbeitrags- und Wertschöpfungskennziffern bezieht. Auch die Einhaltung des Cashflow wird Kontrollen unterzogen.
- Die **Indikatorenkontrolle**, die Globalindikatoren (z. B. Betriebsklima, Produktimage) und Einzelindikatoren des Umfeldes (z. B. Wirtschaftswachstum) bzw. des Unternehmens (z. B. Lagerbestände, Lieferfristen) überprüft.
- Die **Budgetkontrolle**, die Abweichungen von den festgelegten Budget-Sollwerten und die Durchführung von Abweichungsanalysen umfasst, z. B. hinsichtlich der Preise, der Kosten, der Bilanzwerte, der G+V-Rechnung.
- Die **Verhaltenskontrolle**, die sich z. B. auf das Führungsverhalten der Vorgesetzten bzw. auf das Ausführungsverhalten der Mitarbeiter bezieht. Sie kann eine direkte Kontrolle (z. B. unmittelbar vor Ort) oder eine indirekte Kontrolle (Fehlzeiten, Fluktuation) sein.

Grundsätzlich sollten Kontrollen durch die Träger der Fachabteilungen zunächst selbst erfolgen, denn diese **Kontrollen** erwirken in den Fachabteilungen Lernprozesse im Sinne zukunftsorientierter Informationsgewinnung. Es ist aber möglich, dass die selbst festgestellten Fehler nicht immer konsequent verfolgt und abgestellt werden.

Um dem Prinzip der Objektivität und den Interessen der gesamten Koordination entsprechen zu können, sind **zusätzliche Kontrollen** durch das Controlling angebracht.

Sie beziehen sich auf bedeutsame betriebliche Tatbestände und dienen dazu, dass sich die **Unternehmensleitung** einen objektiven Überblick über die Erfüllung der Soll-Größen in den Fachabteilungen verschaffen kann. Diese Kontrollen dürfen aber nicht zu demotivierendem Verhalten, nicht zu Kreativitätsverlusten und nicht zur Abnahme der Risikobereitschaft führen.

3.3 Informationsversorgung

Eine ständige Rückmeldung von Informationen des Controlling an das Management macht ein internes Berichtswesen nötig (Controller's Report). Dieses muss zweckentsprechend gestaltet werden.

Ein **Controllerbericht** umfasst die Erstellung und Weiterleitung bereichsübergreifender Darstellungen von komplexen betrieblichen Tatbeständen an die Unternehmensleitung und/oder an die Fachabteilungen. Er dient dazu, die betrieblichen Aktivitäten zielorientiert zu beeinflussen.

Der Zweck des **Berichtswesens** liegt in der angemessenen Abstimmung zwischen Informationsbedarf, Informationsnachfrage und Informationsangebot. Sind diese Bereiche nicht zweckentsprechend abgestimmt, bestehen Informationslücken, die eine Verbesserung des Berichtswesens nötig machen.

Nach dem Anlass ihrer **Erstellung** sind zu unterscheiden:

- **Standardberichte**, die regelmäßig und nach einem Schema einem meist gleichbleibenden Empfängerkreis bestimmte Informationen vermitteln
- **Abweichungsberichte**, die der jeweilige Bereichsleiter erhält, wenn das betriebliche Geschehen in seinem Bereich bestimmte Toleranzgrenzen überschreitet
- **Bedarfsberichte**, die fallweise und auf Wunsch erstellt werden, z. B. wenn das Informationsmaterial des Standard- bzw. Abweichungsberichtes nicht vollständig ist.

Nach der **Führungsebene** lassen sich nennen:

- **strategische Berichte**, die über langfristig wirkende Sachverhalte informieren, die dem Auffinden, Aufbau und Bewahren von Erfolgspotenzialen dienen
- **taktische Berichte**, die mittelfristig bedeutsame Sachverhalte darlegen, z. B. die Budgetierung für mehrere Geschäftsjahre oder die Ergebnisse der Budgetkontrolle
- **operative Berichte**, die über kurzfristig wirkende Sachverhalte Auskunft geben, z. B. über monatliche Umsatz-, Kosten- oder Ergebnisbudgets.

Der Controller sollte eine intensive Zusammenarbeit mit dem Informationsbereich pflegen, d. h. es ist ein intensiver Kontakt zur EDV-Abteilung nötig. Modernes Controlling ist nur noch computergestützt möglich.

3.4 Steuerung

Die Steuerung ist ein zielbezogener Vorgang in einem System, bei dem eine oder mehrere Größen als Eingangsgrößen andere Größen als Ausgangsgrößen beeinflussen. Sie ist mit Maßnahmen verbunden, die z. B. von einem **Stabscontroller** vorgeschlagen werden, um den festgestellten Soll-Ist-Abweichungen entgegenzuwirken.

Die Vorschläge zur Steuerung basieren auf der Abstimmung von Handlungen zur Planung, Kontrolle und Informationsversorgung. Es wird in der Literatur auch von **Koordination** gesprochen (*Horváth, Ziegenbein*). Sie kann innerbetrieblich, überbetrieblich und zwischenbetrieblich erfolgen sowie sich auf nationale oder internationale Problemstellungen beziehen.

Als **Steuerungsinstrumente** des Controlling sind u. a. zu unterscheiden:

- die **Budgetierung**, d. h. die wertmäßige Steuerung durch zielbezogene Pläne, die aus Rechengrößen bestehen
- das **Benchmarking**, d. h. Steuerung nach Vergleich der Daten des eigenen Unternehmens mit anderen Unternehmen
- die **Balanced Scorecard**, d. h. Mission und Unternehmensstrategie werden in Kennzahlen übersetzt, die der weiteren Erfolgsmessung dienen und einen Steuerungsrahmen schaffen – siehe ausführlich *Ehrmann*.

Als **Arten der Steuerung** kommen infrage:

- Die **Vorsteuerung**, bei der die Steuerung vor dem Eintritt von Störgrößen zukunftsbezogen und inputorientiert erfolgt, z. B. wenn ein Fachabteilungsleiter offensichtlich auf dem falschen Weg ist und durch den Vorschlag des Controllers eine Störgröße rechtzeitig erkannt wird. Es gilt dabei, negative Wirkungen frühzeitig zu erkennen und zu vermeiden.
- Die **Nachsteuerung**, bei der die Steuerungsmaßnahmen von den Sollwerten und den Istwerten ausgehen. Der Steuernde handelt – z. B. auf Vorschlag des Controllers – vergangenheitsbezogen und outputorientiert. Wenn beispielsweise ein Marketingleiter zwei Prozent zu wenig Umsatz erreicht hat und zur Gegensteuerung Werbemaßnahmen eingeleitet werden.

Die Realisierung des betrieblichen Geschehens selbst ist Aufgabe der Führungskräfte und Mitarbeiter in den Bereichen des Unternehmens. Ein Stabscontroller hat hier lediglich die Aufgabe des Beratens und Koordinierens.

Das Controlling ist den Bereichen des Unternehmens parallel- und übergelagert (*Olfert/Rahn*). Es hat in den letzten Jahren immer größere Bedeutung in den Unternehmen erlangt, da erkannt wurde, dass es der langfristigen Existenzsicherung förderlich ist.

Aufgabe 80 > Seite 579

		Lösung
1.	Was ist unter Controlling zu verstehen?	S. 511
2.	Unterteilen Sie das Controlling nach seinen Aufgaben!	S. 511
3.	Strukturieren Sie das Controlling nach seinen Ebenen!	S. 511
4.	Wie ist das Controlling nach der Verrichtung gliederbar?	S. 512
5.	Kennzeichnen Sie das Wesen des Zentral- bzw. Dezentralcontrolling!	S. 512
6.	Unterscheiden Sie Stabs- und Liniencontrolling!	S. 512
7.	Welche Fachkenntnisse sollte ein Controller haben?	S. 512 f.
8.	Zählen Sie weitere wesentliche Anforderungen auf!	S. 513
9.	Welche persönlichkeitsbedingten Eigenschaften für Controller kennen Sie?	S. 513
10.	Zeichnen Sie ein Organigramm für ein Stabscontrolling-System!	S. 514
11.	Welche Probleme können mit dieser Aufbauform verbunden sein?	S. 514
12.	Geben Sie ein Beispiel für das Liniencontrolling!	S. 514
13.	Welche Nachteile hat eine stark untergeordnete Integration eines Liniencontrollers?	S. 514
14.	Zeichnen Sie ein Organigramm mit einem Unternehmensleiter, der in einem Direktorialsystem für Controlling zuständig ist!	S. 515
15.	Unterscheiden Sie davon das Kollegialsystem!	S. 515
16.	Welche Probleme können mit dieser Einordnung verbunden sein?	S. 515
17.	Geben Sie ein Beispiel für das Bereichs-Controlling!	S. 515
18.	Erläutern Sie mögliche Nachteile dieser Organisationslösung!	S. 516
19.	In welchen Phasen kann der Prozess des Controlling ablaufen?	S. 516 f.
20.	Stellen Sie diesen Ablauf als Regelkreislauf dar!	S. 517
21.	Welche Hauptaufgaben hat das Controlling?	S. 518
22.	Mit welchen Planzielen beschäftigt sich das Controlling?	S. 518
23.	Unterscheiden Sie Planungsaufgaben des Controlling!	S. 518 f.
24.	Worin liegt der Hauptzweck der strategischen Planung?	S. 519
25.	Erläutern Sie Erfolgspotenziale eines Unternehmens!	S. 519
26.	Wieso ist die strategische Planung relativ schwierig durchzuführen?	S. 519
27.	Was verstehen Sie unter Indikatoren?	S. 519
28.	Erläutern Sie verschiedene Globalindikatoren!	S. 520
29.	Unterscheiden Sie Einzelindikatoren!	S. 520
30.	Erläutern Sie die Begriffe Budget und Budgetierung!	S. 520

		Lösung
31.	Wie sind verschiedene Einzelbudgets zu erklären und wie werden Einzelbudgets zusammengefügt?	S. 521
32.	Erläutern Sie neuere Budgetierungsansätze!	S. 521 f.
33.	Welche Aufgaben umfasst die Kontrolle durch den Controller?	S. 522
34.	Mit welchen Arten der Kontrolle beschäftigt sich das Controlling?	S. 522
35.	Unterscheiden Sie Kontrollen der Fachabteilungen und Kontrollen durch das Controlling!	S. 522 f.
36.	Welche Erkenntnisse gewinnt die Unternehmensleitung durch die Kontrollen?	S. 523
37.	Welche Inhalte umfasst ein Controllerbericht?	S. 523
38.	Unterscheiden Sie Arten der Controllerberichte!	S. 523
39.	Erklären Sie Steuerungsinstrumente des Controlling!	S. 524
40.	Welche Arten der Steuerung kennen Sie?	S. 524

Aufgabe 1: Magisches Dreieck

Das magische Dreieck der Betriebswirtschaftslehre umfasst das ökonomische Prinzip, das Humanitätsprinzip und das Prinzip der Umweltschonung, die im Unternehmen möglichst ausgewogen beachtet werden sollten.

(1) Welche Form des ökonomischen Prinzips ist jeweils gegeben?
  (a) Mit den gegebenen 500.000 € soll ein größtmöglicher Erfolg erreicht werden.
  (b) Es ist zuweilen mit den geringsten Kosten zu produzieren.
  (c) Ein Ertrag von 1 Mio. € soll mit dem geringst möglichen Aufwand bewirkt werden.
  (d) Mit dem geringsten Aufwand ist der größtmögliche Erfolg zu erzielen.
  (e) Zwischen den Mitteln und dem Ertrag ist ein möglichst günstiges Verhältnis zu erwirtschaften.

(2) Welche Folgen können sich ergeben, wenn das Humanitätsprinzip zu Lasten der übrigen Prinzipien stärker betont wird?

(3) Worin können die Folgen bestehen, wenn das Prinzip der Umweltschonung im Unternehmen vorrangige Bedeutung aufweist?

(4) Erläutern Sie die Folgen, die denkbar sind, wenn dem Prinzip der Wirtschaftlichkeit gegenüber den beiden anderen Prinzipien Vorrang eingeräumt wird!

Lösung s. Seite 581

Aufgabe 2: Ansätze und Prozesse

(1) Entscheiden Sie, ob die folgenden Aussagen bzw. Behauptungen zu den verschiedenen Ansätzen der Betriebswirtschaftslehre richtig oder falsch sind!
  (a) Stimmen die folgenden Aussagen zum Führungsansatz der Betriebswirtschaftslehre?
    - Der Führungsansatz wird auch Verhaltensansatz genannt.
    - Strukturorientierte Führungskonzepte werden ausgeklammert.
    - Interaktionsorientierte Konzepte sind Bestandteile des Führungsansatzes.
  (b) Welche Aussagen zum Systemansatz sind richtig, welche falsch?
    - Die Regelgröße ist das zu regelnde System.
    - Die Führungsgröße bildet den Sollwert.
    - Der Regelkreis ist die Regelstrecke.
  (c) Welche der im Produktionsfaktoransatz vorkommenden Prinzipien bilden systemindifferente Tatbestände?
    - Prinzip der plandeterminerten Leistungserstellung
    - Prinzip der Wirtschaftlichkeit
    - Autonomieprinzip

(d) Klären Sie, welche der folgenden Behauptungen zum Entscheidungsansatz richtig sind!
  - Erkenntnisse der Sozialwissenschaften werden nicht einbezogen.
  - Ein wichtiger Bestandteil dieses Ansatzes ist das Zielsystem.
  - Phasen des Entscheidungsprozesses sind Willensbildung und -durchsetzung.

(e) Welche der folgenden Aussagen zum Ökologieansatz sind richtig und welche Behauptungen sind falsch?
  - Der Umweltschutz ist Bestandteil des Zielsystems der Unternehmung.
  - Ökonomie und Ökologie schließen sich in der Betriebswirtschaftslehre aus.
  - Der Umweltschutz wird heute überbetont.

(f) Stimmen die folgenden Aussagen zum institutionenökonomischen Ansatz?
  - Die Wertschöpfungskette wird hier nicht betrachtet.
  - Der Pricipal-Agent-Ansatz untersucht die Projektorganisation.
  - Beim Property-Rights-Ansatz geht es um bestimmte Einzeltransaktionen.

(g) Welche der folgenden Aussagen zum Prozessansatz sind richtig?
  - Geschäftsprozesse unterscheiden sich von Führungsprozessen.
  - Reengineering gehört nicht zum Prozessansatz.
  - Führungsprozesse sind dem Führungsansatz und dem Prozessansatz zuordenbar.

(2) Lösen Sie die folgenden Aufgaben zu betrieblichen Prozessen!

(a) Beschreiben Sie einen güterwirtschaftlichen Prozess eines holzverarbeitenden Unternehmens, der vom Beschaffungsmarkt über das Unternehmen bis zum Absatzmarkt verläuft!

(b) Erläutern Sie einen informationellen Prozess, der von der Unternehmensleitung dieses holzverarbeitenden Unternehmens ausgeht und die Produktionsabteilung betrifft!

(c) Erklären Sie einen entsprechenden finanzwirtschaftlichen Prozess, der beim Absatzmarkt dieses Holzverarbeiters beginnt und beim Beschaffungsmarkt endet!

Lösung s. Seite 581

Aufgabe 3: Interne/externe Teilnehmer

(1) Erstellen Sie eine Tabelle, die in der Vertikalen verschiedene interne Teilnehmer (Vorstand, Aufsichtsrat, Abteilungs- bzw. Gruppenleiter, Sachbearbeiter, Betriebsrat) am betrieblichen Geschehen enthält! Gehen Sie dabei jeweils in der Horizontalen auf die Ebenen, Zuständigkeiten und Aufgaben dieser Teilnehmer ein!

(2) Ergänzen Sie die folgende Tabelle für externe Teilnehmer:

Externe Teilnehmer	Merkmale	Bedeutung	Einfluss
Lieferanten	Hauptlieferant		
Kunden	Stammkunde		
Konkurrenten	Hauptkonkurrent		
Kreditinstitute	Hausbank		

(3) Ergänzen Sie die folgende Tabelle:

Sonstige Teilnehmer	Merkmale	Bedeutung im	Einfluss
Aktionär	Eigenkapitalgeber		
Berater	Fachkompetenz		

Lösung s. Seite 583

Aufgabe 4: Kennzahlen

Gehen Sie von folgendem Markt der Automobilindustrie aus, zu dem folgende Unternehmen gehören:

Daten \ Unternehmen	A	B	C
Umsatz (Mrd €)	76	27	22
Pkw-Produktion (Stck.)	3 Mio	1 Mio	880.000
Beschäftigte	270.000	56.000	48.000
Marktanteil	23 %	17 %	11 %
Erfolg (Mrd €)	1,8	1,7	0,2
Sollkosten	73,0	26,0	21,0
Istkosten	74,2	25,3	21,8

Ermitteln Sie für alle drei Unternehmen die jeweiligen Kennzahlen und interpretieren Sie das Ergebnis!

(1) Kosten-Wirtschaftlichkeit

(2) Arbeitsproduktivität

(3) Umsatzrentabilität.

Lösung s. Seite 584

Aufgabe 5: Liquidität

(1) Die Heinrich Lanz GmbH weist folgende Bilanz auf:

AKTIVA		Bilanz	PASSIVA
	Euro		Euro
Grundstücke	1.200.000	Eigenkapital	1.500.000
Maschinelle Anlagen	600.000	Rückstellungen (langfristig)	250.000
Vorräte	900.000	Verbindlichkeiten (langfristig)	620.000
Forderungen an Kunden	820.000	Verbindlichkeiten (kurzfristig)	600.000
Postscheck	300.000	Gewinn	930.000
Kasse	80.000		
	3.900.000		3.900.000

(a) Berechnen Sie die Liquidität 1. Grades und interpretieren Sie das Ergebnis!

(b) Ermitteln Sie die Liquidität 2. Grades und erklären Sie das Resultat!

(c) Stellen Sie die Liquidität 3. Grades fest und interpretieren Sie das Ergebnis!

(2) Die Firma Löffler & Kampe AG hat bei 22.000 Beschäftigten zum Berechnungszeitpunkt einen Personalaufwand von 130 Mio. € und erwirtschaftet einen Umsatz von 663 Mio. €. Der Materialaufwand beträgt 310 Mio. € und die Ertragssteuern fallen in Höhe von 7 Mio. € an. Die Abschreibungen betragen 11 Mio. € und die finanziellen Mittel 220 Mio. €.

Entscheiden Sie, ob sich die Firma zum Berechnungszeitpunkt im finanziellen Gleichgewicht befindet! Verwenden Sie bei Bedarf Auszüge des Schemas der Gewinn- und Verlustrechnung von Kapitel H.2.2!

Lösung s. Seite 585

Aufgabe 6: Faktor-/Branchen-/Standortbezug

(1) Auf welche Produktionsfaktoren sind materialintensive, anlageintensive und arbeitsintensive Unternehmungen ausgerichtet?

(2) Zu welchen Branchen gehören folgende Unternehmen?

(a) Henkel KGaA

(b) Gerling Konzern

(c) KfW

(d) Hapag-Lloyd

(e) C & A Brenningmeyer KG

(f) Danzas GmbH

(g) Feldmühle AG

(h) Touristik Union International (TUI)

(3) Eine Maschinenfabrik möchte einen Teil ihrer Produktion ins Ausland verlegen. Welche Kriterien können Bestandteil der Auslandsorientierung sein?

(4) Eine Firma aus dem norddeutschen Raum sucht den günstigsten Standort für ihre Produktion. Für diese Entscheidung sollen vor allem die unterschiedlichen Bedingungen in den folgenden Staaten zu Grunde gelegt werden:

	Unternehmensbesteuerung in % des Gewinns	**Gewinn vor Steuern (€)**
Deutschland	29,8 %	3,11 Mio.
Finnland	26,0 %	4,22 Mio.
Schweden	28,0 %	4,10 Mio.
Dänemark	25,0 %	4,02 Mio.

Welches ist unter diesen Bedingungen der günstigste Standort?

Lösung s. Seite 586

Aufgabe 7: Größe des Unternehmens

Entscheiden Sie, ob die folgenden Unternehmen nach § 267 HGB zu den Klein-, Mittel- oder Großbetrieben zu zählen sind!

(1) Unternehmen X hat eine Bilanzsumme von 15 Mio. €, 39 Mio. € Umsatz und 1.000 Beschäftigte.

(2) Unternehmen Y beschäftigt 60 Mitarbeiter, hat eine Bilanzsumme von 2 Mio. € und erzielt 5 Mio. € Umsatz.

(3) Unternehmen Z weist 20 Mio. € Umsatz und 12 Mio. € Bilanzsumme auf. Es beschäftigt 200 Mitarbeiter.

Lösung s. Seite 586

Aufgabe 8: Entscheidungen

(1) Welche Aktivitäten sind welcher Phase des Willensbildungsprozesses zuzurechnen?

(a) Produktivitätsrückgang
(b) Stellenanzeige
(c) Produktionsverlagerung
(d) Angebotsvergleich
(e) Fehlzeitenanstieg
(f) Kreditangebot
(g) Mitarbeiterentlassung

(2) Ein Computerhersteller hat ein Gerät entwickelt, das in der Lage ist, jedes gesprochene Wort in jede gewünschte Fremdsprache zu übersetzen. Das Gerät ist sehr klein und handlich. Das Unternehmen steht vor der Entscheidung, den Sprachcomputer in Serie zu produzieren. Auf dem Markt gibt und gab es bisher keine ähnliche Entwicklung.

Handelt es sich dabei um eine Entscheidung unter Risiko oder unter Unsicherheit und warum?

(3) Welche Entscheidungen sind den Gründungs-, Organisations-, Durchführungs-, Zusammenschluss- bzw. Krisenentscheidungen zuzurechnen?

(a) Aufnahme eines stillen Gesellschafters

(b) Einkaufskooperation

(c) Einrichtung eines Stabes

(d) Implementierung des Controlling im Unternehmen

(e) Entscheidung zu Gunsten einer neuen Produktionsanlage

(f) Antrag auf Insolvenz

(g) Eröffnen eines Importkartells

(h) Umfirmierung einer GmbH in eine AG

Lösung s. Seite 586

Aufgabe 9: Bereiche

Welchen Unternehmensbereichen sind die folgenden Aufgaben zuzurechnen?

Aufgabe	Aufgabeninhalt	Bereiche
1	Planung von Vorgabezeiten	
2	Disposition von Kursen für Mitarbeiter	
3	Güterbeschaffung von Lieferanten	
4	Erstellung von EDV-Programmen	
5	Ermittlung des Bilanzgewinns	
6	Frühwarnindikatoren erfassen	
7	Forderungen eintreiben	
8	Rabattpolitik betreiben	
9	Umfrage durchführen	
10	Ausgabe neuer Aktien	
11	Einschaltung eines Personalberaters	
12	Abrufen von Internetdaten	
13	Auswertung der Kosten- und Leistungsrechnung	
14	Aufstellen eines Produktszenarios	
15	Anwendung des neuen Entgeltfortzahlungsgesetzes	

Lösung s. Seite 587

Aufgabe 10: Führung

(1) Wie werden die Unternehmensleiter bei den einzelnen Rechtsformen der Unternehmen bezeichnet?

(2) Zählen die folgenden Aufgaben zum Verantwortungsbereich der Unternehmens-, Bereichs- oder Gruppenleitung?

(a) Operative Planung

(b) Entscheidung über das Werbebudget

(c) strategische Kontrolle

(d) taktische Planung

(e) Unternehmensziele festlegen

(f) Finanzcontrolling

(3) In Ihrer Gruppe befindet sich der 26-jährige Lagerverwalter Herr Unhold, der seit einer Woche die Urlaubsvertretung für den 50-jährigen Lagerverwaltungsleiter Herrn Lanz übernommen hat. Dieser ist als fähiger und arbeitsamer Vorgesetzter bekannt. Herr Unhold ist schon einige Male aufgefallen, weil er sich wichtig macht und Kollegen hinter deren Rücken zu „verkaufen" versucht. Heute kommt er in Ihr Büro und beschuldigt Herrn Lanz der Unfähigkeit. Außerdem gibt er an, dass an dem Arbeitsplatz von Herrn Lanz wesentlich weniger Arbeit zu verrichten sei als an seiner eigenen Stelle.

(a) Was ist unter einer Intrige zu verstehen?

(b) Erläutern Sie Persönlichkeitsmerkmale von Intriganten!

(c) Wie führen Sie Herrn Unhold in der obigen Situation?

Lösung s. Seite 588

Aufgabe 11: Bürgerliches Recht

Beurteilen Sie folgende Rechtssituationen und begründen Sie, in welchen Fällen es sich um wirksame, anfechtbare oder nichtige Rechtsgeschäfte handelt:

(1) Ein 17-Jähriger Auszubildender hat sich ein teueres Auto gekauft. Der Verkäufer hielt ihn für einen 18-Jährigen. Der Vater des Auszubildenden verweigert das Geld für das Auto.

(2) Ein 16-Jähriger benutzt das Wechselgeld aus dem Einkauf für seine Mutter, um Wundertüten zu kaufen. Die Mutter bringt die aufgerissenen Tüten zum Händler und fordert das Geld zurück.

(3) Eine 19-Jährige Praktikantin nimmt an einem Kiosk wortlos eine Zeitung vom Stapel, bezahlt den entsprechenden Preis und geht ohne Gruß weiter.

(4) Herr Angst kauft in einem Laden Waren, die er eigentlich gar nicht benötigt. Der Händler hatte ihm nämlich gedroht, andernfalls den Arbeitgeber von Herrn Angst davon zu unterrichten, dass er früher im Laden des Händlers einen Diebstahl begangen hat.

(5) Herr Mayer kauft per schriftlichen Vertrag von Herrn Geistlos ein Grundstück im Wert von 100.000 €.

Lösung s. Seite 588

Aufgabe 12: Handelsrecht

In den Unternehmen werden Rechtshandlungen vorgenommen, für die das Handelsrecht Anwendung findet. Entscheiden und begründen Sie, ob die folgenden Handlungen wirksam sind:

(1) Ein Nichtkaufmann stellt einen Prokuristen ein.

(2) Der Istkaufmann und Chef des Einzelprokuristen Hurtig hat das Unterschreiben von Wechseln im Namen der Firma (Textilhandel) ausdrücklich verboten. Dennoch unterzeichnet Hurtig einen Wechsel und bringt ihn in Umlauf. Muss der Kaufmann am Verfalltag bezahlen?

(3) Herr Hurtig nimmt als Einzelprokurist Reisekoffer in das Warensortiment der Textilhandlung auf und kauft Koffer für 6.000 €. Ist er dazu berechtigt?

(4) Um ein Grundstück bezahlen zu können, nimmt Frau Reis mit allgemeiner Handlungsvollmacht einen Kredit von 100.000 € auf. Darf sie dieses Geschäft im Namen des Unternehmens tätigen?

(5) Herr Schnell ist als Inhaber eines kleinen Kfz-Meisterbetriebes freiberuflich tätig. Er vergrößert sein Unternehmen durch den Zukauf eines Autohauses. Ist Herr Schnell Kaufmann?

(6) Der Prokurist Peter Gedankenlos analysiert während des Urlaubes des Betriebsinhabers die Bilanz. Die Bilanzanalyse zeigt, dass das Unternehmen in Schwierigkeiten steckt. Prokurist Gedankenlos gibt eine Zeitungsanzeige auf. In dieser Anzeige bietet er ein Betriebsgrundstück zum Verkauf an.

Lösung s. Seite 589

Aufgabe 13: Sonstiges Wirtschaftsrecht

(1) Entscheiden Sie, ob die folgenden Erzeugnisse bzw. Verfahren im Rahmen des gewerblichen Rechtsschutzes zu den Patenten, Gebrauchsmustern, Geschmacksmustern oder zu den Warenzeichen zu zählen sind!

   (a) Wortzeichen „Weizenperle“

   (b) Unfallsicherung bei einem Rasentrimmer

   (c) Erfindung eines neuen Erzeugnisses

   (d) Schnappverschluss bei einem Gartengerät

   (e) Muster der Tapete „Morgentau“

   (f) Mercedes-Stern

(2) Entscheiden Sie, ob die folgenden Vorgänge zum Individualarbeitsrecht oder zum kollektiven Arbeitsrecht gehören!

   (a) Dienstvertrag

   (b) Betriebsvereinbarung

   (c) Streik

   (d) Tarifvertrag
   (e) Regelungen über Ruhepausen (ArbZG)

(3) Beantworten Sie bitte folgende Fragen:
   (a) Wie ist die Pflegeversicherung organisiert?
   (b) Wer ist versicherungspflichtig?
   (c) Worauf beziehen sich die Leistungen der Pflegeversicherung?
   (d) Wie finanziert sich die Pflegeversicherung?

Lösung s. Seite 589

Aufgabe 14: Gründung

(1) Frau Sperber ist Spezialistin für Entsorgungsprobleme. In letzter Zeit hatte sie öfter Ärger mit ihrem Chef. Grund: Frau Sperber hatte eine sehr gute Idee, wie die Entsorgung rationeller gestaltet werden könnte. Ihr Chef lehnt Umweltinvestitionen aber ab. Frau Sperber überlegt sich ernsthaft, ob sie sich selbstständig machen sollte. Welche Motive könnten Frau Sperber insgesamt zur Gründung eines Unternehmens veranlassen?

(2) Frau Sperber hat sich entschlossen, den Weg in die Selbstständigkeit zu wagen und möchte ein Recyclingunternehmen gründen. Welche sachlichen Voraussetzungen sollte sie beachten?

(3) Welche Angaben muss sie ins Handelsregister eintragen lassen, wenn sie dieses Recyclingunternehmen zusammen mit einem weiteren persönlich haftenden Geschäftspartner gründen möchte?

(4) Heinz Fuchs betreibt in Ludwigshafen eine Elektrogroßhandlung als Einzelunternehmen. Er erteilt seinem Angestellten Werner Lang am 01.02.2013 Einzelprokura und am 15.02.2013 erfolgt die Eintragung der Prokura ins Handelsregister.
   (a) Ab wann kann Lang als Prokurist rechtsgültige Verträge für seine Firma abschließen?
   (b) Welche Bedeutung hat die Eintragung in das Handelsregister?
   (c) In welcher Abteilung des Handelsregisters werden die Eintragungen vorgenommen?
   (d) Nehmen Sie an, dass das Einzelunternehmen von Heinz Fuchs am 12.05.2013 gegründet wurde, die Eintragung der Firma ins Handelsregister aber erst am 14.06.2013 erfolgte. Welche Wirkung hat die Handelsregistereintragung in diesem Falle?

Lösung s. Seite 590

Aufgabe 15: Entwicklung

(1) Zeigen Sie positive und negative Entwicklungsmöglichkeiten auf, die mit einem güterwirtschaftlichen Prozess in einem Unternehmen der Automobilindustrie gegeben sein können!

(2) Diskutieren Sie die Folgen, die sich aus folgenden positiven Einflüssen ergeben:

Positive Einflüsse	Folgen
Volle Auftragsbücher	
Hohe Arbeitszufriedenheit	

(3) Diskutieren Sie die Folgen, die sich aus folgenden negativen Einflüssen ergeben:

Negative Einflüsse	Folgen
Preiserhöhungen	
Gesetzliche Restriktionen	

Lösung s. Seite 591

Aufgabe 16: Sanierung

Die Maschinenfabrik Hans Maier ist in finanzielle Schwierigkeiten geraten. Der hinzugezogene Unternehmensberater hält eine Sanierung für erfolgversprechend. Die Sanierungseröffnungsbilanz ergibt folgende Daten:

AKTIVA	Sanierungseröffnungsbilanz		PASSIVA
	Euro		Euro
Grundstücke	100.000	Eigenkapital	120.000
Gebäude	80.000	Darlehen	180.000
Waren	60.000	Verbindlichkeiten	140.000
Forderungen	140.000		
Zahlungsmittel	40.000		
Verlust	20.000		
	440.000		440.000

Die Gläubiger erklären sich bereit, auf 20 % ihrer Forderungen zu verzichten. Der Sanierungsgewinn wird zum Ausgleich des Verlustes sowie zur Wertberichtigung auf uneinbringliche Forderungen verwendet.

(1) Lösen Sie die Sanierungseröffnungsbilanz in ihre Bestandskonten auf! Führen Sie die „Sanierungsbuchungen“ durch und benutzen Sie dabei die Konten Sanierung und Wertberichtigung! Erstellen Sie die Sanierungsschlussbilanz!

(2) Welche Maßnahmen könnten darüber hinaus ergriffen werden, um die Sanierung zum Erfolg zu bringen?

(3) Wieso stößt die Durchsetzung von Maßnahmenprogrammen in der Praxis oft auf erhebliche Widerstände?

Lösung s. Seite 592

Aufgabe 17: Insolvenz

Der Insolvenzverwalter H. Gründlich ermittelt aus den Büchern der Firma Säumig GmbH folgende Werte:

Bargeld	7.000 €
Grundstücke	150.000 €
Maschinen	60.000 €
Waren	40.000 €
Forderungen	30.000 €
Insolvenzgläubiger-Verbindlichkeiten	330.000 €
Masseverbindlichkeiten	110.000 €
Massekosten	12.000 €
Nachrangige Insolvenzgläubiger-Verbindlichkeiten	5.500 €

Die angegebenen Waren sind für 10.000 € auf Eigentumsvorbehalt gekauft. Eine Maschine im Wert von 5.000 € ist sicherungsübereignet. Die Grundstücke sind mit einer Hypothek in Höhe von 120.000 € belastet.

(1) Erstellen Sie eine übersichtliche Tabelle der Aktiva und Passiva!

(2) Ermitteln Sie die gedeckte Insolvenzmasse!

(3) Wie hoch ist der zu erwartende Bruchteil (§ 195 InsO)?

Lösung s. Seite 594

Aufgabe 18: Liquidition

(1) Die Schiffswerft Arnold GmbH soll aufgelöst werden. Erstellen Sie aus folgender vereinfachten Schlussbilanz die Liquidations-Eröffnungsbilanz!

AKTIVA	**Schlussbilanz**		**PASSIVA**
	Euro		Euro
Anlagevermögen	2.000.000	Stammkapital	4.000.000
Umlaufvermögen	3.600.000	Verbindlichkeiten	1.600.000
	5.600.000		5.600.000

Berücksichtigen Sie bei der Eröffnungs-Liquidationsbilanz, dass das Anlagevermögen um 150.000 € und das Umlaufvermögen um 100.000 € zu hoch bewertet wurden!

(2) Warum ist eine Firma die sich in Liquidation befindet, mit dem Zusatz i. L. zu versehen?

(3) Nachdem die Schiffswerft Arnold GmbH verkauft wurde, können folgende Daten ermittelt werden:

Erzielter Verkaufserlös	5.800.000 €
Veräußerungskosten	143.000 €
Summe der Buchwerte des Betriebsvermögens	5.350.000 €

Ermitteln Sie den Veräußerungsgewinn!

Lösung s. Seite 595

Aufgabe 19: Offene Handelsgesellschaft

An einer OHG, die einen Jahresreingewinn von 77.900 € erzielt, sind mit einer Gesamteinlage von 200.000 € folgende drei Gesellschafter beteiligt:

Gesellschafter A mit 65 %
Gesellschafter B mit 25 % und
Gesellschafter C mit dem Rest des Kapitals.

(1) Wie hoch sind die Gewinnanteile der Gesellschafter nach § 121 HGB? Erstellen Sie eine übersichtliche Tabelle!

(2) Welche Vor- und Nachteile hat die Gründung einer OHG gegenüber einem Einzelunternehmen?

(3) Die Maier OHG wird durch drei Gesellschafter geführt. Außer H. Maier gibt es die Gesellschafter C. Geiger und T. Weber. Herr Weber hat im Namen der Gesellschaft eine neue Produktionsmaschine gekauft. Kann der Lieferant die Zahlung der Maschine von Herrn Maier verlangen?

Lösung s. Seite 595

Aufgabe 20: Kommanditgesellschaft

(1) Vergleichen Sie einen Einzelunternehmer und einen Kommanditisten anhand folgender Kriterien:

	Einzelunternehmer	**Kommanditist**
Leitung		
Firma		
Gewinnverteilung		
Information		
Privatentnahme		
Widerspruchsrecht		
Einlagepflicht		
Haftpflicht		

(2) Hans Froh hat 80.000 € geerbt. Er ist noch unschlüssig, ob er ein Einzelunternehmen gründen oder das Geld in der Firma Adler & Münzer KG als Teilhafter anlegen soll. Der Vollhafter Adler ist mit 240.000 € und der Vollhafter Münzer mit 200.000 € an dieser KG beteiligt.

Nehmen Sie an, dass Herr Froh das geerbte Geld als Einlage in die KG einzubringen beabsichtigt. Wie hoch ist sein Gewinnanteil nach § 168 HGB, wenn der Reingewinn 160.000 € beträgt und ein Verhältnis von 2:2:1 für A, M und F von den Gesellschaftern als angemessen unterstellt wird. Erstellen Sie eine übersichtliche Tabelle!

(3) Was raten Sie Herrn Froh, wenn er zwar das obige Kapital in einem Unternehmen anlegen, sich aber nicht an der Unternehmensführung beteiligen möchte.

Lösung s. Seite 596

Aufgabe 21: Stille Gesellschaft/GdbR

(1) Klaus Klein ist Einzelunternehmer und möchte sein Unternehmen vergrößern, ohne aber die Vorteile als Einzelunternehmer zu verlieren. Er entschließt sich zur Aufnahme eines stillen Gesellschafters.

  (a) Wie kann sich ein stiller Gesellschafter finden lassen?

  (b) Wie kann eine stille Gesellschaft enden?

(2) An einer großen Brücke über den Rhein, die erheblich zu renovieren ist, lesen Sie als Verkehrsteilnehmer die Aufschrift: „Hier baut die ARGE PYLON". Erläutern Sie, was diese Aufschrift bedeutet!

(3) Karl Maier und seine Freunde, die alle am Samstag-Lotto teilnehmen, sitzen montags am Stammtisch zusammen. Dabei ergibt sich eine Diskussion darüber, wie künftig die Erfolgschancen des gemeinsamen Lottospiels erhöht werden können. Karl Meier unterbreitet den Vorschlag, sich künftig zu einer Gesellschaft als Lottogemeinschaft zusammenzuschließen.

(a) Welche Gesellschaftsform kann hier ein Rechtsanwalt empfehlen?

(b) Wer vertritt die Gesellschaft?

Lösung s. Seite 597

Aufgabe 22: Gesellschaft mit beschränkter Haftung

(1) Hans Ketzer verfügt über Eigenkapital in Höhe von 25.000 € und möchte eine Firma gründen, die als Hauptaufgabe das Verzinken, Vernickeln und Eloxieren von Gegenständen wahrnimmt. Er möchte Alleininhaber sein, aber nur mit seiner Einlage haften. Von einem Bekannten hört er, dass die GmbH eine geeignete Rechtsform sei. Kann Herr Ketzer die GmbH allein gründen? Welche der folgenden Namen könnte die Firma nach dem GmbHG tragen?

(a) Hans Ketzer Oberflächentechnik GmbH

(b) Hans Ketzer GmbH

(c) Hans Ketzer e.K.

(d) Oberflächentechnik GmbH

(2) Hans Ketzer möchte darüber hinaus von Ihnen wissen, wie sich Stammkapital, Stammeinlage sowie Geschäftsanteil voneinander unterscheiden.

(3) Außerdem fragt sich Hans Ketzer, ob er das Stammkapital sofort in voller Höhe einzahlen muss.

Lösung s. Seite 598

Aufgabe 23: Aktiengesellschaft / KGaA

(1) Die Maschinenfabrik Hans Pfisterer GmbH konnte sich in den vergangenen Jahren erfolgreich im Markt positionieren. Herr Pfisterer spielt als 60-jähriger Alleininhaber der Firma mit dem Gedanken, die Unternehmensleitung in andere Hände zu legen, ohne dabei die gesamte Entscheidungsbefugnis sofort abgeben zu müssen. Außerdem verspricht er sich viel davon, eine Kapitalerhöhung über den Aktienhandel an der Börse vorzunehmen. Inwiefern könnte dem Vorhaben von Herrn Pfisterer die Gründung einer AG entgegenkommen? Gehen Sie dabei auch auf die betreffenden Organe der AG ein!

(2) Vergleichen Sie die AG mit der GmbH im Hinblick auf die

(a) Mindesthöhe des gezeichneten Kapitals

(b) Mindesthöhe der Einlage

(c) Bezeichnung der Organe.

(3) Nennen Sie die Besonderheiten einer eventuell zu gründenden Hans Pfisterer KGaA!

Lösung s. Seite 598

Aufgabe 24: Sonstige Rechtsformen

(1) Der Unternehmer Karl Sauber hat die Absicht, zusammen mit Herrn Zünftig eine GmbH & Co KG zu gründen. Gegenstand des Unternehmens soll der Handel mit Gebrauchtwagen sein. Er möchte von Ihnen wissen,

(a) was für eine GmbH & Co KG typisch ist

(b) was die Gesellschafter zu beachten haben

(c) wie die Rechtsverhältnisse einer evtl. zu gründenden AG & Co zu beurteilen sind.

(2) (a) Zählen Sie einige Beispiele für Genossenschaften auf!

(b) Herr Koller ist in eine Volks- und Raiffeisenbank als Genosse eingetreten und hat eine Einzahlung von 1.000 € geleistet. Nun ist er seit zwei Jahren an der Genossenschaft beteiligt. Im ersten Jahr ergab sich ein Verlust von 100 € und im zweiten Jahr ein Gewinn von 250 €. Die Beteiligung eines Genossen ist lt. Satzung auf höchstens 1.500 € beschränkt. Im Falle einer Insolvenz haftet der Genosse mit diesem Mindestbetrag bei beschränkter Nachschusspflicht.

Ermitteln Sie das Geschäftsguthaben! Wie hoch ist die Haftsumme für Herrn Koller?

Lösung s. Seite 599

Aufgabe 25: Projektorganisation

(1) Ein Großunternehmen hat den Auftrag erhalten, einen Autotunnel unter einem Eisenbahnknotenpunkt zu bauen. Dabei muss jedoch gewährleistet sein, dass das Bauvorhaben zu keinem Zeitpunkt die Unterbrechung des Schienenverkehrs nötig macht. Um dieses Großprojekt durchzuführen, entschließt man sich, eine Projektorganisation einzurichten.

(a) Aus welchen Funktionen bzw. Bereichen würden Sie die Mitglieder einer Projektgruppe hierfür rekrutieren?

(b) Welche Aufgaben sollte die Projektorganisation lösen?

(2) Die Geschäftsleitung der Adolf Müller GmbH verlangt von Ihnen einen Vorschlag zur Aufbau-Projektorganisation, der außer dem Projektleiter (bzw. der Projektgruppe „Verkauf“) als Fachabteilung das Marketing mit reinem Liniensystem vorsieht. Beachten Sie bei Ihrem Vorschlag, dass der Geschäftsführer als Instanz zu berücksichtigen ist, die Projektleitung aber keine volle oder begrenzte Weisungsbefugnis gegenüber der Projektgruppe haben soll. Zeigen Sie auch die Arten der Verbindungen zwischen den Organisationseinheiten auf!

Lösung s. Seite 599

Aufgabe 26: Aufbau-/Prozessorganisation

(1) Die Haushaltsgeräte GmbH in Mannheim hat etwa 6.000 Mitarbeiter. Zweigniederlassungen bzw. Zweigbüros existieren nicht. Sie erhalten den Auftrag, eine Organisationsform zu gestalten, die mindestens folgende Abteilungen enthält:

- Einkauf
- Marktforschung
- Beschaffungslager
- Personalwesen
- Verkauf
- Rechnungswesen
- Finanzwesen
- Materiallager
- Werbung.

Beachten Sie, dass unterhalb des Vorstands drei Hauptabteilungen fungieren sollen, denen jeweils zwei bis drei Abteilungsleiter zu unterstellen sind.

(2) Lesen Sie den folgenden Text aufmerksam durch!

„In den heutigen mehr oder weniger stark diversifizierten Unternehmen finden wir häufig eine Organisationsform vor, die es aufgrund der unterschiedlichen Produkt/Markt-Felder, auf denen diese Unternehmen agieren, erforderlich macht, dass Strategien auf Geschäftsbereichsebene entwickelt werden. Unter dem Druck fortschreitender Diversifikation und Verzweigung sind viele Großunternehmen von der funktionalen Organisationsstruktur abgegangen und haben die bisherige Unternehmensstruktur primär nach dem Objektprinzip umgestaltet."

(a) Bezeichnen Sie die Organisationsform und zeichnen Sie ein Organigramm, das die ersten drei Stufen dieses Aufbaus (einschließlich der Unternehmensleitung) enthält!

(b) Welche Zielsetzungen kann man mit diesem Aufbau verfolgen?

(c) Welche Probleme können mit diesem Aufbau verbunden sein?

(3) Die Krause Elektronik AG produziert elektronische Kleinteile. Seit einem Jahr wandert die Kundschaft verstärkt zur Konkurrenz ab. Nach eingehender Untersuchung zeigt sich, dass die Konkurrenzunternehmen für die Auslieferung der Artikel lediglich fünf Tage benötigen. Die AG dagegen braucht doppelt so viel Zeit.

(a) Was sollte die Krause Elektronik AG Ihrer Meinung nach tun, um wieder konkurrenzfähig zu werden?

(b) Als eine Ursache wurde die langwierige Bestellbearbeitung von Hand ermittelt. Welche Möglichkeiten hat das Unternehmen, um eine rationellere Bearbeitung zu erzielen?

Lösung s. Seite 600

Aufgabe 27: Unternehmenszusammenschlüsse

(1) In der Marktwirtschaft stehen die einzelnen Unternehmen in einem dauernden Wettbewerb um den Käufer. Auf der Angebotsseite kommt es dabei in zunehmendem Maße zu einem Konzentrationsprozess.

Handelt es sich in den folgenden Fällen um Beteiligungen, Kartelle oder Konzerne?

(a) Daimler - Mercedes Benz - Truck Group

(b) Dresdner Bank - Allianz - Münchner Rückversicherung

(c) Heidelberger Zement - Dyckerhoff AG - Schwenk Zementwerk

(d) Hochtief - Strabag

(e) Bayer - Schering.

(2) Fünf Einzelhandelsunternehmer gründen in der Fußgängerzone von Mannheim eine Interessengemeinschaft. Welche Ziele können diese Selbstständigen verfolgen?

(3) Geben Sie Beispiele für Aktionen dieser Interessengemeinschaft!

Lösung s. Seite 601

Aufgabe 28: Kartelle

Kartelle sind vertragliche Zusammenschlüsse von Unternehmen, die ihre kapitalmäßige und rechtliche Selbstständigkeit erhalten. Die wirtschaftliche Selbstständigkeit wird allerdings durch den Gegenstand der Kartellbildung eingeschränkt.

(1) Wie funktioniert ein Syndikat?

(2) Wie ist die Rechtslage nach dem neuen Kartellrecht? Geben sie eine kurze Zusammenstellung!

(3) Wie beurteilen Sie die zunehmend starke Konzentration in der deutschen Wirtschaft?

(4) Welche Gesetze zur Kontrolle von Unternehmenszusammenschlüssen kennen Sie?

Lösung s. Seite 602

Aufgabe 29: Konzerne

(1) Die Maschinenfabrik Reich AG ist die Muttergesellschaft eines Konzerns mit folgender Struktur:

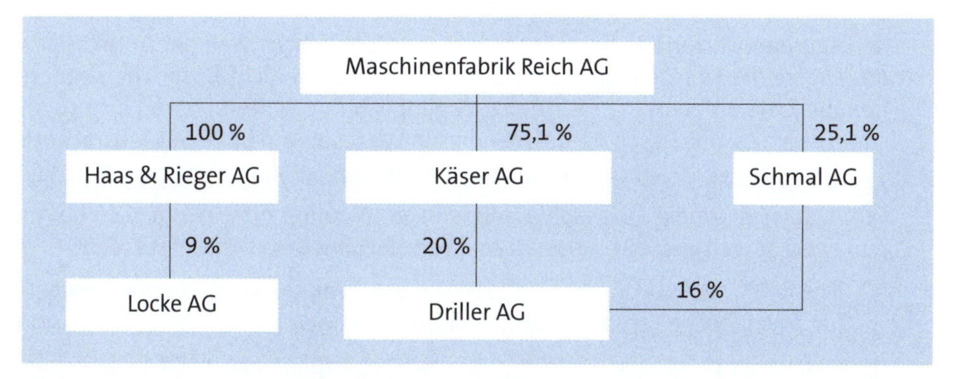

Klären Sie die jeweiligen direkten (a) bzw. indirekten (b) Beteiligungen der Muttergesellschaft an den entsprechenden Firmen!

(2) Ein Millionär hat die Absicht, mit 1,2 Millionen € einen neuen Konzern zu strukturieren. Mit diesem Kapital könnte er theoretisch insgesamt 9 Millionen € Kapital beherrschen. Er geht davon aus, dass ein dreistufiger Aufbau der Kapitalverflechtung nach dem Prinzip der Verschachtelung durchzuführen ist, wobei stets etwa 51 % des Aktienkapitals anderer Unternehmen beherrscht werden.

Zeigen Sie die theoretischen Möglichkeiten der Verschachtelung schematisch auf!

Lösung s. Seite 604

Aufgabe 30: Verbände

(1) Entscheiden Sie, ob in den folgenden Fällen Fachverbände, Kammern, Arbeitgeberverbände oder sonstige Zusammenschlüsse gegeben sind und erläutern Sie die Abkürzungen!

(a) BDI

(b) BDA

(c) IHK

(d) DIHT

(2) Wie unterscheidet sich die IHK vom BDI?

(3) Nennen Sie drei Arbeitnehmerverbände!

Lösung s. Seite 604

Aufgabe 31: Führung/Instrumente

(1) In der Fertigungs AG wird vom neuen Vorstand ein System eingeführt, bei dem die Personalführung auf der Grundlage von Zielen erfolgt, die zwischen den jeweiligen Vorgesetzten und seinem Mitarbeiter vereinbart werden.

Im Lagerbereich funktioniert dieses System nicht richtig, weil der Abteilungsleiter des Lagers die Zielsetzungen mit seinen Mitarbeitern nicht bespricht, sondern ihnen die Ziele aufzwingt. Er ist wenig zugänglich und schreit Herrn Eifrig sogar an, sodass bereits eine Beschwerde über diesen Vorgesetzten beim Betriebsrat vorliegt.

Als Herr Neuling in die Abteilung kommt, begeht der Abteilungsleiter wieder den Fehler, dass er wenig aufgeschlossen ist. Herr Neuling erfährt nur, welche Aufgaben er zu bewältigen hat. Ansonsten informiert ihn der Vorgesetzte nicht.

(a) Wie heißt die Führungstechnik, die der Vorstand der Fertigungs AG eingeführt hat? Welche weiteren Führungstechniken kennen Sie?

(b) Beschreiben Sie den Führungsstil, der gegenüber Herrn Eifrig angewendet wurde? Welcher Stil wäre hier angebracht gewesen?

(c) Worüber hätte der Abteilungsleiter Herrn Neuling informieren müssen?

(2) Beurteilen und begründen Sie die Aussagen des folgenden Zitats!

„Es ist ein Trugschluss zu meinen, dass ein autoritärer Führungsstil von den Mitarbeitern immer als Drangsal empfunden wird und jeder Schritt zur Mitbestimmung von allen freudig begrüßt wird!“

(a) Klären Sie die grundlegenden Begriffe des Zitats!

(b) Nehmen Sie zu den Behauptungen Stellung!

(c) Zu welchem Ergebnis kommen Sie?

Lösung s. Seite 605

Aufgabe 32: Leitung

Die Schuler AG hat etwa 9.000 Beschäftigte und wurde bisher von drei Direktoren geleitet:

- Naturwissenschaftlicher Direktor Fliege
- Kaufmännischer Direktor Klug
- Technischer Direktor Weise.

Direktor Fliege, der Generaldirektor war, wird in Pension gehen und durch Herrn Direktor Klaus ersetzt werden. Der Aufbau der Unternehmensleitung soll künftig so organisiert werden, dass die anfallenden Probleme kritischer zu beurteilen sind und die Urteilfindung nicht mehr vorrangig durch einen Generaldirektor erfolgt. Die Kommunikation zwischen den Direktoren soll verbessert werden.

(1) Nach welchem Prinzip wurde die Unternehmensleitung bisher organisiert?

(2) Welche Nachteile hat dieses Organisationsprinzip?

(3) Unterbreiten Sie einen Vorschlag, nach welchem Prinzip die neue Zusammensetzung der Unternehmensleitung organisiert werden soll!

Lösung s. Seite 607

Aufgabe 33: Zielsetzung

(1) Formulieren Sie für die nächste Geschäftsperiode je ein messbares Ziel für einen

  (a) Unternehmensleiter, der die Erhöhung des Jahresüberschusses als Ziel verfolgt!

  (b) Betriebsleiter, der an einer Anlage den Ausfall von Maschinenstunden reduzieren soll!

  (c) Gruppenleiter, dessen Auftragsvolumen gesteigert werden soll!

(2) Welche Beziehungen bestehen zwischen folgenden Zielen:

  (a) Die Produktionszahlen sollen kommendes Jahr um 10 % erhöht, die Personalkosten in der Produktion im gleichen Zeitraum um 3 % gesenkt werden.

  (b) Der Marktanteil soll im kommenden Jahr um 4 % gesteigert, der Ausschuss in der Produktion um 2 % gesenkt werden.

  (c) Die Senkung der Materialkosten um 2 % führt bei gleichbleibenden Umsätzen zu einer Gewinnerhöhung.

Lösung s. Seite 607

Aufgabe 34: Prozess

(1) Der Erfolgsplan der Firma Sportwagen AG, die im Jahre 2011 mit 550.000 Beschäftigten einen Umsatz von 29 Mrd. € bei 28,3 Mrd. Gesamtkosten und einen Marktanteil von 6 % erzielt hat, sieht für die Zeit von 2011 bis zum Jahr 2016 folgende Planwerte vor:

Die Umsätze steigen 2012 und 2013 auf je 30 Mrd. €. In den darauf folgenden Jahren wird der Umsatz bis ins Jahr 2016 auf je 32 Mrd. € pro Jahr geschätzt. Die Schätzung der Kosten dieser Firma ergibt ab 2014 Kosten in Höhe von 31 Mrd. € pro Jahr. Für 2012 wird ein Kostenbetrag von 28,8 Mrd. € und für 2013 werden 29 Mrd. € veranschlagt.

Erstellen Sie eine übersichtliche Tabelle für die Erfolgsplanung der Firma Sportwagen AG für die Jahre 2011 bis 2016! Ermitteln Sie den jeweiligen Erfolg und kommentieren Sie das Ergebnis!

(2) Zu den obigen Kostensteigerungen hat erheblich der Materialbereich beigetragen. Welche der folgenden Aufgaben werden nicht im Materialbereich durchgeführt?

  (a) Bedarfsmeldung abgeben

  (b) Lagerkarteien führen

(c) Kreditantrag stellen
(d) Waren einordnen und pflegen
(e) Einkaufskarteien führen
(f) Wechsel bearbeiten
(g) Kalkulation der Preise
(h) Angebote vergleichen

(3) Welche Arten der Kontrolle sind in den folgenden Fällen jeweils gemeint?
(a) Der Materialwirtschaftsleiter stellt fest, dass ein bestimmter Arbeiter das ganze Jahr über sehr diszipliniert ist und sich gut in sein Team einfügt.
(b) Der Produktionsleiter prüft stichprobenartig das Zählwerk einer Maschine, das die produzierte Stückzahl ausweist.
(c) Der Marketingleiter kontrolliert die Umsätze seiner Verkäufer für das vergangene Jahr.

Tragen Sie die jeweiligen Kontrollmerkmale mit Punkten in das folgende Schema ein!

	Kontrollobjekt		**Kontrollart**		**Vorgehensweise**		**Umfang**	
	Ergebniskontrolle	Verhaltenskontrolle	Selbstkontrolle	Fremdkontrolle	Personelle Kontrolle	Automatische Kontrolle	Einzelkontrolle	Gesamtkontrolle
(a) Materialwirtschaftsleiter								
(b) Produktionsleiter								
(c) Marketingleiter								

Lösung s. Seite 608

Aufgabe 35: Strategie

Die Kennziffern von Unternehmen der Kraftfahrzeugbranche ergeben folgende Marktanteile (in Prozent der Pkw-Neuzulassungen):

Unternehmen A: 21 %
Unternehmen B: 17 %
Unternehmen C: 9 %

Unternehmen D: 7 %
Unternehmen E: 6 %

Bei allen diesen Unternehmen ist die Umsatzrentabilität zurückgegangen. Die Krise bereitet den Herstellern, Händlern und Importeuren große Probleme. Für das kommende Jahr erwarten die Experten (nur) etwa 3 Mio. Pkw-Neuzulassungen.

Aufgrund der Absatzflaute und gestiegener Personalkosten sehen sich die Pkw-Hersteller zu Anpassungsmaßnahmen gezwungen.

Entwickeln Sie in groben Zügen eine beispielgebende Strategie für den Pkw-Hersteller A, die Aussagen über die

(1) Hauptstoßrichtung

(2) Hauptstrategien

(3) Bereichsstrategien enthält.

Lösung s. Seite 609

Aufgabe 36: Materialbedarfsplanung

(1) Im Kfz-Zubehörhandel der Ocker GmbH konnten folgende Daten ermittelt werden.

Artikelanzahl	Wert (Umsatz)
310	1.200.000 €
110	3.400.000 €
680	400.000 €

(a) Ermitteln Sie die prozentualen Werte im Hinblick auf Gesamtwert und Artikelanteil!

(b) Warum sollte eine Bestellung bei den A-Artikeln ganz besonders durchdacht sein?

(2) Bei der Metall GmbH werden im März 5.000, im April 8.000 und im Mai 6.000 Erzeugnisse benötigt, die zu fertigen sind. Wie groß ist der Netto- und Bruttobedarf für ein Einzelteil, das vier mal in jedem Erzeugnis enthalten ist, wenn jeweils mit 10 % Zusatzbedarf gerechnet werden muss, der für Ausschuss und Ersatzteile anfällt, der Lagerbestand des Einzelteils Anfang März 2.000 Stück beträgt und im Februar bereits 1.000 Stück des Einzelteils nachbestellt wurden, deren Lieferung Mitte März zu erwarten ist.

(3) Der Materialbedarf beträgt im Mai 100, Juni 103, Juli 138, August 114, September 126, Oktober 98, November 169, Dezember 144 Stück.

(a) Ermitteln Sie auf der Grundlage der letzten 6 Perioden den Vorhersagewert für Januar nächsten Jahres!

(b) Wie hoch ist der Vorhersagewert für Februar nächsten Jahres, wenn der Materialbedarf im Januar tatsächlich 150 Stück beträgt?

(c) Ermitteln Sie den Vorhersagewert auf der Grundlage der letzten 6 Perioden für Januar, wenn die Perioden mit 6 %, 9 %, 13 %, 18 %, 24 %, 30 % gewichtet werden!

Lösung s. Seite 609

Aufgabe 37: Materialbestands/-beschaffungsplanung

(1) In der Schmidtke KG werden die Materialbestände sorgfältig geplant. Entscheiden Sie, welche Bestandsart jeweils gemeint ist!

(a) Lagerbestand, der durch körperliche Erfassung der im Lager gegebenen Gegenstände erfasst wird.

(b) Lagerbestand, der gegeben sein muss, damit das Unternehmen seine Leistungsbereitschaft (auch bei Lieferproblemen) erhalten kann.

(c) Lagerbestand, der maximal am Lager sein darf, damit die Kapitalbindung nicht zu groß wird.

(d) Lagerbestand, der im Rechnungswesen geführt wird und der sich aus Zu- und Abgängen ergibt.

(e) Lagerbestand, bei dessen Erreichen neues Material zu beschaffen ist.

(2) Die Schmidtke KG fertigt Zulieferteile in Serienfertigung. Sie hat für ein fremdbezogenes Einzelteil einen Jahresbedarf von 5.000 Stück. Der Einstandspreis beträgt 0,50 €/Stück, die Bestellkosten betragen 40 € pro Bestellung. Der Lagerhaltungskostensatz wird mit 20 % des durchschnittlichen Lagerbestandes angesetzt. Ermitteln Sie die optimale Beschaffungsmenge!

(3) In den letzten Jahren führten viele Unternehmen das Just-in-time-Prinzip ein. Mittlerweile kann man beobachten, dass einige Betriebe die ausschließlich fertigungssynchrone Beschaffung durch die Bildung von kleinen Lagern ergänzen. Worin können die Gründe hierfür liegen?

Lösung s. Seite 610

Aufgabe 38: Materialwirtschaftliche Durchführung

(1) In der Firma Petersen & Sohn wird der Stoffverbrauch nicht belegmäßig erfasst. Der Verbrauch von Schrauben M 8 soll für das erste Quartal 2013 festgestellt werden.

Der Bestand am 31.12.2012 betrug 70 Packungen à 250 Schrauben. Bestellt worden sind am 10.01.2013 und am 20.02.2013 je 100 Packungen à 400 Schrauben, die 3 Tage danach geliefert wurden. Die Inventur am 31.03.2013 ergibt, dass noch 20 Packungen à 250 Schrauben und 65 Packungen à 400 Schrauben vorhanden sind.

Welche Methode wird zur Verbrauchsermittlung angewendet und wie viel Schrauben wurden im ersten Quartal 2013 verbraucht?

(2) Die Maschinenbau GmbH benötigt 400 Zulieferteile für ihre Fertigung von Fräsmaschinen. Sie holt drei Angebote ein:

- Die Kleinschmidt OHG fordert einen Stückpreis von 25 €. Bei Bezug von weniger als 500 Teilen erhebt sie einen Mindermengenzuschlag von 5 %. Die Teile werden frei Haus geliefert, bei Zahlung innerhalb von 14 Tagen nach Rechnungsstellung ist ein Skontoabzug von 2 % möglich.
- Die Petersen GmbH berechnet 23 €/Stück, zahlbar netto Kasse binnen 30 Tagen. Für Verpackung werden pro 100 Stück 6 € berechnet, die Lieferung erfolgt frei Haus.
- Die Adolf Schmidt KG bietet die Teile für 30 €/Stück an. Bei Zahlung innerhalb von 10 Tagen nach Rechnungsstellung ist ein Skontoabzug von 4 % möglich. Bei einer Bestellung von mehr als 300 Stück werden keine Verpackungskosten berechnet. Die Lieferung erfolgt frei Haus.

Ermitteln Sie – unter Ausnutzung möglicher Skonti – die Anschaffungswerte pro Stück! Stellen Sie fest, welches das vorteilhafteste und welches das am wenigsten vorteilhafte Angebot ist!

(3) Entscheiden Sie, welche Begriffe der Materiallagerung in den folgenden Fällen gemeint sind!

(a) Nach oben sehr umfassende Läger, die mit einer großen Zahl spezialisierter Hebe- und Förderwerkzeuge arbeiten und EDV-gesteuert sind. Die einzelnen Regale sind durch Gänge getrennt.

(b) Sammelbegriff für Lagergegenstände, die als Belade-, Entlade-, Transport- bzw. Hilfsgeräte bezeichnet werden.

(c) Läger, die nach außerhalb des Unternehmens gerichtet sind und Puffer zwischen dem Beschaffungsrhythmus und dem Fertigungsrhythmus bilden.

(d) Läger, die nach Abschluss der Fertigung Fertigprodukte, Ersatzteile, Halbfabrikate und Waren aufnehmen, und dazu dienen, die Schwankungen des Absatzmarktes aufzufangen.

(e) Prüfungsart, bei der die Warenbegleitpapiere (z. B. Lieferschein) mit den Bestellunterlagen (z. B. Auftragsnummer) verglichen werden.

(f) Prüfungsart, bei der festgestellt wird, ob die Lieferantenrechnung rechnerisch in Ordnung ist.

Lösung s. Seite 611

Aufgabe 39: Materialwirtschaftliche Kontrolle

In der Hubert Breyer GmbH beträgt der Jahresanfangsbestand für Produkt X im Jahre 2013 12.000 Stück. Die Summe der Monatsbestände umfasst einen Betrag von 118.000 Stück. Der Jahresverbrauch beläuft sich auf insgesamt 80.000 Stück. Errechnen Sie:

(1) den durchschnittlichen Lagerbestand

(2) die Umschlagshäufigkeit der Ware

(3) die Lagerdauer der Ware.

Lösung s. Seite 611

Aufgabe 40: Produktionsbereich (Erzeugnisplanung)

(1) Ein Unternehmen fertigt drei Arten von Erzeugnissen. Dafür benötigt es die Einzelteile T1, T2, T3, T4, T5, T6. Die Mengenstücklisten der Erzeugnisse haben folgendes Aussehen:

E 1	
Bezeichnung	**Menge**
T1	1
T2	2
T5	1
T6	2

E 2	
Bezeichnung	**Menge**
T2	2
T3	1
T4	3
T5	2

E 3	
Bezeichnung	**Menge**
T1	2
T3	1
T4	2

Wie können die Verwendungsnachweise dazu aussehen?

(2) Unterscheiden Sie die Merkmale technischer Zeichnungen von denen eines Zeichnungssatzes?

Lösung s. Seite 612

Aufgabe 41: Produktionsbereich (Planung/Durchführung)

(1) Klären Sie, welches der folgenden Arbeitspapiere jeweils gemeint ist!

(a) Darstellung, in der das Erzeugnis graphisch beschrieben wird

(b) Karte, die jeden Arbeitsgang zur Erstellung des Produktes zeigt

(c) Karte, die der Festlegung des zeitlichen Durchlaufs durch die Fertigungsstätten dient

(d) Plan, der das Vorgehen bei der Umstellung auf andere Betriebsmittel zeigt

(e) Beleg, der der Erfassung von Entnahmemengen aus dem Materiallager dient

(f) Beleg, der der Erfassung der Arbeitszeit/der Verrechnung der Lohnkosten dient.

(2) Aus der Prozessplanung der Firma Peter Lederle ergeben sich die folgenden Daten für ein bestimmtes Produkt.

Nummer	Produktionsablauf	Rüstzeit	Stückzeit
1	Bereitstellung		15 Minuten
2	Bearbeitungsgang A	10 Minuten	50 Minuten
3	Bearbeitungsgang B	20 Minuten	40 Minuten
4	Fertigungskontrolle		15 Minuten

Während die Transportzeit für den ganzen Prozess 400 Minuten beträgt, fallen als Liegezeit insgesamt 800 Minuten an. Gehen Sie von einer Fertigung von 10 Stück aus! Ermitteln Sie die Durchlaufzeit in Stunden!

(3) Die Produktionsverfahren lassen sich nach den erzeugten Mengen einteilen. Ordnen Sie diese drei Verfahren bzw. ihre Sonderformen der Produktion folgender Erzeugnisse zu!

(a) Herstellung von Weizenbier

(b) Schiffsbau

(c) Bau von Bungalows

(d) Herstellung von Stahlblech

(e) Bau von Großmaschinen

(f) Herstellung von Benzin

(g) Brückenbau

(h) Produktion von Personenkraftwagen.

Lösung s. Seite 612

Aufgabe 42: Marketing (Marktforschung)

Die Info AG betreibt intensive Marktforschung. Sie versucht, durch systematische und methodisch einwandfreie Untersuchungen marktbezogene Informationen zu erlangen.

(1) Handelt es sich bei den folgenden Beispielen um objektive oder subjektive Daten?

(a) Marktanteil der Konkurrenz

(b) Prestige

(c) Sicherheitsgefühl

(d) Kaufkraft pro Haushalt

(e) Produktakzeptanzanalyse

(f) angenehmer Geruch.

(2) Erklären Sie, welche Informationen durch die Analyse von Kundenreklamationen gewonnen werden können!

(3) Gehen Sie davon aus, dass Sie in der Info AG als Marktforscher arbeiten. Entscheiden Sie, welche Methoden bei den folgenden Gegegenheiten infrage kommen:

(a) Wirkung wöchentlicher Kaufaktivitäten der Haushalte im Hinblick auf Lebensmittel

(b) Untersuchung der Aufmerksamkeit von Passanten, die an einem Schaufenster vorbeigehen

(c) Bestimmte Wünsche von Käuferinnen in einer Parfümerie

(d) Wirkung einer neuen Verpackung eines Seifenproduktes

(e) Meinungen von Kunden über bestimmte Funktionen einer Waschmaschine.

Lösung s. Seite 613

Aufgabe 43: Marketingpläne

(1) Die Süßwaren GmbH verkaufte 2012 für 600 Mio. € eine spezielle Zuckerware. Die übrigen Konkurrenten am Inlandsmarkt verkauften für 1.600 Mio. € diese Süßigkeiten. Die gesamte Aufnahmefähigkeit des europäischen Marktes für diese Süßwaren wird auf 10.000 Mio. € geschätzt.

(a) Berechnen Sie das inländische Marktvolumen einschließlich des Umsatzes der Süßwaren GmbH!

(b) Ermitteln Sie den Marktanteil der Süßwaren GmbH im Inland, indem Sie deren Umsatz in das Verhältnis zum gesamten Marktvolumen an Süßwaren setzen!

(2) Marketing-Maßnahmenplan

Welche Bedeutung hat das marketingpolitische Instrumentarium bei folgenden Produkten? Verwenden Sie die Begriffe gering, mittel und hoch!

Marketingpolitik	**Instrumente im Einzelnen**	**Sparkonto**	**Kfz-Verkauf (Neuwagen)**	**Haarschnitt**
Produktpolitik	Programmpolitik			
Distributionspolitik	Direkter Absatzweg			
Kontrahierungspolitik	Preispolitik			
Kommunikationspolitik	Werbung			

(3) Kostenplan

Die Schoko AG bringt ein neues Produkt auf den Markt. An geplanten Marketingkosten fallen im Einzelnen an:

Allgemeine Werbekosten (jährlich)	45.000 €
Druckkosten für Prospekte (jährlich)	5.800 €
Verkäuferschulung (jährlich)	12.000 €
kalkulatorische Prämien (monatlich)	6.000 €
kalkulatorische Provision (monatlich)	8.000 €
Einstellung von zwei neuen Mitarbeitern (monatlich)	9.000 €

(a) Ermitteln Sie die geplanten Gesamtkosten für das Jahr!

(b) Kennzeichnen Sie die fixen und variablen Kostenbestandteile!

Lösung s. Seite 614

Aufgabe 44: Produktpolitik

(1) Welchen Grundnutzen bzw. welchen Zusatznutzen erwartet der Kunde beim Kauf eines der folgenden Produkte?

(a) Pkw

(b) Wandfarbe

(c) Hautcreme

(d) Sofa

(e) Vertikutierer.

(2) Die Haushaltsgeräte GmbH bietet sechs Produktgruppen A bis F in unterschiedlichen Ausführungsformen an:

A1 A2 A3	B1 B2	C1 C2 C3 C4	D1 D2 D3 D4	E1 E2 E3	F1 F2 F3 F4 F5

Wie kann sich das Leistungsprogramm ändern, wenn

(a) Produktdifferenzierung

(b) Produktdiversifizierung

betrieben werden?

(3) Inwieweit ist folgender Satz zutreffend:

„Ein Produkt, das keinen Gewinn mehr abwirft, ist aus dem Leistungsprogramm zu entfernen."

(4) Die Haushaltsgeräte GmbH stellt fest, dass sich die Produktgruppe „Küchenherde" in der Rückgangsphase befindet. Sie haben als Mitglied der Marketingabteilung die Aufgabe, Vorschläge zu unterbreiten,

(a) ob eine Wiederbelebung der Produktgruppe möglich ist und wenn ja, mithilfe welcher Maßnahmen?

(b) Nennen Sie je drei allgemeine Produktgruppen, bei denen das Produktlebenszykluskonzept gut bzw. weniger gut anwendbar ist.

Lösung s. Seite 615

Aufgabe 45: Kontrahierungspolitik

(1) Die Preise ergeben sich durch das Zusammentreffen von Angebot und Nachfrage.

(a) Zeichnen Sie eine Angebotskurve und eine Nachfragekurve in ein Koordinatensystem! Erklären Sie beide Kurven und bestimmen Sie graphisch den Gleichgewichtspreis!

(b) Zeigen Sie anhand einer zweiten Zeichnung, wie sich der Marktpreis verändert, wenn sich bei konstanter Nachfrage das Angebot beträchtlich erhöht!

(c) Wie verändert sich der Preis, wenn die Nachfrage bei unverändertem Angebot sinkt?

(2) Geben Sie Beispiele für:

(a) Prämienpreise

(b) Promotionspreise!

(3) Was bedeutet die folgende Feststellung: *„Die Rabattpolitik dient der Feinsteuerung der Preise"*?

Lösung s. Seite 616

Aufgabe 46: Distributionspolitik

(1) Der Geschäftsführer der Reeser Druckmaschinen GmbH hat sich für den direkten Absatz von Druckmaschinen entschieden. Welche Vor- und Nachteile hat der direkte Absatzweg?

(2) Ein Computerhersteller hat sich entschlossen seine PC's und Drucker über eine exklusive Fachhändlerkette abzusetzen. Davor konnten die Geräte nur über den Hersteller selbst bezogen werden. Weshalb könnte der Hersteller seinen Vertriebsweg umorganisiert haben?

(3) Welche Standortfaktoren spielen bei der Überlegung eine Rolle, ob Eigen- oder Fremdläger einzurichten sind?

Lösung s. Seite 618

Aufgabe 47: Kommunikationspolitik

(1) Welche Art der Kommunikationspolitik wird in den verschiedenen Beispielen angesprochen?

   (a) Im Fernsehen fährt der Held des Kriminalfilms einen Mercedes der S-Klasse. Das Produkt wird öfter deutlich in Szene gesetzt.

   (b) Ein Mitarbeiter der Stark-Zigaretten-AG verteilt am Marktplatz kostenlose Proben der Zigarettenmarke „Ernte 2010".

   (c) Mehrere Milchproduzenten vermarkten in Radiosendungen ihr Hauptprodukt.

   (d) Die Firma Busch-Türen AG wirbt für ihre Produkte, indem sie einem bekannten Fußballverein Trainingsanzüge mit werbendem Aufdruck schenkt. Der Verein erhält zusätzlich eine hohe Geldsumme.

(2) Ein Haarkosmetikunternehmen preist seine Produkte mithilfe zweier unterschiedlicher Kommunikationsstrategien an. Die erste Strategie erfolgt über die Medien. Die andere Strategie erfolgt über den Einsatz von Vertretern. Welche Ziele können die beiden getrennten Strategien verfolgen?

(3) Dasselbe Unternehmen startet acht Wochen vor Weihnachten eine Werbekampagne im Fernsehen, die durch Anzeigen in den Print Medien ergänzt wird. Neben der Produktwerbung wird auch gleichzeitig Werbung für das einzelne Friseurgeschäft betrieben. Welche Ziele verfolgt das Unternehmen?

(4) Die Firma Pizza Express ist eine auf Pizza spezialisierte Franchise-Restaurantkette, die in Deutschland 50 Restaurants mit insgesamt 2.500 Mitarbeitern umfasst. Die angeboten Pizzas werden frisch zubereitet und ofenfrisch serviert. Auch in Grün stadt/Pfalz wurde eine Filiale des Pizza Express' eröffnet.

Um die Produkte am Ort einzuführen und bekannt zu machen, wurde im Frühjahr des Jahres 2013 eine Werbekampagne mit regelmäßigen Zeitungsinseraten in der lokalen Presse gestartet und durch eine Postwurfsendung für alle örtlichen Haushalte mit einer kleinen Informationsbroschüre ergänzt. Im Haus der Jugend wurde ein großes Werbeplakat installiert und im örtlichen „Europa-Kino" wurde ein kurzer Werbefilm gezeigt. Die Firma rechnete insgesamt mit etwa 50.000 € Werbekosten.

Stellen Sie die Elemente der Werbekampagne übersichtlich zusammen und ordnen Sie diese nach dem Werbeziel, Werbeobjekt, Werbesubjekt, Werbeinhalt, Werbeperiode, Werbemittel und Werbeträger!

Lösung s. Seite 618

Aufgabe 48: Marketingkontrolle

(1) Die Autositz AG hat einen Umsatz von 1 Mrd. € erzielt, das entspricht einer Umsatzsteigerung gegenüber dem Vorjahr von insgesamt 10 %. Der Vorstandsvorsitzende hat erklärt, dass die Umsatzsteigerung auch auf „psychische Wirkungen" der Werbung zurückzuführen ist. Nicht zuletzt deshalb wurde eine Zunahme des Marktanteils um 0,5 % erreicht.

Welche Informationen beschreiben den statistischen, ökonomischen und den außerökonomischen Erfolg der Autositz AG?

(2) Die folgenden Daten beziehen sich auf Ergebnisse der Harald Betsch GmbH, die in der vergangenen Periode erhebliche Werbe- und Verkaufsförderungsmaßnahmen gestartet hat. Interpretieren Sie die Werte der folgenden Tabelle, nachdem Sie die prozentualen Abweichungen vom Soll-Umsatz ermittelt haben!

Quartal	Soll-Umsatz in T€	Ist-Umsatz in T€	Abweichungen in %
I	200	300	?
II	220	360	?
III	240	490	?
IV	200	320	?

Lösung s. Seite 619

Aufgabe 49: Statische Investitionsrechnungen

(1) Ein Investitionsobjekt I erwirtschaftet bei einer Auslastung von 10.000 Stück/Jahr einen Ertrag von 220.000 €/Jahr. Die Kosten betragen 185.000 €/Jahr. Ein alternatives Investitionsobjekt II bringt lediglich einen Ertrag von 198.000 €/Jahr bei Kosten von 164.000 €/Jahr; die Auslastung ist kapazitätsbedingt auf 9.000 Stück/Jahr beschränkt.

Ermitteln Sie das vorteilhaftere Investitionsobjekt mithilfe der Gewinnvergleichsrechnung!

(2) Die Chemie AG plant die Anschaffung einer neuen Maschine. Eine Investition kommt für die Chemie AG grundsätzlich nur dann in Betracht, wenn die Rentabilität des Investitionsobjektes mindestens 20 % beträgt.

Es liegt folgendes Angebot vor:

Anschaffungskosten	€	100.000
Nutzungsdauer	Jahre	8
Kapazität	Stück/Jahr	15.000
Fixe Kosten	€/Jahr	31.500
Variable Kosten	€/Jahr	90.000

Die Kapazität des Investitionsobjektes kann voll ausgeschöpft werden; die mit der Maschine gefertigten Erzeugnisse lassen sich für 8,50 €/Stück verkaufen.

Als Kalkulationszinssatz sind 10 % anzusetzen.

Ermitteln Sie die von dem Investitionsobjekt zu erzielende Rentabilität und beurteilen Sie die Vorteilhaftigkeit der Maschine!

(3) Gehen Sie von folgenden Daten aus:

		Investitionsobjekt I	**Investitionsobjekt II**
Anschaffungskosten	€	240.000	180.000
Nutzungsdauer	Jahre	6	6
Durchschnittlicher Gewinn	€/Jahr	36.000	29.000

Ermitteln Sie mithilfe der Amortisationszeit, welches der Investitionsobjekte das vorteilhaftere ist!

Lösung s. Seite 619

Aufgabe 50: Dynamische Investitionsrechnungen

(1) Die Chemie AG beabsichtigt, eine Investition vorzunehmen. Zwei Alternativen stehen zur Auswahl:

Maschine I kostet 90.000 € und ist 6 Jahre nutzbar. Ihr Liquidationserlös wird mit 15.000 € angesetzt. Als Zahlungsströme werden angenommen:

Jahre	Einzahlungen	Auszahlungen
1. Jahr:	52.000 €	38.000 €
2. Jahr:	56.000 €	35.000 €
3. Jahr:	65.000 €	39.000 €
4. Jahr:	62.000 €	38.000 €
5. Jahr:	55.000 €	40.000 €
6. Jahr:	48.000 €	37.000 €

Maschine II kostet ebenfalls 90.000 € und ist 6 Jahre nutzbar. Mit einem Liquidationserlös wird in Höhe von 5.000 € gerechnet. Die folgenden Zahlungsströme werden erwartet:

Jahre	Einzahlungen	Auszahlungen
1. Jahr:	60.000 €	41.000 €
2. Jahr:	68.000 €	42.000 €
3. Jahr:	67.000 €	40.000 €
4. Jahr:	55.000 €	35.000 €
5. Jahr:	48.000 €	36.000 €
6. Jahr:	40.000 €	32.000 €

Ermitteln Sie die vorteilhaftere der Maschine mithilfe der Kapitalwertmethode und berücksichtigen Sie dabei einen Kalkulationszinssatz von 8 %!

(2) Ein Unternehmen, das Zubehörteile für Kraftfahrzeuge fertigt, plant eine Investition. Mithilfe der Kapitalwertmethode wurden für zwei alternative Investitionsobjekte folgende Kapitalwerte errechnet:

	Investitionsobjekt I	Investitionsobjekt II
Kapitalwert bei einem Abzinsungsfaktor von 0,08	8.436	11.829
Kapitalwert bei einem Abzinsungsfaktor von 0,12	- 4.247	- 444

Ermitteln Sie unter Verwendung der Internen Zinsfuß-Methode, welche Investitionsobjekt das vorteilhaftere ist, wenn der Kalkulationszinssatz 10 % beträgt!

(3) Für eine Investition kommen zwei Objekte in Betracht:

Maschine I kostet 100.000 € und ist 5 Jahre nutzbar; die jährlichen Überschüsse betragen

28.000 € 36.000 € 35.000 € 32.000 € 30.000 €

Der Liquidationserlös wird mit 5.000 € veranschlagt.

Maschine II kostet 80.000 € und ist ebenfalls 5 Jahre nutzbar; die jährlichen Überschüsse betragen

22.000 € 30.000 € 28.000 € 28.000 € 20.000 €

Ein Liquidationserlös fällt nicht an.

Ermitteln Sie mithilfe der Annuitätenmethode bei einem Kalkulationszinssatz von 8 %, welches Investitionsobjekt vorteilhafter ist!

Lösung s. Seite 621

Aufgabe 51: Investitionskontrolle

Die Bilanz der Autohaus GmbH in Gütersloh, die einen Umsatz von rund 7 Millionen € erzielt, hat folgende Struktur:

AKTIVA	**Schlussbilanz**		**PASSIVA**
	Euro		Euro
Anlagevermögen	690.000	Stammkapital	700.000
Umlaufvermögen	1.570.000	Verbindlichkeiten	1.560.000
Gesamtvermögen	2.260.000	Gesamtkapital	2.260.000

Wie hoch sind folgende Werte?

(1) Vermögenskonstitution

(2) Anlageintensität

(3) Umlaufintensität.

Lösung s. Seite 622

Aufgabe 52: Planung im Finanzbereich

In der Firma Angermann & Söhne ist der Kapitalbedarf für die kommende Periode zu ermitteln. Es liegen folgende Daten vor:

Auszahlungen für:

Grundstück	280.000 €
Gebäude	420.000 €
Maschinen	80.000 €
Betriebs- und Geschäftsausstattung	30.000 €
Rohstoff-Lagerdauer	25 Tage
Lieferantenziel	10 Tage
Produktionsdauer	20 Tage
Fertigerzeugnis-Lagerdauer	5 Tage
Kundenziel	15 Tage
Durchschnittlicher täglicher Werkstoffeinsatz	5.000 €
Durchschnittlicher täglicher Lohneinsatz	15.000 €
Durchschnittlicher täglicher Gemeinkosteneinsatz	8.000 €

Ermitteln Sie:

(1) Anlagekapitalbedarf

(2) Umlaufkapitalbedarf

(3) Gesamtkapitalbedarf.

Lösung s. Seite 622

Aufgabe 53: Beteiligungsfinanzierung

(1) Bei welchen Rechtsformen der Unternehmen fallen Kapitalkosten an?

	OHG	KG	GdbR	GmbH	AG
Kosten des Registergerichts					
Einkommensteuer					
Gewerbesteuer					
Körperschaftsteuer					
Kapitalertragsteuer					
Börsenumsatzsteuer					
Emissionskosten					

(2) Monika Maier möchte ihre Unternehmensberatungstätigkeit zu einer Management-Service Gesellschaft ausbauen. Dazu benötigt sie Kapital. Über eine Anzeige hat sie zwei Teilhaber gefunden. Man ist sich einig, die neue Gesellschaft in Form einer KG zu führen.

Frau Maiers Unternehmenskapital beträgt als Vollhafterin 500.000 €, Herr Frey (Vollhafter) bringt 200.000 € und Frau Klein als Teilhafterin 100.000 € in die neue Gesellschaft mit ein. Die Gerichtskosten betragen 14.000 € und werden vom Gewinn bezahlt. Der Gewinn beträgt im ersten Jahr 300.000 € vor Steuern. An Steuern fallen insgesamt 120.000 € an.

Führen Sie eine Gewinnverteilung durch! Es gelten die gesetzlichen Bestimmungen. Der restliche Gewinn wird im Verhältnis 10:4:1 verteilt.

Lösung s. Seite 623

Aufgabe 54: Kurzfristige Fremdfinanzierung

(1) Die Pharma GmbH bezieht chemische Rohstoffe von der Chemie AG. Die Rechnungsstellung erfolgt monatlich, wobei der Rechnungswert durchschnittlich 18.000 € beträgt und die Zahlung innerhalb von 10 Tagen abzüglich 2 % bzw. innerhalb von 30 Tagen netto Kasse zu erfolgen hat.

Ermitteln Sie den effektiven Zinssatz für den Fall, dass die Pharma GmbH das Zahlungsziel ausnutzt!

(2) Der Lieferantenkredit ist der teuerste Kredit. Dennoch hat er auch Vorteile für den Kreditnehmer. Stellen Sie einige Vorteile zusammen!

(3) Zeigen Sie den schematischen Ablauf der Nutzung des Diskontkredites in einem Bild!

Lösung s. Seite 623

Aufgabe 55: Langfristige Fremdfinanzierung

(1) Die Stahlbau GmbH benötigt ein langfristiges Darlehen in Höhe von 200.000 € für die Laufzeit von 6 Jahren.

Die **Stadtsparkasse** unterbreitet folgendes Angebot:

Zinssatz 8 %, Auszahlung 98 %, Tilgung Ende des 6. Jahres.

Die **Handelsbank GmbH** bietet als Konditionen:

Zinssatz 7 %, Auszahlung 95 %, Tilgung Ende des 6. Jahres.

Ermitteln Sie die effektiven Zinssätze und stellen Sie fest, welches Angebot vorteilhafter ist!

(2) Worin unterscheiden sich die Aktie und die Anleihe bei ihrer Ausgabe?

Lösung s. Seite 624

Aufgabe 56: Innenfinanzierung

(1) Die Maschinenfabrik Heinz Birsch GmbH schafft im Jahr 0 fünf Maschinen im Gesamtwert von 1.000.000 € an. Die Maschinen werden mit 20 % linear abgeschrieben. Die Nutzungsdauer beträgt fünf Jahre. Für die Neuanschaffung einer Maschine müssen 200.000 € gezahlt werden.

Wie hoch ist der Maschinenbestand am Ende des fünften Jahres bzw. am Jahresanfang des sechsten Jahres, wenn im 2., 3. und 4. Jahr je 200.000 € und im 5. und 6. Jahr je 400.000 € aus Abschreibungen investiert werden?

Benutzen Sie zur Berechnung folgendes Schema!

Jahr	Jahresanfang (JA) und Jahresende (JE)	Maschinenanzahl	Anschaffungswert in €	Abschreibungen in €	Investierte Summe aus Abschreibungen in €	Restbuchwerte in €	Nicht investierte Summe aus Abschreibungen in €
1	JA JE	5	1.000.000		–		–
2	JA JE				200.000		
3	JA JE				200.000		
4	JA JE				200.000		
5	JA JE				400.000		
6	JA				400.000		

(2) Welche betriebswirtschaftlichen Effekte ergeben sich aus obigem Vorgehen für die Maschinenfabrik Heinz Birsch GmbH?

Lösung s. Seite 625

Aufgabe 57: Finanzkontrolle

Die Bilanz der Angermann GmbH weist folgende Positionen aus:

AKTIVA	Sanierungseröffnungsbilanz		PASSIVA
	Euro		Euro
Anlagevermögen		**Eigenkapital**	
Grundstücke	600.000	Gezeichnetes Kapital	1.000.000
Maschinen	1.200.000	Rücklagen	500.000
Fuhrpark	250.000		
Umlaufvermögen		**Fremdkapital**	
Werkstoffe	800.000	Langfr. Verbindlichkeiten	450.000
Erzeugnisse	500.000	Kurzfr. Verbindlichkeiten	1.800.000
Barmittel	100.000		
Forderungen	100.000		
Wertpapiere	200.000		
	3.750.000		3.750.000

(1) Ermitteln Sie die Liquidität 1. Grades!

(2) Ermitteln Sie die Liquidität 2. Grades!

(3) Ermitteln Sie die Liquidität 3. Grades!

Lösung s. Seite 626

Aufgabe 58: Personalplanung

(1) Erstellen Sie eine Laufbahnplanung für den Führungsnachwuchs bei einem Kaufhauskonzern!

(2) Wie kann eine Besetzungsplanung aussehen?

(3) Wie hängen Bedarfsplanung, Bestandsplanung und Veränderungsplanung zusammen? Zeigen Sie das in einem Schema!

Lösung s. Seite 626

Aufgabe 59: Personalbeschaffung

(1) Nehmen Sie im Januar 2013 eine begründete Gesamtbeurteilung des folgenden Arbeitszeugnisses vor!

Herr Henrich Doll, geboren am 20. Mai 1968 in Mannheim, war in der Zeit vom 01. Januar 1993 bis 31. Dezember 2012 als Chefbuchhalter in unserem Unternehmen tätig. Er war in dieser Zeit mit der buchhalterischen Vorbereitung und Erstellung der Gewinn- und Verlustrechnung bzw. der Bilanz befasst. Herr Doll hat es verstanden, seine drei Mitarbeiter zielbezogen zu motivieren. Er ist sehr verlässlich. Auch schwierigen Situationen zeigte er sich voll gewachsen. Herr Doll hat die ihm übertragenen Arbeiten stets zu unserer vollen Zufriedenheit erledigt. Sein Verhalten gegenüber Vorgesetzten und Kollegen war stets einwandfrei. Das Ausscheiden von Herrn Doll bedauern wir sehr und wünschen ihm für seine berufliche Zukunft alles Gute.

Die Beurteilung des Zeugnisses soll aus folgenden Teilen bestehen:

(a) Persönlichkeits- und Verhaltensanalyse

(b) Entwicklungsanalyse

(c) Tätigkeitsanalyse

(d) Abgangsbegründungsanalyse

(e) Gesamtbeurteilung.

(2) Ein Einzelunternehmen beschäftigt über 400 Mitarbeiter und sucht eine(n) Sachbearbeiter(in) für den Personalbereich. Der Unternehmer gibt in einer regionalen Tageszeitung folgende Stellenanzeige auf:

> Wir sind ein Unternehmen mit etwa 400 Mitarbeitern und suchen für unser Personalwesen schnellstens eine(n)
>
> **Personalsachbearbeiter(in).**
>
> Wir bitten um Ihre Zuschrift unter der Nummer 247 802 an den „Pfälzischen Merkur" in Landau in der Pfalz.

(a) Um welche Art von Stellenanzeige handelt es sich hier?

(b) Erklären Sie, warum diese Stelleanzeige voraussichtlich keinen Erfolg haben wird!

(c) Über welche Aussagen sollte eine Stellenanzeige grundsätzlich Auskunft geben?

Lösung s. Seite 627

Aufgabe 60: Personaleinsatz

(1) Lesen Sie folgende Texte durch und entscheiden Sie, welches Einsatzprinzip jeweils zu Grunde liegt!

(a) „... wobei durch Zusammenfassung mehrerer qualitativ gleichwertiger Tätigkeiten der Arbeitsinhalt vergrößert und ein Belastungswechsel ermöglicht wird. Es werden Arbeitselemente mehrerer Arbeitsplätze an einem Arbeitsplatz zusammengefasst."

(b) „... wobei der Mitarbeiter nicht nur ausführende Tätigkeiten sondern auch Planungs-, Steuerungs- und Überwachungsaufgaben übernimmt. Es erfolgt eine Erweiterung der Arbeitsaufgabe sowohl in horizontaler als auch in vertikaler Sicht."

(c) „... wobei zur Verminderung einseitiger Belastung der Arbeitskräfte und zur Erhöhung der Mitarbeiterflexibilität ein planmäßiger Wechsel des Arbeitsplatzes durchgeführt wird."

(2) Die Kurve der Tagesrhythmik bildet die Schwankungen der physiologischen Leistungsbereitschaft des Mitarbeiters. Interpretieren und begründen Sie wesentliche Merkmale dieser Kurve!

(3) In der Firma Melzer & Rieder AG ist der organisatorische Aufbau nach dem Funktionalprinzip organisiert. Es gibt folgende Abteilungen:

(1) Materialwirtschaft
(2) Produktionswesen
(3) Marketing
(4) Finanzwesen
(5) Rechnungswesen
(6) Personalwesen

Wo werden folgende Mitarbeiter im Regelfall eingesetzt?

(a) Verkäufer
(b) Kostenrechner
(c) Einkäufer
(d) Kassenverwalter
(e) Lagerverwalter
(f) Ausbildungsleiter
(g) Ingenieur

Lösung s. Seite 628

Aufgabe 61: Personalführung

Der Ausbilder Peter Hurtig ist 51 Jahre alt und betreut in der Firma Hanser & Becker GmbH eine Gruppe von jungen Auszubildenden. Er pflegt den kooperativen Führungsstil, ist menschlich und versteht es, die Jugendlichen zu ermutigen. Dabei setzt er wirksame Führungsinstrumente ein.

(1) Zu welchen Verhaltenstypen zählt Herr Hurtig als Führungskraft?

(2) Stellen Sie diejenigen Führungsmittel dar, die Herr Hurtig bei der Führung von Jugendlichen einsetzen kann!

(3) Welche Führungsprinzipien gelten für die Unterweisung junger Auszubildender?

(4) Vergleichen Sie den obigen Ausbilder und Jugendliche nach Alter, Art bzw. möglichen negativen bzw. positiven Wesensmerkmalen!

Lösung s. Seite 629

Aufgabe 62: Personalentlohnung

(1) In einem Industrieunternehmen erhalten die Mitarbeiter Zeitlohn bzw. Akkordlohn.

(a) Ein Arbeiter hat im Abrechnungszeitraum 40 Stunden gearbeitet. Der Lohnsatz beträgt 12,70 €/Std.

Ermitteln Sie den Zeitlohn!

(b) Der Zeitlohn beträgt 12,00 €/Std., der Akkordzuschlag 20 %. Die Vorgabezeit für ein gefertigtes Stück umfasst 10 Minuten.

Wie hoch ist der Akkordsatz als Stückakkord?

(c) Welchen Akkordlohn erhält ein Arbeiter unter Verwendung der Daten aus (b), wenn er durchschnittlich 8 Stück pro Stunde fertigt?

(d) Der tarifliche Mindestlohn beträgt 12,00 € und der Akkordzuschlag 25 %. Die Vorgabezeit für ein gefertigtes Stück ist 20 Minuten, in einer Stunde werden 6 Stück gefertigt.

Ermitteln Sie den Minutenfaktor und den Akkordlohn!

(2) Wie hoch sind die jährlichen Lohnkosten (ohne weitere Zusatzkosten) für fünf Außendienstmitarbeiter eines Unternehmens, das einen Umsatz von 6 Mio. € erzielt?

Die jährlich zu berechnenden Lohnkosten enthalten:

- festes Gehalt von brutto 2.000 € pro Monat und Mitarbeiter
- Weihnachtsgeld von 1.000 € pro Mitarbeiter
- 0,3 % Umsatzprovision pro Mitarbeiter.

Lösung s. Seite 630

Aufgabe 63: Personalentwicklung

(1) Welche der folgenden Ausbildungsberufe sind jeweils Ausbildungsberufe mit oder ohne Spezialisierung bzw. welche sind Stufenausbildungsberufe?

(a) Chemielaborant

(b) neue Metallberufe

(c) Industriekaufmann

(d) Bauzeichner

(e) neue Elektroberufe

(2) Vergleichen Sie die Möglichkeiten der Personalentwicklung nach ihrem Wesen, den gesetzlichen Grundlagen und nach dem jeweiligen System!

(3) Unterscheiden Sie die Personalentwicklung on-the-job und off-the-job!

(4) Entscheiden Sie, ob sich die folgenden Maßnahmen auf das on-the-job-System oder auf das off-the-job-System beziehen!

(a) Planspiel

(b) Lernen als Assistent

(c) Job rotation

(d) Vorlesung

(e) Fallmethode

Lösung s. Seite 630

Aufgabe 64: Personalfreistellung

Prüfen Sie das folgende Kündigungsschreiben der Firma Paul Ehrlicher GmbH (ordentliche Kündigung), die 150 Beschäftigte hat, und beantworten Sie folgende Fragen:

Firma
Paul Ehrlicher GmbH
Hügelweg 17
68001 Mannheim

Mannheim, 30.11.2013

Herrn
Karl Müller
Kesselring 30
67100 Ludwigshafen

Kündigung

Sehr geehrter Herr Müller,

nach sorgfältiger Prüfung und nach Anhörung des Betriebsrats bedauern wir aufrichtig, dass wir Ihr Arbeitsverhältnis zum 31.12.2013 kündigen müssen. In dem gemeinsam geführten Gespräch vom 19.11.2013 haben wir Ihnen mitgeteilt, dass die Gründe in dringenden betrieblichen Erfordernissen zu suchen sind.

Wir danken Ihnen für die gute Zusammenarbeit und wünschen Ihnen auf Ihrem weiteren Lebensweg alles Gute.

Mit freundlichen Grüßen

Paul Ehrlicher GmbH
ppa *Paul Ehrlicher*

(1) Ist die gesetzliche Grundkündigungsfrist eingehalten worden? Erläutern Sie, was hierbei zu beachten ist!

(2) Welche Kündigungsgründe gibt es darüber hinaus? Wann bedarf eine Kündigung einer Abmahnung? Formulieren Sie ein gültiges Abmahnungsschreiben für einen Verkäufer, der einen Firmeninhaber beleidigt hatte.

(3) Welcher Anspruch des Arbeitnehmers entsteht mit dem Ausspruch der Kündigung?

(4) Welche Arten des Arbeitszeugnisses sind zu unterscheiden?

Lösung s. Seite 631

Aufgabe 65: Informationsbereich

(1) Für welche Unternehmensbereiche sind folgende Informationen wichtig?

(a) Deckungsbeitrag

(b) Umsatzstatistik

(c) Verbrauchergewohnheiten

(d) Zahl der Schulabgänger

(e) Ausschussquote

(f) Rohstoffpreise

(2) Gehen Sie von folgender Teilstruktur einer Personal- bzw. Einkaufsabteilung eines großen Industrieunternehmens aus!

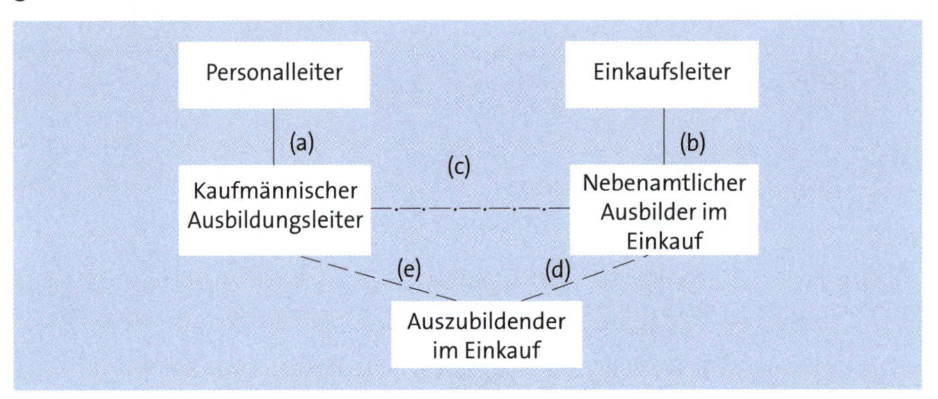

Geben Sie Beispiele für die einzelnen Arten der Informationen an das jeweilige Personal!

(3) Wie lassen sich die folgenden Daten den betrieblichen Informationen zuordnen, die wir nach den betrieblichen Zwecken eingeteilt haben?

(a) Daten zur Budgetplanung und -kontrolle

(b) Gesamtzahl der Auszubildenden

(c) Höhe des Lagerbestands an Rohstoffen

(d) Auslastung der Betriebsmittelkapazität von 90 %

(e) Ergebnis von Zielvereinbarungen zwischen Führungskraft und Mitarbeiter

(f) Aufnahme eines Darlehns

(g) Güte des Kundendienstes

(h) Buchung eines Geschäftsvorgangs

Lösung s. Seite 632

Aufgabe 66: Software

(1) Mithilfe welcher Geräte können Sie Informationen in eine EDV einlesen bzw. eingeben?

(2) Bestimmen Sie, welche der folgenden Anwendungsprogramme in welchem Unternehmensbereich eingesetzt werden!

Eine bestimmte Software für die

(a) Erfassung von Kundendateien im Laptop

(b) Liquiditätsprüfung

(c) Lohn- und Gehaltsabrechnung

(d) Bestandsrechnung

(e) Bilanzerstellung.

(3) In welchen wesentlichen Schritten erfolgt die Erfassung eines ausführungsreifen Programms? Ergänzen Sie die fehlenden Daten!

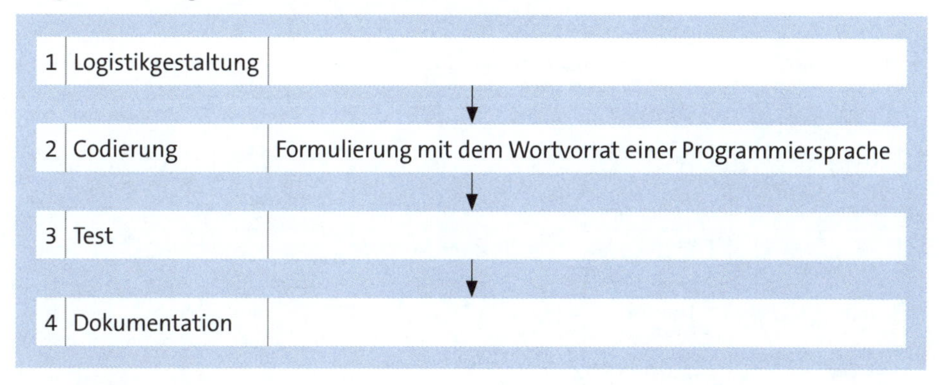

1	Logistikgestaltung	
2	Codierung	Formulierung mit dem Wortvorrat einer Programmiersprache
3	Test	
4	Dokumentation	

Lösung s. Seite 632

Aufgabe 67: Hardware

(1) Vergleichen Sie als Speichergerät

(a) Magnetplatte (als Festplatte)

(b) CD-ROM!

(2) Welche der folgenden Begriffe gehören nicht zur Hardware?

(1) Großrechner

(2) Personalcomputer

(3) Cobol

(4) Telefax-Gerät

(5) Bildschirm

(6) Standardprogramm

(7) Maus

(8) Festplatte
(9) Drucker
(10) Tastatur

(3) Was wird unter dem Internet verstanden?

Lösung s. Seite 633

Aufgabe 68: Buchführung

Gehen Sie von den angegebenen Schlussbeständen aus und erstellen Sie eine Schlussbilanz!

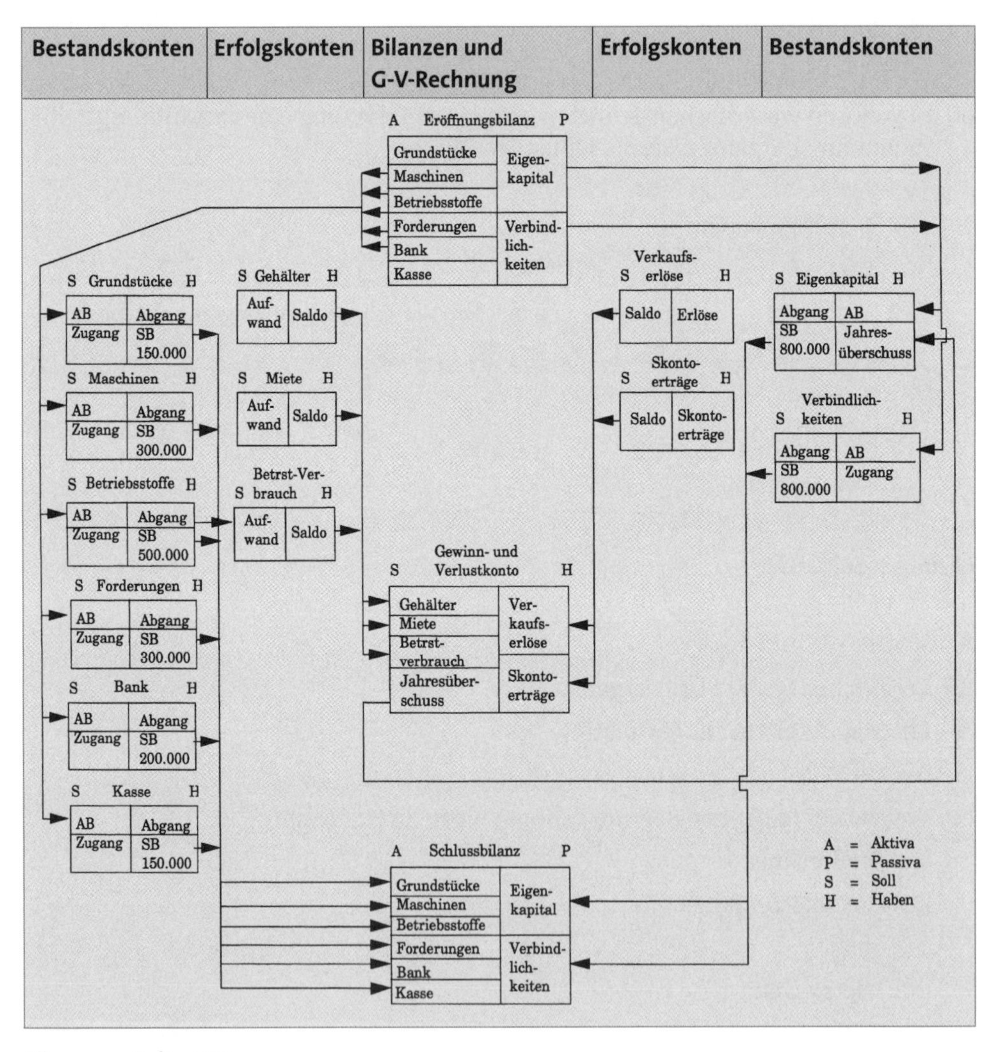

Lösung s. Seite 634

Aufgabe 69: Bilanz (Grundsätze)

(1) Beurteilen Sie, inwieweit die folgenden Bilanzansätze ordnungsgemäß sind:

(a) In einer Bilanz einer großen GmbH werden Bargeld, Postgiro- und Bankguthaben unter einer Sammelposition „Liquide Mittel" ausgewiesen.

(b) Um einen Absatzrückgang nicht offenlegen zu müssen, sollen die bisher getrennt ausgewiesenen Roh-, Hilfs- und Betriebsstoffe, fertigen und unfertigen Erzeugnisse in einer Bilanzposition ausgewiesen werden. Ein entsprechender Vermerk soll selbstverständlich unterbleiben.

(c) Der Marktwert eines Betriebsgrundstückes ist zwischenzeitlich auf das Fünffache gestiegen. Dieser Wertansatz soll deshalb im Interesse der Bilanzwahrheit entsprechend erhöht werden.

(d) Die im Dezember des abgelaufenen Geschäftsjahres gezahlten Versicherungsprämien für das erste Quartal des Folgejahres wurden nicht im Jahresabschluss ausgewiesen.

(2) Entscheiden Sie, ob die Einhaltung der GOB in den folgenden Fällen gegeben ist!

(a) Im Jahre 2012 wurde ein Pkw angeschafft und linear abgeschrieben. Ein Jahr danach erfolgte eine degressive Abschreibung.

(b) Unternehmer Hans Breyer ist überlastet und will die Bilanzerstellung für 2012 auf den Herbst des nächsten Jahres verschieben.

(c) Die Unternehmerin Karin Ansbach setzt in ihrer Bilanz den Posten Prozesskostenrückstellung an. Ein Prozess ist aber in absehbarer Zeit nicht zu erwarten.

Lösung s. Seite 634

Aufgabe 70: Bilanz (Gliederungsvorschriften)

(1) Nennen Sie die Bilanzpositionen für folgende Ansätze der Aktiv-Seite!

(a) Arbeitsgeräte

(b) Anzahlungen für aktivierungspflichtige immaterielle Wirtschaftsgüter

(c) Pfandbriefe

(d) versandfertige, im eigenen Unternehmen be- oder verarbeitete Vorräte

(2) Zählen Sie die Bilanzpositionen für folgende Ansätze der Passiv-Seite auf!

(a) Agio

(b) am öffentlichen Kapitalmarkt ausgegebene Schuldverschreibungen

(c) Verpflichtungen aus dem normalen Geschäftsverkehr

(3) Die folgende „Bilanz" ist unvollständig und die Reihenfolge der Posten ist falsch.

AKTIVA	Schlussbilanz		PASSIVA
	Euro		Euro
Grundstücke	300.000	Eigenkapital	???
Anlagen	400.000	Steuerrückstellungen	20.000
Gebäude	200.000	Pensionsrückstellungen	60.000
Anzahlungen für neue Lizenzen	20.000	Verbindlichkeiten aus L. u. L.	118.000
Geschäftsausstattung	40.000		
Betriebsaustattung	10.000	Darlehen	112.000
Roh-, Hilfs- und Betriebsstoffe	70.000		
Unfertige Erzeugnisse	40.000		
Fertigerzeugnisse	60.000		
Kasse	3.000		
Bank	32.000		
Forderungen	45.000		
	???		???

(a) Ordnen Sie die Bilanzpositionen nach dem Schema von S. 468!

(b) Ermitteln Sie die Höhe des Eigenkapitals!

Lösung s. Seite 635

Aufgabe 71: GuV-Rechnung/Anhang/Lagebericht

(1) In welchen Positionen werden erfasst:

(a) selbsterstellte Anlagen

(b) Dividenden

(c) außerhalb der gewöhnlichen Geschäftstätigkeit anfallende Erträge

(d) Körperschaftsteuer?

(2) Gehen Sie von folgenden Daten aus! Löhne 40.000 €; Mietaufwendungen 1.000 €; Rohstoffaufwendungen 13.000 €; Werbeaufwand 800 €; Umsatzerlöse 59.000 €; Zinsgutschrift 800 €.

(a) Erstellen Sie aus den vorliegenden Angaben ein Gewinn- und Verlustkonto!

(b) Stellen Sie den Buchungssatz für die Verbuchung des Gewinns bzw. Verlustes auf!

(3) Entscheiden Sie, welche Positionen im Anhang bzw. im Lagebericht erscheinen!

(a) Großschadensereignis am Ende des Jahres

(b) Abschreibungsverfahren für die neue Produktionsanlage

(c) Aufwendungen für Werksverpflegung

(d) Spende für die örtliche Hochschule

(e) Angaben für den Gebäudeleasingvertrag

(f) Aufgliederung der Umsatzerlöse nach Tätigkeitsbereichen

(g) Änderung der Bilanzgliederung

(h) Angaben über die zukünftige Produktion von genmanipulierten Medikamenten

Lösung s. Seite 636

Aufgabe 72: Kosten/Leistungen

(1) Eine Maschine hat eine Kapazität von 5.000 Stunden, wird aber nur 3.000 Stunden in Anspruch genommen. Die Abschreibungen betragen im betrachteten Zeitraum 8.000 €. Ermitteln Sie die Nutz- und Leerkosten!

(2) Gegeben sind die Kostenfunktion

$K = 2.500 + 2x$

und die Umsatzfunktion

$U = 6x$

(a) Stellen Sie die Kosten- und Umsatzfunktion, die Nutzenschwelle und das Gewinnmaximum grafisch dar!

(b) Ermitteln Sie die Nutzenschwelle rechnerisch!

(3) Entscheiden Sie, um welche Leistungen es sich im Einzelnen handelt!

(a) Verkauf von zehn Autoradios (Handelsware) gegen bar.

(b) Reparatur einer Maschine durch eigene Mechaniker.

(c) Produktion von Snowboards auf Lager.

(d) Wir liefern eine Trinkwasseraufbereitungsanlage nach Afrika.

(e) Erstellen von Spezialwerkzeugen durch die eigene Werkstatt.

(f) Erzeugnisverkauf (eigene Produkte) an Mitarbeiter.

(g) Kapitaleinlage durch einen Mitgesellschafter per Scheck.

Lösung s. Seite 636

Aufgabe 73: Kostenartenrechnung

(1) Der Angebotspreis eines Materials beträgt 5 €/Stück. Für Verpackung werden per 100 Stück 3 € berechnet. Bei Abnahme von 1.000 Stück wird ein Mengenrabatt von 20 % gewährt. Erfolgt die Zahlung innerhalb von 10 Tagen nach Rechnungstellung, können 3 % Skonto abgesetzt werden. Das Material wird frei Haus geliefert.

Welcher Anschaffungswert ergibt sich bei Abnahme von 1.200 Stück und Rechnungsbegleichung innerhalb von einer Woche nach Rechnungsstellung für das Unternehmen?

(a) Eine Maschine wurde für 12.000 € gekauft. Die Nutzungsdauer wird auf 5 Jahre geschätzt. Wie hoch sind die jährlichen linearen Abschreibungen?

(b) Eine Maschine wurde für 22.000 € gekauft. Die Maschine wird schätzungsweise 5 Jahre nutzbar sein und dann einen Restwert von 2.000 € haben. Wie hoch ist der Abschreibungs-Prozentsatz bei geometrisch-degressiver Abschreibung?

(c) Ein PKW wurde für 48.000 € erworben. Es wird mit einer Nutzung von 4 Jahren gerechnet. Wie hoch sind die jährlichen Abschreibungsbeträge bei arithmetisch-degressiver Abschreibung?

(d) Ein PKW wird mit einer Gesamtleistung von 100.000 km veranschlagt. Der Anschaffungspreis beträgt 40.000 €. In der Rechnungsperiode beträgt die Kilometerleistung 25.000 km. Ermitteln Sie den leistungsbezogenen Abschreibungsbetrag für die gegebene Rechnungsperiode!

(2) Ermitteln Sie die kalkulatorischen Zinsen unter Berücksichtigung der folgenden Angaben!

1. Anlagevermögen	
Grundstücke/Gebäude	50.000 €
Maschinen	40.000 €
Beteiligungen	20.000 €
2. Umlaufvermögen	30.000 €

Berücksichtigen Sie dabei einen Zinssatz von 9 % und gehen Sie von einem neutralen Anlage- bzw. Umlaufvermögen von 8.000 € aus. Das neutrale Vermögen umfasst Bestände, die nicht der Erfüllung betriebswirtschaftlicher Ziele dienen.

Ermitteln Sie das betriebsnotwendige Vermögen bzw. das betriebsnotwendige Kapital unter Berücksichtigung von Anzahlungen in Höhe von 15.000 €.

Lösung s. Seite 637

Aufgabe 74: Kostenstellenrechnung

Erstellen Sie einen Betriebsabrechnungsbogen und errechnen Sie die Ist-Zuschlagsätze sowie Über- bzw. Unterdeckungen in den verschiedenen Kostenbereichen!

Gegeben sind:

Kostenstellen	**Summe**	**Verteilung**				
Kostenarten		**Allgemeine Kostenstellen**	**Material-bereich**	**Produkti-onsbereich**	**Verwaltungs-bereich**	**Vertriebs-bereich**
Hilfs-/ Betriebsstoffe	6.000	600	800	4.000	500	100
Energie	20.000	11.000	2.000	Rest	-	-
Hilfslöhne	32.000	4 :	5 :	10 :	2 :	4
Steuern	24.000	2 :	6 :	8 :	2 :	2
Raumkosten	16.000	3.000	4.000	7.000	2.000	-
Bürokosten	14.000	-	-	-	9.000	Rest
Abschrei-bungen	28.000	5.000	4.000	12.000	3.000	4.000
Normal-Gemeinkosten-zuschläge	—	—	28,0 %	76,0 %	12,0 %	7,0 %

	Kostenstellen:		Summenspalte:
Fertigungsmaterial	100.000 €	(Matrialbereich)	10.000
Fertigungslöhne	80.000 €	(Produktionsbereich)	8.000

Verteilung der Allgemeinen Kostenstelle: 4 : 6 : 8 : 3

Keine Bestandsveränderungen.

Lösung s. Seite 639

Aufgabe 75: Kostenträgerstückrechnung

(1) Im Jahre 2012 fielen bei einer Ausbringungsmenge von 5.000 Stück Kosten in Höhe von 50.000 € an. Wie hoch sind die Selbstkosten pro Stück?

(2) Drei Sorten eines Erzeugnisses sollen betrachtet werden, eine in minderer (A), eine in mittlerer (B) und eine in guter Qualität (C). Die Kosten stehen im Verhältnis 1 (A) : 1,2 (B) : 1,5 (C) zueinander.

Es werden 600 kg von A, 400 kg von B und 100 kg von C hergestellt. Die Gesamtkosten betragen 3.800 €. Ermitteln Sie die Selbstkosten für jede Sorte!

(3) Der Auftrag der Möbel GmbH, aufgrund dessen für 15.000 € Fertigungsmaterial, für 6.000 € Fertigungslöhne und für 500 € Sondereinzelkosten der Fertigung bzw. für 200 € Sondereinzelkosten des Vertriebs aufgewendet wurden, soll kalkuliert werden. Dabei gelten:

Materialgemeinkosten	10 %
Fertigungsgemeinkosten	50 %
Verwaltungsgemeinkosten	20 %
Vertriebsgemeinkosten	10 %

Ermitteln Sie die Selbstkosten mithilfe der Zuschlagskalkulation!

Lösung s. Seite 639

Aufgabe 76: Kostenträgerzeitrechnung

(1) Gegeben sind:

	Erzeugnis-gruppe A	**Erzeugnis-gruppe B**	**Erzeugnis-gruppe C**
Erlösschmälerungen	800 €	–	300 €
Verwaltungsgemeinkosten	14 %	6 %	5 %
Vertriebsgemeinkosten	8 %	10 %	7 %
Sondereinzelkosten des Vertriebs	4.000 €	1.600 €	2.400 €
Mehrbestand an Fertigerzeugnissen	1.000 €	–	2.000 €
Herstellkosten der abgesetzten Erzeugnisse	260.000 €	140.000 €	820.000 €
Bruttoerlöse	441.200 €	364.000 €	980.000 €

Ermitteln Sie für die Erzeugnisgruppen A, B und C das jeweilige Betriebsergebnis nach dem Umsatzkostenverfahren!

(2) Gegeben sind:

Fertigungsmaterial	20.000 €
Fertigungslöhne	26.000 €
Materialgemeinkosten	40 %
Fertigungsgemeinkosten	50 %
Verwaltungsgemeinkosten	12 %
Vertriebsgemeinkosten	10 %
Sondereinzelkosten der Fertigung	2.000 €
Sondereinzelkosten des Vertriebs	1.000 €
Netto-Verkaufserlöse	108.500 €
Mehrbestand an Fertigerzeugnissen	800 €
Minderbestand an unfertigen Erzeugnissen	1.200 €

Ermitteln Sie das Betriebsergebnis nach dem Gesamtkostenverfahren!

Lösung s. Seite 640

Aufgabe 77: Vollkostenrechnung

In der Hans Huber GmbH werden an drei Kostenstellen (A, B, C) verschiedene Produkte hergestellt, deren Herstellungsprozesse mit unterschiedlichem Flüssigkeitsverbrauch (m^3) verbunden sind:

Kostenstellen	Verbrauchsmengen
A	20.000 m^3
B	30.000 m^3
C	10.000 m^3
Gesamt	60.000 m^3

Lösen Sie folgende Aufgaben:

(1) Berechnen Sie die Gesamtkosten pro Kubikmeter, wenn die Fixkosten in Bezug zur gesamten Verbrauchsmenge 20.000 € und die variablen Kosten 0,17 € pro Kubikmeter betragen!

(2) Errechnen Sie die Kostenbelastung der Kostenstellen A, B und C!

Lösung s. Seite 641

Aufgabe 78: Teilkostenrechnung

(1) In der Huber & Söhne KG fallen für die Erzeugnisse X, Y und Z pro Monat insgesamt Fixkosten in Höhe von 90.000 € an. Bei der Deckungsbeitragsrechnung wird von folgenden Daten ausgegangen:

Erzeugnis	X	Y	Z
Stück/Monat	30.000	25.000	8.000
Verkaufspreise (€/Stück)	15	10	20
Variable Kosten (€/Stück)	12	8	18

Berechnen Sie den Gewinn pro Monat und erstellen Sie ein übersichtliches Schema zur Deckungsbeitragsrechnung!

(2) Die Elektronik AG stellt Sicherheitsanlagen her. Für die Sparte Alarmanlagen wurden folgende Daten ermittelt:

Produkte	A	B	C
Verkaufte Stücke	100	200	50
Verkaufserlöse	400.000 €	600.000 €	240.000 €
Variable Kosten	140.000 €	180.000 €	180.000 €
Fixkosten	100.000 €	120.000 €	100.000 €

(a) Ermitteln Sie den jeweiligen Gesamtgewinn!

(b) Ermitteln Sie den Deckungsbeitrag pro Stück!

(c) Welchem Produkt sollte unter der Annahme freier Produktionskapazität der Vorrang gegeben werden?

Lösung s. Seite 642

Aufgabe 79: Controlling (Organisation/Prozess)

(1) Das Controlling lässt sich verrichtungsbezogen in Gesamtcontrolling und Bereichscontrolling gliedern, z. B. in Material- und Produktions-Marketingcontrolling. Ordnen Sie den folgenden Vorgängen in der Firma Cosmos AG die jeweilige Controllingart zu!

(a) Der Controller ermittelt die Daten zur Lagerumschlagshäufigkeit im Beschaffungssektor.

(b) Der Leiter des Controlling diskutiert mit der Unternehmensleitung über die Produktivitäts- und Rentabilitätskennziffern, Umsatz- und Gewinnhöhe.

(c) Der Controllingleiter ermittelt zusammen mit einem Controllingmitarbeiter den Cashflow und die gegebenen Liquiditätskennziffern.

(d) Der Controller berechnet die Fluktuations- und die Fehlzeitenquote im Leistungsbereich des Unternehmens.

(e) Der Controllingleiter legt die neuesten Zahlen zur Auslastung der Betriebsmittelkapazitäten vor.

(f) Das Controlling beschäftigt sich mit den neuen Strukturen der Data-Warehouse-Architektur.

(2) Ein Controller muss zur Wahrnehmung der ihm übertragenen Pflichten gegenüber Führungskräften in verschiedenen Funktionsbereichen in hohem Maße auf die Daten des Finanz- und Rechnungswesens zurückgreifen. Diese Tatsache hat eine Organisationsvariante entstehen lassen, derzufolge Controlling als Linienstelle in die zweite Leitungsebene einzuordnen ist. Gehen Sie von vier Leitern aus, von denen einer für das Finanz- und Rechnungswesen zuständig ist! Diesem ist der Controller unterstellt.

(a) Zeigen Sie anhand einer Organisationsaufbauskizze diese Organisationsvariante auf!

(b) Klären Sie die jeweiligen Vor- und Nachteile dieser Organisationslösung!

(3) Nehmen Sie an, dass in einem Unternehmen von einer normalen Fluktuationsrate (1) von 3 % ausgegangen wird. Es ist also geplant, möglichst wenig Kündigungen (2) von Mitarbeitern entgegen nehmen zu müssen. Im Unternehmensgeschehen des Produktionsbereichs zeigt es sich als störend, dass der autoritäre Vorgesetzte (3) zu laut und zu streng mit seinen Mitarbeitern umgeht.

Aus den Überwachungs-Daten (4) geht hervor, dass mittlerweile die Fluktuationsrate im Produktionsbereich bei 10 % liegt. Die Untersuchung (5) ergibt, dass diese Rate im Verhalten des Vorgesetzten begründet ist. Der Controller (6) steuert dagegen, indem er den Vorgesetzten entlässt (7). Nachdem die Störgröße weggefallen ist, liegt die Fluktuationsrate bei nur noch 1 %.

Zeichnen Sie ein Regelkreismodell mit den entsprechenden Elementen und Verbindungen (mit Zahlenreihenfolge)! Gehen Sie von einem Liniencontroller aus, der Mitglied der Unternehmensleitung ist!

Lösung s. Seite 642

Aufgabe 80: Controlling (Frühwarnung)

Der Personalleiter der Hurtig und Schnell AG in Mannheim ist besorgt über die Häufigkeit der nicht betrieblich verfügten Austritte des Personals in seinem Unternehmen. Außerdem beschäftigt er sich mit der Frage, ob noch genügend qualifizierter Nachwuchs im Unternehmen gegeben ist.

Prüfen Sie die folgende Tabelle und gehen Sie davon aus, dass die Fluktuationsquote durch den Quotienten von nicht betrieblich verfügten Austritten • 100 (z. B. durch Mitarbeiter) geteilt durch den durchschnittlichen Personalbestand pro Monat ermittelt wird.

	2011	**2012**	**2013**	**2014**	**2015**
Personalbestand pro Monat	600	550	500	450	400
Berufsjahre im Unternehmen	15	15	15	15	15
Austritte	60	50	45	40	35

(1) Ermitteln Sie aus den obigen Daten die entsprechenden Fluktuationsquoten für die Jahre 2011 bis 2015!

(2) Berechnen Sie für 2011:

(a)

$$\text{Nachwuchsbedarf} = \frac{\text{Personalbestand pro Monat}}{\text{Berufsjahre}}$$

(b)

$$\text{Nachwuchsquote} = \frac{\text{Nachwuchsbedarf} \cdot 100}{\text{Personalbestand}}$$

Lösung s. Seite 644

Lösung zu 1: Magisches Dreieck

(1) Folgende Formen des ökonomischen Prinzips sind gegeben:

(a) Maximalprinzip

(c) Minimalprinzip

(e) Optimalprinzip.

In den Fällen (b) und (d) ist kein ökonomisches Prinzip gegeben.

(2) Folgen einer starken Betonung des Humanitätsprinzips im Unternehmen:

- Motivation der Mitarbeiter kann steigen
- Betriebsklima kann sich verbessern
- Fehlzeiten können zurückgehen
- Fluktuation nach außen kann sinken
- Identifikation der Mitarbeiter mit dem Unternehmen kann steigen.

(3) Bei einer vorrangigen Bedeutung des Prinzips der Umweltschonung im Unternehmen können sich als Folgen ergeben:

- Verzicht auf Umwelt belastende Produktion
- Kauf von nicht Umwelt belastenden Produktionsfaktoren
- Vermeiden Umwelt belastender Produktionsverfahren
- Wettbewerbsfähigkeit des Unternehmens gegenüber Konkurrenten kann sinken
- Streben nach Umweltschonung kann im Rahmen der Public Relations verwertet werden.

(4) Aus der Betonung des Wirtschaftlichkeitsprinzips können sich ergeben:

- Umsatzsteigerungen
- Verringerung der Kosten
- Gewinnerhöhung
- Produktivitätsverbesserung
- Mitarbeiter können sich ausgebeutet fühlen.

Lösung zu 2: Ansätze und Prozesse

(1) Aufgaben zu Ansätzen der Betriebswirtschaftslehre

(a) Richtige Aussagen zum Führungsansatz:

- Der Führungsansatz wird auch Verhaltensansatz genannt.
- Interaktionsorientierte Konzepte sind Bestandteile des Führungsansatzes.

(b) Richtige Aussage zum Systemansatz:

- Die Führungsgröße bildet den Sollwert.

(c) Richtige Aussage zum Produktionsfaktoransatz:
   - Prinzip der Wirtschaftlichkeit.

(d) Richtige Aussage zum Entscheidungsansatz:
   - Ein wichtiger Bestandteil dieses Ansatzes ist das Zielsystem.
   - Phasen des Entscheidungsprozesses sind Willensbildung und -durchsetzung.

(e) Richtige Aussage zum Ökologieansatz:
   - Der Umweltschutz ist Bestandteil des Zielsystems der Unternehmung.

(f) Richtige Aussage zum institutionenökonomischen Ansatz:
   - Beim Property-Rights-Ansatz geht es um bestimmte Einzeltransaktionen.

(g) Richtige Aussagen zum Prozessansatz:
   - Geschäftsprozesse unterscheiden sich von Führungsprozessen.
   - Führungsprozesse sind dem Führungsansatz und dem Prozessansatz zuordenbar.

(2) Aufgaben zu betrieblichen Prozessen

(a) Der Einkäufer im Materialbereich des holzverarbeitenden Unternehmens bestellt bei einem Holzlieferanten 10 Holzbretter zu je 8 m Länge, 1 Liter Leim und drei Kartons Nägel.

Die Bretter werden in der Produktionsabteilung unter Einsatz von Betriebsmitteln zu einem Schrank verarbeitet. Der fertige Schrank wird vom Versand der Marketingabteilung an den Kunden geliefert.

(b) Der Leiter des Unternehmens gibt dem Produktionsleiter den Auftrag, einen Plan anzufertigen, nach dem der Schrank herzustellen ist. Der Produktionsleiter informiert den Meister der Werkstatt über die Plandaten. Dieser führt mit zwei Arbeitern ein Gespräch über den Aufbau und Ablauf der Schrankerstellung.

(c) Der Kunde bezahlt den Preis dieses Schrankes per Überweisung, die von der Finanzabteilung des holzverarbeitenden Unternehmens erfasst wird. Ein Teil dieser Finanzmittel wird zur Bezahlung der Lieferantenrechnungen für die Holzbretter, den Leim und für die Nägel verwendet.

Lösung zu 3: Interne/externe Teilnehmer

(1)

Interne Teilnehmer	Ebene	Zuständigkeit	Aufgaben
Vorstand	Oberes Management	Unternehmensleitung	Strategische Entscheidungen
Aufsichtsrat	Oberes Management	Überwachung der Unternehmensleitung	Kontrolle von Entscheidungen des Vorstandes
Abteilungsleiter	Mittleres Management	Aufgaben und Probleme innerhalb der Abteilung	Taktische Aufgaben
Gruppenleiter	Unteres Management	Aufgaben und Probleme innerhalb der Gruppe	Operative Aufgaben
Sachbearbeiter	Ausführende Ebene	Zugeordnete Arbeitsaufgabe	Aufgabenerfüllung und Kontrolle seines Arbeitsergebnisses
Betriebsrat	Alle Ebenen	Überwachung der Einhaltung von Arbeitnehmerrechten	Interessenvertretung der Arbeitnehmer

(2)

Externe Teilnehmer	Merkmale	Bedeutung im Hinblick auf	Einfluss
Lieferanten	Hauptlieferant	Kosten bzw. Qualität der Inputfaktoren	Je nach Marktstellung
Kunden	Stammkunden	Gesicherter Absatz, Mundpropaganda	Abhängig von der Gesamtzahl der Kunden bzw. Kundenmacht
Konkurrenten	Hauptkonkurrent	Wettbewerb, Produktprogramm	Je nach Marktstellung
Kreditinstitute	Hausbank	Vermögensverwaltung, Mitsprachemöglichkeiten, Kredithöhe	Je nach Kreditbedarf

(3)

Sonstige Teilnehmer	Merkmale	Bedeutung	Einfluss
Aktionär	Eigenkapitalgeber	Hängt von der Anzahl der Stimmrechte ab	Je nach Kapitalanteil
Berater	Fachkompetenz	Sehr groß, wenn aufgrund der Untersuchungsergebnisse weitreichende Entscheidungen getroffen werden	Je nach Machtverhältnissen

Lösung zu 4: Kennzahlen

(1)

$$\text{Wirtschaftlichkeit} = \frac{\text{Sollkosten}}{\text{Istkosten}}$$

Unternehmen A:

$$W = \frac{73{,}0}{74{,}2} = \mathbf{0{,}98}$$

Unternehmen B:

$$W = \frac{26{,}0}{25{,}3} = \mathbf{1{,}03}$$

Unternehmen C:

$$W = \frac{21{,}0}{21{,}8} = \mathbf{0{,}96}$$

Das Unternehmen B arbeitet wirtschaftlicher als die beiden anderen Unternehmen, weil die Istkosten niedriger als die Sollkosten sind.

(2)

$$\text{Arbeitsproduktivität} = \frac{\text{Erzeugte Menge}}{\text{Beschäftigte}}$$

Unternehmen A:

$$P = \frac{3.000.000}{270.000} = \mathbf{11{,}1} \text{ Stck./Beschäftigten}$$

Unternehmen B:

$$P = \frac{1.000.000}{56.000} = \mathbf{17{,}86} \text{ Stck./Beschäftigten}$$

Unternehmen C:

$$P = \frac{880.000}{48.000} = \mathbf{18{,}3} \text{ Stck./Beschäftigten}$$

Die Arbeitsproduktivität ist bei den Unternehmen C und B besonders hoch.

(3)

$$\text{Umsatzrentabilität} = \frac{\text{Erfolg}}{\text{Umsatz}} \cdot 100$$

Unternehmen A:

$$R = \frac{1{,}8 \cdot 100}{76} = \mathbf{2{,}37}$$

Unternehmen B:

$$R = \frac{1{,}8 \cdot 100}{27} = \mathbf{6{,}30}$$

Unternehmen C:

$$R = \frac{0{,}2 \cdot 100}{22} = \mathbf{0{,}91}$$

Die Ergebnisse zeigen, dass das Unternehmen B bei einem Vergleich der Kennzahlen am besten abschneidet.

Lösung zu 5: Liquidität

(1) Berechnung der Liquidität:

(a) Liquidität 1. Grades:

$$L_1 = \frac{\text{Kassenbestand + Postscheck}}{\text{kurzfristige Verbindlichkeiten}} \cdot 100$$

$$L_1 = \frac{80.000 + 300.000}{600.000} \cdot 100 = \mathbf{63{,}33\ \%}$$

Die kurzfristigen Verbindlichkeiten können zu 63,33 % durch die flüssigen Mittel abgedeckt werden (Barliquidität).

(b) Liquidität 2. Grades:

$$L_2 = \frac{\text{Kassenbestand + Postscheck + Forderungen}}{\text{kurzfristige Verbindlichkeiten}} \cdot 100$$

$$L_2 = \frac{80.000 + 300.000 + 820.000}{600.000} \cdot 100 = \mathbf{200\ \%}$$

Die kurzfristigen Verbindlichkeiten können unter Einbezug der flüssigen Mittel bzw. der Forderungen zu 200 % abgedeckt werden (Liquidität auf kurze Sicht).

(c) Liquidität 3. Grades:

$$L_3 = \frac{\text{Kassenbestand + Postscheck + Forderungen + Vorräte}}{\text{kurzfristige Verbindlichkeiten}} \cdot 100$$

$$L_3 = \frac{80.000 + 300.000 + 820.000 + 900.000}{600.000} \cdot 100 = \mathbf{350\ \%}$$

Das gesamte Umlaufvermögen ist dreieinhalb (350 %) mal so groß wie die gesamten kurzfristigen Verbindlichkeiten (Liquidität auf mittlere Sicht).

(2) Die Löffler & Kampe AG befindet sich zum Berechnungszeitpunkt im finanziellen Gleichgewicht:

Einzahlungen:			+ Umsatz 663 Mio. €
Auszahlungen:	- Personalaufwand	130 Mio. €	
	- Materialaufwand	310 Mio. €	
	- Ertragssteuern	7 Mio. €	
	- Abschreibungen	11 Mio. €	458 Mio. €
	= Auszahlungsüberhang		205 Mio. €

Da die finanziellen Mittel 220 Mio. € betragen, besteht ein Mittelüberschuss von 15 Mio. €.

Lösung zu 6: Faktor-/Branchen-/Standortbezug

(1) Materialintensive Unternehmen: Produktionsfaktor Werkstoffe
Anlageintensive Unternehmen: Produktionsfaktor Betriebsmittel
Arbeitsintensive Unternehmen: Produktionsfaktor Arbeit

(2) Die genannten Unternehmen sind:

(a) Industrieunternehmen
(b) Versicherungsunternehmen
(c) Bankunternehmen
(d) Verkehrsunternehmen
(e) Handelsunternehmen
(f) Verkehrsunternehmen
(g) Industrieunternehmen
(h) Fremdenverkehrsunternehmen.

(3) Bestandteil der Auslandsorientierung einer Maschinenfabrik können sein:

- Absatzorientierung (ggf. Absatzmarkt vor Ort)
- Arbeitsorientierung (ggf. kostengünstigere Arbeitskräfte)
- Umweltorientierung (ggf. weniger umweltschützende Vorschriften)
- Abgabenorientierung (ggf. geringere Abgaben/Steuern).

(4) Der günstigste Standort ist unter den gegebenen Bedingungen Finnland:

	Besteuerung in % des Gewinns	**Gewinn vor Steuern** Mio. €		**Steuer-belastung** Mio. €		**Gewinn nach Steuern** Mio. €
Deutschland	29,8 %	3,11	-	0,93	=	2,18
Finnland	26,0 %	4,22	-	1,10	=	**3,12**
Schweden	28,0 %	4,10	-	1,15	=	2,95
Dänemark	25,0 %	4,02	-	1,01	=	3,01

Lösung zu 7: Größe des Unternehmens

Die Unternehmen sind nach § 267 HGB:

(1) Unternehmen X ist ein Großunternehmen.
(2) Dieses ist ein Kleinunternehmen.
(3) Unternehmen Z ist ein mittleres Unternehmen.

Lösung zu 8: Entscheidungen

(1) Phasen des Willensbildungsprozesses:

(a) Anregungsphase
(b) Suchphase
(c) Entscheidungsphase

(d) Suchphase

(e) Anregungsphase

(f) Suchphase

(g) Entscheidungsphase

(2) Hierbei handelt es sich um eine Entscheidung unter Unsicherheit. Es sind hier keine objektiven Wahrscheinlichkeiten ermittelbar, lediglich subjektive Wahrscheinlichkeiten des Planers.

(3) Entscheidungsarten:

(a) Gründungsentscheidung

(b) Zusammenschlussentscheidung

(c) Organisationsentscheidung

(d) Durchführungsentscheidung

(e) Durchführungsentscheidung

(f) Krisenentscheidung

(g) Zusammenschlussentscheidung

(h) Gründungsentscheidung

Lösung zu 9: Bereiche

Die Aufgaben sind folgenden Bereichen zuzuordnen:

Aufgabe	Aufgabeninhalt	Bereiche
1	Planung von Vorgabezeiten	Produktionsbereich
2	Disposition von Kursen für Mitarbeiter	Personalbereich
3	Güterbeschaffung von Lieferanten	Materialbereich
4	Erstellung von EDV-Programmen	Informationsbereich
5	Ermittlung des Bilanzgewinns	Rechnungswesen
6	Frühwarnindikatoren erfassen	Controllingbereich
7	Forderungen eintreiben	Finanzbereich
8	Rabattpolitik betreiben	Marketingbereich
9	Umfrage durchführen	Marketingbereich
10	Ausgabe neuer Aktien	Finanzbereich
11	Einschaltung eines Personalberaters	Personalbereich
12	Abrufen von Internetdaten	Informationsbereich
13	Auswertung der Kosten- und Leistungsrechnung	Rechnungswesen
14	Aufstellen eines Produktszenarios	Controllingbereich
15	Anwendung des neuen Entgeltfortzahlungsgesetzes	Personalbereich

Lösung zu 10: Führung

(1)

Rechtsformen	Unternehmensleiter
Einzelunternehmen	Unternehmer
BGB-Gesellschaft	Geschäftsführender Gesellschafter
OHG	Geschäftsführender Gesellschafter
KG	Komplementär
GmbH	Geschäftsführer
KGaA	Persönlich haftender Gesellschafter
AG	Vorstand
Genossenschaft	Vorstand
Verein	Vorstand

(2) Die genannten Aufgaben obliegen der

(a) Gruppenleitung

(b) Bereichsleitung Marketing

(c) Unternehmensleitung

(d) Bereichsleitung

(e) Unternehmensleitung

(f) Bereichsleitung Finanzen.

(3) (a) Intrigen sind Machenschaften, mit denen ein Gruppenmitglied anderen Gruppenmitgliedern zu schaden versucht. Manche Gruppenmitglieder setzen die Intrige als Mittel ein, um sich persönliche Vorteile zu verschaffen. Solcher Psychoterror wird auch als Mobbing bezeichnet.

(b) Intriganten sind Gruppenmitglieder, die hinter dem Rücken der Kollegen ihr heimtückisches Spiel betreiben. Ein Intrigant ist in seinem Innersten ein falscher Mensch. Er verfolgt beispielsweise als Ränkeschmied rein egoistische Ziele und ist im Unternehmen häufig als „Radfahrer“ bekannt.

(c) Dem Verhalten von Herrn Unhold ist in einem persönlichen Gespräch der bremsende Führungsstil entgegenzusetzen. Er muss möglichst bald merken, dass der Chef das Tun längst durchschaut hat. Wenn man als 26-Jähriger erst eine Woche Urlaubsvertretung gemacht hat, sollte er sich solche Urteile über einen als fähig bekannten, erheblich älteren Mitarbeiter nicht anmaßen.

Der Vorgesetzte sollte den Intriganten nach den Gründen seines Verhaltens fragen. Der Vorgesetzte sollte ihm sagen, dass dieses Verhalten nicht zum gegebenen Gruppendenken passt. Die Führungskraft muss deutlich erkennen lassen, dass sie künftig von solchen Äußerungen verschont bleiben möchte.

Lösung zu 11: Bürgerliches Recht

Die Rechtssituationen sind in folgender Weise zu beurteilen:

(1) Der Auszubildende ist beschränkt geschäftsfähig. Das Rechtsgeschäft ist schwebend unwirksam. Der Taschengeldparagraf findet hier keine Anwendung, weil u. a. Versicherungen, Benzin usw. als Folgekosten zu tragen sind. Der Vertrag ist ohne Genehmigung der Eltern nicht wirksam, also nichtig (§§ 106, 110 BGB).

(2) Ein 6-Jähriger ist geschäftsunfähig. Seine Willenserklärung ist nichtig. Die Mutter darf das Geld zurückfordern (§§ 104, 105 BGB).

(3) Die 19-Jährige ist voll geschäftsfähig. Durch ihre schlüssige Willenserklärung ist das Rechtsgeschäft voll wirksam (§ 2 BGB).

(4) Herr Angst sieht sich der widerrechtlichen Drohung des Händlers ausgesetzt. Der Käufer kann das Rechtsgeschäft binnen Jahresfrist anfechten (§§ 123, 124 BGB).

(5) Dieses Rechtsgeschäft (Kaufvertrag) ist nichtig, da es gegen die Formvorschrift verstößt. Damit es Gültigkeit erlangt, muss es notariell beurkundet werden (§§ 128, 313 BGB).

Lösung zu 12: Handelsrecht

Die Rechtshandlungen sind in folgender Weise zu beurteilen:

(1) Die Vorschriften über die Prokura finden keine Anwendung auf Nichtkaufleute. Prokura darf nur vom Kaufmann erteilt werden (§ 48 HGB).

(2) Die Beschränkung des Umfangs der Prokura ist Dritten gegenüber unwirksam (§ 50 HGB). Der Kaufmann muss am Verfalltag zahlen. Das Verhalten von Hurtig hat für diesen nur im Innenverhältnis Folgen.

(3) Ein Prokurist ist dazu berechtigt, weil diese Aufgabe zu den Rechtsgeschäften gehört, die er ausführen darf (§ 49 HGB).

(4) Mit allgemeiner Handlungsvollmacht darf Frau Reis keine Darlehen aufnehmen, wenn sie dazu keine besondere Vollmacht hat (§ 54 Abs. 2 HGB).

(5) Herr Schnell war als Inhaber eines Kfz-Meisterbetriebes bisher Nichtkaufmann. Durch den Erwerb des Autohauses wird er zum Istkaufmann (§ 1 HGB).

(6) Der Prokurist Peter Gedankenlos überschreitet seine Kompetenz. Gemäß § 49 Abs. 2 HGB darf ein Prokurist ohne besondere Ermächtigung des Betriebsinhabers keine Betriebsgrundstücke veräußern.

Lösung zu 13: Sonstiges Wirtschaftsrecht

(1) Die einzelnen Erzeugnisse bzw. Verfahren sind wie folgt zuzuordnen:

- (a) Warenzeichen
- (b) Gebrauchsmuster
- (c) Patent
- (d) Gebrauchsmuster
- (e) Geschmacksmuster
- (f) Warenzeichen.

(2) Arbeitsrecht
  (a) Individualarbeitsrecht
  (b) Kollektivarbeitsrecht
  (c) Kollektivarbeitsrecht
  (d) Kollektivarbeitsrecht
  (e) Individualarbeitsrecht

(3) Sozialrecht
  (a) Die Pflegeversicherung besteht aus der gesetzlichen Pflegeversicherung und der privaten Pflichtversicherung. Sie ist ein eigenständiger Zweig der Sozialversicherung, neben der Renten-, Kranken-, Arbeitslosen- und Unfallversicherung.
  (b) Versicherungspflichtig sind grundsätzlich alle Personen, für die Versicherungspflicht in der Krankenversicherung besteht.
  (c) Die Leistungen beziehen sich auf die häusliche Pflege und auf die stationäre Pflege. Als Leistungen werden Dienst-, Sach- und Geldleistungen zur Grundpflege und häuslichen Versorgung sowie in bestimmtem Umfang Kostenerstattung gewährt.
  (d) Die Beiträge werden je zur Hälfte von Arbeitgebern und Arbeitnehmern aufgebracht.

Lösung zu 14: Gründung

(1) Motive können beispielsweise sein:
- Unabhängigkeit
- höheres Ansehen
- Durchsetzung eigener Ideen
- Umgehung des Kündigungsrisikos
- Nutzung von Marktchancen.

(2) Voraussetzungen sind vor allem:
- Bestimmung des Geschäftszweiges
- Festlegung der Kapitalbeschaffung
- Klärung der Investitionsmöglichkeiten
- Bestimmung der Bankverbindungen
- Beschaffung von Informationen
- Knüpfen von Kontakten.

(3) Im Handelsregister einzutragende Angaben sind:
- Firma
- Gegenstand des Unternehmens
- Name der Geschäftsinhaber

- Namen der persönlich haftenden Gesellschafter
- Rechtsverhältnisse.

(4) Die Wirkungen der Eintragung in das Handelsregister sind:

(a) Die Verträge sind ab 01.02.2013 gültig.

(b) Die Eintragung hat deklaratorische Wirkung, d. h. die Wirkung tritt bereits vor der Eintragung ein.

(c) Die Eintragung erfolgt in Abteilung A.

(d) Die Wirkung ist deklaratorisch, da Herr Fuchs ein Istkaufmann ist. Sie ist lediglich rechtserklärend (§§ 1, 29 HGB).

Lösung zu 15: Entwicklung

(1) Die Entwicklungsmöglichkeiten können im güterwirtschaftlichen Prozess sein:

	Positive Einflüsse	**Negative Einflüsse**
Materialbereich	Fallende Beschaffungspreise Hoher Lagerumschlag	Lange Lieferzeiten Schwund
Produktionsbereich	Funktionsfähige Maschinen Wenig Ausschussproduktion	Kapazitätsengpässe Überlastung
Marketingbereich	Fähiges Verkaufspersonal Neue Absatzwege	Preiserhöhungen Rabattschleuderei

(2) Folgen der genannten positiven Einflüsse können sein:

Positive Einflüsse	**Folgen**
Volle Auftragsbücher	Kapazitätsauslastung Verbesserung der Marktstellung Erweiterungsinvestitionen
Hohe Arbeitszufriedenheit	Geringe Fehlzeiten Geringe Fluktuation Hohe Mitarbeitermotivation

(3) Als Folgen negativer Einflüsse können genannt werden:

Negative Einflüsse	**Folgen**
Preiserhöhungen	Kostensteigerung Gewinnverminderung Rationalisierung
Gesetzliche Restriktionen	Standortverlagerung Produktionsstilllegung Kündigungen

Lösung zu 16: Sanierung

(1)

AKTIVA	Sanierungseröffnungsbilanz		PASSIVA
	Euro		Euro
Grundstücke	100.000	Eigenkapital	120.000
Gebäude	80.000	Darlehen	180.000
Waren	60.000	Verbindlichkeiten	140.000
Forderungen	140.000		
Zahlungsmittel	40.000		
Verlust	20.000		
	440.000		440.000

S	Grundstücke		H
AB	100.000	SB	100.000

S	Eigenkapitalkonto		H
SB	120.000	AB	120.000

S	Gebäude		H
AB	80.000	SB	80.000

S	Darlehen		H
SB	180.000	AB	180.000

S	Waren		H
AB	60.000	SB	60.000

S	Verbindlichkeiten		H
Sanikonto	28.000	AB	140.000
SB	112.000		

S	Forderungen		H
AB	140.000	SB	140.000

S	Wertberichtigung		H
SB	8.000	Sanikonto	8.000

S	Zahlungsmittel		H
AB	40.000	SB	40.000

S	Sanierungskonto		H
Bil.verlust/ Wertberichtig.	28.000	Verlust	28.000

S	Verlust		H
AB	20.000	Sanikonto	20.000

Die Buchungssätze lauten:

1.

Verbindlichkeiten	28.000 €	
an Sanierungskonto		28.000 €

2.

Sanierungskonto	28.000 €	
an Bilanzverlust		20.000 €
an Wertberichtigung		8.000 €

AKTIVA	Sanierungsschlussbilanz		PASSIVA
	Euro		Euro
Grundstücke	100.000	Eigenkapital	120.000
Gebäude	80.000	Darlehen	180.000
Waren	60.000	Wertberichtigung auf	
Forderungen	140.000	Forderungen	8.000
Zahlungsmittel	0.000	Verbindlichkeiten	112.000
	420.000		420.000

(2) Folgende Maßnahmen könnten ergriffen werden:

- personelle Maßnahmen, z. B. einen neuen Prokuristen bestellen
- organisatorische Maßnahmen, z. B. nach Kosteneinsparungen suchen
- sonstige Maßnahmen, z. B. Abstoßen unwirtschaftlich arbeitender Betriebsmittel.

(3) Die Durchsetzung von Maßnahmenprogrammen stößt in der Praxis oft auf erhebliche Widerstände. Zum Teil liegt die Begründung in den meist hohen Anforderungen des Tagesgeschäfts bzw. in einer gewissen Abneigung gegen Veränderungen.

Deshalb ist es sinnvoll, zur Durchsetzung der Sanierungsprogramme eine systematische Erfolgskontrolle durchzuführen.

Lösung zu 17: Insolvenz

(1) **Aktiva**

Grundstücke	150.000 €	
- Hypothek	120.000 €	30.000 €
Maschinen	60.000 €	
- Sicherungsübereigung	5.000 €	55.000 €
Waren	40.000 €	
- Eigentumsvorbehalt	10.000 €	30.000 €
Forderungen		30.000 €
Bargeld		7.000 €
Verfügbare Insolvenzmasse		**152.000** €

Passiva

Masseschulden	12.000 €
Masseverbindlichkeiten	110.000 €
Insolvenzgläubiger-Verbindlichkeiten	330.000 €
Nachrangige Insolvenzgläubiger-Verbindlichkeiten	5.500 €
	457.500 €

(2)

Verfügbare Insolvenzmasse	152.000 €
- Massekosten	12.000 €
- Masseverbindlichkeiten	110.000 €
Gedeckte Insolvenzmasse	**30.000** €

(3) Die Insolvenzgläubiger-Verbindlichkeiten betragen 330.000 € und die gedeckte Insolvenzmasse beläuft sich auf 30.000 €.

Das entspricht einem Bruchteil von $\frac{30.000}{330.000}$

Also erhält ein Insolvenzgläubiger nur einen Bruchteil von $\mathbf{\frac{1}{11}}$ seines Vermögensanspruchs.

Lösung zu 18: Liquidation

(1) Die Liquidations-Eröffnungsbilanz enthält folgende Informationen:

AKTIVA	Schlussbilanz		PASSIVA
	Euro		Euro
Anlagevermögen	1.850.000	Stammkapital	3.750.000
Umlaufvermögen	3.500.000	Verbindlichkeiten	1.600.000
	5.350.000		5.350.000

(2) Die Gläubiger sollen erkennen können, dass sich das Unternehmen in Auflösung befindet.

(3) Der Veräußerungsgewinn wird wie folgt ermittelt:

Erzielter Verkaufserlös	5.800.000 €
- Veräußerungskosten	143.000 €
= Nettoverkaufserlöse	5.657.000 €
- Summe der Buchwerte des Betriebsvermögens	5.350.000 €
= Veräußerungsgewinn	**307.000 €**

Lösung zu 19: Offene Handelsgesellschaft

(1)

Gesell-schafter	Einlagen Anteile	4 % der Einlage	Rest des Gewinns	Gesamt-gewinn
A	130.000	5.200	23.300	28.500
B	50.000	2.000	23.300	25.300
C	20.000	800	23.300	24.100
	200.000	8.000	69.900	77.900

65 % von 200.000 €
sind 130.000 €

77.900 €
- 8.000 €
69.900 € : 3 (nach Köpfen)
= **23.300 €**

(2)

Vorteile	Nachteile
▸ Kreditwürdigkeit ist größer. ▸ Unternehmerrisiko wird verteilt. ▸ Bessere Nutzung der unterschiedlichen Kenntnisse und Fähigkeiten der Gesellschafter erhöht die Qualität der Geschäftsführung.	▸ Dem Unternehmenswachstum sind i. d. R. finanzielle Grenzen gesetzt. ▸ Kommt es zu Meinungsverschiedenheiten der Gesellschafter, kann der Bestand des Unternehmens gefährdet sein. ▸ Unbeschränkte, direkte, gesamtschuldnerische Haftung.

(3) Der Lieferant kann die Zahlung von Herrn Maier verlangen. Jeder Gesellschafter haftet für die Schulden im Rahmen der OHG:

- unbeschränkt, d. h. die Haftung erfolgt auch mit dem Privatvermögen
- unmittelbar, d. h. jeder Gläubiger kann sich an jeden Gesellschafter wenden
- gesamtschuldnerisch, d. h. alle Gesellschafter haften für die Verbindlichkeiten der OHG persönlich als Gesamtschuldner.

Lösung zu 20: Kommanditgesellschaft

(1)

	Einzelunternehmer	Kommanditist
Leitung	Er leitet das Unternehmen allein und er trägt auch das Risiko allein.	Er ist nicht zur Unternehmensleitung berechtigt.
Firma	Sie muss mindestens einen ausgeschriebenen Vornamen und den Zunamen enthalten.	Die KG ist eine Personen-, Sach-, Fantasie- oder Mischfirma. Der Name des Kommanditisten darf nicht in der Firma erscheinen.
Gewinnverteilung	Es erfolgt keine Teilung des Gewinns.	Nach HGB vom Jahresreingewinn 4 % der Einlage und der Restgewinn wird im angemessenen Verhältnis zum Vollhafter verteilt.
Information	Sie ist jederzeit möglich.	Einsicht ist nur am Ende des Jahres möglich, sonst über das Amtsgericht.
Privatentnahme	Sie ist unbegrenzt möglich.	Sie ist nicht möglich.
Widerspruchsrecht	Keine Meinungsverschiedenheiten.	Bei außergewöhnlichen Geschäftshandlungen.
Einlagepflicht	Er bringt das Kapital allein auf.	Einlage erfolgt in Geld oder Sachen.
Haftpflicht	Mit dem gesamten Privat- und Geschäftsvermögen.	Haftung nur mit der Einlage, Privatvermögen haftet nicht.

(2)

Gesell-schafter	Einlagen	4 % der Einlage	Schlüssel	1 Gewinn-anteil	vorl. Anteil	endgült. Anteil
A	240.000	9.600	2	27.840	55.680	**65.280**
M	200.000	8.000	2	27.840	55.680	**63.680**
F	80.000	3.200	1	27.840	27.840	**31.040**
		20.800	5			**160.000**

160.000 €
- 20.800 €
139.200 € : 5 = **27.840** €

(3) Herr Froh kann in der Kommanditgesellschaft Teilhafter oder Stiller Gesellschafter werden. In beiden Fällen ist er nach §§ 164, 233 HGB nicht an der Unternehmensführung beteiligt.

Lösung zu 21: Stille Gesellschaft/GdbR

(1) (a) Möglichkeiten sind beispielsweise:

- Anzeige in Tageszeitungen
- Anzeige in Fachzeitschriften
- über IHK oder Handwerkskammer
- Suche im Familien- und Bekanntenkreis
- Kontaktaufnahme mit Geschäftspartnern.

(b) Eine stille Gesellschaft kann enden durch:

- Liquidation
- Insolvenz
- Kündigung
- Zeitablauf.

(2) Die Aufschrift „ARGE PYLON“ ist eine Kurzbezeichnung für eine Arbeitsgemeinschaft, die den „Pylon“ (Brücke) zu renovieren hat. Mehrere Bauunternehmen haben sich zusammengeschlossen, um dieses große Bauprojekt gemeinsam zu bewältigen. Ein Unternehmer allein würde dazu finanziell und kapazitätsmäßig nicht in der Lage sein.

Solche Arbeitsgemeinschaften werden als vertragliche Vereinigung von Unternehmen gebildet, die ein gemeinsames Ziel verfolgen. Die Gesellschaft des Bürgerlichen Rechts (GdbR) ist für diese Arbeitsgemeinschaft eine typische Rechtsform.

(3) (a) Als Gesellschaftsform kommt hier die Gesellschaft des bürgerlichen Rechts (GdbR) in Betracht. Es handelt sich um eine vertragliche Personenvereinigung. Diese besitzt keine Rechtsfähigkeit. Die BGB-Gesellschaft kann zu jedem beliebigen Zweck gegründet werden, sofern keine rechtlichen Bestimmungen dagegenstehen.

(b) Die GdbR kann vertreten werden:

- durch alle Gesellschafter gemeinschaftlich
- indem mehrere hierzu beauftragte Gesellschafter die Gesellschaft vertreten
- durch einen beauftragten Gesellschafter allein.

Lösung zu 22: Gesellschaft mit beschränkter Haftung

(1) Herr Ketzer kann eine GmbH allein gründen. Er hat zu beachten:

(a) gemischte Firma ist möglich

(b) Personenfirma ist möglich, aber auch Sach-, Fantasie- oder Mischfirma

(c) als GmbH nicht möglich, nur bei Einzelunternehmung

(d) Sachfirma möglich.

(2) Das Stammkapital ist das gezeichnete Kapital. Es setzt sich aus den Stammeinlagen aller Gesellschafter zusammen. Eine Stammeinlage ist dagegen der von einem Gesellschafter übernommene Anteil am Stammkapital.

Unter dem Geschäftsanteil versteht man dagegen den echten Anteil am Vermögen der GmbH. Dieser Anteil ist um die stillen und offenen Rücklagen bereinigt. Er wird also in der Regel höher sein als die Stammeinlage. Scheidet ein Gesellschafter aus, verlangt er normalerweise auch seinen „Geschäftsanteil".

(3) Herr Ketzer hat neben der Möglichkeit, die 25.000 € sofort voll einzuzahlen auch noch die Alternative, nur die Hälfte des Mindeststammkapitals einzuzahlen und die restlichen Euro über Sicherheiten, z. B. eine Bankbürgschaft, abzusichern (gem. § 7 GmbH-Gesetz).

Lösung zu 23: Aktiengesellschaft / KGaA

(1) Indem Herr Pfisterer die Unternehmensleitung als Vorsitzender aus der Hand gibt, aber gleichzeitig sich als Vorsitzender des Aufsichtsrates wählen lässt. Herr Pfisterer könnte in Zusammenarbeit mit anderen Mitgliedern des Aufsichtsrates bzw. den Vertretern der Anteilseigner im Aufsichtsrat den Vorstand bestellen und entlassen. Gleichzeitig ist der Vorstand verpflichtet, dem Aufsichtsrat regelmäßig Bericht zu erstatten.

(2) Vergleich zwischen AG und GmbH

Merkmale	AG	GmbH
Mindesthöhe des gezeichneten Kapitals	50.000 €	25.000 €[1]
Mindesteinlage	1 €	1 €
Organe	Vorstand Aufsichtsrat Hauptversammlung	Geschäftsführer ggf. Aufsichtsrat Gesellschafterversammlung

(3) Eine eventuell zu gründende Hans Pfisterer KGaA stellt eine Kombination von AG und KG dar. Sie ist eine juristische Person. Hier gibt es mindestens einen Gesellschafter, der persönlich haftet. Die übrigen Gesellschafter sind über ihre Aktien am Unternehmen beteiligt, ohne persönlich zu haften. Werden durch die Haupt-

[1] Das Gesetz zur Modernisierung des GmbH-Rechts (MoMiG) regelt seit 2008 für eine Mini-GmbH, dass das Stammkapital mind. 1 € betragen muss (Haftungsbeschränkte Unternehmensgesellschaft).

versammlung irgendwelche Beschlüsse getroffen, die die Belange des persönlich haftenden Gesellschafter betreffen, so sind sie nur mit dessen Zustimmung umsetzbar.

Lösung zu 24: Sonstige Rechtsformen

(1) (a) Die typische GmbH & Co KG ist eine Kommanditgesellschaft, bei der eine GmbH der Komplementär ist. Die GmbH-Gesellschafter sind zugleich die Kommanditisten der KG (auch Herr Sauber). Hier werden die Vorteile der KG erhalten, aber die volle Haftung des Komplementärs wird „umgangen".

(b) Die Gesellschafter sind mit einem geringen Betrag an einer GmbH beteiligt, die als Vollhafter fungiert (mindestens 25.000 €). Das erforderliche Kapital wird in Form von Kommanditeinlagen geleistet. Beide Gesellschafter können sich als Geschäftsführer der GmbH bestellen (evtl. Kompetenzabgrenzung zwischen Herrn Sauer und Herrn Zünftig). Der Gewinn, der dem Komplementär zusteht, kann durch die Geschäftsführer-Gehälter aufgezehrt werden.

(c) Im Falle einer AG & Co KG übernimmt die Aktiengesellschaft als juristische Person die Stellung des Komplementärs. Sie haftet mit einem Kapital von mind. 50.000 €. Herr Sauber und Herr Zünftig bzw. u. U. weitere Personen sind als Aktionäre die Kommanditisten.

(2) (a) Volks- und Raiffeisenbank Ludwigshafen eG, Winzerkeller Leinigerland eG, Winzergenossenschaft Deidesheim eG.

(b)

Einzahlung H. Koller	1.000 €
- Verlustanteil	100 €
+ Gewinnanteil	250 €
Geschäftsguthaben	**1.150** €
Haftsumme Koller	**1.500** €

Lösung zu 25: Projektorganisation

(1) Auftrag eines Großunternehmens

(a) Fuhrpark
Kostenrechnung
Materialwirtschaft

(b) Erarbeitung eines Umsetzungsplanes
Koordination der Umsetzung
Koordination zwischen den Abteilungen
Imformation der betroffenen Abteilungen
Kontrolle der Umsetzung

(2) Der Lösungsvorschlag umfasst folgende **Stabs-Projektorganisation**:

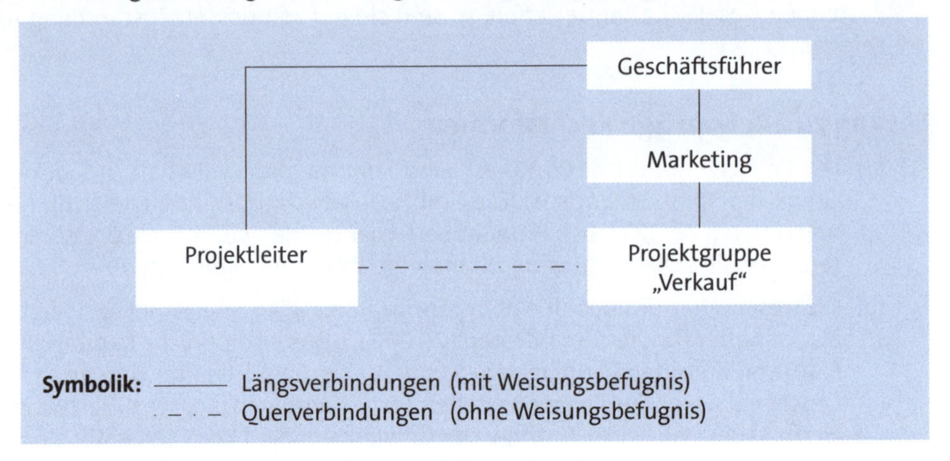

Lösung zu 26: Aufbau-/Prozessorganisation

(1) Der Organisator kommt zu folgendem Ergebnis:

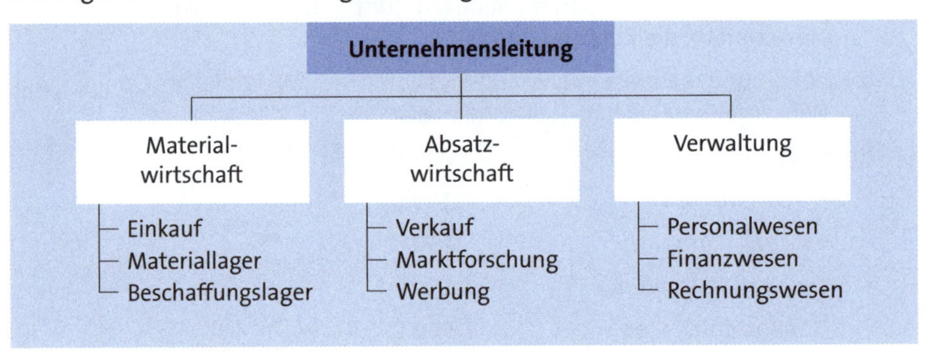

(2) (a) Es handelt sich um eine Spartenorganisation, die auch Divisionalorganisation genannt wird.

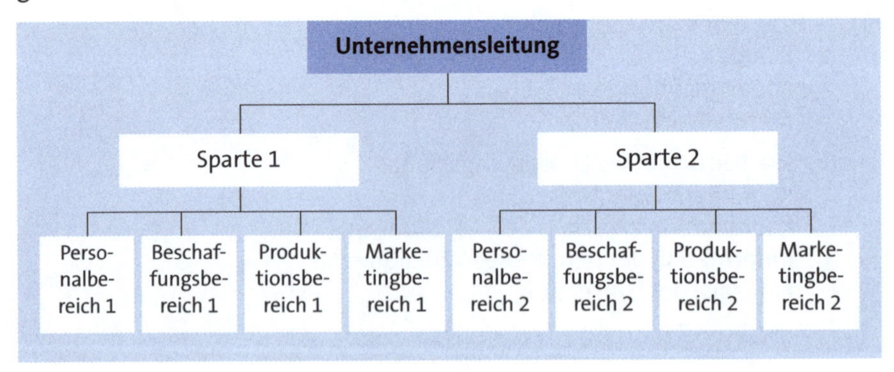

(b) Zielsetzungen
- Entlastung der Geschäftsleitung, die sich auf die eigentlichen Führungsaufgaben konzentrieren kann
- mehr Vertrauen in Mitarbeiter und Potenzialnutzung
- Entscheidungsfreiräume und bessere Motivation der Mitarbeiter
- Eigenverantwortlichkeit der Spartenleiter für den Gewinn

(c) Probleme
- Dezentralleiter stellen Divisionsinteressen zu sehr in Vordergrund
- Ressortdenken und Hausmachtpolitik sind möglich
- Doppelarbeit bei Herstellung ähnlicher Erzeugnisse ist denkbar

(3) (a) Sie sollte eine Systemanalyse erwägen. Bei der Systemanalyse wird die bisherige Organisationsstruktur auf ihre Effizienz hin untersucht. Als Maßnahmen hierzu können z. B. die Befragung der Mitarbeiter bzw. die Beobachtung der Mitarbeiter kommen.

(b) Bearbeitung der Bestellungen per EDV
- Standardisierung der Bestellarbeiten
- Bestellungen mit Eingangs- und Endbearbeitungsstempel versehen
- Schulen der Mitarbeiter in der Bestellbearbeitung
- Verknüpfen der Bestell-(Auftrags-)bearbeitung mit der Produktions- und der Materialwirtschaft

Lösung zu 27: Unternehmenszusammenschlüsse

(1) Es handelte sich um:

(a) Konzern
(b) Beteiligungen
(c) Kartell
(d) Kartell
(e) Konzern.

(2)
- gemeinsame Werbung
- Planung und Durchführung gemeinsamer Veranstaltungen, wie z. B. Preisausschreiben
- Planung und Durchführung von Aktionen, wie z. B. Spendenaufruf
- einheitliche Interessenvertretung, z. B. gegenüber der Stadtverwaltung
- Organisieren eines Sicherheitsdienstes

(3)
- Gewerbefest
- Weihnachtsmarkt
- Leistungsschau
- Aufruf zu Spendenaktionen

Lösung zu 28: Kartelle

(1) Ein Syndikat funktioniert in folgender Weise:

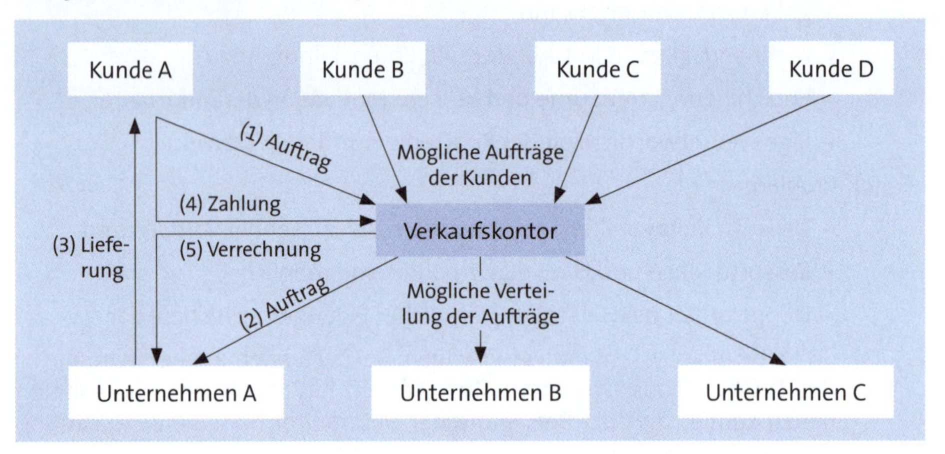

(2) Kartelle

Nach dem neuen Kartellrecht wurden die bisher geltenden Gesetze gegen den unlauteren Wettbewerb (UWG) und das Gesetz gegen Wettbewerbsbeschränkungen (GWB) durch ihre Neufassung 06/2005 an europäische Gegebenheiten angepasst.

- Es sind Vereinbarungen zwischen Unternehmen verboten, die eine Verhinderung, Einschränkung oder Verfälschung des Wettbewerbs bezwecken oder bewirken (§ 1 GWB). Die Kartellmitglieder müssen ein Kartell nicht mehr anmelden oder genehmigen lassen, sondern nun eigenverantwortlich beurteilen, ob ihr Verhalten kartellrechtlich zulässig ist.
- Das Kartellverbot gilt umfassend für alle Vereinbarungen zwischen Unternehmen, Beschlüsse von Unternehmensvereinigungen sowie aufeinander abgestimmte Verhaltensweisen (§ 2 GWB). Von diesem Verbot bestehen unter bestimmten Voraussetzungen Ausnahmen, denn vom Kartellverbot sind die Landwirtschaft und die Preisbindung bei Druckerzeugnissen befreit (§ 28, 30 GWB).
- Im Hinblick auf Anwendung der Kartellregelungen gelten die Verordnungen des Rates oder der Kommission der Europäischen Gemeinschaft über die Anwendung von Art. 81 Abs. 3 des EG-Vertrages. Nach § 3 GWB sind unter bestimmten Bedingungen auch Mittelstandskartelle zulässig, wenn die Kartellvereinbarung oder der Beschluss dazu dient, die Wettbewerbsfähigkeit von kleinen oder mittleren Unternehmen zu verbessern.
- Hinsichtlich der Höhe von Geldbußen bei Verstößen gegen die Kartellrechtsregelungen sind mit der 7. Novelle des Gesetzes gegen Wettbewerbsbeschränkungen (GWB) verschärfte Regelungen geschaffen worden (§ 81 GWB). Es können Geldbußen bis zu 1 Mio. € oder in Höhe von bis zu 10 % des im Vorjahr erzielten Gesamtumsatzes verhängt werden.

- Die Befugnisse des deutschen Bundeskartellamts und der Landeskartellbehörden sind erheblich erweitert worden (§§ 32 ff., 35 ff., 48 ff., 51 ff. GWB). Die deutschen Kartellbehörden können nicht nur bestimmte Verhaltensweisen von Kartellpartnern verbieten, sondern auch ein bestimmtes Verhalten positiv anordnen.
- In bestimmten Fällen hat der Bundesminister für Wirtschaft und Technologie auf Antrag die Möglichkeit, einen vom Bundeskartellamt untersagten Zusammenschluss innerhalb von vier Monaten doch zu erlauben.

(3) Unternehmenszusammenschlüsse widersprechen in ihrer Zielsetzung den freiheitlichen Grundregeln der sozialen Marktwirtschaft, weil der Wettbewerb beschränkt wird. Andererseits schreitet der Konzentrationsprozess in Europa in hohem Maße fort. Dies führt dazu, dass deutsche Großunternehmen weniger konkurrenzfähig sind. Der Wettbewerb verlagert sich auf eine höhere Ebene. Im Ergebnis sind verschiedene Stellungnahmen möglich.

(4) Wettbewerbsvorschriften des EG-Vertrages

Gesetz gegen den unlauteren Wettbewerb (UWG)

Gesetz gegen Wettbewerbsbeschränkungen (GWB).

Lösung zu 29: Konzerne

(1) Die Beteiligungsverhältnisse der Maschinenfabrik Reich AG sind:

(a) Direkte Beteiligungen:

- Totalbeteiligung (100 %) an der Firma Haas und Rieger AG
- qualifizierte Mehrheitsbeteiligung an der Firma Käser AG (75,1 %)
- Sperrminorität an der Firma Schmal AG (25,1 %).

(b) Indirekte Beteiligungen

- geringe Beteiligung (9 %) an Firma Locke AG
- Minderheitsbeteiligung (20 %) an der Firma Driller AG

(2) Die Verschachtelung kann in folgender Weise erfolgen (nach *Fischer*):

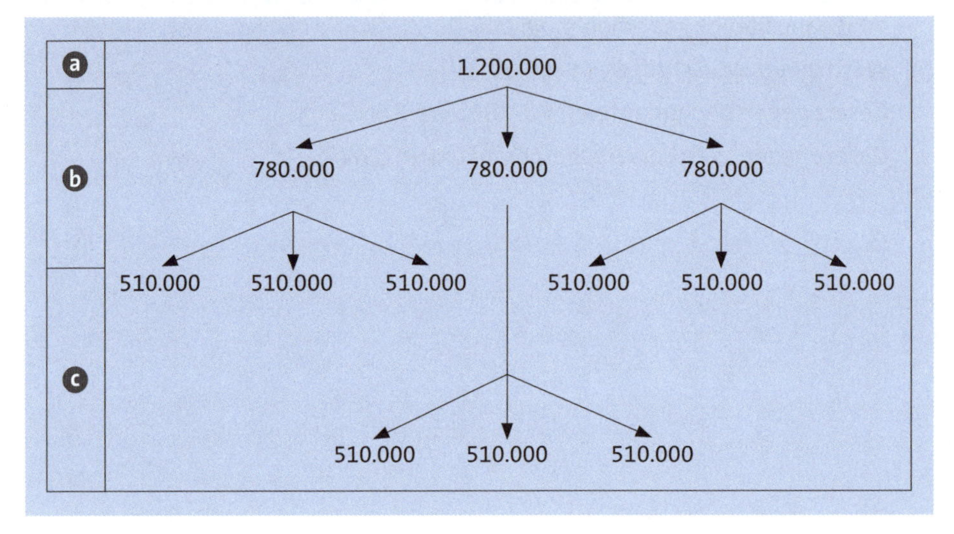

Erläuterungen:

a Der Millionär beteiligt sich am Leitungsunternehmen mit 51 % am gezeichneten Kapital von 2.340.000 €, das sind 1.193.400 €, also rund 1.200.000 €.

b Das Leitungsunternehmen beteiligt sich mit über 50 % an drei Finanzierungs- oder Schachtelunternehmen.

c Diese drei Unternehmen beteiligen sich ihrerseits an 9 Fertigungsunternehmen mit je 51 %.

Lösung zu 30: Verbände

(1) (a) BDI = Bundesverband der Deutschen Industrie: Fachverband

(b) BDA = Bundesvereinigung der Deutschen Arbeitgeberverbände: Arbeitgeberverband

(c) IHK = Industrie- und Handelskammer: Kammer

(d) DIHT = Deutscher Industrie- und Handelstag: Spitzenverband der Industrie- und Handelskammern

(2) Die IHK stellt eine Körperschaft des öffentlichen Rechts dar. Ihre Mitglieder sind per Gesetz zur Mitgliedschaft verpflichtet. Die IHK nimmt neben der Interessenvertretung ihrer Mitglieder auch folgende Aufgaben wahr: Führung der Verzeichnisse der Berufsausbildungsverhältnisse, Abnahme von Prüfungen, Kontrolle der Ausbildungsbetriebe durch den Ausbildungsberater der Kammer sowie Unterstützung der Behörden.

Der BDI ist dagegen keine Körperschaft des öffentlichen Rechts. Seine Mitglieder sind zur Mitgliedschaft nicht verpflichtet. Der BDI vertritt in erster Linie die Interessen seiner Mitglieder, indem er Stellung zu Fragen nimmt, die die Mitglieder betreffen und die Bevölkerung mittels der Öffentlichkeitsarbeit für die Belange der Deutschen Industrie sensibilisiert.

(3) Deutscher Gewerkschaftsbund (DGB)

Deutsche Angestelltengewerkschaft (DAG)

Christlicher Gewerkschaftsbund (CGB)

Lösung zu 31: Führung/Instrumente

(1) Fertigungs AG

(a) Die Führungstechnik heißt Management by Objektives. Außerdem gibt es u. a. die Führungstechnik Management by Delegation, bei der Kompetenzen und Handlungsverantwortung auf Mitarbeiter übertragen werden. Bei der Führungstechnik Management by Exception darf der Mitarbeiter innerhalb eines vorgegebenen Rahmens selbstständig entscheiden.

(b) Bei Herrn Eifrig wurde der autoritäre Führungsstil angewendet, bei dem die Mitarbeiter nicht in das Geschehen einbezogen werden. Der Vorgesetzte zwingt die Ziele auf, ist wenig zugänglich und schreit Herrn Eifrig sogar an. Der Führende sollte den kooperativen Führungsstil pflegen, bei dem Führungskraft und Mitarbeiter partnerschaftlich zusammenarbeiten. Mit diesem Führungsstil wird die Bereitschaft des Mitarbeiters zur Zusammenarbeit i. d. R. geweckt.

(c) Folgende Informationen sind angebracht:

- Vorstellung der Mitarbeiter
- Hinweise auf formelle und informelle Normen der Gruppe
- Aufgaben besprechen
- Informationen bei einem Einführungsseminar geben
- schon bei ersten Leistungserfolgen loben.

(2) Beurteilung und Begründung des Zitats:

(a) Grundlegende Begriffe klären:

- Der Führungsstil ist die Art und Weise, in der eine Führungskraft die ihm unterstellten Mitarbeiter führt. Er drückt ein Führungsverhalten aus, das auf einer einheitlichen Grundhaltung basiert.
- Beim autoritären Führungsstil werden die betrieblichen Aktivitäten vom Vorgesetzten gestaltet, ohne dass die Untergebenen am Geschehen beteiligt werden. Er trifft seine Entscheidungen allein und erwartet vor allem Gehorsam.
- Bei dem kooperativen Führungsstil werden die betrieblichen Aktivitäten im Zusammenwirken vom Vorgesetzten und von den Mitarbeitern beeinflusst. Der Vorgesetzte bezieht seine Mitarbeiter in das Geschehen ein und erwartet sachliche Unterstützung.
- Bei der Mitbestimmung des Mitarbeiters am Arbeitsplatz kann der Mitarbeiter am Willensbildungs- und Entscheidungsprozess teilhaben.

(b) Erste Behauptung: Nicht alle Mitarbeiter sind für Kooperation

- Beispielsweise leistungsschwache Mitarbeiter: Sie bringen wenig Leistungsfähigkeit und nur geringe Leistungsbereitschaft mit und wollen deshalb nur wenig oder keine Verantwortung übernehmen. Sie fügen sich ein, ohne eigenständig zu denken. Manche dieser Mitarbeiter fordern den autoritären Stil.
- Leistungsstarke Mitarbeiter haben mit dem autoritären Stil Probleme, weil er dem Mitarbeiter keine Freiräume zum eigenständigen Denken und zur Kreativität lässt. Das führt bei Leistungsstarken zu mangelnder Motivation und u. U. zur „inneren Kündigung".

Zweite Behauptung: Leistungsstarke Mitarbeiter sind für Kooperation

- Sie suchen die Zusammenarbeit mit dem Vorgesetzten.
- Sie bestimmen bei Entscheidungen gerne mit.
- Kreative Arbeitsinhalte erfordern Kooperation.
- Mitarbeiter werden durch die Delegation von Verantwortung einbezogen.
- Leistungsstarke Mitarbeiter sind motiviert.

(c) Ergebnis: Auch diejenigen Mitarbeiter, welche nach dem autoritären Stil rufen, sollten so geführt werden, dass sie bereit sind, mehr Eigenverantwortung zu übernehmen. Dazu ist es nötig, sowohl die Leistungsbereitschaft als auch die Leistungsfähigkeit dieser Mitarbeiter zu verbessern. Leistungsschwache Mitarbeiter haben im heutigen Berufsleben keine Chance, denn es sind Mitarbeiter gefragt, die zur Verantwortungsübernahme und zur Mitbestimmung bereit sind.

Lösung zu 32: Leitung

(1) Die bisherige Form war eine Direktorialorganisation, da Direktor Fliege als Generaldirektor allein entschieden hat.

(2) Diese Form bringt große Machtzusammenballung mit sich und kann zu „einsamen" Beschlüssen führen, mit denen sich die Direktoren Klug und Weise nicht identifizieren können. Außerdem ist eine qualitative und quantitative Überlastung des Generaldirektors möglich.

(3) Der Vorschlag besteht in der Kollegialorganisation, in die der neue Direktor Klaus integriert wird und bei der alle Direktoren mehr oder weniger gleichberechtigt sind:

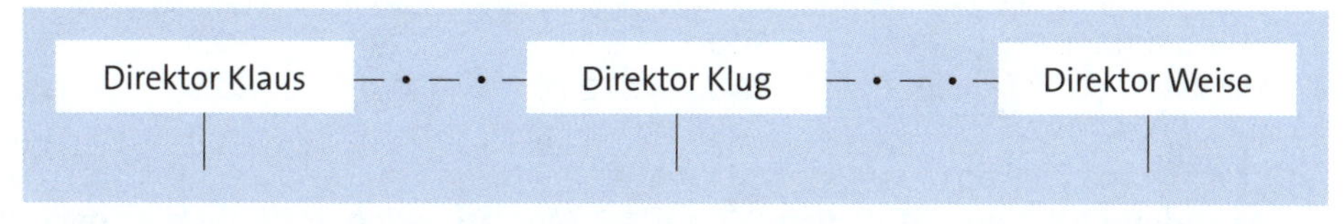

Eine klare Kompetenzabgrenzung der Zuständigkeiten ist zu empfehlen. Die Direktoren stehen miteinander in Querverbindung.

Lösung zu 33: Zielsetzung

(1) Ziele können beispielsweise sein:

(a) Das Ziel besteht darin, dass
- der Jahresüberschuss
- im kommenden Jahr
- um mindestens
- 5 % zunimmt.

(b) Das Ziel besteht darin, dass
- bei der Verpackungsanlage V
- im nächsten Monat
- nicht mehr als
- 50 Maschinenstunden ausfallen.

(c) Das Ziel besteht darin, dass
- das Auftragsvolumen
- im nächsten Halbjahr
- um mindestens
- 500.000 € steigt.

(2) (a) Es ist davon auszugehen, dass es sich um konkurrierende Ziele handelt, sofern keine Personalreserven vorhanden sind bzw. keine automatisierte Fertigung gegeben ist, die Unabhängigkeit vom Personal mit sich bringt.

(b) Die Ziele sind indifferent, d. h. die Erfüllung des einen Zieles beeinflusst den Zielerreichungsgrad des anderen Zieles nicht.

(c) Die Ziele sind komplementär, d. h. die Erfüllung des einen Zieles führt auch zur Erfüllung des anderen Zieles.

Lösung zu 34: Prozess

(1)

	2011	2012	2013	2014	2015	2016
Umsatz (Mrd. €)	29,0	30,0	30,0	32,0	32,0	32,0
Kosten	28,3	28,8	29,0	31,0	31,0	31,0
Erfolg	0,7	1,2	1,0	1,0	1,0	1,0

Nachdem 2012 der Erfolg von 0,7 auf 1,2 Mrd. € gestiegen ist, wird er nach den Planwerten ab 2013 mit 1 Mrd. € konstant bleiben. Ob diese Ergebnisse wirklich erzielt werden können, wird allerdings erst die Realität zeigen.

(2) Folgende Arbeiten werden nicht im Materialbereich durchgeführt:

(c) Kreditantrag stellen

(f) Wechsel bearbeiten

(g) Kalkulation der Preise.

(3) Es handelt sich um folgende Kontrollmerkmale:

	Kontrollobjekt		**Kontrollart**		**Vorgehensweise**		**Umfang**	
	Ergebniskontrolle	**Verhaltenskontrolle**	**Selbstkontrolle**	**Fremdkontrolle**	**Personelle Kontrolle**	**Automatische Kontrolle**	**Einzelkontrolle**	**Gesamtkontrolle**
(a) Materialwirtschaftsleiter		•		•	•			•
(b) Produktionsleiter	•			•		•	•	
(c) Marketingleiter	•			•	•			•

Lösung zu 35: Strategie

Die Gesamtstrategie für den Pkw-Hersteller A kann beispielsweise bestehen aus:

(1) Hauptstoßrichtungen:
- internationale Kooperation
- Erhaltung des Marktanteils
- Entlassungen von Mitarbeitern.

(2) Hauptstrategien:
- klares Marktleistungskonzept
- ausgewogenes Finanzierungskonzept
- Ideen für ein neues Pkw-Modell
- gezielte Weiterbildung für Mitarbeiter
- kooperativer Führungsstil
- Umstellung auf Spartenorganisation.

(3) Bereichsstrategien:
- Marketing:
  Rabatte verringern, Preise nicht steigern
- Forschung und Entwicklung:
  neues Modell „Rasant“
- Produktion:
  bewährtes Starprodukt
- Handbremse verbessern
- Personal: 3.000 Mitarbeiter freistellen.

Lösung zu 36: Materialbedarfsplanung

(1) (a)

Artikel	Artikelanzahl	Mengenanteil %	Wertanteil %	Wert (Umsatz)
A	110	10 %	68 %	3.400.000 €
B	310	28 %	24 %	1.200.000 €
C	680	62 %	8 %	400.000 €
	1.100	100 %	100 %	5.000.000 €

(b) Bei den A-Artikeln handelt es sich um Waren mit einem relativ geringen Mengenanteil, die einen verhältnismäßig hohen Umsatzanteil erwirtschaften, aber auch relativ hohe Anschaffungskosten verursachen. Der Einkauf sollte bei Bestellungen von A-Gütern besonders auf deren Preise achten bzw. Preisverhandlungen sowie deren Bezugsbedingungen sorgfältig aushandeln. Darüber hinaus muss aber auch darauf geachtet werden, dass nicht zu viele A-Güter auf Lager liegen, da dies sonst zu einer hohen Kapitalbindung führt.

(2)

		März	April	Mai
	Primärbedarf	5.000	8.000	6.000
	Sekundärbedarf	20.000	32.000	24.000
+	Zusatzbedarf	2.000	3.200	2.400
=	**Bruttobedarf**	**22.000**	**35.200**	**26.400**
-	Lagerbestand	2.000	0	0
-	Bestellbestand	1.000	0	0
+	Vormerkbestand			
=	**Nettobedarf**	**19.000**	**35.200**	**26.400**

(3) (a)

$$V = \frac{T_7 + T_8 + T_9 + T_{10} + T_{11} + T_{12}}{6} = \frac{138 + 114 + 126 + 98 + 169 + 144}{6} = \mathbf{131{,}5}$$

(b)

$$V = \frac{T_8 + T_9 + T_{10} + T_{11} + T_{12} + T_1}{6} = \frac{114 + 126 + 98 + 169 + 144 + 150}{6} = \mathbf{133{,}5}$$

(c)

$$V = \frac{138 \cdot 6 + 114 \cdot 9 + 126 \cdot 13 + 98 \cdot 18 + 169 \cdot 24 + 144 \cdot 30}{6 + 9 + 13 + 18 + 24 + 30} = \mathbf{136{,}32}$$

Lösung zu 37: Materialbestands/-beschaffungsplanung

(1) (a) Inventurbestand

(b) Sicherheitsbestand (= eiserner Bestand, Mindestbestand, Reserve)

(c) Höchstbestand

(d) Buchbestand

(e) Meldebestand (= Bestellbestand, Bestellpunktbestand)

(2)

$$x_{opt} = \sqrt{\frac{200 \cdot M \cdot K_B}{E \cdot L_{HS}}}$$

$$x_{opt} = \sqrt{\frac{200 \cdot 5.000 \cdot 40}{0{,}50 \cdot 20}} = \mathbf{2.000\ Stück}$$

(3) Gründe können sein:

- Abhängigkeit vom Lieferanten
- Leerzeiten verursachen hohe Kosten
- Erhöhung der Flexibilität
- Sicherheitsdenken.

Lösung zu 38: Materialwirtschaftliche Durchführung

(1) Da keine belegmäßige Erfassung erfolgt, können die Inventurmethode oder die retrograde Methode in Betracht kommen. Die retrograde Methode lässt sich jedoch nicht anwenden, da keine Rückrechnung vom Produkt her möglich ist.

Anwendung findet damit die Inventurmethode:

Verbrauch = Anfangsbestand + Zugang - Endbestand

Verbrauch = 70 • 250 + 2 (100 • 400) - (20 • 250 + 65 • 400)

Verbrauch = **66.500 Stück**

(2)

		Klein-schmidt OHG	**Petersen GmbH**	**Adolf Schmidt KG**
	Angebotspreis	25,00	23,00	30,00
-	Rabatt	0	0	0
+	Mindermengenzuschlag	1,25	0	0
=	Zieleinkaufspreis	26,25	23,00	30,00
-	Skonto	0,53	0	1,20
=	Bareinkaufspreis	25,72	23,00	28,80
+	Bezugskosten	0	0,06	0
=	Anschaffungswert	**25,72**	**23,06**	**28,80**

Das Angebot der Petersen GmbH ist das vorteilhafteste, das Angebot der Adolf Schmidt KG das am wenigsten vorteilhafte Angebot.

(3) Materiallagerung

(a) Hochregallager
(b) Fördermittel
(c) Eingangslager
(d) Erzeugnislager
(e) Belegprüfung
(f) Rechnungsprüfung

Lösung zu 39: Materialwirtschaftliche Kontrolle

(1)

$$\text{Durchschnittlicher Lagerbestand} = \frac{\text{Jahresanfangsbestand} + 12 \text{ Monatsendbestände}}{13}$$

$$\text{Durchschnittlicher Lagerbestand} = \frac{12.000 + 118.000}{13} = \mathbf{10.000\ Stück}$$

(2)

$$\text{Umschlagshäufigkeit} = \frac{\text{Jahresverbrauch}}{\text{Durchschnittlicher Lagerbestand}}$$

$$\text{Umschlagshäufigkeit} = \frac{80.000}{10.000} = \mathbf{8\ Mal}$$

(3)

$$\text{Lagerdauer} = \frac{\text{Zahl der Tage der Periode}}{\text{Umschlagshäufigkeit}}$$

$$\text{Lagerdauer} = \frac{360}{8} = \mathbf{45\ Tage}$$

Lösung zu 40: Produktionsbereich (Erzeugnisplanung)

(1)

T1	
Bezeichnung	**Menge**
E1	1
E3	2

T2	
Bezeichnung	**Menge**
E1	2
E2	2

T3	
Bezeichnung	**Menge**
E2	1
E3	1

T4	
Bezeichnung	**Menge**
E2	3
E3	2

T5	
Bezeichnung	**Menge**
E1	1
E2	2

T6	
Bezeichnung	**Menge**
E1	2

(2) Durch eine technische Zeichnung wird das Erzeugnis grafisch beschrieben. Die Art ihrer Erstellung unterliegt strengen Normen, damit jeder sachkundige Betrachter gleiche Daten aus der technischen Zeichnung gewinnt.

Bei komplexen Erzeugnissen reicht vielfach eine Zeichnung nicht aus. Es ist dann ein Zeichnungssatz zu erstellen, der eine Zusammenstellungszeichnung, eine Baugruppenzeichnung und Einzelzeichnungen enthalten kann.

Lösung zu 41: Produktionsbereich (Planung/Durchführung)

(1) (a) Zeichnung
(b) Laufkarte
(c) Terminkarte
(d) Einrichteplan
(e) Materialentnahmeschein
(f) Lohnschein.

(2) Die Durchlaufzeit lässt sich wie folgt ermitteln:

(a) Rüstzeiten		
	Nr. 2	10 Min.
	Nr. 3	20 Min.
(b) Bearbeitungszeiten:	Nr. 1	150 Min.
	Nr. 2	500 Min.
	Nr. 3	400 Min.
	Nr. 4	150 Min.
(c) Transportzeit:	insgesamt	400 Min.
(d) Liegezeit:	insgesamt	800 Min.
Durchlaufzeit		**2.430 Min.**

Die Durchlaufzeit beträgt insgesamt 2.430 Min. : 60 = **40,5 Stunden**

(3) Es geht um folgende Produktionsverfahren:
   (a) Sortenfertigung als Serienfertigung
   (b) Einzelfertigung
   (c) Einzelfertigung
   (d) Chargenfertigung als Serienfertigung
   (e) Einzelfertigung
   (f) Massenfertigung
   (g) Einzelfertigung
   (h) Serienfertigung.

Lösung zu 42: Marketing (Marktforschung)

(1)

	Beispiele	Daten
(a)	Marktanteil der Konkurrenz	objektiv
(b)	Prestige	subjektiv
(c)	Sicherheitsgefühl	subjektiv
(d)	Kaufkraft pro Haushalt	objektiv
(e)	Produktakzeptanzanalyse	objektiv
(f)	angenehmer Geruch	subjektiv

(2) Die Analyse von Reklamationen gibt dem Unternehmen Hinweise auf Produkt- oder Organisationsschwächen. Diese Schwächen können darin begründet sein, dass das Produktionsverfahren noch nicht optimiert ist, die Qualität der Einsatzstoffe nicht korrekt ist oder die Qualitätskontrolle nicht optimal funktioniert. Reklamationen ermöglichen dem Unternehmen somit Schwachstellen im Unternehmen zu erkennen. Moderne Unternehmen nutzen Kundenreklamationen auch für ihr Marketing, indem sie den Kunden informieren und die Reklamation honorieren.

(3) (a) Haushaltspanel
   (b) Beobachtung
   (c) Befragung
   (d) Feldexperiment, Beobachtung
   (e) Befragung.

Lösung zu 43: Marketingpläne

(1) Es ergeben sich folgende Werte

(a) Marktvolumen = 600 Mio. + 1.600 Mio. = 2.200 Mio. €

(b)

$$\text{Marktanteil} = \frac{\text{Umsatz der Süßwaren GmbH}}{\text{Marktvolumen an Süßwaren}} \cdot 100$$

$$\text{Marktanteil} = \frac{600 \text{ Mio.}}{2.200 \text{ Mio.}} \cdot 100 = \mathbf{27{,}27\ \%}$$

(2)

Marketingpolitik	**Instrumente im Einzelnen**	**Sparkonto**	**Kfz-Verkauf (Neuwagen)**	**Haarschnitt**
Produktpolitik	Programmpolitik	mittel	sehr hoch	gering
Distributionspolitik	Direkter Absatzweg	mittel	gering	sehr hoch
Kontrahierungspolitik	Preispolitik	mittel	hoch	mittel
Kommunikations-politik	Werbung	hoch	hoch	mittel

(3) (a) Ermittlung der jährlichen Gesamtkosten:

Allgemeine Werbekosten	45.000 €
Druckkosten	5.800 €
Verkäuferschulung	12.000 €
Kalkulatorische Prämie	72.000 €
Kalkulatorische Provision	96.000 €
Mitarbeitergehalt	108.000 €
Summe	**338.800** €

(b) Die variablen Kostenbestandteile lauten:

Kalkulatorische Prämie

Kalkulatorische Provision

Alle übrigen Kosten sind Fixkosten.

Lösung zu 44: Produktpolitik

(1) Welchen Grundnutzen bzw. welchen Zusatznutzen erwartet der Kunde beim Kauf eines der folgenden Produkte?

	Grundnutzen	**Zusatznutzen**
Pkw	Funktionsfähigkeit, Fortbewegung	Prestige, Garantie
Wandfarbe	Haltbarkeit	Gutes Aussehen
Hautcreme	Verträglichkeit	feiner Duft
Sofa	Bequemlichkeit	Repräsentation
Vertikutierer	Belüftung des Rasenbodens	Sicherheit

(2) Das Leistungsprogramm ändert sich insofern, als

(a) eine oder mehrere zusätzliche Ausführungsformen hinzukommen, beispielsweise:

A1	B1	C1	D1	E1	F1
A2	B2	C2	D2	E2	F2
A3	**B3**	C3	D3	E3	F3
	B4	C4	D4	**E4**	F4
					F5

(b) eine oder mehrere zusätzliche Produktgruppen hinzukommen, beispielsweise:

A1	B1	C1	D1	E1	F1	**G1**	**H1**
A2	B2	C2	D2	E2	F2		
A3		C3	D3	E3	F3		
		C4	D4		F4		
					F5		

(3) Die Elimination des Verlust bringenden Produktes darf nicht erfolgen, ohne dass ihre Auswirkungen auf das gesamte Leistungsprogramm zuvor untersucht worden sind.

Beispielsweise bringt ein Produkt voraussichtlich einen jährlichen Verlust von 30.000 €. Wird es eliminiert, muss mit einem Rückgang des Umsatzes anderer Produkte gerechnet werden, da die Abnehmer ein für ihren Bedarf „komplettes Angebot“ erwarten. Die Umsatzeinbußen können zu einem größeren Gewinnrückgang führen.

(4) (a) Folgende Maßnahmen könnten infrage kommen:

- Verkaufsförderungsmaßnahmen
- Produkt im Design verändern
- Produkt technisch verändern/verbessern
- Produkt mit Zusatzfunktionen ausstatten
- Garantieleistung gegenüber Konkurrenzprodukten verändern
- Einsatz preispolitischer Maßnahmen.

(b) Das Produktlebenszykluskonzept ist gut anwendbar bei:

- Autos
- Kleidung
- Möbeln.

Das Produktlebenszykluskonzept ist weniger gut anwendbar bei:

- Waschmitteln
- Lebensmitteln
- klassischer Musik.

Lösung zu 45: Kontrahierungspolitik

(1) (a) Mit steigendem Preis steigt auch das Angebot, da die Unternehmer mehr zu verdienen hoffen. Mit steigenden Preisen sinkt die Nachfrage, wenn die Waren vom Verbraucher als zu teuer empfunden werden.

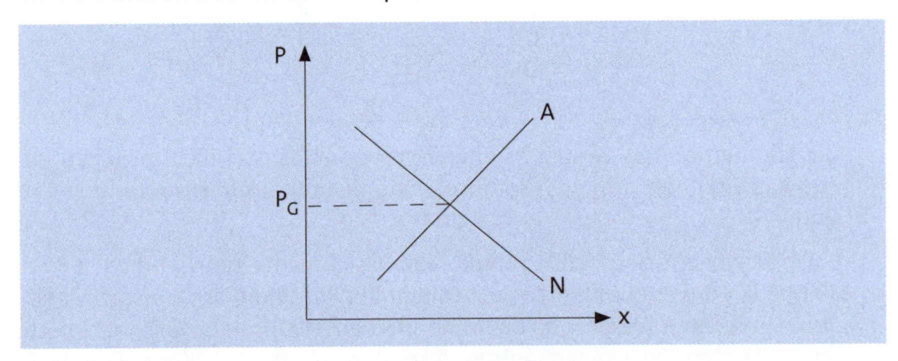

Der Gleichgewichtspreis bildet sich im Schnittpunkt der Kurven.

(b) Bei beträchtlicher Erhöhung des Angebots sinkt der Preis, wenn die Nachfrage konstant bleibt. Grund: Die Unternehmer müssen die Preise senken, damit die Nachfrager wieder Kaufanreize erhalten.

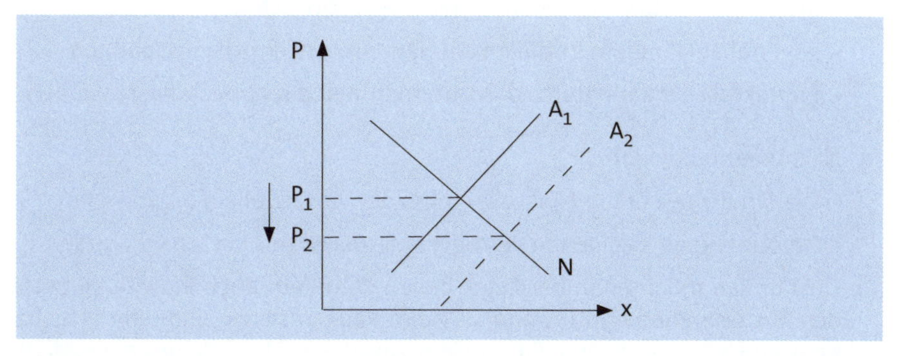

(c) Wenn die Nachfrage bei unverändertem Angebot sinkt, dann sinkt der Preis ebenfalls.

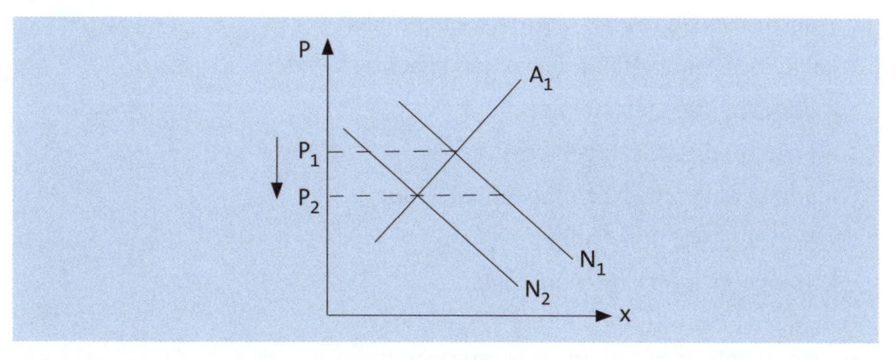

(2) (a) Parfüms, Luxusautomobile, Markenkleidung

(b) Polaroid-Kameras, Taschenrechner, „die Weißen"

(3) Unternehmen neigen vielfach dazu, die Preise relativ kontinuierlich zu gestalten. Beispielsweise gibt es auch in Zeiten schlechten Absatzes bei Kfz-Herstellern keine Preissenkungen. Mitunter werden die Preise sogar periodisch erhöht. Dafür gewährt man bei den Kfz-Anbietern offene oder versteckte Rabatte. Ohne dass die Preise nach unten verändert werden, kommt der Kunde – zumindest in Zeiten schlechten Absatzes – dann günstiger zu seinem Kraftfahrzeug.

Lösung zu 46: Distributionspolitik

(1) Vorteile sind:

- intensiver Kontakt zu Abnehmern der Druckmaschinen
- gegenüber Händlern entfallen die Handels- und Provisionsspannen
- Produktabsatz kann durch das Unternehmen direkt beeinflusst werden.

Nachteile stellen dar:

- Der Druckmaschinen-Hersteller muss den Absatz allein organisieren.
- Der Aufbau eines eigenen Vertriebssystems ist mit Kosten verbunden.

(2) Die Kunden möchten in der Regel neben dem Kauf auch individuell betreut werden. Insbesondere dann, wenn sie beim Kauf unsicher sind oder aber nach dem Kauf Probleme auftreten. Ein direkter Absatzweg kann kaum eine adäquate Betreuungs- und Servicefunktion bieten. Der Aufbau eines eigenen Händlernetzes ist für ein Unternehmen normalerweise zu teuer. Allerdings könnten so genannte Franchiseverträge eine Alternative darstellen.

(3) Folgende Standortfaktoren sollten beachtet werden:

- angestrebter Lieferservice
- Struktur des Absatzgebietes
- voraussichtliche Nachfrageentwicklung
- Verkehrslage und Anbindung
- Transport- und Lagerhauskosten.

Lösung zu 47: Kommunikationspolitik

(1) Die Beispiele beziehen sich auf:

(a) Product Placement
(b) Verbraucherpromotions
(c) Gemeinschaftswerbung
(d) Sponsoring.

(2)

Anzeige	Vertreter
Ansprache eines breiten Publikums	Er informiert und berät
Sie weckt Bedürfnisse	Er kann die Fachhändler schulen
Sie hilft der Meinungsbildung	Er kann die Fachhändler motivieren
Sie veranlasst die Fachgeschäfte zum Kauf der Produkte	Er bekommt Hinweise über die Annahme des Produktes beim Konsumenten

(3) Die Friseurgeschäfte werden dazu veranlasst (indem der Kunde die Produkte nachfragt), diese Produkte auf Lager zu halten sowie mit dem Unternehmen zu kooperieren. Als Gegenleistung erhalten die Unternehmen eine kostenlose Werbung.

Ziel des Unternehmens kann es u. a. sein, den Konsumenten sowie das Fachgeschäft zu binden, indem diese Produkte nur über die Fachgeschäfte erhältlich sind.

(4) Die Werbekampagne der Firma Pizza Express umfasst:

(a) Werbeziel: Einführungswerbung
(b) Werbeobjekt: Pizza
(c) Werbesubjekt: Haushalte in Grünstadt
(d) Werbeinhalt: Ofenfrische Ware wird serviert
(e) Werbeperiode: Frühjahr 2013
(f) Werbebudget: 9.000 €
(g) Werbemittel: Zeitungsinserate, Werbeplakat, Werbefilm
(h) Werbeträger: Lokale Presse, Haus der Jugend, Europa-Kino.

Lösung zu 48: Marketingkontrolle

(1) Arten des Erfolges:

- statistischer Erfolg: 1 Milliarde € Umsatz
- ökonomischer Erfolg: 10 % Umsatzwachstum
  0,5 % Zuwachs des Marktanteils
- außerökonomischer Erfolg: Psychische Werbewirkungen

(2) Tabelle und Interpretation:

Quartal	Soll-Umsatz in T€	Ist-Umsatz in T€	Abweichungen in %
I	200	300	+ 50 %
II	220	360	+ 66,33 %
III	240	490	+ 104,16 %
IV	200	320	+ 60 %

Der Vergleich der Ist-Umsatzzahlen mit den Soll-Daten legt die Vermutung nahe, dass die eingesetzten Kommunikationsmaßnahmen erfolgreich eingesetzt wurden.

Ergänzend müsste untersucht werden, ob das Unternehmen auch seinen Marktanteil vergrößern konnte.

Der Marktanteil ist der prozentuale Anteil des Unternehmens am gesamten Markt.

Lösung zu 49: Statische Investitionsrechnungen

(1)

		Investitionsobjekt I	Investitionsobjekt II
Auslastung	Stück/Jahr	10.000	9.000
Erträge Kosten	€/Jahr €/Jahr	220.000 185.000	198.000 164.000
Gewinn	€/Jahr	**35.000**	**34.000**
Gewinndifferenz I - II	€/Jahr	+ 1.000	

Das Investitionsobjekt I ist das vorteilhaftere, da es einen Gewinn erwirtschaftet, der pro Periode um 1.000 € höher liegt als beim Investitionsobjekt II.

(2)

Anschaffungskosten	€		100.000
Restwert	€		0
Nutzungsdauer	Jahre		8
Auslastung	Stück/Jahr		15.000
Zinssatz	%		10
Erträge	€/Jahr		127.500
Fixe Kosten	€/Jahr	31.500	
Variable Kosten	€/Jahr	90.000	
Gesamte Kosten	€/Jahr		121.500
Gewinn	€/Jahr		**6.000**

$$R = \frac{E - K}{D} \cdot 100$$

$$R = \frac{6.000}{50.000} \cdot 100 = \mathbf{12\ \%}$$

Die Investition ist nicht vorteilhaft, weil die von der Chemie AG festgelegte Mindestrentabilität nicht erreicht wird.

(3)

		Investitionsobjekt I	**Investitionsobjekt II**
Anschaffungskosten	(€)	240.000	180.000
Nutzungsdauer	(Jahre)	6	6
Durchschnittlicher Gewinn	(€/Jahr)	36.000	29.000

$$W_1 = \frac{240.000}{36.000 + (240.000 : 6)} = \mathbf{3{,}16\ Jahre}$$

$$W_2 = \frac{180.000}{29.000 + (180.000 : 6)} = \mathbf{3{,}05\ Jahre}$$

Das Investitionsobjekt II ist das vorteilhaftere, da es eine geringere Amortisationszeit benötigt.

Lösung zu 50: Dynamische Investitionsrechnungen

(1)

Jahr	Abzinsungs-faktor	Maschine I		Maschine II	
		Überschuss	Barwert	Überschuss	Barwert
1. Jahr	0,925926	14.000	12.963	19.000	17.593
2. Jahr	0,857339	21.000	18.004	26.000	22.291
3. Jahr	0,793832	26.000	20.640	27.000	21.433
4. Jahr	0,735030	24.000	17.641	20.000	14.701
5. Jahr	0,680583	15.000	10.209	12.000	8.167
6. Jahr	0,630170	11.000	6.932	8.000	5.041
+ Liquidationserlös	0,630170	15.000	9.453	5.000	3.151
= Summe			95.842		92.377
- Anschaffungswert			90.000		90.000
= Kapitalwert			**5.842**		**2.377**

Beide Maschinen erzielen einen positiven Kapitalwert. Da die Maschine I jedoch einen um **3.465** € höheren Kapitalwert erreicht als die Maschine II, ist ihr der Vorzug zu geben.

(2)

$$r = i_1 - Co1 \cdot \frac{i_2 - i_1}{Co2 - Co1}$$

$$r_I = 0{,}08 - 8.436 \cdot \frac{0{,}12 - 0{,}08}{-4.247 - 8.436} = \mathbf{0{,}107}$$

$$r_{II} = 0{,}08 - 11.829 \cdot \frac{0{,}12 - 0{,}08}{-444 - 11.829} = \mathbf{0{,}119}$$

Beide Investitionsobjekte liegen über dem Kalkulationszinssatz. Das vorteilhaftere Investitionsobjekt ist die Alternative II mit einem internen Zinsfuß von 11,9 %.

(3)

Jahr	Abzinsungs-faktor	Investitionsobjekt I		Investitionsobjekt II	
		Überschuss	Barwert	Überschuss	Barwert
1. Jahr	0,925926	28.000	25.926	22.000	20.370
2. Jahr	0,857339	36.000	30.864	30.000	25.720
3. Jahr	0,793832	35.000	27.784	28.000	22.227
4. Jahr	0,735030	32.000	23.521	28.000	20.581
5. Jahr	0,680583	30.000	20.417	20.000	13.612
= Summe			128.512		102.510
+ Liquidationserlös	0,680583	5.000	3.403	0	0
= Barwert			131.915		102.510
- Anschaffungswert			100.000		80.000
= Kapitalwert			**31.915**		**22.510**

$$d = C_0 \cdot \frac{q^5 (q - 1)}{q^5 - 1}$$

$d_I = 31.915 \cdot 0{,}250456 =$ **7.993 €/Jahr**

$d_{II} = 22.510 \cdot 0{,}250456 =$ **5.638 €/Jahr**

Das Investitionsobjekt I ist vorteilhafter als Investitionsobjekt II, da es eine um **2.355 €** höhere Annuität erzielt.

Lösung zu 51: Investitionskontrolle

Die Investitionskontrolle bezieht sich vorrangig auf die Vermögensseite der Bilanz:

(1)

$$\text{Vermögenskonstitution} = \frac{\text{Anlagevermögen}}{\text{Umlaufvermögen}} \cdot 100$$

$$\text{Vermögenskonstitution} = \frac{690.000}{1.570.000} \cdot 100 = \mathbf{43{,}95\ \%}$$

(2)

$$\text{Anlageintensität} = \frac{\text{Anlagevermögen}}{\text{Gesamtvermögen}} \cdot 100$$

$$\text{Anlageintensität} = \frac{690.000}{2.260.000} \cdot 100 = \mathbf{30{,}53\ \%}$$

(3)

$$\text{Umlaufintensität} = \frac{\text{Umlaufvermögen}}{\text{Gesamtvermögen}} \cdot 100$$

$$\text{Umlaufintensität} = \frac{1.570.000}{2.260.000} \cdot 100 = \mathbf{69{,}47\ \%}$$

Lösung zu 52: Planung im Finanzbereich

(1) Anlagekapitalbedarf	Grundstücke	280.000 €
	Gebäude	420.000 €
	Maschinen	80.000 €
	Betriebs- und Geschäftsausstattung	30.000 €
		810.000 €
(2) Umlaufkapitalbedarf	(15 + 5 + 20) • 15.000	
	+ (15 + 5 + 20 + 25 - 10) • 5.000	
	+ (15 + 5 + 20 + 25) • 8.000 =	**1.395.000 €**
(3) Gesamtkapitalbedarf		**2.205.000 €**

Lösung zu 53: Beteiligungsfinanzierung

(1)

	OHG	KG	GdbR	GmbH	AG
Kosten des Registergerichts	•	•		•	•
Einkommensteuer	•	•	•	•	•
Gewerbesteuer	•	•	•	•	•
Körperschaftsteuer				•	•
Kapitalertragsteuer				•	•
Börsenumsatzsteuer					•
Emissionskosten					•

(2)

Namen	Kapitalanteil	Verzinsung (4 %)	Gewinnanteil	Neuer Kapitalanteil
Maier	500.000 €	20.000 €	89.333,33 €	609.333,33 €
Frey	200.000 €	8.000 €	35.733,33 €	243.733,33 €
Klein	100.000 €	4.000 €	8.933,34 €	112.933,34 €
	800.000 €	32.000 €	134.000 €	966.000 €

Nebenrechnung:

Gewinn vor Steuern - Gerichtskosten	300.000 € 14.000 €
Zwischenergebnis - Steuern	286.000 € 120.000 €
Gewinn nach Steuern	166.000 €
- Verzinsung gesamt (4 %)	32.000 €
Restgewinn	**134.000 €**

134.000 € : 15 Teile = 8.933,33 (ein Anteil)

Lösung zu 54: Kurzfristige Fremdfinanzierung

(1)

$$r = \frac{s}{z - s} \cdot 360$$

$$r = \frac{2}{30 - 10} \cdot 360 = \mathbf{36\ \%}$$

(2) Vorteile des Lieferantenkredites für den Kreditnehmer können sein:

- die Schnelligkeit der Kreditgewährung
- die Bequemlichkeit der Kreditgewährung
- die Formlosigkeit der Kreditgewährung

- das Fehlen einer systematischen Kreditprüfung
- die Entlastung der Kreditlinie bei Banken
- die Kreditgewährung trotz ausgeschöpfter Kreditlinien
- die Kreditsicherung durch Eigentumsvorbehalt.

(3)

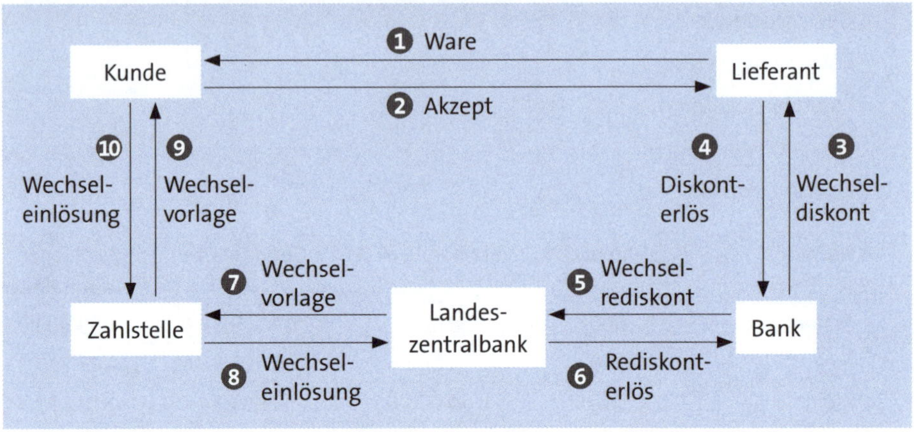

Kunde
Lieferant
❶ Ware
❷ Akzept
❸ Wechseldiskont
❹ Diskonterlös
❺ Wechselrediskont
❻ Rediskonterlös
❼ Wechselvorlage
❽ Wechseleinlösung
❾ Wechselvorlage
❿ Wechseleinlösung
Zahlstelle
Landeszentralbank
Bank

Lösung zu 55: Langfristige Fremdfinanzierung

(1) Darlehen der Sparkasse

$$r = \frac{8 + \frac{2}{6}}{98} \cdot 100 = \mathbf{8{,}50\ \%}$$

Darlehen der Handelsbank GmbH

$$r = \frac{7 + \frac{5}{6}}{95} \cdot 100 = \mathbf{8{,}25\ \%}$$

Das Angebot der Handelsbank GmbH ist das vorteilhaftere.

(2) Die Aktie kann ab 1 €, die Teilschuldverschreibung der Anleihe ab 50 € Nennwert ausweisen.

Die Ausgabe darf bei beiden Papieren über dem Nennwert erfolgen.

Unter dem Nennwert darf allerdings nur die Wandelschuldverschreibung ausgegeben werden, nicht dagegen die Aktie.

Lösung zu 56: Innenfinanzierung

(1)

Jahr	Jahresanfang (JA) und Jahresende (JE)	Maschinenanzahl	Anschaffungswert in €	Abschreibungen in €	Investierte Summe aus Abschreibungen in €	Restbuchwerte in €	Nicht investierte Summe aus Abschreibungen in €
1	JA JE	5	1.000.000 1.000.000	200.000	–	1.000.000 800.000	–
2	JA JE	6	1.200.000 1.200.000	240.000	200.000	1.000.000 760.000	0
3	JA JE	7	1.400.000 1.400.000	280.000	200.000	960.000 680.000	40.000
4	JA JE	8	1.600.000 1.600.000	320.000	200.000	880.000 560.000	120.000
5	JA JE	10	2.000.000 1.000.000	400.000	400.000	960.000 560.000	40.000
6	JA	7	1.400.000	–	400.000	960.000	40.000

(2) Die Finanzierung aus Abschreibungsgegenwerten führt zu zwei betriebswirtschaftlichen Effekten:

- Dem Kapazitätserweiterungseffekt, der auch Lohmann-Ruchti-Effekt genannt wird. Darunter wird diejenige Wirkung verstanden, die sich daraus ergibt, dass die freigesetzten Abschreibungsgegenstände sofort für Neuinvestitionen für gleichwertige Anlagen verwendet werden.
- Dem Kapitalfreisetzungseffekt, der daraus entsteht, dass die Abschreibungen durch den Verkauf der Produkte in den jeweils produktbezogenen kalkulierten Teilbeträgen dem Unternehmen wieder zufließen.

Die Finanzierung aus Abschreibungsgegenwerten ist eine Form der Innenfinanzierung. Der Kapazitätserweiterungseffekt ist in der Praxis allerdings nicht ohne weiteres erzielbar, weil das Kapital auch in zusätzlich erforderlichem Umlaufvermögen gebunden werden muss. Außerdem bleiben der technische Fortschritt sowie die Entwicklung des Beschaffungs- und Absatzmarktes unberücksichtigt.

Lösung zu 57: Finanzkontrolle

(1)

$$\text{Liquidität 1. Grades} = \frac{\text{Zahlungsmittelbestand}}{\text{Kurzfristige Verbindlichkeiten}} \cdot 100$$

$$\text{Liquidität 1. Grades} = \frac{100.000}{1.800.000} \cdot 100 = \mathbf{5{,}56\ \%}$$

(2)

$$\text{Liquidität 2. Grades} = \frac{\text{Zahlungsmittel + Forderungen + Wertpapiere}}{\text{Kurzfristige Verbindlichkeiten}} \cdot 100$$

$$\text{Liquidität 2. Grades} = \frac{400.000}{1.800.000} \cdot 100 = \mathbf{22{,}22\ \%}$$

(3)

$$\text{Liquidität 3. Grades} = \frac{\text{Gesamtes Umlaufvermögen}}{\text{Kurzfristige Verbindlichkeiten}} \cdot 100$$

$$\text{Liquidität 3. Grades} = \frac{1.700.000}{1.800.000} \cdot 100 = \mathbf{94{,}44\ \%}$$

Lösung zu 58: Personalplanung

(1) Laufbahnplanung

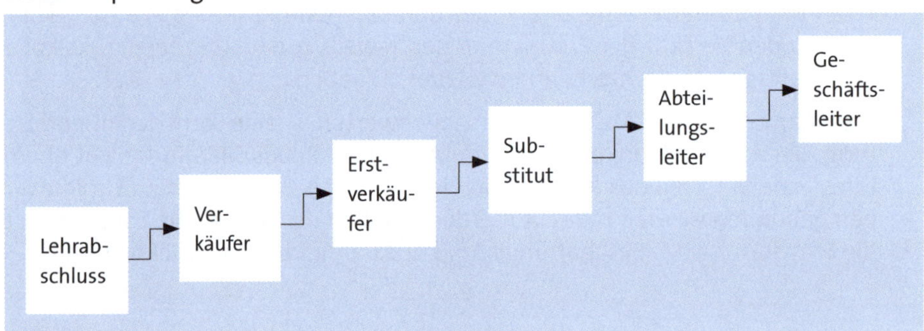

(2)

Stelle	2013		2014
Einkaufsleitung	Müller	Schmidt	Lehmann
Produktionsleitung	Dr. Weber		Schreiner

(3)

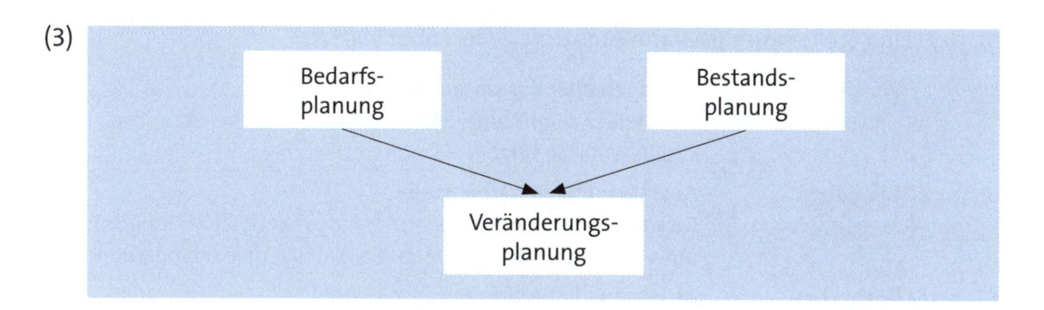

Lösung zu 59: Personalbeschaffung

(1) Im Januar 2013 ergeben sich aus dem Zeugnis über Herrn Doll folgende Daten:

(a) Persönlichkeits- und Verhaltensanalyse:

Alter:	44 Jahre
Persönlichkeit:	sehr verlässlich, man kann ihm vertrauen
Verhalten:	Er hat Mitarbeiter zielbezogen motiviert. Schwierigen Situationen ist er voll gewachsen. Das Verhalten gegenüber Vorgesetzten und Kollegen war in Ordnung.

(b) Entwicklungsanalyse:

Von 01/1993 bis 12/2012 Chefbuchhalter.

(c) Tätigkeitsanalyse:

Buchhalterische Vorbereitung und Erstellung der Bilanz bzw. der Gewinn- und Verlustrechnung.

(d) Abgangsbegründungsanalyse:

Das Ausscheiden wird sehr bedauert, d. h. es handelt sich um einen Mitarbeiter, den das Unternehmen gern behalten hätte.

(e) Gesamtbeurteilung:

Stets zu unserer vollen Zufriedenheit
= Gute Leistungen.

(2) Beurteilung der Stellenanzeige

(a) Es handelt sich hier um eine Chiffre-Anzeige, weil der Name des Unternehmens nicht bekannt wird.

(b) Der Leser erhält zu wenige Informationen über das Unternehmen bzw. über die Anforderungen an die Bewerber(innen). Diese können vor einer Bewerbung keine Informationen über die Firma erhalten. Es besteht die Möglichkeit, dass sich Interessenten aus dem eigenen Unternehmen bewerben.

(c) Eine Stellenanzeige sollte Auskunft geben über (*Olfert*):

Wir sind ...	**Aussagen über das Unternehmen** **Beispiele:** Firmenname, Firmenzeichen, Branche, Standort, Größe, Mitarbeiterzahl, Führungsstil
Wir haben ...	**Aussagen über die freie Stelle** **Beispiele:** Ausschreibungsgrund, Aufgabenbeschreibung, Verantwortungsumfang, Vertretungsmacht, Entwicklungschancen
Wir suchen ...	**Aussagen über Anforderungsmerkmale** **Beispiele:** Berufsbezeichnung, Vorbildung, Ausbildung, Kenntnisse, Fähigkeiten, Berufserfahrung, persönliche Eigenschaften, Alter
Wir bieten ...	**Aussagen über die Leistungen** **Beispiele:** Hinweis auf Lohn-/Gehaltshöhe, Wohnungshilfe, Fahrgeld (Zuschuss), Sozialleistungen, gleitende Arbeitszeit
Wir bitten ...	**Aussagen zur Bewerbung** **Beispiele:** Lebenslauf, Lichtbild, Zeugnisse, Hinweis auf persönliche Vorstellung, Ansprechpartner (ggf. mit Telefonnummer)

Lösung zu 60: Personaleinsatz

(1) Die Einsatzprinzipien sind:

(a) Job enlargement (Arbeitserweiterung)

(b) Job enrichment (Arbeitsbereicherung)

(c) Job rotation (Arbeitsplatzwechsel).

(2) Die Leistungsbereitschaft ist

- gut gegen 7 bzw. 11 Uhr und zwischen 15 und 22 Uhr
- weniger gut zwischen 13 und 15 Uhr (nach dem Mittagessen)
- schlecht gegen 3 Uhr nachts (Tiefpunkt, Schlafbedarf).

(3) Die Mitarbeiter werden im Regelfall wie folgt eingesetzt:

(1) Materialwirtschaft:	(c) Einkäufer und (e) Lagerverwalter
(2) Produktionswesen:	(g) Ingenieur
(3) Marketing	(a) Verkäufer
(4) Finanzwesen	(d) Kassenverwalter
(5) Rechnungswesen	(b) Kostenrechner
(6) Personalwesen	(f) Ausbildungsleiter.

Lösung zu 61: Personalführung

(1) Herr Hurtig zählt zu den humanen Führungskräften.

(2) Führungsmittel können bei Jugendlichen sein:

- arbeitsrechtliche Mittel: Hinweise auf die vertraglich festgelegten Aufgaben
- Anreizmittel:
  - Neugier wecken
  - Ehrgeiz auslösen
  - interessante Aufgaben übertragen
  - Anerkennung geben
  - Teilverantwortung übertragen
  - Vorliebe und Neigungen nutzen
  - Buchpreise versprechen
  - auf Übernahme in Arbeitsverhältnis hinweisen.
- Kommunikationsmittel: Im Gespräch Geduld und Verständnis zeigen, aber trotzdem konsequent sein.
- Steuerungsmittel: Aufgeschlossenheit gegenüber Ideen und Anregungen; nicht provozieren lassen, sondern sachlich bleiben; bei Lügen helfen, eine neue Einstellung zu finden; zur Eigenkontrolle erziehen und Selbsterkenntnis erwirken.
- Beurteilungsmittel: Nicht überfordern, nicht unterfordern.
- Informationsmittel: Mit den nötigen Daten versorgen.

(3)
- Aktivität: Selbstständig erworbene Kenntnisse werden besser behalten.
- Praxisnähe: Problematik durch Anwendungsbeispiele und praxisnahe Formulierungen näherbringen.
- Anschauung: Lerninhalte sollen über alle Sinne aufgenommen werden.
- Jugendgemäßheit: Unterweisungen und Erklärungen sollen dem Alter angemessen sein.
- Erfolgssicherung: Durch Wiederholungen und Übungen wird der Lernstoff erfolgreich bewältigt.

(4)

Alter	Jugendliche	Ausbilder
Alter	16 - 18 Jahre	51 Jahre
Art	Auszubildende	Menschlicher Typ
Merkmale positiv	Leistungswilligkeit Strebsamkeit Leistungsstärke Engagiertheit Disziplin	Beliebtheit Verständnis Hilfsbereitschaft Ausgeglichenheit Partnerschaftlich
Merkmale negativ	Oppositionslust Widerstand Auffälligkeiten	Ängstlichkeit Konfliktscheu Gefälligkeitstyp

Lösung zu 62: Personalentlohnung

(1) (a) Zeitlohn = 12,70 • 40 = **508 €**

(b) Der Akkordsatz beträgt als Stückakkord:

$$\text{Akkordsatz} = \frac{12 + 12 \cdot 0{,}20}{6} = \mathbf{2{,}40\ €/Stück}$$

(c) Der Akkordlohn des Arbeiters beträgt:

Akkordlohn = 8 • 2,40 = **19,20 €/Std.**

(d) $$\text{Minutenfaktor} = \frac{12{,}00 + 12{,}00 \cdot 0{,}25}{60} = 0{,}25$$

Akkordlohn = 6 • 20 • 0,25 = **30 €/Std.**

(2) Jährliche Lohnkosten für Außendienstmitarbeiter

- Gehaltskosten pro Mitarbeiter:

  12 • 2.000 € = 24.000 €

  Bei fünf Außendienstmitarbeitern 120.000 €
- Weihnachtsgeld für 5 Mitarbeiter 5.000 €
- 0,3 % Umsatzprovision (0,003 • 6.000.000 • 5) 90.000 €

  Gesamt **215.000 €**

Lösung zu 63: Personalentwicklung

(1) Ausbildungsberufe:

(a) Chemielaborant: Mit Spezialausbildung

(b) neue Metallberufe: Stufenausbildung

(c) Industriekaufmann: Ohne Spezialausbildung

(d) Bauzeichner: Ohne Spezialausbildung

(e) neue Elektroberufe: Stufenausbildung

(2)

	Ausbildung	Fortbildung	Umschulung
Wesen	Zum Beruf hin	Auf Beruf basierend	Neuer Beruf
Gesetze	Berufsbildungsgesetz	Berufsbildungsgesetz Arbeitsförderungsgesetz	Berufsbildungsgesetz Arbeitsförderungsgesetz
System	Duales System	On-the-job Off-the-job	On-the-job Off-the-job

(3) Unterschiede

Die Personalentwicklung on-the-job geschieht am Arbeitsplatz. Demgegenüber ist die Personalentwicklung off-the-job außerhalb des Arbeitsplatzes gegeben.

(4) Entscheidungen

(a) Planspiel: off-the-job

(b) Lernen als Assistent: on-the-job

(c) Job rotation: on-the-job

(d) Vorlesung: off-the-job

(e) Fallmethode: off-the-job

Lösung zu 64: Personalfreistellung

(1) Ja, die Grundkündigungsfrist ist nach dem Kündigungsfristengesetz eingehalten worden. Sie gilt für die ersten zwei Beschäftigungsjahre für Angestellte und Arbeiter gleich und beträgt 4 Wochen zum Monatsende (oder auch zum 15. eines Monats). Die die Kündigung rechtfertigenden betrieblichen Gründe müssen wirklich dringend sein und zum Wegfall des Arbeitsplatzes oder der Arbeitsplätze geführt haben. Es ist eine Sozialauswahl zu treffen.

(2) Es gibt darüber hinaus die Kündigung aus personenbezogenen Gründen (z. B. Leistungseinschränkung) oder aus verhaltensbezogenen Gründen (z. B. Beleidigungen). Vor Ausspruch einer verhaltensbedingten Kündigung ist eine Abmahnung nötig, wie folgendes Beispiel zeigt:

Die Beschwerden unserer Kundenfirma Heinrich & Co. vom 27.08.12 und vom 29.08.12 beziehen sich auf Ihre beleidigenden Äußerungen gegenüber dem Firmeninhaber Herrn Heinrich. Wir weisen Sie darauf hin, dass wir in diesem Verhalten einen schweren Verstoß gegen ihre arbeitsvertraglichen Pflichten sehen. Wir nehmen diese Pflichtwidrigkeiten in Zukunft nicht mehr hin und fordern Sie hiermit auf, Ihre arbeitsvertraglichen Pflichten ordnungsgemäß zu erfüllen. Sollten Sie – entgegen dieser Abmahnung – erneut gegen Ihre Pflichten aus dem Arbeitsvertrag verstoßen, werden wir Ihr Arbeitsverhältnis gegebenenfalls ordentlich kündigen. Eine Durchschrift dieses Schreibens nehmen wir zu Ihrer Personalakte.

(3) Mit dem Ausspruch der Kündigung entsteht der Anspruch des Arbeitnehmers auf ein Arbeitszeugnis.

(4) Es sind zu unterscheiden:

- Das einfache Arbeitszeugnis enthält Angaben über die Person des Arbeitnehmers sowie die Art und Dauer der Beschäftigung.
- Das qualifizierte Arbeitszeugnis beinhaltet zudem eine Beurteilung des Verhaltens und der Leistung des Arbeitnehmers.

Lösung zu 65: Informationsbereich

(1) (a) Rechnungswesen
(b) Marketingbereich
(c) Marketingbereich
(d) Personalbereich
(e) Produktionsbereich
(f) Materialbereich

(2) Beispiele:

(a) Der Personalleiter gibt dem Ausbildungsleiter die Weisung, 10 Auszubildende einzustellen. Es ist eine Information mit voller Weisungsbefugnis.

(b) Der Einkaufsleiter lobt seinen Mitarbeiter. Auch diese Information ist mit voller Weisungsbefugnis verbunden.

(c) Der Ausbildungsleiter informiert den nebenamtlichen Ausbilder über neue Ausbildungsvorschriften des Gesetzgebers. Diese Information ist nicht mit Weisungsbefugnis verbunden.

(d) Der nebenamtliche Ausbilder unterweist den Auszubildenden über das Einkaufen. Es handelt sich um Informationen mit begrenzter Weisungsbefugnis.

(e) Der Ausbildungsleiter nimmt eine disziplinarische Weisung vor, weil der Auszubildende im Verkauf und im Einkauf jeweils schlechte Beurteilungen erhielt. Es ist eine Information mit begrenzter Weisungsbefugnis.

(3) Informationen nach dem betrieblichen Zweck:

(a) Controllinginformationen
(b) Personalinformationen
(c) Materialinformationen
(d) Produktionsinformationen
(e) Führungsinformationen
(f) Finanzinformationen
(g) Marketinginformationen
(h) Rechnungsweseninformationen

Lösung zu 66: Software

(1)
- Tastatur
- Mikrophone
- Kamera
- Scanner

(2) Unternehmensbereiche:
   (a) Marketingbereich
   (b) Finanzbereich
   (c) Personalbereich
   (d) Materialbereich
   (e) Rechnungswesen

(3) Es sind folgende Schritte zu ergänzen:

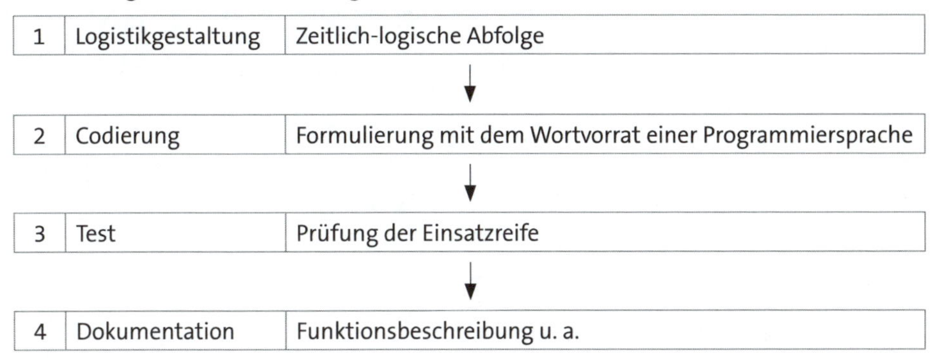

Lösung zu 67: Hardware

(1) (a) Eine Magnetplatte besteht aus einer Aluminiumplatte oder aus mehreren solchen Platten. Diese sind in einem luftdicht abgeschlossenen Gehäuse untergebracht. Dadurch sind diese Festplatten erheblich unempfindlicher gegenüber Verschmutzung. Darüber hinaus können Festplatten große Datenmengen speichern.

(b) CD-ROM steht für die Abkürzung „Compact Disc Read Only Memory". Diese CDs können nicht nur Musik speichern, sondern auch Texte, Bilder und Grafiken. Beim Lesen des Datenträgers werden die darauf gespeicherten Informationen mithilfe des Laserstrahls abgetastet und von der Hardware des PC's wiedergegeben. Eine CD-ROM besitzt eine enorme Speicherkapazität. Bücher und Nachschlagewerke, die u. U. ein ganzes Bücherregal füllen würden, finden auf einer CD-ROM Platz.

(2) Zur Hardware gehören folgende Begriffe nicht:
   (3) Cobol
   (6) Standardprogramme.

(3) Das Internet ist ein weltweit verzweigtes Computernetz, an dem in Deutschland z. Z. 85 % der Haushalte angeschlossen sind. Jeder Computer ist weltweit mit jedem Computer vernetzt und jeder Computer hat eine eigene „Adresse". Damit die Kommunikation funktionieren kann, müssen alle angeschlossenen Rechner nach einem einheitlichen Standard miteinander kommunizieren (Internet-Sprache).

Lösung zu 68: Buchführung

Es ergibt sich folgende Schlussbilanz:

AKTIVA	Schlussbilanz		PASSIVA
	Euro		Euro
Grundstücke	150.000	Eigenkapital	800.000
Maschinen	300.000	Verbindlichkeiten	800.000
Betriebsstoffe	500.000		
Forderungen	300.000		
Bank	200.000		
Kasse	150.000		
	1.600.000		1.600.000

Lösung zu 69: Bilanz (Grundsätze)

(1) Die Bilanzansätze sind wie folgt zu beurteilen:

(a) In diesem Fall liegt ein Verstoß gegen den Grundsatz der Bilanzwahrheit (§ 243 Abs. 2 HGB) und gegen die Gliederungsvorschriften (§ 266 HGB) vor.

(b) Die vorliegende Handlungsweise verstößt gegen den Grundsatz der formellen Bilanzkontinuität (§ 265 Abs. 1 HGB) und ist außerdem nicht mit dem Grundsatz der Bilanzklarheit vereinbar, sie erfolgte ohne sachliche Gründe.

(c) Der allgemeine Grundsatz der Bilanzwahrheit erfährt insbesondere durch Bewertungsvorschriften Einschränkungen. In diesem Fall schafft das Anschaffungswertprinzip eine objektivierte Obergrenze in Höhe der Anschaffungskosten, das Grundstück darf handels- und steuerrechtlich zum Anschaffungswert angesetzt werden.

(d) Aufwendungen und Erträge für das Geschäftsjahr sind ohne Rücksicht auf den Zeitpunkt ihrer Ausgabe oder Einnahme im Jahresabschluss zu berücksichtigen. Hier wurde gegen den Grundsatz der Periodenabgrenzung (§ 252 Abs. 1 Nr. 5 HGB) verstoßen.

(2) (a) Es liegt ein Verstoß gegen die Bilanzkontinuität vor. Die Abschreibungstechnik darf nicht willkürlich geändert werden. Eine Änderung ist nur in bestimmten Fällen möglich.

(b) Auch hier liegt ein Verstoß gegen die Bilanzkontinuität vor, da der Bilanzstichtag nicht willkürlich geändert werden darf.

(c) Hier liegt ein Verstoß gegen den Grundsatz der Bilanzwahrheit vor, da kein Rückstellungsgrund vorliegt (Passivierungsverbot).

Lösung zu 70: Bilanz (Gliederungsvorschriften)

(1) Aktiv-Seite
- (a) A.II.3. andere Anlagen, Betriebs- und Geschäftsausstattung
- (b) A.I.3. geleistete Anzahlungen
- (c) A.III.5. Wertpapiere des Anlagevermögens
- (d) B.I.3. fertige Erzeugnisse und Waren

(2) Passiv-Seite
- (a) A.II. Kapitalrücklage
- (b) C.1. Anleihen
- (c) C.4. Verbindlichkeiten aus Lieferungen und Leistungen

(3) Ermittlung der Schlussbilanz

AKTIVA	Schlussbilanz		PASSIVA
	Euro		Euro
A. Anlagevermögen		A. Eigenkapital	910.000
I. Immaterielle Vermögensgegenstände			
Anzahlungen für neue Lizenzen	20.000	B. Steuerrückstellungen	20.000
		Pensionsrückstellungen	60.000
II. Sachanlagen		C. Verbindlichkeiten	
1. Grundstücke	300.000	Darlehen	112.000
2. Gebäude	200.000	Verbindlichkeiten aus Lieferungen und Leistungen	118.000
3. Anlagen	400.000		
4. Betriebsaustattung	10.000		
5. Geschäftsausstattung	40.000		
B. Umlaufvermögen			
I. Vorräte			
1. Roh-, Hilfs- und Betriebsstoffe	70.000		
2. Unfertige Erzeugnisse	40.000		
3. Fertigerzeugnisse	60.000		
II. Forderungen	45.000		
III. Guthaben			
1. Kasse	3.000		
2. Bank	32.000		
	1.220.000		1.220.000

Lösung zu 71: GuV-Rechnung/Anhang/Lagebericht

(1) (a) 3. Andere aktivierte Eigenleistungen

(b) 9. Erträge aus Beteiligungen

(c) 15. Außerordentliche Erträge

(d) 18. Steuern vom Einkommen und vom Ertrag

(2) Gewinn- und Verlustkonto

(a)

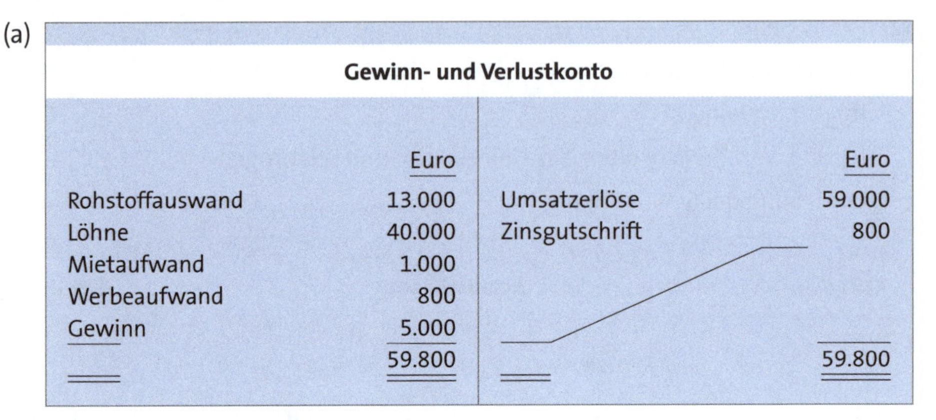

Gewinn- und Verlustkonto

	Euro		Euro
Rohstoffauswand	13.000	Umsatzerlöse	59.000
Löhne	40.000	Zinsgutschrift	800
Mietaufwand	1.000		
Werbeaufwand	800		
Gewinn	5.000		
	59.800		59.800

(b) Gewinn- und Verlustkonto 5.000 €

an Eigenkapitalkonto 5.000 €

(3) (a) Lagebericht

(b) Anhang gem. § 268 (2) HGB

(c) Lagebericht

(d) Lagebericht

(e) Anhang gem. § 285 (3) HGB

(f) Anhang gem. § 284 (4) HGB

(g) Anhang gem. § 265 (1) HGB

(h) Lagebericht

Lösung zu 72: Kosten/Leistungen

(1) $$\text{Nutzkosten} = 8.000 \cdot \frac{3.000}{5.000} = \mathbf{4.800\ €}$$

$$\text{Leerkosten} = 8.000 - 4.800\ € = \mathbf{3.200\ €}$$

(2) (a)

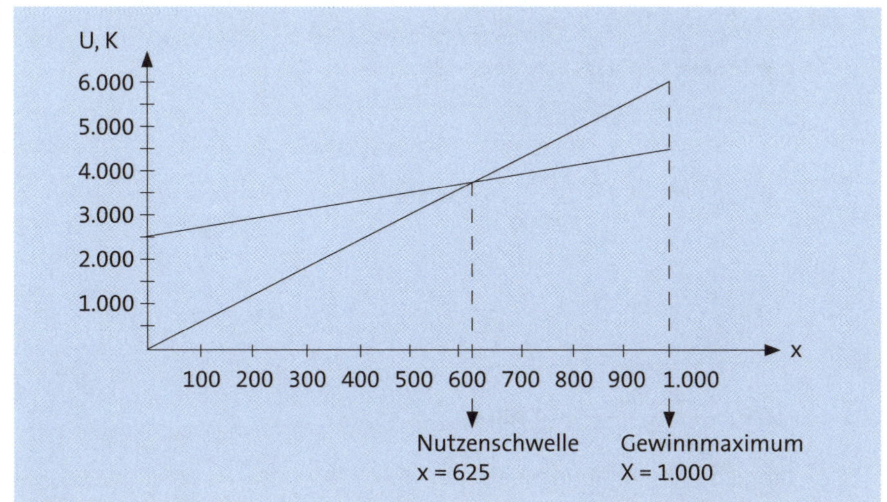

(b) Die Nutzenschwelle wird rechnerisch durch das Gleichsetzen der beiden Gleichungen ermittelt, da ihr Schnittpunkt die Nutzenschwelle darstellt:

$6\,x = 2.500 + 2\,x$

$x =$ **625 Stück**

(3) Es handelt sich um folgende Leistungen:

(a) Absatzleistung (Kundenauftrag)

(b) Eigenleistung (Reparatur)

(c) Absatzleistung (Lagerauftrag)

(d) Absatzleitung (Kundenauftrag)

(e) Eigenleistung (Selbsterstellte Güter)

(f) Absatzleistung (Kunde ist ein Mitarbeiter)

(g) keine Leistung (im obigen Sinne).

Lösung zu 73: Kostenartenrechnung

(1)

Angebotspreis	1.200	•	5	=	6.000 €
- 20 % Rabatt	6.000	•	0,20	=	1.200 €
- 3 % Skonto	4.800	•	0,03	=	144 €
+ Verpackung	12	•	3	=	36 €
= Anschaffungswert					**4.692 €**

(a)

$$a = \frac{B}{n}$$

$$a = \frac{12.000}{5} = \mathbf{2.400\ €}$$

(b)

$$p = 100 \cdot (1 - \sqrt[n]{\frac{B}{n}})$$

$$p = 100 \cdot (1 - \sqrt[5]{\frac{2.000}{22.000}}) = \mathbf{38{,}1\,\%}$$

(c)

$$D = \frac{B}{N}$$

$$D = \frac{48.000}{1 + 2 + 3 + 4} = \mathbf{4.800\ €}$$

Jährliche Abschreibungsbeträge:

a1 = D • n	=	4.800 • 4 =	19.200 €
a2 = D • (n - 1)	=	4.800 • 3 =	14.400 €
a3 = D • (n - 2)	=	4.800 • 2 =	9.600 €
a4 = D • (n - 3)	=	4.800 • 1 =	4.800 €

(d)

$$a = \frac{B}{L} \cdot L_p$$

$$a = \frac{40.000}{100.000} \cdot 25.000 = \mathbf{10.000\ €}$$

(2)

Anlagevermögen	
Grundstücke/Gebäude	50.000 €
Maschinen	40.000 €
Beteiligungen	20.000 €
+ Umlaufvermögen	30.000 €
- Neutrales Vermögen	8.000 €
Betriebsnotwendiges Vermögen	132.000 €
- Anzahlungen	15.000 €
Betriebsnotwendiges Kapital	**117.000 €**

Die kalkulatorischen Zinsen betragen 9 % von 117.000 €, d. h. sie weisen eine Höhe von **10.530 €** auf.

Lösung zu 74: Kostenstellenrechnung

Kostenstellen / Kostenarten	Summe	Allgem. Kosten-stelle	Material-bereich	Produk-tions-bereich	Verwal-tungs-bereich	Ver-triebs-bereich
Fertigungsmaterial	*10.000*		*100.000*			
Fertigungslohn	*8.000*			*80.000*		
Hilfs-, Betriebsstoffe	6.000	600	800	4.000	500	100
Energie	20.000	11.000	2.000	7.000	0	0
Hilfslöhne	32.000	5.120	6.400	12.800	2.560	5.120
Steuern	24.000	2.400	7.200	9.600	2.400	2.400
Raumkosten	16.000	3.000	4.000	7.000	2.000	0
Bürokoten	14.000	0	0	0	9.000	5.000
Abschreibungen	28.000	5.000	4.000	12.000	3.000	4.000
Summe	140.000	27.120	24.400	52.400	19.460	16.620
Umlage Allg.Ko.st.		→	5.166	7.749	10.331	3.874
Summe			29.566	60.149	29.791	20.494
Ist-Zuschläge %			29,57%	75,19%	11,05%	7,60%
Normalzuschläge %			28,00%	76,00%	12,00%	7,00%
Normal-Gemeinkosten			28.000	60.800	32.256	18.816
Über-/Unterdeckung			**- 1.566**	**+ 651**	**+ 2.465**	**- 1.678**

Lösung zu 75: Kostenträgerstückrechnung

(1) Die Selbstkosten pro Stück betragen:

$$k = \frac{K}{x}$$

$$k = \frac{50.000}{5.000} = \mathbf{10\ €/Stück}$$

(2)
$$k_A = \frac{3.800}{1 \cdot 600 + 1{,}2 \cdot 400 + 1{,}5 \cdot 100} = \mathbf{3{,}09\ €/Stück}$$

$$k_B = \frac{3.800}{1.230} \cdot 1{,}2 = \mathbf{3{,}71\ €/Stück}$$

$$k_C = \frac{3.800}{1.230} \cdot 1{,}5 = \mathbf{4{,}63\ €/Stück}$$

(3) Als Selbstkosten ergeben sich:

		%	€	
	Fertigungsmaterial		15.000	
+	Materialgemeinkosten	10	1.500	
=	Materialkosten			16.500
	Fertigungseinzelkosten		6.000	
+	Fertigungsgemeinkosten		3.000	
+	Sondereinzelkosten der Fertigung	50	500	
=	Fertigungskosten			9.500
=	Herstellkosten			26.000
+	Verwaltungsgemeinkosten	20		5.200
+	Vertriebsgemeinkosten	10		2.600
+	Sondereinzelkosten des Vertriebs			200
=	**Selbstkosten**			**34.000**

Lösung zu 76: Kostenträgerzeitrechnung

(1) Umsatzkostenverfahren

		Erzeugnis-(gruppe) A	**Erzeugnis-(gruppe) B**	**Erzeugnis-(gruppe) C**
	Herstellkosten der abgesetzten Erzeugnisses	260.000 €	140.000 €	820.000 €
	Verwaltungsgemeinkosten	36.400 €	8.400 €	41.000 €
	Vertriebsgemeinkosten	20.800 €	14.000 €	57.400 €
	Sondereinzelkosten des Vertrieb	4.000 €	1.600 €	2.400 €
=	**Selbstkosten der abgesetzten Erzeugnisse**	321.200 €	164.000 €	920.800 €
	Bruttoerlöse	441.200 €	364.000 €	980.000 €
-	Erlösschmälerungen	800 €	—	300 €
=	**Nettoerlöse**	440.400 €	364.000 €	979.700 €
-	Selbstkosten der abgesetzten Erzeugnisse	321.200 €	164.000 €	920.800 €
=	**Betriebsergebnis**	**119.200** €	**200.000** €	**58.900** €

Hinweis: Ein Mehr- bzw. Minderbestand wird beim Umsatzkostenverfahren nicht berücksichtigt.

(2) Gesamtkostenverfahren

		%	€	
	Fertigungsmaterial		20.000	
+	Materialgemeinkosten	40	8.000	
=	Materialkosten			28.000
	Fertigungslöhne		26.000	
+	Fertigungsgemeinkosten	50	13.000	
+	Sondereinzelkosten der Fertigung		2.000	
=	Fertigungskosten			41.000
=	Herstellkosten der Erzeugung			69.000
-	Mehrbestand an Fertigerzeugnissen			800
+	Minderbestand an unfertigen Erzeugnissen			1.200
=	Herstellkosten des Umsatzes			69.400
+	Verwaltungsgemeinkosten			8.328
+	Vertriebsgemeinkosten	12		6.940
+	Sondereinzelkosten des Vertriebs	10		1.000
=	Selbstkosten des Umsatzes			85.668
	Netto-Verkaufserlöse			108.500
-	Selbstkosten des Umsatzes			85.668
=	**Betriebsergebnis**			**22.832**

Lösung zu 77: Vollkostenrechnung

(1) Errechnung der Gesamtkosten pro Kubikmeter

K_f = Fixkosten

K_v = Variable Kosten pro m^3

x = Verbrauchsmenge

$$K = \frac{K_f}{x} + K_V$$

$$K = \frac{20.000}{60.000} + 0{,}17 = 0{,}33 + 0{,}17 = \mathbf{0{,}50\ €/m^3}$$

(2) Kostenbelastung der Kostenstellen bei **0,50 €/m^3**

A	=	10.000 €
B	=	15.000 €
C	=	5.000 €
Gesamt		**30.000 €**

Lösung zu 78: Teilkostenrechnung

(1)

Erzeugnisse	X	Y	Z
Verkaufspreis Variable Kosten	15 € 12 €	10 € 8 €	20 € 18 €
Deckungsbeiträge Stück/Monat	3 € 30.000 St.	2 € 25.000 St.	2 € 8.000 St.
Bruttogewinn	90.000 €	50.000 €	16.000 €

Gesamtgewinn	156.000 €
- Fixkosten gesamt	90.000 €
Nettogewinn	**66.000 €**

(2) (a)

Produkte	A	B	C
Verkaufserlöse	400.000 €	600.000 €	240.000 €
- Selbstkosten	240.000 €	300.000 €	280.000 €
= Gewinn/Verlust	**160.000** €	**300.000** €	**- 40.000** €

(b)

Stückbetrachtung	A	B	C
Stückerlöse	4.000 €	3.000 €	4.800 €
- variable Stückkosten	1.400 €	900 €	3.600 €
Deckungsbeitrag pro Stück	**2.600** €	**2.100** €	**1.200** €

(c) Wird der Deckungsbeitrag pro Stück als Entscheidungskriterium herangezogen, ergibt sich folgende Produktionsreihenfolge: A - B - C.

Lösung zu 79: Controlling (Organisation/Prozess)

(1) Es geht um folgende Arten des Controlling:

(a) Materialcontrolling

(b) Gesamtcontrolling

(c) Finanzcontrolling

(d) Personalcontrolling

(e) Produktionscontrolling

(f) Informationscontrolling.

(2) (a) Darstellung der Organisationsvariante

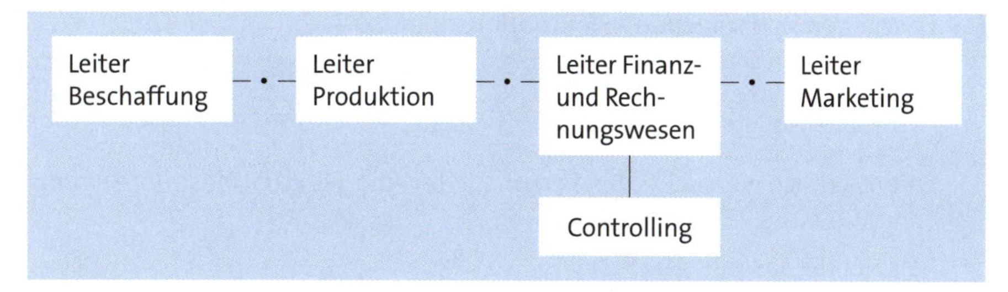

(b) Vorteile:

- Keine Abspaltung der Controllingfunktion als Beratungsinstanz (Sonderdasein),
- sondern direkte Durchsetzbarkeit in der Linienfunktion.

Nachteile:

- Vorgesetzter der Controllinginstanz hat Informationsvorsprung
- relativ lange Zeit, bis der Controller an die Informationen herankommt
- der direkte Vorgesetzte ist möglicherweise überlastet.

(3) Controlling als Regelkreis:

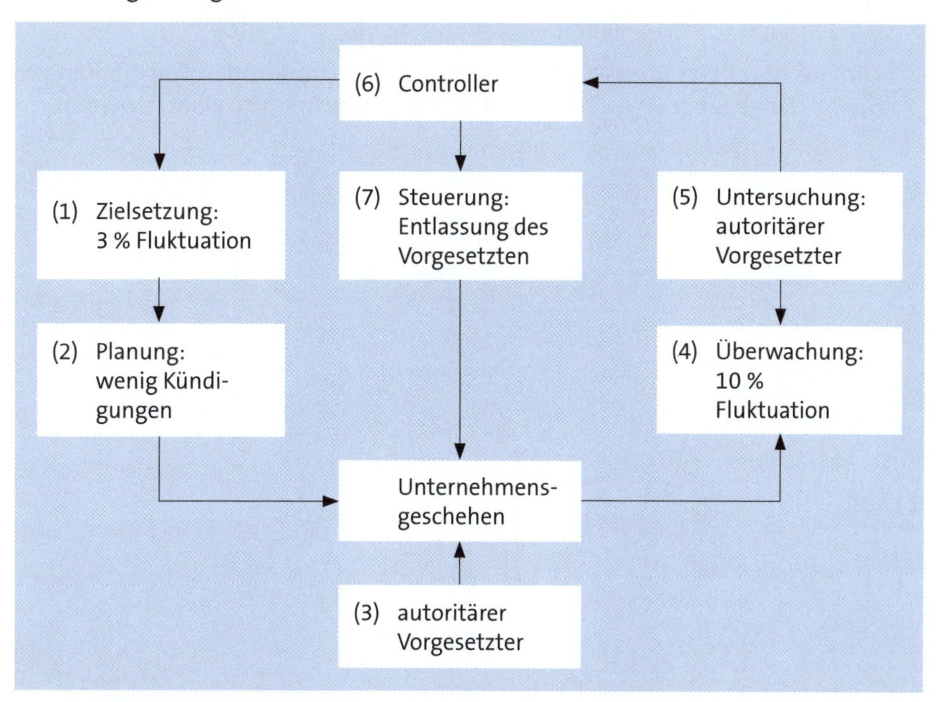

Da die Störgröße weggefallen ist, bewegt sich die Fluktuation nun bei nur 1 %. Es sind zunächst keine neuen Steuerungsmaßnahmen nötig.

Lösung zu 80: Controlling (Frühwarnung)

(1) Es ergeben sich folgenden Fluktuationsquoten:

	2011	2012	2013	2014	2015
Fluktuationsquoten	10 %	9,1 %	9 %	8,9 %	8,75 %

Offensichtlich versucht der Personalleiter, die Fluktuationsquote kontinuierlich von 10 % auf 8,75 % zu senken.

Beispiel für das Jahr 2015:

$$\text{Fluktuationsrate} = \frac{\text{Nicht betrieblich verfügte Austritte} \cdot 100}{\text{Durchschnittlicher Personalbestand}}$$

$$F = \frac{35 \cdot 100}{400} = \mathbf{8{,}75\ \%}$$

(2) Der Nachwuchsbedarf für 2011 beträgt:

$$\text{Nachwuchsbedarf} = \frac{600}{15} = \mathbf{40\ Personen}$$

$$\text{Nachwuchsquote} = \frac{40 \cdot 100}{600} = \mathbf{6{,}66\ \%}$$

Um die gegebene Altersstruktur zu erhalten, sollten in den Folgejahren jeweils 6,66 % der gegebenen Mitarbeiter durch Nachwuchskräfte ersetzt werden.

A. Grundlagen

Albach, H., Betriebswirtschaftslehre als Wissenschaft vom Management, in: Betriebswirtschaftslehre als Management- und Führungslehre, Hrsg. R. Wunderer, 2. Auflage, Stuttgart 1988, S. 99 - 107

Albach, H., Allgemeine Betriebswirtschaftslehre, 3. Auflage, Wiesbaden 2001

Albert, H., Theorie und Prognose in den Sozialwissenschaften, in: Logik der Sozialwissenschaften, Hrsg. E. Topitsch, 10. Auflage, Königstein 1980, S. 126 ff.

Balderjahn/Specht, Einführung in die Betriebswirtschaftslehre, 6. Auflage, Stuttgart 2011

Balfanz/Krann/Riegler, BWL Kompakt, 2. Auflage, Frankfurt am Main 2004

Bamberg/Coenenberg/Krapp, Betriebswirtschaftliche Entscheidungslehre, 14. Auflage, München 2008

Bamberger/Wrona, Strategische Unternehmensführung, 2. Auflage, München 2012

Barth, K., Betriebswirtschaftslehre des Handels, 6. Auflage, Wiesbaden 2007

Baur/Stürner, Insolvenzrecht, 3. Auflage, Stuttgart 2001

Bea/Friedl/Schweitzer (Hrsg.), Allgemeine Betriebswirtschaftslehre, Bd. 1, Grundfragen, 10. Auflage, Stuttgart 2009

Bea/Friedl/Schweitzer (Hrsg.), Allgemeine Betriebswirtschaftslehre, Bd. 2, Führung, 9. Auflage, Stuttgart 2005

Bea/Friedl/Schweitzer (Hrsg.), Allgemeine Betriebswirtschaftslehre, Bd. 3, 9. Auflage, Stuttgart 2006

Becker, F. G. (Hrsg.), Einführung in die Betriebswirtschaftslehre, Berlin/Heidelberg 2006

Becker, H. P., Bankbetriebslehre, 8. Auflage, Herne 2011

Beschorner/Peemöller, Allgemeine Betriebswirtschaftslehre, 2. Auflage, Herne/Berlin 2006

Bestmann, U. (Hrsg.), Kompendium der Betriebswirtschaftslehre, 11. Auflage, München/Wien 2009

Biermann, Th., Kompakt-Training Dienstleistungsmanagement, 2. Auflage, Ludwigshafen/Rhein 2006

Birker, K., Einführung in die Betriebswirtschaftslehre, 2. Auflage, Berlin 2006

Bischof/Meister u. a., Leistungserstellung in Spedition und Logistik, 10. Auflage, Köln/München 2007

Bitz, M., Übungen in Betriebswirtschaftslehre, 6. Auflage. München 2003

Bleicher, K., Betriebswirtschaftslehre – Disziplinäre Lehre vom Wirtschaften in und zwischen Betrieben oder interdisziplinäre Wissenschaft vom Management?, in: Betriebswirtschaftslehre als Management- und Führungslehre, Hrsg. R. Wunderer, Stuttgart 1985

Bleicher, K., Führung, in: Handwörterbuch der Betriebswirtschaft, Bd. 1, Hrsg. Wittmann/Kern/Köhler/Küpper/v. Wysocki, 5. Auflage, Stuttgart 1993, Sp. 1270 - 1284

Bornhofen/Bornhofen, Steuerlehre 1, 32. Auflage, Wiesbaden 2011

Bornhofen/Bornhofen, Steuerlehre 2, 32. Auflage, Wiesbaden 2012

Brede, H., Betriebswirtschaftslehre, 8. Auflage, München 2004

Brockhoff, K., Geschichte der Betriebswirtschaftslehre, 2. Auflage, Wiesbaden 2002

Büschgen, H. E., Das kleine Bank-Lexikon, 3. Auflage, Stuttgart 2006

Bussiek, J., Ehrmann, Buchführung, 9. Auflage, Herne 2010

Camphausen, B. (Hrsg.), Grundlagen der Betriebswirtschaftslehre, 2. Auflage, München 2011

Corsten/Gössinger (Hrsg.), Lexikon der Betriebswirtschaftslehre, 5. Auflage, München/Wien 2008

Corsten/Gössinger, Dienstleistungsmanagement, 5. Auflage, München/Wien 2007

Corsten/Reiß (Hrsg.), Betriebswirtschaftslehre, 4. Auflage, München/Wien 2008

Dillerup/Stoi, Unternehmensführung, 3. Auflage, München 2010

Domschke/Scholl, Grundlagen der Betriebswirtschaftslehre, 4. Auflage, Berlin/Heidelberg 2008

Ebel, B., Produktionswirtschaft, 9. Auflage, Ludwigshafen/Rhein 2009

Ehrmann, H., Unternehmensplanung, 6. Auflage, Herne 2013

Ehrmann, H., Kompakt-Training Logistik, 6. Auflage, Herne 2013

Ehrmann, H., Logistik, 7. Auflage, Herne 2012

Eickmann/Flessner/Irschlinger u. a., Insolvenzordnung, 5. Auflage, Heidelberg 2008

Eilenberger, G., Betriebliche Finanzwirtschaft, 7. Auflage, München/Wien 2003

Eisenführ/Theuvsen, Einführung in die Betriebswirtschaftslehre, 4. Auflage, Stuttgart 2004

Erlei/Leschke/Sauerland, Neue Institutionenökonomik, 2. Auflage, Stuttgart 2007

Farny, D., Versicherungsbetriebslehre, 5. Auflage, Karlsruhe 2011

Gabler, Wirtschafts-Lexikon, 8 Bände, 16. Auflage, Wiesbaden 2005

Gaitanides, M., Prozessorganisation, 3. Auflage, München/Wien 2012

Gaugler, E., Hundert Jahre Betriebswirtschaftslehre, Mannheim 1998

Gaugler/Köhler, Entwicklungen der Betriebswirtschaftslehre, Stuttgart 2002

Göbel, E., Neue Institutionenökonomie, Stuttgart 2002

Goebel, F. M., Die neuen Verjährungsfristen, Freiburg 2004

Grass, B., Einführung in die Betriebswirtschaftslehre, 2. Auflage, Herne 2003

Grefe, C., Unternehmenssteuern, 15. Auflage, Herne 2012

Gutenberg, E., Grundlagen der Betriebswirtschaftslehre, Bd. 1, Die Produktion, 24. Auflage, Berlin/Heidelberg/New York 1984; Bd. 2, Der Absatz, 17. Auflage 1983; Bd. 3, Die Finanzen, 8. Auflage 1980

Hammer/Champy, Business Reengineering, 6. Auflage, Frankfurt/New York 1996

Heinen, E., Einführung in die Betriebswirtschaftslehre, 9. Auflage, Wiesbaden 1992

Heinen, E. (Hrsg.), Industriebetriebslehre, 9. Auflage, Wiesbaden 1992

Hill, W., Betriebswirtschaftslehre als Managementlehre, in: Betriebswirtschaftslehre als Management- und Führungslehre, Hrsg. R. Wunderer, Stuttgart 1985, S. 111-146

Holey/Welter/Wiedemann, Wirtschaftsinformatik, 2. Aufl., Ludwigshafen/Rhein 2007

Hopfenbeck, W., Allgemeine Betriebswirtschafts- und Managementlehre, 14. Auflage, München 2002

Hugentobler/Schaufenbühl/Blattner (Hrsg.), Betriebswirtschaftslehre für Bachelor, Stuttgart 2007

Hungenberg/Wulf, Grundlagen der Unternehmensführung, 4. Auflage, Berlin 2011

Hüttner/Heuer, Betriebswirtschaftslehre, 3. Auflage, München 2004

Hutzschenreuter, Th., Allgemeine Betriebswirtschaftslehre, 4. Auflage, Wiesbaden 2011

Ihde, G. B., Transport, Verkehr, Logistik, 3. Auflage, München 2001

Jahrmann, F. U., Außenhandel, 13. Auflage, Herne 2010

Jahrmann, F. U., Kompakt-Training Außenhandel, 3. Auflage, Herne 2010

Jost, P. J. (Hrsg.), Die Prinzipal-Agenten-Theorie in der Betriebswirtschaftslehre, Stuttgart 2001

Jost, P. J. (Hrsg.), Der Transaktionskonstenansatz in der Betriebswirtschaftslehre, Stuttgart 2001

Jung, H., Allgemeine Betriebswirtschaftslehre, 12. Auflage, München/Wien 2010

Kirchhof, H. P., Leitfaden zum Insolvenzrecht, 2. Auflage, Recklinghausen 2000

Kirsch, W., Die Führung von Unternehmen, 2. Auflage, Herrsching 2005

Köhler, K., Einführung in das Insolvenzverfahren, Vortrag am Amtsgericht Ludwigshafen am 05.05.1999

Köhler/Küpper/Pfingsten (Hrsg.), Handwörterbuch der Betriebswirtschaft, 6. Auflage, Stuttgart 2007

Korndörfer, W., Allgemeine Betriebswirtschaftslehre, 13. Auflage, Wiesbaden 2003

Kosiol, E., Die Unternehmung als wirtschaftliches Aktionszentrum, Reinbeck bei Hamburg 1974

Koslowski/Kohlmeier, Wirtschaftswörterbuch der Praxis deutsch/engl. – engl./deutsch, Stuttgart 2003

Lange, Ch., Einführung in die PC-unterstützte Datenverarbeitung, 6. Auflage, Ludwigshafen/Rhein 2004

Lechner/Egger/Schauer, Einführung in die Allgemeine Betriebswirtschaftslehre, 25. Auflage, Wien 2010

Lerchenmüller, M., Handelsbetriebslehre, 4. Auflage, Ludwigshafen/Rhein 2003

Lück, W. (Hrsg.), Lexikon der Betriebswirtschaft, 6. Auflage, München 2004

Luger/Geisbüsch/Neumann, Allgemeine Betriebswirtschaftslehre, Bd. 1, 5. Auflage, München/Wien 2004

Macharzina/Wolf, Unternehmensführung, 7. Auflage, Wiesbaden 2010

Meffert/Burmann/Kirchgeorg, Marketing, 11. Auflage, Wiesbaden 2012

Mellerowicz, K., Sozialorientierte Unternehmensführung, 2. Auflage, Freiburg 1976

Mertens/Bodendorf, Programmierte Einführung in die Betriebswirtschaftslehre, 12. Auflage, Wiesbaden 2005

Neuberger, O., Führen und führen lassen, 6. Auflage, Stuttgart 2002

Neus, W., Einführung in die Betriebswirtschaftslehre aus institutionenökonomischer Sicht, 7. Auflage, Tübingen 2011

Nieschlag/Dichtl/Hörschgen, Marketing, 19. Auflage, Berlin 2002

Obst-Hintner, Geld-, Bank- und Börsenwesen, 40. Auflage, Stuttgart 2000

Oeldorf/Olfert, Kompakt-Training Material-Logistik, 4. Auflage, Herne 2013

Oeldorf/Olfert, Material-Logistik, 13. Auflage, Herne 2013

Olfert, K., Investition, 12. Auflage, Herne 2012

Olfert, K., Organisation, 16. Auflage, Herne 2012

Olfert, K., Personalwirtschaft, 15. Auflage, Herne 2012

Olfert, K., Finanzierung, 16. Auflage, Herne 2013

Olfert, K., Kompakt-Training Personalwirtschaft, 8. Auflage, Herne 2013

Olfert, K., Kompakt-Training Einführung in die Betriebswirtschaftslehre, 4. Auflage, Herne 2013

Olfert, K., Kostenrechnung, 17. Auflage, Herne 2013

Olfert/Pischulti, Kompakt-Training Unternehmensführung, 6. Auflage, Herne 2013

Olfert/Rahn/Zschenderlein, Lexikon der Betriebswirtschaftslehre, 8. Auflage, Herne 2013

Paul, J., Praxisorientierte Einführung in die Allgemeine Betriebswirtschaftslehre, 2. Auflage, Wiesbaden 2010

Peters/Brühl/Stelling, Betriebswirtschaftslehre. Einführung, 12. Auflage, München/Wien 2005

Pföhl, H.C. (Hrsg.), Betriebswirtschaftslehre der Mittel- und Kleinbetriebe, 4. Auflage, Berlin 2006

Popper, K., Logik der Forschung, 11. Auflage, Tübingen 2005

Porter, M., Wettbewerbsvorteile, 7. Auflage, Frankfurt/Main 2010

Raffée, H., Grundprobleme der Betriebswirtschaftslehre, Göttingen 1995

Rahn, H.J., Gestaltung personalwirtschaftlicher Prozesse, Frankfurt/Main 2005

Rahn, H.J., Personalführung kompakt. Ein systemorientierter Ansatz, München 2008

Rahn, H.J., Erfolgreiche Teamführung, 6. Auflage, Hamburg 2010

Rahn, H.J., Unternehmensführung, 8. Auflage, Herne 2012

Richter, H. P., Prozessorientieres Personalwesen, Hamburg 2012

Richter, H. P., Juristische Grundkurse, Bd. 3, BGB-Schuldrecht, 22. Auflage, Dänischenhagen 2011

Richter/Furubotn, Neue Institutionenökonomik, 4. Auflage, Tübingen 2010

Rinker/Ditges/Arendt, Bilanzen, 14. Auflage, Herne 2012

Rose/Watrin, Ertragssteuern, 19. Auflage, Berlin 2009

Schäfer, E., Die Unternehmung, 10. Auflage, Wiesbaden 1980

Schanz, G., Grundlagen der verhaltenstheoretischen Betriebswirtschaftslehre, Tübingen 1977

Schanz, G., Wissenschaftsprogramme in der Betriebswirtschaftslehre, in: Allgemeine Betriebswirtschaftslehre, Bd. 1, Hrsg. Bea/Friedl/Schweitzer, 10. Auflage, Stuttgart 2009

Schierenbeck/Wöhle, Grundzüge der Betriebswirtschaftslehre, 18. Auflage, München 2011

Schierenbeck/Wöhle, Übungsbuch Grundzüge der Betriebswirtschaftslehre, 10. Auflage, München 2011

Schmalen/Pechtl, Grundlagen und Probleme der Betriebswirtschaft, Übungsbuch, 5. Auflage, Stuttgart 2007

Schmalen/Pechtl, Grundlagen und Probleme der Betriebswirtschaft, 14. Auflage, Stuttgart 2009

Schmidt, A., Steuerfachangestellten-Lexikon, 15. Auflage, Herne 2010

Schneck, O. (Hrsg.), Lexikon der Betriebswirtschaft, 8. Auflage, München 2011

Scholz, Ch., Personalmanagement, 5. Auflage, München 2000

Scholz, Ch., Grundzüge des Personalmanagements, München 2011

Seidel/Menn, Ökologisch orientierte Betriebswirtschaft, Stuttgart 1988

Selchert, F.W., Einführung in die Betriebswirtschaftslehre, 4. Auflage, München/Wien 2003

Staehle, W.H., Management, 8. Auflage, München 1999

Stahlknecht/Hasenkamp, Einführung in die Wirtschaftsinformatik, 12. Auflage, Berlin/Heidelberg 2012

Steckler, B., Kompendium Wirtschaftsrecht, 7. Auflage, Ludwigshafen/Rhein 2009

Steckler, B., Kompakt-Training Wirtschaftsrecht, 3. Auflage, Herne 2013

Steckler/Bachert/Strauß, Kompendium Arbeitsrecht und Sozialversicherung, 7. Auflage, Herne 2010

Steinle, C., Ganzheitliches Management, Wiesbaden 2005

Steinle, C., Führungstheorien, in: HWB, Hrsg. Köhler/Küpper/Pfingsten, 6. Auflage, Stuttgart 2007, Sp. 570 - 582

Steinmann/Schreyögg, Management, 6. Auflage, Wiesbaden 2005

Stephan/Fischer, Betriebswirtschaftliche Optimierung, 8. Auflage, München 2009

Strebel, H., Umwelt und Betriebswirtschaft, Berlin 1980

Thommen, J., Managementorientierte Betriebswirtschaftslehre, 8. Auflage, Zürich 2008

Thommen/Achleitner, Allgemeine Betriebswirtschaftslehre, 6. Auflage, Wiesbaden 2009

Töpfer, A., Betriebswirtschaftslehre, 2. Auflage, Berlin/Heidelberg/New York 2007

Ulrich, H., Die Unternehmung als produktives soziales System, 2. Auflage, Bern/Stuttgart 1970

Ulrich, H., Unternehmungspolitik, 3. Auflage, Bern/Stuttgart 1990

Unger, F. (Hrsg.), Kompendium der Betriebswirtschaftslehre, 3. Auflage, Bd. 1 u. 2, Mannheim 2001

Vahs/Schäfer-Kunz, Einführung in die Betriebswirtschaftslehre, 5. Auflage, Stuttgart 2007

Weber/Kabst, Einführung in die Betriebswirtschaftslehre, 8. Auflage, Wiesbaden 2012

Weis, H. C., Marketing, 16. Auflage, Herne 2012

Wicke, L. u. a., Umweltökonomie, 4. Auflage, München 1993

Wiek, K. F., Neue Verjährungsfristen in Zivilsachen, Köln 2004

Witte, H., Allgemeine Betriebswirtschaftslehre, 2. Auflage, München/Wien 2007

Wittig/Streit, Ökologie, Stuttgart 2004

Wittmann/Kern/Köhler/Küpper/v. Wysocki (Hrsg.), Handwörterbuch der Betriebswirtschaft, 3 Bände, 5. Auflage, Stuttgart 1993

Wöhe/Döring, Einführung in die Allgemeine Betriebswirtschaftslehre, 24. Auflage, München 2010

Wöhe/Kaiser/Döring, Übungsbuch zur Einführung in die Allgemeine Betriebswirtschaftslehre, 13. Auflage, München 2010

Woll, A. (Hrsg.), Wirtschaftslexikon, 10. Auflage, München 2008

Wunderer, R., Führung und Zusammenarbeit, 9. Auflage, Stuttgart 2011

Wunderer/Grunwald, Führungslehre, 2 Bände, Berlin/New York 1980

Ziegenbein, K., Controlling, 10. Auflage, Herne 2012

Ziegenbein, K., Kompakt-Training Controlling, 3. Auflage, Ludwigshafen/Rhein 2006

Zündorf, L., Führungsebene und Führung, in: HWFü, Hrsg. Kieser/Reber/Wunderer, 2. Auflage, Stuttgart 1995, Sp. 540 - 550

B. Unternehmen

Arndt, H., Supply Chain Management, 5. Auflage, Wiesbaden 2010

Bea/Göbel, Organisation, 4. Auflage, Stuttgart 2010

Bestmann, U. (Hrsg.), Kompendium der Betriebswirtschaftslehre, 11. Auflage, München 2009

Biermann, Th., Kompakt-Training Dienstleistungsmanagement, 2. Auflage, Ludwigshafen/Rhein 2006

Binder, U. u. a., Die Europäische Aktiengesellschaft (SE), Wiesbaden 2007

Bleicher, K., Organisation, 2. Auflage, Wiesbaden 1991

Blum, E., Grundzüge anwendungsorientierter Organisationslehre, München/Wien 2000

Boos/Heitger, Wertschöpfung im Unternehmen, Wiesbaden 2005

Bühner, R., Betriebswirtschaftliche Organisationslehre, 10. Auflage, München 2004

Burghardt, M., Projektmanagement, 8. Auflage, München 2008

Bussiek/Ehrmann, Buchführung, 9. Auflage, Herne 2010

Dowling/Drumm, Gründungsmanagement, 2. Auflage, Berlin u. a. 2003

Ebel, B., Produktionswirtschaft, 9. Auflage, Ludwigshafen/Rhein 2009

Ehrmann, H., Unternehmensplanung, 6. Auflage, Herne 2013

Eickmann/Flessner/Irschlinger (u. a.), Insolvenzordnung, 5. Auflage, Heidelberg 2008

Eisenhardt/Wackerbarth, Gesellschaftsrecht, 15. Auflage, München u. a. 2011

Emmerich, V., Kartellrecht, 12. Auflage, München 2012

Foerste, U., Insolvenzrecht, 5. Auflage, München 2010

Frese, E., Grundlagen der Organisation, 10. Auflage, Wiesbaden 2012

Gaitanides, M., Prozessorganisation, 3. Auflage, München 2012

Grefe, C., Kompakt-Training Bilanzen, 7. Auflage, Herne 2011

Grefe, C., Unternehmenssteuern, 15. Auflage, Herne 2012

Gutenberg, E., Grundlagen der Betriebswirtschaftslehre, Bd. 1, Die Produktion, 24. Auflage, Berlin/Heidelberg/New York 1984; Bd. 2, Der Absatz, 17. Auflage 1983, Bd. 3, Die Finanzen, 8. Auflage 1980

Hammer/Champy, Business Reeingeneering, 6. Auflage, Frankfurt/New York 1996

Harz/Hub/Schlarb, Sanierungs-Management, 3. Auflage, Düsseldorf 2006

Hefermehl/Köhler/Bornkamm, Wettbewerbsrecht, 27. Auflage, München 2009

Heinen, E., Einführung in die Betriebswirtschaftslehre, 9. Auflage, Wiesbaden 1992

Herdegen, M., Internationales Wirtschaftsrecht, 9. Auflage, München 2011

Holey/Welter/Wiedemann, Wirtschaftsinformatik, 2. Auflage, Ludwigshafen/Rhein 2007

Hopfenbeck, W., Allgemeine Betriebswirtschafts- und Managementlehre, 14. Auflage, Landsberg am Lech 2002

Jahrmann, F. U., Außenhandel, 13. Auflage, Herne 2010

Jahrmann, F. U., Kompakt-Training Außenhandel, 4. Auflage, Herne 2013

Kieser/Walgenbach, Organisation, 6. Auflage, Stuttgart 2010

Kirchhof, H. P., Leitfaden zum Insolvenzrecht, 2. Auflage, Recklinghausen 2000

Klein, S., Familienunternehmen, 3. Auflage, Lohmar 2010

Köhler, K., Einführung in das Insolvenzverfahren, Vortrag am Amtsgericht Ludwigshafen am 05.05.1999

Korndörfer, W., Allgemeine Betriebswirtschaftslehre, 13. Auflage, Wiesbaden 2003

Kosiol, E., Organisation der Unternehmung, 2. Auflage, Wiesbaden 1976

Krüger, W., Organisation der Unternehmung, 4. Auflage, Stuttgart u. a. 2004

Krystek, U., Unternehmungskrisen, 2. Auflage, Wiesbaden 2001

Kußmaul, H., Betriebswirtschaftslehre für Existenzgründer, 7. Auflage, München 2011

Läufer, T. (Hrsg.), Vertrag von Amsterdam. Texte des EU-Vertrages und des EG-Vertrages, Bonn 1998

Laux/Liermann, Grundlagen der Organisation, 6. Auflage, Berlin u.a. 2005

Luger, A. E. u. a., Allgemeine Betriebswirtschaftslehre, Bd. 1, 5. Auflage, München/Wien 2004

Lutter, M., Holding-Handbuch, 4. Auflage, Köln 2004

Meier, H., Unternehmensführung, 4. Auflage, Herne/Berlin 2010

Miras, A., Die neue Unternehmergesellschaft, München 2008

Neubauer, M., Krisenmanagement in Projekten, 3. Auflage, Berlin 2010

Oeldorf/Olfert, Kompakt-Training Material-Logistik, 4. Auflage, Herne 2013

Oeldorf/Olfert, Material-Logistik, 13. Auflage, Herne 2013

Olfert, K., Kompakt-Training Projektmanagement, 7. Auflage, Herne 2010

Olfert, K., Lexikon Finanzierung und Investition, 2. Auflage, Herne 2011

Olfert, K., Kompakt-Training Finanzierung, 7. Auflage, Herne 2011

Olfert, K., Investition, 12. Auflage, Herne 2012

Olfert, K., Kompakt-Training Investition, 6. Auflage, Herne 2012

Olfert, K., Organisation, 16. Auflage, Herne 2012

Olfert, K., Personalwirtschaft, 15. Auflage, Herne 2012

Olfert, K., Lexikon Personalwirtschaft, 4. Auflage, Herne 2012

Olfert, K., Kompakt-Training Einführung in die Betriebswirtschaftslehre, 4. Auflage, Herne 2013

Olfert, K., Finanzierung, 16. Auflage, Herne 2013

Olfert, K., Kompakt-Training Kostenrechnung, 7. Auflage, Herne 2013

Olfert, K., Kostenrechnung, 17. Auflage, Herne 2013

Olfert/Pischulti, Kompakt-Training Unternehmensführung, 6. Auflage, Herne 2013

Olfert/Rahn, Kompakt-Training Organisation, 6. Auflage, Herne 2012

Olfert/Rahn/Zschenderlein, Lexikon der Betriebswirtschaftslehre, 8. Auflage, Herne 2013

Paul, J., Praxisorientierte Einführung in die Allgemeine Betriebswirtschaftslehre, 2. Auflage, Wiesbaden 2010

Perschel, M., Krisenmanagement in kleinen und mittleren Unternehmen, Renningen 2003

Peters/Waterman, Auf der Suche nach Spitzenleistungen, 9. Auflage, München 2003

Pfohl, H.C. (Hrsg.), Betriebswirtschaftslehre der Mittel- und Kleinbetriebe, 4. Auflage, Berlin 2006

Picot/Dietl/Franck, Organisation, 5. Auflage, Stuttgart 2008

Picot/Reichwald/Wigand, Die grenzenlose Unternehmung, 5. Auflage, Wiesbaden 2003

Porter, M., Wettbewerbsstrategien: Methoden zur Analyse von Branchen und Konkurrenten, 12. Auflage, Frankfurt/Main 2013

Porter, M., Wettbewerbsvorteile, 7. Auflage, Frankfurt/Main 2010

Potthoff/Trescher, Das Aufsichtsratsmitglied, 6. Auflage, Stuttgart 2003

Rahn, H.J., Gestaltung personalwirtschaftlicher Prozesse, Frankfurt/Main 2005

Rahn, H.J., Erfolgreiche Teamführung, 6. Auflage, Hamburg 2010

Rahn, H.J., Unternehmensführung, 8. Auflage, Herne 2012

Rahn, H.J., Prozessorientiertes Personalwesen, Hamburg 2012

Rinker/Ditges/Arendt, Bilanzen, 14. Auflage, Herne 2012

Sanft, E., Leitfaden für Existenzgründer, 4. Auflage, Berlin 2003

Schierenbeck/Wöhle, Grundzüge der Betriebswirtschaftslehre, 18. Auflage, München 2011

Schmalen/Pechtl, Grundlagen und Probleme der Betriebswirtschaft, 14. Auflage, Köln/Berlin 2009

Schmidt, G., Methode und Techniken der Organisation, 13. Auflage, Gießen 2003

Schreyögg, G., Organisation, 5. Auflage, Wiesbaden 2008

Schreyögg, G., Grundlagen der Organisation, Wiesbaden 2012

Schreyögg/Koch, Grundlagen des Managements, 2. Auflage, Wiesbaden 2010

Schulte, N., Joint-Venture-Gesellschaften, 3. Auflage, Köln 2012

Schulte-Zurhausen, M., Organisation, 5. Auflage, München 2010

Seefelder, G., Unternehmenssanierung, 3. Auflage, Stuttgart 2012

Spies, M., Unternehmergesellschaft (haftungsbeschränkt), Berlin 2010

Staehle, W. H., Management, 8. Auflage, München 1999

Steckler, B., Kompendium Wirtschaftsrecht, 7. Auflage, Ludwigshafen/Rhein 2009

Steckler, B., Kompakt-Training Wirtschaftsrecht, 3. Auflage, Herne 2013

Steckler/Bachert/Strauß, Kompendium Arbeitsrecht und Sozialversicherung, 7. Auflage, Herne 2010

Streinz, R., Europarecht, 9. Auflage, Heidelberg 2012

Theisen, M., Der Konzern, 2. Auflage, Stuttgart 2000

Thommen/Achleitner, Allgemeine Betriebswirtschaftslehre, 6. Auflage, Wiesbaden 2009

Ulrich, H., Die Unternehmung als produktives soziales System, 2. Auflage, Bern/Stuttgart 1970

Vahs, D., Organisation, 7. Auflage, Stuttgart 2009

Weber/Kabst, Einführung in die Betriebswirtschaftslehre, 8. Auflage, Wiesbaden 2012

Weis, H. C., Marketing, 16. Auflage, Herne 2012

Weis, H. C., Kompakt-Training Marketing, 7. Auflage, Herne 2013

Werner, M., Supply Chain Management, 4. Auflage, Wiesbaden 2010

Wessel/Zwernemann/Kögel, Die Firmengründung, 7. Auflage, Heidelberg 2001

Winkeljohann/Schindhelm, Das KapCoRiLiG, Herne/Berlin 2000

Wöhe/Döring, Einführung in die Allgemeine Betriebswirtschaftslehre, 24. Auflage, München 2010

Ziegenbein, K., Controlling, 10. Auflage, Herne 2012

C. Führung

Bea/Haas, Strategisches Management, 5. Auflage, Stuttgart 2009

Berthel/Becker, Personal-Management, 9. Auflage, Stuttgart 2010

Biermann, Th., Kompakt-Training Dienstleistungsmanagement, 2. Auflage, Ludwigshafen/Rhein 2006

Birker, K., Betriebliche Kommunikation, 3. Auflage, Berlin 2004

Birkigt/Stadler/Funck, Corporate Identity, 11. Auflage, Landsberg/Lech 2002

Bisani, F., Personalwesen und Personalführung, 6. Auflage, Wiesbaden 2001

Bleicher, K., Das Konzept integriertes Management, 8. Auflage, Frankfurt/Main 2011

Britzelmaier, B., Kompakt-Training Wertorientierte Unternehmensführung, 2. Auflage, Herne 2013

Bühner, R., Personalmanagement, 3. Auflage, München 2005

Carl/Kiesel, Unternehmensführung, 2. Auflage, Landsberg/Lech 2002

Coenenberg/Salfeld, Wertorientierte Unternehmensführung, 2. Auflage, Stuttgart 2007

Crisand/Crisand, Psychologie der Gesprächsführung, 9. Auflage, Hamburg 2010

Crisand/Rahn, Psychologie der Persönlichkeit, 9. Auflage, Hamburg 2010

Crisand/Rahn, Psychologische Grundlagen im Führungsprozess, 3. Auflage, Hamburg 2010

Crisand/Rahn, Personalbeurteilungssysteme, 4. Auflage, Hamburg 2011

Dillerup/Stoi, Unternehmensführung, 3. Auflage, München 2010

Dups, R. u. a. (Hrsg.), Einführung in die Managementlehre, 2. Auflage, Bern 2009

Eberling, C., Erfolgsfaktoren einer wertorientierten Unternehmensführung, Wiesbaden 2007

Ehrmann, H., Kompakt-Training Strategische Planung, Ludwigshafen/Rhein 2006

Ehrmann, H., Kompakt-Training Balanced Scorecard, 4. Auflage, Ludwigshafen/Rhein 2007

Ehrmann, H., Unternehmensplanung, 6. Auflage, Herne 2013

Fallgatter, M. J., Kontrolle, in: Handwörterbuch der Organisation, Hrsg. Schreyögg/v. Werder, 4. Auflage, Stuttgart 2004, Sp. 668 - 679

Franken, S., Verhaltensorientierte Führung, 3. Auflage, Wiesbaden 2010

Gälweiler/Schwaninger, Strategische Unternehmensführung, 3. Auflage, Frankfurt/Main 2005

Gaugler/Oechsler/Weber (Hrsg.), Handwörterbuch des Personalwesens, 3. Auflage, Stuttgart 2004

Gutenberg, E., Grundlagen der Betriebswirtschaftslehre, Bd. 1, Die Produktion, 24. Auflage, Berlin/Heidelberg/New York 1984

Haberkorn, K., Praxis der Mitarbeiterführung, 10. Auflage, Renningen 2002

Hammer/Champy, Business Reengineering, 6. Auflage, Frankfurt/New York 1996

Hauschildt, J., Entscheidungsziele, Tübingen 1977

Hauschildt/Salomo, Innovationsmanagement, 5. Auflage, München 2010

Heinen, E., Das Zielsystem der Unternehmung, 3. Auflage, Wiesbaden 1976

Heinen, E., Einführung in die Betriebswirtschaftslehre, 9. Auflage, Wiesbaden 1992

Hentze/Graf/Kammel/Lindert, Personalführungslehre, 4. Auflage, Bern/Stuttgart 2005

Hinterhuber, H. H., Strategische Unternehmungsführung, Bd. 1, 8. Auflage, Berlin/New York 2011

Homburg/Krohmer, Grundlagen des Marketingmanagements, 2. Auflage, Wiesbaden 2009

Hommelhoff/Hopt/v. Werder (Hrsg.), Handbuch Corporate Governance, 2. Auflage, Stuttgart 2009

Hopfenbeck, W., Allgemeine Betriebswirtschafts- und Managementlehre, 14. Auflage, Landsberg 2002

Horváth, W., Controlling, 12. Auflage, München 2011

Hungenberg/Wulf, Grundlagen der Unternehmensführung, 4. Auflage, Berlin 2011

Jung, H., Allgemeine Betriebswirtschaftslehre, 12. Auflage, München/Wien 2010

Jung, H., Personalwirtschaft, 9. Auflage, München/Wien 2010

Kahle, E., Betriebliche Entscheidungen, 6. Auflage, München/Wien 2001

Kieser/Walgenbach, Organisation, 6. Auflage, Stuttgart 2010

Knebel/Westermann, Das Vorstellungsgespräch, 18. Auflage, Hamburg 2011

Knöll/Schulz-Sacharow/Zimpel, Unternehmensführung mit SAP Bi, Wiesbaden 2006

Kolb, M., Personalmanagement, 2. Auflage, Wiesbaden 2010

Korndörfer, W., Unternehmensführungslehre, 9. Auflage, Wiesbaden 1999

Kosiol, E., Organisation der Unternehmung, 2. Auflage, Wiesbaden 1976

Kreikebaum/Gilbert/Behnam, Strategisches Management, 7. Auflage, Stuttgart 2011

Kutschker/Schmid, Internationales Management, 7. Auflage, München 2010

Link, J., Führungssysteme, 6. Auflage, München 2011

Macharzina/Wolf, Unternehmensführung, 7. Auflage, Wiesbaden 2010

Meier, H., Unternehmensführung, 4. Auflage, Herne/Berlin 2010

Neuberger, O., Führen und führen lassen, 6. Auflage, Stuttgart 2002

Nieschlag/Dichtl/Hörschgen, Marketing, 19. Auflage, Berlin 2002

Olfert, K., Organisation, 16. Auflage, Herne 2012

Olfert, K., Personalwirtschaft, 15. Auflage, Herne 2012

Olfert, K., Kompakt-Training Personalwirtschaft, 8. Auflage, Herne 2012

Olfert, K., Lexikon Personalwirtschaft, 4. Auflage, Herne 2012

Olfert, K., Kompakt-Training Einführung in die Betriebswirtschaftslehre, 4. Auflage, Herne 2013

Olfert/Pischulti, Kompakt-Training Unternehmensführung, 6. Auflage, Herne 2013

Olfert/Rahn, Kompakt-Training Organisation, 6. Auflage, Herne 2012

Olfert/Rahn/Zschenderlein, Lexikon der Betriebswirtschaftslehre, 8. Auflage, Herne 2013

Oliver, W., Motivation und Führung von Mitarbeitern, Hamburg 2010

Pape, K., Wertorientierte Unternehmensführung und Controlling, 4. Auflage, Sternenfels 2010

Perlitz/Schrank, Internationales Management, 6. Auflage, Stuttgart 2012

Peters/Waterman, Auf der Suche nach Spitzenleistungen, 9. Auflage, München 2003

Rahn, H. J., Führung von Gruppen, in: Personal, 52. Jg. 2000, H 7, S. 332 - 339

Rahn, H. J., Die Arten der Steuerung im Unternehmen, in: Der Betriebswirt, 46 Jg., H4 (2005) S. 25 - 28

Rahn, H. J., Personalführung kompakt. Ein systemorientierter Ansatz, München 2008

Rahn, H. J., Erfolgreiche Teamführung, 6. Auflage, Hamburg 2010

Rahn, H. J., Unternehmensführung, 8. Auflage, Herne 2012

Reber, G., Verhaltenstheoretische Ansätze des Personalmanagements, Hrsg. Gaugler/Oechsloe/Weber, 3. Auflage, Stuttgart 2004, Sp. 1968 - 1979

Rheinberg/Vollmeyer, Motivation, 8. Auflage, Stuttgart 2011

Richter, M., Personalführung im Betrieb, 4. Auflage, München/Wien 1999

Rosenstiel v./Nerdinger, Grundlagen der Organisationspsychologie, 7. Auflage, Stuttgart 2011

Rump, J., Mitarbeiterinformation, in: Handwörterbuch des Personalwesens, Hrsg. Gaugler/Oechsler/Weber, 3. Auflage, Stuttgart 2004, Sp, 1231 - 1240

Schanz, G., Personalwirtschaftslehre, 3. Auflage, München 2000

Scholz, C., Personalmanagement, 5. Auflage, München 2000

Siegwart, H., Kennzahlen für die Unternehmensführung, 6. Auflage, Bern/Stuttgart 2003

Staehle, W. H., Management, 8. Auflage, München 1999

Steinle, C., Ganzheitliches Management, Wiesbaden 2005

Steinmann/Schreyögg, Management, 6. Auflage, Wiesbaden 2005

Stroebe, R. W., Grundlagen der Führung, 13. Auflage, Hamburg 2010

Töpfer, A., Betriebswirtschaftslehre, 2. Auflage, Berlin/Heidelberg/NewYork 2007

Ulrich, H., Die Unternehmung als produktives soziales System, 2. Auflage, Bern/Stuttgart 1970

Ulrich/Fluri, Management, 8. Auflage, Bern/Stuttgart 2006

Vahs/Brem, Investitionsmanagement, 4. Auflage, Stuttgart 2013

Wegge/v. Rosenstiel, Führung, in: Lehrbuch Organisationspsychologie, Hrsg. H. Schüler, 3. Auflage, Bern/Göttingen u. a. 2004, S. 475 - 512

Weibler, J., Personalführung, 2. Auflage, München 2012

Weinert, A. B., Organisations- und Personalpsychologie, 5. Auflage, Weinheim/Basel 2004

Weis, H. C., Marketing, 16. Auflage, Herne 2012

Werder, A. v., Corporate Governance (Unternehmensverfassung), in: Handwörterbuch Unternehmensführung und Organisation, Hrsg. Schreyögg/v. Werder, 4. Auflage, Stuttgart 2004, Sp. 160 - 170

Werder, A. v., Führungsorganisation, 2. Auflage, Wiesbaden 2008

Witte, E., Effizienz der Führung, in: Handwörterbuch der Führung, Hrsg. Kieser/Reber/Wunderer, 2. Auflage, Stuttgart 1995, Sp. 263 - 276

Wöhe/Döring, Einführung in die Allgemeine Betriebswirtschaftslehre, 24. Auflage, München 2010

Wunderer, R., Führung und Zusammenarbeit, 9. Auflage, Stuttgart 2011

Wunderer/Grunwald, Führungslehre, 2 Bände, Berlin/New York 1980

D. Leistungsbereich

Ahlert, D., Distributionspolitik, 4. Auflage, Stuttgart 2005

Altobelli, C. F., Marktforschung, 2. Auflage, Stuttgart 2011

Arnolds/Heege/Röh/Tussing, Materialwirtschaft und Einkauf, 12. Auflage, Wiesbaden 2012

Ausschuss für wirtschaftliche Fertigung (AWF = Hrsg.), Integrierter EDV-Einsatz in der Produktion, Eschborn 1985

Barth, K., Betriebswirtschaftslehre des Handels, 6. Auflage, Wiesbaden 2007

Becker, J., Marketing-Konzeption, 9. Auflage, München 2009

Bender, H. J., Kompakt-Training Leasing, Ludwigshafen/Rhein 2001

Berekoven/Eckert/Ellenrieder, Marktforschung, 12. Auflage, Wiesbaden 2009

Berndt, R., Marketingstrategie und Marketingpolitik, 4. Auflage, Berlin u. a. 2005

Bestmann, U. (Hrsg.), Kompendium der Betriebswirtschaftslehre, 11. Auflage, München 2008

Bichler/Krohn u. a., Beschaffungs- und Lagerwirtschaft, 9. Auflage, Wiesbaden 2010

Bidlingmaier, J., Marketing 1 und 2, Reinbek bei Hamburg 1973

Bloesch, J. u. a., Einführung in die Produktion, 6. Auflage, Berlin/Heidelberg 2008

Blohm, H. u. a., Produktionswirtschaft, 4. Auflage, Herne/Berlin 2007

Blohm/Lüder/Schäfer, Investition, 10. Auflage, München 2012

Böcker/Helm, Marketing, 8. Auflage, Stuttgart 2009

Böhler, H., Marktforschung, 3. Auflage, Stuttgart 2004

Bruhn, M., Marketing, 10. Auflage, Wiesbaden 2010

Bruhn, M., Kommunikationspolitik, 6. Auflage, München 2010

Bruhn, M., Kundenorientierung; Bausteine für ein exzellentes Customer Relationship Management (CRM), 4. Auflage, München 2011

Bruns, J., Direktmarketing, 2. Auflage, Ludwigshafen/Rhein 2007

Busch/Fuchs/Unger, Integriertes Marketing, 3. Auflage, Wiesbaden 2001

Corsten/Gössinger, Produktionswirtschaft, 12. Auflage, München/Wien 2009

Dallmer, H., (Hrsg.), Das Handbuch Direktmarketing & More, 8. Auflage, Wiesbaden 2002

Diller, H., Preispolitik, 4. Auflage, Stuttgart 2007

Dyckhoff, H., Produktionstheorie, 5. Auflage, Berlin/Heidelberg 2006

Dyckhoff/Spengler, Produktionswirtschaft, 3. Auflage, Berlin 2010

Ebel, B., Qualitätsmanagement, 2. Auflage, Herne 2003

Ebel, B., Produktionswirtschaft, 9. Auflage, Ludwigshafen/Rhein 2009

Ebel, B., Kompakt-Training Produktionswirtschaft, 3. Auflage, Herne 2013

Ehrmann, H., Marketing-Controlling, 4. Auflage, Ludwigshafen/Rhein 2004

Ehrmann, H., Kompakt-Training Strategische Planung, Ludwigshafen/Rhein 2006

Ehrmann, H., Logistik, 7. Auflage, Herne 2012

Ehrmann, H., Unternehmensplanung, 6. Auflage, Herne 2013

Ehrmann, H., Kompakt-Training Logistik, 6. Auflage, Herne 2013

Fandel, G., Produktion I, 7. Auflage, Berlin u. a. 2007

Fandel/Fistek/Stütz, Produktionsmanagement, 2. Auflage, Berlin u. a. 2010

Grupp, B., Materialwirtschaft mit EDV im Mittel- und Kleinbetrieb, 6. Auflage, Renningen 2003

Gudehus, T., Logistik, 4. Auflage, Berlin/Heidelberg 2010

Hammann/Erichson, Marktforschung, 5. Auflage, Stuttgart 2006

Hansmann, K. W., Industrielles Management, 8. Auflage, München/Wien 2006

Hartmann, H., Materialwirtschaft, 8. Auflage, Gernsbach 2002

Heinen, E. (Hrsg.), Industriebetriebslehre, 9. Auflage, Wiesbaden 1991

Holland, H., Direktmarketing, 3. Auflage, München 2009

Homburg, C., Marketingmanagement, 4. Auflage, Wiesbaden 2012

Hüttner/Schwarting, Grundzüge der Marktforschung, 7. Auflage, Berlin 2002

Huth/Pflaum, Einführung in die Werbelehre, 7. Auflage, Stuttgart 2005

Hutzschenreuter, Th., Allgemeine Betriebswirtschaftslehre, 4. Auflage, Wiesbaden 2011

Ihde, G., Transport, Verkehr, Logistik, 3. Auflage, Stuttgart 2001

Jahrmann, F. U., Außenhandel, 14. Auflage, Herne 2013

Jahrmann, F. U., Kompakt-Training Außenhandel, 4. Auflage, Herne 2013

Kiener, St. u. a., Produktions-Management, 10. Auflage, München 2012

Kluck, D., Materialwirtschaft und Logistik, 3. Auflage, Stuttgart 2008

Köhler, R. u. a., Erfolgsfaktor Marke, München 2001

Koppelmann, U., Produktmarketing, 6. Auflage, Stuttgart 2001

Kopsidis, R., Materialwirtschaft, 3. Auflage, München/Wien 1997

Korndörfer, W., Allgemeine Betriebswirtschaftslehre, 13. Auflage, Wiesbaden 2003

Kotler/Keller/Bliemel, Marketing-Management, 12. Auflage, München 2007

Kroeber-Riel, W. u. a., Konsumentenverhalten, 9. Auflage, München 2011

Kummer, S., Logistikmanagement, 3. Auflage, Stuttgart 2012

Kuß/Kleinaltenkamp, Marketing-Einführung, 5. Auflage, Wiesbaden 2011

Link/Weiser, Marketing-Controlling, 3. Auflage, München 2011

Maier-Rothe, C., Logistik als kritischer Erfolgsfaktor, in: Management der Geschäfte von morgen, Hrsg. A. D. Little International, 2. Auflage, Wiesbaden 1987

Meffert, H. u. a., Marketing, 11. Auflage, Wiesbaden 2012

Mellerowicz, K., Betriebswirtschaftslehre der Industrie, 2 Bände, 7. Auflage, Freiburg 1981

Melzer-Ridinger, R., Materialwirtschaft und Einkauf, 5. Auflage, München 2008

Mertens/Griese, Integrierte Informationsverarbeitung, Bd. 2, 9. Auflage, Wiesbaden 2002

Müller-Hagedorn/Schuckel, Einführung in das Marketing, 3. Auflage, Stuttgart 2003

Nebl, T., Produktionswirtschaft, 7. Auflage, München 2011

Nieschlag/Dichtl/Hörschgen, Marketing, 19. Auflage, Berlin 2002

Oeldorf/Olfert, Kompakt-Training Material-Logistik, 4. Auflage, Herne 2013

Oeldorf/Olfert, Material-Logistik, 13. Auflage, Herne 2013

Olfert, K., Kompakt-Training Projektmanagement, 7. Auflage, Herne 2010

Olfert, K., Investition, 12. Auflage, Herne 2012

Olfert, K., Personalwirtschaft, 15. Auflage, Herne 2012

Olfert, K., Kostenrechnung, 17. Auflage, Herne 2013

Olfert, K., Finanzierung, 16. Auflage, Herne 2013

Olfert, K., Kompakt-Training Einführung in die Betriebswirtschaftslehre, 4. Auflage, Herne 2013

Olfert/Rahn/Zschenderlein, Lexikon der Betriebswirtschaftslehre, 8. Auflage, Herne 2013

Pelz, W., Kompetent führen, Wiesbaden 2004

Pfohl, H. C., Logistikmanagement, 2. Auflage, Berlin/Heidelberg 2004

Pfohl, H. C., Logistiksysteme, 8. Auflage, Berlin u.a. 2009

Piontek, J., Bausteine des Logistikmanagements, 3. Auflage, Herne 2009

Raab/Unger/Unger, Methoden der Marketing-Forschung, 2. Auflage, Wiesbaden 2009

Raab/Unger/Unger, Marktpsychologie, 3. Auflage, Wiesbaden 2010

Raab/Werner, Customer Relationship Management, 3. Auflage, Frankfurt/Main 2009

Rahn, H. J., Unternehmensführung, 8. Auflage, Herne 2012

REFA (Hrsg.), Methodenlehre der Betriebsorganisation, 2. Auflage, München 2002

Reinecke/Janz, Marketing-Controlling, Stuttgart 2007

Rinker/Ditges/Arendt, Bilanzen, 14. Auflage, Herne 2012

Rogge, H. J., Werbung, 6. Auflage, Ludwigshafen/Rhein 2004

Scheer, A., CIM, 4. Auflage, Berlin u. a. 1990

Scheuch, F., Dienstleistungs-Marketing, 2. Auflage, München 2002

Schierenbeck/Wöhle, Grundzüge der Betriebswirtschaftslehre, 18. Auflage, München 2011

Schneeweiß, C., Einführung in die Produktionswirtschaft, 8. Auflage, Berlin u. a. 2002

Schulte, Ch., Logistik, 5. Auflage, München 2009

Selchert, M., CFR0i of Customer Relationship Management, Sternenfels 2003

Simon/Fassnacht, Preismanagement, 3. Auflage, Wiesbaden 2008

Specht/Balderjahn., Einführung in die Betriebswirtschaftslehre, 5. Auflage, Stuttgart 2008

Tempelmeier, H., Material-Logistik, 7. Auflage, Berlin u. a. 2008

Tramsen, U., E-Marketing, Ludwigshafen/Rhein 2007

Unger, F., Mediaplanung, 5. Auflage, Berlin 2007

Vahrenkamp, R., Logistik, 6. Auflage, München 2007

Völker R., Managementkonzepte beurteilen und richtig anwenden, München 2008

Weis, H. C., Verkaufsmanagement, 7. Auflage, Herne 2010

Weis, H. C., Marketing, 16. Auflage, Herne 2012

Weis, H. C., Kompakt-Training Marketing, 7. Auflage, Herne 2013

Weis/Steinmetz, Marktforschung, 8. Auflage, Herne 2012

Wildemann, H., Produktionsbereich, Führung, in: HWFü, Hrsg. Kieser/Reber/Wunderer, 2. Auflage, Stuttgart 1995, Sp. 1763 - 1780

Zentes, J., Grundbegriffe des Marketing, 5. Auflage, Stuttgart 2001

Ziegenbein, K., Controlling, 10. Auflage, Herne 2012

Ziegenbein, K., Kompakt-Training Controlling, 3. Auflage, Ludwigshafen/Rhein 2006

E. Finanzbereich

Adam, D., Investitionscontrolling, 3. Auflage, München/Wien 2000

Backhaus/Voeth, Industriegütermarketing, 9. Auflage, München 2010

Ballwieser, W., Unternehmensbewertung, 3. Auflage, Stuttgart 2011

Baumbach/Hefermehl, Wechselgesetz.Scheckgesetz, 23. Auflage, München 2008

Becker, H. P., Investition und Finanzierung, 5. Auflage, Wiesbaden 2012

Becker/Peppmeier, Bankbetriebslehre, 8. Auflage, Herne 2011

Bestmann, U., Finanz- und Börsenlexikon, 6. Auflage, München 2012

Betge, P., Investitionsplanung, 4. Auflage, Wiesbaden 2000

Bender, H. J., Kompakt-Training Leasing, Ludwigshafen/Rhein 2001

Bieg/Kußmaul, Investition, München 2009

Bieg/Kußmaul, Finanzierung, 2. Auflage, München 2009

Bieg/Kußmaul, Finanzierung in Übungen, 2. Auflage, München 2010

Bitz/Stark, Finanzdienstleistungen, 8. Auflage, München 2008

Blohm/Lüder/Schäfer, Investition, 10. Auflage, München 2012

Bodendorf/Robra-Bissantz, E-Finance, München/Wien 2003

Borchert, M., Geld und Kredit, 8. Auflage, München/Wien 2003

Büschgen/Börner, Bankbetriebslehre, 4. Auflage, Stuttgart 2003

Busse, F., Grundlagen der betrieblichen Finanzwirtschaft, 5. Auflage, München/Wien 2003

Cansier/Bayer, Einführung in die Finanzwirtschaft, München/Wien 2002

Däumler/Grabe, Grundlagen der Investitions- und Wirtschaftlichkeitsrechnung, 12. Auflage, Herne 2007

Däumler/Grabe, Betriebliche Finanzwirtschaft, 9. Auflage, Herne 2008

Drukarczyk, J., Finanzierung, 10. Auflage, Stuttgart 2008

Drukarczyk/Schüler, Unternehmensbewertung, 6. Auflage, München 2009

Ebel, B., Kompakt-Training E-Business, Ludwigshafen/Rhein 2007

Ehrmann, H., Kompakt-Training Risikomanagement im Unternehmen, 2. Auflage, Herne 2012

Eilenberger, G., Betriebliche Finanzwirtschaft, 7. Auflage, München/Wien 2003

Franke/Hax, Finanzwirtschaft des Unternehmens und Kapitalmarkt, 6. Auflage, Berlin/Heidelberg 2009

Führer, Ch., Kompakt-Training Wirtschaftsmathematik, 3. Auflage, Herne 2012

Gabele/Kroll, Leasingverträge optimal gestalten, 3. Auflage, Wiesbaden 2001

Goetze, u. a., Investitionsrechnung, 6. Auflage, Berlin 2008

Gräfer/Schneider, Bilanzanalyse, 11. Auflage, Herne 2010

Grefe, C., Unternehmenssteuern, 16. Auflage, Herne 2013

Grill/Perczynski, Wirtschaftslehre des Kreditwesens, 45. Auflage, Bad Homburg 2011

Grob, H. L., Einführung in die Investitionsrechnung, 5. Auflage, München 2006

Gutenberg, E., Grundlagen der Betriebswirtschaftslehre, Bd. 3, Die Finanzen, 8. Auflage, Berlin/Heidelberg/New York 1980

Hartmann-Wendels/Pfingsten/Weber, Bankbetriebslehre, 5. Auflage, Berlin u. a. 2010

Hoffmeister, W., Investitionsrechnung und Nutzwertanalyse, 2. Auflage, Berlin 2008

Hutzschenreuter, Th., Allgemeine Betriebswirtschaftslehre, 4. Auflage, Wiesbaden 2011

Jahrmann, F. U., Außenhandel, 13. Auflage, Herne 2010

Jahrmann, F. U., Finanzierung, 6. Auflage, Herne 2009

Jung, H., Allgemeine Betriebswirtschaftslehre, 12. Auflage, München 2010

Kruschnitz, L., Finanzmathematik, 5. Auflage, München 2010

Kruschwitz, L., Investitionsrechnung, 13. Auflage, München 2011

Kruschwitz/Decker/Röhrs, Übungsbuch zur Betrieblichen Finanzwirtschaft, 7. Auflage, München/Wien 2007

Laux, H., Entscheidungstheorie, 8. Auflage, Berlin u. a. 2012

Lehmann, M., Finanzwirtschaft, Berlin 2003

Moxter, A., Grundsätze ordnungsmäßiger Rechnungslegung, Düsseldorf 2003

Obst/Hintner, Geld-, Bank- und Börsenwesen, 40. Auflage, Stuttgart 2000

Olfert, K., Lexikon Finanzierung und Investition, 2. Auflage, Herne 2010

Olfert, K., Kompakt-Training Finanzierung, 7. Auflage, Herne 2011

Olfert, K., Investition, 12. Auflage, Herne 2012

Olfert, K., Kompakt-Training Investition, 6. Auflage, Herne 2012

Olfert, K., Finanzierung, 16. Auflage, Herne 2013

Olfert, K., Kompakt-Training Einführung in die Betriebswirtschaftslehre, 4. Auflage, Herne 2013

Olfert, K., Kostenrechnung, 17. Auflage, Herne 2013

Olfert/Rahn/Zschenderlein, Lexikon der Betriebswirtschaftslehre, 8. Auflage, Herne 2013

Perridon/Steiner/Rathgeber, Finanzwirtschaft der Unternehmung, 15. Auflage, München 2009

Prätsch/Schikorra/Ludwig, Finanz-Management, 3. Auflage, Berlin 2007

Priewasser, E., Bankbetriebslehre, 7. Auflage, München/Wien 2001

Rahn, H. J., Unternehmensführung, 8. Auflage, Herne 2012

Rappaport, A., Shareholder Value, 2. Auflage, Stuttgart 1999

Rehkugler, H., Grundzüge der Finanzwirtschaft, München/Wien 2007

Rinker/Ditges/Arendt, Bilanzen, 14. Auflage, Herne 2012

Rolfes, B., Moderne Investitionsrechnung, 3. Auflage, München/Wien 2003

Schult/Brösel, Bilanzanalyse, 14. Auflage, Freiburg 2012

Steckler, B., Kompendium Wirtschaftsrecht, 7. Auflage, Ludwigshafen/Rhein 2009

Walz/Gramlich, Investitions- und Finanzplanung, 8. Auflage, Heidelberg 2011

Wöhe/Bilstein/Ernst/Häcker, Grundzüge der Unternehmensfinanzierung, 10. Auflage, München 2009

Wöhe/Döring, Einführung in die Allgemeine Betriebswirtschaftslehre, 24. Auflage, München 2010

Wünsche, M., Finanzwirtschaft und Bilanzbuchhaltung, 3. Auflage, Wiesbaden 2010

Zantow/Dinauer, Finanzwirtschaft der Unternehmung, 3. Auflage, München 2011

Ziegenbein, K., Kompakt-Training Controlling, 3. Auflage, Ludwigshafen/Rhein 2006

Ziegenbein, K., Controlling, 10. Auflage, Herne 2012

F. Personalbereich

Albert, G., Betriebliche Personalwirtschaft, 11. Auflage, Herne 2011

Bartscher, T., Praktische Personalwirtschaft, 2. Auflage, Wiesbaden 2007

Becker, M., Personalentwicklung, 5. Auflage, Stuttgart 2009

Berkel, K., Konflikttraining, 11. Auflage, Hamburg 2011

Berthel/Becker, Personal-Management, 9. Auflage, Stuttgart 2010

Bisani, F., Personalwesen und Personalführung, 6. Auflage, Wiesbaden 2001

Bröckermann, R., Personalwirtschaft, 5. Auflage, Stuttgart 2009

Breisig, Th., Personalbeurteilung, Mitarbeitergespräch, Zielvereinbarungen, 3. Auflage, Frankfurt/Main 2005

Bühner, R., Personalmanagement, 3. Auflage, München/Wien 2005

Crisand/Crisand, Psychologie der Gesprächsführung, 9. Auflage, Hamburg 2010

Crisand/Rahn, Psychologie der Persönlichkeit, 9. Auflage, Hamburg 2010

Crisand/Rahn, Psychologische Grundlagen im Führungsprozess, 3. Auflage, Hamburg 2010

Crisand/Rahn, Personalbeurteilungssysteme, 4. Auflage, Hamburg 2011

Crisand/Rahn, Psychologie der Auszubildenden, 3. Auflage, Hamburg 2012

Dincher, R., Personalwirtschaft, 3. Auflage, Neuhofen 2007

Drumm, H. J., Personalwirtschaft, 6. Auflage, Berlin/Heidelberg/New York 2008

Franken, S., Verhaltensorientierte Führung, 3. Auflage, Wiesbaden 2010

Freytag/Grasmeher, Der Ausbilder im Betrieb, Loseblattsammlung, 39. Auflage, Kassel 2011

Gaugler/Oechsler/Weber (Hrsg.), Handwörterbuch des Personalwesens, 3. Auflage, Stuttgart 2004

Haberkorn, K., Praxis der Mitarbeiterführung, 10. Auflage, Renningen 2002

Hentze/Graf, Personalwirtschaftslehre, Bd. 2, 7. Auflage, Bern/Stuttgart 2005
Hentze/Kammel, Personalwirtschaftslehre, Bd. 1, 7. Auflage, Bern/Stuttgart 2001
Hentze/Graf/Kammel/Lindert, Personalführungslehre, 4. Auflage, Bern/Stuttgart 2005
Hilb, M., Integiertes Personal-Management, 20. Auflage, Stuttgart 2011
Holtbrügge, D., Personalmanagement, 4. Auflage, Berlin 2010
Huber, A., Personalmanagement, München 2010
Jung, H., Personalwirtschaft, 9. Auflage, München 2010
Kirsch, H., Einführung in die internationale Rechnungslegung, 8. Auflage, Herne 2012
Kirsch, H. M., Integrierte Personalentwicklung, München/Mering 2008
Knebel/Westermann, Das Vorstellungsgespräch, 18. Auflage, Hamburg 2011
Kolb, M., Personalmanagement, 2. Auflage, Wiesbaden 2010
Krause/Krause, Die Prüfung der Personalfachkaufleute, 9. Auflage, Herne 2012
Martin, A., Personal, Stuttgart/Berlin/Köln 2001
Mentzel, W., Personalentwicklung, 3. Auflage, München 2008
Oechsler, W., Personal und Arbeit, 9. Auflage, München/Wien 2011
Olfert, K., Lexikon Personalwirtschaft, 4. Auflage, Herne 2012
Olfert, K., Personalwirtschaft, 15. Auflage, Herne 2012
Olfert, K., Kompakt-Training Personalwirtschaft, 8. Auflage, Herne 2012
Olfert, K., Kompakt-Training Einführung in die Betriebswirtschaftslehre, 4. Auflage, Herne 2013
Olfert/Pischulti, Kompakt-Training Unternehmensführung, 6. Auflage, Herne 2013
Olfert/Rahn/Zschenderlein, Lexikon der Betriebswirtschaftslehre, 8. Auflage, Herne 2013
Rahn, H. J., Die Gestaltung personalwirtschaftlicher Prozesse, Frankfurt/Main 2005
Rahn, H. J., Personalführung kompakt. Ein systemorientierter Ansatz, München 2008
Rahn, H. J., Erfolgreiche Teamführung, 6. Auflage, Hamburg 2010
Rahn, H. J., Unternehmensführung, 8. Auflage, Herne 2012
Rahn, H. J., Prozessorientiertes Personalwesen, Hamburg 2012
REFA, (Hrsg.) Methodenlehre der Betriebsorganisation, 2. Auflage, München 2002
Ridder, H. G., Personalwirtschaftslehre, 3. Auflage, Stuttgart 2009
Riekhof, H., Strategien der Personalentwicklung, 6. Auflage, Wiesbaden 2006
Rosenstiel/Nerdinger, Grundlagen der Organisationspsychologie, 7. Auflage, Stuttgart 2011
Schanz, G., Personalwirtschaftslehre, 3. Auflage, München 2000
Schaub, G., Arbeitsrechts-Handbuch, 14. Auflage, München 2011
Scholz, C., Personalmanagement, 5. Auflage, München 2000
Scholz, C., Grundzüge des Personalmanagements, München 2011
Steckler/Bachert/Strauß, Kompendium Arbeitsrecht, 7. Auflage, Herne 2010
Stopp, U., Betriebliche Personalwirtschaft, 28. Auflage, Renningen 2011
Weibler, J., Personalführung, 2. Auflage, München 2012
Weuster/Scheer, Arbeitszeugnisse in Textbausteinen, 12. Auflage, Stuttgart u. a. 2010
Wunderer, R., Führung und Zusammenarbeit, 9. Auflage, Stuttgart 2011
Zander/Wagner (Hrsg.), Handbuch des Vergütungsmanagements, München 2005

G. Informationsbereich

Bauer/Günzel, Data-Warehouse-Systeme, 3. Auflage, Heidelberg 2008

Biethahn/Mucksch/Ruf, Ganzheitliches Informationsmanagement, Bd. 1, Grundlagen, 6. Auflage, München 2004

Brause, R., Betriebsysteme, 3. Auflage, Berlin u. a. 2003

Bröckermann, R., Personalwirtschaft, 5. Auflage, Stuttgart 2009

Bussiek/Ehrmann, Buchführung, 9. Auflage, Herne 2010

Corsten, H., Einführung in das Electronic Business, München 2003

Disterer/Fels/Hausotter, Taschenbuch der Wirtschaftsinformatik, 2. Auflage, München/Wien 2003

Ebel, B., Kompakt-Training E-Business, Ludwigshafen/Rhein 2007

Grupp, B., Materialwirtschaft mit EDV im Mittel- und Kleinbetrieb, 6. Auflage, Renningen 2003

Hald/Nevermann, Datenbank-Engineering für Wirtschaftsinformatiker, 2. Auflage, Wiesbaden 2001

Hansen/Neumann, Wirtschaftsinformatik I, 10. Auflage, Stuttgart 2009

Heinen, E., Einführung in die Betriebswirtschaftslehre, 9. Auflage, Wiesbaden 1992

Heinrich/Heinzl/Roithmayr, Wirtschaftsinformatik-Lexikon, 7. Auflage, München/Wien 2004

Heinrich/Stelzer, Informationsmanagement, 10. Auflage, München 2011

Holey/Welter/Wiedemann, Wirtschaftsinformatik, 2. Auflage, Ludwigshafen/Rhein 2007

Jahrmann, F. U., Außenhandel, 13. Auflage, Herne 2010

Jung, H., Allgemeine Betriebswirtschaftslehre, 12. Auflage, München 2010

Korndörfer, W., Allgemeine Betriebswirtschaftslehre, 13. Auflage, Wiesbaden 2003

Krcmar, H., Einführung in das Informationsmanagement, Berlin/Heidelberg 2011

Lange, Ch., Einführung in die PC-unterstützte Datenverarbeitung, 6. Auflage, Ludwigshafen/Rhein 2004

Mertens, P. (Hrsg.), Lexikon der Wirtschaftsinformatik, 4. Auflage, Berlin/New York 2001

Mertens/Griese, Integrierte Informationsverarbeitung, Band 2, 9. Auflage, Wiesbaden 2002

Mertens, P. u. a., Grundzüge der Wirtschaftsinformatik, 11. Auflage, Berlin u. a. 2012

Merz, M., E-Commerce und E-Business, 2. Auflage, Heidelberg 2002

Oeldort/Olfert, Kompakt-Training Material-Logistik, 4. Auflage, Herne 2013

Oeldorf/Olfert, Material-Logistik, 13. Auflage, Herne 2013

Olfert, K., Lexikon Finanzierung und Investition, 2. Auflage, Herne 2010

Olfert, K., Investition, 12. Auflage, Herne 2012

Olfert, K., Organisation, 16. Auflage, Herne 2012

Olfert, K., Personalwirtschaft, 15. Auflage, Herne 2012

Olfert, K., Kostenrechnung, 17. Auflage, Herne 2013

Olfert, K., Kompakt-Training Einführung in die Betriebswirtschaftslehre, 4. Auflage, Herne 2013

Olfert, K., Finanzierung, 16. Auflage, Herne 2013

Olfert/Rahn/Zschenderlein, Lexikon der Betriebswirtschaftslehre, 8. Auflage, Herne 2013

Rahn, H. J., Kompetenzen von Ausbildungsleitern, in: Personal, H 2, 53 Jg. (2001), S. 106 - 109

Rahn, H. J., Unternehmensführung, 8. Auflage, Herne 2012

Rinker/Ditges/Arendt, Bilanzen, 14. Auflage, Herne 2012

Scheer, A.W., EDV-orientierte Betriebswirtschaftslehre, 4. Auflage, Berlin/Heidelberg 1990

Scheer, A.W., Wirtschaftsinformatik, 7. Auflage, Berlin u.a. 1997

Schierenbeck/Wöhle, Grundzüge der Betriebswirtschaftslehre, 18. Auflage, München/Wien 2011

Scholz, Ch., Personalmanagement, 5. Auflage, München 2000

Schwarze, J., Einführung in die Wirtschaftsinformatik, 5. Auflage, Herne/Berlin 2000

Schwarzer/Krcmar, Wirtschaftsinformatik, 4. Auflage, Stuttgart 2010

Staehle, W.H., Management, 8. Auflage, München 1999

Stahlknecht/Hasenkamp, Einführung in die Wirtschaftsinformatik, 12. Auflage, Berlin/Heidelberg 2012

Thommen/Achleitner, Allgemeine Betriebswirtschaftslehre, 6. Auflage, Wiesbaden 2009

Ulrich, H., Die Unternehmung als produktives soziales System, 2. Auflage, Berlin/Stuttgart 1970

Weis, H.C., Kompakt-Training Marketing, 7. Auflage, Herne 2013

Weis, H.C., Marketing, 16. Auflage, Herne 2012

Wöhe/Döring, Einführung in die Allgemeine Betriebswirtschaftslehre, 24. Auflage, München 2010

Ziegenbein, K., Kompakt-Training Controlling, 3. Auflage, Ludwigshafen/Rhein 2006

Ziegenbein, K., Controlling, 10. Auflage, Herne 2012

H. Rechnungswesen

Adler/Düring/Schmaltz, Rechnungslegung nach internationalen Standards, Loseblattwerk, Stuttgart 2002

Angermayer/Oser, Grundzüge der Konzernrechnungslegung nach HGB und IFRS, 2. Auflage, München 2005

Baetge/Kirsch/Thiele, Bilanzen, 11. Auflage, Düsseldorf 2011

Bähr/Fischer-Winkelmann/List, Buchführung und Jahresabschluß, 9. Auflage, Wiesbaden 2006

Ballwieser, W., IFRS-Rechnungslegung, 2. Auflage, München 2009

Bieg/Kußmaul, Bilanzrechtsmodernisierungsgesetz, München 2009

Bieg/Kußmaul/Waschbusch, Externes Rechnungswesen, 6. Auflage, München 2012

Bolin/Ditges/Arendt, Kompakt-Training Internationale Rechnungslegung nach IFRS, 4. Auflage, Herne 2013

Bornhofen/Bornhofen, Buchführung 1. DATEV-Kontenrahmen 2011, 23. Auflage, Wiesbaden 2011

Bornhofen/Bornhofen, Buchführung 2, 23. Auflage, Wiesbaden 2012

Buchner, R., Buchführung und Jahresabschluß, 7. Auflage, München 2005

Budde/Förschle/Winkeljohann, Sonderbilanzen, 4. Auflage, München 2007

Busse v. Colbe/Ordelheide/Gebhardt/Pellens, Konzernabschlüsse, 9. Auflage, Wiesbaden 2010

Bussiek/Ehrmann, Buchführung, 9. Auflage, Herne 2010

Coenenberg/Haller/Schultze, Jahresabschluß und Jahresabschlußanalyse, 22. Auflage, Stuttgart 2012

LITERATURVERZEICHNIS

Däumler/Grabe, Kostenrechnung 1, Grundlagen, 10. Auflage, Herne 2008

Däumler/Grabe, Kostenrechnung 2, Deckungsbeitragsrechnung, 9. Auflage, Herne 2008

Däumler/Grabe, Kostenrechnung 3, Plankostenrechnung, 8. Auflage, Herne 2009

Döring/Buchholz, Buchhaltung und Jahresabschluß, 12. Auflage, Berlin 2011

Ebert, G., Kosten- und Leistungsrechnung, 11. Auflage, Wiesbaden 2012

Ehrmann, H., Kompakt-Training Balanced Scorecard, 4. Auflage, Ludwigshafen/Rhein 2007

Ehrmann, H., Buchführung, 9. Auflage, Herne 2010

Eisele/Knobloch, Technik des betrieblichen Rechnungswesens, 8. Auflage, München 2011

Ewert/Wagenhofer, Interne Unternehmensrechnung, 7. Auflage, Berlin u. a. 2008

Falterbaum/Bolk u. a., Buchführung und Bilanz, 21. Auflage, Achim bei Bremen 2010

Federmann, R., Bilanzierung nach Handelsrecht, Steuerrecht, 12. Auflage, Berlin u. a. 2010

Freidank, C.-C., Kostenrechnung, 8. Auflage, München/Wien 2008

Führer, Ch., Kompakt-Training Wirtschaftsmathematik, 3. Auflage, Herne 2012

Gabele/Mayer, Buchführung, 8. Auflage, München/Wien 2003

Goldstein, E., Anlagenbuchhaltung, Freiburg 2003

Gräfer/Schneider, Bilanzanalyse, 11. Auflage, Herne 2010

Grefe, C., Kompakt-Training Bilanzen, 7. Auflage, Herne 2012

Grefe, C., Unternehmenssteuern, 16. Auflage, Herne 2013

Haberstock, L., Kostenrechnung I, 13. Auflage, Wiesbaden 2008

Haberstock, L., Kostenrechnung II, (Grenz-)Plankostenrechnung, 10. Auflage, München 2008

Heinhold, M., Buchführung mit Fallbeispielen, 11. Auflage, Stuttgart 2010

Hummel/Männel, Kostenrechnung 1, 4. Auflage, Wiesbaden 1999

Hummel/Männel, Kostenrechnung 2, Moderne Verfahren und Systeme, 3. Auflage, Wiesbaden 2000

Jung, H., Allgemeine Betriebswirtschaftslehre, 12. Auflage, München 2010

Kilger, W., Flexible Plankostenrechnung und Deckungsbeitragsrechnung, 12. Auflage, Wiesbaden 2007

Kloock/Sieben/Schildbach/Homburg, Kosten- und Leistungsrechnung, 10. Auflage, Stuttgart 2008

Kralicek, P., Planbilanzen, Wien 2002

Kremin-Buch, B., Strategisches Kostenmanagement, 4. Auflage, Wiesbaden 2007

Küting/Weber, Handbuch der Rechnungslegung, 5. Auflage, Stuttgart 2000

Küting/Weber, Der Konzernabschluss, 12. Auflage, Stuttgart 2010

Langenbeck, J., Kompakt-Training Bilanzanalyse, 3. Auflage, Ludwigshafen/Rhein 2007

Moews, D., Kosten- und Leistungsrechnung, 7. Auflage, München/Wien 2002

Olfert, K., Kompakt-Training Kostenrechnung, 7. Auflage, Herne 2013

Olfert, K., Kompakt-Training Einführung in die Betriebswirtschaftslehre, 4. Auflage, Herne 2013

Olfert, K., Kostenrechnung, 17. Auflage, Herne 2013

Olfert/Rahn/Zschenderlein, Lexikon der Betriebswirtschaftslehre, 8. Auflage, Herne 2013

Petersen/Zwirner, BilMoG – Das neue Bilanzrecht, München 2009

Puhani, J., Statistik, 11. Auflage, Würzburg 2008

Rahn, H.J., Unternehmensführung, 8. Auflage, Herne 2012
Rappaport, A., Shareholder Value, 2. Auflage, Stuttgart 1999
Rinker/Ditges/Arendt, Bilanzen, 14. Auflage, Herne 2012
Scharnbacher, K., Statistik im Betrieb, 14. Auflage, Wiesbaden 2004
Schierenbeck/Wöhle, Grundzüge der Betriebswirtschaftslehre, 18. Auflage, München 2011
Schildbach, T., Der handelsrechtliche Jahresabschluß, 9. Auflage, Herne 2009
Schmidt, A., Steuerfachangestellten-Lexikon, 15. Auflage, Herne 2010
Schmidt/Thomsen, Buchführungstraining, 8. Auflage, Freiburg i. Br. 2007
Schult/Brösel, Bilanzanalyse, 14. Auflage, Berlin 2012
Schwarze, I., Grundlagen der Statistik, 11. Auflage, Herne 2009
Schweitzer/Küpper, Systeme der Kosten- und Erlösrechnung, 10. Auflage, München 2011
Seicht, G., Investition und Finanzierung, 10. Auflage, Wien 2001
Siegwart, H., Marktorientierte Erfolgsrechnung, München 2002
Steger, J., Kosten- und Leistungsrechnung, 5. Auflage, München 2010
Theile, C., Bilanzrechtsmodernisierungsgesetz, 3. Auflage, Herne 2011
Veit, K. R., Bilanzpolitik, München 2002
Veit, K. R., Sonderbilanzen, Herne 2004
Walter/Wünsche, Einführung in die moderne Kostenrechnung, 3. Auflage, Wiesbaden 2005
Weber/Rogler, Betriebswirtschaftliches Rechnungswesen, Bd. 1, 5. Auflage, München 2004
Weber/Weißenberger, Einführung in das Rechnungswesen, 8. Auflage, Stuttgart 2010
Wedell/Dilling, Grundlagen des Rechnungswesens, Band 1, 13. Auflage, Herne 2010
Wöhe/Döring, Einführung in die Allgemeine Betriebswirtschaftslehre, 24. Auflage, München 2010
Ziegenbein, K., Controlling, 10. Auflage, Herne 2012
Zimmermann, G., Grundzüge der Kostenrechnung, 8. Auflage, Stuttgart 2001
Zschenderlein, O., Die Prüfung des Steuerfachangestellten, 30. Auflage, Herne 2011
Zschenderlein, O., Rechnungswesen für Steuerfachangestellte, Bd. 1, Herne 2012
Zschenderlein, O., Kompakt-Training Buchführung 1, Grundlagen, 7. Auflage, Herne 2013
Zschenderlein, O., Kompakt-Training Buchführung 2, Vertiefung, 2. Auflage, Herne 2012

I. Controlling

Ahlrichs/Knuppertz, Controlling von Geschäftsprozessen, 2. Auflage, Stuttgart 2010
Barth/Barth, Controlling, 2. Auflage, München 2008
Bestmann, U. (Hrsg.), Kompendium der Betriebswirtschaftslehre, 11. Auflage, München 2008
Brühl, R., Controlling, 3. Auflage, München 2011
Daum, J. H., Beyond Budgeting, München 2005
Deyhle, A., Controller-Handbuch, 5 Bd., 6. Auflage, Gauting 2008
Dillerup/Stoi, Unternehmensführung, 3. Auflage, München 2010
Ebert, G., Praxis der Unternehmenssteuerung, München 2011
Ehrmann, H., Marketing-Controlling, 4. Auflage, Ludwigshafen/Rhein 2004

Ehrmann, H., Kompakt-Training Strategische Planung, Ludwigshafen/Rhein 2006

Ehrmann, H., Kompakt-Training Balanced Scorecard, 4. Auflage, Ludwigshafen/Rhein 2007

Ehrmann, H., Unternehmensplanung, 6. Auflage, Herne 2013

Friedl, B., Controlling mit SAP R3, 5. Auflage, Wiesbaden 2008

Gälweiler/Schwaninger, Strategische Unternehmensführung, 3. Auflage, Frankfurt 2005

Gerberich, C. W., Praxishandbuch Controlling, Wiesbaden 2005

Grefe, C., Kompakt-Training Bilanzen, 7. Auflage, Herne 2011

Grob, H. L., Controlling, München 2004

Hans/Warschburger, Controlling, 3. Auflage, München 2009

Heinrich/Stelzer, Informationsmanagement, 10. Auflage, München 2011

Hopfenbeck, W., Allgemeine Betriebswirtschafts- und Managementlehre, 14. Auflage, Landsberg 2002

Horváth, P., Controlling, 12. Auflage, München 2011

Jansen, T., Kompakt-Training Personalcontrolling, Ludwigshafen/Rhein 2008

Jung, H., Controlling, 3. Auflage, München 2011

Kargl/Kütz, IV-Controlling, 5. Auflage, München 2007

Klenger, F., Operatives Controlling, 5. Auflage, München/Wien 2000

Koslowski/Kohlmeier, Controlling-Wörterbuch der Praxis, 2. Auflage, Stuttgart 2008

Kralicek, P., Planbilanzen, Wien 2002

Küpper, H. U., Controlling, 5. Auflage, Stuttgart 2008

Mertens/Griese, Integrierte Informationsverarbeitung, Band 2, 9. Auflage, Wiesbaden 2002

Olfert, K., Personalwirtschaft, 15. Auflage, Herne 2012

Olfert, K., Kompakt-Training Personalwirtschaft, 8. Auflage, Herne 2012

Olfert, K., Kompakt-Training Einführung in die Betriebswirtschaftslehre, 4. Auflage, Herne 2013

Olfert/Pischulti, Kompakt-Training Unternehmensführung, 6. Auflage, Herne 2013

Olfert/Rahn/Zschenderlein, Lexikon der Betriebswirtschaftslehre, 8. Auflage, Herne 2013

Ossadnik, W., Controlling, 4. Auflage, München/Wien 2009

Peemöller, V. H., Controlling, 5. Auflage, Herne 2005

Piontek, J., Controlling, 3. Auflage, München 2005

Preißler, P. R., Controlling, 13. Auflage, München 2007

Rahn, H. J., Aufgaben des Organisationscontrolling, in: Der Betriebswirt, H 4, 44. Jg. (2003), S. 23 - 25

Rahn, H. J., Die Arten der Steuerung im Unternehmen, in: Der Betriebswirt, H 4, 46. Jg. (2005), S. 25 - 28

Rahn, H. J., Unternehmensführung, 8. Auflage, Herne 2012

Reichmann, T., Controlling mit Kennzahlen und Mangement-Tools, 8. Auflage, München 2011

Rinker/Ditges/Arendt, Bilanzen, 14. Auflage, Herne 2012

Schäffer/Weber (Hrsg.), Bereichscontrolling, Stuttgart 2005

Schierenbeck/Wöhle, Grundzüge der Betriebswirtschaftslehre, 18. Auflage, München/Wien 2011

Schröder, E. F., Modernes Unternehmens-Controlling, 8. Auflage, Ludwigshafen/Rhein 2003

Siegwart, H., Kennzahlen für die Unternehmensführung, 6. Auflage, Bern 2003

Staehle, W. H., Management, 8. Auflage, München 1999

Staufenbiel, J. E., Management-Nachwuchs 2006, 26. Auflage, Köln 2006

Steinle/Bruch (Hrsg.), Controlling, 4. Auflage, Stuttgart 2007

Ulrich, H., Unternehmenspolitik, 3. Auflage, Bern 1990

Weber/Schäffer, Einführung in das Controlling, 13. Auflage, Stuttgart 2011

Wöhe/Döring, Einführung in die Allgemeine Betriebswirtschaftslehre, 24. Auflage, München 2010

Ziegenbein, K., Kompakt-Training Controlling, 3. Auflage, Ludwigshafen/Rhein 2006

Ziegenbein, K., Controlling, 10. Auflage, Herne 2012

A

C

D

E

F

G

J

K

L

M

N

O

P

Q

R

T

U

V